AF533258

Tobias Ebbrecht

Geschichtsbilder im medialen Gedächtnis

Film

Tobias Ebbrecht (Dr. phil.) ist wissenschaftlicher Mitarbeiter an der Bauhaus-Universität Weimar und Postdoktorand im Graduiertenkolleg »Mediale Historiographien«. Seine Forschungsschwerpunkte sind die Erinnerung an Holocaust und Nationalsozialismus in Film und Fernsehen, deutsche und internationale Filmgeschichte sowie Dokumentarfilm und Dokudrama.

Tobias Ebbrecht

Geschichtsbilder im medialen Gedächtnis

Filmische Narrationen des Holocaust

[transcript]

D188

Dissertation der Freien Universität Berlin, Fachbereich Philosophie und Geisteswissenschaften, Disputation vom 19. April 2010.

Gedruckt mit freundlicher Unterstützung der Ursula Lachnit-Fixson Stiftung und der Buber-Rosenzweig-Stiftung

Bibliografische Information der Deutschen Nationalbibliothek
Die Deutsche Nationalbibliothek verzeichnet diese Publikation in der Deutschen Nationalbibliografie; detaillierte bibliografische Daten sind im Internet über http://dnb.d-nb.de abrufbar.

© 2011 transcript Verlag, Bielefeld

Die Verwertung der Texte und Bilder ist ohne Zustimmung des Verlages urheberrechtswidrig und strafbar. Das gilt auch für Vervielfältigungen, Übersetzungen, Mikroverfilmungen und für die Verarbeitung mit elektronischen Systemen.

Umschlaggestaltung: Kordula Röckenhaus, Bielefeld
Umschlagabbildung: Grafik von Liz Elsby unter Verwendung eines Standbildes aus Schindler's List (DVD Universal Pictures, 2004). Die Rechte an der Abbildung ließen sich nicht zweifelsfrei klären. Wir bitten gegebenenfalls um Mitteilung an den Verlag.
Lektorat & Satz: Tobias Ebbrecht
Druck: Majuskel Medienproduktion GmbH, Wetzlar
ISBN 978-3-8376-1671-2

Gedruckt auf alterungsbeständigem Papier mit chlorfrei gebleichtem Zellstoff.
Besuchen Sie uns im Internet: *http://www.transcript-verlag.de*
Bitte fordern Sie unser Gesamtverzeichnis und andere Broschüren an unter: *info@transcript-verlag.de*

Inhalt

Einleitung

Auch mehr als sechzig Jahre nach Ende des Zweiten Weltkrieges und der Befreiung der wenigen Überlebenden aus den Konzentrations- und Vernichtungslagern bleibt die massenhafte und organisierte Ermordung der europäischen Juden als prägendes Ereignis des 20. auch im 21. Jahrhundert eine Herausforderung für die Gegenwart. Die Erinnerung an dieses Ereignis hat verschiedene Ausdrucksformen angenommen, Latenzzeiten überdauert und sich dabei vielfach gewandelt. Während in den Jahren, nachdem die Welt Kenntnis erlangte über die bis dahin unvorstellbaren Verbrechen, die in den Ghettos, Lagern und im Rahmen des deutschen Vernichtungskrieges begangen worden waren, ein „Gedächtnisschwund des gerade Gewesenen" (Diner 2007: 7) konstatiert werden musste, begann eine öffentlich wahrnehmbare und andauernde Auseinandersetzung erst mit zeitlicher Distanz. Dennoch blieben, wie Dan Diner beschreibt, „die unerlösten Erinnerungen an Weltkrieg und Holocaust" (ebd.: 11) auch in dieser langen Phase der Latenz bis in die ausgehenden 1970er Jahre mehr oder weniger sichtbar präsent, mitunter verdeckt von anderen Ereignissen, wie den nachkolonialen Kriegen, beispielsweise in Vietnam. Nicht zuletzt die visuellen Erinnerungen an den Holocaust, die Gräuelbilder aus den befreiten Konzentrationslagern lieferten auch für die öffentliche Wahrnehmung des Vietnamkrieges entsprechende Vorstellungsmuster für filmische Darstellungen. Und so trug gerade die populäre Kultur durch die Konservierung und Tradierung der Bilder des Schreckens dazu bei, dass der Holocaust zur „negative[n] Ikone der Epoche" (ebd.: 7) wurde und als solche in den 1980er Jahren und dann insbesondere nach 1990 immer stärker ins öffentliche Bewusstsein trat. Schließlich gilt bis heute eine Fernsehserie, die mit dem Titel HOLOCAUST (USA, 1978, Marvin J. Chomsky) die Wahrnehmung und die Namensgebung des Geschehenen nachhaltig prägte, als Markstein für die neu beginnende Auseinandersetzung mit den nationalsozialistischen Verbrechen und insbesondere dem Massenmord an den Juden (vgl. u.a. Levy/Sznaider 2007: 158; Frei 2005: 391).

In der vorliegenden Untersuchung möchte ich der Frage nachgehen, wie sich die Ereignisse zu visuell ausgedrückten in die populäre Kultur eingewanderten Ikonen verdichteten. Dies betrifft auch die zentrale Frage nach dem Umgang mit dem ‚Erfahrungskern' dieser Verbrechen und ihrer Wirkung auf unsere Gegenwart, über den Dan Diner urteilt: „[a]n die Stelle des verloren gegangenen historischen Urteilsvermögens tritt ein universell drapierter moralisierender Diskurs über unterschiedslose Opferschaft." (Diner 2007: 9) Dies kann auch an der audiovisuellen Repräsentation des Holocaust beobachtet werden, vor allem wenn man dabei die jüngsten Formen der filmischen Auseinandersetzung mit einem verwandten, aber doch in zentralen Punkten völlig verschiedenen Thema gerade in Deutschland mit einbezieht: die Darstellungen deutschen Leidens in Filmen über Nationalsozialismus und Krieg.

Diner sieht den Verlust des historischen Urteilsvermögens maßgeblich als „Ausdruck eines schwindenden Bewusstseins um die Bewegung der Zeit." (Ebd.: 9) An diesen Gedanken anschließend möchte ich die Bilder und Vorstellungen, die Filme über den Holocaust und den Nationalsozialismus kommunizieren, in ihren Entstehungszusammenhang und damit in die Bewegung der Zeit einordnen, um im Sinne von Georges Didi-Huberman „zu einer historischen Lesbarkeit zu gelangen." (Didi-Huberman 2007a: 17) Dabei geht es um Fragen der Vermittlung von Vergangenem durch die Filme und ihre Struktur hindurch. Diese Vermittlungsstruktur tritt in einigen Beispielen deutlich hervor. Andere filmische Darstellungen aber – und solche stehen im Folgenden im Zentrum der Aufmerksamkeit – leugnen diesen Vermittlungscharakter zugunsten des Eindrucks einer abgeschlossenen Vergangenheit.

Wie sich dieses Verhältnis von geschichtlichem Ereignis, Bewegung der Zeit und bildlicher Repräsentation, die sich vorheriger Darstellungen bewusst ist, darstellt, lässt sich an Quentin Tarantinos INGLOURIOUS BASTERDS (USA 2009) verdeutlichen. In diesem Film operiert eine Gruppe jüdischer Soldaten während des Zweiten Weltkrieges im Dienste der US-Armee hinter der Front im besetzten Frankreich mit dem Ziel, möglichst viele Nazisoldaten zu töten und so Angst und Schrecken zu verbreiten. Der Film ist nicht nur die kinematografische Vergegenwärtigung des Zweiten Weltkriegs im Kino des 21. Jahrhunderts, sondern eine ganz wörtlich zu nehmende Kinofantasie, die die Grenzen des Faktischen und des heute so häufig beschworenen ‚Authentischen' ganz bewusst ignoriert, ja mehr noch: verkehrt. Das bekannte Ende des Geschichtsverlaufes wird von Tarantino nicht akzeptiert. Nicht erst die geballte Macht der alliierten Armeen zwingt Hitler und Nazideutschland in seinem Film zur Kapitulation. Bereits einige Monate vor dem 8. Mai 1945 stirbt neben Hitler nahezu die gesamte Führungsriege des Naziregimes im apokalyptischen Feuerreigen in einem französischen (Besatzungs-) Kino. Diese Kinofantasie wiederum löst sich von dem in anderen Filmen über die Nazivergangenheit behaupteten Hinweis auf historische Faktizität. Die Zurückweisung der ‚Macht der Fakten' im Kino ist damit auch ein Bruch mit jenem ungeglaubten Glauben an das ‚authentische Dokument', welcher doch letztlich an einer mythischen Erzählung weiterstrickt, die sich mit aller Macht davor zu schützen sucht, als Geschichtsfiktion durchschaut zu werden. INGLOURIOUS BASTERDS verleugnet diesen Konstruktionscharakter nicht und scheint sogar nichts anderes sein zu wollen als eine Kinofantasie. Tarantino erklärt sein Anliegen folgendermaßen: „Mich hat die Idee gereizt, einen *anderen* Film über den Zweiten Weltkrieg zu machen. Ich wollte die Nazis als Besiegte zeigen, und das ist für mich ein Weg, um die Kraft des Kinos wiederzugewinnen, als eine Metapher, als einen Ort, an dem alles möglich ist." (Zit. n. Seeßlen 2009: 9)

Vielleicht liegt genau darin die eindringliche Wirkung von INGLOURIOUS BASTERDS begründet: der Film behauptet nicht, mehr zu sein, als ein Film. Er erinnert uns an die banale Wahrheit, dass wir im Kino nicht den Ereignissen des Zweiten Weltkrieges, nicht den Verbrechen der Nationalsozialisten und ihrer Helfer, nicht deren grausamen Mordtaten beiwohnen, sondern einen Film betrachten. Und gleichzeitig zeigt INGLOURIOUS BASTERDS, dass das Kino, das selbst Teil der verbrecherischen Macht der Nationalsozialisten gewesen ist und mit der Weiterbelebung der mythischen nationalsozialistischen Bilderwelten auch deren Gewalt konserviert hat, gleichzeitig ein Instrument zur Überwindung dieser Gewalt, oder zumindest zur Überwindung der mit deren Macht einhergehenden Ohnmacht sein kann. So behauptet der Film eine andere Form von Handlungsmacht, wo sinnvolles Handeln gleichsam für immer unmöglich erscheint, angesichts des Charakters und der Dimension der begangenen Verbrechen. Er weicht damit von einem „lange sinnmächtigen Modell" ab, das „Retter- und Opferschaft als Zentralkategorien historischer Erfahrung beschwört" (Robnik 2009: 14). Der „Ort, an dem alles möglich ist", bekommt so die Macht, uns andere Möglichkeiten des Geschichtsverlaufs vorzuführen, obwohl auch INGLOURIOUS BASTERDS in seinen Bildern und Filmzitaten mitunter der mythischen Erzählung den Vorrang gegenüber der historisch-kritischen Reflexion einräumt.[1] Sein Potential liegt dennoch darin, uns die Möglichkeiten einer Vorstellungskraft vorzuführen, die nicht vor dem Schrecken kapituliert und sich einem falschen Authentizitätsversprechen unterwirft. Gleichzeitig verdeutlicht er die verstörende Kraft der Bilder und Töne im Kino, die uns oft viel näher gehen, als uns lieb ist, oder vor denen wir überwältigt von Furcht oder Mitleid in kalter Distanz verharren.

All das erinnert an einige Gedanken Siegfried Kracauers, die dieser im Schlusskapitel seiner *Theorie des Films* am Beispiel des Mythos von der Medusa entwickelt, „deren Gesicht mit seinen Riesenzähnen und seiner heraushängenden Zunge so schrecklich war, daß bei seinem Anblick Mensch und Tier zu Stein erstarrten." (Kracauer 1985: 395) Wie im Mythos symbolisiert die Medusa auch in Kracauers Gleichnis unermesslichen Schrecken, Grausamkeit und Bedrohung. Ihr gegenüber steht Perseus, der von Athene beauftragt worden war, die Medusa zu erschlagen. Da Perseus unmöglich das Schreckensbildnis der Medusa direkt anblicken kann, ohne selbst vor Angst zu erstarren, überlässt ihm Athene ihren „blanken Schild" (ebd.), den Perseus wie einen Spiegel einsetzt. Er schaut das schreckliche Antlitz der Medusa nicht direkt an, sondern erblickt in seinem Schild ihr Spiegelbild, während er sie attackiert. Auf diese Weise gelingt es Perseus, das Ungeheuer zu enthaupten. Kracauer schlussfolgert daraus, „daß wir wirkliche Greuel nicht sehen und auch nicht sehen können, weil die Angst, die sie erregen, uns lähmt und blind macht;

1 | Vgl. zur kritischen Bewertung von INGLOURIOUS BASTERDS beispielsweise Mendelsohn 2009 und Ehlent 2009.

und daß wir nur dann erfahren werden, wie sie aussehen, wenn wir Bilder von ihnen betrachten, die ihre wahre Erscheinung reproduzieren.“ (Ebd.)

Diese Überlegung kann nun wiederum auf Tarantinos Fantasie von den rächenden ‚Basterds‘ angewendet werden, die gleichsam der Filmgeschichte entsteigen, um das Naziungeheuer zu köpfen. Am Ende des Films ist es schließlich die vom Feuer lodernde Kinowand selbst, die den Traum (und Horror) vom Dritten Reich verschlingt. Wenn Tarantino von der „Kraft des Kinos“ spricht, dann meint er auch das: dem Grauen durch seine Abbildung standzuhalten. Aber gleichzeitig verflüchtigt sich das Grauen ins Bild, wird Teil der Kinoeffekte und zitiert in gewollter Künstlichkeit jene Kinogewalt, die zum (Er-)Schrecken gar nicht mehr taugen mag. Im ungünstigsten Fall wird es also zum flüchtigen Eindruck, zum Effekt der Filmerzählung und so stellt sich nicht erst seit Tarantinos Film die Frage, wie wir heute jene verbrecherische (und gleichzeitig oft genug dämonisch verklärte) Vergangenheit des Nationalsozialismus im Kino ‚sehen‘? Haben die Bilder nicht zumeist dessen Faszination konserviert und den Schrecken (transformiert in Kinobilder) erträglich und aushaltbar gemacht, gar zum gruseligen Schauer minimiert?

In meiner Untersuchung von kinematografischen Nachbildungen des Holocaust geht es um genau solche Bilder des Schreckens, um filmische Darstellungen der Verfolgung und Ermordung der Juden. Kracauers Überlegungen zum Standhalten des Schreckens im Bilde, bieten wichtige Anhaltspunkte zur Annäherung an die Fragen, die sich mir im Laufe meiner Untersuchungen stellen. Die Unmöglichkeit der direkten Anschauung und deren Vermittlung in der bildlichen Darstellung weisen auf ein grundlegendes Problem der Repräsentation des nationalsozialistischen Schreckens im Bild hin. Was wir betrachten, sind Bilder aus der Vergangenheit oder über eine vergangene Zeit. Auch wenn uns diese Bilder immer wieder glauben machen, wir blickten die Geschichte an ‚wie sie tatsächlich war‘, betrachten wir vielfältig Vermitteltes. Das Abbild ist nicht unvermittelt auf ein originales Referenzobjekt beziehbar. Es zeichnet dessen Strukturen, seine „semantische Information“ auf, wie Gertrud Koch hervorhebt. Diese, so verdeutlicht Koch, ist „nicht unabhängig von den ‚Intentionen des Herstellers‘, die ganz offenbar ebenso beteiligt sind wie die technischen Faktoren der Belichtung und Entwicklung.“ (G. Koch 1992: 124) Für meine folgenden Analysen unserer visualisierten Vorstellungen vom Nationalsozialismus und seinen Verbrechen ist dieser Gedanke von zentraler Bedeutung.

Das Bild als Abbild bietet keinen unmittelbaren Zugang zur Wirklichkeit. Aber es enthält Spuren und Hinweise, mit deren Hilfe Rückschlüsse auf Intentionen der Hersteller, Kontexte der Entstehung, Formen der Anschauung und Affekte der Betrachter gezogen werden können. Wenn ich mich der Entstehung und Tradierung filmischer Geschichtsbilder von Nationalsozialismus und Holocaust zuwende, dann suche ich nicht nach den Ursprüngen, dem Original oder dem einen Vorbild, auf das sie verweisen, sondern ich untersuche die heutigen Bilder, die wir uns von der Vergangenheit machen, auf die Spuren ihrer Tradierung, auf das, was sie aufgenommen, was sie hinter sich gelassen und was sie verändert, überformt oder abgelöst haben. Neben dem Inhalt eines Bildes oder einer Aufnahme treten daher auch noch andere Elemente hervor, beispielsweise der Entstehungskontext, der Kontext der gegenwärtigen Rezeption, aber auch die spezifische Form und Komposition des Bildes und die sich darin manifestierenden Perspektiven. Nur in diesem Zusammenspiel lässt sich Bedeutung generieren.

Auch wenn sich Kracauer auf den ersten Blick in seiner Interpretation des Mythos der Medusa ganz explizit auf Bilder des Schreckens beschränkt, steckt gerade in diesem spezifischen Verhältnis der grauenerregenden Bilder und des wahrnehmenden Subjekts auch der Kern einer viel umfassenderen Bestimmung von Wahrnehmung und Erfahrung. Denn die Konfrontation mit dem überwältigenden Schrecken bringt das Subjekt an eine Grenze der eigenen Wahrnehmungsfähigkeit. Es droht zu ‚versteinern' und angesichts des Grauens, das die eigene Existenz in Frage stellt, selbst vom angeblickten Objekt ausgelöscht zu werden.

Kracauers Umgang mit dem Gleichnis bleibt nicht an der Beobachtung des das Subjekt überwältigenden Schreckens stehen. Seine Interpretation des Spiegels und des in ihm reflektierten Bildes der Medusa, das in dieser Bildwerdung nun für Perseus doch ‚aushaltbar' und damit auch bekämpfbar geworden ist, enthält auch die Feststellung der Unmöglichkeit, etwas ‚unmittelbar' zu erfahren. Dies gilt nicht nur für die Wahrnehmung des Grauens, sondern verdeutlicht, dass die Wahrheit eines Ereignisses und seiner Erfahrung gerade in ihrer Vermittlung liegt, sonst handelte es sich nicht um eine Erfahrung, sondern um eine bloße Reaktion, einen erfahrungslosen Effekt. Kracauer schlussfolgert daraus zwei einander bedingende Umgangsweisen, die Möglichkeit von Reflexion (der Erfahrung und des Grauens) und die Möglichkeit der Überwindung von Furcht, die das Subjekt zum Handeln veranlasst.

Reflexion gebraucht er im doppelten Sinn als Widerspiegelung und als Nachdenken über Ereignisse, „die uns versteinern würden, träfen wir sie im wirklichen Leben an." (Kracauer 1985: 395) Indem das Bild dem Subjekt eine Distanz zum Grauen ermöglicht, kann dieses erst Gegenstand des Denkens werden. Durch die Distanz hindurch wird das Grauen zum Objekt und kommt im Bild dem denkenden (und erfahrenden) Subjekt entgegen. Die Differenz zwischen Bild und Objekt ist dabei ebenso notwendig, wie sie in diesem Verfahren offensichtlich wird. Das Betrachten des Grauens im Bild kann ein ‚Standhalten im Bilde' ermöglichen, weil das Grauen gleichzeitig abwesend ist, während sein Bild wahrgenommen und so zum Gegenstand der Reflexion werden kann (vgl. Adorno/Kracauer 2008: 668).

In seinen Ausführungen zum Mythos der Medusa führt Kracauer zwei Funktionsweisen der Bilder an. Die erste – intentionale – Verwendung der Schreckensbilder verleiht diesen einen appellativen Charakter: „sie sollen den Zuschauer befähigen – mehr noch: dazu antreiben –, das Grauen zu köpfen, das sie spiegeln. Viele Kriegsfilme schwelgen in Grausamkeiten aus eben diesem Grund." (Kracauer 1985: 395) Der Schrecken wird auf diese Weise gebannt und bleibt doch bestehen. Kracauer verweist darauf, dass auch nach der Enthauptung der Medusa ihr Anblick weiterhin Angst verbreitete: „Athene, so wird uns berichtet, befestigte den entsetzlichen Kopf an ihrer Ägis, um ihren

Feinden Schrecken einzujagen." (Ebd.) Der Appell, das Grauen zu besiegen, und die gleichzeitige (machtpolitische) Indienstnahme des Monsters sind dabei kein Widerspruch. Beides verweist auf ein Muster, das auch für meine Untersuchung von zentraler Bedeutung ist: eine gegenwärtige Tendenz nämlich, Wahrnehmung und Darstellung der Verbrechen von ihrer historischen Wahrheit abzuspalten und sie in den Dienst der Gegenwart zu stellen. Denn nur dadurch, dass ihre Spezifik verwischt, die Bewegung der Zeit ignoriert wird, eignet sich das Bild des vergangenen Schreckens dazu, für einen neuen Schrecken (oder neue Abschreckung) einzustehen. Grund und Charakter des Schreckens aber bleiben dabei unverstanden.

Für Kracauer folgt, wie Gertrud Koch festgehalten hat, „aus dieser Unauflösbarkeit der Schreckensbilder, daß sie Selbstzweck seien". Dieser „Selbstzweck" bestehe, so Koch, in ihrer „Aufhebung ins Gedächtnis" (G. Koch 1992: 131). Kracauer erklärt: „Und als Bilder, die um ihrer selbst willen erscheinen, locken sie den Zuschauer, sie in sich aufzunehmen, um seinem Gedächtnis das wahre Antlitz von Dingen einzuprägen, die zu furchtbar sind, als daß sie in der Realität wirklich gesehen werden könnten." (Kracauer 1985: 396)

Diese Bilder, die hier „um ihrer selbst willen erscheinen", sind keine ausschließlich auf sich selbst bezogenen Bilder, die keinen referentiellen Verweis mehr zum abgebildeten Schrecken beinhalten. Als Vermittlung, nicht als unmittelbare oder ‚authentische' Abbildung kommunizieren sie jene Wahrheit („das wahre Antlitz"), die nicht im Bild selbst aufbewahrt ist und am Gegenstand nicht erfahrbar ist, sondern erst im Austausch mit dem Betrachter, in der Einprägung ins Gedächtnis, also durch eine reflexive Denkbewegung, zur Entfaltung kommen kann.

Die Bilder sind für Kracauer daher Medium, um etwas anderes wahrzunehmen, das unvermittelt – in der Realität – nicht gesehen werden kann, dessen „wahre[s] Angesicht" sich dem Betrachter aber auf diese Weise einprägt. Damit ist das Bild in erster Linie Vermittler. Kracauer aber, das wird insbesondere im Kontext seiner Überlegungen zu Geschichte deutlich, geht es nicht um die Bilder, sondern um die Dinge: „das Optische ist das Medium, nicht die Sache selbst." (Koch 1992: 132) Aus der Unmöglichkeit eines unmittelbaren Zugriffs auf die Sache hinter dem Bild folgt nicht deren Nichtvorhandensein. Die Bilder eröffnen nicht notwendig einen selbstreferenziellen Zirkel. Das macht Kracauer in der Einleitung zum Medusa-Mythos deutlich, in der er auf die Zeugenfunktion des Kinos Bezug nimmt:

> Indem das Kino uns die Welt erschließt, in der wir leben, fördert es Phänomene zutage, deren Erscheinen im Zeugenstand folgenschwer ist. Es bringt uns Auge in Auge mit Dingen, die wir fürchten. Und es nötigt uns oft, die realen Ereignisse, die es zeigt, mit den Ideen zu konfrontieren, die wir uns von ihnen gemacht haben. (Kracauer 1985: 395)

In diesen Sätzen klingt eine konfrontative Beziehung zwischen Film und Zuschauer an. Der Film wird zum Zeugen und das Kino konfrontiert uns mit Dingen, die wir fürchten. Im Bezug auf den Nationalsozialismus hieße dies:

es konfrontiert uns mit den verdrängten, abgewehrten oder verleugneten Schuldgefühlen und Kontinuitäten, die die Vergangenheit bis in die Gegenwart verlängern. Diese Konfrontation macht eine interpretative Bezugnahme auf die medial vermittelten Dinge notwendig, fordert, diese – wie Kracauer schreibt – „mit den Ideen zu konfrontieren, die wir uns von ihnen gemacht haben." Kontrastiv und konfrontativ lassen sich durch das Bild hindurch die Vergangenheit und ihre spätere Wahrnehmung in Beziehung zueinander setzen. Solch einen interpretativen Zugang, der hinter den selbstreferenziellen Darstellungen deren Geschichte sichtbar macht, möchte ich im Verlauf meiner Arbeit eröffnen.

Ich gehe davon aus, dass zeitgenössische Filme, die sich mit dem Massenmord an den Juden beschäftigen, den Charakter jener Bilder, durch die sich, wie in Medusas Schild, der Schrecken der Vernichtung anblicken lässt, weitgehend eingebüßt haben. Diese Filme ermöglichen nicht mehr die Konfrontation und Auseinandersetzung mit dem historischen Ereignis, auf das sich die Nachbildungen ebenfalls immer nur vermittelt beziehen können, sondern produzieren Erinnerungseffekte, die auf die Geschichte der medialen Vermittlung selbst verweisen, die aber als unvermittelt erscheinen. Grundlage dafür ist eine Tendenz zu sich wiederholenden und sich dabei auf Bekanntes, bereits Gesehenes, beziehende Schemata in der Darstellung. Dies sind dann tatsächlich rein auf sich selbst bezogene Bilder. Solche Geschichtsbilder kennen kein ‚Außerhalb des Bildes' mehr. Sie behaupten sich als absolutes (‚authentisches') Abbild und verleugnen ihren Entstehungskontext. Geschichtsbilder werden zu Ikonen. Bedeutung und Gegenstand fallen in ihnen zusammen. Das ikonische Bild basiert auf der Aktivierung von Erinnerungseffekten an frühere Bilder: so wie es gezeigt wird, war es auch, weil es so gezeigt wird, wie wir es schon immer gesehen haben, weil es immer so gezeigt wurde. Das Symbol als dem Ikon entgegen gesetzter Bildform hingegen kennt noch ein Außen, auf das es verweist, weil es eben nicht mit sich identisch ist. Es basiert auf der Differenz von Abbildung und äußerer Wirklichkeit. Bedeutung realisiert sich, indem es mit etwas in Beziehung gesetzt wird, was es selbst nicht ist. Gerade dadurch bewahrt es die Spur zu diesem Anderen.

Carsten Probst hat am Beispiel des Berliner Mahnmals für die ermordeten Juden diese Transformation vom Symbol zur Ikone beschrieben. Während die symbolische Repräsentation vom Betrachter eine Interpretationsleistung fordert, deren Bezüge zwischen dem Objekt oder Bild in der Gegenwart und seiner Bedeutung für die Wahrnehmung der Vergangenheit nicht eindeutig sind, basiert die ikonische Funktion auf Ähnlichkeit. Das Ziel ist die Illustration von Geschichte, im Fall des Mahnmals als Imitation oder Zitat eines Friedhofes durch das abstrakte Ikon des Stelenfeldes:

> Entfernt von den konkreten Orten des Geschehens, wie etwa den ehemaligen Konzentrationslagern oder den Stätten der Verfolgung innerhalb Berlins, die heute teilweise selbst Gedenkstätten sind, erinnert das Berliner Mahnmal an diese Orte (und damit an ihre Opfer), indem es sie scheinbar in abstrakter Form aufruft, zitiert – imitiert. Letztlich ist damit die Suggestion des ‚authentischen

Ortes' verbunden, einer Erfahrung historischer Realität, die sich in mimetisch-physischer Desorientierung am Ort selbst erfüllt. (Probst: 2004, 221)

In diesem imitierenden Charakter suggeriert die Ikone ein unmittelbares Nacherleben der Vergangenheit: „Erzeugt wird die Erfahrung eines ‚So ist es gewesen'-Effektes, der den Besucher hier Ort und Stelle als ‚historisch' fühlen lassen soll." (Ebd.) Nicht als zu interpretierendes Symbol, sondern als zu erlebender Ersatzort, macht das Mahnmal das Angebot, die Shoah als Orientierungsverlust zu erfahren, der sich im Erleben des Artefakts einstellen soll.

Paradoxerweise begünstigte gerade die Kritik an der Referenzialität, der Bildersturm der Postmoderne, diese Entwicklung zur Totalität des Bildes. Gerade durch die Auflösung der Beziehung zu seinem Außen, zu seinem Entstehungskontext, zum Zeitkern der Aufnahme, zum Subjekt, das das Bild herstellt, und zum Objekt, das es darstellt, gerade als ein aus der Zeit heraus gelöstes Bild wird das Geschichtsbild zum nur noch sich selbst bedeutenden, im wahrsten Sinne des Wortes ‚selbstreferenziellen' Bild. Und weil es auf diese Weise kein Außen mehr kennt und dabei gleichzeitig alles bedeuten soll, also die Geschichte in sich selbst fixiert und zum Stillstand bringt, ist das Geschichtsbild ein narzisstisches Bild, das nur sich selbst ‚liebt'. Genauer gesagt: Unsere Liebe zum Geschichtsbild ist die Liebe zu den Bildern, die wir uns nach unseren eigenen Wünschen und Projektionen herstellen. Sie sind Ausdruck der Liebe zu jenen hergestellten und gemodelten Bildern, die wir uns von uns und unserer Geschichte wünschen. Sie sollen vereindeutigen und beglaubigen, was wir sehen wollen.

Den Begriff des Geschichtsbildes verwende ich in diesem Sinne. Ich verstehe darunter ein vielfältig geprägtes, filmische und gesellschaftliche Konventionen aufnehmendes, fixiertes und verfestigtes ‚Bild' von der Vergangenheit, das in verschiedene Kontexte überführbar ist, also gleichsam in der visuellen Kultur migriert. Der Begriff des Bildes bezieht sich ganz konkret auf die Gestaltung von Filmbildern, ihre Mise en Scène und Rahmung, als auch auf bestimmte Codes und Konventionen in der Darstellung. Solche Konventionen können sich auf der Ebene der Erzählstrukturen als auch verkörpert in Figuren finden. Diese Formen wiederholen frühere Darstellungsmuster. Kennzeichnend ist ein Verfahren der Imitation von Vorbildern, die sich bereits zu Ikonen verfestigt haben. Als Oberbegriff dieses Verfahrens verwende ich den Begriff ‚Nachbildung'. Er knüpft an die Überlegungen von Gérard Genette zur Transtextualität an. Genette bezeichnet mit Nachbildung eine nicht parodistische, sondern sich ernsthaft auf das Vorbild beziehende Form der Nachahmung (vgl. Genette 1993: 44). Auf diese Weise berücksichtige ich auch in der Begriffswahl die intertextuelle Struktur der Filme über Holocaust und Nationalsozialismus. Gleichzeitig verstehe ich den Begriff der Nachbildung in einem sehr konkreten und pragmatischen Sinne. Er setzt sich so von dem wesentlich vielschichtigeren aber oft unscharf verwendeten Begriff der ‚Nachbilder' ab. Inge Stephan und Alexandra Tacke definieren diesen in ihrer Auseinandersetzung mit den „Nach-Bildern des Holocaust":

> Nachbilder sind kurze, momenthafte Erinnerungsbilder, die von Lichtstrahlen als Eindrücke auf der lichtempfindlichen Retina hinterlassen worden sind. Schließt man die Augen, bleibt das Nachbild für einen kurzen Augenblick haften, um dann langsam zu verblassen, unscharf zu werden und schließlich – sobald man die Augen wieder öffnet – von anderen Bildern überblendet und ersetzt zu werden. Im übertragenen Sinne haben sich auch die Bilder des Holocaust in das kulturelle Gedächtnis eingebrannt und dort ihre Spuren hinterlassen. (Stephan/Tacke 2007b: 7)

Auch wenn ich von einer ähnlichen Analyse solcher im medialen Gedächtnis verankerten ikonischen Geschichtsbilder ausgehe, die zwischen dem gesellschaftlich geprägten, weitgehend konventionalisierten kulturellen und dem intersubjektiven kommunikativen Gedächtnis migrieren, impliziert der Begriff des ‚Nachbildes' zumeist einen eher künstlerisch-reflexiven Umgang. Mir geht es jedoch gerade um die Prozesse der Wiederholung und Imitation, die auf gesellschaftliche Vorstellungen und Deutungen, sowie auf unbewusste Wünsche zurückverweisen, welche auf die Vergangenheit bezogen sind. Ich möchte die konventionalisierten Darstellungsformen als einen spezifischen Ausdruck bestimmter Vergangenheitsbezüge analysieren.

Exemplarisch betrachte ich daher im Folgenden die *Erzählstrukturen* von Filmen über Nationalsozialismus und Holocaust, ihre *visuelle Bildebene* und ihre handelnden *Figuren und Charaktere.* Diese konventionalisierten, gleichsam typisierten Formen werde ich aber immer wieder auch mit anderen Verfahrensweisen kontrastieren, welche geeignet sind, hinter die bekannten Formen und Bilder zu gelangen und andere Zugänge eröffnen, die verstören, konfrontieren oder distanzieren. Fallen erstere konventionelle Formen unter den Begriff des Geschichtsbildes, korrespondieren letztere, welche Irritation und Verstörung begründen, mit dem Begriff des Vorstellungsbildes. Solche Vorstellungsbilder verstehe ich als mentale Bilder, die als gedankliche Vorstellungen der Zuschauer in Reaktion auf die Darstellungen entstehen. Ihre Charakteristika sind Porosität und Unvollständigkeit, die auf den permanenten Austausch zwischen dem Innen und dem Außen verweisen. Sie sind ebenfalls Projektionen – im wahrsten Sinne des Wortes – aber solche, die diese Tatsache nicht verschleiern wollen. Sie fordern geradezu zur Deutung, Übersetzung und Interpretation auf, was insbesondere angesichts der Gegenstände meiner Untersuchung, der filmischen Auseinandersetzung mit dem Massenmord an den Juden und dem Nationalsozialismus, besonders hervorgehoben werden sollte.

Kracauers Bezug auf den Mythos der Medusa bekommt deshalb im Kontext der Auseinandersetzung mit der filmischen Darstellung der Shoah zentrale Bedeutung, weil sich in seiner Beschreibung einer seiner direkten Hinweise auf den nationalsozialistischen Massenmord findet, spricht er darin doch explizit von den „Haufen gemarterter menschlicher Körper in Filmen über Nazi-Konzentrationslager." (Kracauer 1985: 369) In einem Brief an Adorno erläutert er 1965 diesen Bezug unter Verweis auf die alliierten Filme aus den Konzentrationslagern:

> Zu Auschwitz: Als der Krieg in Deutschland zu Ende war, veranlaßte Eisenhower die Herstellung von Dokumentarfilmen über Konzentrationslager. Darin lag etwas ungemein Berechtigtes. Es mag sein, daß Filme über dieses Thema – ich meine Tatsachenfilme – legitimer sind als Kunstwerke. (Adorno/Kracauer 2008: 691)

Die letzte Anmerkung verweist auf einen Disput zwischen Kracauer und Adorno über die Grenzen und Möglichkeiten der Kunst, Auschwitz darzustellen. Sie verdeutlicht aber auch Kracauers besondere Hinwendung zu jenen ‚Tatsachenbildern', die den „Charakter von Spiegelbildern" bekommen (Kracauer 1985: 395). Vom heutigen Standpunkt aus, zurückblickend auf eine Fülle künstlerischer, filmischer und literarischer, dokumentarischer und fiktionaler Darstellungen des Holocausts, wird diese Trennung jedoch zunehmend unmöglich. Wie verändern sich jene Bilder, die Kracauer vor Augen gestanden haben mögen, durch dauernde Wiederholung und ihre Überführung in andere Kontexte? Wie sind solche Filme zu bewerten, die die Geschichte szenisch gestalten, aber ihren Konstruktionscharakter hinter Authentizitätseffekten verbergen? Welche Folgen haben die Nachbildung historischer Fotografien und die Nachstellung historischer Filmaufnahmen für die Wahrnehmung der Verbrechen und ihre Einpassung in nationale oder transnationale Erinnerungskulturen? Sind es nicht gerade künstlerische Verfahren der Verfremdung, der Distanzierung und der Fremdstellung, mit deren Hilfe solche konventionalisierten Formen bewusst gemacht werden können? Diesen Fragen gehe ich im Laufe der folgenden Untersuchung nach. Sie stellen sich insbesondere vor dem Hintergrund einer fortdauernden Debatte über die Möglichkeiten und Grenzen der Darstellbarkeit von Shoah und Massenmord. In den letzten Jahren sind allein in Deutschland zahlreiche Sammelbände und Studien entstanden, die sich mit der filmischen Erinnerung an Holocaust und Nationalsozialismus auseinandersetzen.[2] Nicht auf alle diese, teilweise sehr

---

2 | Die meisten der in den letzten Jahren erschienenen Monografien und Sammelbände beziehen sich schwerpunktmäßig auf den Komplex Nationalsozialismus. Dies ist nicht zuletzt auf die große Zahl von Filmen zu diesem Thema, insbesondere nach dem Erscheinen von Der Untergang (D 2004, Oliver Hirschbiegel) zurückzuführen. Ein frühes Beispiel dafür ist *Filmriss. Studien über den Film Der Untergang* (Bischof 2005), der kritische Positionen zu Hirschbiegels und Eichingers Film versammelt. Dietrich Kuhlbrodt befragt in *Deutsches Filmwunder. Nazis immer besser* (2006) die deutsche Filmgeschichte unter dem Gesichtspunkt der filmischen Darstellung von Nazis. Peter Reichels *Erfundene Erinnerung* (2004) teilt sich in die Untersuchung der Darstellung des Zweiten Weltkrieges und des Holocaust in Film und Theater. *Das Böse im Blick* (Frölich/Schneider/Visarius 2007) konzentriert sich wieder auf die Darstellungsgeschichte des Nationalsozialismus, mit einem klaren Schwerpunkt auf den jüngsten deutschen Filmproduktionen. Der Sammelband *Hitler darstellen* wiederum nimmt die populäre Filmfigur Hitler in den Blick und untersucht diese nicht nur aus der Perspektive der Filmwissenschaft, sondern auch aus der Sicht der Geschichtswissenschaft

unterschiedlich inspirierten Arbeiten kann ich in meiner Untersuchung eingehen. Im Vorwort ihres bedeutsamen Sammelbandes *Bilder des Holocaust* markieren Manuel Köppen und Klaus R. Scherpe jedoch die zentrale Perspektive, die nahezu alle diese Untersuchungen prägt. Sie halten fest, dass der Holocaust heute „längst zu einem Ereignis geworden ist, das massenmedial vermittelt ist." (Köppen/Scherpe 1997b: 1) Diese Tatsache lässt aber die Frage nach dem *Wie* der Darstellung und auch nach ihrem *Ob überhaupt* nicht hinfällig werden, wie sie im Anschluss an die von Adorno angestoßenen Diskussionen über die „Grenzen der Aufklärung" (vgl. Diner 1988, Claussen 1994, G. Koch 1992) ebenso wie an die von postmodernen Theoretikern gestellte Frage nach dem „Sprechen ‚nach Auschwitz'" (vgl. Lyotard 1997) gestellt worden ist (vgl. Köppen/Scherpe 1997b: 2). Das damit eröffnete Spannungsfeld wird den Widerspruch nicht los, der von Adorno formuliert wurde: „Das Übermaß an realem Leiden duldet kein Vergessen [...]. Aber jenes Leiden [...] erheischt auch die Fortdauer von Kunst, die es verbietet; kaum wo anders findet das Leiden noch seine eigene Stimme, den Trost, der es nicht sogleich verriete." (Adorno 1997b: 423) Damit aber endet die konfrontative Beschäftigung mit dieser Geschichte nicht. Sie kann das Nicht-Darstellbare nicht tabuisieren, es nicht zum Sakrileg erheben, will sie nicht den Mördern entgegenkommen, die von ihren Taten lieber schwiegen. Doch dies ist, und darauf verweist Adorno ganz explizit, keine *kulturelle* Frage. Die Kultur ist nur Ausdruck, nur Medium, nicht die Sache selbst:

> Das perennierende Leiden hat soviel Recht auf Ausdruck wie der Gemarterte zu brüllen; darum mag falsch gewesen sein, nach Auschwitz ließe sich kein Gedicht mehr schreiben. Nicht falsch aber ist die minder kulturelle Frage, ob nach Auschwitz noch sich leben lasse, ob vollends dürfe, wer zufällig entrann und rechtens hätte umgebracht werden müssen. (Adorno 1997a: 355)

Auf diese Weise definiert Adorno eine spezifische Subjektposition, von der für ihn philosophisches Denken, künstlerischer Ausdruck und kritische Reflexion bestimmt sind: „Reflektierte Menschen, und Künstler, haben nicht selten ein Gefühl des nicht ganz Dabeiseins, nicht Mitspielens aufgezeichnet; als ob sie gar nicht selber wären, sondern eine Art Zuschauer." (Ebd.: 356)

---

und der Psychologie (Rother/Herbst-Meßlinger 2008). *Deutschlandwunder. Wunsch und Wahn in der postnazistischen Kultur* (kittkritik 2007) bezieht neben Film auch populäre Musik, Hörspiele, Literatur und Fußball in eine kritische Analyse der gegenwärtigen Erinnerungskultur mit ein. Hier wie in dem bereits angeführten Sammelband *NachBilder des Holocaust*, der neben Filmen auch auf Literatur, Fotografie, Ausstellungen und zeitgenössische Kunst eingeht (Stephan/Tacke 2007a), stehen die Tradierung und das Weiterleben des Nationalsozialismus im Mittelpunkt. Zentral für die filmwissenschaftliche Beschäftigung mit der Darstellung der Shoah sind in den letzten Jahren hingegen die Sammelbände *Die Shoah im Bild* (Kramer 2003) und *Lachen über Hitler – Auschwitz Gelächter* (Frölich/Loewy/Steinert 2003) gewesen.

Markiert ist damit aber auch die Position dessen, der „zufällig entrann und rechtens hätte umgebracht werden müssen", jenes der als Häftling in den Lagern den Schrecken überlebte oder als Flüchtling der Bedrohung entkam. Köppen und Scherpe verweisen auf die fundamentale Differenz „im Erleben zwischen der ersten und zweiten Generation der Überlebenden und der der Nachgeborenen, deren ‚Nacherleben' vermittelt ist über das gespeicherte Wissen, die Rhetorik der Erzählungen und die standardisierte Ikonografie des Holocaust." (Köppen/Scherpe 1997b: 2) Die Autoren weisen darauf hin, dass diese Differenz ernst zu nehmen ist, dass sie nicht durch den Verweis darauf nivelliert werden kann, alles sei Erzählung (vgl. ebd.: 3). Darum beziehen sich meine folgenden Überlegungen immer wieder auf solche Positionen von Überlebenden wie Jean Améry oder Primo Levi oder Emigranten wie Kracauer, die sich einerseits um Ausdruck bemühen und andererseits um dessen Unmöglichkeit wissen. Jean Améry's Reflexionen über die Tortur beschreiben beispielsweise nüchtern das Erlebte und markieren gleichzeitig die Unmöglichkeit, das Erlittene erfahrbar zu machen:

> Es wäre ohne alle Vernunft, hier die mir zugefügten Schmerzen beschreiben zu wollen. War es ‚wie ein glühendes Eisen in meinen Schultern', und war dieses ‚wie ein mir in den Hinterkopf gestoßener stumpfer Holzpfahl?' – ein Vergleichsbild würde nur für das andere stehen, und am Ende wären wir reihum genasführt im hoffnungslosen Karussell der Gleichnisrede. Der Schmerz war, der er war. Darüber hinaus ist nichts zu sagen. Gefühlsqualitäten sind so unvergleichbar wie unbeschreibbar. Sie markieren die Grenze sprachlichen Mitteilungsvermögens. (Améry 1997: 63)

In Amérys Polemik gegen solche „Gleichnisrede" manifestiert sich eine Grenze der sprachlichen Kommunikation, die auf das Ereignis und seinen Charakter selbst verweist. Wie Köppen und Scherpe betonen „ist die durch die physische Gewalt erlittene Auslöschung von Geist und Zivilisation unteilbar: mitteilbar, aber nicht vermittelbar an andere [...]." (Köppen/Scherpe 1997b: 3) Wenn nun Filme diese „Vergleichsbilder" produzieren, eine auf Erinnerungseffekten beruhende Erfahrbarkeit suggerieren und somit filmische Gleichnisreden konstituieren, dann wird eben damit jene Erkenntnis über die Grenzen der Vermittlung negiert. Überführt in das Netz von Geschichtsbildern erscheint die Vergangenheit erfahrbar. Die vermeintlich ‚authentische' Abbildung löscht die Differenz aus, die der Unmöglichkeit der bildlichen oder sprachlichen Vermittlung eingeschrieben ist. Die Abbildung und die eigentlich fremde, differente, nicht wiederholbare und darum auch nicht nacherlebbare Erfahrung werden unmittelbar aufeinander bezogen und ein direkter Zugang zur Vergangenheit behauptet. Darin wird die Differenz zwischen den Nachgeborenen und denen, die den Schrecken durchlebten, getilgt. Mehr noch findet hierzulande die Aneignung durch ein „deutsches ‚Wir'" statt (ebd.).

Auf diese Weise vergleichbar und austauschbar geworden migrieren die Bilder vom Holocaust und die Geschichten von Verfolgung, Mord und Rettung in die filmischen Erzählungen über den Nationalsozialismus. Nicht zuletzt durch eine „postmodern zu kennzeichnende Situation" findet eine „Universalisierung von Trauma, Leiden und Opferstatus in allen möglichen Bezugnahmen auf den Holocaust" statt (ebd.: 4). Ich möchte im Folgenden zeigen, dass sich aktuelle deutsche Filmproduktionen über den Nationalsozialismus merkbar aus dem Fundus der Bilder und Narrative des Holocausts bedienen, um Deutsche als Opfer der Nazis und des Krieges darzustellen. Die beschriebene Ablösung vom Entstehungskontext und die damit einhergehende Pluralisierung der Bedeutungen münden schließlich in einer neuerlichen Vereindeutigung der Vergangenheit in Geschichtsbildern, die die Ikonen des Holocaust in einen filmischen Diskurs über deutsches Leiden überführt. Dies folgt nicht nur einem Wunsch nach Entlastung, sondern auch einem Bestreben nach Harmonisierung der Vergangenheit. Diese wird retrospektiv aufgespalten in das idealisierte Leben der einfachen Menschen und die nationalsozialistische Herrschaft.[3] Darin ist ein nostalgischer Bezug auf die Vergangenheit erkennbar, in der das ‚einfache Leben' der früheren Generationen als ‚Ursprungsgeschichte' der Gegenwart imaginiert wird. Ich sehe dies im Zusammenhang mit einer deutlichen Perspektivverschiebung von der (filmischen) Beschäftigung mit den (jüdischen) Opfern zu der mit den deutschen (Mit-) Tätern. Auch letztere unterlagen einem Tabu der Darstellung. Dieses jedoch war keineswegs, wie die Repräsentation von Auschwitz, Folge des spezifischen Charakters des Verbrechens. Durch diesen hat der Schrecken vielmehr eine neue, nicht kommensurable und sich den bestehenden Darstellungsmustern entziehende Qualität bekommen. Daraus konnte fälschlicherweise der Gedanke abgeleitet werden, die Shoah stelle ein Ereignis dar, das außerhalb der Menschheitsgeschichte angesiedelt werden müsse. Dagegen aber steht die Erkenntnis, dass die Verbrechen von Menschen begangen wurden, die in der Mitte Europas aufgewachsen und erzogen worden waren.

Dass man sich zunächst nicht mit dem schrecklichen Geschehen beschäftigen wollte, ermöglichte es den unmittelbar daran Beteiligten, den Mantel des Schweigens über ihre eigenen Taten auszubreiten. Dass die Täter im Film zunächst kaum dargestellt wurden, ist darum vor allem eine Folge von Verdrängung und Abwehr und erst in zweiter Linie eine Folge der Art der Verbrechen, die mit den verfügbaren Darstellungsformen nicht ins Bild gesetzt werden konnten. So ist die Tatsache, dass mit den Verbrechen auch die Beschäftigung mit den Tätern vermieden werden konnte, eher eine Folge der be-

3 | Dies hängt, wie ich im Folgenden noch genauer ausführen werde, auch damit zusammen, dass wir uns an einer Generationenschwelle befinden und die Zeitgenossen der NS-Zeit sterben. Dies macht die noch lebenden Erinnerungsträger besonders interessant. Dabei hat sich zunehmend eine unterschiedslose Begrifflichkeit durchgesetzt, die als sog. Zeitzeugen sowohl überlebende Opfer der NS-Verbrechen, als auch Zuschauer, Mitläufer und sogar ehemalige Täter fasst. Der Historiker Norbert Frei hebt dabei besonders die „massenmedialen Bemühungen um die verbliebenen Träger vermeintlich authentischer Erinnerung" hervor. Die Medien geben dazu „den Erinnerungen einzelner – auch sogenannter ‚kleiner Leute' – [...] mehr Raum [...] denn je." (Frei 2005: 390)

reits angesprochenen Latenzzeit zwischen dem Geschehenen und einer wahrnehmbaren Auseinandersetzung mit dessen Folgen. Erst in den Jahrzehnten nach dem Krieg traten immer öfter auch Täterfiguren in tragenden Rollen auf. Von zunächst meist gesichtslosen Chargen veränderte sich das Bild der Nazitäter über verschiedene Zwischenschritte bis heute. Darauf werde ich in den folgenden Kapiteln näher eingehen. Dass sie schließlich selbst als Opfer von Krieg und Nationalsozialismus erscheinen können, ist Folge eines gesellschaftlichen und kulturellen Prozesses der Umdeutung. Diesen hat Gertrud Koch schon in seinen Anfängen präzise beschrieben. Angesichts eines „neuen Heimat-Gefühl[s]" im deutschen Film fragte sie Mitte der 1980er Jahre: „Kann man naiv werden?" und konstatierte am Beispiel von Edgar Reitz' HEIMAT-Serie (BRD 1984) eine zentrale „Verschiebung der Perspektive" (G. Koch 1985: 108). Um den „Mythos Heimat" erzählen zu können, so Koch, müsse „das Trauma Auschwitz aus der Geschichte ausgeklammert werden" (ebd.: 107). Dieses „Nostalgie-Bewußtsein" (ebd.) hat sich in den aktuellen deutschen Filmen über den Nationalsozialismus fulminant durchgesetzt. In Filmen wie DER UNTERGANG, SOPHIE SCHOLL: DIE LETZTEN TAGE (D 2005, Marc Rothemund) oder NAPOLA – ELITE FÜR DEN FÜHRER (D 2004, Dennis Gansel) spielen Vernichtung und Holocaust keine Rolle mehr. Sie führen eine geisterhafte Existenz überlagert von Nachbildungen, die an die medialen Vorbilder aus Filmen wie SCHINDLER'S LIST (USA 1993, Steven Spielberg) oder THE PIANIST (F/D/UK/PL 2002, Roman Polanski) zwar erinnern, sich aber gleichzeitig von diesen lösen. Sie wiederholen und verfeinern dabei die Muster ihrer deutschen Vorgänger, die Koch in ihrem Text kritisiert: „Was in HEIMAT zu Grabe getragen wird, sind nicht die ‚einfachen Wahrheiten' der ‚kleinen Leute', daß erst das Fressen, dann die Moral kommt, sondern der schmale Konsens darüber, daß von deutscher Geschichte sich nicht reden läßt, ohne Auschwitz mitzudenken." (Ebd.: 108)

Dieser „schmale Konsens" ist heute weitgehend aufgekündigt, deutsche Geschichte findet im Film längst ohne den (expliziten) Bezug auf Auschwitz statt. Zum Code geworden findet sich der Holocaust nur noch als ‚Echo' wieder, als Materialressource für eine filmische „Wechselrahmung" (Welzer/Moller/Tschuggnall 2002: 82), mit der sich die Versatzstücke zu harmonischen Geschichten verkleben lassen. In meiner Untersuchung werde ich mich exemplarisch diesen Transformationsprozessen zuwenden. Ich definiere dazu die Gruppe neuerer deutscher Filme über die Geschichte des Nationalsozialismus und die Nachkriegszeit als filmische Geschichtsfiktionen. Darunter subsumiere ich Filme wie DER UNTERGANG, DAS WUNDER VON BERN (D 2003, Sönke Wortmann), NAPOLA und SOPHIE SCHOLL, sowie TV-Events wie DRESDEN (D 2006, Roland Suso Richter) oder DIE FLUCHT (D 2007, Kai Wessel). Kennzeichnend für diese filmischen Geschichtsfiktionen ist die Verbindung einer geschlossenen, Authentizität suggerierenden Handlung mit intertextuellen Verweisen auf Filme unterschiedlicher Kontexte (deutsche Kriegsfilme oder Opfermelodramen der 1950er Jahre, die ‚Hitler-Welle' der 1970er Jahre oder internationale Filme über den Holocaust) und einem nostalgischen Bezug auf die Vergangenheit.

Meine Analyse ist dabei von folgenden Annahmen geleitet: Ich gehe davon aus, dass die erinnerungskulturelle Verschiebung von Tätern zu Opfern eine Entsprechung in der transgenerationellen Tradierung von Familiengeschichte findet. Diese wiederum bietet ein Erzählmodell für die neueren filmischen Geschichtsfiktionen, denen die Tendenz zu geschlossenen Geschichten zugrunde liegt. Diese narrativen Schließungen vollziehen auch eine nachträgliche Sinngebung. Damit wird ein lineares und kausales Erzählprinzip generiert, das Brüche im Bezug auf die Vergangenheit negiert oder lediglich in konventionalisierter und damit nicht verstörender Form integriert. Eine zunehmend konventionalisierte postmoderne Ästhetik, die auf trans- und intertextuellen Strukturen, stereotypen Formen und Nachbildungen beruht und sich in die geschlossenen Erzählungen einfügt, begünstigt die Verfestigung der filmischen Darstellungen in Geschichtsbildern, die sich ablösen und durch die mediale Kultur migrieren können. Daran anknüpfend adaptieren die filmischen Geschichtsfiktionen über den Nationalsozialismus Bilder und Narrative des Holocaust und transformieren diese in deutsche Opfergeschichten. Die Vergangenheit erscheint damit nicht mehr konfrontativ und unerlöst, sondern wird mit gegenwärtigen Selbstwahrnehmungen harmonisiert.

Um diese Entwicklung anhand der hier zu untersuchenden Filmbeispiele nachzuzeichnen und zu analysieren, werde ich zunächst im Kapitel *Holocaust und Nationalsozialismus im medialen Gedächtnis* die gesellschaftlichen, politischen und ästhetischen Rahmenbedingungen erläutern. In diesem Zusammenhang definiere ich auch meinen filmischen Untersuchungskorpus und gehe auf die Konstitution des medialen Gedächtnisses ein. Dem Kapitel *Geschichte und ihre Nachbildung* stelle ich einige grundlegende Überlegungen zu Geschichte und Geschichtsschreibung voran und erläutere das Prinzip der narrativen Schließung. Dies leitet über zur Diskussion der postmodernen Ästhetik. Davon ausgehend stelle ich die transgenerationelle Tradierung von Erinnerung als Erzählmodell und das Prinzip der Postmemory als Analyseinstrument vor.

Daran anschließend werde ich in *Monumente der Erinnerung – Bilddokumente als Modelle* Fotografien und Filmaufnahmen aus der Zeit des Nationalsozialismus und von der Befreiung der Lager als ‚Vorbilder' der medialen Nachbildungen vorstellen. Daran knüpfen die Analysen der Filme an. In dem Kapitel *Filmische Geschichtsfiktionen* stehen die Erzählstrukturen im Zentrum der Aufmerksamkeit. Ausgehend von klassischen Erzählformen über Dokudrama und Authentizitätsfiktionen nähere ich mich der Definition der filmischen Geschichtsfiktionen an und untersuche diese exemplarisch am Beispiel von Das Wunder von Bern. Im nächsten Kapitel *Filmische Geschichtsbilder* analysiere ich die visuellen Strukturen. Insbesondere die visuellen Nachbildungen stehen dabei im Zentrum und werden an den Beispielen The Pianist, Schindler's List und La Vita è Bella (I 1997, Roberto Benigni) diskutiert. In einem weiteren Abschnitt gehe ich exemplarisch auf die visuelle Repräsentation der Konzentrationslager ein und kontrastiere dies mit Beispielen, die sich der Eindeutigkeit der Bilder zu entziehen versuchen. Exemplarisch zeige ich die Migration der Bilder am Beispiel von Der Untergang.

Im letzten Analysekapitel zu *Filmischen Geschichtsfiguren* wende ich mich den Charakteren und Figuren zu. Ich untersuche dazu die Darstellung der Täter und der Opfer und diskutiere das Stereotyp des ‚guten Deutschen', sowie die Darstellung von Frauen und Kindern in Filmen über Holocaust und Nationalsozialismus. Die Figurendarstellung untersuche ich im Anschluss daran exemplarisch an dem Fernsehfilm Dresden.

Obwohl ich Filme aus unterschiedlichen nationalen Produktionskontexten untersuche und diskutiere, lege ich dabei den Schwerpunkt auf die deutsche Gesellschaft nach der Einigung von 1990 als kulturellen, politischen und familiären Resonanzraum. Was ich in den folgenden Kapiteln als ästhetische Phänomene der Verschiebung, Ablösung und Umkehrung diskutiere, findet seine Entsprechung im gesellschaftlichen und politischen Selbstverständnis der vereinten Bundesrepublik und seiner Bevölkerung. Dass die in meiner Untersuchung am Beispiel der kulturellen Produktion, ihrer Wahrnehmung und Tradierung beschriebene Migration, Wandlung und Vereindeutigung von Geschichtsbildern heute kaum noch national begrenzt gefasst werden kann und sich auch und gerade die Erinnerung an die nationalsozialistischen Verbrechen in einem transnationalen und damit universalisierbaren und zunehmend kontextlosen Raum verschiebt, muss daher in den folgenden Analysen mitgedacht werden. Die Spezifik dieser Universalisierung kann leider nicht eingehender analysiert und diskutiert werden, wenngleich sich ihre Mechanismen auf dieselben Strukturen beziehen lassen, die in meinen Analysen Gegenstand der kritischen Auseinandersetzung werden (vgl. Ebbrecht 2010a).

Der Beginn meiner Auseinandersetzung mit der Darstellung und Wirkung der Shoah datiert bereits mehr als ein Jahrzehnt zurück. Dabei spielten gesellschaftliche und politische Aspekte, wie die fortdauernde Konfrontation mit Antisemitismus und einer noch immer erschreckend häufigen Leugnung des Holocaust eine wichtige Rolle.

Bei dieser langjährigen Beschäftigung haben mich viele Menschen begleitet, unterstützt, gefördert oder gefordert, die ich hier nicht namentlich aufführen kann, bei denen ich mich aber für den anregenden Gedankenaustausch bedanken möchte. Für die Möglichkeit, diese Untersuchung in den vergangenen Jahren zu realisieren, gebührt insbesondere der *Hochschule für Film und Fernsehen Konrad Wolf* in Potsdam, namentlich ihrem Präsidenten Dieter Wiedemann, großer Dank. Auch bei den MitarbeiterInnen der Bibliothek und Mediathek der Hochschule, die mir jederzeit bei der Beschaffung von Büchern, Filmen und anderen Materialien behilflich waren, möchte ich mich bedanken, sowie bei meinen KollegInnen Arne Brücks, Susanne Eichner, Mariann Gibbon, Dagmar Hoffmann, Jesko Jockenhövel, Lothar Mikos, Elizabeth Prommer, Martina Schuegraf, Claudia Töpper, Christoph Wahl, Michael Wedel, Claudia Wegener, Natália Wiedmann, Peter Wuss, Yulia Yurtaeva und den Studierenden meiner Seminare, die mich tatkräftig mit Anregungen und Kritik unterstützt haben.

In den Jahren 2006 und 2008 habe ich freundlicherweise Kongress- und Forschungsstipendien der *Deutschen Forschungsgemeinschaft* bewilligt bekommen, die mir Rechercheaufenthalte in den USA ermöglicht haben. In diesem Zusammenhang möchte ich den MitarbeiterInnen der Filmabteilung des *US Holocaust Memorial Museum* in Washington, DC sowie der *US National Archives* in College Park für ihre Unterstützung danken. Ein Stipendium der *Minerva-Stiftung* hat mir im Sommer 2008 einen Forschungsaufenthalt in Israel ermöglicht. Hier konnte ich u.a. in der Gedenkstätte *Yad Vashem* Material für meine Arbeit sichten. Für seine Unterstützung dabei danke ich insbesondere Daniel Uziel vom *Yad Vashem* Fotoarchiv. Mein Dank gebührt außerdem Doron Avraham, Noa Mkayton und Daniel Rozenga von der *International School for Holocaust Studies*, die mir die Möglichkeit gegeben haben, meine Forschungsergebnisse im Rahmen von Fortbildungsseminaren in Jerusalem vorzustellen. Außerdem möchte mich bei meine KollegInnen Ilan Avisar, Lawrence Baron, Erin Bell, Jeanpaul Goergen, Ann Grey, Judith Keilbach, Yvonne Kozlowsky-Golan, Uta Larkey, Steve Lipkin, Derek Paget und Matthias Steinle, bedanken, die mich durch Korrekturen, Anregungen und Möglichkeiten zur Veröffentlichung, Vorträgen oder Teilnahme an Konferenzen gefördert und unterstützt haben. Ferner gebührt mein Dank auch allen anderen FreundInnen, KollegInnen und Institutionen, die mich zu Konferenzen oder Vorträgen eingeladen haben und mich dadurch dazu angeregt haben, weitere Nebenpfade meines Forschungsgebietes zu betreten.

Ganz besonderer Dank gilt meinem Kollegen Thomas Schick, der mir nicht nur immer den Rücken frei gehalten hat, damit ich Zeit hatte, an meiner Arbeit zu schreiben, sondern diese auch aufmerksam und gründlich gelesen und mit vielen Anregungen verbessert hat. Auch Till Harning, Johanna Müller, Herbert Niehoff, Dorothee Wein und Sonja Witte haben die Arbeit ganz oder in Teilen gelesen und durch ihre freundschaftliche Kritik und ihre stete Motivationsarbeit zu ihrem Gelingen beigetragen. Ganz besonders möchte ich mich bei Renate Hefter dafür bedanken, dass sie in kürzester Zeit meine Arbeit gelesen und mir mit Korrekturen und Anregungen bei der Realisierung geholfen hat. Und ohne die fortwährende Ermunterung und geduldige Unterstützung durch Gertrud Koch, die TeilnehmerInnen ihres Kolloquiums an der *Freien Universität Berlin* und das engagierte Interesse Régine-Mihal Friedmans hätte ich diese Arbeit sicher nicht beenden können.

Der Druck der Arbeit wurde freundlicherweise von der *Ursula Lachnit-Fixson Stiftung* und der *Buber-Rosenzweig-Stiftung* unterstützt. Für die Gestaltung der Grafik auf dem Buchumschlag danke ich Liz Elsby, für die Betreuung der Veröffentlichung den MitarbeiterInnen des *transcript-Verlags*.

Abschließend möchte ich mich bei meiner Familie, Günter, Helene und Sebastian Ebbrecht, dafür bedanken, dass sie mir den nötigen Halt und Zuspruch zur Realisierung dieser Arbeit gegeben haben, sowie bei Cäcilie, Peter, Simone, Nicole und Niclas Hartmann, die mich mit offenen Armen bei sich aufgenommen und unterstützt haben. Schließlich hätte ich dieses Unternehmen vielleicht auf halber Strecke abgebrochen, wenn mir Deborah Hartmann nicht durch Ansporn, Neugier und Kritik gezeigt hätte, wie relevant meine Überlegungen sind.

Holocaust und Nationalsozialismus im medialen Gedächtnis

Um die Entstehung von Nachbildungen des Holocaust und die Wirkung filmischer Geschichtsfiktionen über den Nationalsozialismus zu verstehen, ist der Bezug auf Geschichte und Geschichtsschreibung in mehrfacher Hinsicht unerlässlich. Zum einen geht es dabei um die Auseinandersetzung mit dem historischen Ereignis, dem nationalsozialistischen Massenmord an den Juden, den Detlev Claussen einmal als das „Unbegreifliche, das es zu begreifen gälte" beschrieben hat (Claussen 1994: 9). Zum anderen geht es aber auch um die Vermittlung von Geschichte im Medium des Films, die wiederum eine eigene geschichtliche Spur hinterlässt. Diese Vermittlungsgeschichte, die „zweite Geschichte des Nationalsozialismus" (Reichel 2004: 157), steht im Mittelpunkt der folgenden Darstellungen. Sie stellt sich als Film- und Kulturgeschichte ebenso dar, wie als Geschichte der Erinnerungskultur und Geschichtspolitik, ist aber – insbesondere in ihrem reflexiven Nachvollzug – von den historischen Ereignissen nicht zu trennen, die heute meist mit dem Begriff *Holocaust* bezeichnet werden. Ich verwende bewusst den Begriff „Holocaust" und setze dabei die notwendige Kritik an diesem Begriff als bekannt voraus (vgl. Young 1997: 145ff.). Ich halte nicht, wie Giorgio Agamben kritisiert, aus „Unwissen oder Mangel an Sensibilität" am Begriff ‚Holocaust' fest (Agamben 1998: 28). Vielmehr geht es mir in meiner Untersuchung genau um das, was im kritischen Sinne mit diesem Wort bezeichnet wird, nämlich die massenmedial und in der Populärkultur kommunizierte Form, die der Massenmord an den europäischen Juden angenommen hat. Wie Detlev Claussen angemerkt hat, entspricht dieser Begriff anders als beispielsweise der Name Auschwitz „massenmedialer Kommunizierbarkeit – er verschlüsselt ein offenes, aber schwer erträgliches Geheimnis zu einer vielfach benutzbaren Hieroglyphe." (Claussen 1996: 84) Genau genommen geht es mir in meinen Analysen also nicht um das durch den Begriff Holocaust tatsächlich unzureichend markierte historische Ereignis, sondern um dessen kulturelle Bearbeitung bzw. mediale ‚Verzerrung'. Wenn ich vom Mord an den europäischen Juden durch die Deutschen als einem historischen Ereignis spreche, bemühe ich mich hingegen, dies durch die Verwendung der Begriffe ‚Shoah' oder ‚Auschwitz' deutlich zu machen. An die nationalsozialistischen Verbrechen muss man sich gewissermaßen durch die Bearbeitungen und Verzerrungen ihrer vielfältigen Darstellungen hindurch annähern. Dieser Weg führt durch die massenmedial tradierten Bilder hindurch. Auf diese Weise können wir uns einerseits deren Ordnung und Fixiertheit andererseits ihre Veränderbarkeit, ihre Kontexte sowie ihren notwendig unvollständigen Charakter bewusst machen.

ZEUGNIS ABLEGEN

Bereits Friedrich Schiller hat die Notwendigkeit der Aufzeichnung von Erinnerungen über vergangene Ereignisse als Voraussetzung dafür betont, diese für die Nachwelt festzuhalten. Dafür ist die zeichenhafte Fixierung des Vergangenen eine wesentliche Vorraussetzung. Mehr noch ist sie notwendig, um überhaupt einen Zeugen der Ereignisse zu konstituieren, denn „[u]nzählig viele dieser Ereignisse haben entweder keinen menschlichen Zeugen und Beobachter gefunden oder sie sind durch kein Zeichen festgehalten worden." (Schiller 2006: 21) Erst mit der Erfindung der Sprache sei es gelungen, so Schiller in der Antrittsvorlesung, die er 1789 an der Universität Jena hielt, „geschehene Dinge auszudrücken und weiter mitzuteilen" (ebd.). Diese Mitteilung aber – generationenübergreifend tradiert „durch den unsichern und wandelbaren Weg der Sagen" – führte zur Veränderung des Erinnerten: „Von Munde zu Munde pflanzte sich eine solche Begebenheit durch eine lange Folge von Geschlechtern fort, und da sie durch Media ging, die verändert werden und verändern, so musste sie diese Veränderung miterleiden." (Ebd.: 21f.)

Nicht viel anders verhält es sich mit den heutigen Massenmedien. Wie die Schrift, die Schiller als Beispiel anführt, sind zwar auch diese „nicht unvergänglich" (ebd.: 22). Heute dienen sie aber dennoch als wichtige Mittler von Geschichte. Einerseits bilden sie ein „Aggregat von Bruchstücken", in denen die Geschichte erscheint. Andererseits vollziehen sie den Prozess des Ordnens: „durch künstliche Bindungsglieder" werden die Bruchstücke „verkettet" und das „Aggregat zum System" erhoben. Was Schiller dem von Vernunft geleiteten „philosophische[n] Verstand" zuschrieb, wird in den audiovisuellen Medien Film und Fernsehen nahezu automatisiert vermittelt, sowohl den Gesetzen des Mediums als auch den gesellschaftlich vermittelten Anforderungen an Geschichte folgend. In diesem scheinbar automatisierten Vorgang wird das Vergangene mit dem Gegenwärtigen verknüpft (vgl. ebd.: 25). Die „Harmonie", in der die Vergangenheit erscheint, ist somit eine hergestellte.

Wenn Schiller anmerkt, viele vergangene Ereignisse hätten keinen Zeugen gefunden und seien daher nicht festgehalten worden, dann bezieht er sich damit auf die Zeit vor der fixierbaren menschlichen Überlieferung durch die Sprache. In schrecklich entstellter Weise wiederholten die Nazis diese Erinnerungslosigkeit, indem sie bewusst und geplant mitten im Zeitalter der Moderne die organisiert durchgeführte Vernichtung der Juden als ein Ereignis *ohne Zeugen* zu realisieren versuchten. Dazu lösten sie unter anderem die Verbindung zwischen beschreibendem Begriff und beschriebenem Ereignis auf. Ein Begriff wie ‚Endlösung' diente als Euphemismus für den Massenmord.

Aber mehr noch stellte er eine Derealisierung der Wirklichkeit dar und löste den Bezug zur wahrnehmbaren Welt und den mit dieser verbundenen moralischen Vorstellungen auf.[1] Indem sie den Zusammenhang zwischen Begriff und Sache auflösten, schufen sie einen begrifflichen Schutzwall zwischen sich und ihren mörderischen Taten und machten diese in ihrer Selbstwahrnehmung kompatibel mit ihrem Selbstbild (vgl. Agamben 1998: 44).

Die Nazis machten ihre Taten zu einem Schauspiel begriffsloser Begriffe und referenzloser Zeichen. Indem sie die Basis ihrer Kommunizierbarkeit zerstörten, versuchten sie es auch ihren Opfern unmöglich zu machen, das ihnen Geschehene auszudrücken. Die Vernichtung sollte total sein. Kein Zeuge sollte darüber berichten können, kein Zeugnis, keine Fotografie, kein Schriftstück sollte die Verbrechen überdauern. Darum dokumentierten die Opfer bereits in den Ghettos und Lagern die Verbrechen und legten auf diese Weise als Akt des Widerstandes gegen ihre Entsubjektivierung Zeugnis ab. Das Zeugnis ist die Verteidigung der Subjektivität an dem Ort, an dem die Kontingenz des Selbst – auch in Form seiner Selbstbeschreibung – ausgelöscht werden sollte. Daher kann Auschwitz sowohl als Negation der sprachlich vermittelten Erinnerung als auch als deren bleibende Notwendigkeit gesehen werden. Vor diesem Hintergrund verwundert es nicht, dass Primo Levi, Überlebender von Auschwitz, dem Thema „Kommunikation und Verständigung“ einen eigenen Aufsatz gewidmet hat, der genau diese Schwierigkeit beschreibt, die Sprache und mit ihr das Denken und Verstehen dort zu bewahren, wo sie einerseits auf rudimentärste Wortbedeutungen reduziert und andererseits ihrer kommunikativen Funktion beraubt worden war (vgl. Levi 1990: 90ff.).

Für meine Beschäftigung mit den visuellen Formen der Erinnerung an Nationalsozialismus und Holocaust ist der Bezug auf die Sprache und das Zeugnis von zentraler Bedeutung. Damit möchte ich mich einerseits von einer zur bloßen Formel erstarrten ‚Unsagbarkeit‘ des „beschreibbar Unbeschreiblichen“ absetzen, wie sie bereits in der Vergangenheit von einigen Autoren kritisiert wurde (vgl. G. Koch 1992, Didi-Huberman 2007b). Andererseits verschiebt meine Untersuchung, einem Gedanken Primo Levis folgend, den Fokus auf das *wie*, auf die Formen, Materialien und Urheber der Überlieferung: „Die geringe Zuverlässigkeit unseres Gedächtnisses wird erst dann zufrieden

1 | Die Tatsache, dass das Wahrnehmungssystem der Nazis in einer Auslöschung der Referenz bestand und damit in einem Verlust von Welterfahrung, erklärt vielleicht auch Giorgio Agambens Hinweis, „daß die SS-Leute sich fast ausnahmslos als unfähig erwiesen, Zeugnis abzulegen." (Agamben 1998: 68) In diesem Sinne verweigerten sich die Nazis der „Logik der Erinnerung", die Aleida Assmann beschreibt: „um mich an etwas erinnern zu können, brauche ich eine Gedächtnisspur. Um eine Gedächtnisspur zu haben, muss zuvor etwas wahrgenommen und gespeichert worden sein, was dann später als Erinnerung wieder abgerufen werden kann. An blinde Flecken kann man sich nicht erinnern." (A. Assmann 2003: 129) Provokativ gesagt, ist die Leerstelle als Symptom für die spezifische Weltwahrnehmung der Nazis bereits konstitutiv, die mit der sprachlichen Darstellung notwendig auch jede Form von Moral und Gewissen eliminierten.

stellend erklärt sein, wenn wir wissen, in welcher Sprache, in welchem Alphabet es geschrieben ist, auf welches Material und mit welcher Feder." (Levi 1990: 19)

Levis Bezug auf die Materialien, Verfahrensweisen und Instrumente der Darstellung verweist darauf, dass nicht nur ihr Inhalt, sondern auch ihre Darstellungsformen etwas über die Vergangenheit und den Umgang mit ihr mitteilen. Gleichzeitig sprechen visuelle Repräsentationen immer nur indirekt über die historischen Ereignisse. Durch die Untersuchung ihrer medialen Vermittlungsformen wird unsere Aufmerksamkeit zunehmend vom historischen Ereignis, der Shoah, weggelenkt und auf ihre Darstellungen verschoben. Um den Bezug auf das historische Verbrechen nicht aus dem Blick zu verlieren, versuche ich die Ereignisse und ihre nicht abreißenden Auswirkungen auf unsere Gegenwart durch ihre medial vermittelten Darstellungen hindurch nachzuvollziehen. Auch bei der Diskussion und Analyse von Darstellungsformen suche ich daher nach einem Zugang zum historischen Ereignis und seinen Nachwirkungen. Viele Untersuchungen über die Darstellung des Holocaust in Film und Fernsehen folgen hingegen der Tendenz, den Untersuchungsfokus vollständig von den Ereignissen auf ihre mediale Vermittlung zu verschieben. Auf diese Weise werden die Verbrechen, aber auch die auf diese zurückweisenden persönlichen Erinnerungen und Erfahrungen diskursiviert und historisiert. Solche Untersuchungen verlieren in der Darlegung der strukturalen Ordnung von Gedächtnis und Erinnerung ihren Gegenstand, die Shoah, nahezu vollständig aus dem Blick. Diese wird zunehmend zum Material, zu einem mehr oder weniger zufällig gewählten Ausgangspunkt in einer Fülle von anderen schrecklichen oder prägenden Ereignissen in der Weltgeschichte. Solche Beschränkung auf die Darstellungs*formen* verschiebt das Nachdenken über Auschwitz zur ausschließlichen Beschäftigung mit seiner Darstellung.[2] Ich versuche mich hingegen durch die medialen Vermittlungsformen hindurch den Spuren des Vergangenen in der Gegenwart anzunähern. Diese ermöglichen keinen direkten Bezug zum Ereignis, sondern fordern eine konfrontative Auseinandersetzung mit dem eigenen Nachdenken über Auschwitz. Denn in ihren Formen schaut uns Geschichte an, wie wir sie gerne sehen möchten und gleichzeitig liegt in ihrer Darstellung negativ jenes noch immer unaufgelöste und verstörende Moment beschlossen, das die Geschichte der Shoah als eine unabgeschlossene Vergangenheit ausweist. So lässt sich in ihren Darstellungen auch das lesen, was nicht in ihnen selbst enthalten ist, was als Spur jedoch vorhanden ist und dadurch das Versprechen auf Abgeschlossenheit negiert. In den Blick geraten dann gerade das Unvollständige, das Poröse, das Durchlässige und nicht das Definitive wie Walter Benjamin und Asja Lazis in ihren *Denkbildern* betonen. In ihrer Beobachtung der italienischen Stadt Neapel heißt es:

2 | Eine signifikante und weiterhin aktuelle Ausnahme bilden Gertrud Kochs Ausführungen in *Die Einstellung ist die Einstellung*, die daher einen wichtigen Bezugspunkt für die vorliegende Untersuchung darstellen (vgl. G. Koch 1992).

> Porös wie dieses Gestein ist die Architektur. Bau und Aktion gehen in Höfen, Arkaden und Treppen ineinander über. In allem wahrt man den Spielraum, der es befähigt, Schauplatz neuer unvorhergesehener Konstellationen zu werden. Man meidet das Definitive, Geprägte. Keine Situation erscheint so, wie sie ist, für immer gedacht, keine Gestalt behauptet ihr ‚so und nicht anders'. (Benjamin/Lazis 1991: 309)

Benjamin und Lazis beziehen sich aufgrund ihrer Skepsis gegenüber dem Definitiven zwar ähnlich wie Schiller ebenfalls auf Geschichte als „Aggregat von Bruchstücken". Doch diese Porosität soll sichtbar bleiben und nicht harmonisierend geordnet werden. Die Harmonisierung wird durch einen anderen Zugang vermieden. Das Denken in Konstellationen kehrt die Tendenz zum Geprägten und Definitiven um und sondert die einzelnen Teile als Bestandteile eines *Spielraumes*. Auch die Medien Film und Fernsehen bilden einen solchen Spielraum im doppelten Sinne. Sie schaffen im Abstand zwischen Nachbildung und ihrer Anschauung einen Spielraum für das Denken und die Wahrnehmung, und sie schaffen in einem ganz wörtlichen Sinne Raum zu einer neuen Aufführung des Vergangenen. Aber nur wenn hinter ihren Ordnungsprinzipien auch das Poröse dieses Raumes sichtbar wird, können wir die vom Gegenwärtigen geprägten Erinnerungen als dessen ‚Baumaterial' wahrnehmen und analysieren. Suggeriert hingegen der mediale Erinnerungsraum Abgeschlossenheit und Vollständigkeit, werden wir in ihm nichts erkennen als vorgeprägte und abschließend gedeutete Geschichtsbilder. Zwischen diesen beiden Möglichkeiten der audiovisuellen Ebenen bewegt sich meine Untersuchung. Sie analysiert die Repräsentationsweisen der audiovisuellen Medien, um hinter ihre Ordnungen zu gelangen. Die Vergangenheit von Holocaust und Nationalsozialismus findet sich aber, zumindest in den hier untersuchten filmischen Geschichtsfiktionen, zumeist als fixiert und abgeschlossen wieder, Brüche und die Eröffnung „neuer unvorhergesehener Konstellationen" sucht man in der Regel vergeblich.

Daher möchte ich zeigen, wie durch die wiederholte Verwendung fixierter und invarianter Bilder, Erzählformen und Figuren filmische Nachbildungen der Vergangenheit entstehen, die dem Wunsch nach ihrer abschließenden Deutung entsprechen. Dabei kann ich nur indirekt auf das Potential verweisen, das den audiovisuellen Medien als Schlüssel zum Vergangenen auch zukommen könnte. Aufzeigen werde ich dies implizit durch meine Untersuchungsmethode und an bestimmten Momenten in Filmen, die das Poröse, von dem Benjamin und Lazis sprechen, erahnen lassen. Dass Filme und andere audiovisuelle Medien einen harmonisierenden und nicht einen konfrontativen Zugang zur Geschichte wählen, liegt dabei in erster Linie in gesellschaftlichen, politischen und erinnerungskulturellen Rahmenbedingungen begründet, weniger in einer grundsätzlichen Unzulänglichkeit des Mediums. Wie Gertrud Koch betont, resultieren die Darstellungsprobleme der Shoah aus der an das Ereignis anschließenden Deutung, „ihrer Intentionalität" (G. Koch 1992: 125):

Das Ereignis der Massenvernichtung ist weder im visuellen, noch im sprachlichen Beschreibungssystem so zu fassen, daß ein Lexikon entstehen würde, an dem die Extension des Ereignisses und ein Beschreibungssystem deckungsgleich zusammenfallen könnten. Darstellungen gleich welcher Art (ob revisionistisch-historiographische oder unzureichend fokussierte ästhetische), die als unangemessen erscheinen, sind vorrangig die, die intentional gegen das verstoßen, was wir bereits an Wissen über die historischen Ereignisse haben; auf dem Hintergrund eines als unzureichend erfahrenen Wissens- und Verstehenspotential freilich erscheinen alle Darstellungen als unangemessen. Die globale Metapher von der Undarstellbarkeit der Massenvernichtung ist primär eine Aussage über die Ereignisstruktur selber, nicht über die spezifischen Probleme der Darstellung. (Ebd.)

Man könnte anfügen, dass sich diese ‚Unangemessenheit' auch in einer spezifischen Ästhetik ausdrücken ließe, sei es, indem Darstellungsweisen bewusst gegen die Darstellungskonventionen verstoßen und so den Blick der Zuschauer gleichsam ‚fremd' stellen, oder dass sie Unzulänglichkeit und Unangemessenheit in ihre Erzählstruktur mit Hilfe reflexiver Spiegelungsprozesse mit aufnehmen. Damit möchte ich keine ‚richtige' Ästhetik nach Auschwitz einfordern, sondern die bestehenden Darstellungsweisen als Ausdruck jener Eindrücke auffassen, die die Vergangenheit noch heute in unserer Gegenwart hinterlässt. Entgegen der Suggestion ihrer filmischen Repräsentation bleibt sie auf diese Weise unabgeschlossen und höchst lebendig.

Auch mehr als sechzig Jahre nach dem Ende des Zweiten Weltkrieges stellen Nationalsozialismus und Holocaust ein historisch, kulturell wie auch medial reichhaltig bearbeitetes Thema dar. Unzählige Erlebnis-, Leidens- und Zeugenberichte sowie Erfahrungen von Täterkindern und Berichte von Überlebenden[3] sind in den vergangenen Jahren erschienen, zahlreiche neue Filme, Fernsehdokumentationen und Dokumentarreihen nicht nur zu Jahrestagen produziert worden. Gleichzeitig befinden wir uns an einer wichtigen Schwelle in der Weitergabe der Erinnerungen an die Verbrechen des Dritten Reiches und der Erfahrungen derjenigen, die die Konzentrations- und Vernichtungslager durchlitten und von ihnen stellvertretend für die millionenfach Ermordeten zeugen. Die Tatsache, dass mit den letzten Überlebenden auch

3 | Dieser Begriff ist in den vergangenen Jahren bis zur Unkenntlichkeit verwässert worden. Als Überlebende werden zunehmend alle Zeitgenossen bezeichnet, die eine bestimmte Zeit, Epoche oder ein schreckliches Ereignis ‚überlebt' haben. So wurde der Begriff auch auf deutsche Zuschauer, Mitläufer und Täter übertragen. Dies wird am Beispiel des Films DRESDEN (D 1006, Roland Suso Richter) im Kapitel über ‚Filmische Geschichtsfiguren' genauer erläutert. Im philosophischen Diskurs ist der ‚Überlebende' zu einer metaphorischen Figur geworden, die das Leben, bzw. ‚Überleben', in der Moderne kennzeichnen soll. Ich werde den Begriff ausnahmslos für jene verwenden, die von den Nationalsozialisten zu weltanschaulichen Gegnern gemacht wurden, die ausgegrenzt, vertrieben, beraubt, deportiert oder vernichtet wurden.

die lebendige Erinnerung an die Shoah schwindet (vgl. Kertész 1999: 65), hat seit einiger Zeit eine Debatte über zukünftige Formen der Vermittlung dieser Erinnerungen angestoßen.

Auch die letzten Täter sterben, vielfach ohne jemals für ihre Verbrechen bestraft worden zu sein. Manche von ihnen erzählen heute ihre Lebensgeschichten in die Fernsehkameras, zumeist selektiv als ,Zeitzeugen' nicht als Angeklagte. Die Zeugen der Verbrechen und die Zuschauer, Mitläufer und Täter und ihre divergierenden Standpunkte werden auf diese Weise formal gleich gemacht und ihre unterschiedlichen Perspektiven in einem um seine juristische Bedeutung bereinigten Begriff der Zeugenschaft harmonisiert. Verloren geht dabei auch die Bedeutung des Zeugen als Stellvertreter, als der, der für jene spricht, die nicht mehr sprechen können, die Ermordeten.

Filme und Fernsehsendungen werden hingegen zunehmend zu historisierenden ,Ersatzerinnerungen', die die ,lebendige Erinnerung an den Holocaust' ergänzen und teilweise ersetzen sollen. Solche Prozesse der Weitergabe und der daraus folgenden Verfestigung von Erinnerungen zu Erinnerungsstereotypen beschreibt Primo Levi in seinen Reflexionen *Die Untergegangenen und die Geretteten*:

> Gewiß, Übung, das heißt in unserem Fall die häufige Vergegenwärtigung, hält die Erinnerung frisch und lebendig, genauso wie man einen Muskel leistungsfähig erhält, wenn man ihn oft trainiert; aber es ist ebenso wahr, dass eine Erinnerung, die allzu oft heraufbeschworen und in Form einer Erzählung dargeboten wird, dahin tendiert, zu einem Stereotyp, das heißt zu einer durch die Erfahrung getesteten Form, zu erstarren, abgelagert, perfektioniert und ausgeschmückt, die sich an die Stelle der ursprünglichen Erinnerung setzt und auf ihre Kosten gedeiht. (Levi 1990: 20)

Elemente dessen, was Levi hier beschreibt, charakterisiert, wenngleich in einem völlig anderen Zusammenhang, auch medial vermittelte Erinnerungen. Diese können sich allerdings nicht auf eigenes subjektives Erleben des Ereignisses stützen. In ihrer wiederholten Repräsentation des Vergangenen speisen sie sich aus einem Reservoir von Berichten, Erzählungen, Dokumentationen, Fotografien und Filmen über Holocaust und Nationalsozialismus, in das sie wieder neue Bilder einspeisen. Auf diese Weise bilden sich konventionalisierte Erzählformen heraus. Es entsteht das, was Levi als *Erstarrung* bezeichnet. Das von Levi beschriebene Erinnerungstraining und die Erstarrung durch Stereotypenbildung verdeutlichen eine Grundstruktur von Erinnerung überhaupt, aber auch eine Grundstruktur der Filmwahrnehmung. Solch konventionalisierte, das Filmverstehen erleichternde Muster werden insbesondere durch die Formen des populären Genrekinos vermittelt, in das auch der Holocaust als Thema integriert wurde. In diesem Kontext werden auch emotionale Besetzungen vermittelt, was für die Frage nach der Annahme von emotional besetzten Nachbildungen der Vergangenheit ebenfalls von Bedeutung ist. Spätestens mit der Fernsehserie HOLOCAUST rückten auch die Fragen nach den Genres der Populärkultur, mit deren Hilfe die Geschichte des Holocaust erzählt wird, ins Zentrum der Aufmerksamkeit. Bei der Diskussion über die Serie stand die Frage nach der Perspektive im Mittelpunkt: das empathische Miterleben mit den jüdischen Opfern, das mit Hilfe populärkultureller Darstellungsformen und Genreelemente insbesondere in der Bundesrepublik einen Paradigmenwechsel hin zur Beschäftigung mit den jüdischen Erfahrungen während der Shoah einleitete.

PERSPEKTIVWECHSEL

Bezogen auf die filmische Darstellung von Holocaust und Nationalsozialismus hat sich auf der Basis jener populärkulturellen Erzählformen seit Beginn der 1990er Jahre eine erneute Transformation vollzogen, die zu einer wachsenden Dominanz von Nachbildungen geführt hat, die nicht auf die historischen Ereignisse verweisen, sondern auf medial tradierte Bilder und Narrative. Am Beispiel von SCHINDLER'S LIST spricht Michael Jeissmann von einer „Emotionalisierung ohne eigene Erfahrung" (Jeissmann 2001: 156). Tatsächlich kann Spielbergs Erfolgsfilm als signifikanter Ausdruck solcher Verfahren interpretiert werden, die sich einerseits auf stereotype Formen, Schemata und intertextuelle Anspielungen stützen, andererseits aber einen Eindruck von Authentizität und Geschlossenheit der Geschichtserzählung anstreben, durch den ein abgeschlossenes Geschichtsbild kommuniziert wird. Diese Form sekundärer Erinnerung manifestiert sich politisch, intergenerationell und ästhetisch. Zusammengenommen sind diese Ebenen konstitutiv für die Erinnerungskultur in Deutschland.

Auf der *politischen Ebene* hat sich mit der Vereinigung beider deutscher Nachfolgestaaten des Dritten Reiches 1990 auch ein Perspektivwechsel im Blick auf die Geschichte und im Umgang mit ihr vollzogen. Die bereits in den 1980er Jahren vorbereitete Hinwendung zu einer Anerkennung der historischen Fakten und der aus ihnen resultierenden historischen Schuld der Deutschen zusammen mit der Integration von Elementen aus der geschichtskulturellen Identität der DDR, die auf einem proklamierten Antifaschismus beruhte, führte zu einer Abkehr von der seit den 1950er Jahren dominierenden Verdrängung und Abwehr der nationalsozialistischen Vergangenheit. Die Umkehr der Prämissen, von der Niederlage zur Befreiung, die 1985 die Rede des damaligen westdeutschen Bundespräsidenten Richard von Weizsäkker als geschichtspolitische Zäsur vollzog, führte in den Jahren nach 1990, im Zuge einer Neudefinition des nationalen Selbstverständnisses der wiedervereinigten Deutschen und einer daraus resultierenden neuen nationalen Ungezwungenheit, zu einer Tendenz, „den Nationalsozialismus abermals aus der deutschen Geschichte herauszulösen, nun allerdings nicht mehr als ein von außen gekommenes Ereignis, sondern als einen Vorgang, der von seinem Ende, seiner Überwindung her gesehen wird, bei dem man an die Befreiung der Lager und die Rückkehr Deutschlands in die westliche Zivilisation erinnert." (Reichel 2001: 209) Insbesondere während des Gedenkjahres 1995 zeigte sich dies in einem ritualisierten Gedenken, das sich maßgeblich auf die nationale Indienstnahme der Vergangenheit stützte. Auschwitz konnte nun – als universelles Menschheitsverbrechen – unkritisch auf die Gegenwart bezogen werden, u.a. während des Kosovokrieges. Andererseits wurde der nationalsozialistische Massenmord als exklusiver Teil deutscher Geschichte zum zentralen Bestandteil der kulturellen wie politischen Identität der neuen ‚Berliner Republik'. Diese Entwicklung vollzog sich zeitgleich mit einer Globalisierung der Erinnerungskultur (vgl. Levi/Sznaider 2007), in der der Holocaust zu einer universellen „Katastrophen-Chiffre" wurde (Reichel 2001: 209), und mit der symbolischen Transformation der deutschen Tätergesellschaft zur Opfergesellschaft (vgl. Welzer 2003: 105f.). Diese Transformation wurde besonders deutlich in medial geführten Auseinandersetzungen, die auch über Literatur und Film ausgetragen wurden. Günter Grass' Roman *Im Krebsgang* flankierte beispielsweise 2002 die Debatte über den Opferstatus deutscher ‚Vertriebener', die schließlich in der politischen Initiative für ein „Mahnmal gegen Vertreibungen" in Berlin mündete. Kontrovers aufgenommen wurde im gleichen Jahr auch Jörg Friedrichs Buch *Der Brand*, das unter anderem die Perspektive auf den Zweiten Weltkrieg von der Erfahrung des Holocaust auf jene des „Bomben-Holocaust" verschob, als welcher die alliierten Luftangriffe auf deutsche Städte zuvor eher in revanchistischen Kreisen bezeichnet worden waren. Mit Friedrichs Buch wurde die Kriegserfahrung als ‚Opfererfahrung' in die mediale Auseinandersetzung eingeschrieben.[4] Dan Diner bezeichnet diese Entwicklung zutreffend als „Tendenz der Enthistorisierung zugunsten einer Anthropologisierung des Leidens" (Diner 2003). Fernsehfilme wie DRESDEN lieferten dazu dann die emotional erschütternden und eindringlichen Bilder und Effektreigen.

Gleichzeitig mit dem politischen Perspektivwechsel, der zu einem neuen und ungezwungenen Umgang mit dem alten deutschen Selbstbild als Opfer der Nationalsozialisten und der Geschichte führte, vollzog sich auch ein doppelter *Generationenwechsel*. Ein solcher Generationswechsel führt auch zu einem Wandel der Bezugsrahmen und Deutungsmuster, mit denen eine Gesellschaft ihre Vergangenheit immer neu festlegt (vgl. A. Assmann 2003: 130).

---

4 | Harald Welzer weist darauf hin, dass diese „neue deutsche Opferkultur [...] so neu nicht ist. Bis in die sechziger Jahre hinein stand das Leiden der Vertriebenen auf der politischen und medialen Agenda, wobei übrigens auch der Abgleich der deutschen Leiden mit denen der europäischen Juden gang und gäbe war." (Welzer 2003: 104) Gerade am Beispiel der Erinnerung an ‚Flucht und Vertreibung' zeigt sich eine Kontinuität seit den 1950er Jahre, die allenfalls von der Generation der so genannten 68er abgemildert, jedoch nicht unterbrochen wurde (vgl. Ebbrecht 2004). Die Differenz zwischen diesem ‚alten' und dem ‚neuen' deutschen Opferdiskurs sehe ich in erster Linie darin, dass sich sowohl die politischen, als auch die familiären und insbesondere die medialen Darstellungen heute explizit der Erzählweisen und der Ikonographie des Holocausts bedienen. So entsteht eine deutsche Opfererzählung *nach* der Beschäftigung mit Auschwitz, in der diese Beschäftigung selbst ein konstitutiver Bestandteil ist.

Einerseits zieht sich die Generation der Täter und Mittäter aus dem öffentlichen Leben zurück und überlässt der Kindergeneration die Meinungshoheit im politischen und öffentlichen Diskurs. Andererseits muss die Geschichte des Holocaust und des Nationalsozialismus einer neuen Generation, der dritten nach dem Nationalsozialismus, vermittelt werden bzw. sie eignet sich diese an. Damit geht ein Perspektivwechsel einher, der wohl am offensichtlichsten seinen Niederschlag im so genannten ‚Dialog zwischen den Generationen' gefunden hat, der im Umfeld der Ausstellung „Vernichtungskrieg. Verbrechen der Wehrmacht 1941–1944" vom Hamburger Institut für Sozialforschung entstanden war.[5] Das Generationengespräch wird zu einer wichtigen Instanz bei der Vermittlung von Geschichtsbildern und dem Entstehen von Geschichtsbewusstsein. Dieses Gespräch findet nun nicht mehr als Generationenkonflikt, sondern als Dialog statt, in dem sich die dritte Generation die deutsche Vergangenheit durch das biografische Gedächtnis ihrer Großeltern hindurch aneignet und zu einer kohärenten Geschichte verdichtet, die mit dem medialen und dem kognitiven Wissen in Einklang gebracht wird (vgl. Welzer/Moller/Tschuggnall 2002: 10). Um überhaupt angenommen zu werden, benötigt das Wissen über die Ereignisse der Vergangenheit geradezu eine emotionale Entsprechung. Als solche fungieren die sprachlich kommunizierten Erfahrungen der eigenen Familie. Sie dienen als Stellvertretererfahrungen und zur Emotionalisierung, mit welcher Geschichte *erlebbar* gemacht werden soll. Solche stellvertretend adaptierten Erinnerungen erscheinen dabei als unvermittelt, werden als scheinbar direkter Zugang zur Vergangenheit gesehen. Tatsächlich aber vollzieht sich dabei eine bestimmte Form der Vermittlung. Abstraktes Geschichtswissen und persönliches Erfahrungsgedächtnis werden aufeinander bezogen (vgl. A. Assmann 2003: 136). Den Rahmen dafür bietet die Perspektive der eigenen Familie. Implizit und indirekt werden damit aber

---

5 | Nicht zuletzt die Tatsache, dass die meisten der Fotografien, die in der Ausstellung gezeigt wurden, von einem strafrechtlichen Kontext in den Kontext einer historischen Ausstellung überführt worden waren, ehemalige Soldaten also ‚nichts zu befürchten' hatten, war ein wichtiger Auslöser der neuen Redebereitschaft der Tätergeneration, die sich dennoch, wie Ruth Beckermanns Dokumentarfilm JENSEITS DES KRIEGES (A 1996) zeigt, selten zu einem konkreten und persönlichen Schuldeingeständnis bereit fanden. Auch die Wehrmachtsausstellung und mit ihr der Topos des Generationengesprächs haben ihren Weg in die populäre Kultur gefunden. Auf interessante Weise spiegelt sich das politische Ereignis in einer Folge der Krimireihe TATORT mit dem Titel *Bildersturm* (D 1998, Nikolaus Stein von Kamienski). In dieser Folge entpuppt sich der Onkel des Kriminalkommissars Schenk als Wehrmachtsverbrecher. Allerdings wird der alte Mann selbst zum Opfer eines Verbrechens, da sich eines seiner ehemaligen Opfer an ihm als seinem früheren Peiniger rächen will. So ist die Rhetorik der Folge wiederum von der Aufweichung und Verkehrung des Verhältnisses zwischen Tätern und Opfer geprägt. Dies geschieht insbesondere durch die Parallelisierung (und implizite Aufrechnung) von vergangenem und gegenwärtigem Verbrechen (vgl. Pollak/Wodak 2003: 236ff.).

auch deren spezifische Bezüge auf die Vergangenheit (Faszination, Unterstützung, eigene Opferperspektiven, Schuldabwehr etc.) übernommen.

Neben dem Familiengespräch bieten sich auch audiovisuelle Medien als Vermittler solcher stellvertretend adaptierten persönlichen Erfahrungen und Emotionalisierungen der Vergangenheit an. In diesem Sinne hat Peter Reichel hat von der „zweiten Geschichte des Nationalsozialismus“ (Reichel 2004: 157) gesprochen, die nicht nur die gesellschaftlichen Auseinandersetzungen über die im deutschen Namen begangenen Verbrechen und die Schuld bzw. Mitschuld der deutschen Bevölkerung umfasst, sondern die insbesondere durch die kulturellen und medialen Repräsentationen über diese Epoche geprägt ist. Solche medialen Darstellungen setzten das Wissen um frühere Formen der Bearbeitung von Holocaust und Nationalsozialismus bereits voraus. Dies bezieht sich sowohl auf die literarischen Zeugnisse und Bilddokumente als auch auf Filme über diese Themen, die sich zu einem Kanon verdichten.

Mit dem *Wie*, dem Blick auf die Gemachtheit der emblematisch gewordenen Bilder (vgl. Brink 1999: 110), und mit der darauf folgenden Infragestellung ihres referentiellen Gehaltes eröffnet sich so einerseits die Möglichkeit einer historisch-kritischen Bildanalyse, die sich sowohl auf die visuellen Dokumente der historischen Ereignisse als auch auf ihre Nachbildungen beziehen lässt. Dieses macht aber andererseits deutlich, dass eine eigenständige Ästhetik solcher Nachbildungen in Spielfilmen über Holocaust und Nationalsozialismus entstanden ist, die auf wieder erkennbaren Figuren, ikononischen Bildern bzw. konventionalisierten Erzählstrukturen basiert. Diese ermöglichen zwar aus einer kritisch-analytischen Perspektive durchaus Bezüge zu früheren Bearbeitungen, lenken aber gleichzeitig die Aufmerksamkeit der Zuschauer und bekommen damit eine vorrangig narrative Funktion. Dies kommt insbesondere zum Tragen, wenn diese Codes und Konventionen in eine geschlossene narrative Erzählstruktur eingebettet sind, die den Eindruck von historischer Authentizität und Evidenz produzieren soll. Als visuelle Codes, narrative Handlungsmuster und Geschichtsbilder, die historisch-materiale Leerstellen in der Gestaltung besetzen, dienen solche Nachbildungen mitunter als zitatähnliche Verweise oder verwenden bestimmte Muster aus erinnerungskulturellen Diskursen (vgl. M. Hirsch 2001). Es handelt sich um „zu Bildern geronnene Erinnerungen“ (Brink 1999: 111), die wiederum auf früheren medialen Rezeptionserfahrungen basieren. So bedienen sich die Filme und Fernsehsendungen aus dem Fundus der Geschichtsbilder und bedienen diesen Fundus gleichzeitig, indem sie neue Modifizierungen dieser Codes und Konventionen in die medial vermittelten Archive einspeisen sowie intertextuelle Vernetzungen von bekannten Nachbildungen und Erzählkonventionen ausbilden. Auf diese Weise werden die kollektiven Geschichtsbilder verändert und – im Verhältnis zu politischen Deutungsdebatten – aktualisiert.

Damit schließen sie an einen dritten wichtigen Perspektivwechsel Ende der 1980er und zu Beginn der 1990er Jahre an, der sich vor allem auf dem *Gebiet der Ästhetik* vollzogen hat. Die so genannte postmoderne Ästhetik ist zu einem festen Bestandteil der populären Kultur geworden. Selbstreferenzielle Erzählformen, Anspielungen und Zitate werden zu zentralen Kompositionsprinzipien, die sich zunehmend von den lustvollen, auf Inhomogenität und Inkohärenz gestützten Formen der postmodernen Erzählweisen lösen und Eingang in alle Sphären der populären Kultur und Unterhaltung finden – auch in die kulturelle Repräsentation von Holocaust und Nationalsozialismus. Kennzeichnend dafür sind die von Fredric Jameson herausgearbeiteten drei zentralen Elemente postmoderner Kultur. In der Betonung von *Oberflächenstrukturen* wird (interpretatorisch herzustellende) Bedeutung abgelöst durch Oberfläche bzw. eine Vielzahl von Oberflächen (Praktiken, Diskurse und intertextuelles Spiel). Im Gebrauch des Pastiche (Kunst der Imitation) kommt es zu einem *Verlust der Historizität*. Geschichte wird zu einer unüberschaubaren Bildersammlung. Die Vergangenheit existiert nur mehr als Nostalgie. Damit gehen ein Schwinden des Affekts und die Befreiung von jeder Art von Gefühl einher, das durch Intensitäten (Effekte) ersetzt wird (vgl. Jameson 1986: 50). Diese Netzwerke von Anspielungen, die jedoch nicht als solche offen gelegt werden, führen zu einer Kultur und Ästhetik der nostalgischen Imitation und der Entstehung einer Ereigniskultur, die Erinnerungseffekte produziert. Sie werden zu einem zentralen Merkmal jener visuellen und medialen Erinnerungskultur, die an der Schnittstelle dieser drei Perspektivverschiebungen auf der Ebene des Politischen, der Generationen und der Ästhetik entsteht. Film und Fernsehen kommt in dieser medialen Erinnerungskultur eine zentrale Bedeutung zu, nicht zuletzt, weil sie aufgrund ihrer großen Popularität, Reichweite und Verfügbarkeit die öffentliche Erinnerungspolitik und die Herausbildung individuellen Geschichtsbewusstseins synchronisieren und dabei auch harmonisieren können.

MEDIALES GEDÄCHTNIS

Filme über historische Begebenheiten, nicht nur solche über die Zeit des Nationalsozialismus, kommunizieren und interpretieren Geschichte. Dabei haben sie auch das besondere Potential, andere Formen der Darstellung durch einprägsame Bilder der Vergangenheit zu überschreiben (vgl. Guynn 2006: 165). Was Medien aufzeichnen, überlagert und ersetzt so andere Arten von Zeugnissen der Vergangenheit (vgl. ebd.: 166). Medien ordnen geschichtliche Ereignisse, homogenisieren diese und formen das historische Bewusstsein (vgl. Kaes 1992b: 309). Dabei generieren sie Geschichtsbilder, die Teil einer *public history*, eines öffentlichen und gesellschaftlich geteilten Gedächtnisses werden. Sie ersetzen nicht nur historische Erfahrung, sondern besetzen auch die Vorstellungen von Geschichte, indem sie den bestehenden Bilderfundus wiederholen: „Images of Hitler and the Holocaust have indeed so indelibly engraved themselves in the public consciousness that new images are hard to imagine.“ (Ebd.: 315)

Daraus resultiert eine Art automatisierter Erinnerung. Wie Anton Kaes schreibt, wird der Nationalsozialismus zu einem erfahrungslosen, rein semiotischen Phänomen. Um eine Vorstellung von dieser Zeit zu bekommen, muss man sie nicht selbst erlebt haben, es reicht ihre Ikonografie zu kennen, um mit ihr vertraut zu sein (vgl. ebd.: 315). Für das Geschichtsbild heutiger Generationen können die medialen Reproduktionen als konstitutiv angesehen werden. Filme und andere Medienprodukte fungieren als Ersatz für historische Erfahrungen, aber auch dem Gedanken Primo Levis folgend als Trainingsinstrument. Daher ist es notwendig, die spezifische Form der Visualisierung und Vermittlung von Erinnerung an Vergangenes im Film mit dem Aspekt der intergenerationellen Tradierung von geschichtlichen Ereignissen und Erfahrungen zu verbinden. Denn bereits die Wahrnehmung eines bestimmten Geschehens, das später erinnert und erzählt wird, ist durch mediale Vorlagen strukturiert. So spricht Harald Welzer davon, „daß sich in Interviewmaterial, wie es in der ‚oral history', im Fernseh-Feature oder aber in Zeitzeugenarchiven verwendet wird, ziemlich deutliche Spuren der Wirksamkeit der medialen Bilderflut auf die individuellen Vergangenheitsbilder finden, und zwar in unterschiedlicher Wirkrichtung." (Welzer 2005a: 189) Einerseits dienen mediale Vermittlungen als Vorlagen, andererseits als Beleg für die historische Beglaubigung des erinnernden Erzählens. Mehr noch „schiebt sich ein riesiges Inventar von Bildmaterial vor die Deutungen jener Geschichten, die Kinder und Enkel von ihren Eltern und Großeltern erzählt bekommen." (Ebd.) Filme und Fernsehsendungen werden zu sinngebenden Deutungsrahmen für die erinnerte Vergangenheit. Die Medien fungieren als Rahmen für individuelles Erinnern. Jan Assmann formuliert dies so: „Subjekt von Gedächtnis und Erinnerung bleibt immer der einzelne Mensch, aber in Abhängigkeit von den ‚Rahmen', die seine Erinnerung organisieren." (J. Assmann 2005: 36) Dieser Rahmen stellt Abstraktionen und Parameter bereit, in denen sich subjektive Empfindungen als kommunizierbare und tradierbare Erinnerungen erfassen lassen. Dabei handelt es sich aber nicht um eine inhaltsleere und quasi anthropologisch aufzufassende Struktur. Denn der gesellschaftliche Rahmen folgt gängigen Interpretationsschemata oder Interpretationsszenarien (vgl. Biti 2001: 677). Dazu gehören auch Ideologien und bestimmte Geschichtsdeutungen. Die gegenwärtigen gesellschaftlichen Anforderungen werden also als Deutungsmodelle in die Vergangenheit projiziert.

Die Rahmung äußert sich durch bestimmte „Erkennungszeichen" (Goffman 1977: 553). Auch die individuelle Erinnerung bedient sich solcher Zeichen. Assmann spricht in diesem Zusammenhang sehr allgemein von „Erinnerungsfiguren", der Versinnbildlichung von Ideen (vgl. J. Assmann 2005: 37). Da die Vergangenheit jedoch nur partiell rekonstruiert werden kann, teilweise vergessen und verdrängt wird oder Erinnerungen übereinander geschichtet vorliegen, bedient sich der Erinnernde narrativer Strukturen, die wiederum die „Maßgabe gegenwärtiger Bedürfnisse und Deutungen berücksichtigt und verknüpft." (Polkinghorne 1998: 24) Die erinnerten Vorstellungsbilder können also das Vergangene nie vollständig abbilden. Im Gegenteil erscheint dieses in entstellter Form. Die Vergangenheit wird, anders als jene im Anschluss an Benjamin und Lazis beschriebenen Konstruktionsprozesse, die das Poröse und Fragmentarische erhalten, einem Prozess der Glättung und Homogenisierung unterzogen.

Das kulturelle Gedächtnis als Ordnungsrahmen bekommt die Funktion, gesellschaftliche Selbstbilder zu imaginieren und „über die Generationenfolge hinweg eine Identität [zu konstituieren], indem sie eine Kultur der Erinnerung ausbilden" (J. Assmann 2005: 18). Erinnerung wird fundierend für eine Gegenwart, die auf diese Weise in der Vergangenheit begründet werden kann. Gleichzeitig hat Erinnerung eine „prospektive Seite" (ebd.: 71). Sie wird auf eine Zukunft ausgerichtet. Sie schafft einen Sinn. Dieser „liegt im Wiederkehrenden, Regelmäßigen, nicht im Einmaligen, Außerordentlichen. Er liegt in der Kontinuität, nicht im Bruch, Umschwung und Veränderung." (Ebd.: 70) Zentral ist dabei für beide Funktionen von Erinnerung die „Imagination einer in die Tiefe der Zeit zurückreichenden Kontinuität" zur Etablierung und Stabilisierung einer Gemeinschaft. Es geht dabei „um den Zusammenhang zwischen sozialem Selbstbild und sozialer Erinnerung, d.h. Geschichtsbewußtsein." (Ebd.: 132)

Dagegen befindet sich das kommunikative Gedächtnis im Spannungsfeld zwischen Geschichte und ihrer Privatisierung (vgl. Welzer 2005a: 235). Es folgt somit eher einer Geschichte des Alltags (vgl. J. Assmann 2005: 51). Im Gegensatz zum kommunikativen ist das kulturelle Gedächtnis nicht an konkrete lebendige Erinnerungsträger gebunden, sondern vielmehr an Medien der Aufzeichnung von gesellschaftlich prägenden Erinnerungen. Das kulturelle Gedächtnis strebt folglich nach fixierten Formen und hat einen gesellschaftsfundierenden Charakter. Darin ähnelt es dem Mythos:

> Das *kulturelle Gedächtnis* richtet sich auf Fixpunkte in der Vergangenheit. Auch in ihm vermag sich Vergangenheit nicht als solche zu erhalten. Vergangenheit gerinnt hier vielmehr zu symbolischen Figuren, an die sich die Erinnerung heftet. [...] Für das kulturelle Gedächtnis zählt nicht die faktische, sondern nur erinnerte Geschichte. Man könnte auch sagen, daß im kulturellen Gedächtnis faktische Geschichte in erinnerte und damit in Mythos transformiert wird. (Ebd.: 52, H.i.O.)

Der Verweis auf den Mythos ist für diese Untersuchung insofern von besonderer Bedeutung, als auch dem Film immer wieder mythische Qualitäten zugeschrieben worden sind. Gertrud Koch merkt in diesem Kontext an, dass Geschichte im Film Teil des „Illusionseindruck[s] des Kinos" werde. Sie werde Teil der „Erschaffung einer zweiten Natur, deren Produziertheit nicht mehr durchschaut wird und sich darum so hervorragend zur Produktion von Mythologien eignet." (G. Koch 2003: 224) Die Strukturen des Films und des Gedächtnisses nähern sich durch ihr ähnliches Verhältnis zum Mythos aneinander an. Im Übergang vom kommunikativen zum kulturellen Gedächtnis kommt es zu einer Erstarrung und Fixierung der Erinnerungen in Erinnerungsfiguren bzw. sich wiederholende Erzählformen, die bereits an Formen der Umgestaltung und Aneignung im Weitergabeprozess von Erinnerung im kommunikativen Gedächtnis anschließen.

Meine Untersuchung beschäftigt sich mit diesen medialen Erzählformen, die für die Ausbildung von Geschichtsbildern funktional werden, die sich also an der Schwelle zwischen dem kommunikativen – in den Familien tradierten – und dem kulturellen – eine größere Erinnerungsgemeinschaft umfassenden – Gedächtnis befinden. Dies legt die Frage nahe, inwieweit Familiengespräch und historische Spielfilme über Nationalsozialismus und Holocaust eine ähnliche Struktur aufweisen und welche Auswirkungen dieses auf die Tradierung von Geschichtsbildern hat. Für die vorliegende Untersuchung ist es daher sinnvoll, die Begriffe des kommunikativen, des kulturellen und der beiden vorgelagerten individuellen Erinnerung um den Begriff des medialen Gedächtnisses zu ergänzen. Dieses befände sich an der Schnittstelle zwischen dem kommunikativen Gedächtnis und dem kulturellen Gedächtnis.

Medien organisieren den Austausch von Erinnerung und Geschichtswahrnehmung zwischen dem individuellen, dem gemeinschaftlichen (sozialen) und dem kulturellen Gedächtnis. Als Träger des kulturellen Gedächtnisses dienen sie als Stütze des individuellen wie des sozialen Gedächtnisses. Gleichzeitig bedienen sie sich der individuellen Erinnerungen als Stütze und bewegen sich in einem Milieu der sozialen Kommunikation (vgl. A. Assmann 2006: 33).

Das mediale Gedächtnis ist also deutlich mehr als ein visueller Speicher. Es handelt sich weder um einen rein quantitativ zu bewertenden Stock von Bildern und Filmen noch um einen materialisierbaren und damit archivierbaren Kanon. Im Gegensatz zu Medienarchiven ist es immateriell und ebenso gebunden an tradierte Konventionen wie an individuelle (Medien-) Erfahrungen.[6] Welche Bilder im medialen Gedächtnis flottieren und durch Wiederholung und Imitation zu Ikonen oder emblematischen Bildern werden, hängt sowohl von geschichtspolitischen Diskursen und Verschiebungen als auch von der individuellen Mediennutzung und dem damit zusammenhängenden medialen Wissen ab.

Im Folgenden soll unter medialem Gedächtnis das Netz von Bildern, visuellen Ikonen, stereotypen Figuren und konventionalisierten Erzählformen verstanden werden, die die Geschichtsbilder und Geschichten des individu-

6 | Abgesehen davon ist auch in Medienarchiven rein technisch nicht alles Material vorführbar und sendefähig. Die visuellen Archive werden auch mit neuen/alten Bildern gespeist. Dies kann ökonomische Gründe haben wie die vermehrte Verwendung von farbigem Filmmaterial aus der Zeit des Dritten Reiches, um die geschichtlichen Dokumentationen so interessanter – ‚spektakulärer' – zu machen. Neue Bilder sind aber auch die Folge neuer technischer Verfahren, wie neue Perspektiven auf alte Bilder bei einer gleich bleibend hohen und die Qualität sichernden Auflösung (vgl. Keilbach 2004). Es kann sich aber auch um eine Folge politischer Veränderungen handeln wie die Öffnung ehemals sowjetischer Archive für Journalisten und Dokumentaristen aus dem Westen nach Ende des Kalten Krieges. Mitunter handelt es sich aber auch um Fälschungen wie Fotomontagen oder die Neuerfindung von Bildern mit Hilfe digitaler Bildbearbeitung oder auch um ‚alten Wein in neuen Schläuchen', wenn beispielsweise bereits bekannte Bilder nun in Farbe gezeigt werden, während sie zuvor lediglich in Schwarzweiß zu sehen waren.

ellen Gedächtnisses und des Familiengedächtnisses verändern, ergänzen und auffüllen. Diese Konzeption des medialen Gedächtnisses geht davon aus, dass gerade die visuellen Medien dazu geeignet sind, Geschichte in der Gegenwart erfahrbar zu machen (vgl. Gynn 2006: 167).

In meiner Untersuchung stehen die audiovisuellen Medien Film und Fernsehen im Mittelpunkt der Aufmerksamkeit. Beiden kommen ausdifferenzierte Aufgaben in der Kommunikation von Vergangenheit als gegenwärtigem Ereignis zu. Deshalb sollen sie in dieser Arbeit gleichermaßen berücksichtigt werden. Allerdings müssen dabei die spezifischen Produktions- und Adressierungsformen, die Fernsehen und Kino unterscheiden, mitreflektiert werden. Man kann durchaus von einer erinnerungskulturellen Arbeitsteilung beider Medien sprechen. So bleibt das Kino ein Ort des Ereignisses. Die Vergangenheit des Zweiten Weltkrieges – das zeigen nicht zuletzt große Blockbuster wie SCHINDLER'S LIST oder SAVING PRIVATE RYAN (USA 1998, Steven Spielberg) – wird zum ‚Event', der neben seinen Geschichtsbildern auch neue technische Möglichkeiten der SFX-Produktion für sein Publikum ausstellt. Geschichte soll auf diese Weise im Kinosaal ‚erlebbar' werden. Sounddesign und Kameraführung bei der Darstellung der alliierten Landung an der französischen Atlantikküste sollen einer jungen Generation von Kinogängern Bedrohung, Gefahr und Heldentum mit Hilfe der neuesten technischen Mittel nahe bringen. Kino als Ort des Nachspielens und Nachempfindens eines historischen Ereignisses ist damit aber auch der Ort, an dem das Arsenal filmischer Codes und Konventionen im Rahmen verschiedener Genres für die Sujets Holocaust und Nationalsozialismus erprobt werden kann. Daher bilden diese Kinofilme „Prototypen" im Sinne von Jörg Schweinitz aus, die für spätere mediale Wiederholungen und Variationen stilprägend sind (vgl. Schweinitz 2006: 89f.). Diese Funktion als Prototypen bekommen sie nicht zuletzt, weil sie ein großes Publikum erreichen und einen entsprechend starken medialen Nachhall finden. Die solche Filme flankierenden Medienereignisse wie medial und publizistisch geführte Debatten, Expertenrunden, Streitgespräche, Skandale, Historikerstreits etc. tragen maßgeblich zur Rezeption wie zur erinnerungskulturellen Verfestigung des erprobten Bild- und Figurenmaterials bei.

Das Fernsehen als Alltagsmedium kann dagegen vor allem – ähnlich dem Familiengespräch – als Kommunikator dieser Bilder und Geschichten in den Alltag der Zuschauer hinein angesehen werden. Seit Anfang der 1990er Jahre sendet das Fernsehen zahlreiche Dokumentarreihen über das Dritte Reich und den Holocaust.[7] Diese verfolgen zumeist den Ansatz, Alltagsgeschichte in den Mittelpunkt der Aufmerksamkeit zu rücken. Eine solche Form ‚historischen Ereignisfernsehens' spiegelt das Lebensumfeld der Zuschauer und wird zum Auslöser oder Medium der kommunikativen Tradierung von Geschichte. Als Familienfernsehen soll es die unterschiedlichen Generationen zusammenführen. Dabei geht es weniger um die Ausnahmeerscheinungen als um die ‚Hel-

7 | Der gesamte Bereich des Geschichtsfernsehens über den Nationalsozialismus wurde bereits grundlegend von Judith Keilbach untersucht (vgl. Keilbach 2002; 2003a; 2003b, sowie insbesondere 2008).

den des Alltags‘ (vgl. Ebbrecht 2007a; Paget 2004: 196). Ästhetisch orientiert sich das historische Ereignisfernsehen oft an der Form des Dokudramas. Das erlaubt die beiläufige und in das gegenwärtige Alltagsleben integrierte Rezeption. Gleichzeitig werden die historischen Fernsehfilme durch extra-textuelle Events eingerahmt wie in der Programmfolge anschließende Dokumentationen oder Expertenrunden (vgl. Paget 2004: 205). Dies ermöglicht eine noch größere Freiheit der Fiktion und gleichzeitig die Adaption bestimmter, vor allem melodramatischer Genreelemente (vgl. Lipkin 2002: 2). Insgesamt ist die Dramaturgie, den Maßgaben des Fernsehens angepasst, weniger anspruchsvoll. Stereotype Formen treten offener zu Tage. Andererseits kann das Fernsehen weitaus besser als der Film auf die individuellen Geschichtsbilder reagieren und eignet sich so als Vermittler. Auf diese Weise spielt es eine signifikante Rolle für das kulturelle Gedächtnis und für die öffentliche Auseinandersetzung mit der Vergangenheit (vgl. Anderson 2001: 20).

Indem es die Ästhetik der Kinofilme adaptiert, wird das Fernsehen auch zum Medium der Verfestigung von Darstellungskonventionen. Es trägt so maßgeblich zur Entstehung des medialen Gedächtnisses bei. Dabei nähern sich die Erzählformen von Fernsehfilm und Kinofilm zunehmend einander an. Solche Annäherung funktioniert nach beiden Seiten. So bemüht sich ein Fernsehfilm wie DRESDEN nach Aussage seines Produzenten Nico Hofmann „die Grenze zum Kino zu durchstoßen“, um die historischen Ereignisse mit Hilfe neuer Spezialeffekte nachfühlbar zu machen (Butzek/Hofmann 2005: 22). Andererseits verwendet ein Film wie DER UNTERGANG die Dramaturgie eines Kammerspiels, welche für das Format des zeithistorischen Films insbesondere durch Fernsehspiele und Fernsehfilme geprägt geworden ist.[8]

In diesem Sinne sind Kino und Fernsehen als Institutionen des medialen Gedächtnisses zu begreifen, die zwar unterschiedlich wirken, aber in jeweils spezifischer Weise mit den geschichtspolitischen Diskursen ihrer Zeit verbunden sind. Da zunehmend in beiden Medien eine Ästhetik der konventionalisierenden Nachbildung festzustellen ist, werde ich sowohl Kino- als auch Fernsehfilme in meine Untersuchung mit einbeziehen. Trotz einiger Grenzformen, die Elemente des Spiel- und des Dokumentarfilms vermischen, stehen dabei Spielfilme bzw. Filme im Mittelpunkt, die überwiegend eine Spielhandlung aufweisen.

NACHBILDUNGEN UND ABLÖSUNGEN

Im Zentrum meiner Untersuchung steht die Ausprägung von sich in unterschiedlichen Filmen wiederholenden Geschichtsbildern und ihre Aneignung, Ablösung und Anpassung im Verhältnis zu den oben beschriebenen kultu-

8 | Gerade in Deutschland spielt bei der Vermischung der Ästhetiken von Fernsehen und Kino natürlich auch die Filmförderung eine entscheidende Rolle, die die ökonomischen Grundlagen für die Filmproduktion schafft und maßgeblich von Vertretern der Fernsehanstalten geprägt wird.

rellen, ästhetischen und politischen Verschiebungen. Dies macht es notwendig, die Herausbildung konventioneller Muster zu untersuchen und auf die gesellschaftlichen Imaginationen der Vergangenheit zu beziehen. Gerade in Zeiten sich wandelnder geschichtspolitischer Rahmenbedingungen werden Abweichungen von bekannten Darstellungsroutinen durch neue Bilder und visuelle Impulse integriert.

Gleichzeitig verdeutlicht die visuelle Transformation des Holocaust über die letzten Jahrzehnte einen „erhöhten Einsatz metaphorischer Formeln" (Hoffmann 1996: 223). Nicht nur werden und wurden die historischen Ereignisse mit bereits bestehenden Wahrnehmungs- und Deutungssystemen kompatibel gemacht, sondern diese auch durch die Integration neuer Formen und Formeln modifiziert: „Nur indem die Ereignisse der Katastrophe zu Bildern werden, die sich in einen bestehenden, freilich immer in Veränderung befindlichen Bildhaushalt integrieren lassen, sind sie erinnerbar, können sie sogar in den Erinnerungs-Kanon einer Sozietät eingehen." (Ebd.: 224)

Die bildlichen Darstellungen des Holocaust als präzedenzlosem Ereignis greifen auf bestimmte, bereits tradierte „Techniken der Ästhetisierung" zurück (ebd.: 238). Es entstehen Nachbildungen, die auf medial tradierten Vorbildern beruhen. Diese bemühen sich, „die Schilderung des Ereignisses mit Bedeutung zu erfüllen, bildsprachlich zu deuten, das Bild in ein Netzwerk ähnlicher Bilder und damit Bedeutungen einzuklinken." (Ebd.: 240) Sie vollziehen einen Prozess der Verdinglichung, der sich im „Spannungsverhältnis zwischen Form, Aussehen des jeweiligen Dinges [gemeint sind Erinnerungszeichen, TE] und kollektivem Gedächtnis" bewegt (ebd.: 253).

Meine Untersuchung dieser Umwandlungsprozesse konzentriert sich auf Produktionen seit den 1990er Jahren, da diese zumeist nicht mehr unmittelbar in die gesellschaftspolitischen Auseinandersetzungen über die Erinnerung an Holocaust und Nationalsozialismus eingebunden sind. Stattdessen vollziehen diese Filme die bereits beschriebene geschichtspolitische und ästhetische Perspektivverschiebung. Diese wird insbesondere durch den intertextuellen Charakter der Nachbildungen möglich. In der daraus resultierenden multiperspektivischen Sicht auf die Geschichte werden die bisherigen ‚Masternarrative', die kritische Perspektive auf die Täter und die empathische Bezugnahme auf die Opfer, verlassen, wie sie noch in den Film- und Fernsehproduktionen der 1950er bis 1980er Jahre von Alain Resnais' NUIT ET BROUILLARD (F 1955) bis zur Fernsehserie HOLOCAUST und Claude Lanzmanns SHOAH (F 1985) bestanden. Dass aber auch diese Filme in gewisser Weise an der Herstellung ikonischer Bilder und konventionalisierter Erzählformen mitgewirkt haben, kann anhand neuerer Filme über Nationalsozialismus und Holocaust verdeutlicht werden, die sich wiederum auf die älteren Vorbilder beziehen. Dazu werde ich verschiedene Formen des Bilder-Findens und des Bild-Erfindens nachzeichnen und versuchen, die Schichtungen der Nachbildungen durch die Filmgeschichte hindurch zu verfolgen. Auf diese Weise soll das von Dan Diner angemahnte Bewusstsein um die „Bewegung der Zeit" als zentrales Element in die Analyse miteinbezogen werden (Diner 2007: 9). Ich untersuche dazu vor allem solche Filme und Fernsehsendungen, die stilprägend und/oder einflussreich insbesondere für die geschichtspolitischen Auseinandersetzungen in Deutschland gewesen sind, bzw. solche, die ästhetische Neuerungen eingeführt haben. Den Beginn meiner Untersuchung markiert Schindler's List aus dem Jahr 1993, der im Folgenden als wichtiger Prototyp für spätere Filme angesehen wird.

Barry Langford hat am Beispiel von Schindler's List eine doppelt generische Struktur festgestellt. Einerseits passt sich der Film an bestehende Genreformen an, bzw. adaptiert deren Muster. Andererseits entwickeln sich daraus neue und eigenständige Parameter für die Darstellung des Holocaust und des Nationalsozialismus im Film (vgl. Langford 2005: 265f.). Neuere Produktionen, die seit den 1990er Jahren sowohl für das Fernsehen als auch für das Kino hergestellt wurden, orientieren sich an solchen Genreparametern. Anhand ihrer Bildgestaltung und der verwendeten narrativen Formen lässt sich auch die Geschichte der filmischen Bilder und Ausdrucksformen von Holocaust und Nationalsozialismus rekonstruieren. Sowohl die frühen Filme über den Holocaust aus den Jahren zwischen 1945-1948, als auch das historische Bildmaterial aus den befreiten Konzentrationslagern lassen sich hinter den heutigen, teilweise als bewusste Bildstereotype eingesetzten Geschichtsbildern wieder entdecken.[9]

„Die Vergangenheit verändert sich. *Auschwitz* verschwindet, obwohl oder vielleicht gerade weil vom *Holocaust* überall und ständig die Rede ist." (Claussen 1996: 77, H.i.O.) Mit diesen Worten umschreibt Detlev Claussen das Schwinden des Bewusstseins von der nationalsozialistischen Vergangenheit und dem Massenmord an den Juden gerade dadurch, dass sie Teil der massenmedial vermittelten Kultur *nach Auschwitz* geworden sind: „Nicht die gesellschaftliche Erinnerungsschwäche hat Auschwitz in einen Nebel der Vergangenheit gehüllt, sondern der kulturindustrielle Artefakt, den man ‚Holocaust' nennt, hat Auschwitz verdrängt – im Sinne von ‚beiseite geschoben'." (Ebd.: 78)

Als „Stück Aufarbeitung der Vergangenheit" wird der Massenmord zum Kulturbesitz, wie Theodor W. Adorno in seinem Aufsatz „Engagement" bemerkt hat (Adorno 1997b: 424). So „fällt es leichter weiter mitzuspielen in der Kultur, die den Mord gebar." (Ebd.) Mit dem „beiseite Schieben" des nach Claussen „zu begreifende[n] Unbegreifliche[n]" (Claussen 1996: 91) wird Auschwitz exterritorialisiert. Der Widerspruch zwischen dem notwendigen Ausdruck, um dem Vergessen Einhalt zu gebieten, und seiner kulturellen Zurichtung und Fixierung löst sich in Richtung des Letzteren auf. Zum „kultur-

9 | Es finden sich eine ganze Reihe von Filmen aus den Jahren unmittelbar nach Kriegsende, die das Schicksal der europäischen Juden und die Lager thematisieren. An anderer Stelle habe ich mich mit dem spezifischen Charakter dieser frühen Filme über den Holocaust beschäftigt und die besonderen Erzählweisen, die zwischen ihrer Funktion als Erinnerungsbild und als Zeitdokument changieren, an den Filmen The Search (USA/Schweiz 1947/48, Fred Zinnemann) und Lang ist der Weg (D 1947/48, Herbert Fredersdorf, Marek Goldstein) untersucht (vgl. Ebbrecht 2005).

industriellen Artefakt" geworden wird der Massenmord zum entkontextualisierten Zeichen. Zur Seite geschoben wird Auschwitz damit als ungelöste, offene und schmerzende Vergangenheit. In der visuellen Konkretisierung wird das Verstörende fixiert und gebannt. Die massenmedial tradierten Bilder und Geschichten werden zu Ikonen und migrieren schließlich in andere Kontexte.[10] Die ungelöste Vergangenheit wird ein Zeichen für das „zur Grenzsituation zurechtgestutzte Grauen", Ausdruck einer extremen Prüfung des Menschen, sich als Mensch zu behaupten. In Rettungsgeschichten transformiert, erscheinen Vernichtung und Weltkrieg als austauschbare Kulissen für gleichförmige Entwicklungsgeschichten. In diesen verschwimmt der Unterschied von Tätern und Opfern, da, so Adorno, „beide doch gleichermaßen in die Möglichkeit des Nichts hinausgehalten seien, die freilich im allgemeinen den Henkern bekömmlicher ist." (Adorno 1997b: 424)

Das Verschwimmen dieses Unterschieds zeigt sich auch in der filmischen Darstellung. Daher soll die Ablösung der Bilder und Erzählformen aus dem Kontext der nationalsozialistischen Verbrechen und ihre Überführung in die visuelle und narrative Ausgestaltung von Geschichten über den nationalsozialistischen Alltag und den Zweiten Weltkrieg besonders in den Blick genommen werden. Aus diesem Grund untersuche ich neben dem Holocaust auch die mediale Bearbeitung des Nationalsozialismus, des Zweiten Weltkrieges und ihrer Folgen. Die Verschiebungen, Verzerrungen und Ablösungen sind dabei nicht ‚nur' ein ästhetisches Phänomen. Doch die ästhetische Konfiguration entspricht in ihren wesentlichen Strukturen der mit ihr korrespondierenden politischen Bedeutungsverschiebung. An die Analyse der Darstellungsformen lässt sich eine politische Reflexion anschließen, jene ist in gewisser Weise sogar eine ihrer Voraussetzungen: „Wer Auschwitz begreifen will, muß sich durch die kulturindustriellen Produkte vom ‚Holocaust' erst einmal hindurcharbeiten. Ihre globale Verarbeitung garantiert aber auch, daß Auschwitz in einer verzerrten, vorbewußten Form überall präsent ist." (Claussen 1996: 85)

Hinter dieser Präsenz könnte die Erinnerung an die Shoah also wieder frei gelegt werden. Meine Untersuchung knüpft dabei an die Erkenntnis an, „daß die massenmediale Aufarbeitung des ‚Holocaust' die Chance eröffnet, durch Kritik am Artefakt ‚Holocaust' an Auschwitz zu erinnern. Die Verzerrung, die Spielbergs Film [SCHINDLER'S LIST, TE] als Musterbeispiel der ‚Holocaust'-

10 | Wie ein solches Migrieren in andere Kontexte aussehen kann, hat Oliver Stone in seinem Vietnamkriegsdrama PLATOON (USA 1986) eindrücklich gezeigt. Seine Schilderung eines Massakers orientiert sich deutlich an den bekannten Bildikonen aus dem Konzentrationslager Bergen-Belsen, Bulldozern, die Leichen in Massengräber schieben. Die Ikonographie des Holocaust wird zur Metapher für den Krieg schlechthin und kann somit leicht auf eine vom historischen Ereignis grundverschiedene Situation, den US-amerikanischen Krieg in Vietnam, verschoben werden. Eine genauere Analyse dieser Bildsequenz findet sich im Kapitel zu den historischen Fotografien und Aufnahmen als Modelle der späteren Nachbildungen (vgl. auch Ebbrecht 2010a).

Produktionen vornimmt, bringt immerhin noch etwas von dem Verzerrten zum Vorschein, das sonst der Vergessenheit überantwortet würde." (Ebd.: 79)

Daher macht die Art und Weise *wie* die Bilder, die vom Holocaust und vom Nationalsozialismus im medialen Gedächtnis aufbewahrt sind und migrieren, die Frage nach ihrem Status notwendig. Die mediale Repräsentation von Holocaust und Nationalsozialismus, insbesondere seit den 1990er Jahren, basiert auf intertextuell strukturierten Geschichtsbildern, die sich auf medial und kulturell tradierte Ikonen beziehen, deren Herkunft ganz unterschiedlicher Art ist. Ähnlich der transgenerationellen Tradierung von Erinnerungen kann so auch eine Genealogie der Geschichtsbilder und ihrer Nachbildungen beobachtet werden. Silvie Lindeperg spricht in diesem Kontext von einem „Echo-Kino", dem es geboten ist, „dem Vorrat an Bildern Rechnung zu tragen, die über die dargestellte Vergangenheit verfügbar sind." (Lindeperg 2003: 68)

Um zu verstehen, wie Filme an diesem Prozess der Produktion eines intergenerationellen und intertextuellen medialen Gedächtnisses über den Holocaust und den Nationalsozialismus mitwirken, können die sich ausprägenden Geschichtsbilder, Ersatzerinnerungen und Nachbildungen auch als visuelle und narrative Stereotype im Sinne filmtheoretischer Konzeptionen aufgefasst werden. Solche Stereotype entstehen „durch die fortgesetzte Wiederholung eines Einfalls, einer erzählerischen, dramaturgischen oder bildnerischen Idee. Es sind Muster, die in einem bestimmten Zusammenhang (etwa dem eines Genres, einer Mode oder auch eines Stils) häufig wiederkehren, ja in solchem Kontext geradezu *konventionell* geworden sind; Muster zudem, die (besonders auffällig im populären Kino) Komplexität reduzieren." (Schweinitz 2001: 177, H.i.O.) Dies ermöglicht ferner auch die stärkere Berücksichtigung der Rezipienten und Konsumenten dieser Filme, die ja die damit kommunizierten Deutungsangebote realisieren müssen.

Im Verlauf der Untersuchung werden daher konventionalisierte Erzählstrukturen, visuelle Stereotype und Figurenstereotype in Filmen über Holocaust und Nationalsozialismus herausgearbeitet, die einerseits die Auseinandersetzung mit der Vergangenheit verstellen, andererseits aber in ihrer Reflexion, ihrer Verfremdung oder durch andere Formen ihrer reflexiven Bewusstmachung auch neue Zugänge zu dieser eröffnen können.

In meiner Untersuchung gehe ich von der These aus, dass sich Formen der intergenerationellen Tradierung von Geschichte in deren kulturellen Fortsetzungen wiederfinden. Sie fügen sich zumeist als geschlossene Erzählungen in eine spezifische Form filmischer Geschichtsfiktionen ein, die ich in den filmanalytischen Teilen der Arbeit an exemplarischen Beispielen genauer bestimme. Zunächst möchte ich jedoch einige Ansätze vorstellen, die einerseits den theoretischen und ästhetischen Hintergrund, vor dem diese Untersuchung stattfindet, genauer konturieren und andererseits Parameter für die nachfolgenden Filmanalysen bereitstellen.

Geschichte und ihre Nachbildung

Die Geschichtsbilder, die von den hier zu untersuchenden Filmen geprägt werden, können sowohl auf der Ebene der Erzählstrukturen als auch in ihren visuellen Figurationen analysiert werden. In einer solchen Analyse wird die filmgeschichtliche Entwicklung dieser Formen hinter der Wiederholung und Verfestigung stilbildender Formationen und filmischer Konventionen sichtbar. Dadurch werden diese Bilder als Nachbildungen medialer Vorbilder analysierbar. Um dies zu verdeutlichen, entwickle ich in diesem Kapitel verschiedene Zugänge zu einer Motivtypologie der Nachbildungen des Holocaust. Dazu werde ich zunächst zwei Konzeptionen von Geschichte und Geschichtsschreibung vorstellen, die sich in unterschiedlicher Weise der Vergangenheit und ihrem Verstehen annähern. Diese bewegen sich zwischen einer diskontinuierlichen Konzeption vergangener Zeit und einem die Vergangenheit retrospektiv mit Sinn versehenen, abgeschlossenen Geschichtsmodell. Davon ausgehend diskutiere ich postmoderne Geschichtskonzeptionen und deren Transformation zu einem ‚reaktionären Postmodernismus', der intertextuelle Strukturen und narrative Schließung miteinander verbindet, bevor ich unter Rückgriff auf das Konzept der ‚Postmemory' und das der Transtextualität ein Analysemodell für meine filmanalytischen Untersuchungen als Instrumentarium zur kritischen Interpretation der von der zweiten und dritten Generation im Land der Täter geschaffenen Geschichtsfiktionen über den Nationalsozialismus entwickle. Denn offensichtlich fungiert gerade die transgenerationelle Weitergabe von Familiengeschichte heute als ein wichtiges Erzählmodell für diese filmischen Geschichtsfiktionen.

Geschichte zwischen verfremdender Distanz und narrativer Schliessung

Die Analyse filmischer Geschichtsfiktionen setzt eine Klärung der unterschiedlichen Implikationen von Geschichte und Geschichtsschreibung und ihrer Beziehung zu den audio-visuellen Medien voraus. Dabei zeigen sich zwei Tendenzen, an denen sich die folgende Darstellung orientiert:

(1) Geschichtsschreibung kann von der Annahme ausgehen, dass es unmöglich ist, die Vergangenheit als chronologischen, kausalen Ablauf von Ereignissen darzustellen. Dies entspräche im filmischen Sinn der Herstellung von reflexiver Distanz, durch die sich das Fragmentarische und die Brüche, durch die hindurch sich die Vergangenheit immer nur vermittelt darstellt, konstellativ erfassen lassen. Nur durch das Akzeptieren der Unmöglichkeit retrospektiver Sinngebung, die gleichzeitig nicht die notwendig bleibenden Versuche des Verstehenwollens preisgibt, ist ein aus der Beschäftigung mit der Vergangenheit als unabgeschlossene folgender kritischer Bezug auf die Gegenwart möglich.

(2) Demgegenüber steht die Vorstellung von Geschichte als einer abgeschlossenen, in kausalen Ordnungsprinzipien verlaufenden Bewegung. Diese wird mit Sinn versehen. Widerstreitende Momente werden harmonisiert. Der Gegenwartsbezug dieser in die Vergangenheit projizierten Ordnung wird dadurch verdeckt. Filmisch entspräche dieser Auffassung das von Gertrud Koch beschriebene Prinzip der narrativen Schließung. Im Benjaminschen Sinne handelt es sich dabei um eine einfühlende Rekonstruktion der Vergangenheit, die die Distanz zwischen Vergangenem und Gegenwart verleugnet und damit den konstruierten Geschichtsraum für eine reflexive Erkenntnis verschließt.

Im Folgenden sollen beide Tendenzen beschrieben werden. Dabei ist die zweite Auffassung für die Struktur und den Charakter der hier im Zentrum stehenden filmischen Geschichtsfiktionen konstitutiv. Sie wird an Gertrud Kochs Überlegungen zum Verhältnis von Film und Geschichte anknüpfend weiter konturiert. An diese Ausführungen anschließend werden einige prägnante Merkmale beschrieben, die auch als Genremuster von populären Geschichtsfilmen aufgefasst werden können. Diese bieten eine wesentliche Grundlage für die späteren Filmanalysen.

Die erste Auffassung hingegen dient zur Abgrenzung und ermöglicht Kritik an den von den filmischen Geschichtsfiktionen im Anschluss an gesellschaftlich durchgesetzte Erinnerungskonzepte postulierten Vorstellungen von einer abgeschlossenen und mit Sinn versehenen Geschichte. Dieses kritische Geschichtschreibungskonzept knüpft insbesondere an Überlegungen von Walter Benjamin und Siegfried Kracauer an. Die Überlegungen beider Autoren bieten sich deshalb an, weil sie die Implikationen einer nichtkontinuierlichen Zeiterfahrung in den Mittelpunkt ihrer Ausführungen über die Geschichte stellen. Dabei reflektieren sie nicht nur kritisch die bestehende Geschichtsschreibung, sondern entwickeln auch Ansätze einer anderen Geschichtsbetrachtung, die für die späteren Filmanalysen hilfreich sind.

In seinen geschichtstheoretischen Ausführungen in *Geschichte – Vor den letzten Dingen* betont Siegfried Kracauer: „Geschichte gleicht Photographie unter anderem darin, daß sie ein Mittel der Entfremdung ist." (Kracauer 1971: 17) Die Fotografie wie die Geschichte ermöglichen dem Betrachter Distanz. Kracauer meint damit allerdings nicht die Distanz zum Vergangenen, sondern zur Gegenwart. Die Kenntnis der Geschichte, so erklärt er, setze die Menschen „in den Stand auf den Schauplatz gegenwärtigen Geschehens mit Distanz zu blicken." (Ebd.) Aus der Position der Distanz entsteht eine spezifische Beobachterperspektive, die gleichzeitig auch relfexiv die eigene Stellung und Situation in die Betrachtung mit einbeziehen kann.

Dies grenzt Kracauer von der Proklamation eines Gegenwart-Interesses durch bestimmte von ihm kritisierte Historiker ab. Denn in deren Ansatz sieht er die Gefahr eines selbstbezogenen Ausweichens vor der Vergangenheit: „anstatt die Toten zum Sprechen zu bringen, bestreitet er [der Historiker, TE] den größten Teil der Unterhaltung selbst." (Ebd.: 72) Wenn der Historiker in der Vergangenheit nichts anderes sieht als das aus der eigenen Gegenwart Bekannte, bleibt er auf sich selbst bezogen. Darauf verweist das von Kracauer gewählte Bild des Selbstgesprächs. Die auf diese Weise total werdende Gegenwart verdeckt die Vergangenheit und determiniert den zurück gerichteten Blick. Geschichte wird zu einem geschlossenen System, in dem sich Fragmente und Bruchstücke wie von selbst zusammenzufügen scheinen (vgl. ebd.: 75). Ein solcher selbstbezogener Historiker folgt schließlich der Vorstellung, „das Vergangene habe den Bedürfnissen des Bestehenden zu entsprechen" (ebd.: 76) und nicht dem „Wunsch, die Gegenwart besser zu verstehen" (ebd.: 77). Dieser permanente Versuch zu ‚Verstehen', selbst dort, wo es scheitert oder mißlingt, ist für Kracauer ein zentraler Antrieb für die Beschäftigung mit Geschichte. Dies impliziert gleichzeitig die Achtung vor der Konkretheit und Einmaligkeit der geschichtlichen Vorgänge und die daraus resultierende Suche nach spezifischen Formen und Eigenschaften dieser Vorgänge und ihrer Akteure (vgl. ebd.: 50).

Kracauers Geschichtstheorie zollt auf diese Weise den angeschauten Menschen und Gegenständen aus der Vergangenheit Respekt. Ihr Zentrum sind die kleinen, unscheinbaren Dinge, Ausdruck einer Mikro-Geschichte, die Kracauer unter Rückgriff auf das filmische Verfahren der Großaufnahme beschreibt. Diese kann „ein visuelles Detail isolieren und vergrößern" (ebd.: 104) und damit kleinste Dinge zur Anschauung bringen und sichtbar machen. Kracauer geht es dabei nicht nur um Faktizität, sondern auch um die Möglichkeit kritischer Befragung. Nicht zufällig vergleicht er den Fotografen mit einem „mit Einbildung begabten Leser, der sich an das Studium eines schwer lesbaren Textes macht" und grenzt ihn von dem um Ausdruck bemühten Künstler ab (ebd.: 60). Die historische Einbildungskraft, an die Kracauer hier denkt, macht Distanz möglich. Gleichzeitig achtet sie die Gegenstände ihrer Anschauung. Wieder steht das (scheinbar unbeteiligte) Beobachten im Zentrum seines Modells von Geschichtsschreibung. Es ist motiviert durch eine gewisse Neugierde und weiß um die potentielle Endlosigkeit der historischen Anschauung.

Die Fotografie steht für Kracauer nicht für Vollständigkeit und Abgeschlossenheit. Sie „bezeichnet eine vorläufige Grenze; ihr Inhalt deutet über jenen Ausschnitt hinaus und verweist auf eine Mannigfaltigkeit von Erscheinungen des wirklichen Lebens, die in ihrer Ganzheit unmöglich zu erfassen sind." (Ebd.: 63) Auch dem Film kommt dieses Potential zu. Es zeigt sich in bestimmten filmischen Verfahrensweisen – Fahrten, Schwenks und Totalen – durch die diese „Affinität der Kamera zum Unbestimmten" bewusst gemacht werden kann (ebd.: 64). Nach Kracauer ist es Aufgabe der fotografischen Medien wie der Historiker, „unter die Oberfläche zu gelangen und die weniger zudringlichen Schichten zu erforschen." (Ebd.: 109) Kracauers Geschichtsschreibung vollzieht sich also in einer permanenten Bewegung zwischen Mikro-Geschichte und Makro-Geschichte:

> Wie gesagt, das Große ist angemessen nur wiederzugeben durch eine permanente Bewegung, die vom Ganzen ausgeht zum beliebigen Detail und dann zurück zum Ganzen usw. Dasselbe trifft zu auf das Große in der Geschichte. Der Makrohistoriker verfälschte sein Subjekt, wenn er nicht durch Mikro-Studien gewonnene Großaufnahmen – als integrierendes Element seiner Gesamtbilder – einblendet. (Ebd.: 119)

Dieser Wechsel der Perspektive verweist auf einen erweiterten Blick des Historikers, wie Kracauer ihn sich wünscht. Dies schließt auch die Subjektivität seiner Erfahrungen ein. Daraus entstehen eine Bewegung zwischen Nähe und Ferne und ein permanenter Wechsel zwischen Innen und Außen. Kracauer beschreibt dies mit dem scheinbar paradoxen Begriff „aktiver Passivität" (ebd.: 85). Sein Historiker ist ein „Fremder in der von Quellen evozierten Welt" (ebd.). Nur von dieser Position aus kann er die „Oberflächenerscheinungen" durchdringen und versuchen – Kracauer spricht von „lernen" – jene vergangenen Welten „von innen her" zu verstehen (ebd.). Geschichte, so Kracauer an anderer Stelle, besitzt einen „Anteil an Freiheit" (ebd.: 50) und behält eine „epische Qualität" (ebd.: 49). Auch die Identität des Historikers befindet sich „im Fluß" (ebd. 85). Sie ist der Position des Exilierten nachempfunden, der Kracauer selber war. Dieser bringt auf solche Weise seine eigene Subjektivität ein, um „mit dem ihn betreffenden Material zu kommunizieren." (Ebd.) Die Zerrissenheit der Biografie des Exilierten zeigt sich auch im Verlauf der Geschichte. Auch diese vollzieht sich diskontinuierlich und in Brüchen. Kracauer illustriert dies eindrucksvoll am Bild von Ahasver dem ‚ewigen Juden' und seiner Reise durch die Zeit (vgl. ebd.: 149). In dieser Figur, darauf hat Gertrud Koch hingewiesen, ist „die verlorene Einheit negativ aufgehoben" (G. Koch 1992: 139). Sie fungiert als Gegenfigur zum historiografischen Verständnis von Geschichte als kontinuierlichem, linearen und chronologischen Zeitverlauf, der als homogen erscheint (vgl. Kracauer 1971: 133). Denn: „Eigentlich besteht Geschichte aus Ereignissen, deren Chronologie uns nur wenig über ihre Beziehungen und Bedeutungen mitteilt." (Ebd.: 141)

Ihre Beziehungen und Bedeutungen lassen sich nur im Bezug auf diese Erfahrung einer „diskontinuierlichen, von Brüchen und Verwerfungen charakterisierten Welt" nachvollziehen, deren Chronist, wie Gertrud Koch betont, ein Überlebender ist (G. Koch 1992: 139). Dies entspricht der Zeit der Erinnerung, die Lawrence Langer als „fortdauernde Zeit" beschrieben hat (Langer 2000: 54). In dieser gibt es weder Genesung noch die Möglichkeit eines erlösenden Endes. Ein solches erlösendes Ende gehörte der der fortdauernden

Zeit gegenüberstehenden chronologischen Zeit an (vgl. ebd: 55).[1] Indem die fortdauernde Zeit unintegrierbar der chronologischen Zeit beigefügt ist, begründen Aufdeckung, Verdeckung und Begraben eine permanent andauernde und letztlich vergebliche Anstrengung, die Vergangenheit zu greifen und zu begreifen (ebd.). Langer zufolge führt die Suche nach einem Sinn in der Vernichtung immer wieder dazu, die Zeugnisse der fortdauernden Zeit der Logik der chronologischen Zeit unterordnen zu müssen (vgl. ebd.: 56). Dabei liegt im Zeugnis der fortdauernden Zeit ein spezifischer Erfahrungsmodus beschlossen, der vermittelbar ist und die Nachwirkungen der Shoah verdeutlicht[2]: „Fortdauernde Zeit läßt uns erstarren, bis jegliche Chronologie unserem Bewußtsein entschwindet. Anhand dieser Bruchstücke der Zeugenaussagen können wir die dauerhaften Nachwirkungen des Holocaust so erfahren, wie dies in keiner anderen Ausdrucksform möglich wäre." (Ebd.: 59)

Fortdauernde Zeit hat kein Ende, ermöglicht keinen Abschluss und erlaubt keine Zukunft. Die Sehnsucht nach Sinn, nach Überführung der Erinnerung aus der fortdauernden Zeit in die chronologische Zeit, hat eine neue Sprache geschaffen, „die sich grundlegend von der unterscheidet, in der die Opfer existierten und starben. Sie wurden ausgelöscht, nicht geopfert; ermor-

---

1 | Bezogen auf die subjektive Erfahrung von Überlebenden der Shoah muss jedoch davon ausgegangen werden, dass beide Zeiten in gewisser Weise nebeneinander bestehen und die fortdauernde Zeit unintegrierbar in die chronologische Zeit eingebettet ist. Régine-Mihal Friedman hat dies eindrücklich am Beispiel des israelischen Dokumentarfilms CHOICE AND DESTINY (IL 1993, Tsipi Reichenbach) beschrieben (vgl. Friedman 2002: 85ff.).

2 | Daraus ist aber nicht zu schlussfolgern, aus dem Prinzip der fortdauernden Zeit ließe sich, positiv, ein neuer narrativer Modus entwickeln. Aus der fortdauernden Zeit kann keine Erzählung entstehen genauso wenig wie aus dem mit dieser in einer engen Verbindung stehenden Trauma. Auch wenn dessen Konstitutionsprinzipien im Kontext dieser Untersuchung nicht umfassend dargestellt werden können, wird noch deutlich werden, dass zwar selbst das ‚Trauma' als Motiv zu einem Erzählmodell geworden ist, bzw. in Geschichtsbildern fixiert wird, dass dies aber gleichzeitig letztlich auf die Unmöglichkeit verweist, die im Trauma beschlossene negative Erfahrung gleichsam ‚positiv' werden zu lassen. Darauf hat Saul Friedländer deutlich hingewiesen: „Es ist gut möglich, daß für einige das Trauma, die ungeheuerliche moralische Gräueltat, das Rätsel, dessen Entschlüsselung niemals einen vollständig verständlichen Text freisetzen wird, eine fortdauernde emotionale und intellektuelle Anstrengung darstellen mag. Was es auch immer damit auf sich haben mag, ich würde der Annahme den Vorzug geben, daß, selbst wenn neue Formen historischer Erzählungen entstünden, oder neue Weisen der Repräsentation, ja selbst wenn Literatur und Kunst aus unerwarteten Perspektiven heraus die Vergangenheit sondierten, die Undurchdringlichkeit eines ‚deep memory' wahrscheinlich nicht erhellt werden könnte. Durcharbeiten, mag schließlich in Maurice Banchots Worten nichts anderes bedeuten, als ‚Wache zu halten über eine abwesende Bedeutung'." (Friedländer, zit. n. G. Koch 1999b: 300)

det, nicht zu Märtyrern erhoben. Ebenso wie es keine gemeinsame Sprache zwischen Opfern und Tätern gab, gibt es keine gemeinsame Sprache zwischen den Ermordeten und uns." (Ebd.: 63)

Auch Kracauer verschiebt jede Möglichkeit von Versöhnung oder Rettung auf das „Ende *der* Zeit" (Kracauer 1971: 154, H.i.O.). Erst von diesem Endpunkt aus, rückblickend, enthüllt sich das fragmentarische Leben als „gemeinsamer Prozess" (ebd.: 153):

> Wenn das Ende der Geschichte kommt, wird Ahasver, der Chronist und Überlebende, sich auflösen, denn dann werden die Toten wieder auf die Erde zurückkehren. So wird am Ende Ahasver zu einer Stellvertreter-Figur, das schreckliche Gesicht, das aus den vielen Gesichtern der Toten zusammengesetzt ist. Der Sprung aus der Zeit, der undenkbare, wäre die Rettung. Kracauer freilich belässt dies alles im Imaginären. (G. Koch 1992: 140)

Walter Benjamin führt eine ganz ähnliche Figur in seine Überlegungen „Über den Begriff der Geschichte" ein.[3] Auch er denkt wie Kracauer vom Endpunkt der Geschichte aus:

> Der Chronist, welcher die Ereignisse hererzählt, ohne große und kleine zu unterscheiden, trägt damit der Wahrheit Rechnung, daß nichts, was sich jemals ereignet hat, für die Geschichte verloren zu geben ist. Freilich fällt erst der erlösten Menschheit ihre Vergangenheit vollauf zu. Das will sagen: erst der erlösten Menschheit ist ihre Vergangenheit in jedem ihrer Momente zitierbar geworden. (Benjamin 1980: 694)

Damit greift Benjamin Gedanken auf, die auch Kracauers Geschichtstheorie und Langers Überlegungen zur fortdauernden Zeit prägen: der Bezug auf die Dinge und Gegenstände aus der Vergangenheit, der epische Charakter von Geschichte und die Unmöglichkeit, das Vergangene sprachlich und begrifflich adäquat zu erfassen.

Benjamins Geschichtsbegriff löst sich fundamental von der Vorstellung einer linear und chronologisch verlaufenen Zeit ab. Gegenstand seiner Ge-

---

3 | Benjamin und Kracauer standen insbesondere während ihres Exils in Frankreich in einem engen Austausch. Diese Zeit wird das Denken beider gleichermaßen geprägt haben. 1941 nach der geglückten Ausreise in die USA schrieb Kracauer an Theodor W. Adorno: „Es ist schlimm, so anzukommen wie wir – nach 8 Jahren einer Existenz, die nicht diesen Namen verdient. Ich bin älter geworden, auch in mir." (Adorno/Kracauer 2008: 427). Und zeitgleich schreibt er an Max Horkheimer: „...der Gedanke an Selbstmord lag in einer gewissen Epoche nicht fern. Wir waren übrigens in Marseille viel mit Benjamin zusammen gewesen und wanderten nur wenige Tage nach ihm über das Gebirge nach Port-Bou, wo wir gleich ihm refouliert wurden. Es war die dunkelste Zeit dunkler acht Jahre." (zit. n. ebd.: 428) In Portbou nahm sich Benjamin aus Angst vor der Abschiebung in die Hände der Nazis das Leben.

schichtsbetrachtung ist der „Abfall der Geschichte“ (Benjamin 1983: 575). Er schreibt: „Aber die Lumpen, den Abfall: die will ich nicht inventarisieren sondern sie auf die einzig mögliche Weise zu ihrem Rechte kommen lassen: sie verwenden.“ (Ebd.: 574) Damit wendet Benjamin sich jenen Dingen zu, die aus dem scheinbar kontinuierlich fortschreitenden Prozess der Geschichtsschreibung ausgesondert wurden (vgl. Bolle 2000: 409).[4] Er klassifiziert sie nicht, ordnet sie also nicht als fehlende Stücke in das Gesamtbild ein, sondern er verwendet sie. Verwenden bedeutet für Benjamin, sie in Konstellationen zueinander bringen. Auf diese Weise stellen sich Beziehungen her, die einen neuen und anderen Blick auf die Gegenstände und durch sie auf die Vergangenheit ermöglichen. Dabei ist es kein Zufall, wenn Benjamin sich dafür die Traumdeutung als Modell nimmt (vgl. Benjamin 1983: 580). So kann er jenen Verschiebungs- und Übersetzungsprozessen folgen, die sich als Spuren und Schichten ablagern, und die etwas über die Verhältnisse aussagen, in denen die Dinge entstanden und auf welche sie bezogen sind.

Dies beschreibt er auch mit dem der Archäologie entnommenen Motiv des Grabens (vgl. Benjamin 1991: 400). Seine Aufmerksamkeit gilt dabei aber nicht nur den Fundstücken sondern auch den Fundorten. Ihr Kontext, die durch ihre spezifische Schichtung entstehenden Beziehungen, aber auch ihre Auslassungen gehen so in das konstellative Bild mit ein. Zeitliche und räumliche Begrenzungen werden überschritten, können neu zusammengefügt und in ihrer Abfolge verändert werden. Dies unterläuft sowohl die homogene als auch die kontinuierliche Geschichtsdarstellung (vgl. Benjamin 1983: 588). Der „Gegenstand der Geschichte [wird vielmehr] aus dem Kontinuum des Geschichtsverlaufs herausgesprengt“ (ebd.: 594): „Benjamin favorisiert zweifellos eine emphatische Vorstellung vom Aufheben des ‚Kontinuums der Geschichte‘. Die Geschichte selber wird zum Faszinosum in der Vorstellung einer ‚Abbreviatur der Geschichte‘, einer Intensivierung durch Unterbrechung und Stillstellung.“ (Scherpe 1986: 279)

Benjamins Vorhaben besteht darin, „in der Analyse des kleinen Einzelmoments den Kristall des Totalgeschehens zu entdecken.“ (Benjamin 1983: 575) Besonderes und Allgemeines werden so aufeinander beziehbar, genauso wie Vergangenheit und Gegenwart. Dies erfordert ein Verfahren der Konstruktion, das eine neue Perspektive ermöglicht (vgl. Bolle 2000: 412). Doch: „Die ‚Konstruktion‘ setzt die ‚Destruktion‘ voraus.“ (Benjamin 1983: 587) Das meint die Zerstörung des kontinuierlichen Zeitverlaufs (vgl. Andersson 2000: 147). Die auf Destruktion basierende Konstruktion soll jene Stellen markie-

4 | Mit dem Bezug auf den Abfall und die Lumpen entwickelt Benjamin ein Verfahren, das große Ähnlichkeit mit Kracauers Achtung vor den Dingen aufweist. Benjamin hatte Kracauer in einer Besprechung von dessen Buch „Die Angestellten" sogar einmal mit einem „Lumpensammler" verglichen (vgl. Adorno/Kracauer 2008: 639). Kracauer betont in mehreren Briefen an Adorno, „daß Benjamin einmal Ähnliches über mich sagte: in seiner großen Kritik über die ‚Angestellten' verglich er mich mit einem Lumpensammler, der am frühen Morgen kommt und den Kehricht aufpickt." (Ebd.: 470).

ren, die als Brüche oder Risse einen neuen Blick, eine andere Perspektive möglich machen. Sie stellt sich damit einer historisierenden Einfühlung in die Vergangenheit radikal entgegen: „Die ‚Rekonstruktion' in der Einfühlung ist einschichtig." (Benjamin 1983: 587) Sie verhindert historische Erfahrung:

> Genausowenig wie Einfühlung angesichts eines historischen Gegenstandes eine geschichtliche Erfahrung ermöglicht, kann sie die Grundlage für ästhetische Erfahrung im Verhältnis zu einem künstlerischen Gegenstand sein. Die Einfühlung ist das Gegenstück zur genuinen Erfahrung. Die einfühlende Rekonstruktion stellt ihren Gegenstand in einen Raum der Erlebnisse, wo er seines konstruktiven, rettenden Erfahrungsinhaltes beraubt wird. (Andersson 2000: 148)

Die Einfühlung verwischt die Differenz zwischen Vergangenem und Gegenwart (vgl. Bolle 2000: 412). In ähnlicher Weise eliminieren auch die Geschichtsbilder der filmischen Geschichtsfiktionen diese Differenz und abstrahieren von (historischer) Erfahrung. Diese wird durch Effekte ersetzt. Rekonstruktion bedeutet imitierende Nachbildung, die mit dem Konstruktionscharakter auch ihren historischen Bezug zum Verschwinden bringt und Homogenität behauptet, wo Brüche und Diskontinuitäten das Material prägen. Kracauer beschreibt dies im Anschluss an Benjamins Betonung der „Nicht-Wesenheit chronologischer Zeit" (Kracauer 1971: 146) in *Geschichte – Vor den letzten Dingen* mit einem direkt auf die audiovisuellen Medien bezogenen Bild: „Aus der Sicht der hier skizzierten Erklärungen sind alle Geschichten, die den ‚Marsch der Zeit' darstellen, Trugbilder – Bilder auf einer Leinwand, die die Wahrheit, die sie dem Schein nach wiedergeben, verbirgt." Auf diese Weise, so Kracauer, bedecken „die so hergestellten Bilder Schicht um Schicht die immer größer werdende Leinwand" (ebd.: 148).

In diesem Vergleichsbild wird aber selbst ein „Moment der chronologischen Zeit" sichtbar. Dies stellt Kracauer vor die Herausforderung, in der von ihm intendierten Kritik der Chronologie zugleich chronologischen Prinzipien zu folgen. Somit muss auch der Kritiker der chronologischen Zeit in der Lage sein, „in Form von linearen Übergängen, zeitlichen Einflüssen und langfristigen Entwicklungen zu denken" (ebd.), um sich auf diese Weise der „paradoxen Beziehung zwischen der Kontinuität des geschichtlichen Prozesses und ihren Brüchen" bewusst zu werden (ebd.: 149).

Bezogen auf die hier im Zentrum stehenden Nachbildungen des Holocaust und die sie tradierenden filmischen Geschichtsfiktionen ist festzuhalten, dass diese ein Kontinuum abgeschlossener und kausaler Geschichtserzählung herstellen, diesen Konstruktionscharakter aber in einer erfahrungslosen Rekonstruktion durch Einfühlung in das Vergangene zum Verschwinden bringen. Gleichzeitig kann sich die historische Erfahrung, insbesondere die im Bruch sichtbar werdende Negativität der Erinnerung fortdauernder Zeit, dieser Einpassung in eine sinngebende Geschichtserzählung widersetzen. In Form von Brüchen in der Erzählstruktur kann dieser Widerspruch auch analysiert werden. Der Konstruktionscharakter der Geschichtserzählung wird auf diese Weise offen gelegt. Die fotografischen Medien besitzen damit einerseits das Potential, die Kontinuität aufzusprengen. Andererseits aber bilden sich durch Wiederholung und Imitation Geschichtsbilder heraus, die Authentizität und Geschlossenheit behaupten, und gleichzeitig auf dem Prinzip der imitierenden Nachbildung beruhen. Um die behauptete Ahistorizität dieser Bilder aufzubrechen, müssen sie also als Teil einer historischen Entwicklung und Genese entschlüsselt werden.

Gertrud Koch hat dieses besondere Verhältnis zwischen Film und historischem Moment untersucht. Sie betont dabei eine „doppeldeutige Stellung in Bezug auf Zeit und Geschichte", sowohl als Dokumente als auch als Sinnbilder (G. Koch 1995: 497). Weil Filme „Bezüge zur außerfilmischen und innerfilmischen ‚Realität'" (ebd.) herstellen, entsteht neben faktischen Wirklichkeitsbezügen zur historischen Vergangenheit eine fiktionale Welt, die sowohl Verweise innerhalb eines Films, als auch intertextuelle Verbindungen zu anderen fiktionalen Filmen eröffnet. So überschneiden sich „Wirklichkeitsraum und Fiktion" (ebd.: 498)

Filme besitzen als „Zeugnisse eines historischen Moments" (ebd.: 498) einen geringeren Abstand im Vergleich zur möglichen Welt der Fiktion. Damit enthalten sie einen „internen Bezug zur Vergangenheit" (G. Koch 2003: 217), der wiederum einer spezifischen Perspektivierung unterliegt. Dies verweist auf den Charakter des Films als „historisches Konstrukt" (ebd.). Als solches kann er nie mit der dargestellten Vergangenheit in eins fallen. Wie jede Geschichtserzählung *repräsentiert* er sie. Das ist ein Grundprinzip des Films. Dies impliziert auch die Distanz zwischen der Gegenwart der Darstellung und der Vergangenheit des Dargestellten. So kann der Film als Instrument fungieren, etwas Abwesendes präsent zu machen und mit Hilfe der nachträglichen Darstellung Vergangenes zu vergegenwärtigen. „Insofern kann man also die filmische Projektion [schlechthin] als Vergegenwärtigung von Vergangenem bestimmen. Damit beruht jede Betrachtung eines Films auf der Vorführung eines Gedächtnisspeichers, der auf dem Trägermaterial der Filmrolle in bearbeiteter Form vorliegt." (Ebd.)

Filme bieten sich also als „Veranschaulichung" und als „Verlebendigung" von vergangenen Zeiten durch ihre „Nachstellung in fiktionalen aber wirkungsmächtigen Imagines" an (ebd.). Neben die Aufzeichnungsfunktion des Mediums tritt die „*diegetische* Funktion des bewegten Bildes, das einen narrativen Zusammenhang evoziert, der vor allem von der Montage verstärkt wird." (Ebd.: 218, H.i.O.) Diese diegetische Funktion sorgt für sinnhafte Zusammenhänge und eine „überzeugende und klare Erzählung", die „Evidenzen" produziert. Sie basiert auf bestimmten Konstruktionen, die verschiedenen Inszenierungsformen entsprechen. Durch diese unterschiedlichen Inszenierungsformen – Koch unterscheidet die dokumentarische, die fiktionale und die thematische Inszenierung, wobei unter letztere auch bestimmte Mischformen zu fassen wären – wird eine „spezifische *interne* Verknüpfung von ‚Verlebendigung' und ‚Als-Ob' geschaffen" (ebd.: 219, H.i.O.). Auf diese Weise wirken Geschichtsschreibung und die Nachbildung von Geschichte im Film auch auf die Vorstellungen von der Vergangenheit zurück. So werden

„sowohl durch *dokumentarische* wie durch *fiktionale* Inszenierungen Imagines geschaffen [...], die ganz sicher von mentalitätsgeschichtlicher Bedeutung sind, zumindest in dem Sinne, in dem sich Mentalitätsgeschichte über Formen und Gehalte des sozialen Gedächtnisses greifen läßt." (Ebd.: 219, H.i.O.)

Dabei geht es um den Eindruck, den die Filme bei den Zuschauern von der nachgestellten Vergangenheit hinterlassen, der sich wiederum in einer mentalen Vorstellung manifestiert, in der neben den Spuren des Vergangenen und dessen Nachbildung auch Elemente der Gegenwart und ihrer Wahrnehmung enthalten sind. Diese können sich, wie unter Bezug auf Kracauer und Benjamin dargelegt, als Möglichkeit einer anderen, aus dem Kontinuum der chronologischen Zeit herausgesprengten Geschichte oder als Konstruktion einer sinnhaften und kohärenten, aber dadurch nicht weniger mythischen Ursprungsgeschichte im Sinne des kulturellen Gedächtnisses entfalten. Gertrud Koch hat letzteres als „moralische Schlüsse aus narrativen Schließungen" beschrieben (G. Koch 1999b: 296). Am Ende jeder Erzählung, insbesondere jener über Nationalsozialismus und Holocaust, manifestiert sich das Problem ihrer Schließung. Im Fall des Holocausts ist dies insbesondere auch mit der Schwierigkeit verbunden, „mit jener Geschichte zurechtzukommen" (ebd.: 303). Das erwünschte Happy-End suggeriert, „daß der Gerechtigkeit schon genüge getan wurde" (ebd.: 309): „Statt anamnetischer Solidarität mit den Toten konzentriert sich dieses Modell auf das Überleben und die überlebenden Helden." (ebd.: 311) Wie Koch zeigt, liegt in dieser narrativen Schließung auch ein spezifisches moralisches Urteil über die Geschichte begründet, das sich in einem konventionalisierten Ritual, einem ‚Erinnerungsritual' äußert (vgl. ebd.: 311). Ihr Modus ist die Monumentalisierung. Ihr Ziel sind Erlösung und Errettung als ‚positive' aus der harmonisierenden narrativen Schließung resultierende ‚Lösungen': „Eine ethische Forderung verlangte aber von einer Ästhetik des Holocaust, darauf zu bestehen, alle Arten menschlicher Verwundungen und Vernarbungen, einzubeziehen, und nicht nur die, deren Heilung sich monumentalisieren läßt." (Ebd.: 313)

Im Gegensatz zu dieser ethischen Forderung soll die narrative Schließung ein erzählerisches Prinzip ermöglichen, das die aus der Vergangenheit für die Gegenwart resultierenden Konflikte löst und miteinander versöhnt. Die „Narrativierung der Welt" ermöglicht somit eine sinnhafte Erzählung, einen „leserlichen Text [...], der seinerseits wiederum vergessen läßt, daß er Erzählung über und nicht Abbild der Welt ist." (G. Koch 2003: 220) Das wiederum verweist auf das problematische und ambivalente Verhältnis von Film und Geschichte:

> Daraus, daß Filme narrative Schlüsse evozieren und damit in den Bereich der Konstruktionen übergehen bzw. in ihrer Apparatur bereits eine Konstruktion enthalten, läßt sich aber nicht der Schluß entwinden, es gäbe dort keine Referenzialität, oder Filme repräsentierten die Welt in *keiner* Weise, die jenseits des Fiktiven liegt. (G. Koch 1995: 502, H.i.O.)

In diesem Sinne bleibt also die Verbindung zur Außenwelt in der Vermittlung bestehen. Das betrifft auch die Form der an Sinnproduktion interessierten Erzählung, da „das Kino auch da, wo es sich vom Motiv her als historisch behaupten möchte, eher an der Auflösung von Sinn beteiligt ist, den es allenfalls als Ideologie schaffen kann." (G. Koch 2003: 222) Genau darum eignet sich der Film als Produzent von Geschichtsbildern, eingepasst in Nationalgeschichten und angepasst an die gegenwärtigen Interessen einer Kohärenz produzierenden Geschichtsschreibung (vgl. ebd.: 223). Als solcher folgt er als Geschichtsfilm der Bewegung des Historismus: „Nicht von Heute aus, unter Einbeziehung des historischen Standpunktes des konzeptualisierenden Subjekts, sondern aus den objektiven Merkmalen einer Epoche heraus wird diese als in sich geschlossene und beschreibbare wiedererschaffen." (Ebd.: 224)

Daher sind solche Geschichtsbilder „Nachstellungen, die den historischen Moment symbolisch verarbeiten und verdichten." (Kannapin 2002: 156) Ihr Zeitbezug aber bleibt in den Darstellungen erhalten: „Sie sind als Zeitbilder damit Ausdruck der jeweiligen sozialen Verhältnisse." (Ebd.) Indem sie Verbindungen zu aktuellen Themen, Moden, Verhaltensweise, Hoffnungen und Ängsten in die Vergangenheitsstoffe einweben, ‚sprechen' die Geschichtsfilme implizit zur Gegenwart des Publikums (vgl. Toplin 2002: 42). Dieser Gegenwartsbezug wird aber hinter einer Ästhetik der Nachbildung vergangener Moden und historischer Stoffe verborgen.

Robert Toplin hat versucht, filmische Geschichtsdarstellungen unter dem Gesichtspunkt des Genres zu bestimmen. Zentrale Merkmale sind die Vereinfachung historischer Zusammenhänge und die Hervorhebung historischer Details sowie die Überführung einer uneindeutigen Vergangenheit in moralisch eindeutige Geschichten über Gut und Böse. Historische Figuren werden zu repräsentativen Charakteren komprimiert (vgl. ebd.: 36). Inkohärenzen werden dabei vermieden und dienen allenfalls zur Verstärkung eines am Ende aufzulösenden Wandlungsmotivs. Das Gefühl des Anblickens von Vergangenheit wird durch die Nachbildung von beispielhaften und bekannten Details aus früheren Zeiten evoziert. Anders als bei Benjamin sind Bilder ganz konkret als visuelle Vereindeutigungen zu verstehen und fungieren zur Nachbildung medialer Vorbilder und weniger zur Entfaltung imaginativer Vorstellungen. Imagination dient im Geschichtsfilm der Befriedigung einer bereits bekannten und tradierten Vorstellung von Geschichte, wie sie gewesen ist, die gleichzeitig die Erwartungen an den Unterhaltungswert eines Films erfüllt. Die Schichten der filmischen Geschichtsbilder wie der Figuren bleiben zwar erhalten, entziehen sich aber hinter dem Eindruck von Kohärenz, Kontinuität und Authentizität dem verstehenden Blick der Zuschauer.

Ihren Evidenzeindruck verdanken die filmischen Geschichtsbilder vor allem der narrativen Schließung. Zwar bleibt der geformte und zusammengesetzte Charakter erhalten, doch dieser bleibt unreflektiert und damit als Erfahrung unentfaltet. Hinter dem Geschichtsbild müssen das Vorstellungsbild und damit auch der Standpunkt des erzählenden Subjekts, seine Perspektive aus der und auf die Gegenwart erst freigelegt werden. Gertrud Koch vergleicht die Geschichtsfilme daher nicht zufällig mit dem Mythos: „Je zeichenhafter und geschlossener der ästhetische Kosmos aus Zeichen besteht, die den Betrachter umfangen, um so eher verfällt er dem Mythos.“ (G. Koch 2003: 225) Diese Zeichen und Bilder folgen einer imitierenden Ästhetik. Es handelt sich um die „Erschaffung einer vergangenen Welt vor unserer aller Augen, mit allen Details des Alltags“ (ebd.), die Illusion eines „geschlossenen historischen Bildes“, das „die Gegenwart als zeitlose Wahrheit“ deutet (ebd.: 227). Darauf hatte bereits Kracauer mit seinen Einwänden gegen das Gegenwarts-Interesse hingewiesen. „Ihr heimliches Thema ist in der Regel gar nicht die Historie, sondern das Schicksal des Einzelnen, das sich vor der historischen Kulisse entfaltet.“ (Ebd.) Die Filme folgen also den Konventionen einer generischen Regelhaftigkeit, wie sie von Toplin beschrieben wurde. Der Illusionseindruck soll vor allem die Differenz zwischen der repräsentierten Vergangenheit und der Gegenwart der Filmwahrnehmung verwischen. Wie oben bereits erläutert, handelt es sich dabei um eine Unmöglichkeit und daher schließlich um die Produktion von Ideologie: „Die ästhetischen Mittel des Films sind nämlich sosehr der modernen Wahrnehmung von Zeit und Raum, von Zerrissenheit und Diskontinuität verpflichtet, daß sie nur um den Preis filmästhetischer Regression eingeschmolzen werden können in einem historischen Darstellungskonzept.“ (ebd.: 225)

Die kritische Interpretation dieser historischen Momente und Motive folgt dem Versuch, „die Verschränkungen der Ebenen als empfindliche Nahtstellen ausfindig zu machen, an denen sich die Ebene von intendiertem Diskurs und faktischem Handeln in die Quere kommen.“ (Ebd.: 222) Dieses Verfahren sucht nicht nach dem ‚Ursprung‘ der Bilder, sondern macht mit deren Zeichen- auch den Konstruktionscharakter sichtbar und kontextualisiert diesen in einer historischen Entwicklung. Die Geschichtlichkeit der Bilder kann auf diese Weise als Anleitung zu einer „historisierenden Lektüre“ dienen, wie sie Matthias Steinle vorgeschlagen hat.

Aufgrund spezifischer „ästhetischer Markierungen“ kommunizieren die Bilder ihre Verbindung mit der Vergangenheit, was auf einen ‚historisierenden Modus‘ des Films hindeutet. Dieser „zeichnet sich dadurch aus, dass er auf der Zeitleiste zurück- und auf eine fremde, externe Äußerungsinstanz verweist.“ (Steinle 2005: 299) Steinles Konzept bezieht sich auf den Semio-Pragmatismus nach Roger Odin. Dieser geht von der Konstruktion eines Enunziators, einer Äußerungsinstanz im filmischen Text und Kontext aus, der zu entsprechenden Lektüren von Seiten der Zuschauer anregt. Im Falle der historisierenden Lektüre können auch die audiovisuellen Medien in Form des medialen Gedächtnisses als solch ein Enunziator fungieren, zu dem die Bilder intertextuelle Zugänge und Verbindungen eröffnen. Die Wahrnehmung von Geschichtsbildern konstituiert sich also „im Kommunikationsakt zwischen filmischen Text und Zuschauer“. Dieser wiederum basiert sowohl auf „eingeschliffene[n] Genreerfahrungen“ (ebd.: 300) als auch auf der „stereotypen Verwendung eines begrenzten Bildfundus“ (ebd.: 304).

Auf diese Weise scheinen sich die Bilder, wie Kracauer es bereits am Beispiel einer sich immer weiter füllenden Filmleinwand beschrieben hatte, wie ein Palimpsest übereinander zu lagern. Unterstützt wird dies von der

Erkenntnis, dass die Vergangenheit nicht wie ein fremdes Land besucht und fotografiert werden kann, um sie aufzudecken oder zu erfahren. Sie kann nur repräsentiert werden (als Rekonstruktion in der Einfühlung oder als auf Destruktion basierende Konstruktion). Anton Kaes spricht von einem ewigen Kreis („eternal cycle") oder einer Endlosschleife („endless loop"), in der die Bilder der Bilder zirkulieren und in der die Nachbildungen historischer Bilder wieder zu Vorlagen zukünftiger Bilder werden (Kaes 1992b: 309). In der suggerierten Endlosigkeit solcher referenzloser Wiederholungsschleifen schließen sich Repräsentation und Geschichtsbild aber wieder zu einer Identität zusammen. Wo jede Geschichte möglich scheint und Geschichte nichts anderes als Erzählung ist, wird die Erzählung selbst zur ebenso leeren wie totalen Formel. Nur durch die Analyse dieser Strukturen der Wiederholung, durch die kritische Frage nach dem, worum sie kreisen, nämlich bestimmten gesellschaftlichen Formationen, und durch die daran anschließende Offenlegung der Verfahren der Fixierung und narrativen Schließung können Rekonstruktionen des Vergangenen als geschichtlich gewordene Formen erkannt werden. Auf diese Weise werden die Geschichtsbilder als Teil einer Repräsentationsgeschichte mit spezifischen Wirkungen, prägenden Deutungen und bestimmten Interpretationen, aber auch als Projektionen der Gegenwart in die Vergangenheit les- und verstehbar.

Dazu ist es notwendig, dem Bezug auf die Geschichte im Allgemeinen und auf die Shoah im Besonderen sowohl in der postmodernen Geschichtsphilosophie nachzugehen als auch die Bedeutung der postmodernen Ästhetik und der Intertextualität für diese Darstellung von Geschichte im Film kritisch zu diskutieren, bevor ich auf Fragen der Erinnerung und Weitergabe des Vergangenen in einem transgenerationellen Erinnerungsraum eingehen werde. Sowohl die bisher gewonnenen Erkenntnisse über die Antinomien der Geschichtsschreibung im Spannungsfeld zwischen kontinuierlich fortschreitender Zeit und ihrem Bruch als auch die Implikationen aus der postmodernen Ästhetik und die Strukturen der transgenerationellen Weitergabe von Geschichte, sollen im Folgenden zu einem Analysemodell für die anschließende Untersuchung zusammengeführt werden.

Nostalgische Rekonstruktionen und postmoderne Ästhetik

Postmoderne Geschichtsphilosophie bezieht sich in besonderer Weise auf die Shoah als Herausvorderung. Dies kann in diesem Kontext jedoch nur knapp umrissen werden. Die Shoah steht symptomatisch für die Verwirklichung eines bis dato für unvorstellbar gehaltenen, historisch präzedenzlosen Verbrechens und markiert so einen „Zivilisationsbruch" (Diner 1988). Sie fordert daher auch dazu auf zu reflektieren, welche gesellschaftlichen Strukturen diese menschheitsgeschichtliche Katastrophe ermöglicht haben. Diese Selbstreflexion der Moderne, die bereits mit der Erfahrung des Ersten Weltkrieges einsetzte und sich unter anderem in der modernen Literatur und Kunst niederschlug, stellt den Fortschrittsgedanken und die Sinnbezüge des modernen Denkens in Frage und fragt kritisch nach der inneren Destruktionskraft der Moderne. In diesem Sinne haben angesichts des Zweiten Weltkrieges und der Ermordung der europäischen Juden zahlreiche Philosophen, wie Hannah Arendt, Walter Benjamin oder Theodor W. Adorno und Max Horkheimer, die Ambivalenz oder Dialektik der Moderne hinterfragt. An die Erkenntnis, dass der Holocaust einen Bruch markiert, der dazu herausfordert, die Implikationen des Projekts der Moderne zu hinterfragen, knüpfen postmoderne Denker an (vgl. Milchman/Rosenberg 1998: 2). Weil sie aber den Doppelcharakter der Moderne, die gleichzeitig destruktiv und aufklärerisch ist und dadurch die Möglichkeit von Freiheit gleichzeitig schafft und verhindert, nicht (an-)erkennen und so die dialektische Bewegung innerhalb der Moderne, und ihre sowohl gesellschaftlichen als auch kulturell-ästhetischen Konsequenzen nicht wahrnehmen, wird der Holocaust von einem historischen Ereignis zu einem ‚semantischen' Problem (vgl. Scherpe 1986: 276). Mit dem postmodernen Denken erscheint der aus der Selbstdestruktion der Moderne resultierende Verlust jeden Sinns nicht als solcher, sondern wird zu einer neuen Energie. Diese Vorstellung reagiert „auf den Verlust eines einheitlichen Ganzen nicht mit Trauer, sondern sieht darin einen ‚Freiheits- und Wahrheitsfortschritt', denn man ist der Kehrseite solcher Ganzheiten gewahr geworden und hat erkannt, daß dieser ‚Verlust' eher ein Gewinn ist.“ (Bühler 2002: 40) Anders als Benjamin, der das Kontinuum der historistischen Geschichtsschreibung aufzulösen versucht, konstatiert „postmodernes Bewußtsein in der vollendeten Funktionalität und in der absoluten Herrschaft der Reproduktion nur noch den *permanenten* Stillstand und die Stillegung aller geschichtsbewegenden Momente“ (Scherpe 1986: 280, H.i.O.).

Die am Beispiel der Shoah proklamierten ‚Grenzen der Darstellbarkeit' werden so zu einem geschichtsphilosophischen Sprachspiel und nicht als dialektische Konsequenz aus den „Grenzen der Aufklärung“ (Claussen 1994) begriffen, die dazu herausfordern, das Unbegreifliche zu begreifen. So rückt das postmoderne Denken selbst in die Nähe zur Destruktivität, die die Shoah manifestierte. Es behauptet eine apokalyptische „letztmögliche Perspektive“ als „‚déjà vu' all des Totgesagten“, das als Echo zurückkehrt, dessen Verlust aber nicht betrauert werden kann (Scherpe 1986: 272). Die Postmoderne und ihre Ästhetik sind von der Welt des Rausches und des Kitsches fasziniert. Auf deren Gegenstände, Formen oder Bruchstücke verweisen sie nicht, wie die moderne Ästhetik, als Zitat oder in Form einer verfremdenden Aneignung, sondern sie werden als bloße Zeichen gleichsam absorbiert (vgl. Jameson 1986: 46f.). Daher sieht Saul Friedländer den „Widerschein des Nazismus“ auch in einer Nähe von „Kitsch und Tod“ als einen ästhetischen Diskurs, der „einem postmodernen Ansatz in der Darstellung des Nationalsozialismus entsprang.“ (Friedländer 1999: 12)

Friedländer macht so auch darauf aufmerksam, dass das postmoderne Denken sich in spezifischer Weise im Problem der Darstellung von Shoah und Nationalsozialismus ausdrückt. Durch die Zerschlagung jeder Essenz (vgl. Milchman/Rosenberg 1998: 3) und die grundsätzliche Infragestellung von ‚historischer Wahrheit‘ (vgl. ebd.: 10) findet eine Deessentialisierung der Shoah statt. Jean Baudrillard beispielsweise sieht als einzigen Ausweg zwischen Vergessen und Verleugnen der historischen Ereignisse ihre Überführung von der Historie in den Mythos im Sinne einer medialen Konstruktion (vgl. Bialas 1996: 118). Zwar wird verschiedenen Ortes betont, man müsse zwischen der Betonung von Differenz und einer „Beliebigkeit, die nur noch die Wiederholung des bereits Dagewesenen zum Inhalt hat und affirmativer Natur ist“ (Bühler 2002: 42) unterscheiden, fraglich bleibt jedoch, auf welchem kategorialen Fundament eben diese Differenzierung überhaupt möglich sein kann.

Klaus Scherpe unterscheidet daher verschiedene ideologische Anteile „einer destruktiven oder rettenden Kritik“ (Scherpe 1986: 275). Als für das Erscheinungsbild der Postmoderne signifikant bezeichnet Scherpe das „Spiel mit der Apokalypse“. Insbesondere „bei den deutsche Adepten der französischen Posthistorie [kündigt] sich eine Redramatisierung des Untergangs“ an (ebd.: 275). Er konstatiert darin eine neue „Moralität des Sterbens“ (ebd.: 295): „Ist der ‚Tod der Moderne‘ beschlossene Sache, so bleibt dem postmodernen Bewußtsein nur der Opfertod.“ (Ebd.: 294) In ähnlicher Weise hat Friedländer den neuen Diskurs in der (west-) deutschen Literatur und im Film beschrieben:

> Der ästhetische Reiz wird ausgelöst durch den Gegensatz zwischen Kitsch-Harmonie und permanenter Beschwörung der Themen Tod und Zerstörung; das Verlangen wird durch Erotisierung der Macht, der Gewalt und der Herrschaft geweckt, aber gleichzeitig auch durch Darstellung des Nazismus als des Zentrums aller Entfesselungen der unterdrückten Affekte; der Exorzismus schließlich setzt – heute wie damals – sein ganzes Bestreben darein, durch die Sprache Distanz zu halten gegenüber der Realität des Verbrechens und der Vernichtungspolitik, durch die Verkehrung der Vorzeichnen eine andere Realität zu behaupten […]. (Friedländer 1999: 26f.)

Friedländer beschreibt die Ästhetik des Kitsches einleitend als „leicht verständlich und der Mehrheit zugänglich“, was bei den Rezipienten „eine gedankenlose, emotionale Sofortreaktion“ herausfordere. Mit ihrer auf Oberflächenreizen beruhenden Struktur und Stilisierung spreche diese Ästhetik „mythische Muster“ an (ebd.: 14). Diese basierten zumeist auf Ikonen, Metaphern und einer stark stilisierten Bildsprache, sie bestünden in einer „Häufung von Schreckens- und Todesbildern, durchsetzt mit Symbolen einer Pseudospiritualität“ (ebd.: 50). Daran anschließend können wir von einer ‚Second Hand Ästhetik‘ sprechen, die ihrerseits auf bekannten Bildern und Formen aufbaut: „Tod *und* Nostalgie gehören hier eng zusammen.“ (Ebd.: 45, H.i.O.) Letztere, die Nostalgie, bestimmt auch einen spezifischen Zugang zum Vergangenen. Es handelt sich dabei um eine „Form, der Realität sich zu stellen, die zugleich ein Ausweichen vor ihr ist, um die Neutralisierung der Vergangenheit, um die Verschleierung – ob nun bewußt oder nicht – dessen, was an der Vergangenheit unerträglich bleibt.“ (Ebd.: 86) Diesen Vorgang beschreibt Friedländer als „Wiederkehr einer Faszination“ (ebd.: 118). Solche Obsession münde in eine „Form der Umarbeitung der NS-Vergangenheit“ (ebd.: 137). Die von Friedländer beschriebenen Kategorien: (1) Oberflächenstruktur und mythische Muster, (2) emotionale Sofortreaktion und (3) nostalgischer Zugriff auf die Geschichte entsprechen den konstitutiven Merkmalen der postmodernen Ästhetik, die Fredric Jameson analysiert hat. Allerdings scheint Friedländers Feststellung, dass sich die nostalgische Ästhetik des Kitsches im politischen bzw. ideologischen Kontext als Sehnsucht nach einer harmonisch geschlossenen Einheit manifestiert (vgl. ebd.: 14), den oben beschriebenen Annahmen des postmodernen Denkens und der postmodernen Ästhetik auf den ersten Blick zu widersprechen. Auf dieses Problem möchte ich später genauer eingehen. Zunächst werde ich Jamesons kritische Konzeption der postmodernen Ästhetik vorstellen.

Jameson führt als Kennzeichen der postmodernen Ästhetik drei konstitutive Merkmale an: (1) eine „neue Oberflächlichkeit“, aus der (2) ein „Verlust von Historizität“ resultiert. Dieser Verlust wirkt sich nach Jameson sowohl auf das allgemeine Geschichtsverständnis als auch auf das individuelle Zeitempfinden aus. Weiterhin konstatiert er (3) „eine völlig neue, emotionale Grundstimmung, die sich mit dem Wort ‚Intensitäten‘ beschreiben läßt“ (Jameson 1986: 50). Für Jameson ist die Postmoderne dabei nicht lediglich eine Stilrichtung, sondern eine „kulturelle Dominante“ (ebd.: 48). Darin verbinden sich gesellschaftliche, kulturelle, psychologische und ästhetische Phänomene.

Die neue Oberflächlichkeit manifestiert sich nach Jameson darin, dass Tiefenschichten des Kunstwerks „durch Praktiken, Diskurse und ein textuelles Spiel abgelöst“ werden. Tiefe wird durch Oberfläche ersetzt, bzw. durch „eine Vielzahl von Oberflächen“. Jameson verweist hier explizit auf die Intertextualität als spezifisches Verfahren der postmodernen Ästhetik. Eine Folge dieses Verfahrens ist die bereits angeführte „neue emotionale Grundstimmung“, die sich im „Schwinden des Affekts“ ausdrückt. Körperliche Affizierungen, und damit auch der Schock als Erfahrung des Bruchs, werden durch Effekte der Textstruktur ersetzt, die Jameson als „Intensitäten“ beschreibt. Das Schwinden des Affekts führt damit auch zu einem „Schwinden der klassisch-modernen Thematik von Zeit und Zeitlichkeit“ (ebd.: 60), was sich wiederum auf das Verhältnis zur Vergangenheit auswirkt: „Mit dem Verschwinden des individuellen Subjekts und damit auch des persönlichen Stils wurde der heute fast inflationäre und universale Gebrauch des Pastiche möglich: eine Kunst der Imitate, denen ihr Original entschwunden ist.“ (Ebd.: 61)

Die „Kunst der Imitate“ basiert auf einer Ansammlung von Codes. Sie wendet sich einer „vollendeten Vergangenheit“ zu, „der Imitation toter Stile, der Rede durch all die Masken und Stimmen, die im imaginären Museum einer neuen weltweiten Kultur lagern.“ (Ebd.: 62) Darin drückt sich nach Jameson auch eine bestimmte Form der Haltung zur Welt, ein spezifischer Wahrnehmungsmodus aus: „Die im Pastiche-Begriff gefaßte permanente Imitation bezeugt die historisch neuartige Konsumgier auf eine Welt, die aus nichts als Abbildern ihrer selbst besteht und versessen ist auf Pseudoereignisse und ‚Spektakel‘ jeglicher Art […].“ (Ebd.: 63)

Was als Geschichte imitiert wird, ist also eine „identische Kopie von etwas, dessen Original nie existiert hat“ (ebd.). Sie entspricht einem Geschichtsbild, dessen Vorbild weniger die Vergangenheit, als die Gegenwart ist. Geschichte wird auf diese Weise „zu einer unüberschaubaren Bildersammlung“ (ebd.): „Loyal und konform mit der poststrukturalistischen Sprachtheorie wird die Vergangenheit als ‚Referent‘ schrittweise in Klammern gesetzt, bis sie schließlich ganz ausgelöst ist und uns nur mehr ‚Texte‘ hinterläßt.“ (ebd.)

Der Modus, in dem dieser Bezug auf Vergangenheit stattfindet, ist eine „‚nostalgische‘ Rezeptionshaltung“ (ebd.: 65). Zum besseren Verständnis können wir diese Art der Rezeption in den von Jameson so klassifizierten „Nostalgie-Filmen“ beobachten, in denen die „ganze Imitationskunst des Pastiche neu strukturiert und auf eine kollektive und gesellschaftliche Ebene projiziert“ wird. Interessanter Weise ist in diesen Filmen die „‚Generationen‘-Geschichte“ eine vorherrschende Erzählform (ebd.: 64). Dies korrepondiert mit der Haltung gegenüber der Vergangenheit, die als Bildersammlung in Gestalt des Zitats angeeignet und für die Gegenwart zugänglich gemacht wird. Jameson beschreibt diese Annäherung durch „stilistische Konnotationen“ und „Vermittlung imaginärer und stereotyper Ideale“ als *pastness* (ebd.: 65). Vergangene Moden, Kostüme und Dekors werden zum Indikator von Geschichte und ermöglichen die nostalgische Wiederkehr des Vergangenen (vgl. ebd.: 66):

> Wir finden uns wieder in der ‚Intertextualität' des Films und zwar als bewußt eingeplanter Bestandteil des ästhetischen Effekts. Die Konnotationen von ‚Vergangenheit' und pseudohistorischer Tiefe werden so auf eine neue Art funktionabel. Die ‚wirkliche' Geschichte wird durch die Geschichte verschiedener Stile ersetzt. (Ebd.: 65)

Wir können also mit Jameson davon ausgehen, dass die Filme auf solche Art „nur mehr unsere Vorstellungen und Stereotypen von dieser Vergangenheit“ repräsentieren (ebd.: 69). Die Vervielfältigung von Anspielungen und Zitaten zieht jedoch nicht notwendigerweise den Modus der Selbstreflexion nach sich. Im Sinne von Selbstreferenzialität verweist sie erst einmal auf den eigenen Status als medial vermitteltes Bild. Dies führt zu der Frage, welche Folgen die aus dieser Ästhetik resultierende Ablehnung der Erzählbarkeit von Geschichte und einer eindeutigen Perspektive für die Darstellung von Nationalsozialismus und Holocaust haben.

Anton Kaes diskutiert dies am Beispiel von Hans-Jürgen Syberbergs Film HITLER – EIN FILM AUS DEUTSCHLAND (BRD 1977), der nicht zum Ziel habe Geschichte abzubilden, sondern auf Simulation und Nachbildung beruhe. Montage und Erzählform vermieden dabei konventionalisierte Darstellungsformen und negierten die Referenz zu einer Geschichte jenseits der Bilder (vgl. Kaes 1992a: 219). Dazu werden verschiedene Zeitebenen miteinander verbunden und unterschiedliches visuelles und auditives Material wird aneinander montiert. Die kausale Narration wird so zugunsten einer leitmotivischen Verkettung durchbrochen:

Time becomes spatial, a dense web of quotations and references from literature, theater, music, and film. This radical intertextuality also has far-reaching consequences for Syberberg's treatment of historical material. Past events and characters, cut loose from their original contexts, become quotable set pieces in an aesthetic structure that follows its own laws. (Ebd.: 210/211)

Doch die daraus resultierende fragmentarische und episodische Form transformiert den Nationalsozialismus in eine Sammlung von ‚Spiegel-Formen'. Diese Spiegelungen knüpfen implizit und explizit an den Ereignis- und Inszenierungscharakter des Nationalsozialismus an und (re-)inszenieren ihn als Zirkusspektakel, Horrorkabinett, Puppentheater, Kabarett oder auch als Gerichtsverhandlung und Theater. Dadurch wird nach Kaes die Frage der Darstellung des Nationalsozialismus in die Filmhandlung verwoben. Die Absicht des Films sei es nicht, Hitler als reale historische Figur darzustellen, sondern die verschiedenen Formen wiederzugeben, in denen er dargestellt wurde und wird. Hitler fungiere als Projektionsfläche für Wünsche, Ängste und Hoffnungen (vgl. ebd.: 212).

Dies korrespondiert mit der Zunahme und Vermischung verschiedener Perspektiven, die sich in der kollageartigen Form des Films ausdrückt. Die daraus resultierenden Ambivalenzen bergen aber auch die Gefahr einer Relativierung.[5] Der radikale Pluralismus postmoderner Ästhetik, so Kaes, bezieht auch konservative, reaktionäre und revisionistische Motive und Deutungsmuster mit ein:

The film's postmodernist multiple coding and the constantly shifting position of the author/filmmaker as *bricoleur* require an audience ready and willing to enter the slippery realm of textuality [...]. Not surprisingly, the proliferation, disjunction, and layering of conflicting sounds and images in a *sujet* like Nazism and the Final Solution pose a danger. The sheer number of conflicting angles (including always the angle of the Nazi perpetrator) from which each event is simultaneously viewed leads inexorably to ambivalences [...]. (Ebd.: 217, H.i.O.)

Die Vervielfältigung, Aufsplitterung und Schichtung von Materialien enthält also den Zug der Affirmation von Nostalgie, der bei Syberberg einem apoka-

5 | Kaes stellt dem Syberbergschen Mythos den Gegen-Mythos von Claude Lanzmanns SHOAH gegenüber. Anstatt der historischen Stillstellung in der Post-Historie praktiziere Lanzmann eine „Spurensuche", eine detektivische und rekonstruierende Arbeit, die sich aber auf ein ähnliches Gestrüpp von Überlagerungen und Fragmentierung von Erinnerungen bezieht. Lanzmann praktiziere eine radikale Untersuchung der Gegenwärtigkeit des Holocaust (vgl. Kaes 1992a: 221). In ähnlicher Weise können die kritische Analyse der postmodernen Vervielfältigung, Aufsplitterung und Schichtung von Materialien, Perspektiven und Geschichtsbildern, sowie die bewusste Reflektion ihrer ästhetischen Formen zu einer Aufdeckung von Strukturen der Affirmation von Nostalgie, der Stillstellung und Verfestigung von Geschichte und ihrer Umschreibung führen.

lyptischen Weltbild entspricht. Auch Friedländer kritisiert diese Schließung, die gerade aus der Offenheit und dem intertextuellen Charakter des Filmtextes entsteht: „Der nichtendenwollende Fluß von Worten und Bildern wird zusehends zu einer Wand, die die Vergangenheit verstellt […].“ (Friedländer 1999: 99) Daraus resultiert ein statischer Blick auf die Vergangenheit aus der Perspektive einer ‚post-histoire'. Diese Post-Historie ist eng verbunden mit der postmodernen Ästhetik. Geschichte dient als Material, das beliebig zitiert und montiert werden kann (vgl. Kaes 1992a: 218). Dieser Umgang mit Geschichte entspricht also einer Stillstellung: „dead and without context“ (ebd.: 219). Nach Kaes folgt dieser reaktionären Tendenz innerhalb der postmodernen Ästhetik bei Syberberg auch ein gesellschaftliches Entlastungsmotiv: „The cultural pessimism of such passages allows the concrete guilt of the Germans to dissolve in the general malaise of the post-histoire.“ (Ebd.: 220)

Die spezifische Darstellungsform korrespondiert mit individuellen und gesellschaftlichen Bedürfnissen und mit der Herstellung einer Erinnerungsgemeinschaft, die ebenfalls Formen dieser Post-Historie und der Affirmation von Nostalgie mit Elementen postmoderner Ästhetik verbindet. Trotz der Fragmentarisierung der Weltwahrnehmung in widerstreitende Diskurse nach dem so genannten Ende der Meta-Erzählungen erscheint also die postmoderne Ästhetik kompatibel mit einer neuen Vorstellung von einer „in sich vollständige[n] Welt“ (Jameson 1986: 86), die allerdings selbst wiederum in eine Ansammlung von Zitaten, Anspielungen und Pastichestrukturen zerfällt. Im affirmativen Charakter der Nostalgie, der Regression zur Geschlossenheit und der Sehnsucht nach dem unmittelbaren Nacherleben von Geschichte als nostalgischem Effekt, die in die Aufhebung von Distanz mündet (vgl. ebd.: 94), zeigen sich die reaktionären Tendenzen der postmodernen Ästhetik.

Joshua Hirsch führt zur Beschreibung dieser Entwicklung den Begriff des „reactionary postmodernism“ an (J. Hirsch 2004: 143).[6] Anknüpfend an Jamesons Überlegungen zur postmodernen Pastichekultur als nostalgische und ahistorische Zitate toter Stile (ebd.), analysiert Hirsch Spielbergs SCHINDLER'S LIST beispielsweise als postmoderne Ansammlung von Zitaten anderer Filme (ebd.: 144).[7] Dabei leitet ihn die Frage, welche Funktion die postmoderne Pastichestruktur von SCHINDLER'S LIST in Bezug auf die Dimension des Traumas einnimmt:

> The film certainly shows plenty of potentially traumatizing images, particularly images of Jews being summarily shot to death, often at point blank range in the head. As Alain Resnais has suggested, however, after a certain point,

6 | Der Begriff ist mit einem nicht markierten Bezug zu den Überlegungen Jeffrey Herfs verknüpft, der den Nationalsozialismus als „reactionary modernism“ analysiert hat (vgl. Herf 1986).

7 | Darauf hatten bereits andere Autorinnen und Autoren aufmerksam gemacht, unter anderem Gertrud Koch (vgl. Friedman 2002: 80). Dieses Vorgehen Spielbergs wird im Kapitel über den ‚Filmische Geschichtsbilder' noch genauer untersucht.

images of atrocity don't have ,a very striking effect on people', and this may be particularly true for a generation of viewers who have been inundated with an unprecedented volume of extreme images in the media – who have perhaps, ,seen it all'. The question, therefore, becomes: what kind of experience of these images does the film promote in its audience through the narrative form it gives them? (Ebd.: 146)

Das Besondere an der Struktur von SCHINDLER'S LIST ist dabei, dass der Film Elemente des modernistischen ,posttraumatischen' Films adaptiert und diese in eine Form integriert, die historisierende Geschlossenheit – und damit die Vermeidung einer modernistischen Struktur der Offenheit – mit postmodernem Pastiche verbindet (vgl. ebd.: 147). Damit markiert Hirsch das Charakteristikum einer Geschichtsnachbildung, die einerseits die postmoderne Ästhetik als nostalgisches und intertextuell strukturiertes Narrativ aufnimmt und zum anderen gerade den aus ihrem Zerfall in Stereotype, Anspielungen und Zitate resultierenden Faktor der Offenheit nivelliert. Zitate und Anspielungen durchbrechen nicht im Sinne einer modernistischen Selbstreflexivität den Fluss der Erzählung, sondern werden in eine Authentizitätsfiktion integriert: „It functions both to reinforce the authenticity of the film (on the postmodern assumption that the past is more real if it looks like past films) and set the film up as the ultimate and authoritative Holocaust film that absorbs and replaces all previous Holocaust films." (Ebd.: 147f.)

SCHINDLER'S LIST kombiniert zwei konkurrierende Perspektiven. Einerseits wird Geschichte in Form eines ,Master-Narrativs' als vollständig und abgeschlossen behauptet, andererseits mit der Anspielung auf die selbstreflexive Struktur des modernistischen Films verknüpft (vgl. ebd.: 148). Diese Anspielungen werden aber in die Struktur einer klassischen, linear erzählten Filmhandlung eingefügt. Dies schafft den Eindruck einer ,authentischen' Darstellung der Vergangenheit, die auf diese Weise in einem monumentalisierenden Erinnerungsdiskurs erstarrt (vgl. ebd.: 149)

Durch die Verbindung von Geschichtsepos und Dokudrama bekommt der Film eine teilweise hybride Form, die wiederum selbst zu einer klischeehaften Erzählkonvention in Filmen über Nationalsozialismus und Holocaust geworden ist (vgl. Elsaesser 1996: 151).[8] Allerdings kann diese Hybridität auch Momente der Porosität im Sinne Benjamins enthalten, die die Möglichkeit bieten können, hinter die Struktur der Authentizitätsfiktion zu gelangen. Dies eröffnet die Frage nach der Perspektive und nach konkurrierenden oder sich gegenseitig bedingenden Subjektpositionen (vgl. ebd.: 167): „It is now possible to compare these two genres [Spielfilm und Dokumentarfilm, TE] not in terms whether one is more ,authentic' than the other, but in terms of what they show or do not show, [...] in terms of the ambiguous or extreme subject positions they are able to sustain." (Ebd.: 173) Unter Rückgriff auf die Erzählperspektive kann die postmoderne Ästhetik auch Gegenstand der Interpretation

8 | Dies wird im Kapitel über die Erzählstrukturen genauer herausgearbeitet und auch im Hinblick auf die filmischen Geschichtsfiktionen präzisiert.

werden. Dabei handelt es sich um eine der Postmoderne entgegenlaufende Bewegung, da die Verweigerung der Interpretation eine Grundkomponente postmodernen Denkens ist (vgl. Jameson 1986: 67). Interessanterweise aber kann sich die Interpretation dabei die Formen der postmodernen Ästhetik als Analyseinstrumente nutzbar machen. Dies verweist, wie im Folgenden kursorisch gezeigt werden soll, auf die unter anderem von Joshua Hirsch aufgeworfene Frage nach dem *Trauma* als Erzählkonzept.

In den letzten Jahren ist in der Filmwissenschaft der theoretische Bezug auf das Konzept des Traumas für die Auseinandersetzung mit der Darstellung des Holocaust im Film konstitutiv geworden. Nach Thomas Elsaesser handelt es sich dabei um den Versuch einer Subjekttheorie, die sich um Erinnerung, um ein System von psychologisch und gesellschaftlich beeinflussten und hergestellten Leerstellen, Abwesenheiten und spurlosen Spuren anordnet (vgl. Elsaesser 2001: 194). Trauma und Traumatheorie verweisen auf einen nicht integrierbaren Bruch im psychischen Haushalt des Subjekts. Das Trauma setzt dabei, wie bereits Lawrence Langer unter Bezug auf die fortdauernde Erinnerung angedeutet hat, die kausalen Kategorien der Erzählung und der Erzählbarkeit außer Kraft. Traumatheorie reicht auf diese Weise hinter die postmoderne Ästhetik. Laut Elsaesser wird die Frage nach dem Ursprung, nach der Referenz, dadurch beantwortet, dass das Trauma selbst der Ursprung ist, durch den Geschichte und das geschichtliche Ereignis nur zu fassen sind: es ist „zugleich ‚real' und geisterhaft ‚spektral', ‚historisch' und ‚virtuell'." (Elsaesser 2006/07: 204)

Mit seinem Ansatz versucht Elsaesser sich einerseits vom postmodernen Relativismus, andererseits aber auch vom „Fundamentalismus der ‚authentischen Erfahrung'" abzugrenzen (ebd.: 206). Er sieht die Traumatheorie weniger als eine Theorie der aufzudeckenden Erinnerung als die einer wiederherzustellenden Referentialität. In diesem Sinne müsse durch den Stillstand postmoderner Geschichtsphilosophie hindurch gedacht werden. Traumatheorie wird also verstanden als „Theorie der wiedererlangten Referentialität", die sich durch Interpretation herstellt (ebd.: 207).

Auf diese Weise entsteht ein Verfahren, das den intertextuellen Charakter und die Prägung durch die postmoderne Ästhetik als kritische Spurenanalyse in die Interpretation selbst mit aufnimmt. Sylvie Lindeperg spricht von einem „Echo-Kino", das aus in einer „Reihe von Spiegelkonstruktionen [besteht], die in einem intertextuellen Spiel von Zitaten und Gegenzitaten auf frühere Darstellungen verweisen" (Lindeperg 2003: 67f.). Die Intertextualität ist für dieses Echo-Kino konstitutiv. Denn sie fordert dazu auf, „den Blick von der dargestellten Vergangenheit auf die Mittel der Darstellung zu verschieben." (Ebd.: 68) Dabei unterscheidet Lindeperg unterschiedliche Verfahren: (1) Rekonstruktion, (2) das Spiel der Entsprechungen, wobei auch Zeichen oder Motive miteinander in Beziehung gesetzt werden können, die einer Aneignung, Umdeutung oder Gleichmachung geschichtlicher Ereignisse entsprechen, und (3) die direkte Entlehnung von Sequenzen als Zitate, die entweder als Film-im-Film oder Bild-im-Bild auftauchen können oder eine vollständige *mise en abyme* konstituieren, in der sich der angeschaute Film selbst spiegelt. Diese

Darstellungen beziehen sich auf bereits bestehende Bilder und Imaginationen von vergangenen Zeiten. Sie unterliegen ständigen Umwandlungsprozessen und changieren zwischen *Spuren*, deren Verbindungen zur Vergangenheit erst interpretativ hergestellt werden müssen, *Dokumenten*, die etwas Vergangenes bezeugen, und *Monumenten*, die politische und ideologische Positionen und Konstellationen verdeutlichen. Lindeperg geht es dabei nicht allein darum, die unterschiedlichen intertextuellen Bedeutungsebenen nachzuvollziehen, sondern diese als „Schichten historischer Deutungen und Auswertungen" offen zu legen (ebd.: 80):

> Wenn sich der Historiker auf die Spuren dieser Operation begibt, versetzt er sich in die Lage, jenen konstanten und immer wieder umkehrbaren Wandel von Monument zu Dokument aufzudecken. Zu berücksichtigen und einzubeziehen bleibt ihm allerdings noch die Dimension seiner eigenen Auslegung des durch ebendiese erweiterten Werks, und zwar weniger durch die Hinzufügung einer Metasprache, als vielmehr dadurch, daß er seinen Kommentar als aus dem Werk herauswachsend anlegt. (Ebd.: 79f.)

Folglich können die Formen des reaktionären Postmodernismus mit Hilfe eines solchen kritisch reflektierenden Verfahrens analysiert werden. Die intertextuellen Verweise rufen ferner nicht nur ein Wissen über andere Filme, Medien und Kunstwerke ab, sondern sie sind auch Träger von politischen und historiografischen Deutungen. Diese sind nach Lindeperg dem „photographischen Palimpsest fortan eingeschrieben" und werden von ihm verkörpert (ebd.).

Im Folgenden werde ich diese Strukturen als Erzählformen, Codes und Konventionen näher untersuchen. Dies geschieht unter Berücksichtigung eines transgenerationellen Erinnerungsraumes, der mit den Verfahren der filmischen Geschichtsfiktionen in einem engen Wechselverhältnis steht. Die Strukturen dieser transgenerationellen Erinnerung möchte ich bezogen auf das deutsche Familiengespräch über Holocaust und Nationalsozialismus als Erzählmodell für die filmischen Geschichtsfiktionen deuten.

TRANSGENERATIONELLE ERINNERUNG ALS ERZÄHLMODELL

Die Bilder und Geschichten über Holocaust und Nationalsozialismus sind heute also bereits fester Bestandteil eines internalisierten Wissens- und Erfahrungsbestandes. Sie migrieren in verschiedene kulturelle Ausdrucksformen und durch mündlich tradierte Erzählungen. Während jedoch die sprachliche Vermittlung die Vergangenheit als Erzählung ordnet, die Ausgestaltung der damit verbundenen Vorstellungen von Geschichte also den Zuhörenden überlassen bleibt, bieten die audiovisuellen Medien zumeist konkrete Bilder und Darstellungen. Sprache als Vermittlungsmedium setzt immer eine Abwesenheit dessen voraus, von dem erzählt wird. Sie bleibt in diesem Sinne vorstellungsoffen und abstrakt. Davon unterscheidet sich das Bild. Dieses ist bestimmt durch seine Präsenz und suggeriert die Anwesenheit des Abwesenden. Allerdings können bildbasierte Medien diese Abwesenheit durchaus markieren. Und genauso können auch durch die sprachliche Vermittlung narrative Schließungen durchgeführt werden, die das Erzählte fixieren und vereindeutigen. So hängt ihr jeweiliger Ausdruck immer auch von ihrer Verwendung ab. Diese wiederum ist nicht unabhängig vom Inhalt der Darstellung, von ihrem Kontext und insbesondere von ihrem Zweck. Auch wenn Sprache und Bild im Folgenden aufeinander bezogen werden, fallen sie nicht in eins. Ihre jeweiligen Potentiale realisieren sich immer nur in konkreten Ausdrucksformen, deren Spannungsfeld ich in den nachfolgenden Untersuchungen zu verdeutlichen versuche. Der von mir verwendete Begriff des Geschichtsbilds geht dabei bereits von einer erfolgten Schließung und Fixierung aus. Geschichtsbilder werden in ihrer doppelten Bedeutung als Deutung und Anschauung von historischen Ereignissen verstanden. Im Gegensatz zu (subjektiven) Erinnerungsbildern und (imaginativen) Vorstellungsbildern wird die Vergangenheit im Geschichtsbild konkretisiert, harmonisiert und vereindeutigt.

Einen ersten Zugang zum Verständnis der Verfertigung von Geschichtsbildern bietet der auf mündlicher Tradierung basierende transgenerationelle Austausch über die Vergangenheit im Familiengespräch. Hierfür knüpfe ich insbesondere an die Ergebnisse der Studie *„Opa war kein Nazi“* an (vgl. Welzer/Moller/Tschuggnall 2002). Diese Studie bezieht sich auf die Weitergabe von Erinnerungen an den Zweiten Weltkrieg und den Nationalsozialismus im deutschen Generationengedächtnis. Sie bietet wertvolles Material für die Überlegung, welchen Anteil Medien an der Verfertigung von Geschichtsbildern im Familiengespräch haben.

Der Medienbegriff der Studie ist allerdings nicht unproblematisch. Die Autoren gehen davon aus, dass Medien zwar nur Ausschnitte historischen Geschehens oder nachgestellte Ereignisse zeigen, ihnen von den Rezipienten aber ein die Zeit der Ereignisse überdauernder, scheinbar authentischer Charakter zugeschrieben wird. Daraus leiten sie die Wirksamkeit audiovisueller Medien ab, die so bestimmte Deutungen vorgeben. Das überschätzt die Wirkungskraft von Medien und unterschätzt sie zugleich. Diese eignen sich nicht per se und nicht unterschiedslos als Kommunikatoren solcher Deutungsvorgaben, auch wenn sie ihrer Form nach den Strukturen der menschlichen Wahrnehmung ähneln. Bestimmbare politische, soziale und ideologische Entsprechungen mit gesellschaftlich konformen und von den Zuschauer-Subjekten gewünschten Vorstellungen sind dafür eine wesentliche Voraussetzung, insbesondere wenn es um die Verfertigung von Geschichtsbildern geht. Selber eingebettet in gesellschaftliche Prozesse nehmen audiovisuelle Medien solche Wünsche und Vorstellungen gleichzeitig auf und tradieren sie in Form und Inhalt. Sie können so selbst gewissermaßen als deren Symptome begriffen werden. Das Familiengespräch wird von mir darum als Modell aufgefasst, das gesellschaftlich wirksame Geschichtsbildungsprozesse abbildet. Als ein solches Strukturmodell findet es sich auch in den hier untersuchten filmischen Geschichtsfiktionen wieder. Verbunden sind beide, Familiengespräch und filmische

Geschichtsfiktionen, durch ihren Bezug auf die sie umgebende Gesellschaft. Darin liegt auch ihr Austauschverhältnis begründet.

Durch das Familiengespräch konstituiert sich die Familie als Erinnerungsgemeinschaft in eben diesem gesellschaftlichen Bezugsrahmen. Es unterliegt dabei bestimmten Mustern und Konventionen, die unterschiedlich reglementiert sein können (vgl. Keppler 2001: 140). Beiläufigkeit und Absichtslosigkeit sind ebenso Kennzeichen dieser Vergegenwärtigung wie die Wiederholung von bereits Bekanntem. Die Aufforderung zum Erzählen ergeht dabei zumeist von Angehörigen der Nachfolgegenerationen an die historischen Akteure. Beide Perspektiven konstituieren einen intergenerationellen Text. Dieser „ist ein Verständigungsprodukt – freilich eines Typs der Verständigung, dem a priori die Asymmetrie, die zwischen den Generationen waltet, innewohnt." (Schneider/Stilke/Leineweber 1996: 195) Damit handelt es sich nicht bloß um eine Übernahme der Vorstellungen und Geschichten der Älteren, sondern um eine aktive Aneignung, die in diesem spezifischen Generationengefüge mit den darin konstitutiven Konflikten, Wünschen und Wahrnehmungen stattfindet.

Die Generationen stellen eine gemeinsame Version ‚ihrer' Geschichte her, die als ihre spezifische ‚Realität' wahrgenommen wird. Darin sollen die trotzdem weiter bestehen bleibenden, teilweise unterschiedlichen, teilweise gegensätzlichen Perspektiven und Wünsche integriert und harmonisiert werden (vgl. ebd.: 197).[9] Damit setzen sie sich teilweise bewusst, zumeist aber in starken Anteilen unbewusst, zueinander in Beziehung. Dabei werden nicht nur Interpretationsmodelle und Selbstwahrnehmungen der Großeltern oder Eltern übernommen. Ausgehend vom spezifischen Bezugsrahmen der Familie, der bestimmte Anforderungen oder Konflikte wie Verantwortungsgefühle impliziert, werden die Vorstellungen von der Vergangenheit neu interpretiert, ergänzt, entstellt oder anders gestaltet.

Mediale Repräsentationen dienen dafür als Erzählmuster und liefern Erzähltopoi, die in bestimmter Weise in transgenerationelle Erzählungen eingebaut werden. Sam Wineburg sieht daher „das Sofa im Wohnzimmer, nachdem

9 | Christian Schneider, Cordelia Stilke und Bernd Leineweber, die aus psychoanalytischer Sicht den Versuch einer Generationengeschichte des Nationalsozialismus unternommen haben, weisen auf die Ähnlichkeit zwischen intergenerationellem Text und Traum hin: „Die Überschneidung von Wunsch und Kritik, ihre partielle Konvergenz und die Tatsache, daß die beiden Anteile von Einzelnem und Allgemeinem systematisch verschieden fundiert sind, sind es, die dem intergenerationellen Text sein spezifisches, sein schillerndes Cachet geben. Betrachtet man ihn nun ausschließlich im Sinne jener rationalistischen Metaphorik, die sich im Terminus des Generationen*vertrags* kontrahiert, so verfehlt man die entscheidende Dimension des Wunsches, der prinzipiell, in sich, antisozial ist. Tatsächlich ist in dieser Dimension der intergenerationelle Text in wesentlichen Strukturelementen gebaut wie ein Traum." (Schneider/Stilke/Leineweber 1996: 196, H.i.O.).

der Recorder eingeschaltet ist" als den Ort, an dem in der Familie Geschichte fabriziert wird (Wineburg 2001: 201).

Beispielsweise haben sich Erinnerungen an die Filmbilder von Bernhard Wickis DIE BRÜCKE (BRD 1959) an die autobiografischen Erinnerungen von Angehörigen der Flakhelfer-Generation geheftet, bzw. diese ersetzt. So berichten Harald Welzer, Sabine Moller und Karoline Tschuggnall, dass in ihrer Studie insgesamt neunmal in den mit Angehörigen verschiedener Generationen von Deutschen geführten Familieninterviews auf Wickis Film Bezug genommen wurde (vgl. Welzer/Moller/Tschuggnall 2002: 126). Ein Teilnehmer bezog sich dabei explizit auf den Film und strukturierte seine Erzählung danach.[10] Ein anderer Teilnehmer fügte in seine Kriegserinnerungen Elemente des Plots von DIE BRÜCKE ein, ohne dass sich der Erzähler dieser Referenz selbst bewusst gewesen war (vgl. ebd.: 125). DIE BRÜCKE wird, wie Welzer anmerkt, zum „idealen Erzählmodell für die Angehörigen der Flakhelfergeneration" (Welzer 2005a, 199f.). Der Film bietet biografische Ansatzpunkte, liefert emotional wirksame und anschauliche Bilder und entspricht einem bestimmten Geschichtsmodell. Dieses resultiert auch aus seiner Genrestruktur. Als Antikriegsfilm bietet er die Möglichkeit die eigene Kriegserfahrung und die gesellschaftlich geforderte retrospektive Ablehnung des Krieges in Übereinstimmung zu bringen. Dabei können widerstreitende Besetzungen integriert werden. Der Konflikt zwischen den Anforderungen des ‚offiziellen' Geschichtsbildes und der eigenen autobiografischen Erinnerung und die darin zum Ausdruck kommenden möglichen Restbestände von Faszination und Identifizierung mit dem Nationalsozialismus können auf diese Weise harmonisiert werden. Aufgrund solcher Wirksamkeit konnten sich die Filmbilder von DIE BRÜCKE zu Erzähltopoi verdichten, die wiederum entsprechende Erwartungshaltungen zu Folge hatten.

Aufgrund der Präsenz solcher medial vermittelter Erzähltopoi „schiebt sich ein riesiges Inventar von Bebilderungmaterial vor die Deutung jener Geschichten, die die Kinder und Ekel von ihren Eltern und Großeltern erzählt bekommen." (Welzer/Moller/Tschuggnall 2002: 108) Dabei findet eine besondere Art der Überlagerung statt. Oft sind diese Geschichten fragmentarisch und bedeutungsoffen. Sie bestehen aus Einzelepisoden und folgen keiner linearen und auf Konsistenz ausgerichteten Erzählweise (vgl. Welzer 2001b: 164). In der Tradierung dieser Erzählungen „fungieren die medialen Produkte als Füllmaterial für die Leerstellen in den Erzählungen, als Erklärungen für Widersprüche und als Lichtzeichen im Nebel der erzählten Vergangenheit." (Welzer/Moller/Tschuggnall 2002: 108) Sie ermöglichen es, den Erzählungen Sinn zu verleihen.

Sam Wineberg weist darauf hin, dass sich gerade auffallende Szenen und einzelne markante Bilder als „geeignete Metonyme" zur Anreicherung solcher fragmentarisch bleibender Erzählungen anbieten (Wineburg 2001: 200f.).

10 | Ausführlicher habe ich die Verfertigung von Erinnerungserzählungen nach dem Modell von DIE BRÜCKE an anderer Stelle im Kontext der Beschäftigung mit emotionalem Erleben von Geschichte im Film dargestellt (vgl. Ebbrecht 2008).

Ihre mediale Herkunft spiele dabei keine Rolle und könne selten nachvollzogen werden. Die Bruchstücke würden in die Erzählungen einmontiert, harmonisiert und könnten auf diese Weise auch Bedeutungsverschiebungen und Umwertungen erfahren (vgl. Welzer/Moller/Tschuggnall 2002: 120).[11] So entstehen entliehene Erzählmuster, die einem dramatischen Erinnerungsskript folgen, das den gegenwärtigen Bedürfnisse der zuhörenden Enkelgeneration nach retrospektiver Sinngebung und der Herstellung einer befriedigenden Herkunftsgeschichte entspricht, die mit den Vorgaben der gesellschaftlich gewünschten Geschichtsvorstellungen in Einklang gebracht werden kann.

In der Rezeption vollzieht sich so ein Prozess des ‚Sinn machens', die „Konstruktion eines die Realität begleitenden, teils symbolisch, teils imaginär verfassten interpersonalen Kontinuums" (Schneider/Stilke/Leineweber 1996: 197). Dies hat eine Verschiebung der biografischen Bewertung der eigenen Familienmitglieder zur Folge, indem sich die Erzählungen zu Geschichten von Dissidenz, Opposition oder Widerstand verändern. Dabei erkennen die Kinder, aber insbesondere die Enkel den verbrecherischen Charakter des Nationalsozialismus und damit auch den Holocaust zwar grundsätzlich an, andererseits werden aber die Eltern bzw. Großeltern so positioniert, „dass von diesem Grauen kein Schatten auf sie fällt." (Welzer/Moller/Tschuggnall 2002: 47)

> Was nach Darstellung drängt, sind nicht die Taten oder Unterlassungen der alten Generation und der mögliche Wunsch, sie ungeschehen zu machen, sondern ihre Einbettung in einen ‚sinnvollen' Handlungskontext, der kaum je aus der vergangenen Realität bezogen werden kann, sondern durch den Beitrag der Jungen konstituiert werden soll. (Schneider/Stilke/Leineweber 1996: 199)

Dabei zeigt sich eine Tendenz zur „kumulativen Heroisierung im intergenerationellen Weitergabeprozess" (Welzer/Moller/Tschuggnall 2002: 78).[12] Diese kumulative Heroisierung, die Umwandlung der eigenen Familienangehörigen in oppositionelle oder widerständige ‚Alltagshelden' und ‚Opfer der Umstän-

11 | Selten wird dies offen gelegt. Die Quellen werden meist nicht genannt und es scheint, dass sich die tradierten Bilder eher unbewusst übereinander lagern, ohne dass die intertextuellen Verweise und Zitate überhaupt noch als solche gekennzeichnet, geschweige denn ihre Quellen benannt werden könnten (vgl. Welzer/Moller/Tschuggnall 2002: 120). Es wird jedoch darauf hingewiesen, dass gerade ein Film wie SCHINDLER'S LIST bei der Enkel- und Kindergeneration bedeutsam als Vorlage für die Rezeption der Geschichten geworden ist (vgl. ebd.: 132).

12 | Schneider, Stilke und Leineweber sprechen in einem ähnlichen Kontext auch von „Zensur" als „Ergebnis eines ‚Einigungsprozesses'", wobei von besonderem Interesse ein Vergleich ist, den sie zur Illustrierung heranziehen. Sie beschreiben die Zensur als „eine ‚kommunikative' Leistung – ganz ähnlich wie die nach dem Krieg entstandene ‚Freiwillige Selbstkontrolle' (FSK)", die wiederum für die Begutachtung und Bewertung von Filmen in der Nachkriegsbundesrepublik zuständig gewesen ist (Schneider/Stilke/Leineweber 1996: 199).

de' wird oft begleitet von einem Verfahren, das in der Studie als „Verfahren der ‚Wechselrahmung'" beschrieben wird. Dieser Begriff bezeichnet die Übernahme von Mustern, Deutungsmodellen und Erzählfiguren, „die dem historischen Kontext der Verfolgung und Vernichtung der jüdischen Bevölkerung entstammen, nun aber für die Darstellung der Leidensgeschichten der ehemaligen ‚Volksgenossinnen' und ‚-genossen' verwendet werden." (Ebd.: 82) Auf diese Weise wird die Familiengeschichte mit Hilfe von aus der Geschichte und Darstellung des Holocaust bekannten Erzählmustern überschrieben, die die eigenen Angehörigen als Opfer markieren. Die Anerkennung des historischen Geschehens führt also gleichzeitig zu einer Exkulpierung auf Grundlage einer Montage von Erzählfragmenten, ikonischen Bildern und Topoi, aus denen harmonisierende Geschichtsbilder konstruiert werden. Dieses „Prinzip der Montage" kombiniert unterschiedliche narrative und visuelle Elemente „mit ganz verschiedenen historischen und subjektiven Zeitkernen" (Welzer 2001b: 178).

Nicht nur im Hinblick auf das Mittel der Montage finden sich Parallelen zwischen Familiengespräch und Film. Neuere filmische Geschichtserzählungen scheinen sich insbesondere in Deutschland explizit an der Struktur des Familiengesprächs zu orientieren. Dies führt nicht nur dazu, dass entsprechende Geschichtsdeutungen übernommen werden. Auch Verfahrensweisen wie die Wechselrahmung finden sich, wie noch genauer ausgeführt werden soll, in zahlreichen Beispielen wieder. Familiengespräch und filmische Geschichtsfiktion gehen einen unsichtbaren Dialog miteinander ein, der, wie angedeutet, über die gesellschaftlichen Rahmenbedingungen vermittelt wird. Auch die Familie selbst wird, als Familiennarrativ, in die Erzählstruktur integriert. Auf diese Weise wird das Familiengespräch in einem anderen Medium fortgeschrieben. In einigen Filmen wird das Familiengespräch als Erzählmodell in der Figurenkonstellation sogar implizit sichtbar. In SOPHIE SCHOLL weist insbesondere die Anordnung der Verhörszenen auf diese unterschwellige Verwandtschaft mit dem Familiengespräch hin. Dramaturgisches Gegenüber der Hauptfigur Sophie Scholl ist der Vernehmungsbeamte Robert Mohr. Er repräsentiert die Eltern- oder Großelterngeneration als idealistische und verführte deutsche Bevölkerung. Die Ambivalenz, mit der die Figur gestaltet ist, konstruiert dabei jene Selektivität des historischen Denkens, die auch für das Selbstbild der Eltern- und Großelterngeneration konstitutiv ist. Sophie Scholl wird in dieser filmischen Geschichtsfiktion zu einer Repräsentationsfigur der Enkel. Dazu wird die Aura der Widerstandskämpferin und ‚guten Deutschen', die bereits durch die erinnerungskulturelle Inbesitznahme ihrer Biografie angelegt ist, noch weiter verstärkt. So kann eine strikte Trennung von ‚guten Deutschen' und ‚bösen Nazis' vollzogen werden. Auch dies folgt einem zentralen Modus des Familiengesprächs. Darin „werden ‚die Nazis' immer mehr zu den ‚anderen' und damit die Distanz der eigenen Vorfahren zum Geschehen im ‚Dritten Reich' immer größer." (Welzer/Moller/Tschuggnall 2002: 156) ‚Die Nazis' werden in SOPHIE SCHOLL durch den Richter des Volksgerichtshofes Joachim Freisler verkörpert. Freisler erscheint als Figur aus einer Geisterwelt. So werden die Nazis zu Repräsentanten des ‚Anderen'.

Die fast verfremdende Darstellung dient aber nicht zur Bewusstmachung des inszenatorischen Charakters des Nationalsozialismus. Dieser wird durch den Rückgriff auf Authentizitätseffekte wie die Nachstellung historischer Fotografien und Filmaufnahmen verdeckt. ‚Die Nazis' dienen als Gegenprinzip zur Figur Sophie Scholls. Als Widergängerin der Enkelgeneration ‚erlöst' sie symbolisch die vermeintlich unschuldige Elterngeneration, die im schuldbewusst zu Boden blickenden Publikum im Gerichtsaal verkörpert wird. Gleichzeitig bietet sich die Figur als Ikone an, die aus dem historischen Kontext herausgelöst wird. Dies geschieht jedoch nicht, um aus der Distanz eben diese Vergangenheit zu reflektieren, sondern zur Harmonisierung. Darin liegt auch eine Tendenz zur Universalisierung beschlossen. Die auf diese Weise der Gegenwart angepasste Sophie Scholl erscheint als ‚Ikone der Menschenrechte'. Religiöse Sinngebungssymbolik und intergenerationelle Deutungsmuster lösen die mediale Nachbildung der Hingerichteten von ihrer Biografie ab und machen diese geeignet für den Einsatz innerhalb eines Deutungsrahmens, in dem die Vergangenheit zu einer Geschichte der deutschen Opfer umgeschrieben wird. Konstitutiv sind dabei nicht nur die Deutungen, sondern auch die Auslassungen, insbesondere derjenigen Vergangenheitsmomente, die Konflikte in der Gegenwart produzieren können.

Wie Schneider, Stilke und Leineweber in ihrer Untersuchung der Generationengeschichte des Nationalsozialismus hervorheben, sind solche Auslassungen immer „Teil eines Kommunikationszusammenhangs, der generell Auslassungen zulässt, im spezifisch deutschen Fall aber gleichsam durch die Auslassung *konstituiert* wird." (Schneider/Stilke/Leineweber 1996: 198, H.i.O.). Es geht dabei also um eine spezifisch deutsche Erzählform für die Geschichte des Dritten Reichs, die strukturell auf dem Familiengespräch basiert und Ähnlichkeiten mit jenem intergenerationellen „Traumtext" aufweisen, von dem Schneider, Stilke und Leineweber sprechen. Diese Struktur wird aber nicht durch eine reflexive Öffnung gewissermaßen von innen heraus aufgebrochen. Ganz im Gegenteil wird eine solche Öffnung durch die Fiktion von Harmonie und Kohärenz gerade verhindert. Dies ist eng verkoppelt mit der Spezifik des deutschen ‚Traumas' der Niederlage, die dieses Moment der Reflexion ausschließt. Dies verweist auch auf die permanent notwendige analytische Trennung der verschiedenen Erfahrungs- und Erinnerungskontexte, die reduziert auf bestimmte, ablösbare Erzählformen austauschbar zu werden scheinen. Zu Recht betont Saul Friedländer darum die sehr grundlegenden Unterschiede in der kollektiven deutschen und der jüdischen Erinnerung gerade im Hinblick auf einen zunehmend universalisierten Traumabegriff:

> If, for the sake of simplicity, we consider both German and Jewish contemporaries of the Nazi period – contemporary adults, adolescents, or children, even the children of these groups – what was traumatic for the one group was obviously not traumatic for the other. For Jews of whatever age, the fundamental traumatic situation was and is the Shoah and its sequels; for Germans, it was national defeat [...]. (Friedlander 1994: 257)

„Deutsche Träume", so Schneider, Stilke und Leineweber, „treffen immer auf den Realität gewordenen Alp unserer Geschichte – und mit ihm auf untergegangene Größenphantasien." (Schneider/Stilke/Leineweber 1996: 206)[13] So folgt der intergenerationelle Text in Deutschland einer „Pendelbewegung zwischen Realität und Phantasie, die die Grenzen zwischen beiden virtuell aufhebt." (Ebd.: 210) Einer ähnlichen Bewegung folgen die aus Versatzstücken des faktizistischen Diskurses und imaginären Wunsch- und Vorstellungsbildern zusammengesetzten neueren Geschichtsfiktionen über den Nationalsozialismus.

POSTMEMORY ALS ANALYSEANSATZ

Auf diese Weise verbindet sich die Konstruktion einer kohärenten Filmerzählung mit ihrer Herkunft aus gegenwartsbezogenen Deutungsmodellen. Dieses Verfahren folgt dem (zumeist unbewussten) Wunsch nach einer Vergangenheit, die als Ursprung der Gegenwart fungieren soll. Die Tatsache, dass dabei die Gegenwart in die Vergangenheit projiziert wird, beide Zeitebenen und die darin vorhandenen Widerstände und Konflikte also gleichsam harmonisiert werden, verschwindet dabei. Die Differenz zwischen Vergangenheit und Gegenwart wird nostalgisch verklebt. Angeblickt wird in der Vergangenheit das Bekannte, und dieses wird auch konstitutiv für die Geschichtsbilder der Gegenwart. Da sich aber, wie das Beispiel SOPHIE SCHOLL gezeigt hat, trotz der narrativen Schließung das Verfahren in die Form einschreibt, kann die Filmanalyse an diesen ‚Klebestellen' den verborgenen Konstruktionscharakter aufdecken und mit dem Bezug zum Familiengespräch auch die diesem zugrunde liegenden Wünsche und die diese bestimmenden gesellschaftlichen Rahmenbedingungen mit den daraus entstehenden Geschichtsbildern in Beziehung setzen.

Da die Geschichtsbilder, sowohl narrative als auch visuelle, auf Nachbildungen bekannter Vorbilder basieren, besteht auch in ihnen selbst ein solcher Vermittlungsbezug. Obwohl dieser, mit Hilfe von Authentifizierungsstrategien und auf Wiedererkennen basierenden Erinnerungseffekten, verborgen bleiben soll, kann ihr Charakter mithilfe der Film- und Bildanalyse bewusst gemacht werden. Paradoxerweise begünstigt gerade die für die Herstellung von Geschichtsbildern, im Gespräch wie im Film, so notwendige Struktur der Wiederholung diese Offenlegung. In den sich durch ihre mediale Vervielfältigung verfestigenden Nachbildungen bleiben die Vorbilder, teilweise bis zur Unkenntlichkeit verstellt, teilweise aufgrund ihres Imitationscharakters nur notdürftig verdeckt, als Spur erhalten. In der (einprägenden) Wiederholung liegt also gleichzeitig auch das Potential des Sichtbar- und Bewusstwerdens solcher tradierter Bilder, Szenen und Narrative begründet, denn es kann auf diese Weise die Differenz zwischen Vorbild und Nachbildung zum Bewußt-

13 | Den Versuch einer Reflexion dieser Problematik im Medium des Films unternimmt Romuald Karmakar in MANILA (D 2000) (vgl. Ebbrecht 2007b: 190).

sein kommen, die den Identität behauptenden Charakter des Geschichtsbildes brüchig werden lässt. Hier entsteht nicht nur Raum für Imagination, also für Vorstellungsbilder von der Vergangenheit, sondern auch für die Reflexion. Bestimmte Verschiebungen oder Verzerrungen können auf diese Weise den Tradierungscharakter der Bilder kenntlich machen. Diese fungieren dann als ‚Fehlleistungen'. Solche entstehen, wie Thomas Elsaesser angemerkt hat, durch „verbal-bildliche Versprecher", „die sich gerade mit ihrer Doppelbödigkeit in der Psyche fest- und dabei eine Wahrheit freisetzen, die sich anders wohl nicht manifestieren könnte." (Elsaesser 2006: 32) Für Elsaesser handelt es sich dabei nicht um einen unbewussten und unfreiwilligen Prozess, was der Begriff der Fehlleistung im Freudschen Sinne nahe legen würde, sondern um einen spezifischen Ausdruck des populären Kinos. Er geht davon aus, „dass im populären Kino das kollektive Gedächtnis und die individuelle Erinnerung nicht nur konstruiert und aufgebaut, sondern auch schon wieder dekonstruiert, durchgearbeitet oder abgearbeitet werden." (Ebd.: 31) Die im Zentrum dieser Untersuchung stehenden Beispiele schließen dieses Potential zumeist aus. Sie entsprechen vielmehr jenen von Elsaesser andernorts angeführten Beispielen, die behaupten „der ‚gelebten' Erfahrung" unmittelbar und authentisch Ausdruck zu verleihen (vgl. Elsaesser 2006/2007: 198).

Die hinter dem Authentizitätseindruck verborgene Montage von Nachbildungen und Erinnerungseffekte evozierenden Geschichtsbildern kann aufgedeckt werden, indem diese Struktur gleichsam umgekehrt und zu einer Analysemethode gemacht wird, die an die von Elsaesser in seiner Diskussion der Traumatheorie postulierte „Theorie der wiedererlangten Referenzialität" anschließt, die „allerdings nur durch Interpretation wiedergewonnen werden" kann (ebd.: 207). Sie knüpft an die unfreiwillige Fehlleistung an, die Marc Ferro zur Basis seiner ‚Gegen-Analyse' gemacht hat. Nach Ferro reicht es nicht aus, Filme über Geschichte einfach thematisch zu analysieren oder ihre Aufnahmen auszuwerten. Vielmehr gelte es, „im Film sowohl die Erzählung, die Ausstattung, die Schrift, als auch die Beziehungen des Films zu seinem Autor, zu Produktion, Publikum, Kritik und Regime zu untersuchen." (Ferro 1977: S. 255) Hinter dem Sichtbaren tritt so die unsichtbare Struktur der Gesellschaft zutage: „Die Kamera enthüllt das wirkliche Funktionieren, denn sie sagt mehr über einen jeden, als er von sich zeigen möchte. Sie entlarvt das Geheimnis, zeigt die Kehrseiten der Gesellschaft, ihre Fehlleistungen." (ebd.: S. 253)

Solche Fehlleistungen auf der Ebene der Inszenierung, der Bilder und der Figuren verweisen auf Zusammenhänge zwischen Filmerzählung und gesellschaftlichen Wunschvorstellungen:

> Solche Fehlleistungen eines Regisseurs, einer Ideologie, einer Gesellschaft sind von besonderer Aussagekraft. Sie können auf allen Ebenen des Films wie auch in seinem Verhältnis zur Gesellschaft auftreten. Die Weise, in der sie Übereinstimmungen mit der Ideologie oder Differenzen zu ihr markieren, hilft bei der Entdeckung des Latenten hinter dem Manifesten, des Nicht-Sichtbaren durch das Sichtbare hindurch. Hier findet sich Stoff für eine andere Geschichte, die freilich nicht den Anspruch erhebt, ein so wohlgeordnetes und rationales

Ganzes wie DIE Geschichte zu bilden; sie trüge eher zu dessen Verfeinerung oder Zerstörung bei. (Ferro 1977: S. 256)

Eine solche Ästhetik der Fehlleistungen kann also als Analysemethode fungieren, um den geschlossenen und ein Kontinuum herstellenden Charakter des medialen Gedächtnisses und seiner Geschichtsfiktionen aufzubrechen und die Genese seiner Bilder, Ikonen und Narrative nachzuzeichnen.

Diesen Analyseansatz möchte ich unter Rückgriff auf das von Marianne Hirsch eingeführte Konzept der „Postmemory" in Bezug auf die filmische Darstellung von Holocaust und Nationalsozialismus weiter konturieren. Hirschs Konzept geht ebenfalls von einer intergenerationellen Perspektive aus und bietet sich daher zur Ergänzung des Familiengesprächs als Erzählmodell an. Postmemory beschreibt einen intersubjektiven, transgenerationellen Erinnerungsraum (vgl. vgl. M. Hirsch 2001: 221). Dieser ist durch den persönlichen Kontakt gleichzeitig auf die Erinnerungen der Eltern/Zeitzeugen bezogen und durch die Generationendifferenz von diesen unterschieden (vgl. Friedman 2002: 84f.). Dieser historische und generationelle Bezug ist wesentlich durch mediale Vermittlung geprägt (vgl. M. Hirsch 2001: 218). Die bekannten Bilder des Holocaust fungieren dabei als dekontextualisierte „memory cues" (ebd.: 217). Als solche haben sie den Effekt, dass Menschen nicht erlebtes Geschehen so erleben, als hätten sie es selbst durchgemacht (vgl. Friedman 2002: 85). Man sieht, so Hirsch, durch die Augen eines anderen, erinnert die Erinnerungen eines anderen, indem diese fremden Erinnerungen eine Wirkung auf das eigene Leben ausüben (vgl. M. Hirsch 2001: 222). Es handelt sich dabei um eine *Repräsentation*, in den Worten Hannah Arendts „die Fähigkeit, präsent zu machen, was abwesend ist" (Arendt 1998b: 87). Diesen Vorgang beschreibt Hirsch als besonders andauernd und kraftvoll, weil die stellvertretende Erinnerung „durch eine imaginäre Investition und Kreation vermittelt wird." (zit. n. Friedman 2002: 84) Sie spricht in Anlehnung an Geoffrey Hartman von „witnesses by adoption", von einer Übernahme der Zeugenschaft (M. Hirsch 2001: 221). Hirsch geht es darum, wie Erfahrungen stellvertretend angenommen und in die eigene Lebens- und Herkunftsgeschichte integriert werden (vgl. ebd.: 225).

Das Konzept der Postmemory bezieht sich explizit auf Kinder von überlebenden Opfern der Shoah und deren Beziehungen zu den schrecklichen Erfahrungen ihrer Eltern. An diese, ihnen zumeist nicht kommunizierten Erfahrungen ‚erinnern' sich die Kinder mit Hilfe medial vermittelter Ersatzbilder (vgl. ebd.: 219). Als Ersatz für die nicht vermittelten oder nicht vermittelbaren, weil nicht vorstellbaren Erfahrungen der Eltern dienen mediale Repräsentationen: „I call *postmemory* – the response of the second generation to the trauma of the first. Postmemory offers us a model for reading both the striking fact of repetition and the particular canonized images themselves." (Ebd.: 218, H.i.O.)

Hirsch beschreibt dieses Verfahren interessanterweise nicht nur als individuelle Form des Umgangs mit den traumatischen Erfahrungen der Eltern. Sie sieht darin auch ein künstlerisches Ausdrucksprinzip, das sie an einem Beispiel illustriert. In seinem Comic *Maus*, der die Überlebensgeschichte seines Vater, eines jüdischen Häftlings in Auschwitz, erzählt, adaptiert Art Spiegelman ein Foto, das mittlerweile zu einem ikonischen Bild des Holocaust geworden ist: eine Gruppe von Häftlingen steht am Zaun des Lagers Buchenwald und blickt in die Kamera.[14] Spiegelman ‚stellt' dieses Foto in seinem Comic nach.[15] Dabei markiert er aber, wie im ganzen Comic, die Distanz zwischen Geschichte und Erinnerung und zwischen seiner sekundären Erinnerung und den Erinnerungen seines Vaters mit Hilfe der verfremdeten Darstellung von Juden als Mäuse. Das bekannte Fotodokument wird aus seinem spezifischen historischen Kontext herausgelöst und tritt an die Stelle eines fehlenden Bildes, nämlich des Vaters in Auschwitz. Es bekommt den Charakter eines Fotos aus einem Familienalbum, in das der Zeichner einen Pfeil mit der Beschriftung „Poppa" einfügt. Gleichzeitig bleibt aber auch die historische Schicht des Bildes durch die genaue Nachstellung erhalten. Diese Methode zeigt nach Hirsch die Unmöglichkeit des Sohnes, die Vergangenheit des Vaters anders als mit Hilfe solcher zirkulierenden, ikonischen Bilder zu erinnern. Diese sind Teil seines Bewusstseins und seines ‚Familienalbums' geworden (vgl. ebd.: 219f.). Im künstlerischen Bearbeitungsprozess bleibt aber die fundamentale Differenz zu den Erinnerungen jener gewahrt, die die Shoah selbst erlebt haben. Die Verbindung zwischen den Bildern der Postmemory und den Erfahrungen der Überlebenden (hier der Eltern) besteht durch die Repräsentation und Projektion in einem kreativen Verfertigungsprozess (vgl. ebd.: 220).

Obwohl Marianne Hirsch ihre Ausführungen explizit auf die Weitergabe von Erinnerungen bzw. deren Blockade bei Kindern von Überlebenden der Shoah bezieht, muss das Konzept nicht auf diese beschränkt bleiben. Allerdings müssen die oben beschriebenen Unterschiede der Erinnerungskontexte reflektiert werden, insbesondere wenn die Differenzen zwischen einer Postmemory der Kinder von Überlebenden (als Strategie des Aufbrechens traumatischer Blockierung) und der Kinder von Tätern und Mittätern (als Herstellung einer kohärenten Herkunftsgeschichte) Gegenstand der Analyse sind. Hirsch weist daher explizit auf die unterschiedlichen Erinnerungskontexte und die spezifischen Formen von Postmemory hin:

> The children of victims, survivors, witnesses, or perpetrators have different experiences of postmemory, even though they share the familial ties that facilate intergenerational identification. Still, this form of remembrance need not be restricted to the family, or even to a group that shares an ethnic or

---

14 | Auf diese Fotografie der amerikanischen Fotografin Margrete Bourke-White wird im folgenden Kapitel über historische Fotografien als Monumente der Erinnerung noch näher eingegangen.

15 | Marianne Hirsch und andere haben gezeigt, dass nahezu alle Bilder in den beiden *Maus*-Comics von Art Spielgelman dieser Ästhetik der Nachbildung ikonischer Bilder folgen (vgl. M. Hirsch 2001: 238). James E. Young diskutiert *Maus* daher als Ausdruck einer Ästhetik der Nachbilder (vgl. Young 2000: 12f.).

national identity marking: through particular forms of identification, adopting, and projection, it can be more broadly available. (Ebd.: 220)

Bisher wurde Postmemory bezogen auf Filme zumeist als avantgardistische, dem Autorenfilm oder Dokumentarfilm vorbehaltene, ästhetische Ausdruckform interpretiert. In diesem Sinne verwendet beispielsweise Sabine Hake das Konzept zur Beschreibung von Filmen der Regisseure des neuen deutschen Films gerade in Abgrenzung zu den populären Ausdrucksformen filmischer Geschichtsfiktionen wie DER UNTERGANG (Hake 2007: 207). Im Folgenden soll das Postmemory-Konzept in einem allgemeinen Sinne als jede Form der intergenerationellen, medial kommunizierten Nacherinnerung aufgefasst werden, die jedoch – und darin liegt die Flexibilität des Konzepts – zwischen einer imitativ-nostalgischen Form (wie in den Geschichtsfiktionen) und einer verfremdenden kritisch-reflexiven Form (wie in den Comics von Art Spiegelman) oszillieren kann. Die noch größere Bedeutung des Konzepts für diese Untersuchung liegt jedoch in ihrer Anwendung als Analysemodell. Auf diese Weise lassen sich Verformungen, Umwandlungen und Imitationsprozesse im Verhältnis zur intergenerationellen Nacherinnerung beschreiben. Postmemory als Analysemodell kann die diesen Vorgängen zugrunde liegende Wiederholungsstruktur bewusst machen und so die Kanonisierung der Bilder nachvollziehen. Die ‚Arbeit' der Postmemory ist also eine Form der Analyse der Bilder und ihrer Herkunft, die die Formen der Darstellung selbst in den Blick nimmt. Dazu müssen die ‚Spuren' analysiert werden, die in den Bildern enthalten sind. Ich verstehe Postmemory so auch als eine Methode, mit deren Hilfe der kulturelle Kanon sich stetig wiederholender Bilder zu analysieren ist und durch die sich Rückschlüsse auf spezifische Formungen, Ablagerungen und Transformationsprozesse ziehen lassen (vgl. M. Hirsch 2001: 238). Mit Hilfe des Konzepts von Marianne Hirsch können also in den Nachbildungen Spuren und Referenzen sichtbar gemacht werden, die von diesen meist verborgen werden oder von Ablagerungen und Kontextverschiebungen verdeckt wurden. Gleichzeitig hält das Konzept eine kritische Distanz zur Vorstellung eines ‚Originals' oder ‚Ursprungs' und verschiebt die Aufmerksamkeit auf Prozesse der Herstellung, Vermittlung und der Weitergabe. Auf diese Weise eröffnet sich ein steter intertextueller Prozess der Übermittlung und Übersetzung (vgl. Morris 2003: 289)

Ein solches Verständnis von Postmemory knüpft an Silke Wenks Versuch an, mit diesen Verfahrensweisen die andauernde „Auseinandersetzung mit den tradierten und allzu selbstverständlich gewordenen Formen des Gedenkens an den nationalsozialistischen Genozid und seine Opfer" selbst in den Blick nehmen (Wenk 2002: 199). In diesem Sinne kann Postmemory als Metareflexion des Holocaust und der darauf bezogenen Erinnerungsformen verstanden werden (vgl. Morris 2003: 289). Postmemory kann also entweder als reflektierte ästhetische Ausdrucksform Distanz zu einer bereits zu Ikonen und Stereotypen verdichteten Form der medialen Bearbeitung von Auschwitz schaffen (vgl. Wenk 2002: 200) oder zumeist unbewusst eben diesen Prozess der Konstruktion von fiktiven Geschichtsbildern anleiten. Entweder können die vorgeprägten Bilder als Artefakte hervortreten oder in Form von Authentisierungsstrategien gerade ihren fiktionalen Charakter verschleiern. Sie können nach Silke Wenk als „Zitat eines Bildes, vieler Bilder" (ebd.: 206) den „voyeuristischen Blick der Nachgeboren" (ebd.: 204) unterlaufen und in Frage stellen oder in filmischen Geschichtsfiktionen diesen affirmieren.

Unter Bezug auf die Erzählformen der Intertextualität und des Palimpsests lässt sich die als Analysemodell verstandene Postmemory im Sinne eines interpretatorischen Ansatzes noch weiter ausdifferenzieren, wobei diese Formen zugleich auf den spezifischen ästhetischen Hintergrund, bestimmte Elemente der postmodernen Ästhetik, reagieren. Zur filmtheoretischen Spezifizierung der Intertextualität wird im Folgenden auf die von Jörg Schweinitz' umfangreicher Untersuchung angestoßene Weiterentwicklung der Theorien filmischer Stereotypenbildung zurückgegriffen. Da Geschichtsbilder, sowohl in narrativer als auch in visueller Form, ähnlichen Konstruktions- und Wirkungsprinzipien gehorchen, bietet sich der Stereotypenbegriff als filmtheoretische Beschreibungskategorie an. Davon ausgehend wird das aus diesen und den bisherigen Überlegungen entwickelte Analysemodell unter Rückgriff auf Genettes Theorien zur Transtextualität weiter differenziert.

Mit der bereits mehrfach angesprochenen Intertextualität wird die Tatsache beschrieben, „dass ein gegebener Text Echos vorhergehender Texte enthält" (Eco 1989: 307). Diese Spuren und Verweise müssen jedoch durch die Leser oder Zuschauer realisiert werden. Sie können sich dabei auch von ihrem ‚Gebrauchszusammenhang' ablösen und in einen anderen Zusammenhang eingefügt werden. Sie markieren so eine Perspektivverschiebung.

Jörg Schweinitz hat betont, dass sich intertextuelle Bezüge zu anderen Texten mit Hilfe stereotyper Formen herstellen (Schweinitz 2006: 231). Diese sind gekennzeichnet durch die wiederholte Verwendung ähnlicher oder gleicher Formen innerhalb einer Mehrzahl von Filmen und basieren auf Einprägung. So kann von stereotypen Formen erst gesprochen werden, „wenn die Wiederholungshäufigkeit und die Rezeptionsquote der betreffenden Textstruktur so hoch ist, daß sie sukzessive im *Langzeitgedächtnis* der Rezipienten ‚en bloc' als ‚*filmkulturelle Konstante*' verankert worden ist." (Schweinitz 1990: 11, H.i.O.) Die daraus folgende Tendenz zur Stabilisierung hat auch „Kehrseiten". Damit beschreibt Schweinitz „kritische Punkte", die „nach kreativem, selbstkritischem und reflektiertem Umgang verlangen." (Schweinitz 2006: XIV) Dies entspricht der doppelten Perspektive dieser Arbeit, mit deren Hilfe einerseits Prozesse der Verfestigung und Ablösung herausgearbeitet werden, und die andererseits aus der „latenten Spannung zwischen Stereotyp (als fixierter kontextgebundener Form) und veränderlichen Kontexten" resultierende Fehlleistungen aufzudecken beabsichtigt (ebd.: 9).

Dabei können verschiedene Formen von Stereotypen unterschieden werden. In dieser Arbeit sollen drei im Mittelpunkt stehen: (1) *Erzählstereotypen*, worunter hier insbesondere Genre- und Erzählkonventionen verstanden werden, (2) visuelle Stereotypen oder *Bildstereotypen*, also „komplexe Bildideen und visuelle Strukturen, die als Stereotype erscheinen und sich als *ikonographische Muster* interpretieren lassen" (Schweinitz 2006: 76, H.i.O.), sowie (3)

Figurenstereotypen, also die Herstellung bestimmter Figurenmuster, die Verdichtung historischer Akteure zu Filmfiguren oder die Aneignung tradierter mit symbolischer Bedeutung versehener Figuren (vgl. Schweinitz 1986: 21).

Stereotype vermitteln dem Rezipienten ein bestimmtes kulturell und gesellschaftlich vorgeprägtes Umfeld. Sie formieren und strukturieren den Austausch intersubjektiv geteilter Vorstellungen. Dadurch werden sie zu kulturellen Zeichen (vgl. Schweinitz 2006: XII). Sie verkoppeln die individuelle Gedächtnisleistung mit den „Codes und Zeichen einer Gesellschaft" (Wuss 1999: 148). Ein wichtiger Bezugspunkt dafür sind „jene Mythen, die sich in den Vorstellungen eines bestimmten Publikums zu geschichtlichen Vorgängen der eigenen und auch mancher fremder Region gebildet haben." (Ebd.: 153) Sie können auf diese Weise „Wertungen mit ins Spiel bringen, welche ihrerseits häufig durch Ideologien geprägt sind" (ebd.). Daher müssen die hier untersuchten Geschichtsbilder, Darstellungscodes und Erzählkonventionen, die auf solchen stereotypen Formen basieren, auch mit ihren politischen und gesellschaftlichen Rahmenbedingungen in Beziehung gesetzt werden.

Dabei entstehen Bedeutungsfolien, die nicht nur kognitives Wissen, sondern auch emotionales Erleben aktivieren und folglich eine *„identifikatorische* Teilhabe am Geschehen" verstärken können (Schweinitz 1990: 14, H.i.O.). Stereotype können dabei auch bestimmte affektive Wirkungen auslösen, die wiederum in Bezug zu ihrem Verwendungskontext zu sehen sind, hier dem Nachwirken von Holocaust und Nationalsozialismus. Sie dienen dabei weniger zur „Repräsentation von Realität" (Schweinitz 2006: 38) als zum Ausdruck von Phantasmen, Projektionen und Träumen und ermöglichen es, emotionale Besetzungen, Wissensbestände, aber auch tradierte Erinnerungen in die Filmerzählungen (und damit auch in die dargestellte Vergangenheit) zu projizieren: „So reflektieren narrative Stereotype zum Beispiel kulturelle Wissensbestände, Wunschbilder sowie ästhetische Affinitäten und stehen mit dem Vorrat an konventionellen Imaginationen innerhalb der jeweiligen Kultur in enger Wechselwirkung." (Ebd.: 58)

Als auf Stereotypen basierende, konventionalisierte Erzählformen sind auch Genres Bestandteil dieser Wechselwirkung. Denn Genres kommunizieren, überführt in narrative Strukturen und Konflikte, gesellschaftliche Strukturen und Konflikte und haben auf diese Weise Anteil an kultureller Formung (vgl. Seeßlen/Kling 1977: 13). Sie bieten einen Deutungsrahmen an, der über den einzelnen Filmtext hinausreicht. Für die Entwicklung eines Genres besonders auffällige oder erfolgreiche Filme können als *Prototypen* gefasst werden. Ihnen wird eine besondere Bedeutung für das Genrebewusstsein, also das Verständnis anderer Filme desselben Genres oder mit verwandten Ausdrucksformen und thematischen Bezügen zugesprochen. Doch auch das Verhältnis von Prototyp und Nachbildung bleibt ein dynamischer Prozess, der auf Austausch und Tradierung von sich wandelnden aber auf bestimmte frühere Innovationen oder Vorbilder zurückzuführenden Formen basiert: „Für das jeweilige Repertoire erscheinen sie als prototypisch. So wie das Genre der Evolution unterliegt, verändern sich dann auch die Vorstellungen von jeweils prototypischen Filmen." (Schweinitz 2006: 91) In diesem Sinne können Genres nicht nur als Vermittlungsform von Film und Lebenswelt der Zuschauer begriffen werden, auf deren Vorstellungen und Konzeptualisierungen sie sich gleichzeitig beziehen. Genres besitzen auch eine strukturelle Verwandtschaft mit der Lebens- und Erzählgemeinschaft Familie.

Ähnlich wie die Familie lassen sie sich ‚generationell' beschreiben. Sie sind auf einer zeitlichen Ebene einerseits mit ihnen ‚verwandten', thematisch oder zeitlich ähnlichen Filmen verbunden und gleichzeitig Teil einer linear verlaufenden aber von Brüchen und Umwandlungen gezeichneten Genregeschichte. Schweinitz kann mit Hilfe von Wittgensteins Ausführungen zur Familienähnlichkeit diesen Zusammenhang von Genre und Generation genauer erfassen. Wittgenstein vermerkt in seinen *Philosophischen Untersuchungen*:

> Wir sehen ein kompliziertes Netz von Ähnlichkeiten, die einander übergreifen und kreuzen. Ähnlichkeiten im Großen und Kleinen. [...] Ich kann diese Ähnlichkeiten nicht besser charakterisieren, als durch das Wort ‚Familienähnlichkeiten'; denn so übergreifen und kreuzen sich die verschiedenen Ähnlichkeiten, die zwischen den Gliedern einer Familie bestehen [...]. (Wittgenstein 2003: 57f.)

Wittgenstein denkt das „komplizierte Netz von Ähnlichkeiten", das Schweinitz als das „‚genrespezifische' Netz von Ähnlichkeiten" fasst und den „Netzwerken von Stereotypen" zuordnet, zusammen mit dem Bild der Familie. Als Vermittlungsinstitution kommunizieren sie „kulturell bei Produzenten, Distributoren und Rezipienten verankerte, konventionalisierte Schemata" (Schweinitz 2006: 84), die sich gleichzeitig wandeln, „übergreifen" und „kreuzen": „Etwas vereinfachend gedacht, erweist sich das Genre mithin als eine lebendige Evolution, eine Generationenfolge oder ‚Reihe' jeweils offen strukturierter Netzwerke (resp. Repertoires) stereotyper Formen" (ebd.).

Bezogen auf die Ähnlichkeit von familiären Strukturen und Genre kommt Schweinitz schließlich zu dem Ergebnis, „dass die Ähnlichkeiten (die Stereotype) nicht nur innerhalb der Filme einer Generation oder einer Subform variabel und ungleichmäßig gestreut sind, sondern sich auch in der Generationsfolge und der Verknüpfung mit anderen ‚Familien' verändern, verschieben und neue hinzukommen. Genres als konventionelle Geflechte von Stereotypen können mit diesem Bezug auf Familienähnlichkeiten näher bestimmt werden. Wenn Genres als konventionelle Geflechte von Stereotypen erfasst werden können, so stellt das Netz von Familienähnlichkeiten ein brauchbares Modell dafür bereit, sich solche Geflechte und auch deren geistige Repräsentationen vorzustellen." (Schweinitz 2006: 89)

Dies leitet zur Form des *Palimpsestes* über, auf die bereits Sylvie Lindeperg zur Beschreibung von Nachahmung, Anspielung und Zitat vergangener Epochen verwiesen hat. Im Anschluss an Lindeperg und unter Rückgriff auf Gérard Genette lassen sich die hier zur Diskussion stehenden Geschichtsfiktionen als solche Palimpseste beschreiben. Damit können unterschiedliche Umgangsweisen mit den Formen des Stereotyps und den Genre- und Intertextualitätsstrukturen deutlich gemacht werden. Genette sieht das Palimpsest als geprägt von einem transtextuellen Strukturprinzip. Transtextualität beschreibt in Gesamtheit, was einen Text in eine direkte, also ‚manifeste‘ oder indirekte, also ‚geheime‘ Beziehung mit anderen Texten bringt (vgl. Genette 1993: 9). Er unterscheidet dabei fünf Typen transtextueller Beziehungen: Die *Intertextualität* beschreibt wie bereits ausgeführt die „Kopräsenz zweier oder mehrerer Texte [...] als effektive Präsenz eines Textes in einem anderen Text“ (ebd.: 10). Zwei oder mehrere Texte oder Filme gehen auf diese Weise direkte oder indirekte Beziehungen ein, tauschen Bedeutungen und Kontextualisierungen aus und bieten dabei unter Zuhilfenahme von *Zitaten* oder *Anspielungen* entweder einen reflexiven oder einen beglaubigenden Zugang zur Vergangenheit. Anspielungen definiert Genette als „Aussage[n], deren volles Verständnis das Erkennen einer Beziehung zwischen ihr und einer anderen voraussetzt, auf die sich diese oder jene Wendung des Textes bezieht, der ja sonst nicht ganz verständlich wäre“ (ebd.: 10). Sie beziehen sich dabei teilweise nur auf bestimmte Bestandteile, Ausschnitte, Figuren oder Bilder eines Textes, die in anderen Texten zur Nachahmung kommen: „Die ‚Spur des Intertextes‘ [...] bezieht sich somit [...] eher auf einzeln vorkommende Figuren (auf Details) als auf ein in seiner Gesamtstruktur betrachtetes Werk“ (ebd.: 11).

Der zweite von Genette untersuchte Typus der Transtextualität ist der *Paratext*. Darunter sind Titel, Untertitel, eventuelle Anmerkungen etc. zu verstehen. Sie statten den Text oder Film „mit einer (variablen) Umgebung“ aus (ebd.: 11). Für die vorliegende Untersuchung sind Paratexte vor allem im Kontext von Authentifizierungen von Bedeutung. Zwischentitel, Orts- und Zeitangaben sowie Texteinblendungen dienen zur räumlichen- und zeitlichen Orientierung, stellen jedoch auch Adaptionen dokumentarisierender Stilmittel dar, die für Geschichtsfilme besonders bedeutsam sind. Diese lassen sich auch im Kontext der Lektüreanweisungen betrachten, die von einem Film angeboten werden. Wie also sollen die Rezipienten den Film einordnen und klassifizieren und auf welche Weise ‚sehen‘ sie, angeleitet von im visuellen und narrativen Filmtext angelegten Signalen, die historischen Ereignisse. Hier sind vor allem solche Signale von Bedeutung, die bestimmte Genreformen nahe legen oder eher dokumentarische oder fiktionale Formen der Geschichtsdarstellung andeuten.

Mit der dritten Kategorie, der *Metatextualität*, erfaßt Genette extrafilmische Kommentierung. Auch auf diese Weise entsteht eine Beziehung zwischen einem Text und einem anderen. In meiner Untersuchung wird unter Metatextualität nicht nur die Filmkritik verstanden, obwohl Kritiken – insbesondere als Indikatoren für Rezeptionsangebote – in die Untersuchung einbezogen werden. Konstitutiv für die hier untersuchten Filme ist die Metatextualität besonders darum, weil sie bestimmte gesellschaftliche Debatten und Auseinandersetzungen über die Erinnerung an die Shoah und den Nationalsozialismus anregen oder darin eingebettet sind. Insofern bekommt der metatextuelle Rahmen, der in den nachfolgenden Ausführungen mit dem Begriff des „extratextual event[s]“ (Paget 1998: 80) gefasst wird, zentrale Bedeutung. Derek Paget beschreibt mit diesem Begriff im Programmablauf nachfolgende Diskussionssendungen oder Dokumentationen sowie Debatten in anderen Medien.

Die vierte Kategorie ist die *Architextualität*.[16] Dabei handelt es sich um die Zugehörigkeit zu einer größeren Gattung. Auch dieses „Wissen um die Gattungszugehörigkeit eines Textes lenkt und bestimmt, wie man weiß, in hohem Maß den ‚Erwartungshorizont' des Lesers und damit die Rezeption des Werkes" (Genette 1993: 14). Hier ist neben der Genrebindung und der darin aufgehobenen ‚Familienähnlichkeit' auch der angedeutete hybride Charakter vieler Filme von Bedeutung.

Die fünfte Kategorie ist die *Hypertextualität*, die eine spezifische Beziehung von Texten deutlich macht. Sie ist auf vielfältige Weise für die vorliegende Untersuchung von Bedeutung ist und kann zur Schaffung von Klarheiten behilflich sein. Hypertextualität erfasst „jede Beziehung zwischen einem Text B (den ich als *Hypertext* bezeichne) und einem Text A (den ich, wie zu erwarten, als *Hypotext* bezeichne), wobei Text B Text A auf eine Art und Weise überlagert, die nicht die des Kommentars ist." (Ebd.: 14f., H.i.O.) Es handelt sich beim Hypertext also um einen Text zweiten Grades, „der von einem anderen früheren Text abgeleitet ist." (Ebd.) Bei dieser Ableitung kann es sich einerseits um eine offensichtliche (deskriptive oder intellektuelle) Auseinandersetzung handeln, durch die ein Text in einem anderen präsent ist. In der vorliegenden Untersuchung aber ist eine andere Variante von besonderem Interesse, die Genette als ‚Transformation' bezeichnet. In diesem Fall bleibt der Bezug des Hypertextes zum Hypotext verborgen. Letzterer wird von ersterem überschrieben. Gleichzeitig aber kann der Hypertext ohne seine Vorlage nicht existieren (vgl. ebd.: 15). Es handelt sich dabei um einen Vorgang der Überlagerung. Hier wird eine entscheidende Analogie zwischen der Herstellung von Geschichtsfiktionen und der Verfertigung von Familiengeschichten deutlich. Die Hypertextualität kann also – neben der Intertextualität – als ein sowohl für Erinnerungsprozesse und die intergenerationelle Tradierung (und Transformation) von Vergangenem, welche durch die Postmemory beschrieben wird, als auch für die filmische Nachbildung historischer Ereignisse relevanter Vorgang verstanden werden. Noch dazu stellen sich Bezüge zum Konzept des Protoypen her, das gewisse Ähnlichkeiten mit dem von Genette beschriebenen Hypotext besitzt. Auf diese Weise gliedern sich auch die film- und genretheoretischen Annahmen in das Konzept ein und machen es für die vorliegende Untersuchung operabel.

In generalisierender Weise ließen sich alle Geschichtsfiktionen vom Holocaust als Hypertexte bezeichnen, die sich auf die Repräsentationsgeschichte der Shoah als Hypotext beziehen. Spezifischer jedoch finden sich konkrete Hypotexte, wie Wanda Jakubowskas OSTATNI ETAP (PL 1947/48) oder Alain Resnais NUIT ET BROUILLARD, die in Hypertexten wie SCHINDLER'S LIST auf-

16 | In der vorliegenden Untersuchung werden die Kategorien von Genette in einer anderen Reihenfolge vorgestellt als in Genettes Abhandlung *Palimpseste. Die Literatur auf zweiter Stufe*, in der diese genauer ausgeführt (vgl. Genette 1993: 9ff.) und in mehreren Fallstudien überprüft werden.

bewahrt und von diesen überlagert werden – in Jakubowskas Fall sogar bis dahin, dass das Vorbild dem Vergessen anheim fällt und lediglich im Hypertext fortexistiert. Interessant ist dabei jedoch, dass beispielsweise OSTATNI ETAP und NUIT ET BRUILLARD selbst wiederum eine intertextuelle Beziehung aufweisen, da Resnais Bilder aus Jakubowskas Film direkt zitiert. SCHINDLER'S LIST wiederum wurde zum Prototyp für eine Reihe von späteren Filmen über den Holocaust und – in einem Prozess der Ablösung – für Filme über den Nationalsozialismus. Dabei fungiert er mitunter selbst wieder als ein Hypotext, der von anderen Hypertexten, insbesondere den Geschichtsfiktionen vom Dritten Reich überlagert wird. Diese wiederum unterhalten, wie im Folgenden gezeigt werden soll, transtextuelle Beziehungen zu anderen Werken aus der deutschen Filmgeschichte wie Fassbinders LILI MARLEN (BRD 1980) oder Bernhard Wickis DIE BRÜCKE.

Auf diese Weise lässt sich mit Genette ein „transformierendes Verfahren" (ebd.) auch in der Repräsentation von Geschichte nachweisen. Genette erfasst als einen spezifischen Fall unter den transformierenden Verfahren auch die Nachahmung:

> Die Nachahmung ist zweifellos auch eine Transformation, stellt aber ein komplexeres Verfahren dar, da sie – um es wiederum sehr summarisch zu sagen – zunächst die Erstellung eines Modells der [...] Gattungskompetenz erfordert [...]. Dieses Modell stellt somit eine Zwischenstufe, eine unerläßliche Vermittlung zwischen dem nachgeahmten und dem nachahmenden Text dar. (Ebd.: 16)

Dieser Gedanke verweist sowohl auf die der Postmemory eigenen Nachbildungen als auch auf die Imitationsästhetik der (reaktionären) Postmoderne. Dadurch aber, dass Genette die Nachahmung unter dem Aspekt der Transformation fasst, bleibt ein dynamisches und veränderliches Moment in dieser Konstruktion enthalten. Somit ist sie auch kompatibel mit unserem doppelten Bildbegriff, einerseits verstanden als Geschichtsbild im Sinne fixierender Schließungen, andererseits bezogen auf die Möglichkeit differenter Zugänge zur Vergangenheit und deren Reflexion im Sinne (mentaler) Vorstellungsbilder. Dazu bietet sich die Übernahme der von Genette vorgeschlagenen Begriffe zur Beschreibung dieser Formen der Nachahmung an. Genette unterscheidet eine spielerische und eine ernsthafte Variante. Erstere findet sich insbesondere im Feld der Unterhaltung und wird von Genette mit dem Begriff *Pastiche* gekennzeichnet (vgl. ebd.: 43). Letztere charakterisiert er mit dem neutralen Begriff der *Nachbildung* (vgl. ebd: 44). Dieser Begriff wird von mir auch zur allgemeinen Beschreibung der hier untersuchten Verfahren der Nachahmung des Vergangenen verwendet.

Im Folgenden werden also von mir die Strukturen des Familiengesprächs, die Montage von Erinnerungsfiguren und medial tradierten Geschichtsbildern, das Verfahren der Wechselrahmung und die narrative Schließung als Erzählmodelle der filmischen Geschichtsfiktionen herangezogen. Mithilfe der Postmemory als Analysemodell können die damit zusammenhängenden intertextuellen und weitere transtextuelle Strukturen aufgeschlossen werden. Unter Rückgriff auf die Hypertextualität werden Prozesse der Überschreibung und Ablösung sichtbar. Unter Bezug auf Genreformen und Stereotype können diese auch mit dem erinnerungskulturellen und gesellschaftlichen Kontext verbunden werden. Eine auf Fehlleistungen und Brüchen eingehende Untersuchung kann schließlich die Verfahren der Harmonisierung und der nostalgischen Wendung zur Vergangenheit zum Gegenstand einer kritischen Interpretation machen.

Bevor dies an verschiedenen Beispielen dargelegt und exemplarisch eine Typologie der Nachbildungen von Holocaust und Nationalsozialismus entworfen werden soll, möchte ich im nächsten Kapitel kursorisch einige ihrer Vorbilder untersuchen, die zu ‚Modellen' für zahlreiche in Filmen über den Holocaust verwendete Geschichtsbilder geworden sind. Indem wir uns noch einmal den mittlerweile ikonisch gewordenen ‚Gräuelbildern' oder ‚Atrocity Pictures' zuwenden, soll deren Charakter als Ikonen und Monumente der Erinnerung verdeutlicht werden. Deutlich wird dabei auch wie sehr Prozesse der Metaphorisierung und Kanonisierung bereits auf dieser Ebene der fotografischen und filmischen Zeugnisse eingesetzt haben.

Monumente der Erinnerung: Bilddokumente als Modelle

Wenn in dieser Untersuchung von der Nachbildung historischer Bilder gesprochen wird, muss beachtet werden, dass diese Bilder keine realhistorischen ‚Ursprünge' besitzen. Sie orientieren sich an Vorbildern, die selbst bereits spezifischen Bedingungen der Abbildbarkeit durch fotografische Medien unterlagen. Diese Vorbilder wiederum tragen Spuren, von denen ausgehend auf ihren Entstehungskontext geschlossen werden kann. Durch die Wahrnehmung dieser Spuren können die Betrachter gleichsam durch die Bilder hindurch sehen und ihre Entstehung und Geschichte im gedanklichen Nachvollzug in Beziehung zu den historischen Ereignissen setzten. Die historischen Bilder werden also ‚lesbar', indem ihre „Gemachtheit" sichtbar wird, wie Georges Didi-Huberman bemerkt (Didi-Huberman 2007a: 18). Diese Gemachtheit, ihr Entstehungskontext, verweist auf ihre Geschichte, auf einen bestimmten Entstehungszeitpunkt ebenso wie auf die seitdem vergangene Zeit. Das heißt „die Bilder zu verzeitlichen" (ebd.: 22), sie nicht auf einen bestimmten Aspekt zu reduzieren, sondern sie in einen neuen Zusammenhang zu stellen: „Die Augen auf das Öffnen der Lager zu öffnen würde also heißen, die Bilder dieses grauenvollen Fundus zu betrachten und zugleich jenen Augenzeugenberichten mit wachem Ohr zuzuhören, die uns die Überlebenden von diesem so entscheidenden und komplexen Augenblick hinterlassen haben." (Ebd.)

Wie Susan Sontag in ihrem Essay *Das Leiden anderer betrachten* ausführt, kann man es „für eine Pflicht halten, Fotos zu betrachten, auf denen Grausamkeiten und Verbrechen festgehalten sind. Man sollte es in jedem Falle für eine Pflicht halten, darüber nachzudenken, was es heißt, solche Bilder zu betrachten und wie es um die Fähigkeit bestellt ist, sich das, was sie zeigen, tatsächlich anzueignen." (Sontag 2003: 111) Um zu sehen, was die Bilder zeigen, müssen auch ihre Form, ihre Entstehungs- und ihre Rezeptionskontexte beachtet werden. Alle diese Faktoren nehmen Einfluss auf die Bedeutung dieser Bilder und damit auch auf ihre Wirkungen und insbesondere ihr Nachwirken bis in die Gegenwart.

Im Folgenden sollen der Charakter solcher Vorbilder und ihre Entstehung untersucht werden, bevor ihre Migration in spätere Filme über Nationalsozialismus und Holocaust analysiert wird. Mit einer an Walter Benjamins

Figur des Grabenden anknüpfenden interpretierenden Analyse, die die Bilder nicht nur als Geschichtsfragmente, sondern diese auch im Kontext ihrer Entstehung, Lagerung, Verwendung und wechselnden Kontextualisierung betrachtet, können die verschiedenen Schichten von Schematisierung und Stereotypisierung in der Bildgestaltung und in der Narration der sich auf diese medialen Vorbilder beziehenden späteren Filme freigelegt werden. Solche Schematisierung prägt selbstverständlich auch die Aufnahmen, die während oder kurz nach Ende des Krieges die Folgen der Verbrechen in den Lagern zeigten. Die bereits in den Vorbildern dokumentierten Strukturen und Interpretationsrahmen bleiben teilweise auch in den Nachbildungen erhalten bzw. werden von diesen tradiert. Daher orientiert sich die folgende Untersuchung an dem, was Gertrud Koch als eine doppelte Einstellungsanalyse beschrieben hat (vgl. G. Koch 1992: 9). Technische und intentionale Einstellung stehen in Beziehung zueinander. In den Bildern schlägt sich so auch die Einstellung ihrer Macher nieder. Sie verdeutlichen mehr oder weniger deutlich die Kontexte, in denen sie entstanden sind. Zunächst werde ich am Beispiel einer Serie von Farbdias aus dem Ghetto Łodz Täter- und Opferblicke analysieren. Dann werden Fotografien verschiedenen Ursprungs in ihrer Funktion als Zeugen des historischen Geschehens diskutiert.

Zentraler Ausgangspunkt der visuellen Erinnerung an den Holocaust sind bis heute jene Aufnahmen, die von alliierten Soldaten und Fotojournalisten in den Tagen nach der Befreiung der Konzentrationslager aufgenommen wurden, und die heute unter dem Begriff der *Atrocity Pictures* oder *Schreckensbilder* firmieren.[1] Diese Bilder hatten zunächst eine politische bzw. erzieherische Funktion. Sie sollten die deutsche Bevölkerung mit den Folgen der Verbrechen konfrontieren, schockieren, abschrecken und zu Veränderungen, sowohl auf einer gesellschaftlichen, als auch auf einer moralischen Ebene führen.[2] Das Betrachten der Schreckensbilder nach Ende des Krieges entspricht der Konstellation, die Siegfried Kracauer am Beispiel von Perseus' Anblick der schrecklichen Medusa gespiegelt durch den Schild der Athene beschrieben hat. Koch merkt an, dass sich jene Deutschen, die nach der Befreiung durch die Lager geführt wurden und sich die Leichen der Ermordeten ansehen mussten, erschreckt abwendeten, während die Zuschauer der Schreckensfilme auf der Kinoleinwand in ihren Sesseln sitzen blieben (vgl. ebd.: 131). Durch die der Kinovorführung inhärente Distanz werden die Bilder für die Zuschauer anschaubar. Ihr überwältigender Charakter verliert an Intensität.

Durch wiederholte Aufführung und die Auswahl bestimmter Motive haben sich die Schreckensbilder zunehmend in „ikonische Stereotypen" verwandelt (Wiedenmann 2004: 325). Nicole Wiedenmann zeigt diese Verschiebung an den Bildern des Lagertores von Birkenau. Das Motiv hat nicht nur zahlrei-

---

1 | Im Folgenden werde ich für diese Aufnahmen teilweise auch den Begriff *Befreiungsbilder* verwenden.

2 | Dies entspricht dem politisch/erzieherischen Modell, das Gertrud Koch als eine der grundlegenden Konzeptualisierungen des Holocaust beschreibt (vgl. G. Koch 2001: 123).

che Metaphern des Schreckens provoziert.[3] Es ist zu einer Ikone geworden, die in Filmen über Auschwitz immer wieder auf- und in der Erinnerung der Zuschauer wachgerufen wird. Als symbolische Grenze des Lagers und Eingang zu einer auf diese Weise metaphorisch markierten ,Hölle' soll es „das unweigerliche Hineingezogenwerden" visuell evozieren (ebd.: 323).[4] Dieser Übergang von fotografisch-dokumentarischen Beweisen zu Ikonen des Holocaust und schließlich zu Monumenten der Erinnerung steht im Zentrum der folgenden Überlegungen. Ihren Ausgangspunkt bildet die Frage nach den Spuren, die die historische Situation ihrer Aufnahme in den Bildern hinterlassen hat.

TÄTER- UND OPFERBLICKE

Ende der 1980er Jahre tauchte zufällig eine Serie von Farbdias auf, deren Urheberschaft auf den Leiter der Finanzabteilung der deutschen Ghettoverwaltung von Łodz, Walter Genewein, zurückgeführt werden konnte (vgl. Freund/Perz/Stuhlpfarrer 1990). Insgesamt handelte es sich um eine Reihe von mindestens 393 Dias, von denen heute 367 vorliegen. Die Dias ,dokumentieren' das Ghetto Łodz (Litzmannstadt), die deutsche Ghettoverwaltung, die Ghettobewohner und vor allem die Produktion innerhalb des Ghettos aus der Sicht eines Schreibtischtäters. Durch Vergleich mit anderen Fotos und Dokumenten sowie mit den Überresten des Ghettos konnte die Echtheit der Dias bestätigt werden. Sie entstanden über einen Zeitraum von 1940 bis 1944, also während der gesamten Zeit, in der das Ghetto bestand. Die Tatsache, dass es auch Aufnahmen von Motiven außerhalb des Ghettobereiches gibt sowie von Amtszimmern der deutschen Ghettoverwaltung, sprach neben dem Entstehungszeitraum dagegen, dass es sich um Fotos handelt, die von Ghettobewohnern gemacht worden waren.[5] Der amateurhafte Charakter der Fotos und der uneinheitliche Stil wiesen aber auch darauf hin, dass die Aufnahmen höchstwahrscheinlich nicht von offiziellen Propagandakompanien (PK) hergestellt wurden.

Walter Genewein war ein Hobbyfotograf, der die Fotos gleichermaßen aus eigenem Antrieb wie im amtlichen Auftrag erstellte, um das Ghetto und

3 | Wiedenmann führt das Bild von einem „grässlichen, verschlingenden Tier" an. Claude Lanzmann hat das Tor mit einem „Totenvogel" verglichen und andere rufen die Assoziation zum „alttestamentarischen Moloch" auf (Wiedenmann 2004: 352).

4 | Das Tor wird selten als Ausgangstor inszeniert und steht daher symbolisch nicht für die Befreiung, sondern zeigt den Eintritt ins Lager und wird damit als Sinnbild der Vernichtung gelesen.

5 | Beispielsweise hatte Mendel Grossman im Auftrag der jüdischen Selbstverwaltung des Ghettos das Leben in ,Litzmannstadt' dokumentiert. Neben Porträtaufnahmen von Ghettobewohnern fotografierte Grossman auch versteckt ,Alltagsszenen'.

seine Effizienz in der Ausnutzung jüdischer Zwangsarbeit für die Wehrmacht zu ,dokumentieren' (vgl. Knoch 2001: 97f.). Durch diese semiprofessionelle Machart entsprechen die Aufnahmen nicht der reglementierten Form und Ästhetik klassischer Propagandafotografien, obwohl der (Mit-)Täter Elemente dieser Ästhetik imitiert. So entstehen Brüche und Fehlleistungen, weshalb diese Aufnahmen für meine Untersuchung von besonderem Interesse sind. Indem sich Genewein als eine Art ,Hobby-Propagandist' betätigte, werden in seinen Aufnahmen die Codes und Konventionen der deutschen Propaganda, teilweise in verfremdeter Form, sichtbar.[6] Geht man mit Gertrud Koch davon aus, dass es sich bei den Fotos um „Propaganda als Element nationalsozialistischer Ästhetik [handelt], die nicht nur die Adressaten, sondern auch ihre Akteure als ,kultureller Code' determiniert" (G. Koch 1992: 184), dann zeigen Geneweins Fotos die Verinnerlichung bestimmter Schemata der faschistischen Ästhetik bis in die ,Laienfotografie' hinein. Die dominanten Schemata der Propagandaästhetik werden durch die ideologische Formung des Fotografenbewusstseins, bzw. durch dessen ideologisch präfigurierte Einstellung Teil der Bildgestaltung. Die fotografische Täterperspektive ist dabei durch den Bezug zur faschistischen bzw. nationalsozialistischen Ästhetik determiniert[7], die Gertrud Koch folgendermaßen unterscheidet:

> Zielt die faschistische Ästhetik auf eine ästhetische Ausgrenzung des anderen, der nur außerhalb des formierten Ornaments denkbar ist, die verdrängt, was sich nicht einpassen läßt, schlägt die nationalsozialistische Ästhetik in eine binäre Form um, die auf extreme Weise das eigene Ornament durch den wiederholten Exorzismus einer von innen her erzeugten Feindbild-Projektion befestigen muß. (Ebd.: 174f.)

---

6 | Der Dokumentarfilm FOTOAMATOR (PL/F/D 1998, Dariusz Jablonski) liefert einiges Hintergrundmaterial zu Geneweins Tätigkeit. Insbesondere wird ausgiebig aus Briefen zitiert, die Genewein aufgrund der Farbqualität der Fotografien an die Hersteller des Filmmaterials geschrieben hat. Kontrastiert wird dies mit Berichten des Überlebenden Arnold Mostowicz, der im Ghetto als Arzt tätig war. Der Dokumentarfilm verkehrt dabei in gewisser Weise die Zeiten, bzw. spielt mit der Zuschauerrezeption, wenn die Gegenwartsszenen mit Mostowicz in Schwarzweiß gezeigt werden, um sie von den farbigen Ansichten des Ghettos in Geneweins Dias abzugrenzen.

7 | Solche ,Determinierung' sollte selbstverständlich dynamisch und nicht total aufgefasst werden. Hier gibt es keine zwangsläufigen Kausalverkettungen. Die Perspektive einer Fotografie oder Filmaufnahme folgt letztlich immer auch einer persönlichen Entscheidung. Wenn im Folgenden also die Spuren der nationalsozialistischen oder faschistischen Ästhetik in diesen Aufnahmen verfolgt werden, dann zu dem Zweck, die unbewussten Formationen dieser Perspektive zu verdeutlichen und visuelle Dokumente in ihrem Entstehungsprozess und ihrer Urheberschaft zu verorten und zu kontextualisieren.

In den Fotos von Genewein finden sich beide ästhetischen Formationen, die „Selbstrepräsentation eines autoritären Systems“ (ebd.: 172) und die „rassistischen Klassifikationssysteme, wie sie aus den Propaganda-Ikonographien bekannt sind.“ (ebd.: 176) So inszeniert Genewein die Aufnahmen von den Fabrikhallen im Ghetto in ähnlicher Weise wie die nationalsozialistischen Industriefilme, die von der faschistischen Ästhetik durchdrungen waren. Ein Dia zeigt beispielsweise eine Reihe von Maschinen in einer fast menschen-

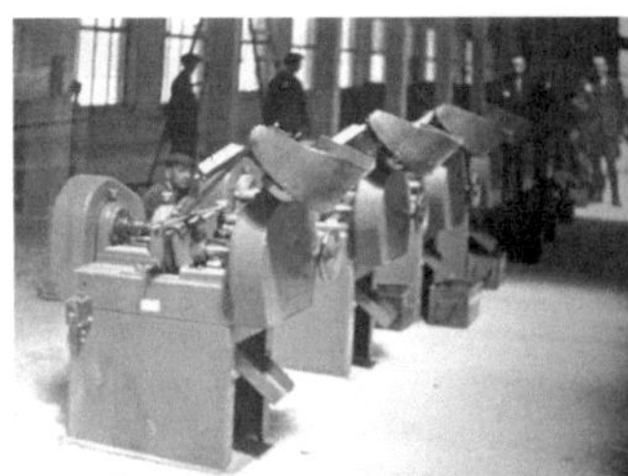

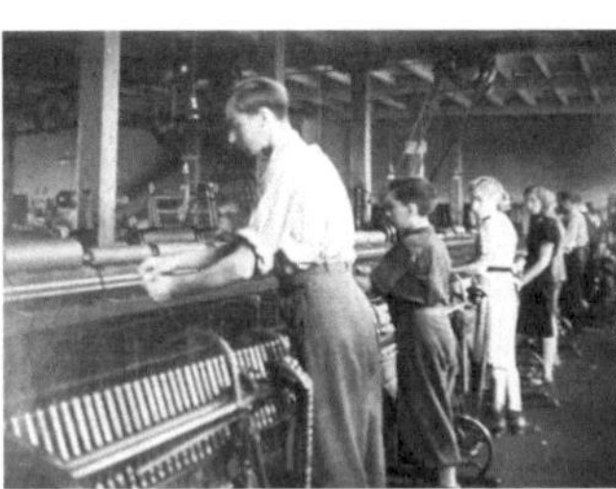

Abb. 1-2: Eine Reihe von Maschinen inszeniert wie eine Arbeitskompanie zitiert NS-Kulturfilme (links). Klarer symmetrischer Aufbau: jüdische Zwangsarbeiter an Webstühlen (rechts). Fotografien von Walter Genewein.

leeren Fabrikhalle, die wie eine Arbeitskompanie inszeniert ist. Dieser Eindruck wird durch die schräge Perspektive verstärkt (Abb. 1). Ein anderes Foto folgt einer ähnlichen Inszenierung, dieses Mal mit jüdischen Zwangsarbeitern an Webstühlen (Abb. 2). Auch dieses Bild folgt einem klar erkennbaren symmetrischen Aufbau. Statisch und ornamental werden die Arbeiter als Teil des maschinellen Prozesses abgebildet. Genewein folgt damit dem „reactionary modernism“, den Jeffrey Herf als Charakteristikum des Nationalsozialismus beschrieben hat (Herf 1986).

Gerade weil aber Genewein die Konventionen der faschistischen Ästhetik so offensichtlich imitiert, tritt auch die Differenz zwischen fotografiertem Objekt und intendiertem Schema zutage. So fällt der Unterschied zwischen dem hoch gewachsenen blonden Arbeiter im Vordergrund und dem kleineren Jungen, sowie den Frauen im Hintergrund ins Auge und verweist auf eine ‚misslungene‘ Inszenierung. Gertrud Koch hat diesen Effekt an einem weiteren Foto verdeutlicht. Genewein fotografiert zwei Paare von jüdischen Zwangsarbeitern, die an Werkbänken arbeiten, wobei zwei Arbeiter sitzen und zwei in der gleichen Haltung eine Drehvorrichtung halten:

> Die beiden Paare an den Maschinen, die ebenfalls in perspektivischer Abstufung und ornamentaler Formierung der Körperhaltungen postiert werden, widersetzen sich der Transformation in den schamvoll gesenkten Blicken und dem in sich zusammengefallenen Oberkörper des Vorderen. (G. Koch 1992: 179)

Weil die Situation nicht der Logik der faschistischen Ästhetik entspricht – hier stehen sozusagen jüdische Zwangsarbeiter stellvertretend (als Perversion einer Art Schauspiel) für die ‚arischen‘ Arbeiter ein – dokumentiert das Bild das Schema selbst und damit auch die Differenz zwischen faschistischer Ästhetik und der Situation, die dargestellt wird. Zusätzlich schreibt sich in das Bild auch das Verhältnis zwischen dem deutschen Täter, der fotografiert, und den jüdischen Opfern, die stereotyp inszeniert werden, in den Bildaufbau mit ein. Denn Fotos geben „mehr Hinweise auf den, der hinter der Kamera steht, als auf das, was sich vor dem Objektiv befindet." (Hoffmann 1996: 242) Sie repräsentieren also mehr oder weniger sichtbar immer auch den Kontext ihrer Herstellung und werden dadurch zu einer Art von Verkörperung des Blicks, den der Fotograf auf sein Objekt wirft (vgl. M. Hirsch 2001: 233).

Andere Bilder Geneweins folgen dem, was Gertrud Koch als nationalsozialistische Ästhetik beschrieben hat, einem „eher ‚schnüffelnden' Blick, der sich seiner Objekte überraschend nähert" (G. Koch 1992: 175) und der „Suggestion von antisemitischen Stereotypen" folgt (ebd.: 177). Wahrscheinlich sogar eher unbewusst, wählt Genewein für Porträts von jüdischen Ghettobewohnern Inszenierungsweisen, die stereotypen Vorstellungen von ‚den Juden' entsprechen. Auch hier handelt es sich um eine Imitation bestimmter Schemata, wenn beispielsweise das Profilfoto eines Arbeiters so flächig ausgeleuchtet ist, dass die Konturen der Nase besonders scharfkantig hervortreten, was nach antisemitischer Stereotypie als ‚Erkennungsmerkmal' des ‚Jüdischen' gilt:

> Foto 63 zeigt vor einem schlecht ausgeleuchteten Hintergrund das Profil eines jungen Mannes mit Brille auf der einen Seite und einen Metalleimer auf der anderen. Die Beleuchtung dieses Fotos rückt vor allem die Nase und das Ohr ins optische Zentrum, während der Blick hinter der Brille unsichtbar bleibt, undurchsichtig. (Ebd.: 179)

Wenn Genewein hingegen den Leiter der deutschen Ghettoverwaltung, Hans Biebow, fotografiert, hebt er vor allem dessen Hinterkopf und den Nacken hervor und lässt mit Hilfe des von hinten kommenden Lichtes einen erhabenen Schimmer um Biebows Kopf erstrahlen.

In diesem Sinne können die Fotografien Geneweins als Beispiele für „eine nationalsozialistische Ästhetik und ihre strategischen Implikationen, ihre Verbreitung als kultureller Code und Wahrnehmungscode ihrer Anhänger" (ebd.: 174) gedeutet werden. Es handelt sich um spezifische Darstellungskonventionen, die von den deutschen Volksgenossen soweit verinnerlicht wurden, dass sie auch im privaten Rahmen Anwendung fanden.[8] Durch die historischen Fotografien von Nazitätern als Vorbilder heutiger Darstellung verlängert sich diese Perspektive bis in die Gegenwart. Vor allem, da „die Fotos der SS in viel höherem Maße (wenn nicht ausschließlich) unsere Vorstellung vom Geschehen auf der Rampe prägen" als beispielsweise die Zeugnisse der Opfer (Hoffmann 1996: 242). Detlef Hoffmann führt als Beispiel die von einem SS-Mann

8 | Die Bildbeschriftungen, mit denen solche Fotografien versehen wurden, verdeutlichen dies ebenfalls. Oft wurden antisemitische Stereotype als Bildbeschriftungen gewählt. Auch die privaten Fotografien von Soldaten folgen teilweise solchen Schematisierungen.

gemachten Fotografien bei der Ankunft ungarischer Juden in Auschwitz an, auf die im folgenden Abschnitt noch näher eingegangen wird. Er vergleicht diese mit den weit seltener rezipierten Skizzen, die zwischen 1942 und 1944 von einem unbekannten Häftling gezeichnet wurden und in den Wänden des Krankenbaus in Auschwitz eingemauert wurden. Sie zeigen ebenfalls ankommende Transporte sowie Szenen aus dem Alltag der Vernichtung in einer „fragmentarischen Fixierung von Fakten" (ebd.: 243).Im Gegensatz zu den Täterbildern wie auch zu deren Nachstellungen verweigern sich nach Hoffmann diese Zeichnungen „*aus* der Zeit" der Symbolisierung und den „Bedeutung konstituierenden bildlichen Netzwerken" wie sie die faschistische und die nationalsozialistische Ästhetik darstellten (ebd.: 240f., H.i.O.).

Die fotografische Aufnahme als Zeuge

Im absoluten Kontrast zu den Täterbildern stehen jene von Häftlingen heimlich aufgenommenen Fotografien, die Mitglieder des jüdischen Sonderkommandos 1944 in Auschwitz machten. Diese unter Todesdrohung hergestellten Aufnahmen beschreibt Georges Didi-Huberman als „Bilder trotz allem", die der intendierten vollständigen Auslöschung der Juden sowie der Erinnerung an sie abgerungen wurden.[9] Diese Aufnahmen sind nicht nur dokumentarische Beweise der Tat, sondern durch ihre bloße Existenz ein Zeugnis für die millionenfach Ermordeten und damit ein Versuch, den in Auschwitz begangenen Verbrechen „um jeden Preis eine Form zu geben." (Didi-Huberman 2007b: 26) Didi-Huberman unterzieht diese Fotografien einer eingehenden Interpretation. Unter anderem zieht er dabei die These von der Shoah als etwas Unvorstellbarem teilweise in Zweifel und sucht stattdessen nach neuen Möglichkeiten der Annäherung an das historische Ereignis. Fotografien sieht er nicht als Ersatz, sondern in Ergänzung (und zur Erweiterung) des historischen Wissens sowie des individuellen Zeugnisses der Überlebenden (vgl. ebd.: 27). Dabei wird deutlich, dass nur im gegenseitigen interpretativen Dialog von Fotografie und Überlebendenzeugnis diese Schicht sichtbar werden

9 | Es handelt sich dabei um insgesamt vier Aufnahmen. Zwei Fotografien zeigen eine Gruppe von Häftlingen des Sonderkommandos beim Verbrennen von Leichen. Die Bilder waren zu einem Zeitpunkt entstanden, als die Krematorien von Auschwitz mit der Verbrennung der Körper der Ermordeten überlastet waren und folglich Verbrennungen vor den Krematorien stattfanden. Ein weiteres Foto zeigt eine Gruppe von entkleideten Frauen vor einem Waldstück. Das aus einem schiefen Winkel aufgenommene Foto dokumentiert die Frauen auf dem Weg zur Gaskammer. Ein viertes Foto, das nur selten gezeigt wird, bildet lediglich verschwommen einige Baumwipfel ab. Da der Fotograf sein Motiv nicht in Ruhe fixieren konnte, scheint diese Aufnahme misslungen zu sein, dokumentiert aber dennoch die Situation, in der sich der Fotograf befand. Kamera und Film waren illegal ins und später wieder aus dem Lager heraus geschmuggelt worden.

kann. Ich verstehe Didi-Hubermans Intervention daher als Erweiterung eines abbildkritischen und zeugnisorientierten Zugangs. Didi-Huberman schließt an Gedanken an, die bereits Gertrud Koch in *Die Einstellung ist die Einstellung* entwickelt hat, die ebenfalls versucht, das Paradigma des Undarstellbaren kritisch zu befragen und dabei ethische, epistemologische und ästhetische Aspekte zu unterscheiden (vgl. G. Koch 1992: 123ff.).

Als absolute Ausnahme bzw. als „Riss", wie Didi-Huberman sie bezeichnet, sind die Bilder des Sonderkommandos kein Ersatz für die historische Vorstellungskraft, sondern eine ihrer Voraussetzungen. Ihnen kommt daher nicht der Status eines absoluten Bildes zu. Vielmehr beziehen sich die Abbildungen und ihre Interpretation auf die Auslassungen des jeweils anderen:

> Wenn das Entsetzen der Lager die Vorstellungskraft herausfordert, wie notwendig muß uns dann *jedes Bild* erscheinen, das einer solchen Erfahrung abgerungen wurde! Wenn der Schrecken der Lager wie ein Getriebe der umfassenden Auslöschung organisiert ist, wie notwendig muß uns dann *jede visuelle Manifestation* erscheinen, die uns ein einziges Rad dieses Getriebes vor Augen stellt – wie fragmentarisch, wie schwierig zu betrachten und zu deuten sie auch sein mag! (Didi-Huberman 2007b: 46f., H.i.O.)

Didi-Hubermans Lektüre fordert dazu heraus, die bekannten Bilder neu zu betrachten und dabei auch das in den Blick zu nehmen, was in ihnen selbst nicht zu sehen ist. Weniger der Inhalt der Aufnahmen des Sonderkommandos als vielmehr die in ihrer Form enthaltenen Verweise auf ihren Entstehungskontext konstituieren ihre Bedeutung als Zeugnis. So zeigen die beiden Aufnahmen der Verbrennung von Leichen das schreckliche Schauspiel nur unscharf, eingefasst vom Rahmen der Tür der Gaskammern (Abb. 3). Doch gerade diese Rahmung verweist auf die Umstände, unter denen die Fotos entstanden und auf ihren außergewöhnlichen Status. Alter Fajnzylberg, der selbst im Sonderkommando gearbeitet hatte und bei ihrer Aufnahme anwesend war, beschreibt diesen Vorgang folgendermaßen:

> Also in that period, namely somewhere about midway through 1944, we decided to take pictures secretly to record our work: that is [to record the] crimes committed by the Germans in the Auschwitz gas chambers. In order to do that, it was necessary to get a good camera and film. [...] On the day on which the pictures were taken – I do not remember the day or the month exactly – we allocated tasks. Some of us were to guard the person taking the pictures. In other words, we were to keep a careful watch for the approach of anyone who did not know the secret, and above all for any SS men moving about in the area. At least the moment came. We all gathered at the western entrance leading from the outside to the gas chamber of Crematorium V: we could not see any SS men in the watch-tower overlooking the door from above the barbed wire, nor near the place where the pictures were to be taken. Alex, the Greek Jew, quickly took out his camera, pointed it toward a heap of burning bodies, and pressed the shutter. This is why the photograph shows prisoners from the Sonderkom-

mando working at the heap. One of the SS was standing beside them, but his back was turned towards the crematorium building. (Zit. n. Swiebocka 1993: 43)

Der Türrahmen verweist auf diese spezifische Herstellung und damit auch auf die Situation, in der sich die Häftlinge befanden, als sie die Aufnahmen

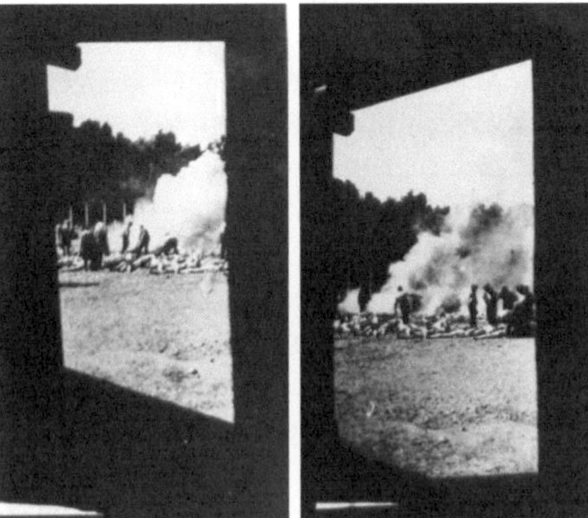

Abb. 3: Klandestin hergestelltes Foto des Sonderkommandos in Auschwitz 1944.

als Beweise ihrer Arbeit und der Verbrechen machten, die die Deutschen in Auschwitz und anderen Todeslagern begangen. Sie schufen damit visuelle Zeugnisse eines Systems, das jedes fotografische Abbild der eigenen Tat, als Beweis und als Zeugnis, unmöglich zu machen versuchte. Nicht ausdrücklich autorisiertes Fotografieren war in Auschwitz auf Anweisung Himmlers verboten.[10] Der Befehl Nr. 4/43 vom 2. Februar 1943, der vom Lagerkommandanten Rudolf Höss unterzeichnet worden war, ließ daran keinen Zweifel (vgl. Swiebocka 1993: 34).

Dennoch gibt es neben den illegal hergestellten Aufnahmen des Sonderkommandos auch weitere visuelle Zeugnisse, die bereits vor der Befreiung in den Lagern aufgenommen wurden. Diese entstanden in ganz verschiedenen Kontexten, aus unterschiedlichen Beweggründen und mit unterschiedlicher Funktion. Allen aber ist gemeinsam, dass sie nach der Befreiung der Lager zunächst als Beweise für die deutschen Verbrechen und später als Erinnerungs-

10 | In einem Befehl des SS-Führungshauptamtes vom Juli 1942 wurde das Fotografieren von Exekutionen verboten. Ausnahmen für dienstliche Zwecke waren nur nach ausdrücklicher Genehmigung erlaubt. Im Juni 1944 erneuerte Himmler unter Verweis auf diesen Befehl noch einmal das Fotografierverbot unter Berufung auf die Geschmacklosigkeit der Aufnahmen, die „schädlich für unser Vaterland [seien], da der Gegner solche Fotografien in seiner Propaganda missbraucht." (Zit. n. Knoch 2001: 114) Auch hielten sich die privat fotografierenden Soldaten nicht unbedingt an die ausgegebenen Anweisungen, wie von den Propagandakompanien fotografiert werden sollte. Diese galten insbesondere für die Abbildung von Juden (vgl. ebd.: 105).

bilder eingesetzt wurden, wobei ihr Status, ihre Entstehung und ihr Kontext dabei selten reflektiert wurden. Im Folgenden werden aus der Sammlung dieser Fotografien und Filmaufnahmen verschiedene visuelle Dokumente analysiert, die aus dem Vernichtungslager Auschwitz überliefert wurden. Teresa Swiebocka unterscheidet dabei vier Arten solcher Bilder: Nazifotografien, klandestine Fotografien, Luftbildaufnahmen und Befreiungs- sowie Nachbefreiungsaufnahmen (vgl. ebd.: 34ff.).

Die erste Gruppe, Aufnahmen von nationalsozialistischen Tätern, kann noch weiter unterteilt werden in die Porträtfotografien von Häftlingen, Fotografien des Lagers und Bildaufnahmen ankommender Transporte. Die unter der Leitung von SS-Hauptscharführer Bernhardt Walter und seinem Assistenten SS-Unterscharführer Ernst Hofmann erstellten rund 38.000 Porträtfotografien erfassten die ankommenden Häftlinge erkennungsdienstlich. Diese Praxis wurde aber nur in der Anfangszeit des Lagers angewendet. Ikonografisch orientieren sich die Aufnahmen, die von einer Gruppe von zehn bis zwölf Häftlingen angefertigt und entwickelt wurden, an Polizeifotografien und zeigen die Köpfe der Internierten von vorne, im Profil und schräg von der Seite. Sie reproduzieren also nicht nur implizit den Täterblick, sondern folgen in ihrer Darstellungsform auch explizit dem Verfahren der Klassifizierung (Abb. 4).

Nach der Befreiung änderte sich der Status dieser Bilder. Sie wurden zu Beweisen. Obwohl die Lagerleitung angeordnet hatte, die Fotografien zu verbrennen, gelang es den Häftlingen eine große Zahl der Aufnahmen zu retten. Sie dienen bis heute als Erinnerung an die Ermordeten, auch wenn die Aufnahmen nur bestimmte Gruppen der Häftlinge zeigen, nämlich größtenteils Polen, die in den Anfangsjahren des Lagers inhaftiert wurden, sowie nichtjüdische, deutsche Gefangene, die noch bis zum Ende des Lagers fotografiert wurden (vgl. ebd.: 36). In einer eindrücklichen Sequenz von Mikhail Romms Film OBYKNOVENNYY FASHIZM (UdSSR 1965) werden die Aufnahmen zu Stellvertretern aller ermordeten Opfer. Am Ende des Films zoomt die Kamera in einige dieser Porträtfotos hinein und zeigt die Gesichter der fotografierten Häftlinge in lang andauernden Einstellungen (Abb. 5). Der Kommentar fordert die Zuschauer dazu auf, den Fotografierten in die Augen zu schauen:

Romm schreibt der Fotografie eine evokative Kraft zu, die neben ihrer Verweis- und Beweisfunktion wirksam ist und die nun in den Vordergrund treten soll. Die Präsentation der Porträtfotografien fokussiert in dieser Passage weniger die vorfotografische, historische Situation – die amtliche Registratur des gerade Inhaftierten – noch interessiert sie sich für eine psychologische Deutung der Gesichtszüge – die Angstgefühle oder der Schrecken, den das Prozedere der Lagerverwaltung hervorgerufen haben muss und den die Aufnahmen beweisen könnten. Stattdessen betonen Romms Kommentar und der Zoom auf die Augen eine paradoxe Erfahrung der Bildbetrachtung. Der Blick in die Augen, die einst das Objektiv der Kamera adressierten und die die Kamera für den Bruchteil einer Sekunde festhielt, scheint zu offenbaren: Die in

Auschwitz Ermordeten leben noch, denn ihre Augen schauen uns immer noch an. (Frieß 2003: 219)

Die historischen Fotografien werden so zu Projektionsflächen für Imaginationsprozesse der Erinnerung.

Ebenfalls der Gruppe von Täterfotografien können die Wochenschauaufnahmen, beispielsweise von Himmlers Besuch in Auschwitz im März 1941, sowie die Fotografien, die im Auftrag der Bauleitung in Auschwitz entstanden waren, zugeordnet werden. Am eindrücklichsten aber dokumentieren die

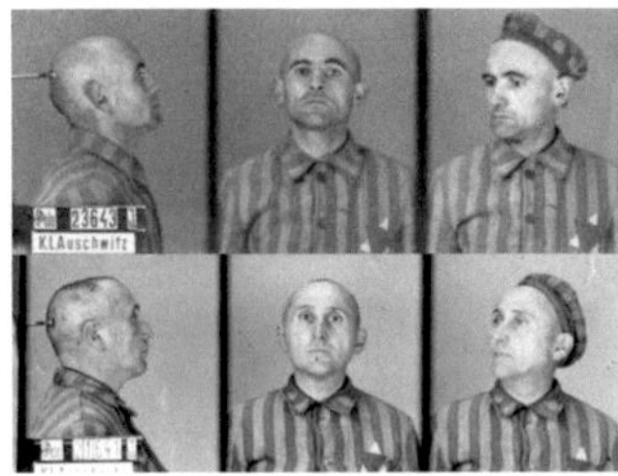

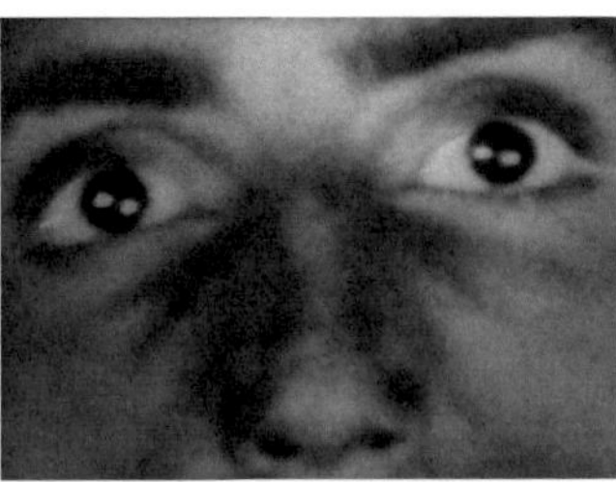

Abb. 4-5: Erkennungsdienstliche Fotografien in Auschwitz (links) und ihr Einsatz in DER GEWÖHNLICHE FASCHISMUS (rechts).

Aufnahmen der Ankunft eines Transports von Juden aus Ungarn am 24. Mai 1944 den Blick der Nazis auf das Lager. Diese Fotografien sind nicht eindeutig einem Fotografen zuzuordnen, doch spricht vieles dafür, dass sie entweder von Bernhardt Walter oder von Ernst Hofmann in Walters Auftrag aufgenommen wurden (vgl. Swiebocka 1993: 40). Sie zeigen die verschiedenen Stationen der Ankunft des Transports bis zur Selektion. Laut Wilhelm Brasse, einem ehemaligen Häftling wurden die Aufnahmen für den Lagerkommandanten Rudolf Höss erstellt. Sie wurden von einem der Häftlinge, die für den Erkennungsdienst arbeiteten, zu einem Album zusammengestellt und beschriftet (vgl. ebd.). Nach Habbo Knoch verbindet das Album „drei dominante Visualisierungsstrategien der Vernichtungswirklichkeit: Effizienz der Selektion, Arbeit als Verwertung und die elliptische Auslassung der Vernichtung." (Knoch 2001: 99)

Auch diese Aufnahmen veränderten ihren Status. Während die Motivation zur Herstellung der Aufnahmen in der Wiedergabe des Blicks der Deutschen auf ihre ‚Tätigkeit' in Auschwitz lag und die Bilder zur Dokumentation der erfolgreich und reibungslos verlaufenden Vernichtung dienen sollten, wurden sie in den Jahren 1963 bis 1965 zu wichtigen Beweisstücken im Frankfurter Auschwitzprozess. Im Rahmen der Untersuchung wurde auch die Identität von Hoffmann und Walter ermittelt. Ernst Walter wurde als Zeuge bestellt, machte aber nur ausweichende Angaben über die Herstellung der Aufnahmen (vgl. Greif 2005: 82). Das Album blieb erhalten, weil die Überlebende Lili Jacob es nach ihrer Befreiung im Konzentrationslager Mittelbau-Dora bei Nordhausen zufällig in der verlassenen Kaserne der SS-Wachmannschaft gefunden hatte. Jacob erkannte sich selbst, Freunde und Familienmitglieder auf den Fotos und nahm das Album an sich (vgl. ebd.: 75f.). Im Kontext des Jerusalemer Eichmannprozesses wurde eine internationale Öffentlichkeit auf das Album und die Vorgänge, die diese Fotografien zeigten, aufmerksam. In einer amerikanischen Zeitschrift wurde die Geschichte Lili Jacobs veröffentlicht und darüber berichtet, wie sie das Fotoalbum gefunden hatte (vgl. ebd.: 81). Im Frankfurter Auschwitzprozess sagte Jacob auch als Zeugin aus (vgl. ebd.: 82).

In seinem Film BILDER DER WELT UND INSCHRIFT DES KRIEGES (BRD 1989) unterzieht Harun Farocki eines der Fotos aus dem Album einer intensiven Betrachtung (Abb. 6). Dabei folgt er einem Verfahren, „das seine Bilder nicht wie einen Rohstoff behandelt, den die Montage einschmilzt. Vielmehr bedenkt es die Eigenheit jeder Einstellung." (Farocki 2007: 309) Das von Farocki für seinen Film ausgewählte Foto aus dem Album zeigt eine Frau. Ein Stern auf ihrem Mantel macht deutlich, dass es sich bei der Frau um eine Jüdin handelt. Die Zivilkleidung zeigt, dass sie soeben mit einem Transport im Lager angekommen ist.[11] Der Fotograf erfasst die Frau in der Bewegung – vor einer Gruppe von Männern, die von einem SS-Mann ‚begutachtet' werden. Der Kommentar von Farockis Film lenkt die Aufmerksamkeit von der fotografierten Szene auf den Fotografen. Währenddessen sind verschiedene Ausschnitte der Fotografie zu sehen, die gleichzeitig unbekannte Ansichten darstellen und die Aufmerksamkeit umlenken – beispielsweise auf den SS-Mann am Rand des Bildes (Abb. 7). Der Kontext des Bildes wird aber nicht nur historisch bestimmt. Das Fotografieren in Auschwitz wird selbst zum Gegenstand der Befragung des Fotos. Der Kommentar vergleicht die Situation mit einem Schnappschuss auf einer Straße und vollzieht dabei mögliche Intentionen des Fotografen nach: „Als diese Frau vorbeikommt, löst er ein Bild aus, wie er auf der Straße einen Blick werfen würde, weil sie schön ist." Dann wechselt der Kommentar zur Perspektive der fotografierten Frau. Sie rückt ins Zentrum der Aufmerksamkeit (Abb. 8): „Die Frau versteht es, diesen Fotoblick aufzufangen und mit den Augen ein weniges am Blickwerfer vorbeizuschauen." Farockis Blick auf das Foto ermöglicht es den Zuschauern, in der Fotografie nach Spuren der gezeigten Menschen und ihrer Situation zu suchen. Der Kommentar stellt dazu den Blick des Betrachters bewusst fremd und veranlasst ihn, das Bild zu sehen, als hätte man es zuvor noch nicht gekannt. Er legt nahe, die Frau auf dem Bild wie eine gewöhnliche Frau auf einer gewöhnlichen Straße anzuschauen, die zufällig auf einem Foto zu sehen ist: „Auf einem Boulevard sähe sie so an einem Herrn, der ihr einen Blick gibt, knapp vorbei auf ein Schaufenster." Im Kontrast zwischen Alltags- und Lagerszene kann so ein anderer Blick auf die Bilder und die dargestellten Ereignisse möglich werden, der der fotografierten Frau trotz der durch die klassifizierende Haltung im Foto ausgedrückten Täterperspektive einen Moment von Subjektivität zuschreibt. Dazu nimmt der Kommentar eine intepretierende Rekonkretisierung der Bilder vor: „Das Lager, von der SS geführt, soll sie

---

11 | Lili Jacob hatte die Frau auf dem Foto als Gisa Lajtos aus Budapest identifiziert (vgl. Gutman/Gutterman 2002: 153).

zugrunde richten. Und der Fotograf, der ihr Schönsein festhält, verewigt, ist von der gleichen SS". Das Motiv des Bewahrens und Zerstörens verbindet sich dann vorstellungsoffen mit der vieldeutigen Aufnahme einer Frau, die gerade abgeschminkt wird (Abb. 9) Farocki eröffnet so einen differenten Zugang zu den historischen Fotografien und stellt einen daraus resultierenden interpretatorischen Umgang mit diesen vor. Ein solcher Umgang kann aber auch dazu

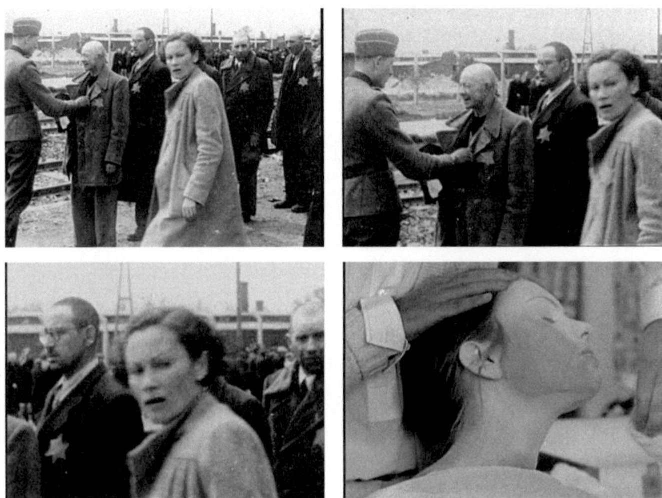

Abb. 6-9: Fotografie aus dem „Auschwitz Album" in BILDER DER WELT UND INSCHRIFT DES KRIEGES *und ihre Bearbeitung/Montage.*

führen, vom Kontext abzulenken, wenn der Hinweis auf das „Schönsein" der Frau auf dem Foto von ihrer intendierten und realisierten Ermordung ablenkt oder diese poetisierend rationalisiert. Im fremdgestellten Blick muss daher mit Hilfe der Differenz zwischen Lagersituation und Alltagsszene die Realität der Vernichtung und des Verlusts wahrnehmbar werden können.

Ein anderes Bild, das Farocki in BILDER DER WELT UND INSCHRIFT DES KRIEGES als einen Ausgangspunkt seiner Annährung an das Lager wählt, stammt aus der von Teresa Swiebocka angeführten Gruppe der Luftbildaufnahmen. Es handelt sich dabei um eine Aufnahme, die 1944 von alliierten Flugzeugen aus gemacht wurde. Solche alliierten Luftbildaufnahmen zeigen das Lager als topografisches System. Dieses erscheint als Muster, das der Landschaft eingeprägt ist. Die Distanz ermöglicht den Überblick, den Blick auf das Ganze des Lagers und suggeriert Vollständigkeit. Und doch zeigen diese Bilder weder die Menschen, die in Auschwitz starben, noch jene, die dort mordeten. Sie sind „stumme Bilder" (Wiedenmann 2004: 323), die nichts darüber aussagen können, was sie zeigen. Daher konnten die Militärs, die die Aufnahmen 1944 auswerteten, diese auch nicht lesen und damit nicht verstehen. Ihr Blick fahndete nach signifikanten Mustern und Formen militärischer und industrieller Einrichtungen, nicht nach Gaskammern. Diese waren nicht Teil der Vorstellungswelt der damaligen Militärs. Die Vorstellung von Gaskammern, eingerichtet zur massenhaften Ermordung von Menschen, ließ sich nicht mit den Aufnahmen in Beziehung setzen. Sie befand sich jenseits dessen, nach was sie in den Bildern suchten, was sie in den Bildern sehen wollten. Und doch waren die Orte der Vernichtung auf den Bildern zu *sehen*. Sie aber auch zu *erkennen* dauerte fast dreißig Jahre. Erst zu diesem Zeitpunkt entdeckten zwei Mitarbeiter der CIA im Archiv der Behörde die Luftaufnahme wieder und markierten darauf die nun bekannten Einrichtungen des Lagers (vgl. Swiebocka 1993: 43).[12]

Zum „visuelle[n] Kernstück aller Aufklärungsbemühungen über die Verbrechen des NS-Regimes" (Brink 1999: 108) avancierte die von Swiebocka angeführte Gruppe der Befreiungsbilder. Ihre Funktion bestand darin als „photographic evidence" (Barnouw 1993: 173f.) zu dienen. Ziel war es, einen unwiderlegbaren Beweis für die von den Deutschen begangenen Verbrechen zu erbringen. Die Fotografien sollten als Zeugen dienen (vgl. Knoch 2001: 125). Habbo Knoch zufolge gab es für die Herstellung dieser Foto- oder Filmaufnahmen konkrete Kriterien. Die Fotografen sollten sich nicht „vom Schock des Sichtbaren" leiten lassen, sondern juristisch verwertbare Dokumente herstellen, die nicht als Fälschungen oder Propaganda gedeutet werden konnten (ebd.: 126).[13] Die Aufnahmen sollten real und authentisch wirken und „Bilder bieten, wo die Sprache versagte" (Douglas 2000: 199f). Das filmische Zeugnis wurde daher zusätzlich durch eidesstattliche Erklärungen der Kameraleute bezeugt, die teilweise auch ins filmische Material hineingearbeitet wurden (vgl. Brink 1998: 105). Ein charakteristisches Merkmal vieler Bilder aus den befreiten Konzentrationslagern ist auch, dass sie neben dem bezeugten Ereignis auch den Akt des Bezeugens selbst dokumentieren und alliierte Politiker, Soldaten oder deutsche Zivilisten zeigen, die die Überreste der Verbrechen

---

12 | Harun Farocki verbindet den Zeitpunkt des ‚Wiederentdeckens' dieser Bilder dabei ausdrücklich mit dem medialen Ereignis der Ausstrahlung von HOLOCAUST (vgl. Farocki 2007: 309)

13 | Die Handreichungen, die den fotografierenden und filmenden Kameraleuten der alliierten Armeen bei ihrer Tätigkeit helfen sollten, betonen daher auch explizit die Glaubwürdigkeit als leitendes Motiv bei der Suche nach der richtigen Ausdrucksform. Die Filme und Bilder sollen auf diese Weise als unwiderlegbare Beweise dienen, ganz im Gegensatz zu dem als lückenhaft wahrgenommenen, menschlichen Gedächtnis: „Da das menschliche Gedächtnis lückenhaft ist und Gegenstände, die als Beweisstück taugen, verfaulen mögen, sich verändern oder verloren gehen können, ist es notwendig, das Ereignis in seinem Ablauf und in einer Form festzuhalten, die ihm möglichst große Glaubwürdigkeit verleiht und die es förderhin zu jedem Zeitpunkt erlaubt, die Beteiligten zu identifizieren und die Urheber der Verbrechen wie die Zeugen ausfindig zu machen. Damit solche Zeugenaussagen einheitlich aufgenommen werden, ist es unabdingbar, die beigefügten Instruktionen genau zu befolgen. Lesen Sie sie aufmerksam durch und tragen Sie das Handbuch vor Ort stets als Quelle bei sich." (Zit. n. Didi-Huberman 2007a: 19)

an- und erblicken (Abb. 10). Der Vorgang der Zeugenschaft wird ihn ihnen also gleichsam verdoppelt (vgl. Zemel 2003: 206).

So haben auch diese Bilder ihren Status gewandelt. Von Beweisen und Dokumenten sind sie zu Zeugen geworden. Sie sind, wie Susan Sontag in ihrem Essay über Fotografie schreibt, „eine Art Offenbarung, wie sie für unsere Zeit prototypisch ist: eine negative Epiphanie." (Sontag 1978: 24) Aus Beweismit-

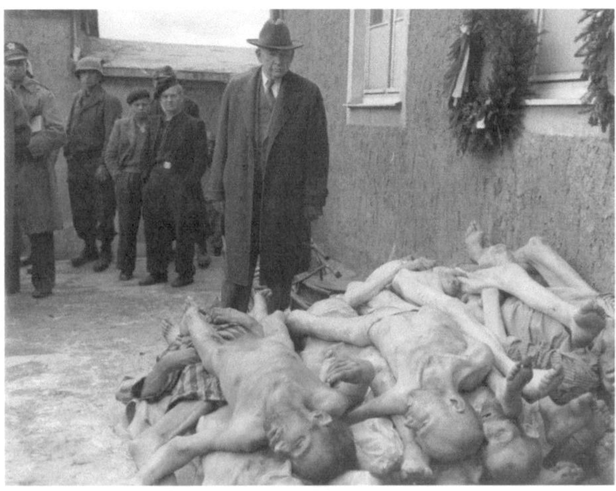

Abb. 10: Senator Alben W. Barkley werden die Leichen der Häftlinge in Buchenwald gezeigt.

teln in den Prozessen nach dem Krieg und aus den Dokumenten des Schreckens, die der deutschen Bevölkerung die Verbrechen im Nationalsozialismus vor Augen führen und bewusst machen sollten, wurden Zeugnisse des Unvorstellbaren.

Susan Sontag beschreibt den Moment, in dem sie zum ersten Mal die Aufnahmen aus Dachau und Bergen-Belsen sah, als einen Riss in der Zeit. Von diesem Moment an teilte sich ihr Leben in zwei Abschnitte, „in die Zeit, bevor ich diese Fotos sah (ich war damals zwölf Jahre alt) und die Zeit danach" (ebd.). Die Bilder schockierten nicht nur durch das, was sie zeigten, sondern sie lösten gleichzeitig eine Art Grenzerfahrung bei der Betrachterin aus: „ich fühlte mich unwiderruflich betroffen, verwundet, aber etwas in mir begann sich zusammenzuballen; etwas starb; etwas weint noch immer." (Ebd.: 25) Auf diese Weise zeugten die Bilder bereits im Juli 1945 für die jugendliche Betrachterin von weit mehr als von dem, was sie dokumentierten. Sie standen für einen fundamentalen Riss in der Ordnung dessen, was man bisher als ‚Normalität' wahrgenommen hatte. In diesem Sinne wurden die Aufnahmen zu Sinnbildern des Schreckens, die von dieser Grenzerfahrung nicht nur zeugten, sondern in ihrer Form als Schockbilder diese auch nachträglich vermittelten.

In einem ähnlichen Sinne verwendet Margarethe von Trotta in ihrem Film DIE BLEIERNE ZEIT (BRD 1981) Aufnahmen aus Alain Resnais Film NUIT ET BROUILLARD (vgl. Knaap 2007: 61). Sie zeigt in einer Rückblende, wie zwei

Schwestern, von denen eine, Marianne, später zur Terroristin wird, einer Schulaufführung von Resnais Film beiwohnen, woraufhin sich Marianne und ihre Schwester vom Anblick der Bilder auf der Leinwand verstört in einer Schultoilette übergeben müssen (Abb. 11). NUIT ET BROUILLARD hatte 1955 die Bilder aus den Lagern mit Farbaufnahmen der Erinnerungslandschaft Auschwitz kombiniert und so Bilder des Nazi-Schreckens einer jungen, am

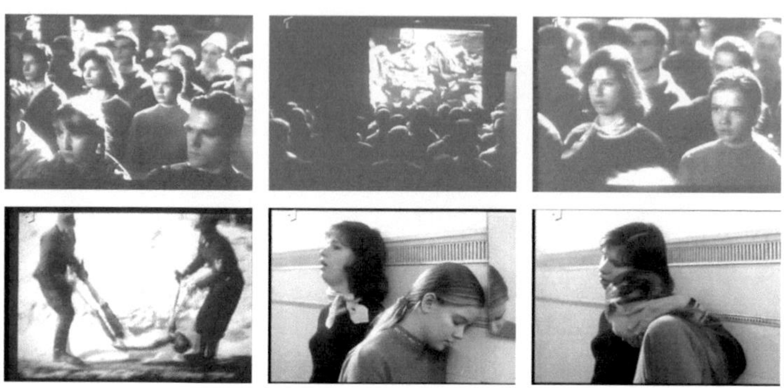

Abb. 11: Die Vorführung von Alain Resnais Film NUIT ET BROULLIARD *in* DIE BLEIERNE ZEIT.

Ende des Krieges oder nach Kriegsende geborenen Generation zugänglich gemacht. Hier dienen die Aufnahmen weder als Beweise noch als bloße Illustrationen. Vielmehr entsteht aus dem Zusammenspiel zwischen Vergangenheitsbild, Gegenwartsaufnahmen, Kommentar und Musik ein eigenständiger filmischer Erinnerungsraum, der seine Kraft als Zeugnis eines unvorstellbar zerstörerischen Schreckens entfaltet.

Komplementär zu von Trottas Verweis auf die Rezeptionssituation von NUIT ET BROUILLARD in den 1950er Jahren (in einem Film aus den frühen 1980er Jahren) steht die Adaption von Resnais' Film in Christian Petzolds DIE INNERE SICHERHEIT (D 2000). Hier ist es die Tochter eines untergetauchten Terroristenpaares, die zufällig in eine Schulvorführung gerät, in der der Film über die Todeslager gezeigt wird (Abb. 12). Der Film implementiert dabei nicht die Schreckensbilder, sondern das in Farbe gedrehte appellative Ende von Resnais' Film (Abb. 13). Die Reaktion auf den Film ist von der in DIE BLEIERNE ZEIT total verschieden. Im Anschluss an die Vorführung beschwert sich der Geschichtslehrer, dass die Schüler nur zum Unterricht kämen, wenn ein Film gezeigt würde (Abb. 14). Gleichzeitig symbolisiert Julia Hummers fast neutraler Gesichtsausdruck einen anderen, fast naiven Blick auf diese Bilder, ähnlich der Fremdstellung in Harun Farockis BILDER DER WELT UND INSCHRIFT DES KRIEGES (Abb. 15).[14] So schreibt sich auch ein deutlicher Bezug zur Generationenthematik in DIE INNERE SICHERHEIT ein, der anders als DIE BLEIERNE ZEIT nicht die Kindergeneration, sondern die Enkel in den Blick nimmt. Während Resnais' Film bei von Trotta Auslöser einer (politischen)

14 | Dass Farocki für Petzold als Drehbuchberater fungierte, hat sich vielleicht auch in dieser Szene niedergeschlagen.

Aktivierung ist, verdeutlicht DIE INNERE SICHERHEIT die generationelle Distanz zu dieser Vergangenheit aus der Perspektive der heutigen Jugend. Die Andeutung des ‚naiven Blicks' unterscheidet sich dabei gleichzeitig von einer aktuellen Tendenz innerhalb der Populärkultur, den Holocaust als scheinbar unbekanntes Ereignis anzublicken. Solch einen Versuch unternimmt der irische Autor John Boyle in seinem Buch *The Boy in the Stripped Pyjamas* (2006).

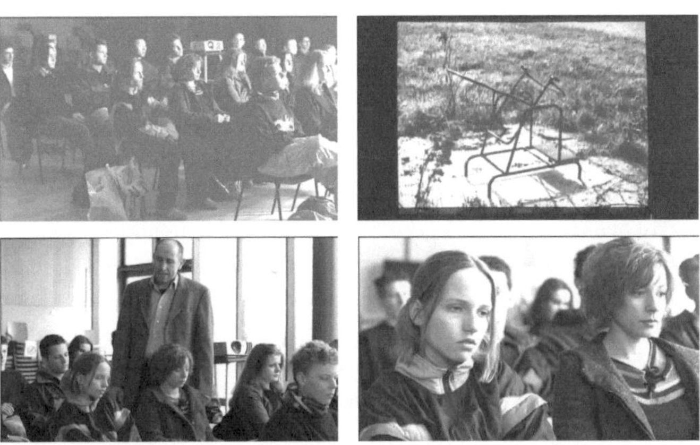

Abb. 12-15: In DIE INNERE SICHERHEIT zeigt Christian Petzold nur die farbigen Gegenwartsaufnahmen aus Resnais Film.

Hier und in der gleichnamigen Verfilmung von Mark Herman (USA/UK 2008) wird der problematische Ansatz gewählt, die Geschichte des Holocaust aus der Perspektive eines Täterkindes, dem 9jährigen Bruno, zu erzählen, der sich scheinbar keinen Begriff vom Antisemitismus und der Ausgrenzung und Verfolgung von Juden machen kann, obwohl sein Vater der Kommandant von Auschwitz ist. Boyle beschreibt sein Vorhaben: „Dem Leser oder jetzt auch dem Zuschauer alle Erfahrungen zu nehmen, die er hat, alles Wissen wegzunehmen und ihn durch die Augen Brunos das Grauen sehen zu lassen." (Boyne/Beddies 2009) Im Film wird dies mit Bildern verbunden, die auf die historischen Fotografien und deren ikonischen Status verweisen (Schornsteine, Stacheldrahtzaun), aber nur angedeutet werden, um augenzwinkernd mit dem Vorwissen der Zuschauer zu spielen: „Er will zeigen und es zugleich unterlassen, den Schrecken der Vernichtung darstellen und sich zugleich in Diskretion üben, das Bilderverbot, das die Schoah umgibt, brechen und zugleich beachten." (Nord 2009) Die Reflexion der Perspektive wird dadurch allerdings genauso ausgeschlossen wie eine differente Erfahrung der bekannten Vorstellungen und Bilder. So wird der Film zu einem „Beispiel für eine Kinokultur der Vergangenheitsbewältigung, in der das gefühlte Nacherleben wichtiger ist als das intellektuelle Nachvollziehen." (Miedl 2009) Während in diesem Film letztlich die Einfühlung über die kritische Distanz des ‚naiven Blicks' dominiert, verdeutlicht der in sich abgeschlossene, disparat bleibende und letztlich nicht erklärende oder harmonisierte Rückgriff auf die Aufnahmen aus Resnais' Film in DIE INNERE SICHERHEIT einen anderen Zugang zu den ikonischen Bildern.

Durch ihre stete Wiederholung haben diese Bilder eine Transformation durchlaufen. Carol Zemel beschreibt diese Wandlung: „Schocking as they were as historical accounts, several of them are also now icons, that is to say, familiar pictures that emblematically compress or condense the data of events." (Zemel 2003: 203) Von Beweisen des Schreckens, den die Aufnahmen dokumentieren sollten, wurden sie zu ikonischen Zeichen, die durch ihre Wiederholung und die dadurch entstehende Bekanntheit den Verweis auf den Schrecken der Vergangenheit zunehmend einbüßen. Um ihre historischen Signaturen wieder zu erkennen, muss der Blick gleichsam fremd gestellt werden. Das Bekannte muss auf eine besondere Weise wieder neu erscheinen, um reflexiv sichtbar zu machen, was hinter den ikonischen Bildern liegt, nicht als historischer Ursprung, sondern als Spur ihrer Entstehungsgeschichte und Herausforderung zu einer aktiven Auseinandersetzung und Interpretation.

Im Folgenden soll dem Status der Bilder als Ikonen und als Metaphern weiter nachgegangen werden. Nachdem gezeigt worden ist, wie Täter- und Befreiungsbilder ihren Status durch unterschiedlichen Gebrauch und unterschiedliche Kontextualisierung ändern, soll nun genauer untersucht werden, welche den Aufnahmen inhärenten Formen diesen Übergang zu ikonischen Bildern bereits in ihrer Produktion bestimmt haben.

ATROCITY-PICTURES ALS IKONEN

Wie Cornelia Brink angemerkt hat, wurden und werden die Fotografien und Filmaufnahmen aus den befreiten Konzentrationslagern bis heute „faktisch auf das bezogen, was sie abbilden". Gleichzeitig besitzen sie eine große symbolische Kraft: „Weil sie zum festen Bestandteil des gesellschaftlichen Bildgedächtnisses geworden sind, genügt es heute in der Regel, die Fotos zu zitieren, ohne daß sie noch eigens gezeigt werden müssten." (Brink 1999: 108) Sie sind zu Ikonen geworden. Dabei handelt es sich um medial weit verbreitete Bilder von großer Bekanntheit, die den Effekt des ‚So ist es gewesen' erzeugen und auf diese Weise sinnbildlich für Ereignisse der Vergangenheit stehen. Von symbolischen Repräsentationen, die zu einer interpretativen Aneignung durch die Betrachter herausfordern, wechseln die Bilder als Ikonen in einen anderen Gebrauchsrahmen, der auf dem Prinzip der Ähnlichkeit mit dem bereits Bekannten basiert (vgl. Probst 2004: 220f.). Carsten Probst beschreibt die „Transformation der Darstellung vom ‚Symbol' zum ‚Ikon'" als einen Vorgang, an dem „Signifikat und Signifikant sich bis zur Ununterscheidbarkeit einander annähern" (ebd.: 222). Es erscheint so, als gäbe es kein interpretatives Außerhalb der Bilder mehr. Als solche Ikonen hatten diese Aufnahmen und ihre Kompilation in Filmen Anteil an der „Konstituierung und Kanonisierung eines spezifischen Bildervorrats" (Brink 1999: 110), der sowohl die historische als auch die journalistische und mediale sowie die emotionale Darstellung des Holocaust und der Nazi-Verbrechen entscheidend prägte.

Die Aufnahmen aus den befreiten Konzentrationslagern können somit als Ausgangspunkte einer Geschichte der filmischen Darstellung des Holocaust gelten. Die beispielsweise in Filmen wie DEATH MILLS (USA 1945, Hanuš Burger) verwendeten Aufnahmen dokumentierten aber keineswegs zufällig die deutschen Verbrechen. Bereits in diesem Material und seiner Verwendung lassen sich bestimmte Vorgehensweisen feststellen, die auch den späteren Umgang mit den Aufnahmen geprägt haben. Im Folgenden soll dies am Beispiel von zwei unvollendeten Filmen untersucht werden. Zunächst werde ich an MEMORY OF THE CAMPS (UK/USA [1945] 1985, Steward McAllister) verdeutlichen, welchen Vorgaben und Mustern die Aufnahmen des Schreckens und ihre Verwendung folgten. Der Film sollte die schrecklichen Zustände und die Folgen der nationalsozialistischen Verbrechen in dem von der britischen Armee befreiten Konzentrationslager Bergen-Belsen dokumentierten. Obwohl das Projekt mit großer Intensität vorangetrieben wurde, wurde der Film nicht fertig gestellt. Das rekonstruierte Fragment wurde erst in den 1980er Jahren veröffentlicht. Dennoch waren bereits zuvor die in diesem Material enthaltenen Aufnahmen und Sequenzen zu weit verbreiteten und immer wieder verwendeten Zitaten geworden, da sie in andere kurz nach Kriegsende fertig gestellte Filmkompilationen über die befreiten Lager aufgenommen wurden.[15] Viele Aufnahmen wurden später in Dokumentationen, Reportagen und Filmberichten über den Holocaust verwendet. Aus ihrem Entstehungskontext herausgelöst, wurden einige der Aufnahmen zu Erinnerungsikonen. Im Folgenden sollen diese Aufnahmen diskutiert und analysiert werden.

Das zweite Beispiel, das ich untersuchen möchte, präsentiert Bilder und Erfahrungen jenseits der bekannten medialen Tradierung. Der Dokumentarfilm FALKENAU: VISION DE L'IMPOSSIBLE (F 1988, Emil Weiss) enthält Aufnahmen, die der amerikanische Regisseur Samuel Fuller als junger GI nach der Befreiung des böhmischen Konzentrationslagers Falkenau gemacht hatte und die zu ihrer Entstehungszeit nicht veröffentlicht worden waren. Allerdings wurden sie und ihre Entstehung indirekt, in Form von Nachbildungen, Teil von Fullers Spielfilmen VERBOTEN! (USA 1959) und insbesondere THE BIG RED ONE (USA 1980).

Doch zunächst zur Entstehung und Wirkung der Aufnahmen von MEMORY OF THE CAMPS: Sowohl die Aufnahmen als auch Teile der konzeptionellen Überlegungen zu diesem Film, der vom britischen Informationsministerium unter der Produktionsnummer F3080 geführt wurde (vgl. Sussex 1984: 92), sind, wie Kay Gladstone gezeigt hat, in den amerikanischen Film DEATH MILLS eingegangen, der im Unterschied zu dem britischen Film fertig gestellt und vorgeführt wurde (vgl. Gladstone 2005: 50). Auch Alain Resnais' Dokumentarfilm NUIT ET BROUILLARD bezieht sich, worauf Resnais explizit hinge-

15 | Der in einer Rohfassung und mit einem geschriebenen Kommentar im Filmarchiv des *Imperial War Museums* in London überlieferte Film wurde 1985 als Teil der TV-Serie FRONTLINE unter dem hier verwendeten Titel MEMORY OF THE CAMPS rekonstruiert.

wiesen hatte, auf die von den Briten in Bergen-Belsen gedrehten Aufnahmen (vgl. Knaap 2007: 62).

Wie kamen diese Aufnahmen zustande, welche Vorstellungen und Ideen waren mit ihnen verknüpft und warum eigneten sich die zumeist von Militärfotografen gefilmten Aufnahmen so gut als Ikonen für die visuelle Erinnerung an die Vernichtung, die so vielfältig eingesetzt und verwendet wurden, dass sie, wie Toby Haggith betont, zu „familiar icons" wurden (Haggith 2005: 33), die nicht nur den Holocaust, sondern die Grausamkeiten und Verbrechen des Nationalsozialismus, mithin das Böse schlechthin, symbolisieren sollten? Auch bei den britischen Fotografen dürfte angesichts der Zustände in den Lagern zunächst eine gewisse Hilflosigkeit und Distanz vorgeherrscht haben. Diese ging jedoch, wie Habbo Knoch anmerkt, bald in eine „Aktivierung der Routine" über: „die Routine des Fotografierens trug ihrerseits dazu bei, das Schockierende emotional zu bewältigen." (Knoch 2001: 126) Wie die Aufnahmeprotokolle der Kameramänner belegen, war aus ihrer Sicht das Filmen die einzig geeignete Methode, den Schrecken, dessen Zeugen sie wurden, wiederzugeben (vgl. Haggith 2005: 39).

In dem von den Briten im April 1945 befreiten Konzentrationslager Bergen-Belsen wurde wie in kaum einem anderen Lager über einen sehr langen Zeitraum sehr intensiv von alliierten Kameraleuten gefilmt. Die Filmaufnahmen sollten zunächst als Beweismaterial für den zwischen dem 17. September und dem 17. November 1945 geführten Prozess gegen Aufseher aus dem Lager Bergen-Belsen in Lüneburg dienen (ebd.). Bereits im Februar 1945 begann Sidney Bernstein, Filmberater beim britischen Ministerium für Information (MOI), außerdem mit den Planungen für ein Filmprojekt über die Zustände in den befreiten Konzentrationslagern. Einen Tag nach der Befreiung von Bergen-Belsen traf Bernstein im Lager ein und begann die Filmarbeiten zu begleiten (vgl. Sussex 1984: 92). Zu diesem Zeitpunkt hatte er bereits klare Vorstellungen. Thematisch sollten die Kameramänner mit ihren Aufnahmen fünf Themenbereiche abdecken. Sie sollten die Opfer der Deutschen filmen, die deutschen Verbrecher zeigen, Aussagen von Zeugen und Opfern sammeln, den Zustand des Lagers und seiner Umgebung dokumentieren und die Reaktionen von deutschen Zivilisten auf die Verbrechen einfangen (vgl. ebd.: 93).

Als Eröffnungssequenz waren bereits in einem ersten Konzept Aufnahmen aus Leni Riefenstahls Triumph des Willens (D 1935) vorgesehen, die zu einem neuen Kommentar kompiliert werden sollten (vgl. ebd.).[16] Besonders eindrücklich aber ist die Überleitung zum eigentlichen Thema des Films, den Zuständen in den deutschen Konzentrationslagern, konkret im Lager Bergen-Belsen. Der Film vollzieht eine Bewegung vom Allgemeinen zum Konkreten. Von der visuellen Charakterisierung des Systems und dessen Personifizierung in Hitler geht er über zur Großaufnahme eines Ortsschildes mit der Aufschrift „Belsen". Dann sieht man idyllische Aufnahmen von Obstgärten,

16 | Die auf Triumph des Willens und deutschen Wochenschauaufnahmen basierende Eröffnungssequenz sollte in komprimierter Form den Aufstieg des Nationalsozialismus verdeutlichen.

Kühen und spielenden Kindern. Erst danach etabliert eine Totale das Lager Bergen-Belsen, das mit Aufnahmen von Wachtürmen, britischen Soldaten, die in das Lager hineinfahren, und Kindern an einem Stacheldrahtzaun näher charakterisiert wird (Abb. 16). Der Film etabliert sein Thema, indem er in gewisser Weise immer weiter an dieses heranzoomt. Der Übergang vom verbrecherischen System zu den konkreten Verbrechen vollzieht sich vermittels eines Zwischenschrittes über die deutsche Bevölkerung, die im Umkreis der

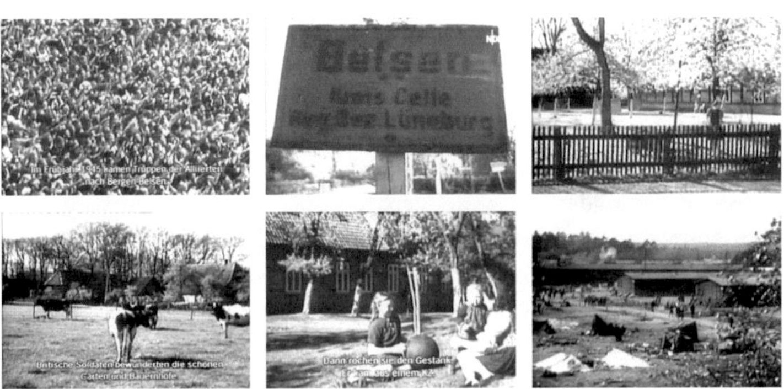

Abb. 16: Montagesequenz aus der Exposition von Memory of the Camps.

Lager gelebt hatte. Die ländliche Idylle wird konfrontiert mit dem Schrecken der Lager. Aus diesem Gegensatz wird später ein konventionalisiertes Kontrastmotiv, das in vielen Filmen über die Konzentrationslager verwendet wird. Auch der Übergang vom abstrakten System und den jubelnden und von Hitler faszinierten Massen zu den kleinen Alltagswelten im Nationalsozialismus wird zu einer später oft wiederholten Montagefolge.[17]

Im Fall von Memory of the Camps geht die Exposition auf eine Idee von Alfred Hitchcock zurück, der kurzzeitig als Berater an dem Filmprojekt mitwirkte.[18] Es wird berichtet, dass Hitchcock auf einer Karte um jedes Konzentrationslager einen Kreis zeichnete, der eine bestimmte Zahl verschiedener

17 | In einem Essay bezeichnet Harun Farocki solche Bildfolgen als „rituell geworden wie ein Gebet", da sie auch vom Fernsehen immer wieder aufgegriffen werden. Daher hätten sie „inzwischen eine Entlastungsfunktion" bekommen (Farocki 2007: 301).

18 | Hitchcocks tatsächliche Bedeutung für das Projekt ist bis heute umstritten. Tatsache ist, dass er sich kurzzeitig auf Einladung seines Freundes Sidney Bernstein in England aufhielt und die Aufnahmen aus Bergen-Belsen gesichtet hat. Daraufhin machte er einige Vorschläge, wie die Aufnahmen sinnvoll kompiliert werden könnten. Hitchcock hatte bereits bei der Herstellung der Kurzfilme Bon Voyage und Aventure Malgache (beide UK 1944), die in den von Großbritannien befreiten Teilen Frankreichs gezeigt wurden, mit Bernstein zusammen gearbeitet. Auch wenn Hitchcock selbst keines der befreiten Konzentrationslager besucht hat, haben die Bilder wohl einen prägenden imaginativen Einfluss auf viele seiner Nachkriegsthriller gehabt. Insbesondere über den Zusammenhang

Orte und Städte einschloss, deren Bewohner – so die Annahme der britischen Filmemacher – von den Verbrechen gewusst haben mussten. Sidney Bernstein erinnert sich: „[o]therwise you could show a concentration camp, as you see them now, and it could be *anywhere*, miles away from humanity. He brought that into the film." (zit. n. Sussex 1984: 95, H.i.O.) Durch diese Form der Repräsentation sollte also die Herauslösung der Tatorte aus ihrem topografischen und gesellschaftlichen Kontext verhindert werden. Es ging dabei nicht nur um die Beglaubigung, dass dieses Lager in der Nähe dieser Orte existierten, sondern auch um eine spezifische Deutung der Ereignisse, dass diese sich nämlich nicht außerhalb der deutschen Gesellschaft und ohne das (Mit-) Wissen ihrer Mitglieder abgespielt hatten.

Das wichtigste Interesse aber bestand darin, die Zuschauer von der Faktizität der gezeigten Aufnahmen zu überzeugen. Man wollte verhindern, dass die Echtheit der Bilder in Zweifel gezogen und den Alliierten vorgeworfen werden konnte, diese gestellt oder gefälscht zu haben. Daher riet Hitchcock dazu, jede Form von Trickeffekten und auffällige Schnittfolgen zu vermeiden. Soweit wie möglich sollten lange Übersichtsaufnahmen und Plansequenzen ohne Schnitte verwendet werden, die beispielsweise ehemalige SS-Wachmannschaften zusammen mit Häftlingsleichen in einer zusammenhängenden Aufnahme zeigten. Auch Besuche von Zivilisten aus den umliegenden Ortschaften in den Lagern sollten gefilmt werden, um die Glaubwürdigkeit der Aufnahmen zu steigern (vgl. Gladstone 2005: 56). Eine solche Sequenz findet sich im Material aus Bergen-Belsen. In einer Totale und mit einem langsamen Schwenk zeigt die Kamera den Besuch von Bürgermeistern umliegender Ortschaften im Lager und folgt dann ohne jeden Schnitt einem SS-Wachmann, der an der Gruppe von Zivilisten vorbei eine Leiche zu einem Massengrab zieht (Abb. 17). Die Notwendigkeit, das Material auch durch seine Form zu beglaubigen, begründete also bestimmte ästhetische und formale Entscheidungen darüber, wie es präsentiert wurde.

Ausgangspunkte der Aufnahmen waren, wie Habbo Knoch betont, die vorgefundenen Leichen und Überlebenden (vgl. Knoch 2001: 126). Mit diesen sollten möglichst auch topografische Merkmale fotografiert und gefilmt werden, um sie zu lokalisieren. Auf diese Weise ergab sich die Form der Bilder teilweise direkt aus den Zuständen des Lagers: „Unlike other camps where instruments of torture and gas chambers were found, at Belsen the evidence of mistreatment was the condition of the camp inmates, which may partly explain why the cameramen repatedly filmed sequences documenting the human suffering […]." (Haggith 2005: 39) Um die unermessliche Dimension des Verbrechens zu verdeutlichen, geht der Blick vom konkreten, noch als Individuum identifizierbaren, einzelnen Opfer zur Masse der wie ein abstraktes Muster erscheinenden Toten.

Zusätzlich filmten die britischen Kameraleute Nahaufnahmen von Gegenständen, Gesichtern überlebender Häftlinge oder besonders symbolträchtig

---

der berühmten ‚Duschszene' aus PSYCHO (USA 1960) mit dem Holocaust wurde viel diskutiert und publiziert (vgl. Picart/Frank 2004: 207).

erscheinenden Leichen. Neben die Bilder der Leichenfelder und die emblematisch gewordenen Aufnahmen der Bulldozer, die Leichen in Massengräber schieben, treten auf diese Weise „Bilder mit Symbolen des Körpers von unterschiedlichem Abstraktionsgrad." (Knoch 2001: 130) Haggith spricht von allegorischen Referenzen in den Einstellungen, die Bedeutungen evozieren, die aus einem kulturell tradierten Bildarsenal stammen (vgl. Haggith 2005: 42). Beispielsweise findet sich die Aufnahme einer toten Frau, deren heraus-

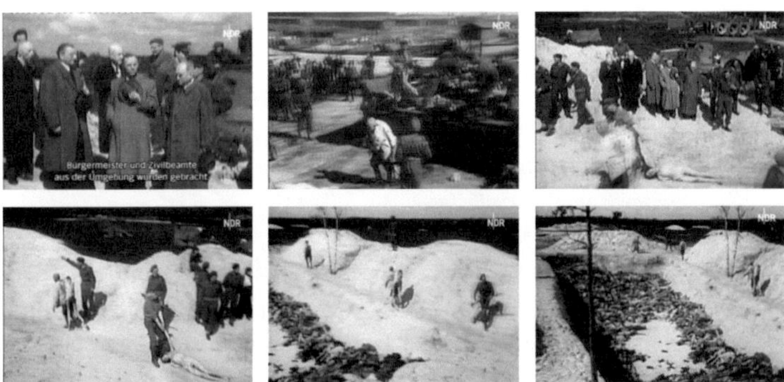

Abb. 17: Totale und Kameraschwenk in MEMORY OF THE CAMPS.

gehobene filmische Inszenierung vom Kommentar verstärkt wird. Dieser vergleicht sie mit einer ‚Marmorstatue'. Der Kommentar gibt dem Bild der geschundenen Toten so einen bestimmten Deutungsrahmen. Herausgehoben aus der Masse der Ermordeten bietet das assoziative Vergleichsbild einerseits die Möglichkeit zur Distanz vom ausgelöschten Menschenleben. Die Gegenüberstellung von edlem Marmor und der ausgezehrten Frau verstärkt andererseits eine kontrastive Wahrnehmung. Es handelt sich bei diesen Beispielen um sprechende Bilder im Sinne Knochs: „Ihre Körper waren Zeichenangebote zur individuellen Kommunikation." (Knoch 2001: 130) An die Formationen der Körper ließen sich also assoziative Deutungsmuster anschließen. Hier sind bereits Verfahren angelegt, die die spätere Tendenz zur Ikonisierung vorwegnehmen. Haggith erklärt dies mit dem Verlangen, neue Formen des Ausdrucks für die Grauen der Lager zu finden (vgl. Haggith 2005: 42).

Die in den Lagern vorgefundenen Zustände sind vor allem durch diese Aufnahmen zum Bestandteil einer spezifischen Ikonografie des Schreckens geworden.[19] Daher ruft beispielsweise auch Oliver Stone in seinem Vietnamkriegsfilm PLATOON (USA 1986) die Erinnerung an die Bilder der Bulldozer und Massengräber von Bergen-Belsen hervor (Abb. 18). Er zitiert dabei die Darstellungsformen der Aufnahmen aus dem Lager, den Versuch einer

19 | Georges Didi-Huberman kritisiert beispielsweise die Einengung der Gräuel im Lager Bergen-Belsen auf die sichtbaren Leichen als historischen Fehler, da diese das unmöglich zu realisierende und problematische Vorhaben darstellten, „das Phänomen der massenhaften Vergasung mit ihnen [den Aufnahmen der Massengräber, TE] ‚illustrieren' zu können" (Didi-Huberman 2007a: 17f.)

nüchtern dokumentarischen Ästhetik, die auf beglaubigenden Totalen beruht, sowie eine teilweise kontrastierende Montage und die Verwendung von Bildikonen. So sollen die mit den Schreckensbildern verbundenen Bedeutungen in einem anderen Kontext, hier dem amerikanischen Krieg in Vietnam, aufgerufen werden, um den Effekt des Schreckens für die Zuschauer durch diesen impliziten Vergleich zu erhöhen.

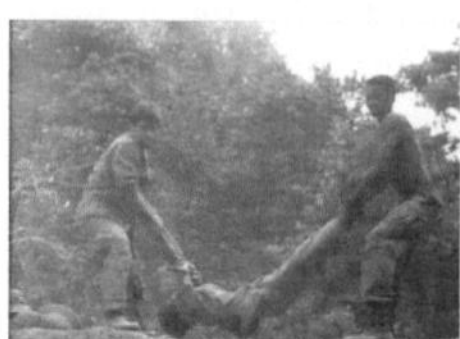
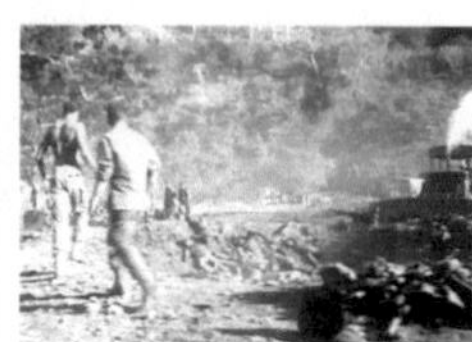
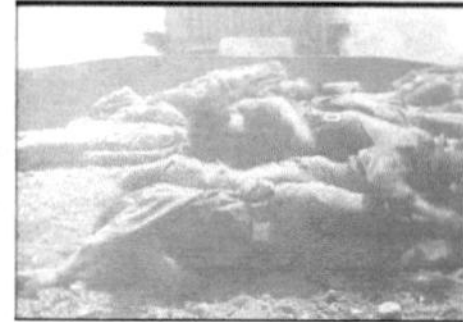

Abb. 18: Oliver Stones PLATOON zitiert die ikonischen Bilder und Darstellungsformen der Filmaufnahmen aus Bergen-Belsen.

Obwohl die Aufnahmen aus Bergen-Belsen und den anderen befreiten Lagern nicht die systematische Ermordung der europäischen Juden dokumentieren können (vgl. Wiedenmann 2004: 319), sondern allenfalls die keineswegs für die Organisation der massenhaften Vernichtung typischen Zustände kurz vor Ende des Krieges, sind die Aufnahmen von Leichenbergen, Massengräbern, nackten oder halbnackten Häftlingen und Tötungsapparaturen zu Ikonen des Holocaust geworden (vgl. Haggith 2005: 33).

Die Bilder der vom erlittenen Hunger ausgemergelten Häftlinge und der Leichen, die wie Abfall weggeworfen und im Gegensatz zur Diskretion und Würde mit der man sonst Verstorbene behandelt zusammengeschoben werden, schreiben eine bestimmte Wahrnehmung fest. Sie verstärken die Vorstellung von ebenso unschuldigen wie passiven Opfern (vgl. ebd.: 34). Diese Haltung überträgt sich auch auf die Zuschauer, die vor den Bildern gleichermaßen erstarren. Entsprechend werden die Aufnahmen zu Repräsentanten allgemeiner Schreckenserfahrungen, die sich von ihrem konkreten Gegenstand gerade aufgrund ihres Status als Ikonen ablösen. Dies verdeutlichten auch zeitgenössische Berichte über Reaktionen auf diese Aufnahmen durch deutsche Kriegsgefangene. So schreibt der Amerikaner Davidson Taylor in einem Brief an Bernstein: „Both nazi and anti-nazi prisoners of war, dissociate themselves almost unanimously from any responsibility for the atrocities depicted. Furthermore, they say that many of the pictures remind them of photographs of the German victims of allied air raids […]." (Zit. n. Sussex 1984: 94)

Bereits kurz nach ihrer Entstehung werden die Bilder verglichen mit den Aufnahmen der eigenen Opfer. Wie Habbo Knoch anmerkt, „konkurrierten die Schreckensbilder […] mit erlebten Bildern der Deutschen" (Knoch 2001: 123). Ihre Parallelisierung findet nicht zuletzt durch die Form statt. Um den unangenehmen Gedanken an die eigene (Mit-)Schuld abzuwehren, werden Bilder aus der individuellen Erfahrung über die der namenlosen Opfer geschoben. Darin drückt sich der Wunsch aus, selbst an die Stelle der Opfer zu treten, da sich so die eigene Mitschuld durch die narzisstische Kränkung der Niederlage kompensieren ließe.

Strukturell ist diese Parallelisierung bereits durch die in die alliierten Filmaufnahmen eingeschriebene Passivität der Opfer angelegt. Schon darin liegt eine Tendenz zur Verallgemeinerung begründet, die nicht nur unbewusst einer Ikonografie der Dehumanisierung und Erniedrigung entspricht, die die Nazis in ihren antisemitischen Propagandafilmen sehr bewusst anwendeten, sondern auch zu einer Universalisierung im ikonischen Bild des Opfers tendiert.

Dagegen vollzieht der Dokumentarfilm FALKENAU die entgegengesetzte Bewegung. Er dokumentiert ein einzigartiges Filmdokument, das Samuel Fuller als Soldat der US-Armee gefilmt hatte. FALKENAU ist ein Dokumentarfilm aus dem Jahr 1988 über diese Ereignisse. Der Film von Emil Weiss zeigt historisches Filmmaterial aus dem Jahr 1945, das Fuller mit einer kleinen Bell & Howell 16-mm-Kamera in Falkenau gedreht hatte. Fuller war als Mitglied der Ersten Infanteriedivision der amerikanischen Armee Anfang 1945 an der Befreiung der böhmischen Stadt und des nahegelegenen Konzentrationslagers beteiligt. Das Material wird von Fuller kommentiert. Es zeigt die Bestattung von ermordeten Menschen in dem Konzentrationslager Falkenau durch Bürger des nahegelegenen Ortes. Durch Fullers Kommentar und die Rekontextualisierung der historischen Aufnahmen legt FALKENAU die konkreten Bilder hinter ihren populärkulturellen Formen frei und koppelt diese an eine individuelle Erfahrung, die sich in der Auseinandersetzung mit einem weitgehend unbekannten Filmdokument entfaltet. Es handelt sich dabei um einen etwa zwanzigminütigen Film ohne Ton, der nie zuvor veröffentlicht wurde. Fuller hatte ihn im ungeschnittenen Rohzustand verwahrt (vgl. Didi-Huberman 2007a: 28ff.). Ins mediale Bewusstsein kam dieses historische Filmdokument also erst durch den späteren Dokumentarfilm FALKENAU.

Dennoch war, wie Georges Didi-Huberman anmerkt, „die Erfahrung von Falkenau für das Leben und die Arbeit Sanuel Fullers von höchster Bedeutung, in gewisser Weise sogar der Anfangsgrund." (ebd.: 33) Dieser hatte seine Erinnerungen an die Zeugnisse der Verbrechen von Falkenau bereits vor Weiss' Dokumentarfilm filmisch verarbeitet. Sie waren beispielsweise ein Anlass für seinen Film VERBOTEN! von 1959, in dem Fuller die letzten Tage des Krieges und die ersten Tage des Nachkrieges aus der Sicht eines amerikanischen Soldaten zeigt. Im Zentrum steht eine Sequenz über den Kriegsverbrecherprozess in Nürnberg. Elegant verbindet Fuller die Spielhandlung seines Films und die dokumentarischen Aufnahmen des Prozesses (vgl. Farocki 2007: 298f.). Seine Schauspieler werden durch die Montage zu Zuschauern des Prozesses. Eine junge Frau nimmt ihren noch immer von der Naziideologie faszinierten Bruder mit zum Prozess, der sich dann, ähnlich wie in Stanley Kramers JUDGMENT AT NUREMBERG (USA 1961, Stanley Kramer), in einen Kinosaal verwandelt. Gezeigt werden, sowohl im Gerichtssaal wie in Fullers Film, Bilder aus den befreiten Konzentrationslagern und im Gegenschuss ihre Wirkung auf den Jungen. In dieser Sequenz versinnbildlicht Fuller die Abwendung des jungen Deutschen vom Nationalsozialismus durch dessen Konfrontation mit den Bildern des Schreckens.[20]

Noch deutlicher treten Fullers eigene Erinnerungen und Erfahrungen in dem Film THE BIG RED ONE von 1980 hervor. Eine Sequenz zeigt, wie amerikanische Soldaten während der Kämpfe im Zweiten Weltkrieg in einen Ort vorrücken und schließlich, aus den Kampfszenen durch eine abrupte Entschleunigung herausgehoben, ängstlich schauende und halb verhungerte

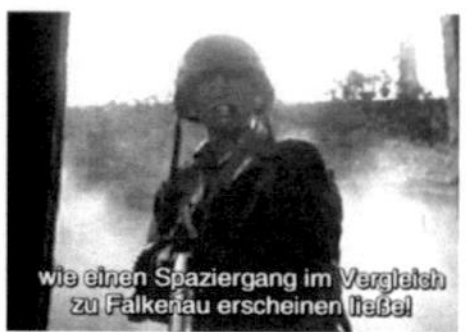

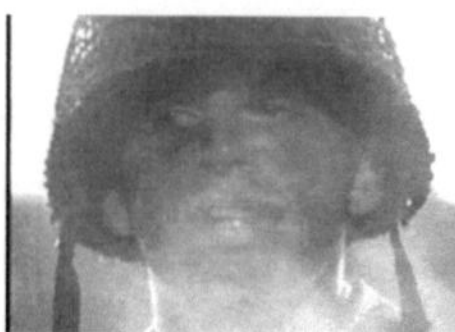
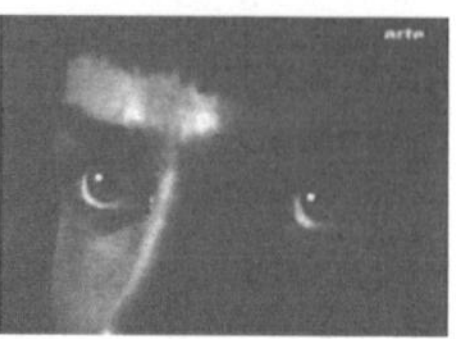

Abb. 19: Amerikanische Soldaten erblicken in THE BIG RED ONE ausgemergelte Gefangene.

Gefangene entdecken (Abb. 19). Diese Sequenz steht als filmisches Zitat am Anfang von Emil Weiss' Dokumentarfilm FALKENAU. Die populären Visualisierungen und ikonischen Bilder aus THE BIG RED ONE sind so ganz direkt Ausgangspunkt einer filmischen Suche nach ihren Vorbildern. Diese finden sich in den erzählten Erinnerungen Fullers an die Kampfhandlungen und die Befreiung des Lagers, die der amerikanische Regisseur der Kamera von Weiss am historischen Ort in Falkenau ‚vorspielt' (Abb. 20). Die zeitliche Distanz zwischen Vergangenheit und Gegenwart bleibt gewahrt und doch entstehen fast paradoxe filmische Bewegungen, zwischen dem Regisseur Fuller, der Mitte der 1980er Jahre seinen Einsatz als Soldat für die Dokumentarkamera nachspielt, der Fortführung dieser erzählten und an den „Orten der ‚Urszene'" (Didi-Huberman 2007a: 36) vergegenwärtigten Erinnerungen in den Spielfilmsequenzen aus den Filmen Fullers und den daraus gebildeten fiktionalen Echobildern, die sich schließlich als Nachbildungen der von Fuller festgehaltenen Aufnahmen aus dem befreiten Lager Falkenau herausstellen. FALKENAU erzählt so die Geschichte hinter den Bildern von THE BIG RED ONE und vermittelt damit auch die subjektive Erfahrung jenseits der ikonischen Bilder. Im Zentrum steht Fullers Filmdokument, eigentlich sein Debütfilm. Diesen führt der Regisseur als Film-im-Film vor, situiert in einem Kino, ähnlich der Sequenz aus VERBOTEN! (Abb. 21). Fuller hatte diese Aufnahmen mit seiner 16mm Kamera im Auftrag seines Kompaniechefs von einem besonderen Ereignis gedreht. Der 16-mm-Film zeigt die angeordnete Beerdigung von ermordeten Häftlingen durch die Honoratioren der Stadt Falkenau unter den Augen der amerikanischen Soldaten und der überlebenden Häftlinge des Lagers. Diese Aufnahmen unterscheiden sich nicht nur in ihrer zufälligen und oft formal keineswegs stringenten Form von den alliierten Filmaufnahmen aus den befreiten Lagern. Auch wenn Fuller in ähnlicher Weise, wie

20 | Dabei spricht Fuller auch den Kommentar zu der Montagesequenz dieser Schreckensbilder in seinem Spielfilm VERBOTEN! selbst (vgl. Farocki 2007: 300).

am Beispiel von Memory of the Camps gezeigt, mit Hilfe von Totalen und Schwenks den Zusammenhang von Lager und Außenwelt sowie Opfern und Tätern herzustellen versucht, vollzieht das gezeigte Ereignis eine geradezu umgekehrte Bewegung.

Zu sehen ist, wie den Opfern ihre Würde zurückgegeben werden soll. Die Deutschen nämlich werden nicht nur gezwungen, die Leichen aus der Leichenkammer zu holen, ein Ort, der an die Szenen aus The Big Red One

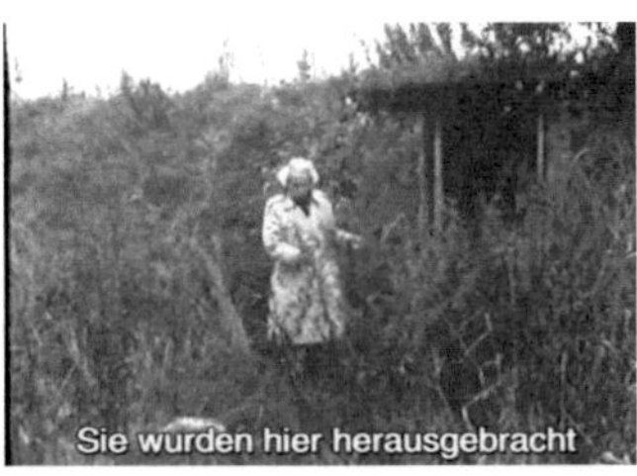

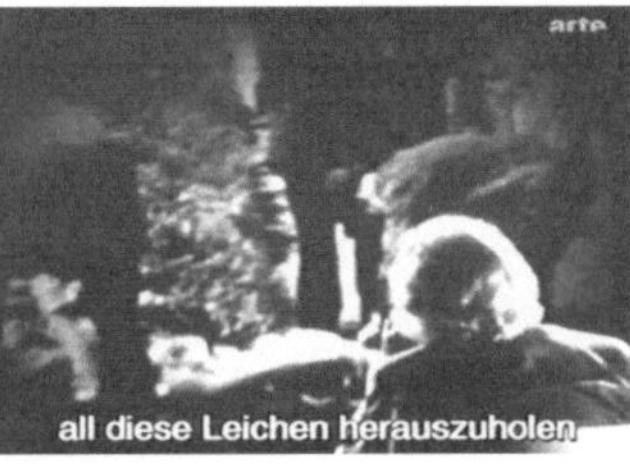

Abb. 20 -21: Samuel Fuller zeigt die Überreste des KZ Falkenau (links) und präsentiert seinen Film über das KZ Falkenau (rechts).

erinnert. Sie müssen die Leichen auch ankleiden und in einer feierlichen Prozession durch den Ort zu ihrer Beerdigung begleiten. Auf diese Weise dokumentiert Fullers Film eine Inszenierung, die gleichzeitig eine Form der Konfrontation mit den Folgen der Verbrechen ist. Seine Bilder, gezeichnet vom Moment ihrer Entstehung, sind auf diese Weise Ausdruck und nicht bloß Dokument des Entsetzens. Der Rahmen, den Falkenau Fullers Film gibt, hebt dies noch hervor. Durch Fullers Kommentare wird das Filmdokument aus dem Jahr 1945 kontextualisiert. Einzelne Momente wie das zeitgleiche Aufstehen der überlebenden Häftlinge, als die erste Leiche aus dem Leichenhaus herausgetragen wird, werden so hervorgehoben. Diese Hervorhebung geschieht nicht nur durch den Kommentar. Die Szene wird zwei Mal gezeigt, einmal als Filmdokument in Fullers 16-mm-Film und einmal als gespielte Nachstellung des Zeitzeugen Fuller. Die Vergangenheit wird nicht nur (als historisches Filmdokument) vorgeführt, sondern in der Gegenwart zu einer neuen Aufführung gebracht. So werden die Besonderheit des Ereignisses und seine singuläre Stellung in der Geschichte betont, und es wird ihre ethische Dimension verdeutlicht. Auf diese Weise werden die beinahe intimen Szenen des Aufeinandertreffens von Tätern, Opfern und Befreiern aus Fullers 16-mm-Film als ein gleichermaßen theatral-inszenierter wie spontaner Akt einer erinnernden Würdigung unterzogen. Die Archivbilder werden neu betrachtet, gleichsam aus ihrer Unsichtbarkeit herausgehoben. Damit löst sich Falkenau von den am Beispiel von Memory of the Camps beschriebenen vielfach zirkulierenden, ikonischen Bildern. Diese stellen für Falkenau eine im Gedächtnis der Zuschauer verankerte Wahrnehmungsfolie bereit, mit denen Fullers Aufnahmen imaginativ vergeglichen werden können. So werden die Ikonisierung der bekannten Bilder aus den Lagern implizit offen- und ein spezifisches historisches Ereignis hinter den Bildern freigelegt. Denn die Bildikonen sind im medialen Gedächtnis längst Teil weiterer Verfestigungs- und Monumentalisierungsprozesse geworden.

MONUMENTE DER ERINNERUNG

In ihrer Beschäftigung mit Lagerfotografien analysiert Nicole Wiedenmann, wie die historischen Bilddokumente zu exemplarisch verdichteten Monumenten werden (vgl. Wiedenmann 2004: 317). Sie bezeichnet die Fotografie als ein Monument, „das an Dinge erinnert." (vgl. ebd.: 327) Kennzeichnend dafür sind die Ablösung von historischen Kontexten und die Verdichtung von Bedeutung. Solche visuellen Monumente sind aussagekräftige Bilder, die einen starken Einfluss auf die Zuschauer ausüben, Erinnerungen, Erfahrungen und Emotionen aufrufen, und selbst Teil des individuellen Gedächtnisses werden (vgl. Zemel 2003: 204):

> Die historischen Dokumente wurden und werden im Raum der Erinnerung zu kollektiven Monumenten und ‚statt als dokumentarische Beweise für konkrete Taten dien[t]en sie als illustrative Belege, die der kollektiven Imagination die narrative Umsetzung der Genese der Verbrechen in Bildstationen, eine emotional kodierte Erinnerungsikonografie und eine standardisierte Topografie und räumliche Vorstellung der Verbrechen' einschreiben sollten und sollen. (Wiedenmann 2004: 329)

Es findet also eine Transformation der Form statt, die dem entspricht, was Roland Barthes eine „auf den reinen Zustand der Sprache reduzierte Photographie" nennt (Barthes 1964: 56), ein Bild, das nicht mehr desorganisiert, nicht überrascht und nicht schockiert. Indem die Schockfotos zu „reine[n] Zeichen" werden (ebd.: 57), schockieren und überwältigen sie nicht mehr. Sie werden erträglich, mehr noch bedeutend und bedeutsam. Sie beziehen sich damit nicht mehr auf das Grauen, sondern auf den „Skandal des Grauens" (ebd.: 58).

Dieser Prozess der Ablösung ist Folge einer steten Wiederholung und spezifischen Auswahl und Anordnung der Bilder. Durch den in ihrer Form und Gestaltung angelegten Charakter als Ikonen werden die Aufnahmen zu Monumenten im kulturellen Gedächtnis (vgl. M. Hirsch 2001: 217). Neben Kompilationsfilmen wie Resnais NUIT ET BROUILLARD, Erwin Leisers DEN BLODIGE TIDEN (S 1960) oder Romms OBYKNOVENNYY FASHIZM waren es besonders Bildbände, die diese Auswahl und Tradierung der Fotografien und ihren Eingang in das kollektive Bildgedächtnis beförderten.

Viele dieser Bildersammlungen griffen dabei auch auf das von mir bereits analysierte Material der Täter zurück. Diese hatten ihrerseits selbst in Fotoalben eine Auswahl der zu überliefernden Bilder getroffen, die mit besonderen Beschreibungen und damit mit einer Bedeutung in Form von Bildunterschriften versehen waren. Ein solches Album ist beispielsweise der sogenannte „Stroop-Bericht" von 1943 mit dem zynischen Titel „Es gibt keinen jüdischen

Wohnbezirk in Warschau mehr", der die Niederschlagung des Aufstandes im Warschauer Ghetto dokumentieren sollte (vgl. Knoch 2001: 97). Die darin enthaltenen Bilder gehören heute zum festen Bestandteil des kollektiven Bildgedächtnisses (Abb. 22).

Zunehmend setzen historische Ausstellungen auf einen mit den zu Monumenten gewordenen Bildern verbundenen Erinnerungseffekt. Gezielt werden sie als Ikonen eingesetzt, die einen bestimmten historischen Erfahrungskon-

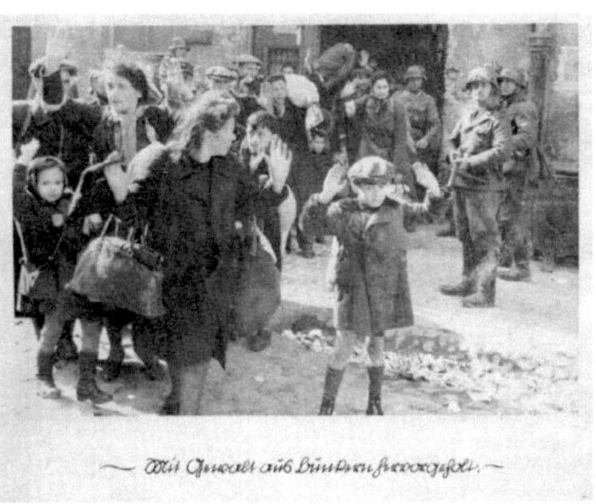

Abb. 22: Seite aus dem „Stroop-Bericht" mit dem berühmten Foto des Jungen mit erhobenen Armen aus dem Warschauer Ghetto.

text und die damit verbundenen Motive wie Trauer, Scham oder Mitleid evozieren. Diese Konzeptionen sind Folge einer komplexen Synthese sensitiver Wahrnehmungsformen (vgl. Kozlovsky-Golan 2006: 9).

Für Westdeutschland wurde insbesondere die 1960 erstmals erschienene Bildchronik *Der Gelbe Stern* von Gerhard Schoenberner zur einflussreichen Quelle für das kollektive visuelle Gedächtnis (vgl. Schoenberner 1991). Bei dieser vielfach wieder gedruckten Sammlung handelt es sich um Bilder, die sich zu Monumenten und Metaphern des Holocaust entwickelten. Dabei ist davon auszugehen, dass bereits die Auswahl aus ganz unterschiedlichen Quellen, die Täterbilder ebenso wie Befreiungsbilder umfasst, auch dem ikonischen Bedeutungswert Rechnung trägt. So finden sich hier zahlreiche der Ikonen des Holocaust, wie beispielsweise das Bild des kleinen Jungen aus dem Warschauer Ghetto, das im „Stroop-Bericht" enthalten ist (vgl. ebd.: 40f.). Diese Fotografie verdichtet unterschiedliche Bedeutungsschichten wie die Konfrontation von Täter und Opfer oder die Figur des unschuldigen Kindes. Je nachdem, welche Bedeutung der Aufnahme in verschiedenen Kontexten zukommen sollte, wurden bestimmte Ausschnitte gezeigt, beispielsweise nur der Junge und der deutsche Soldat, womit das Gewaltverhältnis zwischen Täter und Opfer betont wurde, oder nur der Junge, der somit zur Metapher des unschuldigen Opfers wurde. Die Auswahl des Bildes folgt auch einer kulturgeschichtlich tradierten Ikonografie der Gewalt. So lässt sich in der Figuration dieses Fotos aus Warschau auch ein Echo des Gemäldes „Erschießung der

Aufständischen" von Goya aus dem Jahr 1814 sehen. Inwieweit diese Ikonografie der Gewalt die Herstellung oder die Auswahl der Fotografie bestimmte, lässt sich schwer ermitteln. Allerdings liegt in der möglichen Einordnung der Fotografie in diese kulturgeschichtliche Darstellungstradition sicher ein Grund für ihre besondere Eignung als ikonisches Monument des Holocaust, das einen indirekten Widerhall auch in Picassos später entstandenen Bild „Massacre in Korea" aus dem Jahr 1951 findet.

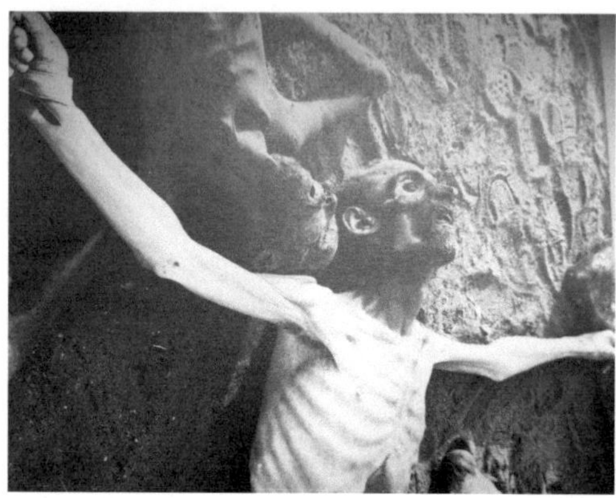

Abb. 23: Fotografie in dem Bildband Der gelbe Stern mit der Bildunterschrift „Ecce Homo".

Eine Aufnahme sticht aus Schoenbergers Sammlung durch ihre unverkennbare Anlehung an christlich-religiöse Symbolik heraus. Ein ausgemergelter, toter Häftling liegt mit ausgebreiteten Armen auf dem Boden und erinnert so an das Bild des gekreuzigten Christus (Abb. 23). Schoenberner betont diese Bedeutung noch, indem er die Aufnahme mit der Textzeile „Ecce Homo" versieht (vgl. ebd.: 274):

> Der Rückgriff auf christliche Ikonografie soll hier offenbar einerseits das unermessliche Leiden verdeutlichen und andererseits, was wohl bedeutender ist, das Unfassbare, historisch Einzigartige an diesem Genozid durch den Anschluss an bekannte Leidensnarrative wieder halbwegs kommunizierbar und zugänglich machen. (Wiedenmann 2004: 339)

Die Suche nach solchen „sprechenden Leichnahme[n]" (Knoch 2001: 130) ist typisch für viele der Aufnahmen aus den befreiten Lagern. Besonders signifikante Körperstellungen und weit aufgerissene Augen sollten die Betrachter auch emotional ansprechen. Ferner stachen solche mit symbolischen Bedeutungen verknüpften Körper aus der Masse der Ermordeten heraus und konnten so als Stellvertreterbilder separiert werden. Habbo Knoch macht auch auf den „ästhetischen Differenzwert" dieser Motive aufmerksam und betont ihre Anschlussfähigkeit an bestehende Sehkonventionen, nicht zuletzt wiederum an die kulturell prägende christlich-religiöse Ikonografie (ebd.):

> Sprechende Leichname waren durch Körperhaltung und Gesichtsausdruck gegenüber den Leichenbergen individualisiert. Nicht selten näherten sich die Bildperspektiven und Sujets Motiven christlicher Trauersymbolik an. Nach Aufnahmen von Körpern mit einem solchen ästhetischen Traditionswert zu suchen, bestimmte die visuelle Überlieferung nach 1945 in hohem Maße. (Ebd.)

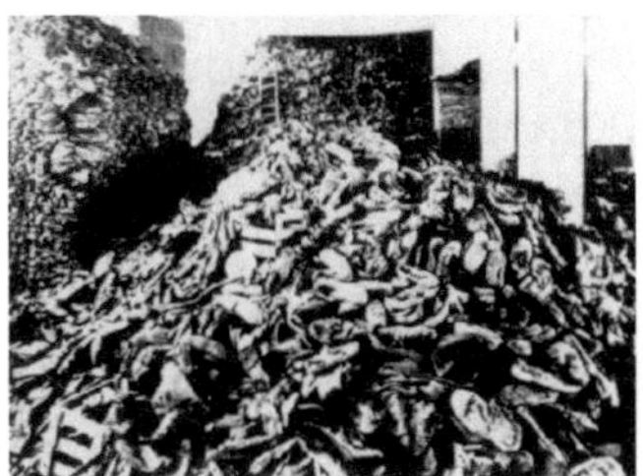

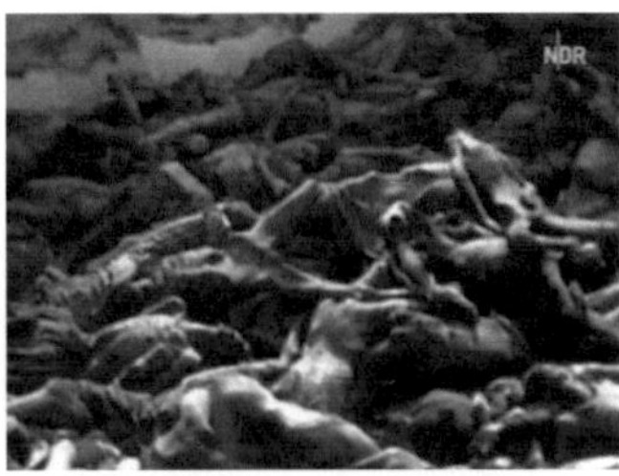

Abb. 24-25: Die Fotografie eines Schuhbergs im Vernichtungslager Belzec (links) ersetzt die Bilder der Leichen (hier aus Bergen-Belsen, rechts).

Auch Schoenberners Auswahl folgt diesen Mustern. Eine weitere „Symbolgruppe“ (ebd.) findet sich in den zahlreich wiederverwendeten Bildern der Haar-, Schuh- und Brillenberge (vgl. Schoenberner 1991: 226f.). Diese Aufnahmen dokumentieren einerseits die Folgen der Verbrechen und verweisen andererseits stellvertretend auf die (bilderlos gebliebenen) ermordeten Eigentümer der fotografierten Gegenstände (Abb. 24). Sie vermitteln so *„ersatzweise* einen Eindruck von den Verbrechen“ (Wiedenmann 2004: 336, H.i.O.). Andererseits evozieren sie aber auch die Vorstellung von Bildern der Leichenberge, die sie gleichzeitig überlagern und kompensieren (Abb. 25): „Zu den Aufnahmen von Haaren, Schuhen, Gebissen und Kleidern, die vor allem im Zuge der Beweisaufnahme in Auschwitz, aber ebenso in Dachau und Buchenwald gemacht wurden, ließen sich Körper nur vorstellen.“ (Knoch 2001: 130) Durch ihre spezifische formale Gestaltung, die den Aufnahmen von den Leichenbergen ähnelt, wird ein Imaginationsprozess der erinnerten Leichenbilder befördert. So stellen diese Bilder „das Pendant zu den Fotos von den Leichenbergen dar“ (Wiedenmann 2004: 337), denn diese von jeder Erinnerung an Menschen und menschliche Körper entleerten Bilder verweisen auch auf die spezifische Form der Vernichtung als industriellem Prozess. Damit aber entsteht eine ambivalente Bedeutungsstruktur der zu Metaphern gewordenen Bilder:

> Die massenhafte Anonymität des Sterbens und die zynische Reduktion der Opfer auf ökonomische Verwertungszusammenhänge wird in den genannten Motiven symbolisch verdichtet dargestellt. Doch indem derartige Fotografien die von den Tätern intendierte Anonymität der Opfer symbolisieren, laufen sie zugleich Gefahr, ebendiese Anonymität (ungewollt) zu verdoppeln und fortzuschreiben. (Ebd.)

In ihrer Funktion als Monumente für ein kollektives Bildgedächtnis des Holocaust geraten also die Unterschiede, Entstehungs- und Deutungskontexte der Bilder zumeist in den Hintergrund. Aufnahmen, die deutsche Kamerateams im Warschauer Ghetto machten, Bilder von Massenerschießungen, die teilweise von ganz gewöhnlichen deutschen Soldaten, Angehörigen der Einsatzgruppen oder Mitgliedern der SS aufgenommen wurden, die alliierten Bilder aus den befreiten Lagern oder die unter Todesdrohung der Vernichtung abgerungenen Aufnahmen der Mitglieder des jüdischen Sonderkommandos in Auschwitz verlieren als Ikonen des Schreckens und Monumente der Vernichtung ihren spezifischen Charakter und scheinen „jede Interpretation überflüssig zu machen – und sie dem Betrachter auch zu ersparen." (Brink 1999: 109)

Im Folgenden sollen einige der ikonografischen Implikationen der historischen Bilder an einer besonderen Gruppe von Aufnahmen in ihrer Ambivalenz untersucht werden. Es handelt sich dabei um Aufnahmen, die von professionellen Fotojournalisten in den befreiten Lagern gemacht wurden. Einige dieser Fotografien sind heute ein wesentlicher Teil des kollektiven Bildgedächtnisses. Sie folgen stärker narrativen und symbolisierenden Verfahren, sind oft inszeniert, stellen aber teilweise genau deswegen auch ein Gegenstück zu den als Beweisen intendierten Aufnahmen aus den befreiten Lagern dar.

Wie Carol Zemel anmerkt, hatten die Fotografien von Journalisten im Gegensatz zu den Befreiungsbildern aus militärischer Quelle die Funktion, Magazinberichte über die Lager zu illustrieren. Als Illustration von Reportagen näherten sich die Fotografinnen und Fotografen den Menschen stärker an, die sie in den Lagern vorfanden, seien es überlebende Häftlinge, Leichen oder Mitglieder der SS-Wachmannschaften (vgl. Zemel 2003: 206).[21] Dies möchte ich anhand einer Aufnahme der amerikanischen Fotografin Margaret Bourke-White genauer zeigen. Bourke-White hatte nach der Befreiung von Buchenwald und Dachau in beiden Lagern fotografiert.

Bourke-Whites berühmte Fotografie von Buchenwalder Häftlingen hinter Stacheldraht unterscheidet sich signifikant von anderen Befreiungsbildern (Abb. 26). Bereits auf den ersten Blick ist ihr offensichtlich gestellter Charakter ersichtlich. Die Szene ist genau ausgeleuchtet, so dass die Gesichter und die gestreiften Anzüge der Häftlinge gut zu erkennen sind, genauso wie der Stacheldraht im Vordergrund des Bildes, der die Gruppenaufnahme an den spezifischen Ort und die Situation des Konzentrationslagers symbolisch zurückbindet. Auf diese Weise wirkt die Aufnahme weniger wie ein Dokument, als wie eine Inszenierung, in den Worten von Nicole Wiedenmann „unwirk-

21 | Letztere wurden insbesondere von der amerikanischen Fotografin Lee Miller in Szene gesetzt. Sie fotografierte Porträts von SS Wachmännern, porträtierte (ebenso wie Margaret Bourke-White) die Folgen des Selbstmordes des Leipziger Bürgermeisters und seiner Familie und machte außerdem eine Serie von Fotografien, die die Fotografin selbst nackt in der Badewanne in Hitlers Münchener Wohnung zeigen. Auf diese Fotografien kann leider hier nicht näher eingegangen werden (vgl. Zemel 2003: 206ff).

lich und ästhetisiert.“ (Wiedenmann 2004: 343) Gerade diese „Ästhetisierung des Entsetzlichen“ (vgl. ebd.) mag die emblematische Bedeutung evoziert haben, die dem Foto heute im kollektiven Bildgedächtnis zukommt. Denn das Foto verdichtet eine Reihe zentraler Motive und Metaphern für den Holocaust und stellt somit einen Prototyp für eine ganze Bildgruppe dar, die sich insbesondere um das signifikante Motiv des Stacheldrahtes herum gruppiert (Abb. 27). Als Metapher für die Schrecken des Krieges wurde das Bild des Toten

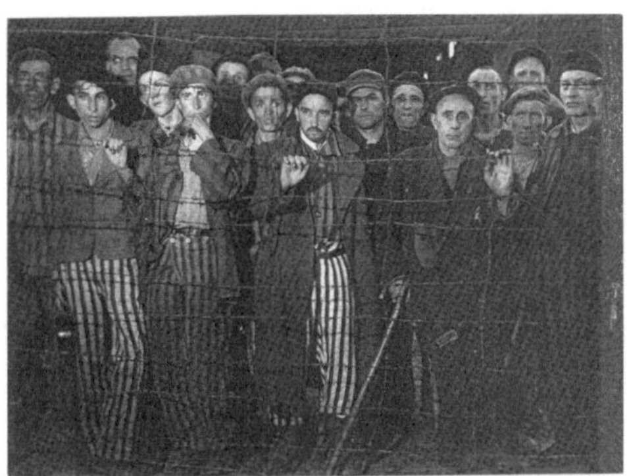

Abb. 26: Margret Bourke-Whites berühmte Fotografie von Häftlingen am Stacheldrahtzaun in Buchenwald.

im Stacheldraht bereits seit der Zwischenkriegszeit verwendet (vgl. Hoffmann 1995: 88). Auf diese Ikonografie beziehen sich auch die Bilder aus den befreiten Lagern, beispielsweise den sowjetischen Aufnahmen in DIE BEFREIUNG VON AUSCHWITZ (BRD 1985, Imgard von zur Mühlen): „Auf diesen Fotos, die sich auf eigentümliche Art gleichen, sehen wir lediglich eine Gruppe von Menschen hinter dem Stacheldraht. Aus den eingefallenen Gesichtern schauen groß die Augen – sie sehen und blicken, das ist alles.“ (Ebd.: 89)

Dabei dokumentieren gerade diese Aufnahmen von am Lagerzaun stehenden Häftlingen ein Paradox, denn während der Existenz der Lager war diese spezifische Situation wegen der elektrisch aufgeladenen Zäune nicht realistisch und damit auch nicht charakteristisch für das System der Konzentrationslager.[22] Stattdessen beruht die Szenerie auf bereits gefestigten Bildtopoi. Indem also die Bilder „auf bekannte Bildtopoi – und damit auf Wiedererkennbarkeit – abzielen, dekontextualisieren derartige Motive ihren historischen Entstehungszusammenhang nachhaltig, überführen ihn in assoziative, ahistorische Deutungsmuster.“ (Ebd.: 342)

Bildern wie Bourke-Whites berühmter Fotografie gelingt dieses gerade deshalb so gut, weil sie im Gegensatz zu den anderen Befreiungsbildern, die eine ähnliche Situation zeigen, nicht vom zufällig Momenthaften gekennzeichnet ist. Obwohl auch diese Fotos das Motiv des Stacheldrahtes zeigen

22 | Charakteristischer ist das viel näher am ‚Vorbild‘ aus dem Ersten Weltkrieg angelagerte Bild des Häftlings, der im elektrisch geladenen Stacheldraht Selbstmord begeht.

und teilweise gestellt wurden[23], das Lager also ebenfalls metaphorisch erfassen, beinhalten sie oft eine gewisse aus der momenthaften Aufnahmesituation resultierende Imperfektion, beispielsweise einen Zaunpfahl, der das Bild durchschneidet oder abgewendete Gesichter (Abb. 28): „Unlike the regularized scrunity offered by Bourke-White's design, the viewer's gaze is more dispensed here, momentary and scanning like that of a spectator walking by." (Zemel 2003: 208) Bei Bourke-Whites Aufnahme handelt es sich um eine bestimmte Sorte von Bildern, die wie Detlef Hoffmann anmerkt, nicht nur die früheren ikonischen Bilder des Stacheldrahts integrieren und aufrufen,

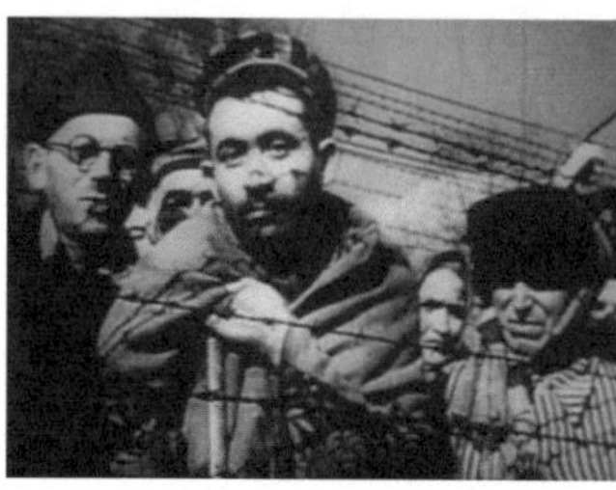

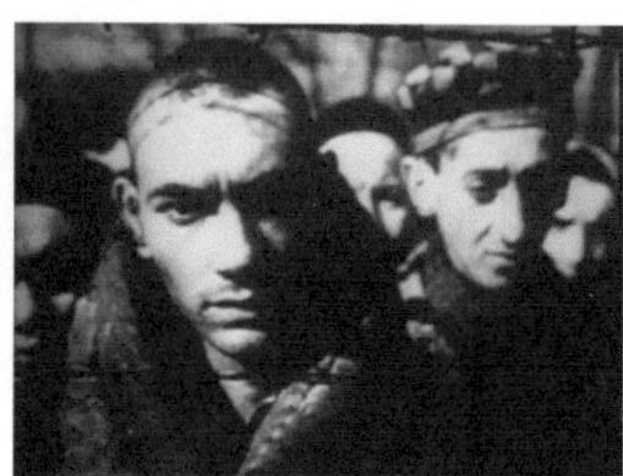

Abb. 27: Zahlreiche Aufnahmen variieren das Motiv der Häftlinge vor oder hinter dem Stacheldrahtzaun des Lagers.

sondern auch die zukünftigen Bilder prägen (vgl. Hoffmann 1995: 92). Gerade mit diesen und durch diese Bilder als Monumente des Holocaust vollzieht sich auch die Universalisierung der Shoah und ihr ikonografischer Bezug auf andere Ereignisse, wie insbesondere die Bilder aus dem Bosnienkrieg Mitte der neunziger Jahre belegten: „Wo immer und wann immer Menschen hinter dem Stacheldraht gezeigt werden – wie jenes Farbfoto des Lagers Trnopolje in Bosnien-Herzegovina – sind die Szenen von 1945 latent präsent." (Ebd.: 92f)

Doch gleichzeitig widersetzt sich etwas in Bourke-Whites Aufnahme der gängigen Metapher. Der körperliche Ausdruck der Häftlinge entspricht nicht der visuellen Körperpolitik der „lebenden Toten" (Knoch 2001: 130). Ihr Gesichtsausdruck und ihre Körperhaltung verdeutlichen vielmehr die trotzende Haltung des Überlebens. Habbo Knoch hat auf diese Spezifik in Bourke-Whites Fotografien hingewiesen, die aus ihrem Inszenierungscharakter folgt:

> Besonders Margaret Bourke-White stellte den lebenden Toten, deren Körper nur noch als Zeichen der Hilflosigkeit ins Bild gesetzt wurden, zum Beispiel Inszenierungen von Befreiten als stoisch-mahnenden Häftlingen entgegen, die

---

23 | Ein Beispiel sind dafür sind die Filmaufnahmen sowjetischer Kameraleute, die in dem Film CHRONIK DER BEFREIUNG (UdSSR 1945) Verwendung fanden (vgl. Didi-Huberman 2007a: 16) und in dem Kompilationsfilm DIE BEFREIUNG VON AUSCHWITZ zu sehen sind. Unter anderem wurden auch nachträglich inszenierte heroische Befreiungsbilder mit jubelnden Häftlingen gedreht, die aber in den fertigen Filmen nicht verwendet wurden (vgl. Hoffmann 1995: 91).

still und mit direktem Blick in die Kamera, aber vom Tod entfernt wie stilisierte Figuren eines Theaterstücks am Stacheldrahtzaun standen. (Ebd.: 131)

Gerade indem diese Aufnahme den Porträtierten im Gegensatz zu den emblematischen Lagerfotografien ein Stück ihrer Subjektivität zurückgibt, eignet sie sich auch dazu, als Monument des Überlebens zu fungieren.

Carol Zemel hat Bourke-Whites Fotografien als „Holocaust Sublime" beschrieben (Zemel 2003: 211). Die Bilder brächten die Zuschauer an die Grenze menschlicher Existenz und in einen Raum zwischen Leben und Tod. Als

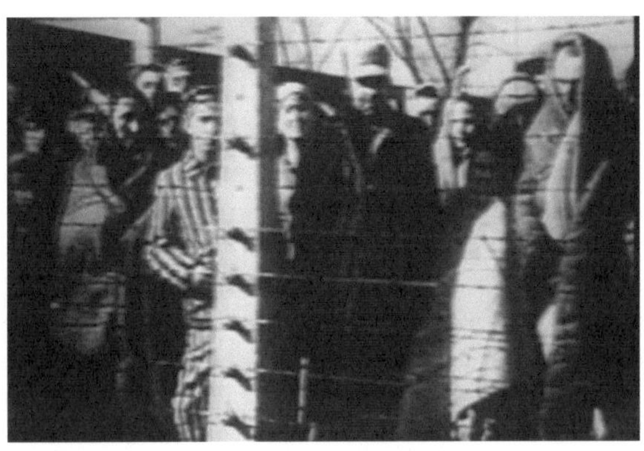

Abb. 28: Im Unterschied zu Bourke-Whites Foto schreibt sich, beispielsweise durch einen trennenden Zaunpfahl, auch die Zufälligkeit der Aufnahme in das Bild ein.

Monumente solcher Grenzerfahrung bekommen die Bilder ihren emblematischen Charakter. Dieser entsteht gerade dadurch, dass sie sich anderen Bildtopoi und Metaphern öffnen.

Auswahl und Wiederholung organisieren diesen Prozess und bieten damit Anknüpfungspunkte für die Weitergabe emotionaler Besetzungen, die mit den Bildern verbunden sind. Ein bereits angesprochenes außerordentlich prägendes Beispiel für diese Tradierung ist Alain Resnais Film NUIT ET BROUILLARD, den Ewout van der Knaap darum auch als „Monument des Gedächtnisses" bezeichnet (Knaap 2007: 61). Insbesondere in (West-)Deutschland wurde der Film unter dem Titel NACHT UND NEBEL und mit einem von Paul Celan ins Deutsche übertragenen Kommentar ein zentrales Dokument über den Nationalsozialismus und den Holocaust. Resnais verknüpft dabei die historischen Bilder mit der Reflexion von Erinnerung, Vergessen und Bezeugen. Diese Strategie vollzieht sich im Zusammenspiel der Bilder mit dem ausdrucksstarken Kommentar des französischen Überlebenden Jean Cayrol und der Musik von Hanns Eisler. Als „historisch-kriminologische Spurensuche" (ebd.: 64) bezieht der Film die Zuschauer mit ein und entwickelt gleichzeitig die ikonischen Bilder weiter, indem er sie in dramatische Inszenierungsstrategien einfügt und in den stummen Bildern der von Gras überwucherten Landschaft von Auschwitz in der Gegenwart aktualisiert. Resnais versucht mit seinen Montagen die historischen Bilder wieder in Erinnerung zu rufen und sie dennoch nicht als absolute Monumente in den Vordergrund treten zu lassen. Vielmehr ist der Film selbst ein Monument, dessen Organisation nach den Prinzipien des Aufbewahrens, Erinnerns und Vergegenwärtigens gegliedert ist. Seine Struktur folgt dabei nicht explizit historisch-dokumentarischen Vorgaben. Vielmehr nimmt Resnais diese zum Ausgangspunkt für eine Aktualisierung, die zu einer Aktivierung und Sensibilisierung der Zuschauer führen soll:

> Die ästhetische Strategie des Films – die Zuschauer mit nahezu wortlosen visuellen Eindrücken zu konfrontieren – ist allerdings beredter als jeder Kommentar; allein gelassen mit Bildern, die an die Grenze des Zumutbaren gehen, wird der Zuschauer gezwungen, einen eigenen Kommentar zu dem Gesehenen zu finden. (Ebd.: 66)

Intensität und Verbreitung des Films haben Nuit et Broulliard nicht nur zu einem Monument der Erinnerung, sondern durch seine spezifische ästhetische und narrative Form auch zu einem Vorbild für Spielfilme über den Holocaust werden lassen. In seiner Adaption und Weiterentwicklung ikonischer Bilder und durch ihre Integration in eine narrative Form filmischer Erinnerung ist Resnais Films zu einem zentralen Ausgangspunkt für die Repräsentation des Holocaust und auch für die universalisierende Ablösung als „Metapher für sich immer wiederholende Begleiterscheinungen der menschlichen Existenz“ geworden (ebd.: 68). In den folgenden Untersuchungen über auffallende Muster in der Erzählstruktur und die anschließende Analyse visueller und narrativer Stereotypen in Filmen über den Holocaust und den Nationalsozialismus wird darum auf Resnais prägenden Film zurückzukommen sein.

Filmische Geschichtsfiktionen

Die sich zu Geschichtsbildern verfestigenden Nachbildungen sind eingebunden in bestimmte Erzählstrukturen, deren Entwicklung zu filmischen Geschichtsfiktionen ich im Folgenden untersuche. Dazu werde ich verschiedene, sich wiederholende Strukturmuster herausarbeiteten und an exemplarischen Beispielen illustrieren. Die Merkmale der Geschichtsfiktionen werden dann anhand des Films DAS WUNDER VON BERN überprüft.

Charakteristisch für die filmischen Geschichtsfiktionen ist eine geschlossene Erzählform, wenngleich diese durchaus mit einer intertextuellen Verweisstruktur korrespondieren kann. Die Intertextualität kann dabei sogar zu einem zentralen Mittel für die Geschichtsdarstellung werden. Geschlossene Erzählformen eignen sich insbesondere für die retrospektive Sinngebung der Vergangenheit. Diese wird vom Standpunkt der Gegenwart aus dargestellt und entspricht zumeist gesellschaftlich konformen Deutungen. Die Gegenwartsperspektive wird jedoch durch die Geschlossenheit kaschiert und den Zuschauern daher selten bewusst.

In einem ersten Schritt untersuche ich die geschlossene Erzählform am Beispiel von Filmen über den Holocaust. Damit verbunden ist ein kursorischer Überblick über die filmgeschichtliche Entwicklung der Verfilmung solcher Stoffe. Exemplarisch wird die narrative Schließung am Beispiel von SCHINDLER'S LIST untersucht. Solche geschlossenen Erzählformen schließen die gleichzeitige intertextuelle Verwendung von konventionalisierten, aus verschiedenen Quellen stammenden Gestaltungsmerkmalen nicht aus. Diesen kommt sogar aufgrund spezifischer Authentifizierungsstrategien besondere Bedeutung zu, weshalb es nahe liegt, auch die Form des Dokudramas näher zu beleuchten. Dabei soll auch berücksichtigt werden, dass in diesem Zusammenhang dem Fernsehen eine gewachsene Bedeutung zukommt. Dieses werde ich am Beispiel von SPEER UND ER (D 2005, Heinrich Breloer) erörtern, bevor ich Fragen der Authentifizierung und der dokumentarisierenden wie historisierenden Lektüre am Beispiel der computergenerierten Herstellungen von Geschichtsbildern diskutiere. Schließlich werde ich unter Rückgriff auf deutsche Filme über die Geschichte von Holocaust und Nationalsozialismus seit 1990 die wichtigsten Merkmale der filmischen Geschichtsfiktion herausarbeiten.

Die Untersuchung schließt dabei an filmwissenschaftliche, philosophische und kulturkritische Debatten der letzten Jahre an, die sich besonders an dem Film Schindler's List entzündeten. Ausgehend von der grundsätzlichen Diskussion über die filmische Darstellung der Shoah und die daraus resultierende Problematik ihrer Überführung in eine Rettungsgeschichte möchte ich diese Kritik für die Bestimmung der heute etablierten Darstellungsformen produktiv machen. Im Zentrum der Aufmerksamkeit steht dabei hier wie in den folgenden Kapiteln die zu beobachtende Übernahme von konventionalisierten Mustern, die aus filmischen Darstellungen des Holocaust bekannt sind, in filmische Geschichtsfiktionen über den Nationalsozialismus.

Masternarrative und geschlossene Erzählung

Die ästhetische und narrative Dimension der Frage nach der Darstellbarkeit der Shoah verbindet sich mit zentralen geschichtsphilosophischen Überlegungen. Dazu zählt insbesondere das Scheitern aller Versuche einer nachträglichen Sinngebung des Geschehenen. Am Beginn der Auseinandersetzung über die filmische Darstellung des Holocaust steht somit die grundsätzliche Schwierigkeit der Repräsentation der Vernichtung und der von ihr hinterlassenen Leere. Die Negativität des Ereignisses lässt kein dem Geschehen nachträglich Sinn gebendes Verstehen zu, und scheint dieses doch gleichzeitig immer wieder herauszufordern. Um die historischen Erfahrungen unter diesen Bedingungen erzählbar zu machen, wurden daher, wie Sven Kramer betont, bereits seit Beginn der filmischen Auseinandersetzung mit der Shoah aus anderen Kontexten bekannte Erzählmuster und Darstellungskonventionen übernommen (vgl. Kramer 1999: 56). Gleichzeitig haben sich daraus abgewandelte oder spezifische neue Darstellungsmuster gebildet.

Diese nachträglichen Repräsentationen schieben sich dabei zunehmend vor das Ereignis. Die Diskussionen über Darstellung und Darstellbarkeit transformiert die Beschäftigung mit der Shoah so in eine selbstreferenzielle Beschäftigung mit den Formen der Erinnerung. Diese sind, wie bereits angemerkt wurde, geprägt von konventionalisierten, teilweise ritualisierten Strukturen, die wiederum die Wahrnehmung der Vergangenheit nachhaltig beeinflussen und bestimmen. Sie folgen individuellen wie gesellschaftlichen Bedürfnissen, insbesondere dem Wunsch nach abschließender Einordnung des Vergangenen und dessen Transformation in Geschichte, und entsprechen damit den gegenwärtigen Anforderungen an die Bedeutung kanonisierter Vergangenheit für die Gegenwart.

Wie Manuel Köppen richtig betont hat, verspricht die Mehrzahl der filmischen Visualisierungen des Holocaust daher „geschlossene Erzählungen an die Stelle fragmentarischer Erinnerungsarbeit [zu] setzen." (Köppen 1997: 146f.) Filmische Erzählungen entsprechen dabei in besonderer Weise den Anforderungen klassischer Erzählkonventionen wie Kausalität und Plausibilität der Handlung.

Seitdem Steven Spielberg mit SCHINDLER'S LIST die Geschichte des Holocaust in prototypischer Weise der Erzählstruktur des (post-)klassischen Hollywood-Kinos anverwandelt hat (vgl. Langford 2005: 263), stellte sich in zahlreichen zeitgenössischen Debatten erstmals ganz deutlich die Frage nach den Erzählmustern, die in den Filmen über Holocaust und Nationalsozialismus verwendet werden. Diese Muster sollen im Folgenden sowohl historisch als auch formal kurz skizziert werden, bevor die Erzählstruktur von SCHINDLER'S LIST näher untersucht wird. An dieser werde ich insbesondere die Adaption von Strukturprinzipien des Dokudramas und der postmodernen Zitat- und Pastichestruktur herausarbeiten und im Hinblick auf die Merkmale filmischer Geschichtsfiktionen kritisch diskutieren.

Frühe Filme über den Holocaust wie OSTATNI ETAP oder LANG IST DER WEG (D/USA 1948, Herbert B. Fredersdorf, Marek Goldstein) orientierten sich zunächst an den episodischen Erzählformen des Neorealismus als neuem Stil- und Erzählprinzip der Nachkriegszeit. Doch bereits diese Filme liefen zumeist auf ein klar definiertes und bewusst pathetisch gefasstes Ende hinaus, das die Überwindung der Vergangenheit betonte und einen Appell anschloß, diese nicht zu vergessen. Sie stellten einen oftmals biografisch motivierten Versuch dar, die Bilder der Leere zu füllen.[1] Jakubowska, die selbst Auschwitz überlebte, erklärte später ihre Motivation:

> Dem Wunsch, einen Film über das Lager in Auschwitz zu machen, verdanke ich höchstwahrscheinlich, daß ich überhaupt noch lebe. Er behütete mich davor, Auschwitz nur subjektiv zu erleben, und erlaubte mir später, alles, was mich damals umgab, als eine besondere Art von Dokumentation zu behandeln. (Zit. n. Karcz 1967: 14)

Jakubowska beobachtete den Lageralltag, notierte sich Ereignisse und formte den dramaturgischen Umriss der Handlung. Nach dem Krieg stellte sie sich die Frage, wie sie überhaupt einen Film über diese Erfahrungen realisieren könne. Konkret musste sie entscheiden, was von den vielfältigen und schrecklichen Ereignissen im Lager gezeigt und wie diese Erfahrungen ausgedrückt

---

1 | Wanda Jakubwoska drehte ihren Film nur wenige Jahre nach der Befreiung von Auschwitz und realisierte damit einen der ersten Filme über den Holocaust. Bereits vor dem Krieg gehörte sie zu einer Gruppe junger Filmemacher, die eine ebenso künstlerisch wertvolle wie politische Filmkultur in Polen etablierten. Ihr erster Langfilm AM NEJMEN wurde kurz vor dem Überfall Deutschlands auf Polen fertig gestellt. Er konnte jedoch nie aufgeführt werden und ging während des Krieges verloren. Wanda Jakubowska arbeitete illegal als Mitglied der polnischen Arbeiterpartei in Warschau. 1942 wurde sie verhaftet und in das Warschauer Pawiak-Gefängnis gesperrt. Mit einem Transport aus Warschau kam sie am 29. April 1943 in das Frauenlager Auschwitz-Birkenau. Sie erhielt die Nummer 43513. Gegen Ende des Krieges wurde sie dann in das Frauenkonzentrationslager Ravensbrück gebracht, wo sie die Befreiung des Lagers erlebte.

werden konnten.[2] Über den fertigen Film schrieb 1947 der ungarische Filmtheoretiker Béla Balázs enthusiastisch:

> Seine Einzigartigkeit ist nicht nur durch die Tatsache ausgedrückt, dass er ein neues Werk der Kunst darstellt, sondern dass er ein neues Genre geschaffen hat. [...] Die glühend heißen, lebendigen Erinnerungen an das Frauen-Todeslager und die Gaskammer in Auschwitz passen nicht in die gut gerundeten, gut geformten Umrisse bisher bekannter kinematographischer Genres. Es geschah aus diesem Grunde, dass die pulsierende Energie, die in jenen neuen Erfahrungen enthalten ist, explodiert ist und den Weg frei gemacht hat zu einem neuen Genre. (Zit. n. H. Loewy 2003: 38; vgl. auch Balàzs 1996: 66)

Hanno Loewy hat gezeigt, dass der zentrale Bezugspunkt von Balázs' Überlegungen im „Mythos des ‚Authentischen'" liegt, „das sich am Ort des Geschehens und unter Teilhabe der Überlebenden durch die fiktive Spielhandlung hindurch, jenseits der Gattungsgrenzen, jenseits der traditionellen Fabeln realisieren, genauer: ereignen würde." (H. Loewy 2003: 52)

Der daraus resultierende immanente Widerspruch, einerseits das große moralische Pathos – Detlef Hoffmann spricht von „Pathosformeln" als Teil bildlicher Netzwerke (Hoffmann 1996: 234) – und andererseits die episodische Struktur zu betonen, verkennt, wie Loewy betont, dass Jakubowska sehr wohl traditionelle Erzählelemente des Mythos, der Abenteuerromanze und insbesondere der religiös verdichteten Märtyrerlegende in ihr Filmwerk integriert hat. Loewy weist darauf hin, dass auch später immer wieder bestimmte konventionalisierte Erzählformen wie Romanze, Satire, Tragödie oder Komödie als Erzählvorlagen für filmische Auseinandersetzungen mit dem Holocaust adaptiert wurden (vgl. H. Loewy 2003: 43f.) und bemerkt, dass sich die Erzählung vom Holocaust bis heute an diesen Erzählformen orientiert und sie auf vielfältige Weise zu Geschichten des Überlebens montiert hat. SCHINDLER'S LIST wurde, wie noch genauer gezeigt werden soll, ein mittlerweile klassisches Beispiel der narrativen Schließung in einer entsprechenden Konventionen gehorchenden Rettungsgeschichte (vgl. ebd.: 54).

Ein Bruch dieser Narration ist nach Loewy nur durch die Abkehr vom Authentischen möglich, denn durch die Behauptung von Authentizität werde der Holocaust „zum Ursprungsereignis stilisiert" und zum „Symbol für die gesamte Geschichte" (vgl. ebd.: 61). Narrative Brüche finden sich beispielsweise im Absurden und in der Satire. Diese vermitteln historische Erfahrungen in einer Form, in der die ihnen eingeschriebenen Aporien nicht verschwinden, sondern hervorbrechen (vgl. ebd.). Auch an den modernistischen Rückblenden in THE PAWNBROKER (USA 1964, Sidney Lumet) oder in der satirischen

2 | Nach beinahe zwei Jahren Arbeit wurde der Film fertig gestellt. OSTATNI ETAP feierte seine Weltpremiere am 5. März 1948 in Prag als Abschluss der *Tage des Slawischen Films*. Er wurde in über sechzig Ländern gezeigt und von der Kritik als künstlerisches Ereignis gelobt (vgl. Toeplitz 1992: 298).

Darstellung von THE PRODUCERS (USA 1968, Mel Brooks) lässt sich eine solche brüchige Erzählweise beobachten.

Die Mainstreamproduktionen über den Holocaust entsprachen jedoch zumeist den Konventionen des klassischen Erzählens, einer wie Lothar Mikos beschreibt, „kausalen Verknüpfung von Situationen, Akteuren und Handlungen zu einer Geschichte" (Mikos 2003: 43). Charakteristisch dafür sind die Begrenzung der erzählten Ereignisse in geschlossenen Handlungen und eine sinnstiftende Narration (vgl. Hickethier 1996: 108). Diese definiert Ilan Avisar in seiner grundlegenden Untersuchung zur Darstellung des Holocaust im Film:

> Narrative is the construction of an action, composed of a series of events, forming a coherent structure with clearly discernible beginning, middle, and end. The artistic organization of the narrative units is the plot; the plot involves the acts of selection, ordering, and determining the duration and frequency of significant events and is designed to establish sequential and/or causal relationships between these events or narrative units. (Avisar 1988: 34)

Ausgehend von dieser Definition werde ich im Folgenden die weitere Bestimmung konventionalisierter Erzählweisen über den Holocaust vornehmen. Als Ausgangspunkt dient mir dazu der Film THE DIARY OF ANNE FRANK (USA 1959, George Stevens). George Stevens Adaption des berühmten Tagebuchs eines jüdischen Mädchens, das sich mit seiner Familie in einem Mietshaus im von den Deutschen besetzten Amsterdam versteckt, bis sie verraten, entdeckt und deportiert werden, folgt weitgehend der geschlossenen Form des antiken Dramas, wie sie für das klassische Hollywoodkino stilprägend ist. Nach Knut Hickethier zielt die klassische Dramenstruktur „auf eine im wesentlichen emotional bedingte Wirkung beim Zuschauer ab, setzt auf Einfühlung durch den Zuschauer." (Hickethier 1996: 117) Auch der Plot von THE DIARY OF ANNE FRANK folgt dieser Struktur, wie Avisar zeigt:

> The authors of the dramatic version of Anne Frank's *Diary* created an attractive drama whose narrative structure and action imitate the form of classical five-act tragedies: exposition of the predicament, manifestations of the central conflict, the major clash and crucial crisis, scenes of pathos and irony, and the final catastrophe. (Avisar 1988: 119)

Damit transformiert der Film die Verfolgungsgeschichte in eine Entwicklungsgeschichte, deren tragisches Ende sich zur retrospektiven Sinngebung eignet, da es eine Hoffnung spendende Wendung bekommt. Hanno Loewy hat den Film daher als „missglückte Komödienhandlung" beschrieben (H. Loewy 2003: 46). Ausgehend von der Grundstruktur der Romanze, der Reise der Heldin, die auf der Dopplung von Erwachsenwerden und existentieller Bedrohung basiert, kehrt sich der Aufbruch quasi um. Handlungsort ist der begrenzte Raum des Dachbodens: „So verwandelt sich die Romanze des Aufbruchs in ein Melodram der Einschnürung" (ebd.) und der Film kann gar nicht anders als in der Versöhnung mit dem Sinnverlust im Bild der „geheiligten Märtyrerin" zu enden (ebd.: 48).

Auf diese Weise wird nicht nur das als Quelle dienende Tagebuch im Hinblick auf seine (filmische) Erzählbarkeit kondensiert. Es entsteht eine Erzählform, die die Struktur des ‚negativen' Bildungsromans umkehrt, die zahlreiche Überlebendenberichte prägt (vgl. Avisar 1988: 173). Alvin Rosenfeld beschreibt beispielsweise Primo Levis *Ist das ein Mensch?* und Elie Wiesels *Night* als solche umgekehrten Erziehungsromane im Sinne einer Erzählung des Nichterlernens bzw. Neuerlernens menschlicher Verhaltensweisen (vgl. Rosenfeld 1980: 57). Indem THE DIARY OF ANNE FRANK die ‚negative' Entwicklungsgeschichte durch die Einpassung der Versteck- und Verfolgungsgeschichte in eine geschlossene und auf Sinngebung ausgerichtete Erzählstruktur umkehrt, stellt der Film, trotz des eigentlich tragischen Ausgangs des historischen Geschehens, bereits ein Erzählmodell für spätere Rettungs- und Überlebensgeschichten bereit.

In wenigen Filme wurden hingegen Überlebensgeschichten, wie in der frühen polnisch-jüdische Produktion UNZERE KINDER (PL 1948, Nathan Gross), auf eine andere Weise dargestellt, die die Erzählbarkeit des Geschehenen selbst thematisiert und damit reflektiert (vgl. Konigsberg 1998). In UNZERE KINDER wird die Frage der Darstellbarkeit im zentralen Handlungskonflikt gespiegelt. Zwei jüdische Schauspieler, die die Besatzungs- und Verfolgungszeit im Exil in der Sowjetunion verbracht haben, stellen nach Ende des Krieges das jüdische Leben im Ghetto auf der Bühne dar und erregen damit den Protest einer Gruppe jüdischer Waisenkinder, die wütend die Vorstellung stören und im anschließenden Gespräch mit den Schauspielern darauf insistieren, dass das Spiel auf der Bühne ihren eigenen Erinnerungen an die Entbehrungen im Ghetto nicht entspricht. Ihre Erinnerungen, die als Gegenerinnerungen zu den auf Konventionen des früheren Ghettolebens basierenden Theaterszenen fungieren, spielen die Kinder daraufhin den Schauspielern im Umkleideraum des Theaters vor (Abb. 29). Auch die Kinder greifen dabei auf die szenische Form der Darstellung zurück, um das Erlebte präsent zu machen (vgl. Langer 1998: 159). Im zweiten Teil des Films, in dem die Schauspieler die Kinder in einem jüdischen Waisenhaus besuchen, löst sich die kausale Handlungsstruktur insoweit auf, als das Haus zu einem Erinnerungsort wird, in dem die drei Zeitebenen Vergangenheit, Gegenwart und Zukunft während einer Nacht und dem nächsten Morgen ineinander greifen und sich zu überlappen scheinen. Die Schauspieler schleichen durch das Haus und aus den Zimmern hören sie die Erfahrungsberichte von einigen Kindern, die den Zuschauern wiederum als szenische Rückblenden gezeigt werden. Am nächsten Morgen scheint die belastende Vergangenheit wie verflogen. Die Kinder gehen, ein zionistisches Lied singend, einer neuen Zukunft entgegen. In diesem scheinbar harmonischen Schlussbild aber sind durch Nahaufnahmen der Gesichter der Kinder, deren Geschichten im Mittelpunkt der Rückblenden standen, die vergangenen Erfahrungen trotzdem immer noch präsent und werden den Zuschauern auf diese Weise bewusst gemacht.

Mit dem Motiv des Überlebens wird auch das Verhältnis zwischen Zeit und Erzählung in Filmen über den Holocaust thematisiert (vgl. Kramer 1999: 64). Das kontinuierliche Zeitempfinden wird durch ein Springen zwischen verschiedenen Zeitebenen unterbrochen. Bereits THE SEARCH (CH/ USA 1948, Fred Zinnemann) greift dazu auf die Rückblende zurück, um die Traumatisierung seines jungen Protagonisten zu erklären. Zwischen die im

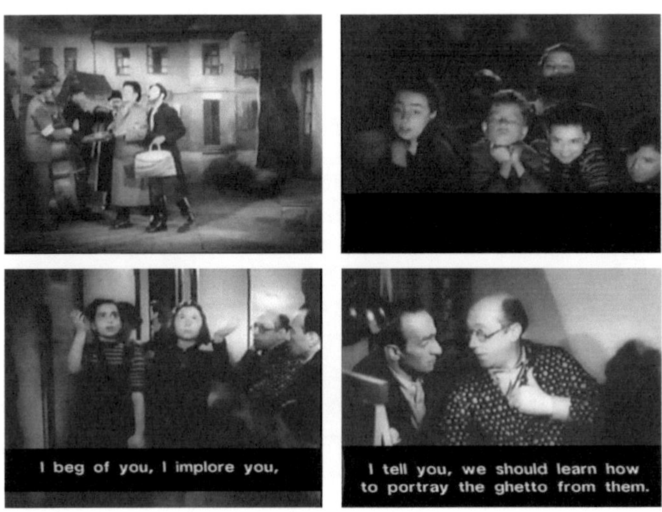

Abb. 29: Die stereotypen Szenen aus dem Ghettoleben erregen den Protest jüdischer Weisenkinder in UNZERE KINDER *(oben). Daraufhin spielen sie den Schauspielern ihre eigenen Erinnerungen an das Ghetto vor (unten).*

Stil des Nachkriegsrealismus gehaltenen Szenen mit Waisenkindern in einem Aufnahmelager für Displaced Persons fügt Zinnemann eine Rückblende ein, die als Erinnerung des Jungen Karel motiviert ist und die ihn am Zaun eines Konzentrationslagers zeigt. Filmhistorisch stilbildend ist für dieses Verfahren Resnais Film NUIT ET BROUILLARD geworden. Dieser führt erstmals die signifikante Struktur von sich abwechselnden farbigen Gegenwartsaufnahmen und schwarzweißen Archivbildern ein. Gilles Deleuze sieht diese Darstellungsweise nicht als Mittel der Wirklichkeitsrepräsentation, sondern als Ausdruck von innerem Erleben.

Deleuze vergleicht die Verknüpfung der Zeitebenen in Resnais Filmen mit der Kartografie des Gedächtnisses. Jede Vergangenheitsschicht repräsentiere wie eine Karte ein „mentales Kontinuum" (Deleuze 1997: 162). Es handele sich um „eine Überlagerung von Karten, die mit den Redistributionen von Funktionen und Fragmentierungen von Gegenständen, ein Ganzes von Transformationen von Schicht zu Schicht bestimmt: die übereinander gelagerten Epochen von Auschwitz." (Ebd.) Deleuze grenzt dieses Verfahren explizit von der narrativen Rückblende ab und hält fest, „daß Träume und Alpträume, die Phantasien, Hypothesen und Antizipationen, also alle Formen des Imaginären, [für Resnais, TE] wichtiger sind als die Rückblenden." (Ebd.:

163) NUIT ET BROUILLARD sieht er daher als die „Summe der Möglichkeiten [...] der Rückblende und der falschen Pietät des Erinnerungsbildes zu entkommen." (Ebd.)

Um der Gefahr der Durchbrechung des kontinuierlichen Zeitflusses zu entgehen, wurden die Rückblenden im klassischen Kino zunehmend standardisiert, um das Publikum nicht zu verwirren und das Verstehen der handlungsleitenden Kausalketten nicht zu stören. Sie bekommen die zuforderst narrative Aufgabe, dem Zuschauer (und oft auch den Figuren) Informationen über den Hintergrund der Handlung zu vermitteln (vgl. J. Hirsch 2004: 93). Bestimmte visuelle Signale heben dazu die Rückblenden eindeutig von der Filmhandlung ab. Solche Signale sind zum Beispiel Close Ups, Weichzeichner oder Überblendungen. So können die Zuschauer den Rückblick in die Vergangenheit nachvollziehen, ohne den Hauptstrang der Erzählung und dessen Perspektive aus den Augen zu verlieren. Dies gilt auch für Traumsequenzen, die auf diese Weise eindeutig als solche markiert werden können. Solche subjektiv motivierten Erinnerungs- oder Traumsequenzen integrieren dabei Bilder unterschiedlicher Herkunft in die Filmhandlung, ähnlich einer Sequenz in THE DIARY OF ANNE FRANK, in der Anne im Dachbodenversteck von ihrer Freundin träumt, die sie auf dem Appellplatz eines Konzentrationslagers sieht (Abb. 30). George Stevensen verwendet und ergänzt Aufnahmen aus OSTATNI ETAP, um diese ‚Erinnerung', die eigentlich eine Vorahnung ist und sich auf bereits medial tradierte Bilder der Vernichtungslager bezieht, darzustellen.

Die modernistische Rückblende hingegen verzichtet auf eindeutige Markierungen und vermischt ohne sichtbare Übergänge Gegenwartshandlung, Rückblick und Traum. Verschiedene Zeitebenen existieren gleichzeitig. Dadurch entsteht Mehrdeutigkeit. Dies ähnelt der Zeit- und Wahrnehmungsstruktur des Traumas. Auch hier scheint die Unterscheidung von psychischer Zeitlichkeit und chronologischer Zeit außer Kraft gesetzt (vgl. Elsaesser 2001: 1997): „Die vom Trauma geprägte Zeiterfahrung hebelt jede Konstruktion eines linearen Zeitablaufs aus. Nicht im technisch-mathematischen Sinne, sondern im qualitativen. Hier dominiert die Vergangenheit die Gegenwart, das Grauen ist nicht vergessen, es ist gegenwärtig." (Kramer 1999: 65)

In ihrer Studie *Flashback in Film* interpretiert Maureen Turim daher „Holocaust Flashbacks" als Visualisierung traumatischer Strukturen. In ihnen sind die Katastrophe des Holocaust und die psychische Beschädigung der überlebenden Opfer miteinander verwoben (vgl. Turim 1989: 232). Nach Turim entsteht durch den unvermittelten Zeitsprung eine unerwartete Entortung (*unexpected dislocation*), die in gewisser Weise der psychischen Beschädigung durch ein Trauma entspricht (vgl. ebd.: 235).

In Weiterentwicklung von Turims Theorie der modernistischen Rückblende spricht Joshua Hirsch von der posttraumatischen Rückblende. Dazu werden Stilmittel verwendet, die an den Zuschauer filmische Erfahrungen weitergeben sollen, welche den charakteristischen Eigenschaften des Traumas ähneln (vgl. J. Hirsch 2004: 98). Die postraumatische Rückblende nutzt die moderne Fragmentierung von Spannungug und atmosphärische Störungen, um den Zuschauer zu überraschen. Diese Überraschung soll sowohl durch die inhaltliche Darstellung der leidvollen Erfahrung in der Rückblende als auch durch die formale Verunsicherung des Zuschauers durch den (nicht markierten) Zeitsprung ausgelöst werden. Das verstörende Erlebnis soll so für den Zuschauer als ästhetische Erfahrung nachvollziehbar werden. Es entsteht also eine Art ‚sekundäre Trauma-Erfahrung': „The posttraumatic flashback thus worked to create a disturbance not only on the level of content, by representing a painful fictional memory, but also at the level of form." (Ebd.: 99)

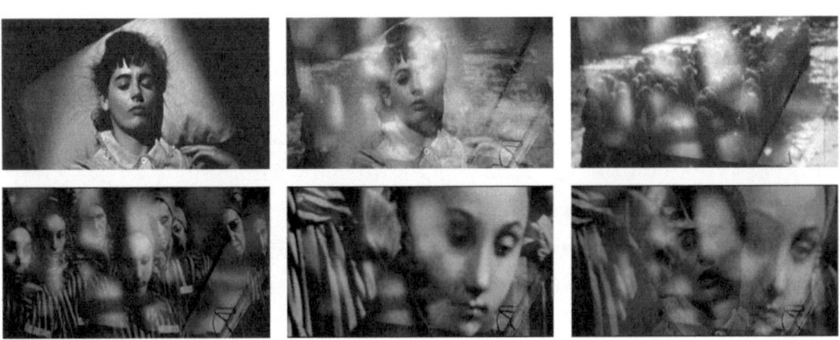

Abb. 30: Rückblende als vorausdeutende Traumsequenz in The Diary of Anne Frank.

Zu einem Handlungsschema verdichtet, wird dieses Verfahren typisch für viele Filme, die den Holocaust zum Gegenstand haben. Es findet sich in The Pawnbroker genauso wie in dem Film Zeugin aus der Hölle (BRD/YU 1967, Zivorad Mitrovic). Hier bekommen die Rückblenden die Struktur von Traumbildern. Diese bringen die traumatischen Erinnerungen an grausame und erniedrigende Menschenversuche im Lager in die Gegenwart der Protagonistin zurück, einer Überlebenden, die als Zeugin in einem Nachkriegsprozess gegen Nazitäter aussagen soll.

Mittlerweile ist das Prinzip der Verschränkung verschiedener Zeitebenen zu einem etablierten Erzählschema in Filmen über den Holocaust geworden. Selbst die Rahmenhandlung von Schindler's List ist in gewisser Weise durch solche verschachtelten Zeitebenen bestimmt, indem sie die Zeit- und Farbstruktur aus Nuit et brouillard nachahmt. In der ersten Szene betonen die farbigen Kerzen, die zum Seder-Abend angezündet werden und schließlich in den (schwarzweißen) Rauch einer Lokomotive übergehen, das religiöse Ritual als Erinnerungsort. Dies korrespondiert am Ende mit den dokumentarischen Aufnahmen der Überlebenden. Zunächst werden die befreiten Juden in einer weiten Panoramaaufnahme gezeigt, wie sie über einen Hügel gehen. Die in Schwarzweiß gefilmte Einstellung wechselt dann in Farbe. Zugleich vollzieht sich ein Zeitsprung. Wir sehen nicht mehr die Schauspieler, die im Film die von Schindler geretteten Juden gespielt haben, sondern jene Überlebenden von Schindlers Rettungstat, die noch heute leben, und deren Angehörige.

In Schindler's List wird auf diese Weise die Überlebensgeschichte als Rettungsgeschichte erzählt und weiter modifiziert, indem Elemente verschiedener Genres mit der klassischen Erzählweise und einem intertextuellen Kompositionsverfahren kombiniert werden. Auch hier liegt der Erzählstruktur eine Entwicklungsgeschichte zugrunde. Die historischen Ereignisse werden durch einen Helden gespiegelt, welcher der Geschichte in gewisser Weise äußerlich bleibt und dabei weder Täter noch Opfer ist (vgl. Elsaesser 1996: 163). Spielberg schöpft dafür aus dem Fundus klassischer Erzählungen. Drei Erzählformen treten besonders hervor: das klassische Drama, die christlich-religiöse Erweckungsgeschichte und das Hollywood-Melodram. Zusätzlich gibt es eine dramaturgische Verbindung mit der literarischen Gattung der Novelle und der filmischen Gattung des Dokudramas (vgl. Lange 1999: 152).

Rein formal siedelt Spielberg seine Geschichte als Binnenhandlung in einer Rahmenhandlung an, die Anfang und Schluss des Films markiert. Beide Handlungsebenen sind ästhetisch durch die Farbgebung voneinander abgesetzt. Die Binnenhandlung funktioniert, abgesehen von den Schrifttafeln, als geschlossene Erzählung. Sie folgt einer linearen Erzählstruktur. Nach der Exposition des Helden und der historischen Ausgangssituation wird der Konflikt etabliert, der in seiner Steigerung zur Katharsis und zur Wandlung des Helden führt, die schließlich in der Lösung mündet. Dafür verwendet Spielberg die Form des historischen Filmepos. Er wählt einen Helden, der als Protagonist der Geschichte (story) in der Geschichte (history) fungiert (vgl. Loshitsky 1999: 360).

Manuel Köppen begründet diese Erzählform auch mit der Überführung der Geschichte vom Buch in den Film, indem versucht werde „die von Keneally berichteten bzw. vorsichtig fiktionalisierten Ereignisse nach verwertbaren Szenen auszuwerten und ggf. neue zu erfinden.“ (Köppen 1997: 151) Doch die Struktur des Films - des Hollywoodfilms allzumal - stellt noch andere Anforderungen an eine Geschichte. Die Reduktion der Figuren auf ein kontrastiertes Ensemble, nachträgliche Sinngebung, Happy End und das Auseinanderdriften von historischem Ereignis und filmischer Erzählung haben darin ihren Ursprung:

> Es waren vor allem auch die neoklassischen Konventionen fiktionaler filmischer Narration zu beachten, nach denen Handlungen und Ziele der Charaktere motiviert sein müssen, die kompositionelle Einheit durch Linearität und Ausgewogenheit der Handlungselemente gesichert und auch noch ein (psycho-) logisch plausibler Schluß geliefert werden muß. Zudem war auf ein stimmiges Verhältnis von Spannung und Suspense zu achten. Bilder des Schreckens mußten von emotionalen entlastenden Passagen aufgefangen, Bilder melodramatischer Intensität durch eine witzige oder leicht ironische Wendung konterkariert werden - bis zum finalen Gefühlsappell an die Zuschauer. Ein solches Spielfilmvorhaben entzieht sich per se einer Position, die den Holocaust als ein Geschehen postuliert, das sich jeglichen sinngebenden Verstehens entzieht. (Ebd.: 151)

Dabei handelt es sich aber nur bedingt um lediglich dramaturgische Notwendigkeiten. Vielmehr resultieren diese Entscheidungen auch aus historiografischen Vorgaben, was sich in der Zeichensprache wie der Erzählform des Films zeigt. Beispielsweise entlehnt der Film Dramaturgie, Ästhetik und Figuren ganz unterschiedlichen filmischen Genres. In Schindler spiegelt sich der einsame Westerner, der die neue Ordnung durchsetzt, genauso wie die Figur des Gangsters. Vor allem aber speist sich SCHINDLER'S LIST aus dem Genre des Melodrams, in dem Bedrohung wie Rettung zu außerfilmischen transzendentalen Kräften werden, denen die Figuren (auch Schindler) passiv unterworfen sind, und in dem Gefühle von Trauer, Hoffnung und Empathie zu im Handlungsverlauf verankerten Affekten werden, die sich an klar definierten Stellen entladen. Ein solcher Wendepunkt ist zum Beispiel die Räumung des Krakauer Ghettos, die Schindlers Wandlung einleitet, aber auch die sich andeutende und dann brutal zurückgenommene Katharsis des Lagerkommandanten Göth, die mit einer Erschießungsszene beginnt und endet. Ebenfalls emotional wirksam sind das retardierende Moment der falschen Überführung von Schindlers Arbeiterinnen nach Auschwitz und das Ende des Films.

Die Handlung lässt sich dem klassischen Schema folgend in drei Teile aufgliedern: (1) Exposition und Entfaltung des Konfliktes, (2) Katastrophe und Katharsis und (3) Lösung, Rettung und Erlösung. Wir können dabei noch eine weitere Unterscheidung machen und den Film in die ersten zwei Drittel des Films und das letzte Drittel, Schindlers wundersame Wandlung vom Trickbetrüger zum Humanisten, aufteilen. Schindlers Wandlung ist gleichzeitig eine Wendung zum mythisch überhöhten Helden. Sie vollzieht sich nach der Räumung des Ghettos zu Beginn des letzten Drittels des Films. Ihr liegt weniger ein Wandlungsprozess der Figur, als vielmehr eine Verschiebung der symbolischen Rahmung zugrunde. Nach dem herausgehobenen Symbolbild des Mädchens im roten Mantel dominieren religiöse Motive. Am Ende erscheint Schindler als gütiger Vater, der über sein Volk wacht, als (nichtjüdischer) ‚Rabbi', der die ‚Sabbatfeier' in der ‚Synagoge' leitet, bzw. Moses, der sein Volk aus der Knechtschaft führt, wie Amon Göth ihn vorher noch ironisch beschrieben hatte. Diese mit religiösen und mythologischen Motiven arbeitende Erzählstruktur hat Daniel Schwarz als „mythopoetic fable of the Holocaust" bezeichnet (Schwarz 1999: 218). Spielberg arbeitet dazu mit der konsequenten Steigerung religiöser Motive, die den Handlungsverlauf zunehmend strukturieren und bestimmen. In der Wandlung Schindlers wird auf das christliche Saulus-Paulus-Motiv angespielt, und wenn Schindler die Waggons mit den fast verdurstenden Deportierten abspritzt, werden biblische Speisungsbilder zitiert. Sigrid Lange hat darauf hingewiesen, dass diese Motivketten thematische Zentren in der Handlungsstruktur markieren. Solche strukturierenden Motive sind beispielsweise Dankbarkeit, Gnade, Kuss, Grausamkeit, Tod, Wert eines Menschenlebens und Leben (vgl. Lange 1999: 157).[3] Die narrative Struktur von SCHINDLER'S LIST basiert also, wie Manuel Köppen betont, auf der „Aktualisierung mythischer Elemente, die ihren Ursprung der Filmgeschichte, den berichteten Ereignissen selbst oder gar den ‚großen Erzählungen' verdanken" (Köppen 1997: 155).

Oft wurde die Erzählstruktur von SCHINDLER'S LIST außerdem als Dokudrama beschrieben (vgl. Lipkin 1999; Lipkin 2002ff.; Loshitsky 1999; Lange

3 | Es sei ferner darauf hingewiesen, dass sich bei Spielberg christliche neutestamentarische Mythen mit denen des Alten Testaments vermischen.

1999; Schulz 2002). Diese Form dient insbesondere dazu, Effekte des Authentischen zu produzieren (vgl. Lange 1999: 148).[4] Die fiktionalen Spielfilmszenen dienen zur Illustration historischer Ereignisse und zeigen Bilder dort, wo das Dokument fehlt. Gleichzeitig werden sie mit historisch verbürgten Fakten, Zitaten und der dokumentierenden Rahmenhandlung am Schluss des Films verknüpft. Obwohl es sich um eine klassische Spielfilmnarration handelt, verwendet der Film verschiedene dokumentarische Techniken (vgl. Loshitsky 1999: 362). Dazu zählen Handkameraaufnahmen, das schwarzweiße Filmmaterial, Beschriftungen von Szenen, die auf historische Daten und Orte verweisen, oder die Nachbildung historischer Fotografien.[5] Auf diese Weise behauptet SCHINDLER's LIST einen unmittelbaren Bezug auf die historische Realität (vgl. ebd.: 359). Die Adaption von Stilen und Verfahren des Dokumentarischen dient dazu, den Zuschauern das Gefühl zu vermitteln, die dargestellten Ereignisse hätten tatsächlich so stattgefunden (vgl. ebd.: 362).

Dieser Authentizitätseindruck stellt sich bei den Zuschauern vor allem dadurch ein, dass das Gesehene bekannt erscheint. Die Bekanntheit resultiert aus der vertrauten formalen Struktur der Erzählung, aber auch aus der Übernahme bekannter Versatzstücke aus anderen Genres, Gattungen und literarischen Zeugnissen. SCHINDLER's LIST adaptiert dazu Verfahren der postmodernen Ästhetik und integriert diese in seine Erzählstruktur:

> SCHINDLER'S LIST is a pastiche of a variety of cinematic styles. The film bears the look of, to use Fredric Jameson's words, „the technological ‚perfection' of the new nostalgia glossy-film product." It is a visually spectacular and eclectic text, quoting from styles as different and diverse as film noir, German expressionism, Italian neorealism, World War II newsreels, and CNN news coverage. (Ebd.: 362f.)

So entstehen intertextuelle Bezüge (vgl. Elsaesser 1996: 163). Doch der Pastiche-Charakter dient nicht dazu, den Konstruktionscharakter des Films offenzulegen oder einen Eindruck von Künstlichkeit zu erzeugen, der in reflexiver Weise auf die Gemachtheit von Film und Handlung verweisen würde. Im Gegenteil werden Ambiguität und Heterogenität weitgehend durch die Perfektion der Imitation zum Verschwinden gebracht. Indem der Übergang zwischen unterschiedlichen Stilen und Materialien unsichtbar wird, verschwinden auch die stilistischen und ideologischen Widersprüche, die daraus resultieren (vgl. Loshitsky 1999: 263).

---

4 | Auch Georg-Michael Schulz diskutiert SCHINDLER'S LIST unter dem Gesichtpunkt der „dokumentarische[n] Authentizität", ausgehend von Spielbergs Selbstbekundungen, einen Spielfilm drehen zu wollen, „der zugleich ein Dokumentarfilm ist" (Schulz 2002: 168).

5 | Auf letzteres werde ich im Rahmen der Analyse des Status der Bilder in Filmen über Nationalsozialismus und Holocaust noch näher eingehen. Dort werden die Nachbildungen in SCHINDLER'S LIST untersucht.

Gerade durch die geschlossene narrative Struktur wird der Konstruktionscharakter der Pastiche-Struktur überdeckt. Anspielungen auf frühere Bilder und andere Stile stellen endgültig scheinende Bilder her, die der warenförmigen Eleganz und Perfektion des postmodernen Spätkapitalismus gehorchen (vgl. ebd.). Sie basieren auf Secondhand-Strukturen, die ausgehend vom Authentizitätseffekt auch Nostalgieeffekte produzieren, also ein Gefühl der Bekanntheit herstellen, ohne dass die intertextuelle Herkunft sichtbar wird. Daran zeigt sich auch die postmoderne Hybris, von der Thomas Elsaesser spricht: der Glaube, das Kino könne die Vergangenheit erlösen und die Wirklichkeit retten, sogar diejenige Wirklichkeit, die niemals wirklich gewesen ist (vgl. Elsaesser 1996: 166). Dieser Glaube und die Vertrautheit mit den Konventionen des Erzählens kompensiert die aus dem historischen Gegenstand, Verfolgung und Vernichtung, resultierende Verstörung und Verunsicherung und ermöglicht den Zuschauern, diese im Rezeptionsakt zu kontrollieren. Thomas Elsaesser beschreibt dabei Nostalgie und Sentimentalität als mimetische Kinogefühle, die einen direkten Einfluss auf die Wahrnehmung des Repräsentationscharakters haben (vgl. Elsaesser 1996: 172). Die Geschichte erscheint den Zuschauern vertraut und nah. Dies hängt, wie aus Elsaessers Ausführungen deutlich wird, nicht zuletzt mit der Vorliebe historischer Dokudramen für das Genre des Melodrams zusammen. Darauf hat auch Steve Lipkin in seiner Untersuchung des Dokudramas hingewiesen. Die Adaption von Genrestrukturen des Melodramas ist insbesondere für die Wiederherstellung moralischer Orientierung entscheidend, die auf diese Weise geleistet werden kann: „The docudrama narrative, moreover, foregrounds dramatic codes, assuming melodrama's larger function of emphatically clarifying a broad moral system through domestic imagery." (Lipkin 2002: 2) Denn die bekannten Bilder und Geschichten kompensieren die durch die Mischform hervorgerufene Verunsicherung. Sie ermöglichen es, die Bilder ‚richtig' einzuordnen und die behaupteten historischen Referenzen adäquat zu verstehen. Es kommt zu einem Verfahren, das Lipkin als „refamiliarization" beschreibt. Es handelt sich dabei um die Wiederherstellung von Vertrautheit, welche die Verfremdung, die „defamiliarization", kompensiert (ebd.: 5). Indem Geschichte unter Rückgriff auf Konventionen des Melodramas als privater Konflikt innerhalb von vertrauten sozialen Strukturen erzählt wird und indem die reale oder imaginäre Familie als widerständig gegen die destruktiven Prozesse der Geschichte dargestellt werden kann, ergibt sich eine klare moralische Perspektive: „Like melodrama generally, docudrama suggests that lost moral structures can be recovered and restored." (ebd.: 5) SCHINDLER'S LIST hat deshalb das Narrativ der Familie in seine Erzählstruktur integriert und arbeitet immer wieder mit Szenen, die familiäre Motive wie Väterlichkeit, Gemeinschaft und Rettung betonen. Während das Echo des Talmudspruches „der das Leben eines einzigen Menschen rettet, rettet die ganze Welt" verklingt, schließt Spielberg mit einem ähnlichen Matchcut wie zu Beginn, als er vom Rauch einer erlöschenden Kerze auf den Rauch einer Lokomotive überblendet hatte, die fiktionalisierte Geschichte an die authentische Gegenwart an. Aus den ausziehenden Geretteten werden die Überlebenden und ihre Kinder. Gertrud Koch hat darauf hingewiesen, dass diese Dramaturgie aus den einzelnen zufällig Entronnenen eine Masse, ein Volk macht. Spielberg erreicht damit eine Abstraktion, die der Vernichtung Sinn verleiht. Er negiert die Erkenntnis aus Auschwitz, daß dieses „Verbrechen die Idee der Menschlichkeit zerstört hat" (G. Koch 1999b: 309). Mit diesem Ende „wird eine zerbrochene Erfahrungswelt zu einer sinnstiftenden Einheit verklebt." (Claussen 1996: 78) Sinnstiftung vollzieht der Film, indem er die religiösen Strukturmerkmale der Handlung auf den Blick der Kamera überträgt. Wie Gertrud Koch bemerkt, benützt Spielberg „die Kamera als gottähnliches

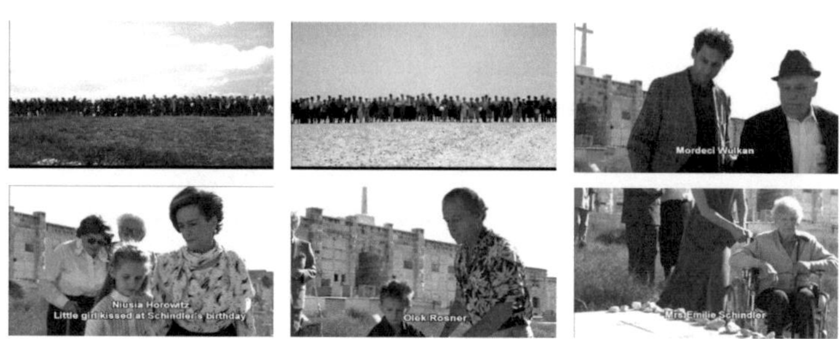

Abb. 31: Familiäres Rettungsmotiv: die überlebenden Juden und ihre Darsteller am Grab Oskar Schindlers.

Auge, um uns noch einmal die Bestätigung zu geben, daß der Gerechtigkeit schon genüge getan wurde" (G. Koch 1999b: 309). Das Ende negiert die Toten und formt die Überlebenden zu einem Volk, was Hoffnung und Aufbruch verkörpert. Der einzige Tote, der präsent bleibt, ist Schindler selbst, der seiner Ambivalenz enthoben als Sinnbild des guten Deutschen Vexierpunkt dieses neuen Volkes ist. Sein Grab ist darum weniger Symbol des Schmerzes und der Trauer als Sinnbild der Versöhnung.

In den Schlussbildern der von Schindler geretteten Überlebenden am Grab ihres Retters fließen Gegenwart und Vergangenheit ineinander (Abb. 31). Die Heterogenität des dokudramatischen Materials, die brüchige Verbindung der farbigen Schlussbilder mit der schwarzweißen Spielhandlung wird harmonisiert (vgl. Lipkin 1999: 377). Die fiktionale Handlung wird durch die Schauspieler in diese dokumentarische Schlusssequenz einbezogen, welche die historischen Protagonisten, die sie im Film dargestellt haben, in gewisser Weise als Personifikationen ihrer ‚Kinder' oder Erben begleiten.

Diese Verknüpfung von Binnenhandlung und Rahmenhandlung, Fiktion und Dokumentation, historischer Imagination und Gegenwart ist selbst wiederum zur Darstellungskonvention geworden. So verwendet Oliver Hirschbiegel in seinen Film DER UNTERGANG dokumentarische Aufnahmen von Hitlers Sekretärin Traudl Junge als Rahmen, die dem Dokumentarfilm IM TOTEN WINKEL – HITLERS SEKRETÄRIN (A 2002) von André Heller entstammen (Abb. 32). DER UNTERGANG bedient sich dieser Rahmung, um einen ähnlichen Effekt wie SCHINDLER'S LIST zu erzielen. Ähnlich der Parallelisierung in Spielbergs Film verknüpft DER UNTERGANG die Bilder der von Schauspielern verkörperten Filmfiguren mit den Biografien der historischen Personen. Indem der Film diese Struktur aber von der Darstellung des Holocaust auf die filmische Repräsentation des Nationalsozialismus, bzw. der nationalsozialistischen Täter überträgt, wird das Motiv dekontextualisiert. DER UNTERGANG knüpft mit seinen filmischen Mitteln also an SCHINDLER'S LIST an, überträgt dabei aber dessen Erzählstrukturen, das Familiennarrativ und die Rettungsgeschichte, auf die Täter und Mitläufer.

SCHINDLER'S LIST ist als Dokudrama, wie Yosefa Loshitzky zu Recht betont hat, zu einem Masternarrativ der äußersten Katastrophe, wie sich zeigt, nicht

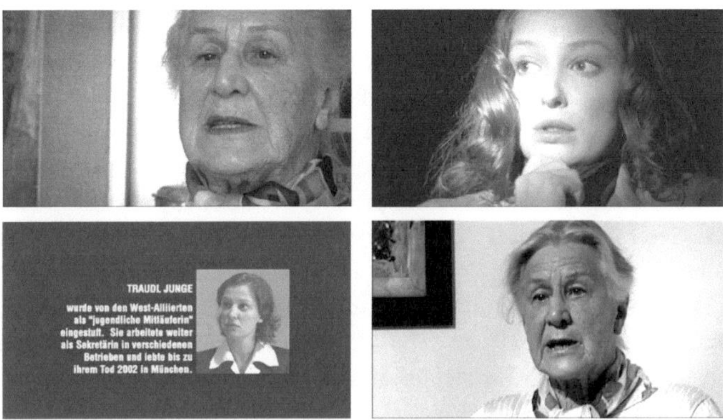

Abb. 32: DER UNTERGANG verwendet mit der Adaption von Bildern aus dem Dokumentarfilm IM TOTEN WINKEL eine ähnliche Rahmung wie SCHINDLER'S LIST.

nur des Holocaust, sondern auch des deutschen Leidens im Zweiten Weltkrieg geworden (vgl. Loshitzky 1999: 258). Es wird zu bestimmen sein, inwiefern die Kombination von geschlossener Erzählung und dokudramatischer Form mit besonderem Bezug auf das Vertraute und Familiäre gerade durch das Fernsehen zu einem Modell für die im Folgenden als filmische Geschichtsfiktion beschriebene Erzählform geworden ist.

INSZENIERTE AMBIVALENZ UND AUTHENTIZITÄTSVERSPRECHEN

Beim Fernsehen handelt es sich um eine der wichtigsten Agenturen zur Vermittlung historischer Ereignisse mit der Tendenz, populäre Unterhaltungsformen und Elemente des Spielfilms in dokumentarische Fernsehformate zu integrieren. Als Teil des kontinuierlichen Programmflusses des Fernsehens werden diese Geschichtssendungen durch ihre Serialität bestimmt. Gleichzeitig suggerieren sie einen eigenen Ereignischarakter, indem sie medial vermittelte Auseinandersetzungen über die Geschichte und ihre Darstellung anstoßen. Dadurch erscheint Geschichte im Fernsehen einerseits als ereignishaft und neuartig und ist andererseits von der dem Medium inhärenten Struktur der Wiederholung geprägt. Judith Keilbach kommt daher zu dem Urteil, dass „[d]iese Abwesenheit von Geschichtlichkeit und Vergangenheit, die gleichzeitig mit einer Hinwendung zur Geschichte einhergeht, [...] das Fernsehen zu einem postmodernen Medium *par exellence*" macht (Keilbach 2008: 22, H.i.O.).

Das Dokudrama eignet sich dabei besonders für die Programmierung von Geschichte im Fernsehen, da, wie Derek Paget beschreibt, zu seinen Konventionen sogenannte „extra-textual events" zählen, worunter die Verbindung von Dokudramen mit auf diese Bezug nehmenden weiterführenden Programmen, wie Interviews oder Hintergrunddokumentationen zu verstehen ist (vgl. Paget 2004: 205). Diese spezielle Form der Programmgestaltung ist einerseits Teil einer Marketing-Strategie, um ein Medienereignis zu kreieren. Andererseits betonen solche „extra-textual events" die gesellschaftliche Bedeutung der behandelten historischen oder politischen Themen.

Das Dokudrama als mediales und gesellschaftliches Ereignis enthält außerdem eine besondere Form der Adressierung an die Zuschauer. Paget beschreibt diese als Versprechen eines priviligierten Zugangs zu Informationen über die Geschichte. Dieses Versprechen wird mit dem des Dramas verknüpft, das Verstehen durch eine Erfahrung aus zweiter Hand zu erleichtern (vgl. ebd.). Das Dokudrama sendet damit an das Publikum den Appell, der Darstellung zu glauben (vgl. Paget 1998: 87f.). Die Verbindung von dokumentarischen und fiktionalen Darstellungsformen korrespondiert gleichzeitig mit dem Bedürfnis des Publikums, das eigene Verständnis von Geschichte, sprich die bereits vorhandenen Geschichtsbilder, durch die Vorführung einer historisch beglaubigten Geschichte bestätigt zu sehen. Eine solche Darstellung befriedigt die Erwartung von historischer Authentizität. Die Bilder fungieren als Repräsentanten für die historische Wahrheit und stellen so Evidenzempfinden bei den Zuschauern her.

Die Fiktionalisierung von Geschichte trifft auf den Wunsch der Zuschauer, zu sehen, wie historische Ereignisse ‚tatsächlich' stattfanden. Solche interpretativen Repräsentationen erfüllen die Aufgabe, persönliche, familiäre oder gesellschaftliche Geschichtsbilder mit der offiziellen Erinnerung in Einklang zu bringen. Auf diese Weise wird dem Zuschauer angeboten, historische Ereignisse von einer scheinbar sicheren und distanzierten Position aus zu durchleben: „Our gaze as audience is disembodied; we are in the ‚there-but-not-there' realm of record at the same time as we inhabit the ‚I-am-there' identificatory realm of the drama." (Paget 2004: 207) Dazu wird Geschichte personalisiert. Neben der Reduktion auf bestimmte historische Protagonisten kommt es zu einer Personalisierung durch Individualisierung. Historische Ereignisse werden in Form solcher personalisierter Geschichten erzählt. Dazu werden die bereits oben beschrieben Erzählformen der Familiengeschichte und des Melodramas verwendet.

Das vierteilige Dokudrama SPEER UND ER, das kurz nach dem 60. Jahrestag des Kriegsendes im Mai 2005 in der ARD ausgestrahlt wurde, erzählt die Geschichte von Hitlers Stararchitekten und späteren Rüstungsminister Albert Speer als Beziehungsgeschichte zwischen ihm und Hitler. Die Geschichte wird in Rückblenden entfaltet, die durch nachinszenierte Spielszenen illustriert werden. Die linear erzählte Rahmenhandlung der Miniserie beginnt damit, dass Speer beim Nürnberger Hauptkriegsverbrecherprozess angeklagt wird, und endet mit seiner Entlassung aus dem Gefängnis in Berlin-Spandau in den 1960er Jahren. Die Struktur von Rahmenhandlung und Rückblenden ist die einer Vermischung von Archivbildern und Spielszenen, die von Interviews mit den Kindern Speers und anderen sogenannten ‚Zeitzeugen' unterbrochen werden. Regisseur Heinrich Breloer nutzt das historische Bildmaterial dabei nicht nur, um die nachgestellten Spielszenen einfach zu illustrieren und so den Eindruck von Authentizität hervorzurufen. Vielmehr reorganisiert er das Material ohne jede Unterscheidung im Fluss der Montage und kombiniert dabei unterschiedliche Zeit- und Raumebenen mit verschiedenen Ebenen subjektiver und objektiver Erinnerung. Die historischen (dokumentarischen) Bilder werden dazu unterschieds- und weitgehend kontextlos in die filmische Nachbildung von Speers Leben integriert. Beispielsweise zeigt der erste Teil des Dokudramas, wie Speer in seiner Nürnberger Gefängniszelle sitzt und sich an seine Vergangenheit im Dritten Reich ‚erinnert'. Die Bilder, die in diese Szene montiert sind, entstammen verschiedenen Quellen. Neben nachgestellten Spielszenen verwendet Breloer auch Archivbilder für die subjektive Rückblende. Damit stoßen zwei unterschiedliche filmische Vergegenwärtigungsstrategien aufeinander. Während das Archivmaterial dem Betrachter ermöglichen soll, ein Bild der Vergangenheit zu konstruieren, bildet die Rückblende solche Vorgänge mimetisch nach (vgl. J. Hirsch 2004: 88f.).

Die erste Einstellung zeigt die Studiorekonstruktion einer Gefängniszelle, in der der Schauspieler Sebastian Koch als Albert Speer auf den Beginn des Prozesses wartet. Die Kamera bewegt sich auf das Zellenfenster zu. Die Kamerafahrt und der Blick durch das vergitterte Fenster markieren deutlich den Beginn einer subjektiven Erinnerung Speers (Abb. 33). Der nun folgende Ausschnitt zeigt ein Flugzeug. Dieses und die folgenden Einstellungen stammen aus der Exposition von Leni Riefenstahls Propagandafilm Triumph des Willens über den NSDAP Parteitag von 1934 in Nürnberg. Die dramaturgische Struktur dieses Films stellte Hitler ins Zentrum und hatte seine Glorifizierung zum Ziel. Zusammen mit Speer, der der Hauptarchitekt der Parteitagsgebäude war, ließ Riefenstahl bereits in der Planungsphase des Parteitages verschiedene Kamerapositionen festlegen, um exklusiven Zugang zu Hitler zu bekommen. Breloer verwendet diese Aufnahmen, um die subjektiven Erinnerungen von Speer einzuführen. Das ursprüngliche Propagandabild wird zum subjektiven Erinnerungsbild umkodiert.

In der nächsten Einstellung sieht man Hitler und Speer, beide von Schauspielern gespielt, im Inneren eines Flugzeuges. Sie schauen aus dem Fenster. In den folgenden, als Gegenschuss verwendeten Aufnahmen sieht man dann den Panoramablick auf Nürnberg, der wiederum aus Triumph des Willens stammt. Breloer ergänzt folglich Riefenstahls Film um von ihm selbst produzierte Szenen, obwohl Riefenstahl bewusst keine Aufnahmen aus dem Inneren des Führer-Flugzeuges gezeigt hatte, dessen Flug vom Himmel herab sie in ihrer Exposition als Symbol für die Gottesgleichheit Hitlers konzipiert hatte. Breloers Profanisierung der pathetischen Eingangssequenz aus Triumph des

WILLENS ist so gleichzeitig eine entkontextualisierende Neuerfindung historischer Bilder durch die Montage- und Kollagestruktur des Dokudramas.

Auch die folgenden Einstellungen, die Hitler auf einer Parade in Nürnberg inmitten jubelnder Menschen zeigen, entstammen Riefenstahls Film. Aber im nächsten Moment verwendet Breloer dokumentarisches Bildmaterial des zer-

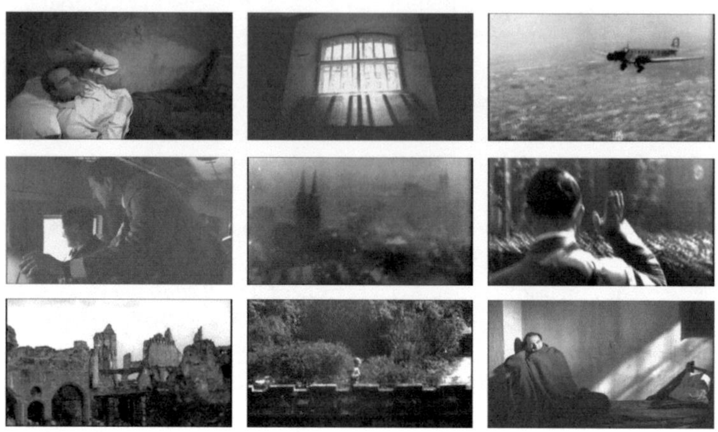

Abb. 33: Erinnerungssequenz in SPEER UND ER.

störten Nürnbergs, das wahrscheinlich von alliierten Kameraleuten stammt. Dieser Wechsel verschiedener Zeitebenen innerhalb eines Rückblicks verstärkt noch einmal den Eindruck, dass es die Zuschauer hier nicht mit dokumentarischen Tatsachenbildern, sondern subjektiven Erinnerungsbildern zu tun haben. Die letzten dokumentarischen Bilder dieser Sequenz zeigen dann einen alliierten Soldaten auf der Mauer des Nürnberger Gefängnisses. Dabei handelt es sich erneut um alliiertes Filmmaterial. Diese Einstellung, die die subjektive Perspektive Speers wiedergeben soll, führt die Zuschauer dann zurück in Speers Gefängniszelle.

Bilder aus Nazipropagandafilmen und dokumentarisches Nachkriegsfilmmaterial werden in dieser Montagesequenz gleichermaßen Teil einer subjektiven Vorstellung. Durch die Mischung soll ein kohärenter Erinnerungsraum geschaffen werden (vgl. Keilbach 2007b: 229). Indem die verschiedenen Bildtypen mit nachgestellten und erfundenen Szenen vermischt werden, verlieren sie ihren historischen Erklärungswert und verbergen ihre „ideologische Signatur" (Keilbach 2008: 38).[6] Daher hat die Montage das Verschwinden der

6 | Judith Keilbach hat sich sehr intensiv mit den spezifischen Produktions- und Rezeptionsbedingungen dieser nationalsozialistischen Bilder und ihrem Einsatz in Geschichtsdokumentationen auseinandergesetzt. Durch diese Bilder „findet eine ideologische Aufladung des Ausgangsmaterials statt, die es bei der Analyse der Geschichtsdarstellungen ebenso wie des visuellen kollektiven Gedächtnisses [...] zu berücksichtigen gilt." (Keilbach 2008: 38) Sie erklärt die „ideologischen Signaturen" durch die „Einschränkung der Semantisierungsmöglichkeiten von Bildern, die prinzipiell polysem sind." (Ebd.: 48) Obwohl sie also auf diese

Unterscheidung verschiedener historischer, ikonografischer und narrativer Ebenen zur Folge, ähnlich wie Hayden White es für das postmoderne Dokudrama und die „historische Metafiktion" beschreibt: "Alles wird präsentiert, als ob es von derselben ontologischen Ordnung wäre, sowohl real als auch imaginär – realistisch imaginär oder imaginär realistisch –, mit dem Resultat, daß die referenzielle Funktion der Bilder des Ereignisses abgeschwächt wird." (White 2003: 195f.)

Die Erzählweise von SPEER UND ER folgt dabei weitgehend Speers Selbstbild, das dieser in seinen so genannten Spandauer Tagebüchern und seiner Autobiografie entworfen hatte. Eine Sequenz zeigt Speer beispielsweise im Konzentrationslager Dora im Harz, wo unter seiner Leitung als Rüstungsminister die ‚Wunderwaffe' V2 produziert werden sollte. Aber die Sklavenarbeiter in diesen Szenen scheinen Geister zu sein, die in Speers Erinnerungen aufsteigen, ohne dass ihre tatsächlich erzählt würden (vgl. Keilbach 2007a: 130). Auch die Interviews mit Speers Kindern, die eine Art Kommentar zum Selbstbild, besser gesagt der Selbsterfindung des Vaters darstellen sollen, können diesen subjektiven Erinnerungsraum nicht aufbrechen, der von dem starken und emotional bewegenden Mix aus Spielszenen und Dokumentation getragen wird (vgl. ebd.: 134).

Gleichzeitig betonte die Werbung für den Film jedoch, er zerstöre den Mythos eines führenden Nazis, über dessen Naziverbrechen man nichts gewusst habe. Die öffentlichen Debatten in Zeitungen und anderen Medien rezipierten daher das Dokudrama als Bruch mit dem bekannten Bild von Speer als ‚unschuldigem' Nazifunktionär. Als extra-textueller Event im Sinne Pagets wurde so ein bestimmter Deutungsrahmen angeboten, der allerdings im Widerspruch zur Inszenierung stand. Um diesen Widerspruch zu verstehen, muss SPEER UND ER als Fernsehereignis genauer untersucht werden. Der behauptete Bruch mit einem tradierten Mythos sollte das Dokudrama als gesellschaftlich notwendige Aktualisierung der Biografie Speers legitimieren. Dabei handelte es sich zumindest aus der Perspektive der historischen Forschung um keine Neuigkeit, da die belastenden Dokumente, die Speers Mittäterschaft bei der Deportation der jüdischen Bevölkerung Berlins in die Konzentrations- und Vernichtungslager belegten, bereits seit den frühen 1980er Jahren bekannt waren. Die Verbreitung dieses historischen Wissens im populären Format des Fernseh-Dokudramas ging jedoch interessanterweise gleichzeitig einher mit der Aktualisierung des bekannten Selbstbildes von Speer. Daraus resultierte eine Art Doppelprogrammierung, in der der spezifische Charakter der Erzählstruktur von SPEER UND ER begründet liegt. Judith Keilbach spricht in ihrer Analyse von einer „inszenierten Uneindeutigkeit und Ambivalenz", die vielfältige und teilweise diametral entgegengesetzte Interpretationen des Lebens und der Verbrechen von Speer möglich macht. Diese Ambivalenz folgt

Weise in den Bildern enthalten sind, ist es möglich, diese auch zu überschreiben oder umzudeuten (vgl. ebd.: 50). Aber sie können auch überdeckt und reproduziert werden, indem sie, in einen anderen Kontext überführt, ähnliche Effekte wie in ihrem ursprünglichen Kontext auslösen können.

aus der Erzählstruktur des Dokudramas, dessen Brüche und transitorische Übergänge SPEER UND ER anders als SCHINDLER'S LIST nicht zum Verschwinden bringt. Die Form wird zu einer narrativen Metapher des Konstruktionscharakters von Geschichte. Doch dieser wird nicht durch die gewählte Form reflektiert. Vielmehr ordnet die Komposition das historische Geschehen dem Primat „der fernsehtyischen Meinungsvielfalt" unter: „Mit dieser Mischung nähert sich SPEER UND ER neueren Geschichtskonzepten an, in denen der Wahrheitsanspruch zugunsten von Pluralität, möglichen Geschichten und einer Reflexion der Konstruktionsleistung von Geschichtsschreibung aufgegeben wird." (Keilbach 2007a: 129)[7]

Die historische Figur Speer bleibt in dem Film eine Leerstelle, eine „bedeutungsvolle Hülle, auf die permanent neue Deutungsversuche projiziert werden können." (Ebd.: 133) Was auf die Figur projiziert wird, bleibt letztlich den Zuschauern überlassen und wird so beliebig. Gleichzeitig bestätigt die Projektion die Erwartungen des Publikums von „Glaubwürdigkeit" und befriedigt den „Wunsch, sich selbst eine Meinung bilden zu können" (Meyen/Pfaff 2006: 105). Viele Zuschauer fordern, wie eine Studie zur Rezeption von Geschichte im Fernsehen nahe legt, „dass der Gegenstand aus verschiedenen Blickwinkeln und ohne Wertung durch einen Moderator oder Erzähler dargestellt wird." (Ebd.) Die Forderung nach solcher Multi-Perspektivität entspricht der Ambivalenz, die in SPEER UND ER paradigmatisch vorgeführt wird, und die die Zuschauer in einer sicheren Position gegenüber der Vergangenheit belässt, indem „die Dinge ‚einfach mal so im Raum stehen'" bleiben, wie ein Teilnehmer der Studie treffend bemerkt (ebd.).

SPEER UND ER bedient sich einer Reihe von bekannten Erzählmustern, um diese Ambivalenz herzustellen, die gleichzeitig eine aus dem heterogenen Material resultierende mögliche Öffnung verhindert und zur narrativen Schließung durch die Zuschauer einlädt. Judith Keilbach hat darauf hingewiesen, dass sich das Dokudrama „einer eindeutigen Position zur Frage nach Speers Mitverantwortung am Holocaust" enthält (Keilbach 2007a: 137). Stattdessen wird der Zweifel an der historischen Wahrheit selbst zum narrativen Prinzip der Beglaubigung: „Indem Fernsehsendungen ein breites Meinungsspektrum anbieten, sich dabei aber gleichzeitig einer eindeutigen Position enthalten, ermöglichen sie den Zuschauern, die eigenen Meinungen und Haltungen (scheinbar) bestätigt zu finden." (Ebd.: 138)

SPEER UND ER adaptiert auch das Familiennarrativ, indem der Film einerseits auf der Ebene der Spielhandlung die Geschichte zweier ‚Brüder' erzählt (Hitler und Speer) und andererseits in den dokumentarischen Teilen die Kinder Speers ins Zentrum der Aufmerksamkeit rückt.[8] In diesem Sinne kann SPEER UND ER als psychologisches Drama über verschiedene Generationen

7 | Auch Dan Diner weist in seinem Essay *Gegenläufige Gedächtnisse* auf die „Tendenz zur Pluralisierung" hin, die die Wahrnehmung der Vergangenheit erfasst hat (Diner 2007: 107).

8 | Judith Keilbach analysiert auch die homoerotische Beziehungsstruktur, die den Figuren im Film implizit zugeschrieben wird (vgl. Keilbach 2007b: 221f.).

von Deutschen und ihren Umgang mit der Vergangenheit gesehen werden, das um einen abwesenden Vater kreist (vgl. Keilbach 2007a: 135).[9] Die Präsentation der Kindheitserinnerungen und der fortgesetzten Auseinandersetzung mit der eigenen Herkunft bleibt in den Interviews mit Speers Kindern offen und ungelöst, so dass sie nicht nur einen hohen Grad an emotionaler Beteiligung, sondern auch eine Selbstspiegelung der Zuschauer ermöglichen.[10] Der oben bereits erwähnten Studie zur Rezeption von Geschichte im deutschen Fernsehen zufolge können „auch Zeitzeugen Vergleichsobjekt" werden. Ausgehend vom „Wunsch nach Orientierung und Identität" wird das Geschichtsfernsehen zum „Übungsfeld" und ermöglicht, eigene Einstellungen und Handlungen zu überprüfen und zu legitimieren (Meyen/Pfaff 2006: 103). Das der Studie zugrunde liegende Gruppengespräch zeigte dabei unter anderem auch die Identifikation der Zuschauer mit den Kindern Speers (vgl. ebd.). Die Kinder werden zu Repräsentanten der deutschen Bevölkerung, ihrer Verdrängungsstrukturen und Schuldgefühle. Sie fungieren dabei vor allem für die sogenannte zweite Generation als Identifikationsobjekte. Dies verstärkt wiederum die Ambivalenz, denn gleichzeitig ermöglicht das Dokudrama einem älteren Publikum, SPEER UND ER als Adaption eigener Erfahrungen mit dem Nationalsozialismus zu sehen, ohne sich mit den eigenen Verdrängungsmechanismen auseinanderzusetzen. Für jüngere Zuschauer aus der Enkelgeneration kann SPEER UND ER hingegen, ebenfalls aufgrund der ambivalenten Erzählstruktur, als Sammlung von (authentischen) Geschichtsbildern über den Nationalsozialismus rezipiert werden.

Um diese ambivalenten Rezeptionsweisen zu ermöglichen, wurde in der seriellen Fernsehaufführung von SPEER UND ER eine Art integrierter extratextueller Event programmiert. Drei Teile der Serie erzählten Speers Leben im oben beschriebenen ästhetischen und narrativen Stil. Diese drei Teile wurden an drei verschiedenen Tagen zur Primetime gesendet. Am Tag der Ausstrahlung des dritten Teils folgte ein vierter Teil, der einer anderen Narration folgte. Dieser Zusatz präsentierte die ‚volle Wahrheit' über Speer und verwendete dazu stärker dokumentarische Erzählformen und Strategien der Repräsentation von Geschichte. Speers Kinder, ehemalige Sklavenarbeiter, der Verleger von Speers Büchern und Historiker, die auf geschichtswissenschaftliche Studien und historische Quellen Bezug nehmen, werden über den ‚wahren' Speer befragt. Dabei wird auch dessen Strategie der Selbstentschuldung thematisiert. In diesem vierten Teil sind die Spielszenen bloße Illustrationen für die dargestellten historischen Fakten, verdeutlichen Speers Derealisierungsstrategien oder werden mit dem Tatsachenwissen der ‚Experten' konfrontiert. Die

9 | Malte Ludin hat ein ähnliches Motiv in seinem autobiographischen Dokumentarfilm ZWEI ODER DREI DINGE, DIE ICH VON IHM WEISS (D 2005) weitaus radikaler in Szene gesetzt und zerstört dabei auch das Familiennarrativ (vgl. u.a. Friedman 2008).

10 | Breloer wiederum ‚spielt' in den Gesprächen mit Speers Kindern eine Doppelrolle als Ersatz für den abwesenden Vater und als Therapeut für den Umgang mit der Familiengeschichte.

Filmkritikerin Christiane Peitz urteilte über dieses Verfahren, einen dokumentarischen Nachtrag zum dokudramatischen Fernsehereignis zu senden:

> Breloer, der Verführer. Ein Unbehagen schleicht sich ein. Drei 90-Minuten-Folgen lang staffieren der Regisseur und sein Ko-Autor Horst Königstein Speers Maske vom guten Nazi opulent aus und folgen bis ins Detail dessen Selbstinszenierung. Die Kinder und Experten deuten Zweifel an dieser Maske an. Aber erst in ‚Die Täuschung', dem vierten, überwiegend dokumentarischen Teil (der nicht zur Primetime, sondern erst zur Nachtzeit programmiert ist), wird sie Speer effektvoll vom Gesicht gerissen. (Peitz 2005)

Was Peitz als „Aufklärung als raffinierter dramaturgischer Effekt" beschreibt, kann auch als immanenter Bestandteil der Ästhetik des Dokudramas interpretiert werden, das verschiedene Varianten der Rezeption der Geschichte des Dritten Reichs anbietet, indem subjektive und emotionale Erinnerungsräume geschaffen werden, die nicht an Fakten gebunden sind, sondern historische Ereignisse durch die Reorganisation und Erschaffung von Geschichtsbildern als subjektive Erinnerungsbilder wieder erfinden. Mit der digitalen Reproduzierbarkeit von Geschichtsbildern können diese Vorstellungsräume sogar noch ausgeweitet werden.

DIGITALE AUTHENTIZITÄTSFIKTION UND VIRTUELLES VORSTELLUNGSBILD

Neue Technologien wie der Einsatz digitaler Computeranimationen üben auch nachhaltigen Einfluss auf die Generierung von Wirklichkeitseffekten in Filmen aus. Während beim herkömmlichen, physikalisch-optischen, fotografischen Verfahren mit André Bazin noch von einer – wenn auch durch die Apparatur vermittelten – indexikalischen Bindung des Bildes an eine vorfotografische Wirklichkeit ausgegangen wurde, ist das digitale – wie Thomas Elsaesser und Warren Buckland schreiben – *post-fotografische* Bild nicht mehr in der selben Weise an die aktuelle Welt gebunden (vgl. Elsaesser/Buckland 2002: 209). Mit Hilfe digitaler Technik können einerseits *mögliche Welten* geschaffen werden, andererseits bestehende detailgetreu *imitiert* werden.

Nach Bazins Ansicht ist das fotografische Bild durch die Kategorie der Ähnlichkeit gekennzeichnet (vgl. Bazin 2004: 39). Mit Hilfe des semio-pragmatischen Ansatzes von Roger Odin kann diese Annahme dahingehend ergänzt werden, dass es sich dabei um eine Leseanweisung handelt: „Die Semio-Pragmatik zeigt, dass die Text-Produktion ein doppelter Prozess ist: der eine spielt sich im Raum der Herstellung ab, der andere in dem der Lektüre." (Odin 2002: 42)

Odin hinterfragt die ungenaue Abgrenzung des Dokumentarfilms vom fiktionalen Film und entwickelt daher das Konzept einer „dokumentarisierenden Lektüre", die ein „Effekt des Textes" sei (Odin 1990: 128). Der Leser oder Zuschauer schreibt dem Gesehenen eine Verbindung zur gegenwärtigen oder vergangenen Wirklichkeit zu. Aber diese „Lektüre" ist nicht ein Resultat des Realitätscharakters der Darstellung, sondern folgt der Annahme eines realen und damit den Bezug zur Wirklichkeit verbürgenden „Enunziators", einer Äußerungsinstanz, die im und durch den Text oder Film sichtbar ist (ebd.: 130). Der Zuschauer schreibt dem Film aufgrund dieses als real angenommenen Enunziators dokumentarische Glaubwürdigkeit zu, „wenn oder solange er an dessen dokumentarischen Charakter glaubt." (Kessler 1998: 66) Diese Lektüreannahme ist aber, wie Odins Hinweis auf die doppelte Textproduktion nahe legt, nicht willkürlich.[11] Sie folgt gewissen Merkmalen oder Strukturen, die eine solche reale Äußerungsinstanz nahe legen oder begründen, allerdings Effekte des Textes sind. Odin erklärt, dass „ein Film dem dokumentarischen Ensemble angehört, wenn er in seiner Struktur explizit (auf die eine oder andere Weise) die Anweisung zur Durchführung der dokumentarisierenden Lektüre integriert, d.h. wenn er die dokumentarisierende Lektüre programmiert." (Odin 1990: 135) Die als dokumentarisch wahrgenommenen Filme beinhalten also „textuelle oder paratextuelle Anweisungen zu einer dokumentarisierenden Lektüre überzugehen." (Kessler 1998: 67) Solche Anweisungen werden z.B. durch Texteinblendungen sowie den Charakter des Vorspanns gegeben. Eine Texteinblendung, die auf einen realen Ursprung der erzählten Geschichte verweist, würde also eine dokumentarisierende Lektüre nahe legen. Finden sich im Vorspann die Namen von Schauspielern, wird hingegen eine fiktivisierende Lektüreanweisung gegeben. Odin verweist auch auf stilistische Anweisungen, beispielsweise verschwommene oder verwackelte Aufnahmen, zögerliche Panoramaschwenks, schnelle Zooms, Pansequenzen, schlechte Ausleuchtung oder abrupte Schnitte (Odin 1990: 137f.).

Wie werden digital hergestellte Bilder vom Betrachter aufgefasst, die zwischen Rekonstruktion und Interpretation, zwischen Repräsentationsillusion und Konstruktion möglicher Welten oszillieren? Frank Kessler betont, dass die fotografischen Bilder mit ihrem indexikalischen Charakter eine dokumentarisierende Lektüre genauso wenig begründen können, wie das „manipulierte und manipulierbare elektronische Bild ihr nicht notwendig entgegen" steht (Kessler 1998: 77). Es kommt auf den Status an, der den Bildern von den Zuschauern aufgrund der oben beschriebenen Lektüreanweisungen zugeschrieben werden kann.

In ihrer Untersuchung der Filme JURASSIC PARK (USA 1993, Steven Spielberg) und THE LOST WORLD (USA 1997, Steven Spielberg) stellen Elsaesser und Buckland fest, dass sich hier die digitalen Effekte, obwohl sie deutlich sichtbar sind, hinter der Repräsentation verbergen. Die Filme versuchen auf

11 | Odin betont jedoch, dass ein (fiktionaler) Film zwar die dokumentarisierende Lektüre in manchen Bereichen ausschließen, diese jedoch niemals vollständig verhindern kann, genauso wie es sich bei der dokumentarisierenden Lektüre nicht immer um einen bewussten Willensakt der Zuschauer zu handeln braucht: „Sie kann ohne sein Wissen – auf vollkommen unerwartete und plötzliche Weise wie ein Riß, dessen Dauer weder meßbar noch vorhersehbar ist – während, ja selbst nach dem Sehen eines Filmes entstehen." (Odin 1990: 134)

diese Weise, Glaubwürdigkeit herzustellen. In den digitalen Bildern werden sichtbare und unsichtbare Spezialeffekte vermischt.[12] Sie reproduzieren den Realismus des fotografischen Bildes, indem sie fotografische Evidenz für solche Objekte behaupten, die in der gegenwärtigen Welt nicht möglich sind (vgl. Elsaesser/Buckland 2002: 210). Dies geschieht durch die Übernahme von stilistischen Verfahren, die die Glaubwürdigkeit der im Computer hergestellten Bilder erhöhen, beispielsweise durch die Verwendung von Plansequenzen, die Realpersonen und computergenerierte Figuren in der selben Einstellung zeigen.

Ein ähnliches Verfahren ist in dem Film VIRTUAL HISTORY: THE SECRET PLOT TO KILL HITLER (USA 2004, David McNab) zu beobachten nur dass dieser eine deutlich dokumentarisierende Lektüre anbietet und statt Dinosauriern mit Hitler, Stalin, Churchill und Roosevelt reale Personen der Zeitgeschichte zum Gegenstand hat. Zwar erklärt eine Texttafel zu Beginn, dass Teile der Aufnahmen am Computer hergestellt wurden, gegen eine fiktivisierende Lektüre sprechen jedoch die realhistorischen Ereignisse und Personen sowie die dokumentarische Struktur des Films, der hauptsächlich aus Interviews mit Historikern, einem erklärenden Off-Kommentar (im Sinne einer ,voice-of-god') und der Kompilation von scheinbar historischem Bildmaterial besteht.

Der Film zeigt minutiös die Ereignisse des 20. Juli 1944, dem Tag des gescheiterten Attentates auf Hitler. Dieser Tag wird im Leben der vier „War leaders" Hitler, Stalin, Roosevelt und Churchill rekonstruiert. Im Computer wurden dazu Spielszenen mit Schauspielern nachbearbeitet und über ihre Gesichter die digital erschaffenen Gesichter der historischen Personen gelegt, deren Physiognomie wiederum nach historischen Fotografien und Filmaufnahmen berechnet worden war. (Abb. 34) In einem zweiten Schritt wurden die so hergestellten Rekonstruktionen mit Hilfe eines Filters zu scheinbaren Amateurfilmaufnahmen verarbeitet, die aussehen sollen, als entstammten sie privaten Archiven. Als signifikante Merkmale dienen Überbelichtungen, Brandlöcher und übersättigte oder vergilbte Farben. So wird eine zwar mögliche aber nicht reale Vergangenheit hergestellt, der eine scheinbar fotografische Glaubwürdigkeit zugeschrieben wird.

VIRTUAL HISTORY: THE SECRET PLOT TO KILL HITLER nutzt dafür die Möglichkeiten der Imitation mit Hilfe digitaler Techniken. Die computergenerierten Aufnahmen sollen eine vermeintliche Lücke im Archiv der historischen Ereignisse schließen, indem ,fehlende' Bilder künstlich hergestellt werden. Weil sie jedoch mit einer dokumentarisierenden Lektüreanweisung verknüpft werden, nehmen die animierten Szenen innerhalb der Dramaturgie dieser Authentizitätsfiktion eine Position zwischen dem dokumentarischen

---

12 | Die SFX-Industrie unterscheidet in unsichtbare und sichtbare Spezialeffekte. Während die Mehrheit der computergenerierten Aufnahmen als unsichtbare Effekte Ereignisse simulieren, die in der wirklichen Welt tatsächlich stattfinden oder stattfinden könnten, simulieren sichtbare Spezialeffekte Ereignisse, die unmöglich oder unwahrscheinlich in der heutigen Welt sind, die aber in einer *alternativen* Welt möglich wären.

Tatsachenbild als evidente Bebilderung des Gesagten und den reinszenierten Spielszenen im Dokudrama ein. Am Beispiel von Oliver Stones JFK (USA 1991) zeigt Frank Kessler, dass das Dokudrama, egal wie getreu es die historischen Ereignisse wiedergibt, nicht zum dokumentarischen Ensemble gehört, da dieses „die indexikalische Dimension des photographischen Bildes als implizite Garantie“ verlangt: „Filme können sich auf zwei Arten auf die Wirklichkeit beziehen – als getreue Rekonstruktionen oder vermittels der Indexi-

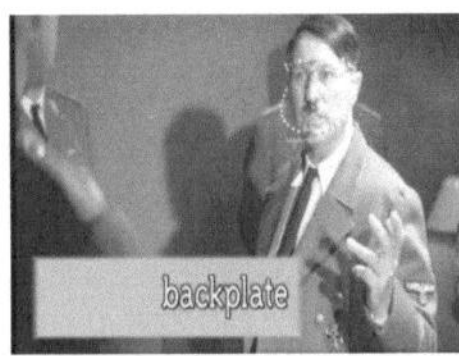

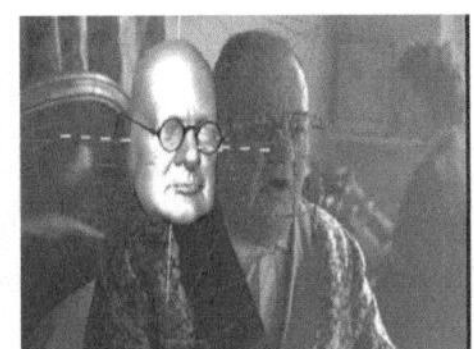
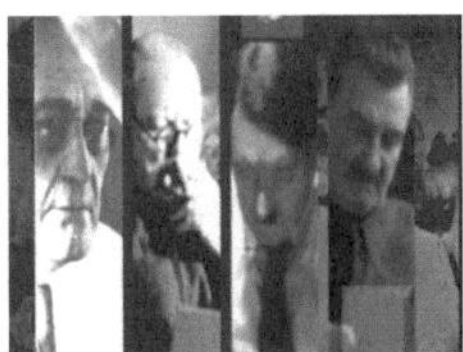

Abb. 34: Digitale Generierung von historischen Bildern in VIRTUAL HISTORY: THE SECRET PLOT TO KILL HITLER.

kalität und ihres Effekts des ‚Das-ist-da-gewesen‘ – doch nur letztere führt zu einer dokumentarisierenden Lektüre.“ (Kessler 1998: 70)

Da in VIRTUAL HISTORY: THE SECRET PLOT TO KILL HITLER die stilistischen Merkmale des Amateur- und des beobachtenden Dokumentarfilms mit Hilfe digitaler Techniken täuschend echt imitiert werden, wird hier eine dokumentarisierende Lektüre nahegelegt, obwohl es sich um eine dokumentarisch-fiktionale *Rekonstruktion* von Geschichte handelt.[13] Damit beginnen die Unterscheidungen zwischen Dokument/Tatsachenbild und Animation/Fiktion zu verschwimmen. Explizit beabsichtigen die Produzenten von *Discovery*, „reale und fiktive Bilder so ineinander zu verschmelzen, dass man den Unterschied nicht sehen kann.“ (Wolf 2005: 21) Damit soll den Zuschauern Faktizität vorgespiegelt werden.[14] So erklärt David Abraham von *Discovery* UK:

> Wenn Sie einen Schauspieler eine Rolle spielen sehen, müssen sie ihren Zweifel zurückdrängen, weil Sie wissen, dass sie einem Schauspieler zuschauen. Indem

13 | Es ist davon auszugehen, dass auch die Schrifttafel zu Beginn der Dokumentation, die darauf hinweist, dass diese computeranimierte Sequenzen enthalte, an der Programmierung einer dokumentarischen Lektüre nur wenig ändert, da dieser Hinweis nicht auf konkrete Sequenzen bezogen wird. Selbst wenn aufmerksame Zuschauer die farbigen Sequenzen (allerdings eher aufgrund von außertextuellen Faktoren und Kollisionen mit dem eigenen historischen Wissen) für unglaubwürdig halten, sind zumindest die schwarzweißen Zwischensequenzen eine ununterscheidbare Kompilation aus digital hergestellten Bildern und Wochenschauaufnahmen sowie anderem Archivmaterial.

14 | Wolf ergänzt, dass – obwohl durch den finanziellen und technischen Aufwand der Digitalisierung der künstliche Charakter dieser Bilder noch zu erkennen ist – die Illusionstechnik von im Computer generierten Bildern nicht am Ende ist (vgl. Wolf 2005: 21).

> wir diese Techniken nutzen, werden Sie emotional in den Film hineingezogen, weil er wie die Originalaufnahmen aussieht. Das heißt, dass das, was Sie sehen, viel überwältigender ist, weil es sich anfühlt, als wären Sie wirklich dort. (Discovery 2006)

Als Ursprung des Gezeigten wird nicht die historische Spekulation (oder Imagination) angenommen, sondern die Bilder bekommen den Status von Tatsachenbildern. Daher kann von einer digitalen Authentizitätsfiktion gesprochen werden. Dies ist insbesondere darum von zentraler Bedeutung, weil die Produzenten von VIRTUAL HISTORY: THE SECRET PLOT TO KILL HITLER davon ausgehen, „die künstlich generierten Bilder würden einmal in die Archive eingehen" (Wolf 2005: 21). Die Bilder imitieren den Abbildcharakter des Archivbildes und produzieren Wirklichkeitseffekte, indem die möglichen Welten der virtuell rekonstruierten Realität als authentische Fakten behauptet und als solche auch von den Zuschauern akzeptiert werden. Die angestrebte Ununterscheidbarkeit hat zum Ziel, das künstlich generierte Geschichtsbild an die Stelle des Archivbildes zu setzen. In seinen Überlegungen zum Archivbild bemerkt Matthias Steinle:

> Die Wirkungsmacht und Autorität der Archivbilder liegt an ihrer historischen Aura [...]. Diese historische Aura und die Tatsache des ‚Aufgehoben-' oder ‚Neu-entdeckt-worden-' und damit ‚Von-nun-an-aufbewahrenswert-Seins' verdoppeln den apparativ erzeugten Glaubwürdigkeitseffekt der Fotografie. (Steinle 2005: 296)

Davon profitieren die digitalen Archivbildsimulationen. Sie kreieren mögliche Vergangenheitswelten, die zwar mit historischen Forschungen und Dokumenten verknüpft sind, deren fragmentarischer und diskontinuierlicher Charakter aber verschleiert wird. Fritz Wolf weist zu Recht auch auf die Bedeutung des Inhalts der Darstellung hin. Es handelt sich dabei, den Trends des gegenwärtigen Geschichtsfernsehens entsprechend, nicht nur um Personalisierung, sondern auch um eine Privatisierung von Geschichte: „Im nachgebildeten Innenraum des Führerbunkers auf der Wolfsschanze sehen wir Hitler von seiner Privatseite: in Unterwäsche, beim Aufstehen und wenig später als alten Mann, der täglich mit einem Medikamentencocktail und Spritzen gedopt werden musste." (Wolf 2005: 21)

Die digitale Authentizitätsfiktion erschließt historisches ‚Wissen' nicht mehr wie das frühere historische Bildungsfernsehen durch die Präsentation von Fakten und Tatsachenbildern. Geschichte wird mit Hilfe der digitalen Technologie spektakulärer. Die Privatisierung suggeriert ein unmittelbares Miterleben der Vergangenheit und zielt so auf eine direktere Beteiligung des Zuschauers. Die Aufnahmen erhalten ihren Schauwert als gleichsam intime Blicke in das Privatleben der historischen Akteure. Eng verwandt damit ist die Bedeutung des digitalen Bildes zur Effektproduktion. Lothar Mikos schreibt über die Funktion der Spezialeffekte: „Grundsätzlich zielen alle Spezialeffekte darauf ab, die Erlebnisintensität der Zuschauer zu steigern, indem der sinnliche Realitätseindruck – vor allem optisch und auditiv – erhöht wird.“ (Mikos 2003: 241)

Wie gezeigt, hat auch das Geschichtsfernsehen in den letzten Jahren zunehmend den Ereignischarakter der jeweiligen Themen und Sendeformen betont. Die Tendenzen zur Fiktionalisierung sind darin stilprägend. Darum scheint es auch prädestiniert für den Einsatz digitaler Effekte. Diese dienen weniger zur Steigerung der historischen Information, als zur Erhöhung der Erlebnisintensität:

> Nicht um neue Erkenntnisse geht es, sondern um einen neuen, einen anderen Look. Computeranimierte Bilder haben für ein junges Publikum einen Wert an sich. Die Kombination von schnellem Schnitt, rasanten Flashs aus dem Weltraum auf die historischen Orte, Schauplätze in Computerbild-Look, wie im Computerspiel ‚Die Sims' und eben Politiker privat – mit diesen Mitteln sucht Discovery ein junges Publikum anzulocken und in seinen Sehgewohnheiten zu bedienen. (Wolf 2005: 21)

So wie der Einsatz von Spezialeffekten zu einem Marketing-Element im Blockbuster-Kino geworden ist, nutzt auch VIRTUAL HISTORY: THE SECRET PLOT TO KILL HITLER den historischen Kontext gewissermaßen als narrative Folie, vor deren Hintergrund die digitalen Effekte präsentiert werden. Sie transportieren keine für das historische Wissen über die Ereignisse des 20. Juli 1944 notwendigen Informationen, sondern entsprechen einem voyeuristischen Schlüssellochblick ins ‚Private'. Ähnlich wurden bereits die historischen Farbaufnahmen aus der Zeit des Nationalsozialismus, beispielsweise Eva Brauns vom Berghof mit Hitler als ‚Privatmann', als Neuentdeckung mit Ereignischarakter präsentiert. In diesem Kontext hat Judith Keilbach angemerkt:

> Mit dem Einsatz der Privatbilder gerät die politische Dimension des Nationalsozialismus aus dem Blick, denn zu Bildern von Hitler, der fröhlich in privater Atmosphäre auf einer blau karierten Liege sitzt, oder von Politikern, die vor einer imposanten Berglandschaft spazieren gehen, lässt sich (zumindest für das Fernsehen) beispielsweise nur schwer über die nationalsozialistische Vernichtungspolitik sprechen. (Keilbach 2004: 567)

Dieser Hinweis gilt erst recht für die computergenerierten Bilder, die diese privaten Amateuraufnahmen imitieren. Die digital erstellten Farbaufnahmen in VIRTUAL HISTORY: THE SECRET PLOT TO KILL HITLER folgen diesem ‚privaten' Blick. Sie zitieren nicht Nachrichten- oder Wochenschaustile, sondern Amateurfilme. Damit adaptieren sie indirekt das Familiennarrativ, obwohl sie die Geschichte am Beispiel von historischen Akteuren erzählen.

Der Ereignischarakter, der vom digital (re-)produzierten Bild und vom Einsatz virtueller Spezialeffekte ausgeht, wird auch durch die visuelle Gestaltung verstärkt. Wie Wolf angemerkt hat, bedient sich das virtuelle Geschichtsfernsehen der Optik und Verfahren des Computerspiels. Hier sind insbesondere die eingefügten Flashs auf Landkarten und Zooms auf Satellitenaufnahmen sowie digitale Animationen von Gebäuden von Bedeutung, die von einem saugenden Sound untermalt werden. Dies führt nach Thomas Fischer auch zu einer „Vermehrung von Erzählklischees“ (Fischer 2004: 19).

Die Authentizitätsfiktion bedient sich dazu auch der Genres, die den Zuschauern bekannt sind: „Das vertraute Narrativ ersetzt die historische Konstellation, die historische Besonderheit, und macht sie allen anderen Medien-Erlebnisarten gleich.“ (Wolf 2005: 19) Virtual History: The secret plot to kill Hitler ahmt beispielsweise die schnelle und emotional überwältigende Erzählform von Fernsehserien wie Twenty Four (USA 2001, Robert Cochran, Joel Surnow) nach, indem wiederholt Tageszeiten eingeblendet werden. Durch die Synchronität der dargestellten Ereignisse soll die Spannung gesteigert werden (vgl. Buß 2005). Diese Dramaturgie ist Teil der Effektproduktion und gibt bestimmte Lesarten, z.B. die des Actionfilms oder des Thrillers vor. Sie steht in engem Zusammenhang mit der digitalen Generierung virtueller Geschichtswelten, da diese genauer und flexibler der Spannungsdramaturgie angepasst werden können. Obwohl diese Techniken eine fiktivisierende Lektüre nahe legen, können sie gleichzeitig in die emotionalisierende Rezeption der Authentizitätsfiktion als einer Art von audiovisuellem Nacherleben von Vergangenheit integriert werden.

Auf der anderen Seite können digitale Animationen bei der historischen Dokumentation aber auch zur Herstellung von virtuellen Vorstellungsbildern genutzt werden, die Ereignisse rekonstruieren, welche auf andere Weise nicht darstellbar sind. Dabei stellt sich in Abgrenzung zur digitalen Authentizitätsfiktion die Frage, inwieweit virtuelle Vorstellungsbilder die Imagination der Zuschauer in der Weise aktivieren können, dass diese die Künstlichkeit der Bilder erkennen und ihnen bewusst wird, dass damit kein Anspruch auf vollständige und wahrhaftige Wiedergabe der Vergangenheit erhoben wird. Dieses Potential des digitalen Bildes als virtuelles Vorstellungsbild soll anhand der britischen TV-Serie Auschwitz – The Nazis and the Final Solution (UK 2005, Lawrence Rees) untersucht werden.

Wie Virtual History: The secret plot to kill Hitler nutzt auch die Dokumentarreihe Auschwitz – The Nazis and the Final Solution die technischen und digitalen Möglichkeiten der Computeranimation. Sie dient zur Rekonstruktion der zerstörten Baracken des Lagers Auschwitz sowie der Gaskammern und Krematorien (Abb. 35). Im Gegensatz zu den Animationen in Virtual History: The secret plot to kill Hitler gibt es in Auschwitz aber von den Computersimulationen abgesetzte Spielszenen, die als solche kenntlich gemacht und ausschließlich zur Illustration der historischen Informationen eingesetzt werden. Meist überwiegen dabei halbtotale und halbnahe Einstellungen, so dass es keine emotionalen Identifikationsangebote mit den Figuren gibt und keine Handlungsträger etabliert werden. Außerdem werden kaum Dialoge verwendet. Auch die Interviews mit Überlebenden und ehemaligen SS-Männern zielen nicht auf Identifikation oder emotionale Effekte und trennen strikt zwischen Tätern und Opfern. Die am Computer animierten virtuellen Rekonstruktionen der zerstörten historischen Räume zeigen ausschließlich leere Orte. Der Authentizitätseindruck stellt sich durch die Raumerfahrung her. Dazu dient auch die Übernahme der *first-person*-Perspektive aus dem Computerspiel, da durch den dreidimensionalen Raum der Eindruck von Konsistenz hergestellt wird, der für die kognitive und emotionale Einbindung des Nutzers in die künstliche Welt des Computerspiels von großer Bedeutung ist. Die digitalen Bilder fördern die Interaktion mit dem Zuschauer,

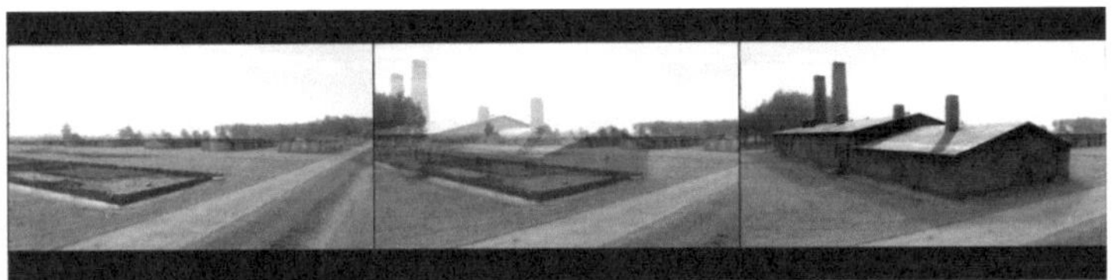

Abb. 35: Digitale Rekonstruktionen in AUSCHWITZ.

wodurch wiederum der Realitätseindruck des digitalen Bildes verstärkt wird (vgl. Elsaesser/Buckland 2002: 213).

Doch digitale Bilder sind nicht an die Gesetze der Wirklichkeit gebunden. Sie beschreiben „non-actual possibilities" (ebd.: 212). Sie stellen die Illusion her, dass die mögliche Welt der tatsächlichen entspricht. Im Fall von AUSCHWITZ handelt es sich dabei um eine vergangene wirkliche Welt. Daher zitiert die Dokumentation Darstellungsstrategien, die die Nachträglichkeit dieser Bilder betonen. Die in den leeren Räumen umherschweifende Kamera verweist beispielsweise auf Resnais' Farbaufnahmen aus NUIT ET BROUILLARD. Sie zitiert aber auch die die Überreste der historischen Orte untersuchende Kamera Claude Lanzmanns aus SHOAH. Daher können die virtuellen Bilder der menschenleeren und sterilen Orte der Vernichtung in AUSCHWITZ als Allegorien für den Prozess der Entmenschlichung im industriell verfertigten Massenmord interpretiert werden. Die Zuschauer müssen die Erfahrungen der Opfer, die Berichte der Täter und die im Computer generierten Orte mit Hilfe ihrer Vorstellungskraft zusammenfügen und vervollständigen. In diesen Raumsimulationen, deren Leere ihre Unvollkommenheit symbolisiert, spiegelt sich vielleicht die Heterogenität und Unvollständigkeit der „Welten, die der Dokumentarfilm entwirft", wie sie Margrit Tröhler beschreibt (Tröhler 2002: 17). Nach Tröhler muss die innerfilmische Handlungswelt, die Diegese, „letztlich als *rezeptive Größe* verstanden werden, als das Ergebnis der mentalen, fiktionalisierenden Aktivität, eine Welt zu konstruieren. Sie ist demnach ein imaginäres Universum, das in der Vorstellung der ZuschauerInnen entsteht, welche sich am Bild der natürlichen, aktuellen Welt orientiert." (Ebd.: 29f., H.i.O.) Der digital animierte Raum wäre dann sinnbildlich der Ort, an dem historische Erfahrung als sekundäre, stellvertretende Erinnerung vermittelt wird (vgl. Tröhler 2004: 161).

Das Erinnerungsbild wird nicht abgebildet, sondern entsteht aus der Kombination von entleertem (und darin bewusst nüchternem und gleichzeitig artifiziellem) Tatsachenbild (der Animation) und gesprochenem Wort durch die schöpferische und repräsentierende Einbildungskraft der Betrachtenden. Das digitale Bild wird so zu einer Vorlage, die die Zuschauer imaginär 'bespielen' müssen, indem sie selbst Verbindungen herstellen, die durch die Kompilation der unterschiedlichen dokumentarisierenden, fiktivisierenden und in ihrer Deutung offen bleibenden Elemente ermöglicht werden. Die mögliche Welt ist hier keine geschlossene Alternativwelt, sondern entspricht einem Modell, das erst mit Hilfe der Vorstellung zu einem wenngleich imaginären Geschichtsbild wird.

Während also auf diese Weise die vorgeprägten und oft wiederholten Geschichtsbilder aufgebrochen werden, und so ein Spielraum für die Wahrnehmung der Zuschauer entsteht, behauptet die Authentizitätsfiktion definitiv geprägte Bilder und basiert auf geschlossenen Erzählstrukturen. Diese mobilisieren Widererkennungseffekte, anstatt die Vorstellungskraft zu aktivieren oder Bekanntes zu hinterfragen.

GESCHICHTE UND ÄSTHETIK DER FILMISCHEN GESCHICHTSFIKTIONEN

In Deutschland kulminieren diese Tendenzen in einer Erzählform, die sich seit den späten 1990er Jahren und insbesondere seit der Jahrtausendwende in mehreren Film- und Fernsehproduktionen niedergeschlagen hat, und die ich mit dem Begriff *filmische Geschichtsfiktionen* beschreibe. Diese Filme übernehmen die geschlossene und imitative Form der Authentizitätsfiktion und stützen sich insbesondere auf das Familiennarrativ. Dadurch bieten sie sich zur Vermittlung von individuellen und gesellschaftlichen Geschichtsbilden besonders an. Eine Entsprechung finden sie in den Formen des Familiengesprächs. Im Folgenden sollen die neueren Geschichtsfiktionen von Holocaust und Nationalsozialismus im deutschen Film seit Beginn der 1990er Jahre eingeordnet und dann ihre Merkmale bestimmt werden. Dann werde ich diese Merkmale in einer Analyse von Sönke Wortmanns Film DAS WUNDER VON BERN exemplarisch herausarbeiten.

Die neuen filmischen Geschichtsfiktionen lösen ein Erzählmodell ab, das Ende der 1980er Jahre bis in die 1990er Jahre die filmische Auseinandersetzung mit der Geschichte des Nationalsozialismus und der deutschen Verbrechen hierzulande dominierte. Charakteristisch war eine Erzählperspektive, die die Vergangenheit aus der Gegenwart heraus thematisierte. Diese Perspektive verband mit der nationalsozialistischen Vergangenheit explizit auch deren Nachgeschichte als eine fortlebende und unbewältigte. Bereits in den 1960er Jahren hatten Filme und Fernsehspiele wie ZEUGIN AUS DER HÖLLE oder MORD IN FRANKFURT (BRD 1968, Rolf Hädrich) im Anschluss an die Prozesse gegen ehemalige Nazitäter in Jerusalem und Frankfurt diesen Zugang gewählt und dabei zumeist die Erinnerungen und Erfahrungen von Überlebenden in den Mittelpunkt gestellt (vgl. R. Loewy 2001). Die Verbrechen selbst kamen in diesen Filmen entweder durch Zeugenaussagen vor oder als subjektive Rückblenden und Träume und manifestierten sich als in die Gegenwart hineinreichende konflikthafte Spur. In den 1990er Jahren trat diese Erzählperspektive vor allem in solchen Filmen auf, die sich explizit dem

Thema der Auseinandersetzung mit den Verbrechen in der bundesrepublikanischen Gegenwart zuwendeten. Exemplarisch setzt Michael Verhoeven diese Erzählstruktur in seinem Film DAS SCHRECKLICHE MÄDCHEN (D 1990) um, welcher die Geschichte einer Schülerin erzählt, die im Rahmen der Recherche für einen Schulaufsatz, die verleugnete Vergangenheit ihrer Heimatstadt zum Vorschein bringt.[15] Der Film visualisiert die Vergangenheit in der Gegenwart durch Anleihen beim Theater, indem er die verschiedenen Zeitebenen als Ablagerungen über- und ineinander blendet. Die Vergangenheitsbilder erscheinen so im Kontext der Gegenwart und diese ist geprägt von der Vergangenheit. In Jerzy Kawalerowicz' Verfilmung von Jurek Beckers Roman BRONSTEINS KINDER (D/PL 1991) taucht die Vergangenheit ganz deutlich sichtbar als filmisches Zitat auf, wenn Aufnahmen aus der Zeit des Nationalsozialismus nach einem Schnitt an einem Filmset lokalisiert werden. In ähnlicher Weise thematisierte bereits Thomas Braschs DER PASSAGIER – WELCOME TO GERMANY (BRD/CH/UK 1988) die Gegenwart der Vergangenheit als mediale Konstruktion in einer Film-im-Film-Situation.

In den Filmen der späten 1980er und frühen 1990er Jahre deutet sich aber auch schon die dominante Erzählstruktur der Familiengeschichte an. Diese Beispiele greifen zunächst das Motiv des Generationenkonflikts auf. In ABRAHAMS GOLD (BRD 1990, Jörg Graser) wird am Beispiel von drei Generationen (Täter-Vater, Tochter und Enkelin) gezeigt, „wie geschichtliche Erfahrung tradiert wird, indem man nicht über sie spricht, wie Identität dadurch gebildet wird, dass sie zu etwas völlig Unmöglichem wird." (H. Loewy 2001: 74) Der Konflikt wird durch eine Kiste von Raubgold symbolisiert, die für das nationalsozialistische ‚Erbe' steht, das die Tochter am Ende ablehnt. Der Widerspruch zwischen den Generationen findet eine Entsprechung in der ästhetischen Form. Der Film lehnt sich dazu an das Genre des deutschen Heimatfilms an, durchbricht aber zugleich dessen Muster. Dabei wird aber der „Kreislauf des Schweigens und der Schuld" nicht aufgehoben (Reinecke 2001: 79).

Eine einschneidende Veränderung des Familien- und Generationennarrativs, die bereits die Entwicklung hin zu den filmischen Geschichtsfiktionen sichtbar macht, vollzieht Nico Hofmann in LAND DER VÄTER – LAND DER SÖHNE (BRD 1988). In schwarzweißen Rückblenden erzählt Hoffmann die Geschichte von Eberhard Kleinert, der als Unternehmer von den Naziverbrechen in Polen profitiert und in einer Parallelhandlung von dessen Sohn Thomas, der die Vergangenheit des Vaters erforscht und so die Gründe für dessen Selbstmord zu finden sucht. Das Urteil über die Taten des Vaters steht nicht mehr im Zeichen des Konflikts, sondern der Versöhnung zwischen den Generationen. Das zeigt besonders der Schluss des Films. Thomas Kleinerts Artikel „Der schmerzhafte Blick zurück in das Land der Täter" provoziert einen Journalisten zu der Frage, ob es sich um eine Anklageschrift gegen den

15 | In den 1960er Jahren hatte sich bereits Wolfgang Staudte in ähnlicher Weise dem Thema der Kontinuität in seinen Filmen ROSEN FÜR DEN STAATSANWALT (BRD 1959), KIRMES (BRD 1960) und HERRENPARTIE (BRD 1964) zugewendet.

Vater handele. Der Journalist bestätigt, er hätte – als ‚68er' – eine solche Anklageschrift verfasst. Kleinerts Artikel ist hingegen Ausdruck der Annäherung des Sohnes an den Vater. Das Land der Väter und Söhne ist ein exklusiver Ort, an dem die Täter unter sich sind. Hier gibt es keine Rache und die Schuld ist getilgt. Den Selbstmord des Vaters versucht der Sohn symbolisch rückgängig zu machen, indem er dem Vater – im Traum – die Pistole entwendet. Um die Identität zwischen der Eltern- und der Kindergeneration noch zu verstärken, spielt der Schauspieler Karl-Heinz von Liebezeit sowohl den Sohn als auch den Vater. Diese Verbindung von Gegenwart und Vergangenheit mit dem Wunsch nach Harmonisierung ist ein konstituierendes Merkmal der filmischen Geschichtsfiktionen. Bei deren Ausdifferenzierung spielt Hofmann eine wichtige Rolle, nun nicht mehr als Regisseur, sondern vor allem als Produzent von historischen Eventfilmen wie DIE LUFTBRÜCKE – NUR DER HIMMEL WAR FREI (D 2005, Dror Zahavi), DRESDEN oder DIE FLUCHT für das Fernsehen. Einen ähnlichen intergenerationellen Dialog zwischen Vater und Sohn hatte Hofmann bereits zum zentralen Erzählmodell seines Debütfilms DER KRIEG MEINES VATERS (BRD 1984) gemacht. Auch hier wird eine Generationengeschichte erzählt, die vom Urgroßvater im Ersten Weltkrieg über den Großvater, der im Zweiten Weltkrieg gefallen ist, über den Vater bis zum Sohn reicht. Der Vater befindet sich in einem Konflikt zwischen dem eigenen Wunsch, Soldat zu werden, und der Ablehnung des Krieges durch seine Mutter. Anhand eines Briefes versucht sein Sohn, diese Geschichte seines Vaters zu rekonstruieren. Hier wird das Familiennarrativ noch durch zahlreiche mediale Vermittlungsformen – Briefe, Fotos oder szenische Rekonstruktionen – ergänzt, die dem Film einen stark essayistischen Charakter geben. In den Reenactments wird aber bereits die spätere Ästhetik der filmischen Geschichtsfiktion deutlich: die nostalgischen Rückbezüge auf die Vergangenheit durch die Imitation von Moden und Stilen, die intertextuellen Verweise und die Harmonisierungen. Diese Verfahren greifen auch auf Traditionslinien des neuen deutschen Films der 1970er und 1980er Jahre zurück, die wie Edgar Reiz' Serie HEIMAT oder Bernhard Sinkels VÄTER UND SÖHNE (BRD 1986) ebenfalls das Generationenmotiv mit einem „neudeutschen Nostalgie-Bewußtsein" verkoppelt hatten (G. Koch 1985).

Im Verlauf der 1990er Jahre werden die Anteile der Gegenwartshandlungen in den deutschen Filmen über die nationalsozialistische Vergangenheit immer mehr ausgedünnt und nähern sich der Rahmenstruktur an, die von SCHINDLER'S LIST als konventionalisiertes Erzählprinzip eingeführt wurde.[16] Filme wie GLOOMY SUNDAY – EIN LIED VON LIEBE UND TOD (D/H 1999, Rolf Schübel) oder AIMÉE & JAGUAR (D 1999, Max Färberböck) folgen diesem

16 | Die Ausnahmen, deren Handlung weiterhin in der Gegenwart angesiedelt sind, entfalten den Zusammenhang von Vergangenheit und Gegenwart dann meistens im Rahmen von Genrestrukturen, wie MESCHUGGE (D 1998, Dani Levy), der das Genre des Kriminalfilms adaptiert, oder NICHTS ALS DIE WAHRHEIT (D 1999, Roland Suso Richter), der eine fiktive Gerichtsverhandlung gegen den KZ-Arzt Mengele zeigt und diese Geschichte als Gerichtsfilm erzählt.

Prinzip. Nationalsozialismus und Holocaust dienen zumeist nur als historische Kulisse für Liebesgeschichten. Beide Filme nehmen dabei Figurenkonstellationen auf, die sich zu Erzählkonventionen in Filmen über Holocaust und Nationalsozialismus entwickelt haben, die Dreiecksgeschichte und das unmögliche Paar.

Dass die Dreiecksbeziehung oder *Menage à trois* zu einer solchen Erzählkonvention geworden ist, ist insofern nicht verwunderlich, als es der klassischen Dramaturgie entspricht, eine äußere, gesellschaftliche Katastrophe in einem persönlichen Konflikt, dem Hin- und Hergerissensein zwischen zwei Menschen, die unterschiedliche Wertesysteme verkörpern, zu spiegeln. Die Dreiecksbeziehung eignet sich daher besonders gut, um Identitätskonflikte darzustellen. Ein solcher ist beispielsweise der oft zum Thema gemachte Konflikt zwischen Tätern und Opfern. Auf diese Weise wird die Dreiecks-, eigentlich sogar Vierecksgeschichte in Gloomy Sunday erzählt und schließlich zugunsten des – mithin toten – Opfers aufgelöst. Die ehemalige Geliebte eines Juden und eines Nazis ermordet, viele Jahre nach dem Krieg und dem Tod ihres jüdischen Freundes, ihren ehemaligen deutschen Geliebten. Dieses Muster findet sich implizit sogar bereits in Schindler's List. In gewisser Weise kann die Beziehung von Schindler zu dem Lagerkommandanten Göth und seinem jüdischen Sekretär Stern dramaturgisch als solche Entäußerung der Positionen, zwischen denen sich Schindler entscheiden muss, gedeutet werden. Damit ist auch eine weitere typisierte Grundfigur angesprochen, die mit der Dreiecksgeschichte verbunden ist, die der Entscheidung. Die Dreiecksbeziehung zwischen der überlebenden Polin Sophie, ihrem depressiven jüdischen Liebhaber und dem jungen amerikanischen Erzähler in Sophie's Choice (USA 1982, Alan J. Pakula) verdoppelt das dem Konflikt des Films zugrunde liegende Entscheidungsmotiv.

Später wird die Dreiecksgeschichte vor allem in den bereits angeführten deutschen TV-Events eingesetzt. In Dresden steht, wie noch näher gezeigt wird, eine junge deutsche Krankenschwester zwischen einem abgestürzten britischen Bomberpiloten und ihrem Verlobten, einem deutschen Arzt. Das Identitätsmotiv wird hier um eine Perspektiverweiterung ergänzt. Bereits ein Klassiker des Anti-Nazi-Films, Michael Curtiz' Casablanca (USA 1942) hat die Dreiecksbeziehung als Ausdruck einer Perspektiverweiterung und einer Entscheidungsfindung verwendet. In der Beziehungskonstellation zwischen Elsa, dem Widerstandskämpfer Victor und dem amerikanischen Barbesitzer Rick verzichtet letzterer schließlich auf die Liebe und entscheidet sich für den Kampf gegen die Nazis. Umberto Eco hat dabei auf die klischeehafte Form dieser Erzählfigur aufmerksam gemacht:

> Die drei unglücklichen (oder unmöglichen) Lieben fügen sich zu einem Dreieck. Aber im archetypischen Liebesdreieck gibt es einen Verratenen Ehemann und einen Siegreichen Geliebten. Hier dagegen sind beide Männer Verratene und Verlierer; doch in der Niederlage (und auf dem Wege zu ihr) kommt noch ein weiteres Element ins Spiel, ein so subtiles, daß es unterhalb der Bewusstseinsebene bleibt. Nämlich ein (höchst sublimierter Hauch von

Platonischer Männerliebe: Rick bewundert Victor, und Victor fühlt sich in ambivalenter Weise von Rick angezogen, und es scheint fast, als lieferten sich die beiden an einem bestimmten Punkt das Duell der Aufopferung, um einander zu gefallen. Jedenfalls stellt sich dann [...] die Frau als Mittlerin zwischen die Männer. Die Frau vermittelt nur, sie ist nicht Trägerin positiver Werte, das sind nur die Männer. (Eco 1987: 211)

Selbst in SPEER UND ER deutet sich, wie Judith Keilbach nahe legt, eine Dreiecksgeschichte zwischen Speer, seiner Frau und Hitler an (Keilbach 2007b: 222), die allerdings insbesondere auf die „Etablierung einer Liebesbeziehung zwischen den beiden Männern" verweist (ebd.: 219f.). Neben „sexualisierten Interpretationen des Nationalsozialismus, die dessen Anziehungskraft aus den angeblich perversen Zügen des Regimes ableiten und die politische Zustimmung somit auf Triebe zurückführt" (Keilbach 2007b: 232) kann in der Beziehung zwischen Speer und Hitler auch die Figur des unmöglichen Paares entdeckt werden. Auf diese rekurriert auch der Grundkonflikt in AIMÉE UND JAGUAR mit der Liebesbeziehung zwischen einer Jüdin und einer deutschen Frau. Nach Thomas E. Wartenberg zeigt der „unlikely couple film" eine Liebesbeziehung zwischen zwei Menschen, deren sozialer Status diese Beziehung problematisch macht (Wartenberg 1999: 7). Damit soll die Trennung von verschiedenen sozialen Schichten aufgehoben werden. Das Genre eignet sich so dazu, individuellen Widerstand gegen gesellschaftliche Anforderungen zu zeigen, aber auch dazu individuelles Versagen und Schuldigwerden zu thematisieren. In Filmen wie DRESDEN oder AIMÉE UND JAGUAR wird dieses kritische Potential aber nicht realisiert. Der Konflikt wird, zumeist durch den Tod einer Figur, scheinbar aufgelöst. Auf diese Weise werden Vergangenheit und Gegenwart miteinander harmonisiert. Die Harmonisierung wird zumeist unterstützt durch eine kurze in der Gegenwart spielende Rahmenhandlung, die zu narrativer Schließung führt.

Das Modell der Rahmenhandlung ermöglicht die inhaltliche wie strukturelle Bewältigung des Gewesenen im Heute ohne echte Auseinandersetzung. Viele der jüngeren Geschichtsmelodramen verwenden eine kreisförmige Anlage, die schon beim deutschen Nachkriegsfilm über den Faschismus beliebt war. (Schultz 2005: 77)

Rahmung und kreisförmige Schließung werden zu einer zentralen Konvention der filmischen Geschichtsfiktionen. Sie behaupten Geschlossenheit und Vollständigkeit (vgl. ebd.: 78). Sie entsprechen darin auch den vereindeutigten Familiengeschichten, die im Familiengespräch von der Enkelgeneration konstruiert werden:

Aus eher harmlosen, oft fragwürdigen, gelegentlich eher skandalösen Handlungen, die von den Zeitzeugen erzählt werden, werden vermittelt über die zweite Generation abstraktere, in Details veränderte und nach den situativen

Merkmalen deutungsoffenere Geschichten, die in der Enkelgeneration dann vereindeutigt werden. (Welzer/Moller/Tschuggnall 2002: 67f.)

Die erinnerten Ereignisse sind somit nicht „vorstellungsoffen und assoziativ", sondern werden „detailliert und alternativlos bebildert." (Ebd.: 130). Ähnlich fixiert sind auch die filmischen Geschichtsfiktionen über den Nationalsozialismus. Diese übermitteln eine festgeschriebene Deutung der Geschichte durch die Verwendung geschlossener und entsprechend alternativlos bebilderter Erzählformen (vgl. Weyand 2005: 65). Dies entspricht der zentralen Verschiebung von Tätern zu Opfern, die sich auf der thematischen Ebene vollzieht. Vom Fokus auf die deutschen Verbrechen, wenn auch mittlerweile transformiert in deutsch-jüdische Versöhnungsgeschichten wie in Aimée & Jaguar, verlagert sich der thematische Schwerpunkt der filmischen Geschichtsfiktionen auf den nationalsozialistischen Alltag, deutsches Leiden während des Krieges und in der Nachkriegszeit oder den deutschen Widerstand.

Neben dem Familien- und Generationennarrativ, dem nostalgischen Rückgriff auf die Vergangenheit und der narrativen und politischen Schließung sind die filmischen Geschichtsfiktionen auch von einem nahezu fetischistischen Authentizitätsversprechen geprägt. Filmische Geschichtsfiktionen sind also gleichzeitig Authentizitätsfiktionen, wie Jan Weyand am Beispiel der Struktur des Films Der Untergang beschreibt: „Im ‚Untergang' sind Geschichte und Fiktion nicht einfach verwoben, die Fiktion wird vielmehr als Geschichte ausgegeben. Das Mittel dazu ist die Authentizitätsfiktion, die Deutung in Geschichte, ‚wie sie war' verwandelt." (Ebd.: 55)

Wie Weyand anmerkt, erreicht die Authentizitätsfiktion den Realitäts-Effekt nicht mehr durch eine eher dokumentarische, offene Struktur und Ästhetik oder durch die kollageartige Montage von dokumentarischem und fiktionalen Filmmaterial, sondern gerade durch die zur Vereindeutigung tendierende geschlossene Form und ihre imitierende Ästhetik (vgl. ebd.: 58). Dem Zuschauer wird dadurch das Angebot gemacht, das Gesehene als Widerspiegelung der Wirklichkeit zu *glauben*. Die Authentizitätsfiktion dient dazu, Evidenz zu behaupten und sie entspricht den imaginativen und gesellschaftlich oder familiär tradierten Geschichtsdeutungen. Indem sie dem Publikum Geschichte als Folge von Geschichtsbildern widerspiegelt, die in der visuellen Kultur zirkulieren, wird eine Authentizität suggeriert, die aus der imitierenden Wiederholung des Bekannten resultiert. Die daraus folgende Ähnlichkeit der Produktionen ergibt sich aus dem Prinzip der Wiederholung, mithin der Struktur der Serialität. Sie können so auch im Nachvollzug eines Gedankens von Peter Wuss als „Fortsetzungsgeschichte" gesehen werden:

Die Massenkultur der audiovisuellen Medien hat Geschichten hervorgebracht, die aufgrund ihrer seriellen Anlage einen stark voraussehbaren Verlauf nehmen. Serialität bedeutet in diesem Falle vor allem, daß das Werk nicht mehr als einzelnes Kommunikat in das Repertoire der Kinos oder Fernsehprogramme eingebracht wird, sondern in größeren Bündeln, oft aus Folgen einer Fortsetzungsgeschichte besteht. (Wuss 1999: 156)

So weisen die filmischen Geschichtsfiktionen insbesondere durch ihre sich ähnelnde Erzählstruktur, die wiederum einer kreisförmigen Bewegung folgt, auch einen hohen Grad an intertextuellen Verbindungen auf. Das Schlussbild von DER UNTERGANG, die Fahrt der Hitler-Sekretärin Traudl Junge mit dem ehemaligen Hitlerjungen Peter Kranz in eine neue Zukunft, verbindet sich so beispielsweise mit dem Beginn des Films DAS WUNDER VON BERN, der diese Bewegung in die 1950er Jahre hinein fortsetzt. Die Geschichte von NAPOLA, die Faszination des Nationalsozialismus und die Rettung der jugendlichen Unschuld, kann in diesem Sinne als Einschub in der, bloß fragmentarischen, Nebenhandlung über den Hitlerjungen Peter Kranz in DER UNTERGANG gesehen werden. Die Rahmung von DER UNTERGANG mit dokumentarischen Interviewsplittern der realen Traudl Junge ruft die Erinnerung an Sophie Scholl auf, eine andere deutsche Heroine, deren Visualisierung in SOPHIE SCHOLL das Bild der Sekretärin in der filmischen Geschichtsfiktion ergänzt. Andere, ältere Intertexte können dabei gleichzeitig aufgerufen und überschrieben werden. So ersetzt NAPOLA beispielsweise den Identitätskonflikt in HITLERJUNGE SALOMON (D/F/PL 1990, Agnieszka Holland) durch bruchlose Kohärenz. Diese Struktur der Anspielungen und Zitate ist ebenfalls ein konstitutives Merkmal der Erzählstruktur von filmischen Geschichtsfiktionen. Doch wie ich bereits an SCHINDLER'S LIST gezeigt habe, bleibt der Pastiche-Charakter weitgehend unsichtbar.

Auf diese Weise tradieren die filmischen Geschichtsfiktionen auch die Referenzfilme der zweiten Generation, des neuen deutschen Films der 1970er Jahre, und verändern sie gleichzeitig. Wie die Enkel im Familiengespräch die abstrakteren und deutungsoffenen Versionen der Kindergeneration in eindeutige Geschichten überführen, knüpfen auch die filmischen Geschichtsfiktionen in ihrer Struktur an die Vorgängererzählungen an, beispielsweise von Syberberg oder Fassbinder. Hier jedoch war der Pastiche-Charakter zumeist offensichtlich und ermöglichte den nostalgischen Rückgriff auf die faschistische Ästhetik nur um den Preis einer sichtbaren Ambivalenz:

> Fassbinder inszenierte seine Geschichte einer im Faschismus erfolgreichen Sängerin in LILI MARLEEN (1980) bewußt kitschig. Kolportage und Klischee wurden sichtbar in die Handlung eingebunden, melodramatische Effekte wie pathetische Musik und Sternfilter eingesetzt. Die Aneignung der Ufa-Chiffren erfolgte derart brachial, daß ein gleichzeitiger Verfremdungseffekt eintrat. (Schultz 2005: 84)

Durch die narrative Schließung und die Struktur der Authentizitätsfiktion wird ein solcher Verfremdungseffekt verhindert. Die filmhistorischen Vorbilder werden so von ihren Nachfolgern überschrieben und einer Vereindeutigung unterzogen, bleiben aber als untergründige Bezugsebene weiter vorhanden. So bezieht sich beispielsweise DER UNTERGANG auf Syberbergs HITLER – EIN FILM AUS DEUTSCHLAND. Bernd Eichinger, Produzent von DER UNTERGANG, hatte in den 1970er Jahren bereits Syberbergs Film produziert. Dessen essayistischer Charakter wird in DER UNTERGANG aber durch die geschlossene Form des historischen Spielfilms ersetzt. Bestimmte Motive, beispielsweise der von Syberberg inszenierte Aufstieg Hitlers aus der Welt der Toten (und Untoten), finden sich auch in der blau eingefärbten Bunkerwelt von Der Untergang. Durch die Zusammenarbeit von Eichinger mit dem Historiker Joachim Fest bei der Konzeption von Der Untergang verbindet sich der Bezug zu Hitler – Ein Film aus Deutschland dann auch mit dem auf den Dokumentarfilm Hitler – Eine Karriere (BRD 1977), den Fest als Gegenstück zu Syberbergs Film im selben Jahr veröffentlichte.

Der Verweis der filmischen Geschichtsfiktionen auf die Filme der ‚Hitler-Welle' der 1970er Jahre führt dazu, dass deren teils gebrochener, teils fasziniert-affirmativer Rückgriff auf Bilder, Visionen und Denkformen des Nationalsozialismus durch die narrative Schließung und Authentifizierung imitiert werden. Diese Vorbilder orientierten sich, wie Gertrud Koch mit Bezug auf Saul Friedländer beschreibt, an „Formen allegorisierender Neo-Mythologien" (G. Koch 1992: 246). In ihrer allegorisierenden Ästhetik bliebt der Bezug auf diesen „mythischen Raum" der deutschen Vergangenheit in ihrer Künstlichkeit aber noch sichtbar (ebd.: 248). Ihre Imitate jedoch verleugnen, durch den Umweg über die Filme der 1970er Jahre, den Bezug auf die nationalsozialistische Vorstellungswelt. Fests affirmativer Umgang mit den von Leni Riefenstahl und anderen hergestellten Propagandabildern findet so Eingang in die filmische Geschichtsfiktion Der Untergang. Auf diese Weise eignen sich die filmischen Geschichtsfiktionen „auch Bilder und Perspektiven [an], die lange Zeit als infiziert und belastet galten" (Schultz 2005: 83). Die in Fassbinders Filmen noch widersprüchlichen stilistischen und thematischen Motive, beispielsweise die Opferfantasien und die Erlösungssymbolik (vgl. G. Koch 1992: 248), werden in den Geschichtsfiktionen der Enkelgeneration positiv gewendet. Nur dadurch, dass ‚die Nazis' von den ‚gewöhnlichen Deutschen' strikt getrennt werden, ist es möglich, Elemente der nationalsozialistischen Vorstellungswelt wieder aufleben zu lassen und umzucodieren. Eingebettet in eine nostalgische Ästhetik werden diese Ideologeme ‚rehabilitiert'. Was Saul Friedländer in *Kitsch und Tod* am Beispiel des neuen deutschen Films beschrieben hat, hat bei der Enkelgeneration nicht mehr denselben Charakter des „Wiederholungszwangs", der die Fixierung durch Brüche, allegorische Ästhetisierung oder rauschhafte Reinszenierungen mythischer Bilder in gewisser Weise gleichzeitig offen gelegt hat. Auch dafür stellt das Familiengespräch die Muster bereit. Elemente der NS-Ideologie, beispielsweise Geschlechterrollen, Familienmodelle oder bestimmte Wertesysteme werden von ihrem historischen Kontext abgelöst, dadurch ‚entnazifiziert' und als narrative Versatzstücke in die neuen Entwicklungs- und Heldengeschichten implantiert.

Aus dieser Beschreibung der filmischen Geschichtsfiktionen lassen sich nun folgende konstitutive Elemente ableiten: Vorherrschend ist das *Familien- und Generationennarrativ*. Dieses ist verbunden mit einer *nostalgischen Wendung zur Vergangenheit*. Durch eine *imitative Ästhetik* und die daraus resultierende Struktur der *Authentizitätsfiktion* entsteht eine *narrative Schließung* der erzählten historischen Ereignisse. Die *Übernahme von narrativen Strukturen aus Filmen über den Holocaust* und die *Adaption und Umkodierung von Moti-*

ven und Ideologemen aus der nationalsozialistischen Vorstellungswelt entsprechen narratologisch und ästhetisch dem Perspektivwechsel der letzten Jahre von den Geschichten der Verfolgten und Ermordeten zu denen der Täter und gewöhnlichen Deutschen, die nun zu Opfern der Geschichte werden.

FALLANALYSE: DAS WUNDER VON BERN (2003)

Exemplarisch lassen sich diese Merkmale der filmischen Geschichtsfiktionen an Sönke Wortmanns DAS WUNDER VON BERN illustrieren.[17] Das Familien- und Generationennarrativ wird schon in der Filmhandlung deutlich. Im Mittelpunkt des Films steht der Kriegsheimkehrer Richard, der sich von seiner Familie entfremdet hat. Es fällt ihm schwer, ein neues Verhältnis zu seiner Frau und seinen Kindern aufzubauen. Seine Tochter verwechselt er bei seiner Ankunft zunächst mit seiner Frau. Seinem jüngsten Sohn Matthias, von dessen Existenz er noch nichts wusste, kann er nur als autoritärer Vater begegnen. Der älteste Sohn Bruno opponiert gegen den Vater, den er mit Nationalsozialismus, Krieg und überkommenen Autoritäten gleichsetzt. Neben diesem Familienkonflikt entfaltet der Film noch zwei weitere Handlungsstränge, die beide ebenfalls das Familiennarrativ adaptieren. Der Film spielt zur Zeit der Weltmeisterschaft 1954 in der Schweiz. Er begleitet dabei die deutsche Fußballnationalmannschaft auf dem Weg zu ihrem mythisch verklärten Sieg, dem titelgebenden ‚Wunder von Bern'. Die Nationalmannschaft ist ebenfalls einer Familie nachgebildet. Auch Nationaltrainer Sepp Herberger muss erst eine neue Sprache finden, um die Spieler, ‚seine Kinder' zu erreichen.[18] Im Zentrum steht der ‚verlorene Sohn' Helmuth Rahn. Dieser wiederum, und das verbindet die zweite Handlungsebene mit der ersten, fungiert vor der Rückkehr von Richard als Ersatzvater für Matthias. Der dritte am rudimentärsten ausgeprägte Handlungsstrang erzählt die Geschichte des Sportjournalisten Ackermann und seiner Frau Annette. Damit wird nicht nur die soziale Handlungswelt der Bergarbeiter mit der bürgerlichen Mittelschicht in Beziehung gebracht, wodurch im Kristallisationspunkt des nationalen Erfolges die gesellschaftlichen Gegensätze der Nachkriegsgesellschaft harmonisiert werden. Im Moment des Sieges wird auch aus dem Paar eine (zukünftige) Familie, da Annette ihrem Mann nach dem Endspiel mitteilt, dass sie schwanger ist.

---

17 | Der Film bereitete den vierzigsten Jahrestag des ‚Wunders von Bern', der 1954 von der deutschen Nachkriegsnationalmannschaft gewonnenen Fußballweltmeisterschaft, vor. Gleichzeitig kann er auch als Bestandteil der Inszenierung der Fußballweltmeisterschaft in Deutschland im Jahr 2006 gesehen werden. Astrid Erll und Stephanie Wodianka weisen darauf hin, dass der Film das „Erinnerungsfeld" Fußballweltmeisterschaft 1954 sogar selbst eröffnet hat (vgl. Erll/Wodianka 2008: 12).

18 | Die Metapher der Familie für die Nationalmannschaft wird im Film auch mehrmals explizit benutzt.

Der im Verhältnis zwischen Richard und Bruno sowie Herberger und Rahn zitierte Generationen*konflikt* wird durch das ‚Wunder von Bern' harmonisierend aufgelöst. Rahn ordnet seine Wildheit der Gemeinschaft unter und wird dafür mit dem Siegtor belohnt.[19] Auch wenn Bruno in die DDR übersiedelt, bleibt er doch bei der Endspielübertragung vor dem Fernseher mit Familie und Nation vereint. Damit wird auch die *Wieder*vereinigung vorweggenommen und es stellt sich ein intertextueller Bezug zu den filmischen Geschichtsfiktionen über die DDR ein.[20]

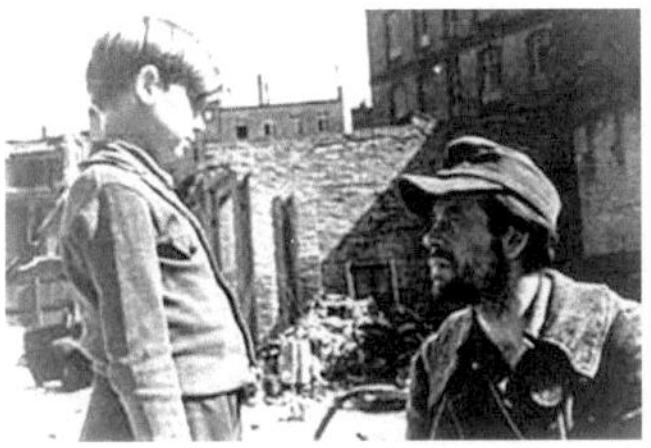
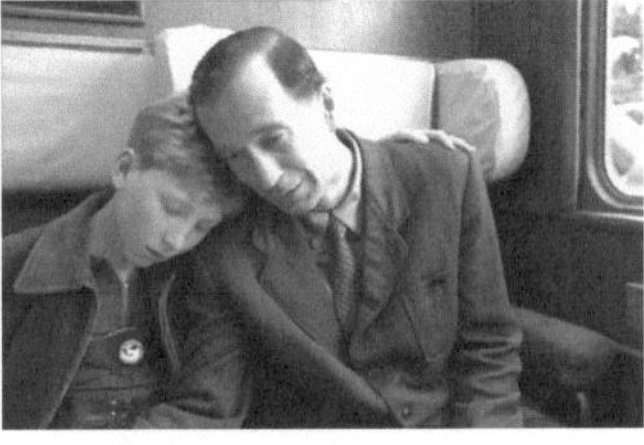

Abb. 36-37: Das Vater-Sohn-Motiv aus dem Heimkehrerfilm Irgendwo in Berlin (links) wird auch in Das Wunder von Bern (rechts) verwendet.

Auch der nostalgische Effekt des Films wird über solche intertextuellen Verweise realisiert. Er folgt dabei dem Verfahren, das Jameson für die Nostalgie-Filme beschrieben hat. Die Vergangenheit wird über die Imitation von Stilen imaginiert. Dabei rekurriert Das Wunder von Bern in der ersten Hälfte insbesondere auf Trümmer- und Kriegsheimkehrerfilme wie beispielsweise Irgendwo in Berlin (D 1946) von Gerhard Lamprecht (Abb. 36). Die Figur Richards wirkt wie eine Wiederholung des Heimkehrers aus diesem Film. Auch der im sich bessernden Verhältnis zwischen Vater und Sohn manifestierte Appell zum Neuanfang ist aus Lamprechts Film in die Erzählstruktur von Das Wunder von Bern übernommen worden (Abb. 37). Damit einher geht auch die spezifische Stimmung, die insbesondere durch die Farbgebung,

19 | Matthias fungiert dabei als Verkörperung der harmonisierenden Instanz. Er kommt kurz vor dem Siegtreffer ins Stadion und erscheint Rahn wie ein Engel. Auch in seiner Familie ist Matthias, gleichzeitig Stellvertreter der dritten Generation, das harmonisierende Medium, weil er das Geschehen der Nachkriegszeit „[u]rsprungslos, unwissend, unschuldig erlebt" (Witte 2007: 226).

20 | Die Geschichtsfiktionen über die DDR verwenden, wie Matthias Steinle an TV-Dokudramen zu diesem Gegenstand nachgewiesen hat, insbesondere zwei zentrale Narrative. Während die Zeit der DDR unter der Perspektive der Krise erzählt wird, dominiert bei den Filmen und TV-Events über die Vereinigung das Motiv des Wunders (vgl. Steinle 2009: 326). Steinle zeigt auch, dass diese Filme ebenfalls auf das Prinzip der Wechselrahmung zurückgreifen und Elemente und Motive aus der Ikonografie des Holocaust und des Nationalsozialismus adaptieren und auf die DDR übertragen (vgl. ebd.: 336ff.).

die Lichtsetzung und die Raumkonstruktion evoziert wird.[21] Dominieren im ersten Teil blasse und dunkle Farben, die an die Stimmung der Trümmerfilme erinnern, sowie enge und geschlossene Räume, „wechselt die Ästhetik schlagartig in die glanzvollen 50er-Jahre-Bildwelten des Heimatfilm-Technicolor." (Schultz 2005: 87) Helles Licht und satte Farben bestimmen die Fahrt von Matthias und seinem Vater durch die Alpen zum Spiel nach Bern.

Der Wechsel der Stimmung zeigt sich besonders eindrücklich im Verhältnis von Anfangs- und Schlussbild des Films. Beide Aufnahmen stehen komplementär zueinander. Sie rahmen den Film auf diese Weise ein. Auch

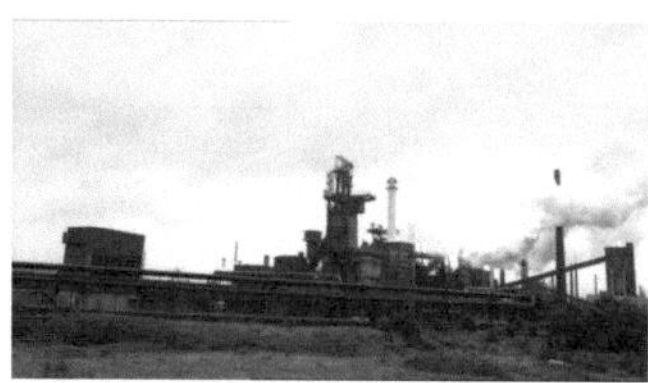
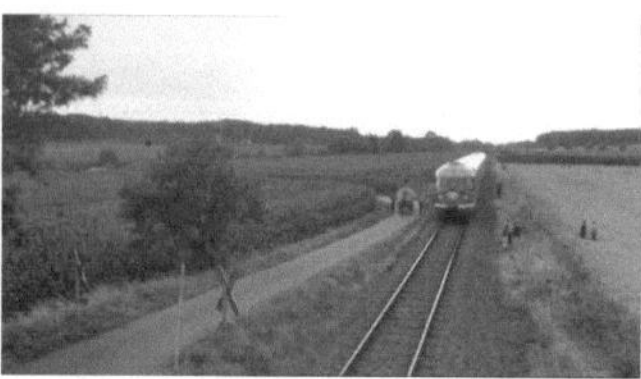

Abb. 38: Anfangs- und Schlussbild in Das Wunder von Bern.

hier kommt es wieder zu einer Kreisstruktur, die gleichzeitig die narrative Schließung des Films vollzieht. Die Erfahrung der Niederlage wird durch den Neuanfang abgelöst (Abb. 38). Das Schlussbild des in die Zukunft (des vereinigten Deutschlands) fahrenden Zuges symbolisiert die Harmonisierung und Stillstellung aller narrativen und politischen Konflikte im Sieg von Bern und der „Katharsis der Nation" (Witte 2007: 214).

Der offenkundige nostalgische Bezug auf vergangene Stile und Genres wie den Trümmer- und den Heimatfilm steht dem Verfahren der Authentifizierung aber keineswegs entgegen. Weil der Film die bekannten mythisch verklärten und medial tradierten Vorstellungen vom ‚Wunder von Bern' als ‚Ursprung' und ‚Neugeburt' der deutschen Nachkriegsnation wiederholt, entsprechen die Bilder dem, was die Zuschauer erwarten. Eben dadurch wird dem Film Glaubwürdigkeit zugesprochen. Gleichzeitig ist er eine Projektion gegenwärtiger Selbst- und Geschichtsbilder in die Vergangenheit. Darin findet sich die Legende von der ‚Stunde Null' genauso wieder wie der Mythos vom ‚Wirtschaftswunder'. Schließlich werden insbesondere über Emotionalisierungsstrategien Effekte des Nacherlebens produziert, die ebenfalls die Glaubwürdigkeit erhöhen. Ältere Zuschauer werden die Geschichte des Films mit eigenen Erinnerungen an die Übertragung der Weltmeisterschaftsspiele vergleichen und eventuell Teile davon, wie in den Analysen der Familiengespräche von Welzer, Moller und Tschuggnall nachgewiesen, durch Filmerinnerungen ersetzen. Jüngere Zuschauer können vergleichbare Erfahrungen mit dem Filmerleben synchronisieren. Dazu dient die Verwendung von üblicherweise aus Fußballübertragungen bekannten Elementen in Das Wunder von Bern.

21 | Für diesen Hinweis und die darauf aufbauenden nachfolgenden Überlegungen danke ich Thomas Schick.

Schließlich zählt zu den Authentifizierungsstrategien auch die Imitation bekannter ikonischer Bilder. Ein solches Bild ist die Aufnahme von Trainer Herberger nach dem gewonnen Finale, die der Film nachstellt. Die Nachahmung ikonisch gewordener Dokumente beschränkt sich in Das Wunder von Bern nicht nur auf die visuelle Ebene. So werden beispielsweise auch der bekannte Torjubel und die überschwängliche Moderation nach dem Abpfiff zitiert.

Wie zahlreiche filmische Geschichtsfiktionen adaptiert auch Das Wunder von Bern ikonische Bilder und Narrative des Holocaust. Das Schlussbild

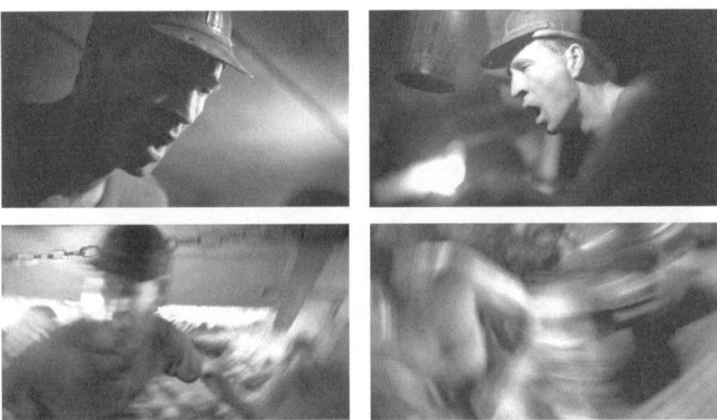

Abb. 39: Mit Hilfe von Darstellungskonventionen des Traumas werden die Kriegserinnerungen Richards visualisiert.

des Zuges erinnert an das Bild der rauchenden Lokomotiven der Deportationszüge, das Claude Lanzmann in Shoah wiederholt verwendet hat. Diese Erinnerung hatte auch Steven Spielberg mit dem ersten Bild der Binnenhandlung von Schindler's List evoziert, dem Matchcut vom Rauch einer erlöschenden Kerze zum Rauch einer Lokomotive. Das Wunder von Bern ersetzt diese Bilder durch das Hoffnungsmotiv eines „in die Zukunft rollenden Zuges." (Schultz 2005: 87)

Eine weitere Szene aus Das Wunder von Bern stützt sich auf eine konventionelle Darstellungsstrategie, die eng mit Narrativen des Holocaust verbunden ist. Nach seiner Rückkehr aus der Kriegsgefangenschaft versucht Richard wieder in seinem alten Beruf als Bergarbeiter zu arbeiten. Als er in den Stollen kommt, rufen die Geräusche der Presslufthämmer Erinnerungen an Geschützfeuer hervor. Der Film visualisiert diese Erinnerung als Trauma (Abb. 39). Die wackelige Kamera soll eine entsprechende Reaktion der Desorientierung auch beim Publikum auslösen. Indem die Darstellungskonventionen des Traumas hier auf Richard übertragen werden, wird dieser als Opfer markiert. Die Erinnerungen an die Shoah werden von der filmischen Geschichtsfiktion abgelöst und überschrieben.

Ein anderer Prozess der Umcodierung setzt in Bezug auf NS-Motivik ein. Eine Sequenz des Films spielt beinahe ironisch mit diesem Verfahren. In einer leicht surreal anmutenden Szene trifft Herberger im Mannschaftshotel auf eine Schweizer Putzfrau. Die beiden führen ein Duell der Redewendungen, in dem die Putzfrau die autoritären und als solche implizit mit dem Nationalsozialismus verbundenen Sprichwörter Herbergers („Wer nicht für mich ist, ist gegen mich") kontert („Sie sind nicht mehr in Deutschland, da muss nicht mehr bestraft werden"). Das Ganze kulminiert dann in der Reformulierung des Nazierbes für die Gegenwart (und Zukunft): „Einer für alle!"

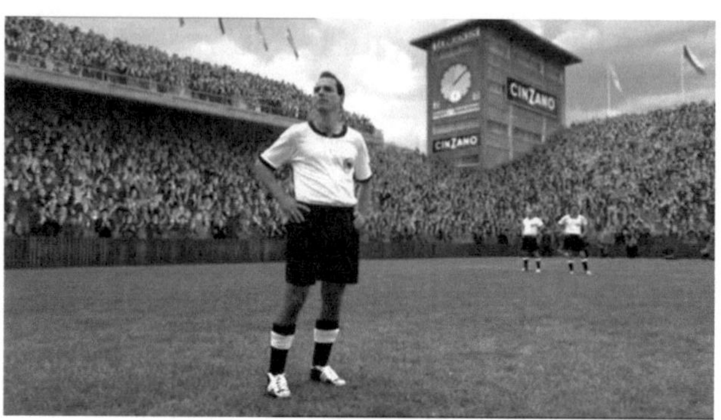

Abb. 40: Schlussszene des Endspiels in Bern.

Noch signifikanter wird diese Transformation während des Endspiels deutlich (Abb. 40). Der Film evoziert implizit die nationalsozialistische Massenikonografie aus bekannten Propagandafilmen wie TRIUMPH DES WILLENS oder OLYMPIA – FEST DER VÖLKER, FEST DER SCHÖNHEIT (D 1938, Leni Riefenstahl) in einer filmischen Verräumlichung der Masse, die Sonja Witte präzise beschrieben hat:

> Die Kamera verselbständigt sich: Auf dem Spielfeld fährt sie, Kapitän Fritz Walter in ihrem Zentrum, in einem Halbkreis um diesen herum, so dass hinter Walter die Tribüne des Stadions vorbeizieht. Dieser, seine Hände in die Seiten gestützt und die Rufe vernehmend, lässt den Blick über die Tribüne gleiten und wendet sich der Bewegung der Kamera entgegengesetzt frontal zu ihr um die halbe Achse. Der Kameraschwenk transformiert den Kinoraum zu einer imaginären Erweiterung des Wankdorfstadions. Walters Blick schweift über das Kinopublikum, hinter ihm die Tribüne des Stadions und ihre klatschenden Hände – der Spiegel der Sitzreihen im Kinosaal. (Witte 2007: 226)

Die vorherige ironische Distanzierung vom nationalsozialistischen Erbe wird auf diese Weise zurückgenommen. Die Ästhetik der Propagandafilme, eingebettet in die Erzählstruktur der filmischen Geschichtsfiktionen, erscheint jedoch unschuldig, weil sie sich durch die Distanzierung legitimieren kann. Auf diese Weise bewahren die filmischen Geschichtsfiktionen die alten Bilder und fügen sie in das neue Selbstbild ein, verorten diese aber gleichzeitig retrospektiv in einem vom Nationalsozialismus verschieden gedeuteten Ursprungskontext.

Dieses Verfahren von Zitieren und Überdecken findet sich nicht nur im Hinblick auf dieÄsthetik des Nationalsozialismus, sondern auch bezüglich des filmischen Erbes der ‚zweiten Generation'. DAS WUNDER VON BERN fungiert als Hypertext, der sich im Sinne Genettes zu seinem Hypotext, Fassbinders DIE EHE DER MARIA BRAUN (BRD 1979), positioniert. Auch dieser Film spielt in den frühen 1950er Jahren. Er beginnt mit der Rückkehr eines Kriegsheim-

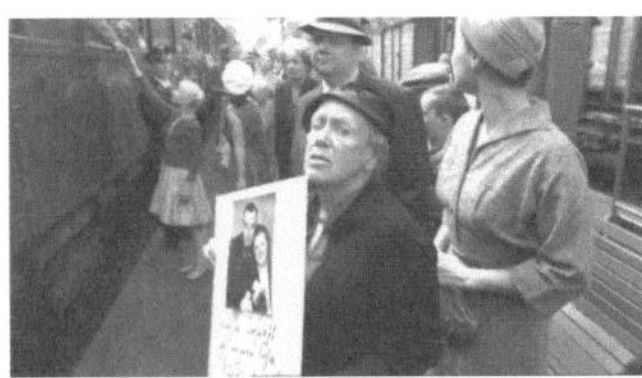

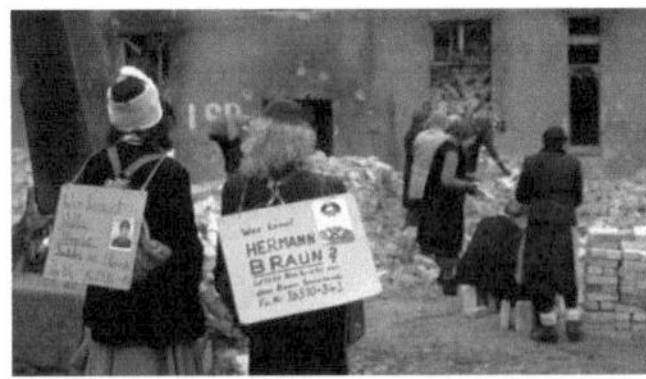

Abb. 41-42: DAS WUNDER VON BERN wird zum Hypertext von Fassbinders DIE EHE DER MARIA BRAUN.

kehrers und endet mit dem deutschen Triumph im Endspiel von Bern. Wie sehr sich DAS WUNDER VON BERN auf Fassbinders ersten Teil seiner BRD-Trilogie bezieht, macht insbesondere die Ankunftsszene von Richard am Bahnhof deutlich (Abb. 41). Setting und Kameraführung zitieren beinahe eins zu eins Fassbinders Anfangssequenz nach dem Prolog, in der Maria Braun auf dem Bahnhof (allerdings vergeblich) auf ihren Mann wartet. In beiden Filmen taucht die mit der Hand geführte Kamera in das Getümmel am Bahnhof ein. Wortmann spielt dabei auf die Bilder aus DIE EHE DER MARIA BRAUN direkt an (Abb. 42). Doch in Fassbinders Film kann kein Bild als authentisches Bild gelesen werden. Der Film stellt seine Perspektive, den Blick aus den 1970er Jahren auf die 1950er Jahre, explizit aus und bezieht auch seine ästhetische und politische Wirkung aus dieser spezifischen Konstellation. Jedes Bild des Films stellt einen impliziten oder expliziten Bezug zur Gegenwart her, indem es seine Herkunft aus den Stilen, Filmen und ikonischen Bildern, Mythen und Umschreibungen der 1950er Jahre kenntlich macht. Einige der Aufnahmen fungieren dabei als kalkulierte Fehlleistungen. Sie sind Bilder aus einer ‚anderen' Zeit. So findet sich bei den Suchanzeigen, die Maria Braun am Bahnhof liest, ein Zettel, auf dem der Kameramann des Films Michael Ballhaus gesucht wird. In einer späteren Szene wird eine Packung Zigaretten in Großaufnahme gezeigt. Dabei wird explizit deutlich, dass es sich um Zigaretten aus den 1970er Jahren handelt, die für jene der 1950er einstehen sollen. Auch das Ende des Films stellt den Zeitkern der 1970er Jahre zurückprojiziert in die Gründungsphase der Bundesrepublik aus, wenn der Film mit den Porträts der Bundeskanzler bis zu Helmut Schmidt schließt.[22] Der Sieg der deutschen

22 | Ausgespart bleibt Willy Brandt, den Fassbinder auf diese Weise aus der Kontinuitätslinie ausnimmt. Bei aller gesellschaftskritischen Absicht zeigt sich darin Fassbinders ‚Gefesseltsein' an Deutschland und seine Mythen, das für viele seiner Filme und Figuren symptomatisch ist (vgl. dabei zu Fassbinders visuellen Konstruktionen des Judentums G. Koch 1992, sowie Scheit 1999: 527ff.).

Nationalmannschaft im WM-Finale von Bern als retrospektiver Gründungsmythos der westdeutschen Nachkriegsnation fällt hier zusammen mit der Katastrophe, dem Tod Maria Brauns durch eine Gasexplosion. Verschiedene Zeitebenen, Vergangenheit und Gegenwart, Schuld, Bruch und Kontinuität werden in diesen Bildern verdichtet, die betont künstlich ihre Verbindungen mit anderen Bildern oder Genrekonventionen wie dem Melodram ausstellen.

DAS WUNDER VON BERN versucht eben diese Bilder mit Hilfe der Erzählstruktur filmischer Geschichtsfiktionen zu überschreiben, indem der Film auf Fassbinders Nachkriegstrilogie anspielt und gleichzeitig den Bezug zu ihr leugnet. Damit soll der Mythos wieder zum unschuldigen Bild werden. Deutsche Alltagsgeschichte und nationale Geschichtsmythen, die zum Grundinventar der filmischen Geschichtsfiktionen gehören, werden zu einer scheinbar widerspruchsfreien Einheit zusammengefügt. Die Differenz der Zeitebenen ist nicht mehr sichtbar. Die Erzählform wird nicht mehr, wie in DIE EHE DER MARIA BRAUN reflektiert, sondern verfestigt sich im Sinne einer vereindeutigenden Ästhetik.

Im Folgenden wird der Umgang mit wiederkehrenden Bildern und visuellen Ikonen näher untersucht. Dabei wird insbesondere der transtextuelle Charakter der filmischen Geschichtsfiktionen genauer betrachtet. Ferner wird die Überschreibung früherer filmischer Visualisierungen des Holocaust untersucht.

Filmische Geschichtsbilder

Wie deutlich geworden ist, basieren die Erzählstrukturen der filmischen Geschichtsfiktionen auf der Wirkungskraft von Bildern, die als Geschichtsbilder die Wahrnehmung der gezeigten Ereignisse nachhaltig beeinflussen. Dabei sind insbesondere solche Bilder wirksam, die bereits Eingang in das mediale Gedächtnis gefunden haben und so Bestandteil kulturell geteilter Vorstellungen und Deutungen der Vergangenheit geworden sind. Während beim Dokudrama, auf dessen Struktur die filmischen Geschichtsfiktionen oft zurückgreifen, die historischen Bilder zumeist als Archivmaterial in die Spielhandlung montiert werden und daher als Zitate erkennbar bleiben, geht es im Folgenden um eine Ästhetik visueller Nachbildungen, die die historischen Vorbilder imitieren und damit oft überschreiben. In ihrer Nachbildung bleiben die historischen Bilder jedoch in veränderter Form, als implizit markierte Vorbilder, erhalten und prägen die Rezeption als einen vom Filmmaterial angeleiteten Erinnerungsprozess. Dies schließt einerseits an jene Ikonen des Holocausts und Monumente der Erinnerung an, die ich im Kapitel über die historischen Bilder als Modelle vorgestellt und analysiert habe. Andererseits entstehen durch Wiederholung visuelle Stereotype, denen eine dramaturgische Funktion als Verdichtung komplexer Erzählinhalte zukommt und deren Charakter zwischen fixiertem Geschichtsbild und reflexivem Vorstellungsbild changiert. Ihr Status ist abhängig von ihrem Kontext, von ihrem Gebrauch, von ihrer Funktion, ihrer Porosität oder Vereindeutigung und insbesondere vom Verhältnis zu ihren Vorbildern. Willi Goetschel hat darauf hingewiesen, dass wir es im Hinblick auf Bilder mit einer „Sprachlosigkeit" zu tun haben, die Kontextualisierung notwendig macht:

> Die Funktion von Bildern in diesem Prozeß ist dabei, so anschaulich wie möglich sie sein mögen, nicht eindeutig. Denn Bilder sind sprachlos. Sie haben ihre eigene Sprache, die keine ist, sofern sie eben Bilder und nicht Sprache sind. Sie haben eine Geschichte und einen Kontext. Sie sprechen nur insofern, wie wir sie sprechen machen. (Goetschel 1997: 132)

Darum muss neben dem Inhalt des Dargestellten die Form der Darstellung in die Interpretation einbezogen werden. Dazu gehört besonders der Wiederholungs- und Imitationscharakter von Geschichtsbildern. Gleichzeitig geht es aber auch darum, den postmodernen „Mythos der vermeintlichen Selbstreferenz" zu brechen (ebd.: 137) und nach der Geschichte und Herkunft der verwendeten Bilder zu fragen, die von tradierten Bedeutungen geprägt sind: „So sind die Bilder des ‚Holocaust' beredte Zeugen der tief gelagerten Ambivalenz, Vergangenheit zwar bewältigen zu wollen, aber ohne sie, nämlich die eigene Vergangenheit, konsequent zur Sprache zu bringen." (Ebd.: 141)

Im Folgenden werde ich diese Ambivalenz zunächst am Beispiel der Nachbildungen historischer Bilder untersuchen. Inwieweit, so die leitende Frage, ist in diesen Bildern eine Reflexion ihres Status als Nachbildungen enthalten? Anschließend wende ich mich der Vervielfältigung solcher Geschichtsbilder in einem transtextuellen, auf Genrezitaten, intertextuellen Anspielungen und imitierenden Nachbildungen basierenden Filmtext zu. Hier werden auch Bezüge zur postmodernen Ästhetik sichtbar. In einem dritten und vierten Schritt untersuche ich exemplarisch die Verdichtung von Geschichtsbildern zu visuellen Stereotypen am Beispiel der filmischen Repräsentation von Konzentrationslagern, und schlage dann vor, jenen von Primo Levi beschriebenen Bereich der „Grauzone" als einen möglichen Ort für die Reflexion solcher Bilder zu deuten. Inwieweit, so meine Frage, folgt aus der ethischen Ambiguität eine Verunsicherung der Zuschauer, die durch die Verunsicherung über den Status der Bilder verstärkt wird? Inwiefern verlangen also die Geschichte des Massenmordes und ihr Fortleben selbst nach einer porösen Art ihrer Darstellung? Schließlich werde ich den Status der Geschichtsbilder und die visuellen Geschichtsstereotype exemplarisch im Film DER UNTERGANG untersuchen und analysieren.

NACHBILDUNGEN HISTORISCHER BILDER IN THE PIANIST

Obwohl oder vielleicht gerade weil er selbst als Kind das Krakauer Ghetto überlebt und seine Mutter in Auschwitz verloren hatte, entschloss sich Roman Polanski erst spät dazu, diese Ereignisse explizit in einem Film zu behandeln, wiewohl sich in seinen vorherigen Filmen wie LE LOCATAIRE (F 1976) oder THE DEATH AND THE MAIDEN (UK/USA/F 1994) durchaus Anspielungen auf das Thema und auch seine eigene Geschichte finden lassen. Erst 2002, nach und trotz Spielbergs internationalem Erfolg mit SCHINDLER'S LIST, drehte Polanski THE PIANIST. Er hatte lange nach einer geeigneten Vorlage gesucht. Das Angebot, SCHINDLER'S LIST zu verfilmen hatte er ebenso abgelehnt, wie einen Film über seine eigene Kindheit zu drehen. Die geeignete Vorlage fand Polanski schließlich in den Erinnerungen des jüdisch-polnischen Pianisten Władysław Szpilman, der diese unmittelbar nach seiner Befreiung aufgeschrieben und 1946 unter dem Titel *Das wunderbare Überleben* in Polen publiziert hatte.

Der Gestus der Vorlage bestimmt auch die Erzählhaltung von Polanskis Film. Lars Koch zufolge verdeutlichen Szpilmans Aufzeichnungen seinen „Zustand der wenig reflektierten Erschütterung" und können so als ein „Bericht über das Geschehene ‚von unten'" gelesen werden, der „nicht durch einen ideologischen Überbau in bestimmter Weise fokussiert ist". Folglich orientierten sich seine Erinnerungen noch „nicht an den nach dem Kriege schnell formulierten Deutungsangeboten religiöser oder philosophischer Meistererzählungen" (L. Koch 2007: 293). Sie sind eher ein Erinnerungsprotokoll als eine literarische Verarbeitung des Erlebten (vgl. Rodek 2002).

Da sich Polanski sichtlich bemüht, diesen Gestus der Unmittelbarkeit und Nüchternheit in seiner Verfilmung umzusetzen, betonen viele Analysen von The Pianist dessen Beschränkung auf die „subjektive Sicht des Protagonisten." (Schulze 2004: 73). Wie noch zu zeigen sein wird, spielt diese Perspektive für Polanskis Umgang mit historischem Bildmaterial eine wichtige Rolle. In seiner enthusiastischen Besprechung des Films beschreibt Marcel Reich-Ranicki, selbst Überlebender des Warschauer Ghettos, das Spannungsfeld, in dem sich Polanskis Film befindet:

> Mit seinen vielen, oft rasch skizzierten Figuren, mit seinen unzähligen kleinen, doch meist charakteristischen Szenen und Situationsbildern hätten Szpilmans Erinnerungen sehr wohl als Vorlage für einen großen Spielfilm Verwendung finden können. Und natürlich wäre Polanski imstande, uns einen solchen Film zu liefern. Nur wollte er es nicht. Er meinte offensichtlich, daß diesem Stoff am ehesten eine Dokumentation gerecht werden kann. Freilich gibt es authentische Filmaufnahmen aus dem Warschauer Ghetto. Authentische? Es sind fast ausschließlich solche, die von deutschen Filmleuten in antisemitischer Absicht gedreht wurden; und zum Teil handelt es sich um gestellte Szenen der widerlichsten Art. Es war Polanski sofort klar: Eine Dokumentation konnte nicht in Betracht kommen. (Reich-Ranicki 2002)

Reich-Ranickis Besprechung ist eine der wenigen Rezensionen, die explizit auf den visuellen Stil des Films eingeht und diesen nicht nur unter der dramaturgischen Perspektive einer distanzierten Erzählhandlung betrachtet. Reich-Ranicki verdeutlicht damit den Hintergrund, vor dem Polanskis Film zu sehen ist: als Porträt von Warschau während des Krieges muss er sich ins Verhältnis zu den Bildern setzen, die die Nazis als Besatzer und Mörder in der polnischen Hauptstadt und insbesondere im Ghetto herstellten, und die bis heute die Wahrnehmung des jüdischen Lebens in Warschau während des Krieges prägen. Polanski vermeidet es, diese Bilder direkt zu zeigen, sein Film bleibt nicht nur auf der Handlungsebene ungebrochen und kausal erzählt. Auch im visuellen Stil und in der Montage verlässt der Film die Ebene des Spielfilms nicht. Keine Archivbilder, Wochenschauaufnahmen, Fotos oder andere Originalaufnahmen sind in den Film montiert, abgesehen von einer Montage von als Archivaufnahmen erkennbaren Bildern zu Beginn des Filmes. Schwarzweiß sind hier nicht die Ereignisse des Holocaust, sondern die letzten Tage und Stunden des Vorkriegswarschaus. Stadtansichten, Menschen auf den Straßen und Alltagsszenen, markiert als Archivbilder, symbolisieren Verlorenes. Dann schneidet der Film auf die Hände des Klavier spielenden Szpilman und wechselt dabei von Schwarzweiß zu Farbe (Abb. 43). Dieser

Übergang vollzieht sich in einem abrupten Schnitt. Dadurch erscheinen die als Archivbilder markierten Aufnahmen gleichzeitig als Teil des Films und von diesem getrennt.[1] Einerseits verwendet Polanski diese Aufnahmen als expositorisches Element, ein Verfahren das in zahlreichen Filmen über historische Ereignisse angewendet wurde und so zu einer Darstellungskonvention geworden ist. Bereits unmittelbar nach Kriegsende wurden beispielsweise in dem Film Lang ist der Weg auf ganz ähnliche Weise Dokumentaraufnah-

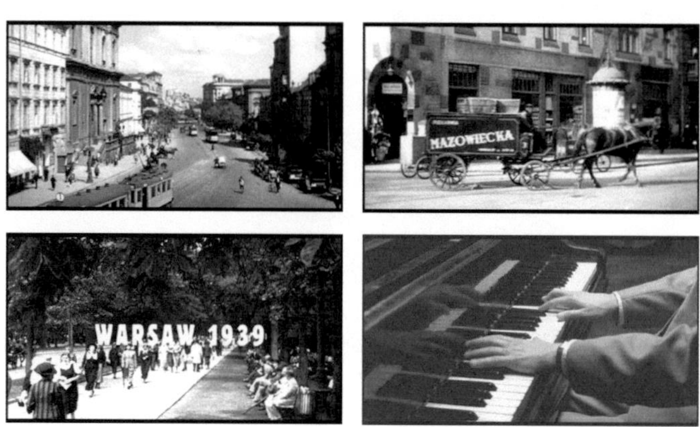

Abb. 43: Exposition von The Pianist mit dem Übergang von schwarzweißen Archivbildern zur farbigen Spielhandlung.

men aus dem Vorkriegswarschau verwendet, um zur Geschichte über eine jüdische Familie und ihren Leidensweg überzuleiten (vgl. Ebbrecht 2005: 48f.).[2]

Gleichzeitig widersetzt sich Polanski der spätestens seit der TV-Serie Holocaust gültigen Konvention, durch die Überblendung von Schwarzweiß in Farbe die historischen Bilder im fiktionalen Film zu amalgamieren. Polanski verwendet weder eine solche Überblendung noch eine dramaturgische Einbindung der Bilder mit Hilfe einer kausalen Schnittfolge wie in Lang ist der

1 | Peter Schulze weist zu Recht darauf hin, dass das gegensätzliche Bildmaterial durch die Musik miteinander verbunden wird (vgl. Schulze 2004: 71). Diese Kombination von schwarzweißen Bilddokumenten und farbiger Spielhandlung, die durch den Assoziationsraum, den die musikalische Untermalung eröffnet, verbunden wird, erinnert auch an das Gestaltungsverfahren in Resnais' Nuit et Brouillard.

2 | Auf den damit verbundenen Authentizitätseffekt macht auch Robert R. Shandly aufmerksam: „Long is the Road promotes its own authenticity from the start. Although it will set forth a fictional narrative, the voice-over announves it as if it were a documentary." (Shandly 2001: 95). Daraus entsteht jedoch eine sehr spezifische Form des Dokudramas, dessen Erzählstruktur in engem Zusammenhang mit der besonderen Produktionsgeschichte von Lang ist der Weg als „jüdisch-deutsche Film-Kooperation" steht, die Cilly Kugelmann rekonstruiert und auch im Hinblick auf ästhetische und gestalterische Konsequenzen analysiert hat (Kugelmann 1996: 354).

WEG. Der Schnitt auf die Nahaufnahme der Klavier spielenden Hände markiert vielmehr einen visuellen Bruch. Von da an variiert der Film zwar seine eigene Farbigkeit (vgl. L. Koch 2007: 300), ändert aber nicht mehr den Status der Bilder. Sie sind eindeutig als Nachbildungen markiert: „THE PIANIST ist durch die dokumentarischen Bilder gekennzeichnet als ein Spielfilm, der in den historischen Kontext eingebettet ist, sich jedoch nicht als *unmittelbare* Abbildung des historischen Geschehens ausgibt." (Schulze 2004: 71)

Trotzdem entwickelt die Inszenierung eine spürbare Intensität, die eine unmittelbare Nähe zu den Zuschauern herstellt, sodass der Eindruck entsteht, Polanski habe zumindest in den Schilderungen der historischen Wendepunkte, der Einrichtung des Ghettos, dem Aufstand und seiner Niederschlagung, historisches Bildmaterial in seinem Film verwendet. So stellt Reich-Ranicki ebenso begeistert wie verwundert fest:

> Nein, es war nicht anders. Was ich mir nie vorgestellt, was ich nie zu hoffen gewagt habe, das ist Polanski hier gelungen: Er hat den Alltag des Ghettos, seine Atmosphäre so treffend und mit einer so überwältigenden Genauigkeit wiedergegeben, daß ich, diesen Film sehend, hier und da mit dem Verdacht kämpfen mußte, da seien authentische Dokumentaraufnahmen eingeblendet worden. (Reich-Ranicki 2002)

Doch nicht nur der Zeuge Reich-Ranicki wird hier von einem seltsamen Erinnerungseffekt heimgesucht. Nicht nur der Überlebende, der das Ghetto aus eigener Anschauung kannte, hat das Gefühl der Vergangenheit beizuwohnen wie sie war. Auch die nachgeborenen Zuschauer fühlen sich in den Bildern an etwas erinnert, was sie selbst niemals erlebt haben:

> Polanski inszeniert die Szenen des Terrors so klar, schonungslos und überzeugend, dass sie für den Zuschauer den Rang von eigenen Erlebnissen annehmen können. Ihre Glaubwürdigkeit ist an die Lebendigkeit der Bilder nationalsozialistischer Unterdrückung gebunden, die das kollektive Bewusstsein (immer noch) bereithält. (Giesenfeld 2002)

Dieser Erinnerungseffekt ist Folge der medialen Erinnerung. Polanskis Darstellung des Warschauer Ghettos ruft jene Bilderinnerungen bei den Zuschauern wach, die aus der Bekanntheit von historischen Dokumenten oder deren populären Nachbildungen folgen. Auf diese Weise entstehen Geschichtsbilder, die historischen Fotografien oder Filmaufnahmen nachempfunden werden (vgl. Baron 2005: 244). Die vorgefundenen und zirkulär wiederholten Aufnahmen werden zu Vorlagen für fiktive Geschichtsbilder. Auf diese Weise entsteht auch ein Eindruck der Authentifizierung. Die Überzeugung, in den fiktionalen Filmbildern authentische Geschichtsbilder zu sehen, entsteht aufgrund ihrer Bekanntheit. Gleichzeitig aktiviert die Nachbildung aber auch die mit den Vorbildern verbundenen Emotionen und affektiven Besetzungen. Wenn Leon de Winter seinem Gespräch mit Roman Polanski das Urteil voranstellt, bei dessen Film handele es sich um ein „Monument des Mitempfindens", dann ist dieser Eindruck unter anderem auch darin begründet, dass THE PIANIST eben jene Monumente der Erinnerung aufruft, die das kulturelle Gedächtnis von den Ereignissen im Warschauer Ghetto nachhaltig geprägt haben. Oder wie Polanski im selben Gespräch berichtet:

> Die wurden ins Ghetto geworfen. Sie starben auf der Straße und in den Kellern. Ich weiß nicht, ob du je das Archivmaterial gesehen hast, das es davon gibt. Es ist unvorstellbar, was man da sieht. Menschen in Fetzen, die einmal Kleidung gewesen waren, auf zerfledderten Matratzen kaum begreifend, dass sie von den Deutschen gefilmt wurden. Wenn du das Material siehst, bist du so betroffen, dass du dich nicht fragst, wer auf der anderen Seite der Kamera stand. (Winter/Polanski 2002)

Scheinbar losgelöst von ihrem Entstehungskontext gestaltet Roman Polanski in seinem Film die Szenen über das Warschauer Ghetto nach eben diesen fotografischen und filmischen Vorlagen (vgl. Roser 2002). Er orientiert sich dazu hauptsächlich an Aufnahmen, die von deutschen Kameraleuten im Ghetto gemacht wurden. Daraus resultiert ein ambivalenter Status dieser Bilder, wie Georg Seeßlen am Beispiel von THE PIANIST beschreibt:

> Wir haben Dokumente und Bilder, die vor unseren Augen zerfallen in die furchtbare Banalität des Bösen und in eine alles übersteigende Ikonografie des Grauens. [...] Der Spielfilm muss vom Faschismus und vom Holocaust in Bildern erzählen, die sich nicht erweitern, kaum verändern lassen und deren Evidenz die größte Ressource des Kinos zu vernichten droht: die Ambiguität. [...] Diese Ikonografie des Grauens ist in sich weder wahr noch falsch. Sie ‚funktioniert' furchtbarerweise in billigen Sado-Comics, in patriotischen Kriegsfilmen, in trostreichen historischen Seifenopern ebenso wie in der authentischen Montage, in einer Kunst der Erinnerung und der Menschlichkeit, Sie ‚funktioniert' in der Welt der Täter und in der Welt der Opfer. Das Erzählen in der Ikonografie des Grauens kann, wo es gelingt, zur Errettung von Menschen führen, zur Errettung der Person, die die Nazis vernichten wollten, eine andere Form der Errettung auch jener Person, die die Verbrechen beging. Aber jede Erzählung, die die Ikonografie des Grauens benutzt, ist auch Teil eines Prozesses der Gewöhnung, der Trivialisierung. (Seeßlen 2002)

Polanski stützt seine visuelle Gestaltung dennoch auf diese Ikonografie und verwendet dazu die zu Bildstereotypen gewordenen Ikonen und Monumente der Erinnerung in ihrer Form als Nachbildungen. In geballter Intensität fügt er solche Montagen an den Wendepunkten der Geschichte ein, die gleichzeitig auch historische Wendepunkte markieren.[3]

---

3 | „Die Niederschlagung des Ghetto-Aufstandes, die Erhebung der polnischen Untergrundarmee und die systematische Zerstörung seiner Stadt durch die Deutschen verfolgt der von der Außenwelt abgeschnittene Musiker aus den Fenstern wechselnder Verstecke." (Roser 2002) Neben diesen von Thomas Roser

Bereits die Sequenzen, die nach dem Einzug der Familie Szpilmans in das Ghetto das dortige Leben einführen, stützen sich vorrangig auf solche visuellen Nachbildungen. Einige der Filmszenen, wie die Aufnahmen der die beiden Ghettoteile verbindenden Brücke (Abb. 44), verdeutlichen die Topografie und Struktur des Handlungsortes. Sie betonen bestimmte Orte, die durch die historischen Fotografien auch Teil der medialen Erinnerung geworden sind (Abb. 45).

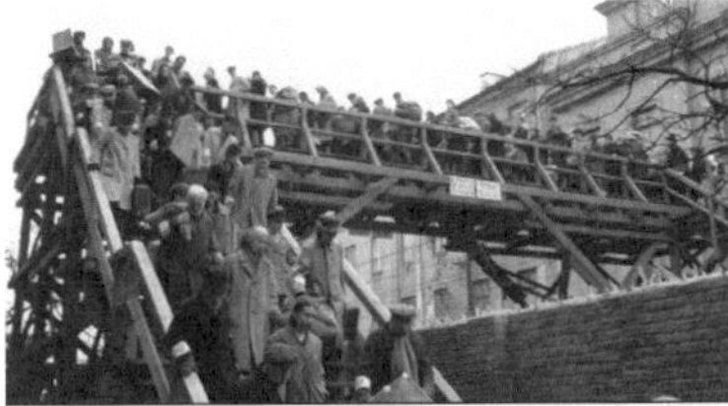

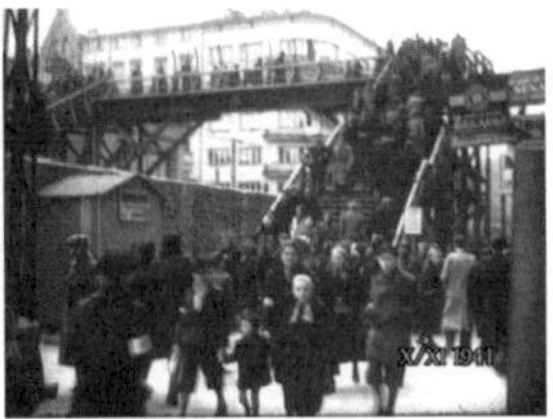

Abb. 44-45: Nachstellungen historischer Bilder aus dem Warschauer Ghetto in THE PIANIST.

Andere Szenen symbolisieren den Alltag und zeigen dazu Straßenszenen, die das Leben im Ghetto charakterisieren. Diese Bilder stützen sich insbesondere auf Aufnahmen, die Mitarbeiter der Propaganda-Kompanien in der Frühphase des Ghettos machten. Solche Einheiten begleiteten jede Wehrmachtsdivision und bestanden aus Reportern, Filmleuten und Fotografen. Die Fotografien dieser Propaganda-Kompanien orientieren sich zumeist an den Motiven Armut, Tod und Krankheit (vgl. Keller 1987: 12). Neben den Propaganda-Kompanien lichteten aber auch einfache Soldaten private Erinnerungsbilder im Warschauer Ghetto ab:

> Man sollte denken, daß das Warschauer Ghetto als Ort unsäglichen Schreckens und Leidens von Fotografen gemieden wurde – aber das Gegenteil war der Fall. Sarkastische Bemerkungen in jüdischen Tagebüchern lassen keinen Zweifel daran, daß deutsche Besucher sich nicht schämten, ein Elend zu begaffen und abzulichten, das unter ihrem verdrehten Blickwinkel offenbar den Beweis jüdischer Dekadenz statt deutscher Unmenschlichkeit lieferte. Die Mehrheit dieser fotohungrigen Touristen rekrutierte sich aus Soldaten auf Urlaub und Arbeitern auf ,Kraft durch Freude'-Reisen. Für sie war das Warschauer Ghetto eine Sehenswürdigkeit wie aus dem Baedeker, und die erknipsten ,pittoresken' Szenen scheinen mit atemberaubender Unschuld in persönliche Fotoalben eingeklebt worden zu sein. Mehrere Tagebuch-Autoren geben übereinstimmend zu Protokoll, daß der jüdische Friedhof in der Nähe der Okopowa-Straße die Hauptattraktion für deutsche Besucher war. (Ebd.: 11)

Wie aus der letzten Anmerkung ersichtlich wird, orientierten sich sowohl die Privatbilder, als auch die ‚professionellen' Aufnahmen der Propaganda-Kom-

angeführten Wendepunkten der Handlung stechen insbesondere die Verschleppung der Familie ins Ghetto und die Deportationsszene heraus.

panien an sich wiederholenden Motiven, die ein bestimmtes Bild des Ghettos aus deutscher Perspektive lieferten. Diese Redundanz findet sich auch in den überlieferten Bildern wieder. Obwohl die Aufnahmen auf diese Weise den Blick der Kameraleute, mithin die Perspektive der deutschen Täter reproduzieren, verwendet sie Polanski als Vorlagen seiner Nachbildungen und stellt in diesen die historischen Vorbilder exakt nach. Daraus resultiert eine grundlegende Problematik, die bereits Marcel Reich-Ranicki in seinen Bemerkun-

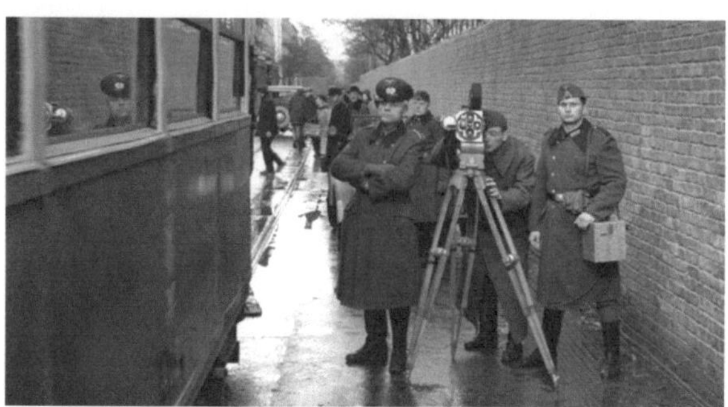

Abb. 46: Filmende Soldaten in THE PIANIST.

gen zu THE PIANIST angesprochen hat, nämlich die Gefahr der Reproduktion dieser Perspektive und ihre Vervielfältigung in den darauf basierenden Geschichtsbildern.

Polanski versucht die Ambivalenz der Bilder zu vermeiden, indem er die Bilder im Sinne seiner eigenen, weiter oben angeführten, Wahrnehmung umkodiert. Die Zuschauer sollen *bewusst* vergessen, wer hinter der Kamera gestanden ist. Dass es sich dabei um einen bewussten Prozess handelt, verdeutlicht der Film einerseits, indem er zwar die im Vorbild enthaltene Täterperspektive in den Nachbildungen verbirgt, gleichzeitig aber die filmenden und fotografierenden Täter ins Bild setzt (Abb. 46).

Wichtiger jedoch ist, dass Polanski gewissermaßen die Quelle des Blicks austauscht. In THE PIANIST werden die Bilder zu doppelten Dokumenten. Sie authentifizieren als Nachbildungen bekannter Aufnahmen das Geschehen. Gleichzeitig werden sie aber als Zeugnisse beglaubigt, indem sie als *subjektive* Bilder eines Zeugen inszeniert werden. Sie entsprechen der Perspektive Szpilmans, mit dessen Augen die Zuschauer das Ghetto sehen (vgl. Baron 2005: 245).

Der dominante visuelle Diskurs der Zeugenschaft, der den Film durchzieht, produziert also einen neuen Blick auf das Bekannte. Indem die Bilder als Wahrnehmungen Szpilmans und dieser als Zeuge im Film dargestellt werden, versucht Polanski, seine oben angeführte Erfahrung der Betroffenheit über die Intentionen zu legen, die ihre Urheber mit den Filmaufnahmen verbunden haben mögen. Mit der bewussten Wahl der Perspektive, der Nachstellung des Blicks Szpilmans, der gleichzeitig ein Opfer und ein Beobachter ist, versucht sich Polanski so von den vorgängigen Mustern der Bilder zu lösen (vgl. Ebbrecht 2002). Er entzieht sie damit aber nicht „den verfestigten visuellen

Codes der Holocaust-Repräsentation", wie Lars Koch annimmt, sondern er verändert den Blick auf die emblematischen Bilder (L. Koch 2007: 292).

Die Perspektive der Täter wird zum Blick des Davongekommenen. Dies verdeutlicht auch die Darstellung der Deportation von Szpilmans Familie, der er nur durch Zufall entkommt, weil ein Polizist ihn aus dem Strom der zu Deportierenden herauszieht. Hinter der Absperrung stehend und somit nicht mehr die Perspektive der anderen jüdischen Ghettobewohner einnehmend,

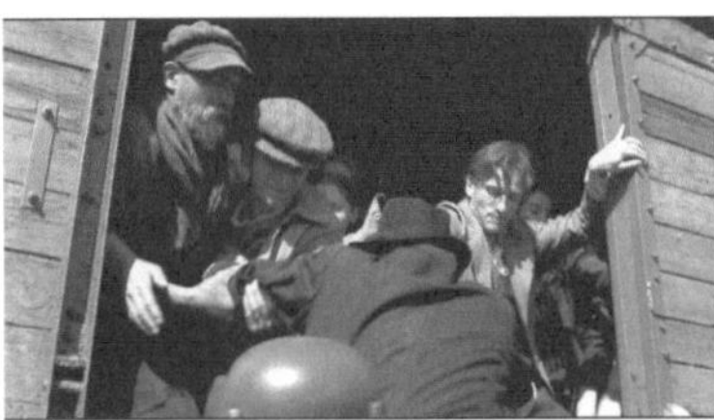

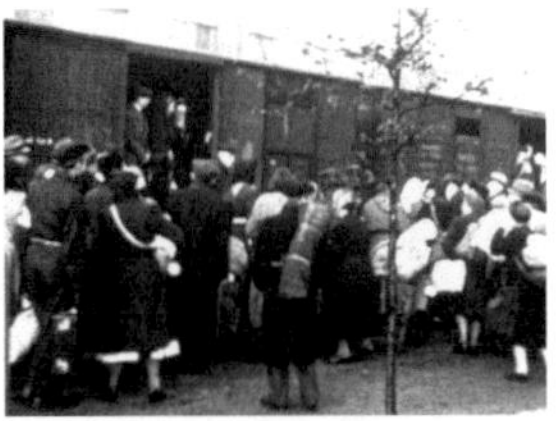

Abb. 47-48: Die Deportationsszene in THE PIANIST stellt aus NUIT ET BROUILLARD bekannte Archivbilder nach.

sieht Szpilman die Deportation mit den Augen des Zeugen (Abb. 47). Dieses Bild wiederum spielt auf jene Archivbilder an, die in Filmen wie NUIT ET BROULLIARD die Deportationen dokumentieren, und auf diese Weise ins kollektive Bildgedächtnis eingegangen sind (Abb. 48). Die Bilder dienen aber nicht nur als Dokumente, die die Spielhandlung beglaubigen sollen, sondern auch als Zeugen und als gültiges Archiv des vergangenen Geschehens: „Polanski revidiert Geschichte nicht, fügt ihr keine neuen Bilder, Facetten oder Erkenntnisse hinzu […]." (Rodek 2002)[4]

Diese Umkodierung der Bilder wird in ihrer ganzen Ambivalenz vor allem in jenen Szenen deutlich, die die Niederschlagung des jüdischen Aufstandes im Warschauer Ghetto zeigen. Am 18. April 1943, während der Deportation der letzten in Warschau verbliebenen Juden widersetzten sich einige Bewohner den deutschen Besatzern und begannen sich mit Waffengewalt zur Wehr zu setzen. SS-Gruppenführer Jürgen Stroop als Befehlshaber der SS-, Polizei- und Wehrmachtseinheiten rückte daraufhin am 19. April 1943 mit drei Geschützen und drei Panzerwagen in das Ghetto ein, musste sich jedoch aufgrund des starken Widerstandes bald zurückziehen. Mehr als einen Mo-

4 | Auf den technischen Hintergrund dieser Rekonstruktion des Archivs verweisend hält Hanns-Georg Rodek außerdem auch die intergenerationelle Dimension der Herstellung der Nachbildungen pointiert fest und fügt an: „dass ausgerechnet die Enkel aus jenem Land, dessen Väter Warschau zerstörten, diese Stadt in den Babelsberg-Studios wieder aufgebaut haben, entbehrt allerdings nicht historischer Ironie." (Rodek 2002). THE PIANIST wurde unter anderem in der umgebauten Außenkulisse von SONNENALLEE (D 1999, Leander Haußmann), einem Film über die DDR, gedreht. Später fanden in diesen Geschichtskulissen mit dem klingenden Namen ‚Berliner Straße' auch die Dreharbeiten für Margarethe von Trottas ROSENSTRASSE (D 2003, Margarethe von Trotta) statt (vgl. Klinger 2003).

nat dauerten die Kämpfe, in denen die Deutschen das Ghetto Haus für Haus eroberten. Sie sprengten die Häuser oder setzten diese in Brand. Am 16. Mai meldete Stroop: „Das ehemalige jüdische Wohnviertel Warschau besteht nicht mehr ... Gesamtzahl der erfassten und nachweislich vernichteten Juden beträgt insgesamt 56 065." (Zit. n. Heydecker 1983: 15)

Polanski schildert diese Episode konsequent aus der Perspektive des Zuschauers.[5] Der Protagonist Szpilman war zwar – eher zufällig – an der Vorbereitung

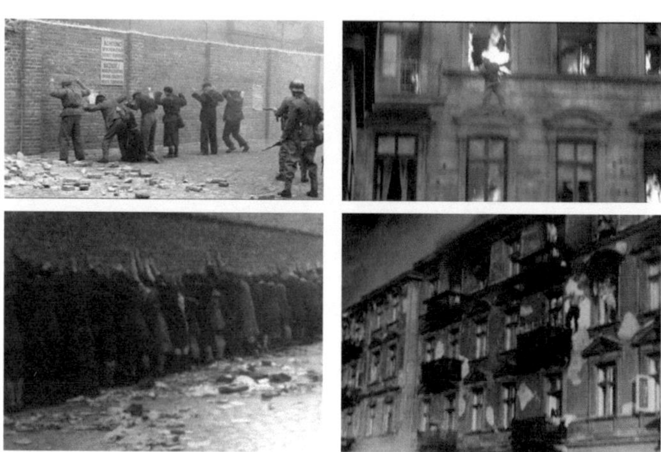

Abb. 49-52: Nachbildungen von Bildern aus dem „Stroop-Bericht" in THE PIANIST.

des Aufstandes beteiligt, es gelingt ihm aber kurz vor Ausbruch der Kampfhandlung aus dem Ghetto zu fliehen und mit Unterstützung durch polnische Helfer in einer Wohnung auf der polnischen Seite der Ghettomauer Zuflucht zu finden. Vom Fenster dieser Wohnung aus beobachtet er den Aufstand und seine Niederschlagung. Die Erzählperspektive ist damit sehr klar definiert und folgt „analoge[n] Konstellationen eines betrachtenden Verhaltens" (L. Koch 2007: 291). Der Film und damit auch die Zuschauer übernehmen die Perspektive Szpilmans. So entsteht ein „indirekter Dreiklang der Zeugenschaft" (ebd.). Gleichzeitig verwendet Polanski in diesen Szenen ausschließlich Bilder, die den Zuschauern als Bilddokumente bekannt sind und das visuell überlieferte Bild des Aufstandes im Warschauer Ghetto prägen (Abb. 49-50). Diese Bilder stammen aus dem Bericht mit dem zynischen Titel „Es gibt keinen jüdischen Wohnbezirk in Warschau mehr", den Stroop als Nachweis der Niederschlagung des Aufstandes für höhere Dienststellen anfertigen ließ (Abb. 51-52). Die darin enthaltenen Fotos wurden mit Hilfe von Bildunterschriften mit einer eindeutigen Bedeutung versehen und auf diese Weise

5 | Lawrence Baron sieht darin eine Reduzierung von Szpilman zu einem passiven Beobachter des Aufstandes im Ghetto und der polnischen Revolte: „This visual distancing diminishes the heroic stature posterity has conferred on these armed struggles." (Baron 2005: 246)

in das nationalsozialistische Gesamtnarrativ des Albums eingepasst. Die zu historischen Dokumenten gewordenen Fotografien haben sich allerdings aus diesem Kontext gelöst und in Monumente der Erinnerung verwandelt. Ihre Verwendung ermöglicht daher auch eine dramaturgische Reduktion, werden doch mit den ikonischen Bildern gleichzeitig auch bestimmte Deutungsangebote zum Beispiel in der Darstellung von Tätern und Opfern bei den Zuschauern wachgerufen.

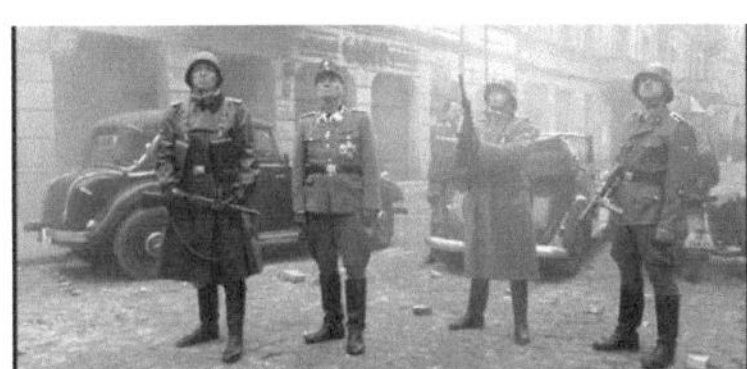
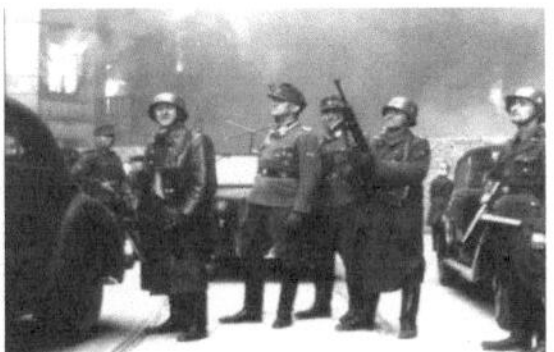

Abb. 53-54: Nachbildung einer Fotografie von Stroop und seinen Adjudanten aus dem „Stroop-Bericht" in THE PIANIST.

Ambivalent ist die Verwendung dieser Bilder in THE PIANIST, weil die Bedeutungsschicht der historischen Vorlagen, die die Aufnahmen als Täterbilder bestimmt, verdeckt wird. Statt diese bewusst zu machen, wird der Status der Bilder verändert, indem sie als Zeugenbilder aus der Perspektive Szpilmans markiert werden. Dies ist deshalb möglich, weil Szpilman im Versteck den topografischen Standpunkt gewechselt hat und nun nicht mehr von innen, sondern von außen auf das Ghetto blickt und damit räumlich die Perspektive der deutschen Besatzer eingenommen hat. Darum kann Polanski die Triumphbilder der deutschen Soldaten reproduzieren, ohne durch eine sichtliche Perspektivverschiebung Irritationen bei den Zuschauern hervorzurufen. Diese sehen zwar die bekannten Bilder von der Erschießung der jüdischen Aufständischen an der Ghettomauer oder einen Ghettokämpfer, der verzweifelt und mit brennender Kleidung aus dem Fenster eines Hauses springt, aber sie nehmen diese Szenen als subjektive Bilder des Zeugen Szpilman wahr (Abb. 53). Dabei handelt es sich um einen Erinnerungseffekt, der, wie die Nachstellung des Fotos von Stroop und seinen Adjutanten zeigt, seine innere Ambivalenz behält (Abb. 54). Diese soll durch die Individualisierung der monumentalisierten Bilder abgeschwächt werden: „Gerade diese strenge Fokussierung ermöglicht es, das bekannte historische Material, das im öffentlichen Erinnerungsdiskurs zunehmend einem Prozess der Musealisierung unterworfen ist, mit einer neuen, weil individualisierten Eindringlichkeit auszustatten." (L. Koch 2007: 298)

Diese Ambivalenz wird in der TV-Miniserie UPRISING (USA 2001, Jon Avnet) über den Aufstand im Warschauer Ghetto thematisiert, die einen eigenen Handlungszweig über das Filmen und Fotografieren im Ghetto innerhalb der Filmhandlung etabliert und somit die bewusste Reflexion über die Gemachtheit von Geschichtsbildern ermöglicht. Neben einer Handlungslinie, die die Vorbereitung und die Durchführung des Aufstandes aus der Perspektive des jüdischen Widerstandes zeigt, gibt es einen weiteren Plot, der das Verhältnis zwischen dem SS-Führer Stroop und dem NS-Filmemacher Fritz Hippler thematisiert. Hippler wurde 1938 Leiter der Filmabteilung im Propagandaministerium unter Goebbels und Reichsfilmintendant. Er war unter anderem Regisseur des antisemitischen Propagandafilmes DER EWIGE JUDE (D 1940) (vgl. Friedman 1989). Historisch spielt die Präsenz Hipplers in dem Film auch auf Dreharbeiten des Propagandaministeriums im Warschauer Ghetto an (vgl. Keller 1987: 11f).

Mit der Figur Hippler wird die Auseinandersetzung über die Bedeutung von Fotografie und Film für den Nationalsozialismus in die diegetische Handlungsstruktur integriert. Auch durch die fortgesetzte Zurschaustellung der Kameraapparatur in der diegetischen Welt entsteht eine selbstreflexive Struktur, die die Perspektive von außen auf das Ghetto als nationalsozialistischen Blick markiert. Die Präsenz der Kamera macht die Komposition sowie die Herkunft und den Status der Bilder bewusst. Beispielsweise werden auf diese Weise Anleihen bei der Ornamentik faschistischer Ästhetik als Folge einer bestimmten, nämlich nationalsozialistischen Sichtweise kodiert. Der Gegensatz von nationalsozialistischer Perspektive und dem Gegenblick der jüdischen Aufständischen wird auf diese Weise visuell als Gegenüberstellung von Nachbildungen nationalsozialistischer Bilder und der Direktheit der zumeist handgeführten Kamera im Ghetto deutlich gemacht.

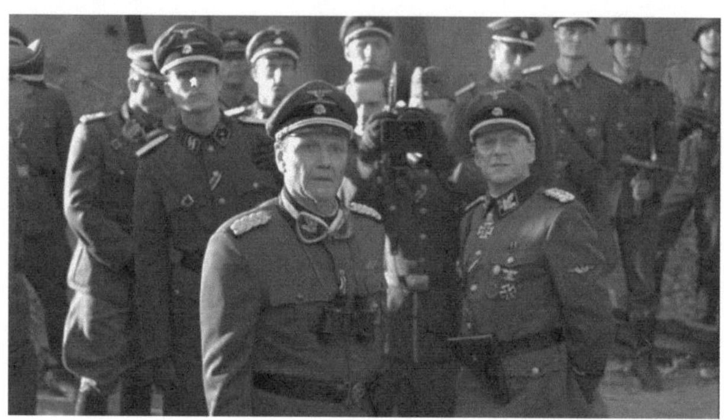

Abb. 55: In THE UPRISING ist die innerdiegetische Kamera stets präsent.

Während des Aufstandes verwendet UPRISING in ähnlicher Weise die emblematischen Bilder aus dem „Stroop-Album" wie Polanski in THE PIANIST. Anders als in diesem Film sind aber alle diese Bilder durch die Präsenz von Hipplers Kamera eindeutig als Produkt des Propagandablickes gekennzeichnet (Abb. 55). Zusätzlich nimmt die Kameraperspektive von UPRISING eine interessante Verschiebung vor. Zwar werden die Tableaus der historischen Fotografien ähnlich wie in THE PIANIST im Set nachstellt, aber sie erscheinen für die Zuschauer aus einer leicht verschobenen, verfremdeten oder verzerrten Perspektive. So sind die Bilder der Gefangennahme von Juden aus dem Warschauer Ghetto durch Rauch verschleiert und die bekannten Aufnahmen von aus Fenstern springenden Widerstandskämpfern nicht aus der Frontalperspektive, sondern schräg von der Seite aufgenommen. Auf diese Weise wird der Blick gleichsam gebrochen. Der Zweck der Aufnahmen wird in einem Dialog explizit thematisiert, denn ein SS-Mann erklärt: „Films and photographs of this operation will be invaluable for the future historians of the Third Reich; and also be useful as training materials for the SS and as a living document of the sacrifices that the Nordic races made to rip Europe and the World of the Jews."

Besonders sichtbar wird dieses Verfahren der Nachbildung durch die verschobene Perspektive auf die nachgestellten Tableaus der historischen Fotografien. Dies wird beispielsweise deutlich in der Anspielung auf das berühmte

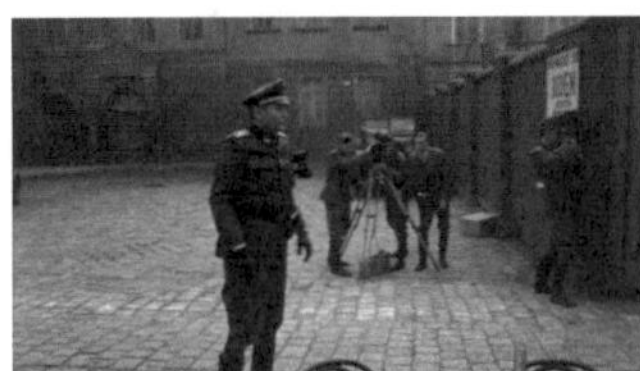

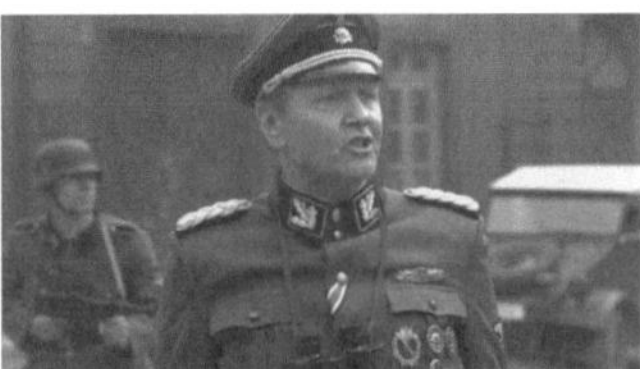

Abb. 56-57: Stroop befindet sich im Kreuzfeuer der Kameras (links); zu sehen ist die umkodierte Nachbildung der historischen Fotografie (rechts).

Foto von Stroop und anderen SS-Männern während der Niederschlagung des Aufstandes. Zunächst sieht man Stroop, separiert von den anderen Soldaten, die sich bereits auf dem Rückzug befinden, im Blickfeld der Kamera Hipplers, die den Zuschauern von Uprising gegenüber steht (Abb. 56). Dann sieht man eine verschobene Ausschnittvergrößerung des bekannten historischen Bildes, das auf diese Weise in Erinnerung gerufen und so als nationalsozialistischer Blick präsent und gleichzeitig umkodiert wird (Abb. 57). Durch diese Veränderung wird aus dem Bild, das ursprünglich den heldenhaften Kampf der Nazis gegen die jüdischen Aufständischen dokumentieren sollte, ein Bild des deutschen Rückzugs und der Niederlage Stroops.

Indem also die Nachbildungen in eine selbstreflexive Film-im-Film-Situation eingebettet werden, wird ihr historischer Entstehungskontext mitthematisiert, während sie gleichzeitig als bekannte Ikonen oder Geschichtsbilder verwendet werden können. Dies ermöglicht auch die bruchlose Integration in eine weitgehend an populären Erzählformen orientierte Erzählstruktur, die sich bei bekannten Genres bedient und Elemente des Dramas und des Melodrams mit denen des Kriegsfilms und des Actionfilms zusammenführt. Auch Uprising orientiert sich an populären Holocaust-Filmen wie Schindler's List, die im folgenden Abschnitt analysiert werden sollen. Außerdem ermöglichen Anleihen bei Formen des Dokudramas die relativ bruchlose Einbettung der emblematischen Erinnerungsikonen in die visuelle Ästhetik des Films.

The Pianist hingegen verzichtet auf die typische Genrebindung, „weil er nicht emotionale Erfahrung, sondern bleibendes Zeugnis sein will." (Rodek 2002) Daraus resultiert eine scheinbar standardisierte Darstellung des Holocaust (vgl. Kabalek 2007: 63) Dies hat wiederum Auswirkungen auf den kontinuierlichen Bildfluss. So gibt es in The Pianist „keine Abschweifungen, keine Brechungen und Revolten des Materials" (Seeßlen 2002). Gleichzeitig verwendet Polanski bestimmte standardisierte Narrative, indem er Erzählformen aufgreift, die aus den frühen Filmen über die Verfolgung der Juden bekannt sind und sich weitgehend am Zeitstil des Neorealismus orientierten. Indem Polanski sich dieser dokumentarisierenden und realistischen Darstellungsformen bedient, spielt er, gleichzeitig im Sinne einer impliziten Hommage, auf die berühmten Werke des polnischen Nachkriegskinos an. Während UPRISING direkt auf Szenen und Bilder aus Filmen wie Alexander Fords ULICA GRANICZNA (PL 1948) oder Andrzej Wajdas KANAL (PL 1957) anspielt, stellt Polanski eher eine spezifische, aus den polnischen Vorbildern bekannte Stimmung nach. Dies wird durch die Bildgestaltung von Pawel Edelmann unterstützt, der auch als Kameramann für Wajda gearbeitet hat (vgl. Mahrenholz 2002). Diese Stimmung ist insbesondere für Polanskis Auseinandersetzung mit der in den polnischen Klassikern thematisierten Frage des Heldentums bedeutsam (vgl. Kabalek 2007: 65ff). THE PIANIST stellt also gleichsam eine „Brücke zwischen den beiden Segmenten, der Filmkunst und der populären Kinokultur" her (Seeßlen 2002).

Neben den emblematischen Bildern und den Anleihen bei Erzählformen aus frühen Filmen über den Holocaust und polnischen Klassikern über die Zeit der deutschen Besatzung findet sich aber noch eine weitere Quelle in THE PIANIST, die eine Form der Konkretisierung von individuellen Erinnerungen in Geschichtsbildern darstellt. Hanns-Georg Rodek betont, dass Polanski als einer der letzten Regisseure die historischen Bilder „als Primär-Erfahrung im Kopf [habe], nicht als Zeit-Ikonen oder Film-Spiegelung" (Rodek 2002). Obwohl Gabriele Lesser in ihrer Besprechung des Films erstaunlicherweise feststellt, Polanski spiele „mit keiner Szene auf seine Erlebnisse an" (Lesser 2002), ist der Film „durchmischt mit Erinnerungsbildern aus Polanskis eigener Biografie." (L. Koch 2007: 294) Polanski tritt zwar mit seinen eigenen Erfahrungen des Ghettos in Krakau, des Versteckens und des Überlebens hinter Szpilman als Zeugen zurück, verwendet dessen Erinnerungen aber als „Medium, durch das sich seine Erinnerung heraufbeschwören ließ, ohne sie preiszugeben." (Rodek 2002) Entsprechend finden sich auch zahlreiche Geschichtsbilder im Film, die weder Szpilmans Erinnerungsbuch, noch den überlieferten Dokumenten entsprechen, sondern Polanskis eigene Erinnerungsbilder nachstellen (vgl. Baron 2005: 245): „Therefore, a survivor's personal memory is integrated within that of another and constructed in a way that aims to create a symbolic ‚general representation' of the Holocaust." (Kabalek 2007: 63)

In einer Szene zeigt Polanski beispielsweise den Bau der Ghettomauer aus der Perspektive der Familie Szpilman (Abb. 58). Dieses Motiv findet sich nicht in Szpilmans Erinnerungen. In seinem Gespräch mit Leon de Winter berichtet Polanski jedoch von seinen eigenen Erinnerungen aus dem Krakauer Ghetto:

> Die Mauer bauten sie erst später. An den Moment erinnere ich mich genau. Den habe ich auch im Film dargestellt, obwohl das im Buch nicht beschrieben wird. Meine Schwester rief mich ans Fenster und zeigte nach draußen: Sieh doch, sieh doch, sagte sie. Wir waren allein, nur wir zwei, meine Eltern waren nicht dabei. Ich begriff, dass es von diesem Moment an Ernst wurde. Sie bauten eine

Mauer. Ich erinnere mich, dass ich neben meiner Schwester stand und weinen musste. (Winter/Polanski 2002)

Polanski synchronisiert seine eigenen Erinnerungen mit denen Szpilmans, indem er beispielsweise dessen komplette Familie sein eigenes Erinnerungsbild wahrnehmen lässt. In seiner Biografie berichtet Polanski ebenfalls von diesem Ereignis, das sich zu einem Erinnerungsbild verfestigt hat, welches er nun auch filmisch fixiert:

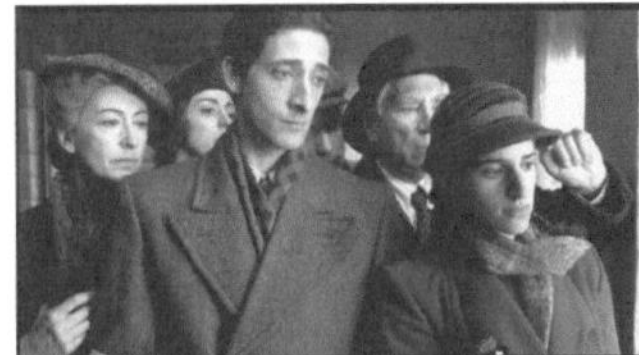
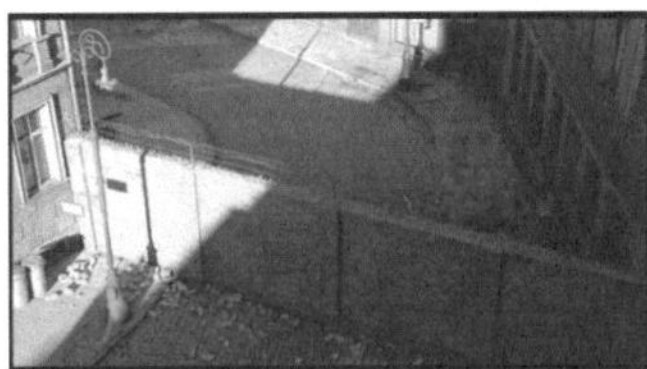

Abb. 58: Erinnerungen Polanskis als Vorlage für die Gestaltung von THE PIANIST.

Eines Tages führte meine Schwester Annette mich zum Fenster und deutete hinaus. Auf der anderen Straßenseite waren ein paar Männer dabei, etwas zu bauen, das wie eine Barrikade aussah. ‚Was ist das?' fragte ich. ‚Eine Mauer.' Plötzlich begriff ich: Die mauern uns ein! Ich brach völlig entsetzt in Tränen aus. Dies war das erste wirkliche Zeichen, daß die Deutschen es blutig ernst meinten. (Polanski 1984: 19)

Interessanterweise sind es emotional besetzte Situationen, die sich auf diese Weise zu Erinnerungsbildern verfestigen. Auch als Geschichtsbilder im Film dienen sie dazu, emotionale Reaktionen herzustellen (vgl. Kabalek 2007: 63). Das wird besonders deutlich in jener Szene, die die Deportation von Szpilman und seiner Familie zeigt. Zunächst sieht man auf dem Sammelplatz das letzte Beisammensein der Familie. Dies wird verstärkt durch das gemeinsam Essen eines Bonbons, den der Vater teuer erworben hatte. Dieser Bonbon fungiert als Symbol für vergangene, glücklichere Zeiten. Die Erinnerung, die der Film hier konkretisiert, stammt aus Szpilmans Aufzeichnungen. Die anschließenden, intensiv wirkenden, Szenen der Deportation basieren vor allem auf emblematischen Bildern, die aus den Kompilationsfilmen über die Verfolgung und Ermordung der europäischen Juden als Archivmaterial bekannt sind. Die Visualisierung der zufälligen Rettung Szpilmans wird schließlich mit Erinnerungen Polanskis angereichert (Abb. 59). So berichtet dieser, wie er sich zusammen mit einem anderen Jungen mit dem Namen Stephan vom Appellplatz davonstehlen konnte:

In unserer Nähe, als Wachposten für die zusammengetriebenen Getto-Insassen, stand ein junger polnischer Milizmann. Er war einer von vielen, die in bestimmten Abständen ringsum aufgestellt waren. Ich trat auf ihn zu und probierte es mit unserer Ausrede. Zweifellos begriff er, ließ sich jedoch nichts anmerken. Er nickte nur knapp. Wir liefen los. ‚Langsam gehen', knurrte er.

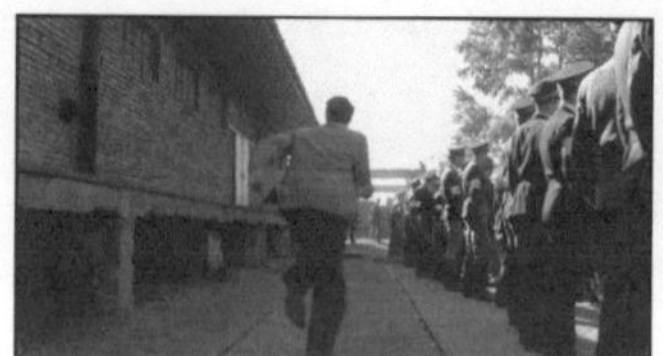 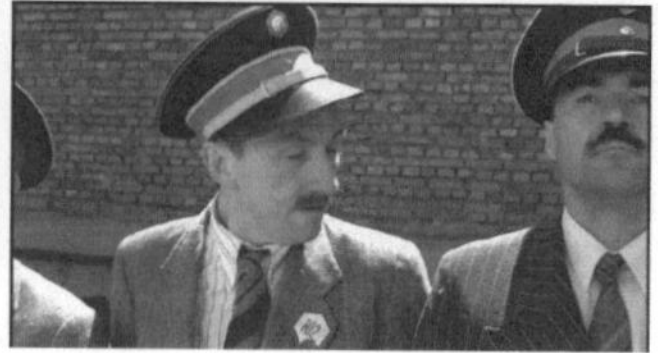

Abb. 59: „Nicht rennen!" – Erinnerungsbild Polanskis als Geschichtsbild in THE PIANIST.

‚Nicht rennen.' Wir gehorchten. (Polanski 1984: 28, vgl. auch Winter/Polanski 2002)

Auch die Szene, in der Szpilman halb verhungert eine Konservendose findet, enthält Spuren eigener Erinnerungen Polanskis: „Ein anderes Mal kam sie [die Mutter Polanskis, TE] mit einer eimergroßen Dose Salzgurken nach Hause. Während mehrerer Tage aßen wir nur das." (Polanski 1984: 15) Die Dose, riesig aus der Perspektive des Kindes, wird in THE PIANIST als Symbol der Hoffnung an einem Wendepunkt in Szpilmans Leben eingefügt, kurz bevor dieser dem deutschen Soldaten Hosenfeld begegnet (Abb. 60).

Bestimmt durch die Zeugenperspektive, die selbst zu einer Konvention in Filmen über Holocaust und Nationalsozialismus geworden ist, werden sowohl die emblematischen Archivbilder als auch die Erinnerungsbilder Polanskis mediatisiert durch die Erinnerungen und die daraus resultierende Perspektive Szpilmans in THE PIANIST. Sie werden so als Zeugnisse markiert und in eine distanzierte Erzählhaltung integriert, die zwar Erzählstrukturen früherer Filme aufnimmt, aber die Synthese verschiedener populärer Genres zu einer eigenen Erzählform zu vermeiden versucht:

In dem Vierteljahrhundert seit der Serie HOLOCAUST ist auch aus dem singulären Ereignis des jüdischen Völkermords ein Kinogenre geworden, so wie aus den peleponnesischen Kriegen der Sandalenfilm und aus der Unterjochung der Indianer der Western wurde. Genres behaupten ihre dramaturgischen Notwendigkeiten von Konflikt und Auflösung, Leiden und Katharsis, aber DER PIANIST verweigert sich den meisten dieser ‚Notwendigkeiten' [...]. Genres besitzen auch ihren eigenen Lebenskreislauf, beginnen im gebührenden Ernst, werden melodramatisch, wenden sich zu Satire, Komödie und schließlich zur Parodie; auch dem verweigert sich DER PIANIST, indem er abrupt an den Ausgangspunkt zurückkehrt, bevor der Zyklus vollendet ist. (Rodek 2002)

Die Nachbildung historischer Bilder und ihre Transformation sind selbst zu einer Konvention in filmischen Geschichtsfiktionen geworden. Wie deutlich geworden ist, können die visuellen Nachbildungen aber mit Hilfe oder innerhalb des filmischen Narratives reflektiert, umkodiert, verändert oder neu betrachtet werden. Im Folgenden sollen nun am Beispiel von SCHINDLER'S LIST der populäre Umgang und die Verschränkung der Ästhetik solcher visuellen Nachbildungen mit anderen (postmodernen) Formen des populären Erzäh-

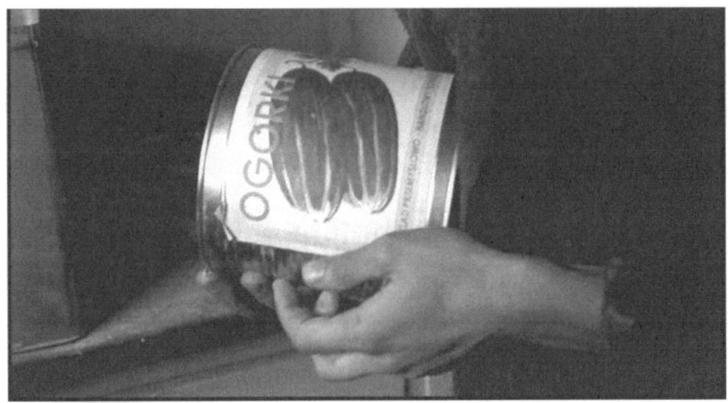

Abb. 60: Emotional besetztes Erinnerungsbild Polanskis als Symbolbild in The Pianist.

lens und ihre Überführung in eine pasticheähnliche Struktur analysiert werden. Dazu wird auch auf populäre Vorbilder von Spielbergs Prototyp einzugehen sein, genauso wie auf die Erweiterung der Pastiches hin zu einer Ästhetik der Postmemory, die ich am Beispiel von Roberto Benignis La Vita è Bella näher ausführen möchte.

Geschichtsbilder als Stereotype: Schindler's List und La Vita é Bella

In Reaktion auf Steven Spielbergs Film Schindler's List erklärte der Regisseur Claude Lanzmann in einer grundlegenden Kritik: „Die Fiktion ist eine Übertretung, und es ist meine tiefste Überzeugung, daß jede Darstellung verboten ist." (Lanzmann 1995: 175) Dieses Verdikt richtete sich nicht generell gegen jede filmische Auseinandersetzung mit der Ermordung der europäischen Juden. Lanzmanns Urteil enthielt vor allem eine ästhetische Kritik, die ganz grundlegende Konsequenzen für den filmischen Umgang mit der Shoah hatte. Gerade im Kontrast zu seinem eigenen Werk über die deutschen Verbrechen und ihre jüdischen Opfer, dem Dokumentarfilm Shoah, betonte Lanzmann einen zentralen Unterschied: „Erfindet man, um Zeugnis abzulegen, eine neue Form, oder versucht man zu rekonstruieren?" (Ebd.) Während Shoah diese neue Form der filmischen Zeugenschaft repräsentiere, habe sich Spielberg für die Rekonstruktion entschieden: „Rekonstruieren aber bedeutet in gewisser Weise, Archive fabrizieren." (Ebd.: 175f) Lanzmanns Kritik bezieht sich daher auf ein zentrales kompositorisches Element von Spielbergs Herangehensweise an die Geschichte eines deutschen Industriellen, der sich vom Nutznießer der Vernichtung und Dandy zum Retter und väterlichen Freund ‚seiner' Juden wandelt. Dieses Kompositionsprinzip hat ganz direkt mit der Verwendung und Generierung von Geschichtsbildern zu tun. Schindler's List macht sich zu einem neuen Ursprung der Bilder vom Holocaust. Der Film konstituiert, beziehungsweise, in Lanzmanns Worten wesentlich präziser ausgedrückt, „fabriziert" ein Archiv. Er tut dies nicht nur in dem Sinne, dass der Film zum

Anstoß für Steven Spielbergs *Shoah Foundation* geworden ist, die über 50.000 Videozeugnisse von Überlebenden der Shoah gesammelt und zukünftigen Filmprojekten, der historischen Forschung und der Bildungsarbeit zugänglich gemacht hat. Schindler's List wird vielmehr selbst zu einem Archiv, indem Spielberg die vorangegangenen Bilder des Holocaust neu ordnet und signiert. Im Sinne von Jörg Schweinitz kann Schindler's List daher als Prototyp aller nachfolgenden Filme über den Holocaust gelten.

Damit aber hat Spielberg gerade in der rekonstruierenden Wiederholung für heutige Zuschauer eine ,neue' Form der Darstellung geschaffen. Diese perfektioniert das Verfahren der filmischen Rekonstruktion, das bereits zahlreiche Filme vor Schindler's List angewendet hatten.[6] Spielbergs Film integriert aber auch andere Elemente, sogar Lanzmanns Form der filmischen Zeugenschaft, und synthetisiert diese zu einem Palimpsest filmischer Erinnerungen. In diesem Sinne verdeutlicht der Kontrast zwischen Lanzmanns Shoah und Spielbergs Schindler's List auch zwei gegensätzliche ästhetische Modelle. Während Shoah Elemente des filmischen Modernismus in seiner Form integriert und diese mit Elementen filmischer Selbstreflexion verbindet, gründet sich Spielbergs Pastiche auf einer postmodernen Ästhetik. Dies führt, wie Miriam Bratu Hansen richtig angemerkt hat, zu der Frage, ob die Praxis des Zitierens in Schindler's List eher dem ästhetischen Realismus des 19. Jahrhunderts oder der postmodernen Ästhetik folgt (vgl. Bratu Hansen 1997: 82). Denn wie sich zeigt, ist der Realismuseindruck in Schindler's List ebenfalls ein Effekt der Pastiche-Struktur des Films: „The film's ,reality effect', to use Roland Barthes's phrase, has as much to do with the way it recycles images and tropes from other Holocaust films, especially European ones; but as a classical narrative, it does so without quotation marks, pretending to be telling the story for the first time." (Ebd.)

Spielbergs Pastiche-Struktur basiert in erster Linie auf selbstreferenziellen Verweisen und stellt dabei die eigene Form, obwohl sie auf einem intertextuellen System von Zitaten und Anspielungen beruht, nicht zur Disposition. Vielmehr versucht Spielberg, das Pastiche mit Hilfe einer ästhetisch-formalen Authentifizierungsstrategie zu beglaubigen. Schindler's List kann somit als erster Film über den Holocaust gelten, der beinahe vollständig einer Ästhetik von Nachbildungen folgt und Bildzitate zu stereotypen Formen der Holocausterzählung verdichtet: „Spielberg's Holocaust images are generic crystallizing images borrowed from prior texts and films that become a reservoir of intertextual resources. In a way, Spielberg's film depends on evoking memories from our past knowledge of Holocaust texts [...]." (Schwarz 1999: 229)

Wie ich im Folgenden zeigen möchte, stützt sich die visuelle Ästhetik von Schindler's List nicht nur auf die Verwendung von Nachbildungen des Ho-

6 | Zu solchen filmischen Rekonstruktionen zählt nicht nur die Fernsehserie Holocaust, sondern auch der eigenen Erinnerungen nachempfundene Film Ostatni Etap von Wanda Jakubowska aus dem Jahr 1947. Aber auch der oben ausführlich besprochene Film The Pianist von Roman Polanski kann als solche filmische Rekonstruktion gelten.

locaust, die auf die entsprechenden historischen Vorbilder verweisen, sondern integriert auch Bezüge zu filmischen Hypotexten, auf die sich SCHINDLER'S LIST als Hypertext bezieht. Zusätzlich enthält Spielbergs Film eine Fülle von intertextuellen Anspielungen und Verweisen auf kinematografische Genres, die er zu einer neuen Genreform, dem ‚Holocaust-Film', zusammenfügt.

Ähnlich wie THE PIANIST verwendet Spielberg in weiten Teilen überliefertes historisches Bildmaterial und organisiert dieses auf der Grundlage der gleichnamigen Novelle von Thomas Kinealley, die auf Erinnerungen von jüdischen Überlebenden,welche von Schindler gerettet worden waren, basiert. In SCHINDLER'S LIST sind die visuellen Nachbildungen aber anders als in THE PIANIST nicht an die Perspektive des Zeugen gebunden, sondern werden der dokumentarisierenden Erzählhaltung des Films untergeordnet. Sie dienen zur Beglaubigung und verstärken den Eindruck des Wiedererkennens von Bekanntem. Damit werden in SCHINDLER'S LIST die historischen Bilder aus ihrem dominanten Entstehungskontext, dem Täterblick, herausgelöst. Sie werden aber nicht wie in THE PIANIST umkodiert und der Zeugenperspektive anverwandelt, sondern bekommen den Status von Dokumenten, durch den ihr Charakter als Monumente der Erinnerung überdeckt wird.

Spielberg erklärt, er habe sich während der Vorbereitung von SCHINDLER'S LIST „durch keinen anderen Spielfilm anregen und beeinflussen" lassen. Stattdessen habe er sich „unzählige Dokumentarfilme wieder und wieder angeschaut, habe Berge von Fotografien gesichtet." (Spielberg/Karasek 1994: 185) Diese historischen Fotografien und Dokumentarfilme begründen die Spielbergs Film eigene Authentifizierungstrategie. So verweist das von ihm bis auf wenige Ausnahmen verwendete Schwarzweißmaterial auch auf die durch die überlieferten visuellen Dokumente vorstrukturierte mediale Erinnerung an den Nationalsozialismus und knüpft damit an die Ästhetik des Archivs an.[7] Die schwarzweißen Aufnahmen dienen „als konventionelle Authentizitätssignale, die meist über spezifische Gestaltungscodes vermittelt sind." (Martínez 2004: 41) Das „Geschichtliche der Bilder" wird durch ihre Übereinstimmung mit der Konvention erfahren (G. Koch 1992: 159). So gründet sich die Wahrnehmung von SCHINDLER'S LIST als ‚dokumentarisch' auf die filmgeschichtliche Erfahrung, sowie der Konvention, Filme und Genres aus jener Zeit ebenfalls als ‚farblos' zu erinnern.[8] Matías Martínez spricht darum von

7 | So bezeichnete beispielsweise Billy Wilder, der selbst unmittelbar nach Kriegsende für die Kompilation des Films DEATH MILLS aus Aufnahmen aus den befreiten Konzentrationslagern verantwortlich zeichnete, SCHINDLER'S LIST als „Dokument der Wahrheit" und erklärte: „ich war nur gebannt von diesem totalen Realismus. Es fängt an wie eine Wochenschau damals – sehr schwer zu inszenieren, daß das wirklich wahr wirkt. Und glauben Sie mir, diese Szenen sind so authentisch, es läuft einem kalt den Rücken runter." (Zit. n. Köppen 1997: 148).

8 | Dies bezieht sich insbesondere auf die amerikanischen Anti-Nazifilme und Kriegsfilme der 1940er Jahre sowie auf die Gangsterfilme der 1930er Jahre und den Film Noir der 1940er und frühen 1950er Jahre, deren visueller Stil in SCHINDLER'S LIST zitiert wird. Dies werde ich im Folgenden noch näher untersuchen.

einem „Effekt bestimmter Formen der Künstlichkeit", der das „Ergebnis von ästhetischer Inszenierung, künstlerischer Konvention und affektsteuernder Wirkungsstrategie" ist (Martínez 2004: 41).

Die visuellen Nachbildungen sind also in SCHINDLER'S LIST in eine Gestaltungsform der Authentizitätsfiktion eingebunden. Sie sind nicht, wie in THE PIANIST, an die Perspektive des beteiligten Zeugen gebunden, sondern ahmen die scheinbar neutral beobachtende Reportagekamera nach. Dies legt auch Spielbergs Beschreibung der Erzählperspektive als „in die Haut eines CNN-Reporters versetzt" nahe (zit. n. ebd.: 44). Auch Spielbergs Kameramann Janusz Kaminski betont diesen „journalistischen Blickwinkel" und die „dokumentarische ‚Cinéma vérité'-Stimmung", die den ‚Realismus' des Films steigern sollte (zit. n. ebd.).

Auf diese Weise dienen die Nachbildungen zur Beglaubigung des ‚dokumentierten' Geschehens, als welches die Zuschauer die Handlung wahrnehmen sollen. Die Bilder reproduzieren den Charakter ihrer historischen Vorlagen, die zur „Herstellung eines optischen Evidenzbeweises" dienen (G. Koch 1992: 159). Die vorherrschende Subjektposition ist dabei die des Anteil nehmenden Beobachters. Der Kamera wird dazu „die Funktion eines Augenzeugen zugemutet" (ebd.).[9] Damit wird „die Zeugenschaft eines Reporters" nachgeahmt (Köppen 1997: 159). Die nachgestellten historischen Bilder werden auf diese Weise nicht kritisch befragt, sondern bekommen unhinterfragt den Status von Dokumenten. Gleichzeitig werden die historischen Bilddokumente durch ihre Nachbildungen ersetzt. Auf diese Weise wird ein gültiges Archiv visueller Nachbildungen konstituiert.

Wie Polanski verwendet auch Spielberg Nachbildungen historischer Bilder insbesondere in Szenen mit besonderer emotionaler Intensität und Spannung. Eine dieser Szenen ist die Räumung des Krakauer Ghettos, die einen wichtigen Wendepunkt in der Entwicklung des Protagonisten Schindler darstellt. Am 13. März 1943 wurde der erste Teil des Ghettos in Krakau unter der persönlichen Leitung von SS-Untersturmführer Amon Göth geräumt und die Bewohner in das neu errichtete Konzentrations- und Arbeitslager Plaszow gebracht, zu dessen Kommandanten Göth ernannt worden war. Im Film wird die Darstellung der Räumung mehrfach an die Perspektive Schindlers zurück gebunden, der von einem Hügel aus das Geschehen beobachtet. Gleichzeitig findet eine emotionale Intensivierung durch die direkte Präsenz der zumeist handgeführten Kamera im Ghetto statt. Diese Kameraperspektive ist inner-

9 | In der Reproduktion eines solchen journalistischen Blickwinkels wird insbesondere für die amerikanischen Zuschauer, das Zielpublikum von SCHINDLER'S LIST, somit eine klar definierte Perspektive gesetzt: „Beraubt seiner besonderen historischen Realität und behandelt wie eine Geschichte der fernen ‚Anderen', wurde der Holocaust zu Amerikas absolutem moralischen Indikator." (Ne'eman Arad 1999: 246) Zur amerikanischen Rezeption von SCHINDLER'S LIST vgl. auch Bratu Hansen 1997.

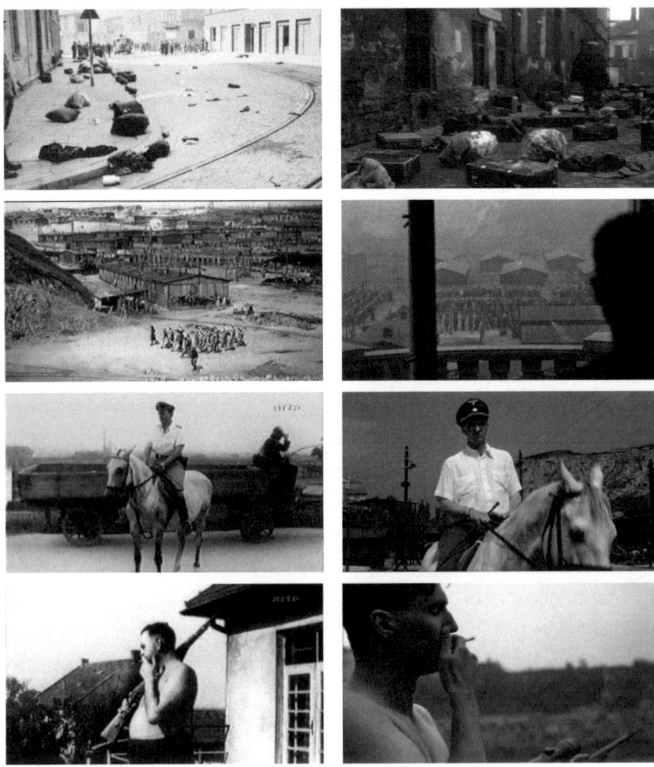

Abb. 61-68: Nachbildungen historischer Fotografien in SCHINDLER'S LIST.

diegetisch als Blick von Schindlers Buchhalter Stern motiviert, der hier in der Rolle des beteiligten Zeugen auftritt (vgl. Bratu Hansen 1997: 86; 93).[10]

In diese Szenen werden visuelle Nachbildungen eingefügt. Die historischen Fotografien dienen als Gestaltungsvorlagen. Damit soll der dokumentarische Charakter der Szenen hervorgehoben werden. Die Szenen übernehmen insbesondere topografische Details wie die Aufnahmen vom Beginn der Räumung. Andere Bilder scheinen sich wegen ihres deutlich symbolischen Gehaltes besonders zur Nachbildung zu eignen. Das Foto der mit Koffern und Kleidungsstücken übersäten Ghettostraße, das die Abwesenheit der in das Lager deportierten Bewohner symbolisiert (Abb. 61), wird gleich zwei Mal in SCHINDLER'S LIST zitiert (Abb. 62).

Neben den Szenen aus dem Krakauer Ghetto finden sich Nachbildungen historischer Bildvorlagen auch in den anschließenden Szenen aus dem Lager Plaszow (Abb. 63). Hier dienen die historischen Vorbilder ebenfalls als Vorlagen für die Topografie des Lagers, wie eine nachempfundene Übersichtsauf-

10 | In solchen Szenen verwendet auch SCHINDLER'S LIST die Figur des Zeugen als Motivierung einer Erzählperspektive, wie sie Polanski dann in seinem Film verallgemeinert. Auf die Bedeutung der Figur des Zeugen gehe ich im folgenden Kapitel noch genauer ein.

nahme verdeutlicht, die im Film als Blick des Kommandanten Amon Göth markiert ist (Abb. 64).

Auch die visuelle Gestaltung Göths orientiert sich an historischen Aufnahmen des berüchtigten Lagerkommandanten. Insbesondere in den für die Tätercharakteristik zentralen Szenen arbeitet Spielberg mit Nachbildungen. Als Göth kurzzeitig von Schindler überzeugt wird, nachsichtiger mit den jüdischen Häftlingen umzugehen, zitiert Spielberg ein Foto von Göth auf seinem Pferd (Abb. 65). Im Gegensatz zu der berühmten Aufnahme Göths in Uniform wählt er jedoch diejenige Aufnahme als Vorlage, die den Kommandanten im ‚zivileren' weißen Hemd zeigt (Abb. 66). Die Szene, in der wir Göth mit freiem Oberkörper auf seinem Balkon stehend sehen und er wahllos jüdische Arbeiterinnen erschießt, orientiert sich ebenfalls an historischen Bildvorlagen (Abb. 67). Während diese jedoch als triumphale Selbstbilder Göths gelten sollten, dient Spielberg ihre Nachbildung dafür, Göth als unansehnlichen Sadisten zu porträtieren (Abb. 68).[11] Interessanter Weise brachte einige Jahre später ein Dokumentarfilm von James Moll, der am Aufbau von Spielbergs *Shoah Foundation* beteiligt war, die Vorbilder wieder zum Vorschein. Er montierte sie in seinen Film INHERITANCE (USA 2006) über die Tochter Amon Göths, in dem wiederum Szenen aus SCHINDLER'S LIST wie Re-enactments verwendet werden.

Spielberg wiederum verwendete in seinem Film neben Vorlagen, die auf die dem Film zugrunde liegenden historischen Ereignisse verweisen, auch Nachbildungen historischer Bilddokumente, die zum Fundus der visuellen Monumente des Holocaust zählen. Dazu zählen beispielsweise die Aufnahme von Frauen hinter Stacheldraht (Abb. 69) und das Bild von Frauen in einer mit Stockbetten versehenen Baracke (Abb. 70), die hier zeitlich verschoben als Modelle für die Darstellung der Frauen während der Lagerhaft verwendet werden. Denn die Szenen zitieren die bekannten Aufnahmen aus den befreiten Lagern, hier Margret Bourke-Whites Foto der Häftlinge hinter Stacheldraht (Abb. 71) und Aufnahmen von Überlebenden in einer Häftlingsbaracke aus dem sowjetischen Filmmaterial, das in DIE BEFREIUNG VON AUSCHWITZ zu sehen ist (Abb. 72).

Diese Nachbildung fotografischer Monumente der Erinnerung verdeutlicht auch, dass es sich bei den Nachbildungen zumeist um Ersatzbilder jener Aufnahmen handelt, „die das Archiv-Material verweigert." (Köppen 1997: 150) Die Nachbildungen bekommen noch eine andere Funktion, nämlich jene Geschichtsbilder zu beglaubigen, die nicht auf historischen Vorlagen basieren, die also, wie Manuel Köppen richtig anmerkt, „jene Bilder liefern, die diese Leere zu füllen versprechen" (ebd.: 146).

Dies bringt uns zu einem weiteren Verfahren der Verwendung von Bildstereotypen in SCHINDLER'S LIST, die aus dessen Charakter als Hypertext folgen. Als solcher integriert und überschreibt der Film bereits bestehende filmische Hypotexte. Er kommentiert diese nicht und macht sie daher auch

11 | Das damit im Zusammenhang stehende Täterbild in SCHINDLER'S LIST werde ich im folgenden Kapitel noch näher untersuchen.

nicht als solche kenntlich, sondern bettet sie in seine eigene Form ein und löst sie darin schließlich auf. Auf diese Weise stellt SCHINDLER'S LIST nicht nur eine intertextuelle Verbindung zu früheren prototypischen Filmen über den Holocaust her. Vielmehr verknüpft er die eigene Repräsentationsstrategie mit diesen Filmen und deren Umgang mit dem Holocaust. Neben einer daraus folgenden zusätzlichen Dimension der Beglaubigung positioniert sich SCHINDLER'S LIST auf diese Weise als gültiger Prototyp, der frühere Formen

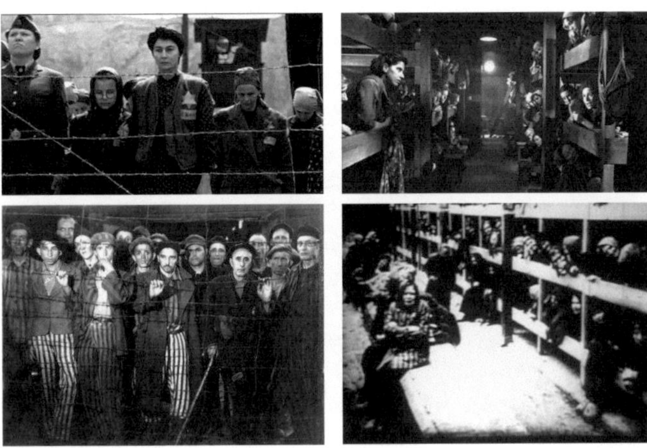

Abb. 69-72: Nachbildungen ikonischer Lagerfotoaufnahmen in SCHINDLER'S LIST.

ablöst, überschreibt und transformiert. Dies soll im Folgenden an drei filmischen Hypotexten demonstriert werden, die SCHINDLER'S LIST mit Hilfe visueller Anspielungen aufgreift und überlagert. Indem er das Bildmaterial dieser vorgängigen Filme konkretisiert und fixiert und in seine geschlossene Form einpasst, überführt er die Erinnerungsbilder in stereotype Geschichtsbilder, auf die sich wiederum nachfolgende Visualisierungen der Geschichte des Holocaust beziehen können.

Der erste Hypotext, auf den sich SCHINDLER'S LIST bezieht, ist Wanda Jakubowkas OSTATNI ETAP. Wie bereits gezeigt, handelt es sich bei diesem frühen Spielfilm über Auschwitz nicht nur um einen der ersten Filme über Auschwitz, sondern auch über ein zu einer episodischen Spielfilmhandlung verdichtetes Erinnerungszeugnis, in dem typische und das (Über-)Leben im Lager charakterisierende Ereignisse aus einer beobachtenden Erzählperspektive berichtet werden. Größtenteils drehte Jakubowka ihren Film *on location* in Auschwitz. So erhalten die Spielszenen den Charakter von dokumentarischen Aufnahmen. Bis heute werden Jakubowkas Bilder immer wieder zitiert. Alain Resnais montierte Szenen aus OSTATNI ETAP, die die Ankunft eines Deportationszuges in Auschwitz zeigen, in seinen Film NUIT ET BROUILLARD. George Stevens zeigte 1959 eine Sequenz aus OSTATNI ETAP als Angsttraum Anne Franks in seiner Verfilmung THE DIARY OF ANNE FRANK und überblendete diese Filmzitate mit nachgedrehten Szenen, die einer imitierenden

Ästhetik folgen. Auch in dem Film ZEUGIN AUS DER HÖLLE wurden Szenen aus OSTATNI ETAP nachgestellt, um die traumatische Wiederkehr der Lagererfahrung in den Erinnerungen einer Überlebenden zu illustrieren (vgl. H. Loewy 2003: 37/38). Zu Recht spricht Hanno Loewy daher von OSTATNI ETAP als „Mutter' aller Holocaustfilme" (ebd.: 37). Im Sinne von Genette kann OSTATNI ETAP, wie im weiteren Verlauf dieser Arbeit noch an verschiedenen

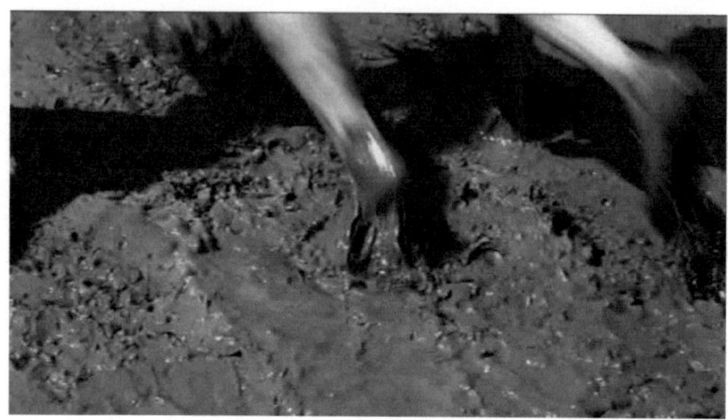

Abb. 73: Matsch als visuelles Stereotyp in SCHINDLER'S LIST.

Beispielen gezeigt werden soll, also als ein Hypotext für spätere Filme über den Holocaust bezeichnet werden.

SCHINDLER'S LIST bezieht sich auf OSTATNI ETAP als einen solchen vorgängigen Prototyp. Mehrfach wurde auf die Bedeutung früher polnischer Filme für die Bildgestaltung von SCHINDLER'S LIST hingewiesen. Auch die Betonung der authentischen Drehorte rund um Auschwitz und Krakau, verweist auf Jakubowkas Werk. Besonders augenfällig wird die Verbindung jedoch durch die in SCHINDLER'S LIST präsente Darstellung der Lager. Wie ich im Folgenden noch genauer verdeutlichen werde, beziehen sich zahlreiche Filme über die Konzentrationslager in der Wahl ihrer Bilder auf Jakubowkas Vorlage. Nicht zuletzt durch Alan Pakulas SOPHIE'S CHOICE ist diese Ikonografie auch in die US-amerikanische Visualisierung der Lager eingegangen.[12] Spielberg zitiert die aus diesen Filmen bekannte Darstellung des Lagers. Dazu gehört beispielsweise der matschige Boden, über den die Häftlinge laufen müssen (Abb. 73). Matsch als visuelles Stereotyp des Konzentrationslagers ist seit OSTATNI ETAP in zahlreichen Filmen von PASAZERKA (PL 1963, Andrzej Munk) über SOPHIE'S CHOICE bis zu X-MEN (CA/USA 2000, Bryan Singer) verwendet worden, wie Hanno Loewy hervorgehoben hat: „Dass die Züge in Auschwitz in fast allen Filmen ausgerechnet nachts eintreffen, dass der Boden im Film-Auschwitz, von SOPHIE'S CHOICE bis zur Anfangsszene der Comicverfilmung X-MEN, zumeist matschig und klebrig ist, verdankt sich nicht zuletzt den eindrucksvollen Bildern von Jakubowskas Film." (Ebd.: 38) Mit

12 | Pakula wiederum bezieht sich auf Filme wie THE PAWNBROKER und dessen Flashbacks des Lagers. Außerdem finden sich in SOPHIE'S CHOICE auch direkte Anspielungen auf Andrzej Munks PASAZERKA, der wiederum auf OSTATNI ETAP verweist.

der Adaption solcher visueller Stereotypen löst SCHINDLER'S LIST OSTATNI ETAP nicht nur als Prototyp ab, er überschreibt auch dessen Perspektive, die Geschichte des Holocaust aus der Sicht des Opfers zu erzählen, durch die der Rettung. Gleichzeitig ‚lebt' aber der nahezu vergessene Film OSTATNI ETAP ikonografisch in SCHINDLER's LIST weiter, der seinen Hypotext gleichsam verinnerlicht hat.[13]

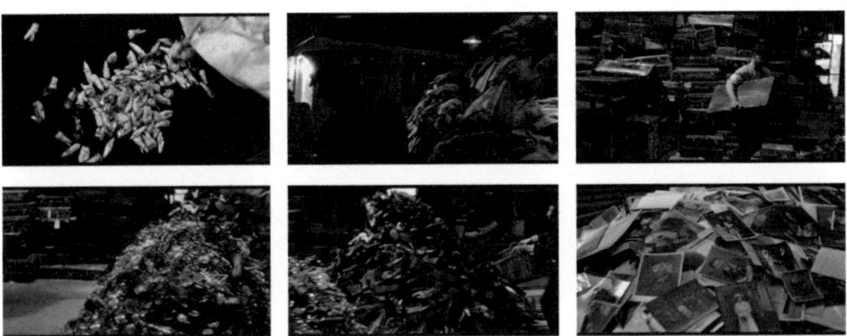

Abb. 74: Diese Kamerafahrt in SCHINDLER'S LIST ahmt die Erinnerungsmontagen in NUIT ET BROUILLARD nach.

Nicht zuletzt durch Alain Resnais Dokumentaressay NUIT ET BROUILLARD sind Jakubowkas Spielfilmaufnahmen eines einfahrenden Deportationszuges und des Abtransportes von Häftlingen auf Lastwagen auch zu dokumentarisch kodierten Bildern geworden. Auch NUIT ET BROUILLARD ist selbst zu einer Quelle für SCHINDLER's LIST geworden. Resnais' Meisterwerk wurde für Spielberg zu einem wichtigen Hypotext, auf den sich sein Hypertext bezieht. Hierbei geht es nicht nur wie bei OSTATNI ETAP um prototypische Bilder, die im Sinne visueller Stereotypen die Lagersituation verdichtet wiedergeben. Vielmehr integriert SCHINDLER's LIST mit der Übernahme einer ganzen Montagesequenz aus Resnais' Film auch dessen Status als Monument der Erinnerung.

Beinahe bis in die Kamerabewegung hinein ist die Szene, in der gestapelte Koffer sowie Berge von Schuhen und Brillen in SCHINDLER's LIST abgefilmt werden, eine Anspielung auf NUIT ET BROUILLARD (vgl. J. Hirsch 2004: 144). Spielberg verfestigt Resnais' assoziative Montage zu einer Montage von visuellen Stereotypen, die durch ihre historische Signatur und Vielzahl von kulturell geprägten Bedeutungen, das Verständnis der Szene erleichtern (Abb. 74). Beinahe automatisch rufen die Nachbildungen die Erinnerung an die Ermordung

13 | Jakubowkas Film wird bis heute selten gezeigt. In der DDR wurde eine synchronisierte Fassung erstellt, die heute im Bundesarchiv-Filmarchiv verwahrt wird. Stewart Liebman hat Mitte der 1990er Jahre den Film der internationalen Forschung wieder zugänglich gemacht (vgl. Liebman 1996; 1997). Interessanter Weise war lange Zeit eine englisch untertitelte Videofassung des Films für ein polnisch sprechendes Publikum in den USA im Handel. Für den deutschsprachigen Raum hat insbesondere Hanno Loewy dem Film zu einer Renaissance verholfen (vgl. H. Loewy 2003).

der Juden auf: „Die historischen Bilddokumente haben sich zu Metonymien verselbständigt: Die Berge von Brillen, Koffern, Haaren sind an die Stelle der Toten getreten, die sie in einem kulturellen Zeichensystem vertreten und damit historisieren als abgeschlossene Vergangenheit." (G. Koch 1992: 159) Auch die Wiederholung der Montage in SCHINDLER'S LIST verdeutlicht eine solche Abgeschlossenheit, denn Spielbergs Film entzieht sich der von Resnais durch die Montage von Bild, Ton und Musik ev ozierten assoziativen Offenheit. Spielberg nutzt stattdessen die Anspielung auf NUIT ET BROUILLARD als Zeichen für die Ermordung und erinnert – wie bei einem Blick durch ein Schlüsselloch – an den Raub und die Aneignung fremden Eigentums, womit er implizit auch auf Schindlers Rolle als Profiteur der nationalsozialistischen Verbrechen verweist.

Gleichzeitig rufen die Bilder Affekte des Verlusts und der Trauer hervor, verstärkt durch die auf leitmotivischen Strukturen der Wiederholung basierende Musik. Auch hier werden die visuellen Stereotype an einem emotional stark besetzten Wendepunkt der Handlung eingesetzt. Der Wiederholungsstruktur klassischer Filmerzählungen folgend, nimmt der Film in diesen Szenen seinen Plot bereits teilweise vorweg, wenn Schindler seinen Buchhalter Stern, stellvertretend für seine anderen Arbeiter, vor der Deportation rettet. SCHINDLER'S LIST folgt damit einer Doppelstruktur, durch die zwei Ebenen miteinander verschränkt werden, wobei der Film „wirkungsästhetisch durch einen Gegensatz zwischen Vordergrund und Hintergrund bestimmt" ist (Martínez 2004: 50). Die im Vordergrund erzählte Geschichte der Rettung findet vor der im Hintergrund präsenten Vernichtung statt: „Dabei sind beide Schichten einander funktional zugeordnet: Der bedrohliche Hintergrund steigert im Kontrast die Erleichterung, die der Zuschauer beim Gelingen von Schindlers Rettungstaten empfindet." (Ebd.)

Mit Hilfe der aus NUIT ET BROUILLARD entnommenen Montagesequenz verbindet sich mit der Erleichterung darüber, dass Schindlers Buchhalter vor der Deportation gerettet wurde, auch die Erinnerung bzw., der Chronologie des Films folgend, die Vorahnung der späteren Ermordung anderer (vgl. Avisar 1997: 53). Dies gelingt, weil Spielberg mit den Bildern aus Resnais' Film auch dessen Perspektive des Erinnerns übernimmt. Diese wird insbesondere dadurch unterstrichen, dass die Montage wie ein essayistischer Exkurs nur lose in die Filmhandlung eingebunden ist. Beinahe symbolisch befindet sich die Kamera vor dieser Szene an einem Scheideweg, jener „‚klassifikatorischen Grenze' […] zwischen zwei semantisch einander entgegengesetzten Teilräumen", die Matías Martínez Jurij Lotman folgend in SCHINDLER'S LIST festgestellt hat (Martínez 2004: 50). Stern scheint auf dieser Grenze zwischen Überleben und Tod zu stehen. Als er sich zur Seite, in Richtung der Koffer wendet, verlässt die Kamera die Lebenden, Schindler und Stern, und folgt den Bildern der Vernichtung ganz wie Resnais' Monument der Erinnerung (Abb. 75). Der Hypotext NUIT ET BROUILLARD wird auf diese Weise als Erinnerungsform in SCHINDLER'S LIST integriert und gleichzeitig dramaturgisch als Stilmittel angepasst. Auf diese Weise wird der ikonische Charakter der Bilder als visuelle Stereotype endgültig festgeschrieben:

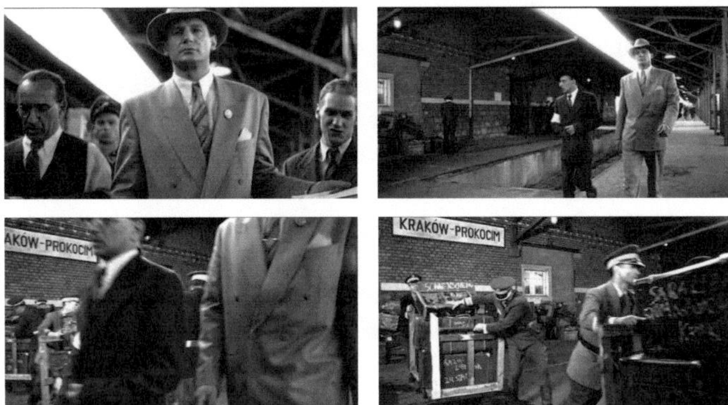

Abb. 75: Die Kamera am Scheideweg: Anbindung des essayistischen Exkurses über die Vernichtung an den Vordergrund der Rettungsgeschichte.

The new discourse into which they are inserted combines the historical mastery (and trauma avoidance) of classical realism with postmodern pastiche. As has been pointed out by several scholars, quotation in SCHINDLER'S LIST does not interrupt the flow of the narrative with a modernist selfconsciousness, but rather blends seamlessly into that narrative with the unself-conciousness of realism. It functions both to reinforce the authenticity of the film (on the postmodern assumption that the past is more real if it looks like past films) and to set the film up as the ultimate and authoritative Holocaust film that absorbs and replaces all previous Holocaust films. (J. Hirsch 2002:147f.)

Hirsch verdeutlicht hier den Zusammenhang von visuellen Nachbildungen, die sich als intertextuelle Verweise auf die mediale Repräsentation des Holocaust beziehen, und fixierten Geschichtsbildern, die durch die Verfestigung von Bildern zu Stereotypen und Mustern entstehen. Diese visuellen Stereotype erleichtern den Zuschauern einerseits das Verstehen der filmischen Geschichtserzählung, indem sie das medial vermittelte Wissen über die geschichtlichen Ereignisse aufrufen, andererseits werden die stereotypen Bilder aber auch zu gültigen Geschichtsbildern, die Erinnerung und Erfahrung fixieren. In diesem Sinne bezieht sich SCHINDLER'S LIST auf seinen dritten zentralen Hypotext, Claude Lanzmanns SHOAH. SHOAH dient Spielberg gleichsam als Masterfolie, vor deren Hintergrund er SCHINDLER'S LIST als Positiv der in Lanzmanns Film gezeigten Negative der Erinnerung konstruiert. Während Lanzmann bekanntermaßen auf jede Verwendung historischen Bildmaterials verzichtet (vgl. G. Koch 1992: 159), überschreibt Spielberg die in SHOAH enthaltenen Erinnerungsbilder mit konkretisierten und fixierten Geschichtsbildern. Während die Kamera in Spielbergs Film suggeriert, sie bewege sich als Augenzeuge in der Geschichte, überlässt Lanzmann seinen Gesprächspartnern die Position des Zeugen: „While Spielberg attempts to give virtually every aspect of the apparatus of genocide a filmic equivalent for a mass audience, Lanzmann eschews the representation of history in a facile series of cinematic tropes." (Cheyette 1997: 231)

Lanzmanns Kamera registriert dabei neben den Erzählungen auch den körperlichen Ausdruck der Zeugen, die „nicht [nur] Erinnerungen erzählen, sondern Situationen wieder durchleben." (G. Koch 1992: 148) Damit löst sich SHOAH von einem rein dokumentarischen Paradigma: „The act of memory is also recognized as a complex cognitive mechanism, and a special challenge for artistic representation." (Avisar 1997: 41) Daher resultiert der Authentizitätseindruck von SHOAH, wie Gertrud Koch anmerkt, nicht aus der Verschleierung des Künstlichen, sondern findet seinen Ausdruck im offen gelegten ‚Spielcharakter': „Im Spiel macht sich jeder wieder zu dem, der er ist" (G. Koch 1992: 149). Lanzmann lässt „ganze Szenarien nachspielen, mit einem ausgeliehenen Zug, mit der Aufforderung, Gesten, Handlungen nachzuspielen." (Ebd.)

Auf diese Weise überlässt Lanzmann die Konkretisierung der von den Zeugen erinnerten und im ‚Nachspielen' körperlich ausgedrückten Erinnerungsbilder der Vorstellung der Zuschauer. Diese können auf der Grundlage solcher Erinnerungsbilder imaginative Vorstellungsbilder der Vergangenheit konstruieren, denn „wenn erzählt wird, wird eine Vorstellung gegeben, die Vorstellung von etwas Abwesendem. Die Vorstellung, das Imaginäre [...], ist die Anwesenheit einer Abwesenheit, die außerhalb des raum-zeitlichen Kontinuums der gegenwärtigen Vorstellung liegt." (Ebd.)

Wie das folgende Beispiel zeigt, integriert Spielberg die Nachbildungen solcher imaginativer Erinnerungsbilder jedoch in das raum-zeitliche Kontinuum seines Films, indem er sie zu Geschichtsbildern macht. Er konkretisiert und fixiert solche Erinnerung und stellt damit die kausale Kohärenz her, die Lanzmann gerade vermeidet. In einer Szene seines Films interviewt Claude Lanzmann einen Polen, der davon berichtet, wie sie als Kinder und Jugendliche die Züge in die Vernichtungslager beobachtet haben. Er verdeutlicht, dass sie wussten, dass die Juden ermordet wurden. Dem von Lanzmann praktizierten Konzept des Nachspielens folgend, macht der Augenzeuge eine körperliche Geste, die die verbale Erinnerung verstärkt. Durch die angedeutete Handbewegung entlang seines Halses, verdeutlicht und intensiviert er das Berichtete. An einer anderen Stelle von SHOAH erscheint diese Geste erneut, dieses Mal aus einer anderen Perspektive. Richard Glazer, Überlebender von Treblinka, berichtet Lanzmann von der Fahrt im Deportationszug zum Vernichtungslager. Lanzmann schneidet unter diesen Erinnerungsbericht die Bilder eines durch die grüne polnische Landschaft fahrenden Zuges. Dieses leitmotivisch verwendete Symbolbild zieht sich durch den ganzen Film und strukturiert so visuell die nicht chronologisch angeordneten Berichte. Für die Zuschauer dient es gleichzeitig als Assoziationsmotiv für die imaginative Konkretisierung der berichteten Erinnerungen. Glazer beschreibt, wie die Deportierten versuchten, aus der kleinen Luke des Wagens zu blicken und Kontakt zur polnischen Bevölkerung aufzunehmen. An diesem Punkt des Gesprächs schneidet Lanzmann auf den berichtenden Zeugen Glazer. Dieser verdeutlicht den nonverbalen Austausch mit polnischen Landarbeitern, indem er die Geste nachmacht, mit der die Bauern den Häftlingen das nahe Vernichtungslager ankündigten (Abb. 76). Die Geste der durchschnittenen Kehle wird so zum körperlich ausgedrückten Symbol für die Bedrohungssituation der Deportierten. Diese Bedeutung war aber, wie Glazer erzählt, den Deportierten damals noch nicht bewusst.

Diese Erinnerungsbilder eines Überlebenden, der sich ein nonverbal kommuniziertes Warnsignal vergegenwärtigt, und eines erwachsenen Polen, der mit dieser Handbewegung das imaginative Erinnerungsbild eines polnischen Jungen aufruft, der eine solche Handbewegung angesichts eines vorbeirollenden Transportes von Juden in die Vernichtungslager macht, transformiert

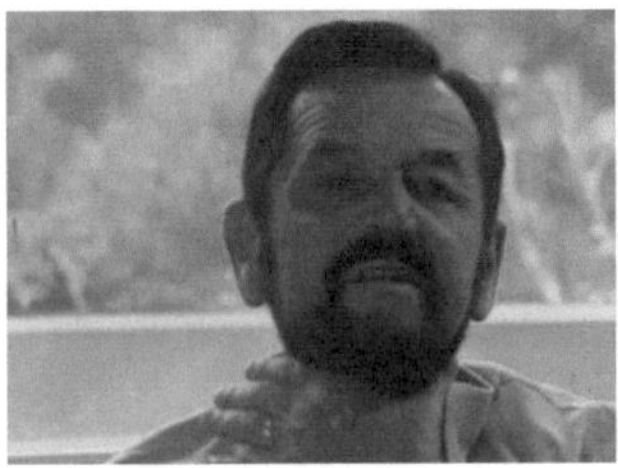

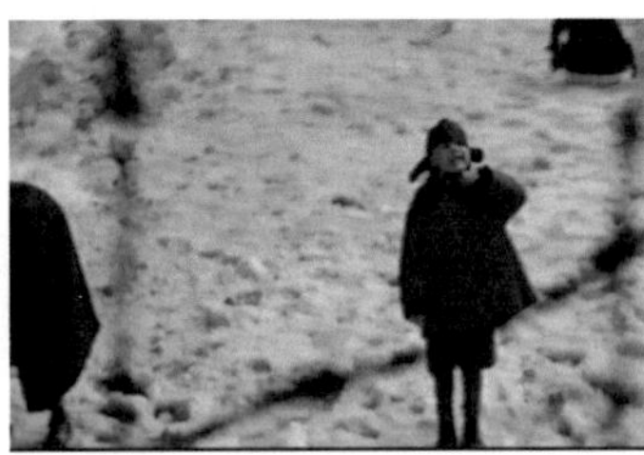

Abb. 76-77: Die körperliche Geste in Shoah und ihre Fixierung in Schindler's List.

Schindler's List zu einem konkretisierten und fixierten Geschichtsbild (vgl. Schwarz 1999: 231; Loshitsky 1999: 357f.). Spielberg stellt die Erinnerungsbilder mit der Nachbildung eines polnischen Jungen nach, der ebenfalls die signifikante Bewegung einer durchgeschnittenen Kehle macht. Das Geschichtsbild löst das Erinnerungsbild aus Shoah ab und schreibt es ikonisch fest (Abb. 77). Dies wird dadurch noch intensiviert, dass das Motiv in der entsprechenden Sequenz in Schindler's List gleich drei Mal wiederholt wird (vgl. Cheyette 1997: 231). Dadurch verstärkt der Film die Stereotypisierung. Zunächst sehen wir den Jungen unter dem Waggon des Deportationszuges hindurch beinahe beiläufig aus der Position eines Beobachters. Dann wird sie ein zweites Mal durch das mit Stacheldraht verhauene Fenster des Deportationszuges gezeigt. Diese Wiederholung entspricht nun der subjektiven Perspektive der Frauen, die sich im Waggon des Zuges befinden. Schließlich zeigt Spielberg das Bild noch einmal und betont dieses Mal durch die Verwendung der Zeitlupe den ikonischen Charakter des Motivs, indem es aus dem kontinuierlichen Fluss der Handlung herausgelöst wird. Die Zeit scheint in einer Schleife zu verharren und das Bild als Vorstellungsbild der Filmfigur kodiert zu werden. Im Bewusstsein der Zuschauer setzt es sich jedoch als konkretisiertes Geschichtsbild fest, welches das möglicherweise aus Shoah bekannte Vorstellungsbild und die dort erzählten Erinnerungen überschreibt.

Spielberg integriert dieses Motiv aus Shoah bruchlos in den Spannungsbogen von Schindler's List, indem er es als Element der Suspense einsetzt. Als die Frauen den Jungen sehen, glauben sie noch, sie wären auf dem Weg zu Schindlers Fabrik in Brünnlitz und wiegen sich damit in Sicherheit. Während die Frauen die Geste noch nicht klar deuten können, weiß der Zuschauer von diesem Moment an bereits, dass sie in den Tod fahren. Anders als in Shoah ist es aber nicht das Vernichtungslager Treblinka, das in der nächsten Szene von Schindler's List zu sehen ist, sondern Auschwitz-Birkenau, eindeutig markiert durch ein weiteres Superzeichen, das zum visuellen Stereotyp gewordene Eingangstor des Lagers.

Bei SCHINDLER'S LIST handelt es sich also um einen Film, der Elemente und Motive aus früheren Filmen und Texten über den Holocaust zusammenbringt (vgl. Schwarz 1999: 235). Diese werden in das Narrativ von SCHINDLER'S LIST integriert und auf diese Weise wiederum Teil eines neuen Prototyps für nachfolgende Filme. Die kontroverse Debatte über den Vergleich zwischen SCHINDLER'S LIST und Lanzmanns SHOAH (vgl. Bratu Hansen 1997) kann in diesem Sinne auch als Streit über eine visuelle Deutungsmacht über die Vernichtung der europäischen Juden verstanden werden, in welchem sich die Darstellung des vorgängigen Films SHOAH der Vereindeutigung widersetzt. Wie stark SHOAH für SCHINDLER'S LIST als verborgener Hypotext fungiert, zeigt auch die Tatsache, dass Spielbergs Film gleichsam mit Anspielungen auf SHOAH eingerahmt ist:

> The opening, ghost-like disappearance of the 1930s Jewish family who leaves a set of empty chairs – which shrewdly become the absence addressed by the rest of the film – implicitly echoes the figure of that other ‚righteous gentile', Jan Karski, in SHOAH. As Karski attempts to recall his eyewitness account of the scale of the atrocities in Europe, he breaks down and leaves an empty chair, which Lanzmann lingers over. (Cheyette 1997: 231)

Betont wird damit eine hochgradig symbolische Sequenz, die nicht nur durch den Kontrast zwischen Farbe und Schwarzweiß besonders auffallend inszeniert ist. „[S]chon innerhalb der ersten zwei Minuten findet man so viele Symbole, wie es für das kommerziell orientierte amerikanische Kino ungewöhnlich ist." (Umlauff 2000: 126) Dazu zählt insbesondere das Symbolbild des Rauches einer Kerze und einer Lokomotive, die durch einen Matchcut miteinander verbunden werden. Mit diesem Schlüsselbild spielt Spielberg auch auf David Leans Nachkriegsfilm BRIEF ENCOUNTER (UK 1945) an: „Like Lean, Spielberg has been rightly viewed as creating a ‚sense of people caught in a catalysm beyond their ken or control' […]." (Cheyette 1997: 230) SCHINDLER'S LIST positioniert sich im Spannungsfeld der kapitalistischen Moderne und ihrer vorherrschenden Ideologien. Er versucht dabei angesichts der Katastrophe eine Art von Rettung, was auch als nostalgischer Reflex gedeutet werden kann[14]:

> It seems to me that Spielberg would like to go back to that moment – that he is trying to make a case for a capitalist aesthetics and culture which is at once modernist and popular, which would be capable of reflecting upon the shocks and scars inflicted by modernity on people's lives in a generally accessible, public horizon. (Bratu Hansen 1997: 97)

---

14 | Zur Analyse der Repräsentation von Arbeit und Kapitalismus in SCHINDLER'S LIST siehe auch Bruhn 1994.

Wie Bratu Hansen verdeutlicht, ist gesellschaftspolitische Ambivalenz auch Folge einer ästhetischen Ambivalenz. Ilan Avisar hat neben anderen betont, dass Shoah auf der modernistischen Idee basiert, dass Kunst aufschlussreiche Erkenntnisse der Wirklichkeit vermitteln kann, ohne die Komplexität dieser außerfilmischen Wirklichkeit und die damit verbundenen Herausforderungen für die filmische Darstellung zu nivellieren (vgl. Avisar 1997: 42). Schindler's List steht hingegen für die Einpassung der Shoah in die populäre Kultur. Wie Miriam Bratu Hansen anschaulich verdeutlicht hat, folgt Spielberg dabei einer postmodernen Medienkultur, in der Hoch- und Populärkultur untrennbar miteinander verbunden sind (vgl. Bratu Hansen 1997: 94). In diesem Sinne verinnerlicht Schindler's List mit den hier beschriebenen Hypotexten Ostatni Etap, Nuit et Brouillard und Shoah nicht nur deren Repräsentationsstrategien und macht sich nicht nur ihre spezifischen Formen der Erinnerung zunutze. Schindler's List beerbt auch ihren Status und beglaubigt damit seine eigene Form als Überwindung des Gegensatzes zwischen modernistischer Ästhetik und Massenkultur (vgl. ebd.: 97).

Diese Bewegung hängt eng zusammen mit der transtextuellen Bindung von Schindler's List an einen weiteren Film: Orson Welles' Citizen Kane (USA 1941), der filmhistorisch an der Schwelle zwischen klassischem und modernistischem Kino steht. Insbesondere der visuelle Stil von Schindler's List verweist auf die intertextuelle Nähe zu Welles' Meisterwerk. Auch die Hauptfigur Schindler lehnt sich in ihrer Gestaltung an die Biografie des fiktiven Zeitungsmagnaten Kane an. Wo Welles aber einen Niedergang zeigt, der mit dem Entstehungszeitpunkt des Films Anfang der 1940er Jahre zusammenhängt und der sehr klar auf den europäischen Totalitarismus und Faschismus und dessen Auswirkungen auf die USA reflektiert (vgl. Mulvey 2000: 97), zeigt Spielberg die moralische Wandlung seines Protagonisten:

> If Spielberg tries to inscribe himself into an American film history pivoting around Citizen Kane, he also tries to revise the message – if one can speak of a message – of Welles's film. Citizen Kane traces the disintegration of its protagonist from a young man of lofty ideals to a monstrous figure of the specular, two dimensional, and fragmented media culture he helped create. Schindler's List reverses the direction of this development. (Bratu Hansen 1997: 97)

Schindler's List bezieht sich so mithilfe von Anspielungen sowohl auf die populäre Filmkultur als auch auf die filmische Moderne. Dazu dient eine Form des Pastiches, in der zahlreiche intertextuelle Verweise zu einer neuen Form verbunden werden. Die transtextuellen Beziehungen dienen dazu, bestimmte filmische Auseinandersetzungen zu integrieren und zu überschreiben.

Neben dem cinema verité und Citizen Kane als Intertext spielt Schindler's List auch auf die populären amerikanischen Antinazi-Filme der Kriegszeit an. Intertextuelle Bezüge entstehen vor allem zu Casablanca und der von Humphrey Bogart gespielten Figur des amerikanischen Barbesitzers Rick. Zusätzlich finden sich, wie Bryan Cheyette verdeutlicht hat, Echobilder aus zentralen Werken des postklassischen Hollywoodkinos wie Godfather (USA 1972, Francis Ford Copolla) oder Apocalypse Now (USA 1979, Francis Ford Copolla) in Schindler's List (vgl. Cheyette 1997: 236). Auf diese Weise vermischt der Film zahlreiche Bild- und Genrestereotypen, welche „im kulturellen Gedächtnis zum flottierenden Zeichenmaterial geworden" sind (Schweinitz 2006: 92) und hier zu „mythischen Bild[ern]" des Holocaust werden (ebd.: 93). Anders aber als der von Jörg Schweinitz untersuchte Hybridgenrefilm, der verschiedene Genremuster vermischt und dies durch reflexive Momente oder ironische Brechung kenntlich macht, legt Schindler's List das „Fragmentarische der von ihm verbundenen Bruchstücke differenter Genres" nicht offen (ebd.: 92). Er verdeckt es jedoch auch nicht durch die einfache Adaption einer klassischen, geschlossenen Erzählweise. Vielmehr kann die klassische Erzählhaltung selbst als Teil der aus der Pastichestruktur resultierenden Hommage an das klassische Kino gedeutet werden. So integriert Spielberg die diversen Teile in eine Komposition, die Miriam Bratu Hansen als „more sophisticated, elliptical, and self-conscious" bezeichnet, als die meisten Kritiker Spielbergs angenommen hatten (Bratu Hansen 1997: 85). Doch Schindler's List aktiviert die aus der Komposition der Stereotype folgende Erinnerungstätigkeit des Publikums nicht, um diese auf das filmische Narrativ selbst zu lenken. Vielmehr soll die Erinnerung an vorangegangene filmische Erinnerungen als Ersatz für fehlende Primärerinnerungen an das historische Ereignis dienen. Auf diese Weise konstruiert der Film sich selbst als ein neues Monument der Erinnerung, das sich vorherige filmische Erinnerungsformen einverleibt und deren Wirkungen in die eigene ästhetische Wirkungsstrategie integriert. Wenn man mit Jörg Schweinitz annehmen kann, dass der postmoderne Film in seinem Umgang mit Stereotypen „zwischen einem Denkmal und dem Karneval der Stereotype" pendelt (Schweinitz 2006: 122), dann pendelt Schindler's List in Richtung des Denkmals, das zwar an die früheren Filme und Bilder erinnert, diese aber als Stellvertreter des historischen Ereignisses neu kontextualisiert und damit gleichzeitig entthront. Im Folgenden soll dem eine andere Form gegenüber gestellt werden, die sich dem von Schweinitz beschriebenen „Karneval der Stereotype" annähert, was einen fundamentalen Wechsel der Tonart des Genres zur Folge hat. Schweinitz merkt nämlich an: „Raum für Elemente dieser Technik bot vor allem die Komödie." (ebd.) Roberto Benignis oft als ‚Holocaust-Komödie' bezeichneter Film La Vita è Bella scheint beispielsweise so die Bildstereotype des Holocaust zu reflektieren und erscheint darum weniger als ein Film über die Geschichte der Vernichtung, als vielmehr als ein Film über die Formen der filmischen Erinnerung an den Holocaust. Er folgt damit einem von Schweinitz beschriebenen Paradigmenwechsel: „Die theoretisch vollzogene Ausschaltung des Stereotyps scheint praktisch ebenso unpraktikabel wie dessen bloße Affirmation. Es ist also, wenn es um einen avancierten Umgang mit Stereotypen geht, nahezu alles möglich. nur eins nicht: der *unreflektierte*, gedankenlose Rückgriff." (Ebd.: 123, H.i.O.)

Dieser „gedankenlose Rückgriff" ist auch dort nicht möglich, wo Bilder gesucht werden, um das Grauen der Shoah zu visualisieren. Entweder müssen die bekannten Bilder einem neuen Blick wie in The Pianist unterzogen werden und ihren Charakter als Zeugnis betonen, oder sie werden Teil einer an postmoderner Ästhetik orientierten Pastichestruktur. Während aber Spielberg die bekannten Bilder und intertextuellen Verweise zu anderen Filmen und Genres in eine Authentizitätsfiktion integriert, verschiebt La Vita è Bella die Perspektive. In Benignis Film sehen die Zuschauer „Bilder, die andere Bilder zitieren, die selber schon wußten, daß sie das wahre Ausmaß des Schreckens nicht wiedergeben würden.“ (Seeßlen 1998: 37) In diesem Sinne nähert sich La Vita è Bella der Vergangenheit gerade durch die Nachbildungen an, die durch die Künstlichkeit des Dekors als solche klar erkennbar sind. Bei diesen handelt es sich um Bilder aus zweiter Hand, die betonen, „dass sie sich auf die *medial vorproduzierten Muster und Modellwelten eines konventionellen Imaginären*“ beziehen (Schweinitz 2006: 121, H.i.O.). Damit suggerieren sie auch keinen Authentizitätseindruck mehr, der sich am Status der Bilder festmachen ließe, sondern stellen stattdessen ein „radikales Bekenntnis zur Stereotypenwelt der Medien“ dar (ebd.: 120). Dies wird bereits im ersten Teil des Films offensichtlich, der sich aus Elementen bekannter Komödien und Satiren zusammensetzt und insbesondere zahlreiche Anspielungen auf die Filme Chaplins und hier vor allem seinen The Great Dictator (USA 1940) enthält (vgl. Wenk 2003: 208). Auf diese Weise bietet La Vita è Bella ein „Gefüge von direkten Anspielungen oder Allusionen“ (Schweinitz 2006: 230), die als „intertextuelle Spiele“ (ebd.: 231) wahrgenommen werden können. Die im Kontext der Rezeptionssignale postmoderner Ästhetik naheliegender Weise daraus zu folgernde Skepsis „gegen die Idee von der Wahrnehmung der ‚Realität an sich‘“(ebd.: 119), bezieht sich aber in La Vita è Bella nicht auf das historische Ereignis, also die Realität der Vernichtung als konkrete Tat, sondern auf deren Repräsentationen. Das betont auch Benigni:

> Man darf dort nichts Realistisches suchen. Edgar Allan Poe sagte, daß man am Rande des Abgrunds nicht hinunterschaut, weil der Schrecken unermeßlich ist. Wenn man ihn zeigt, ist er nur noch das, was man zeigt. Ich habe ausführliche Recherchen gemacht. Und danach war mit klar, daß nichts an die Wirklichkeit des tatsächlichen Geschehens heranreichen könnte. Wie sollte ich realistisch das zeigen, von dem zu reden ich nicht einmal den Mut hatte? (Zit. n. Benigni/Cerami 1999: 195)

In diesem Sinne kann der Rückgriff auf die Stereotypen der Erinnerung in La Vita è Bella als Absage an einen auf Realismus und Authentizitätseindruck zielenden Darstellungsmodus verstanden werden (vgl. Corell 2001: 81). Damit reflektiert La Vita è Bella die Problematik der nachgebildeten Ikonen und Monumente des Holocaust. Im Anschluss an Jörg Schweinitz kann unter Reflexivität „die Qualität eines Textes verstanden [werden], auf seinen Status als Text zurückzuverweisen, diesen Status durch das Hervorkehren medialer oder artifizieller Aspekte offenzulegen, statt ihn illusionistisch zu verbergen.“ (Schweinitz 2006: 225)

Diese Offenlegung findet durch eine herausgestellte Künstlichkeit statt, die den nach SCHINDLER'S LIST dominierenden Genreerwartungen zuwiderläuft. Die sichtbare Künstlichkeit von LA VITA È BELLA schafft eine Porosität der Bilder. Hinter diesen Bildern schimmern ihre Vorbilder als Schatten durch, wodurch ihr Charakter als Nachbildungen offen gelegt wird. Dies findet man beispielsweise in jener Szene, in der die von Benigni gespielte Figur Guido durch das Lager stolpert und hinter Nebelschwaden das Bild von Leichenbergen sichtbar wird (Abb. 78). Benigni verdichtet hier zahlreiche Stereoty-

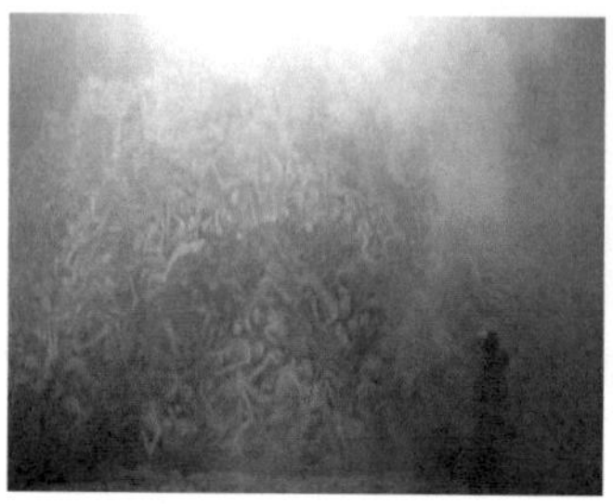
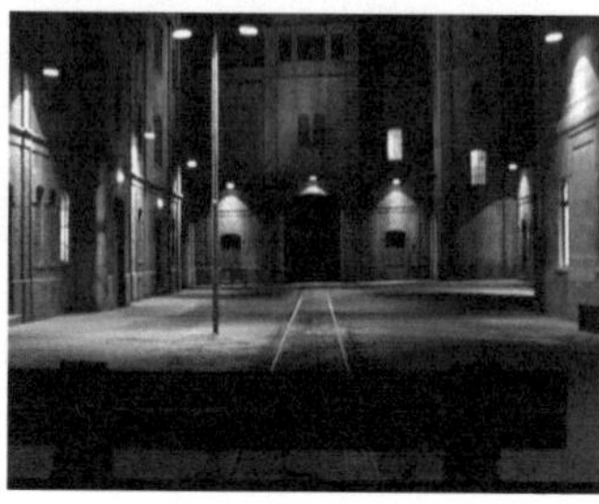

Abb. 78: Die Vernichtung als Traumbild und das Lager als Kulisse in LA VITA E BELLA.

pe wie die Nacht und den Nebel als Schlüsselbilder des Holocausts. Das was Guido und damit auch die Zuschauer sehen, ist aber ein Bild, das seine eigene Künstlichkeit deutlich sichtbar macht. Wir sehen weder eine historische Fotografie als Zitat, noch die Nachbildung der bekannten Vorlagen. Vielmehr sehen wir ein offensichtlich gemaltes Bild stilisierter Leichen, womit der Film die Unmittelbarkeit der Abbildung negiert, damit jedoch gerade die Subjektivität der Wahrnehmung durch Guido und gleichzeitig die medial vermittelte Nachträglichkeit der Erinnerungen der Zuschauer bewusst macht, die hier die Befreiungsbilder aus den Lagern zu sehen meinen. Die daraus resultierende „Performanz der Stereotype zielt nun ungleich stärker auf deren Uneigentlichkeit, auf die Zerstörung des Anscheins von Unmittelbarkeit und die Betonung von Künstlichkeit." (Ebd.) Damit eröffnet sich eine weitere, hinter dem Anschein der Unmittelbarkeit der Bilder liegende Ebene der Erfahrung. Diese Beobachtung hat auch Imre Kertész am Beispiel von LA VITA È BELLA hervorgehoben:

> Die Authentizität steckt zwar im Detail, aber nicht unbedingt im gegenständlichen. Das Tor des Lagers im Film ähnelt der Haupteinfahrt des realen Lagers Birkenau ungefähr so, wie das Kriegsschiff in Fellinis ‚Schiff der Träume' dem realen Flaggschiff eines österreichungarischen Admirals gleicht. Hier geht es um etwas ganz anderes: der Geist, die Seele dieses Films sind authentisch, dieser Film berührt uns mit der Kraft des ältesten Zaubers, des Märchens. (Kertész 1999: 152)

Dass LA VITA È BELLA somit gerade als Film über die Erinnerung und populäre Tradierung des Holocaust auch etwas über die hinter dieser verschütteten

Geschichte der Shoah auszusagen im Stande ist, liegt darin begründet, dass er seine Form als Spiel mit Stereotypen in seiner Handlung verdoppelt und damit offen legt. Auf diese Weise vollzieht sich der Übergang vom selbstreferenziellen Spiel zur reflexiven Offenlegung der Aporien des Erinnerns: „[G]erade weil er nicht vorgibt, den wahren Schrecken eines Konzentrationslagers beschreiben zu können, bleibt uns ebendies auch gegenwärtig." (Seeßlen 1998: 56) Da das Spiel, insbesondere für den zweiten Teil des Films, eine konstitutive Figur ist, fügt sich das ‚Spielen' mit bekannten Bildern und Motiven in eine Komposition ein, die aus dem Changieren zwischen Bekanntheit und Fremdheit einen Blick des Erstaunens über den Schrecken entstehen lässt. Dies wird, wie Catrin Corell festgestellt hat, auch durch „eine spezifische Rhythmik im Auftreten von fiktionalen und realitätsnahen Szenen" (Corell 2001: 81) unterstützt. Damit bezieht sich der Film auch auf eine spezifische Erfahrungsdimension, den „von zahlreichen Ex-Häftlingen bekundeten Eindruck der Unwirklichkeit, des (Schau-) Spiels in bezug auf die Lager" (ebd.: 86):

> Aber hatte diese Empfindung nicht eine ganz wesentliche Entsprechung in der erlebten Wirklichkeit? Man roch den Gestank des verbrannten Fleisches und wollte doch nicht glauben, daß das alles wahr sein könnte. Lieber suchte man Überlegungen, die zum Überleben verlockten, und ein ‚echter Panzer' ist für ein Kind genau solch ein verführerisches Versprechen. (Kertész 1999: 153)

Auf diese Weise wird das fiktive Lager im Film zu einer Bühne, auf der mit dem Schrecken auch dessen kulturelle Tradierung aufgeführt wird (vgl. Wenk 2003: 206). Beides wirkt ineinander, weil es von der Perspektive der Nachgeborenen nicht mehr zu trennen ist. Das Spiel macht die Muster und Regeln des Genres bewusst und ermöglicht gleichzeitig einen anderen Blick auf die Geschichte. Ein literarisches Äquivalent hat Imre Kertész in seinem *Roman eines Schicksallosen* gestaltet. Darin „zerreißt Kertész den Filter historischer Fakten, der den meisten kanonisierten Texten der ‚Opferliteratur' eingeschrieben ist und missachtet die sprachlichen Reglements, die im Namen einer apologetischen ‚Vergangenheitsbewältigung' festgelegt wurden." (Klaue 2007: 161) Wie Magnus Klaue beschrieben hat, versucht Kertész auf diese Weise alle „bekannten Tatsachen – die geschichtlichen Hintergründe der Judenverfolgung, die Bedeutung der Häftlingsnummern, der ‚Schornsteine' etc. – so weit als möglich aus dem Bewusstseinshorizont des Textes auszublenden" (ebd.). Da sie jedoch im Bewusstsein der Leser die Wahrnehmung des Berichteten strukturieren, entsteht aus dem Kontrast zwischen der stereotypen Wahrnehmung und dem Unterlaufen der bekannten Stereotype im Text eine Offenlegung der Muster. Ähnliches geschieht in LA VITA È BELLA durch die Verschränkung von Pastichestruktur und Spielelementen, die ihre Intensität gerade vor dem Hintergrund des präfilmischen Wissens entwickeln, ja sogar ausschließlich aufgrund der Kenntnis von den geschichtlichen Vorgängen und ihrer medialen Tradierung. In seiner Analyse der emotionalen Wirkungsstrukturen in LA VITA È BELLA weist Peter Wuss daher auch auf die enge Verbindung von Spiel, Stereotyp und Genre hin:

> Besonders offensichtlich wird die Spielform der Kunst und die Konstruktion Möglicher Welten dadurch, dass der Film Genreformen nutzt, die stets spielerische Gegenentwürfe zur Realität herstellen und dabei spezifische Konflikt-Momente konstruieren, die wiederum spezifische Gefühle evozieren. [...] Ich erkläre sie [die so entstehende Emotionserwartung, TE] mir einerseits aus dem Stereotypencharakter von Genres und andererseits aus der Appraisal-Funktion von Emotionen, die durch diesen Stereotypencharakter programmiert sind. (Wuss 2002: 133)

Im Fall von LA VITA È BELLA vermischen sich dabei das innerdiegetisch offen gelegte imaginäre Spiel des Vaters, das ästhetische Spiel Benignis mit den visuellen Nachbildungen und deren Zusammenführung in einer „Hybridform aus mehreren Genres", durch die „hier eine Art Polysemie waltet und die jeweiligen emotiven Genrewirkungen auch bewusst zueinander in Gegensatz gebracht werden können." (Ebd.: 135) Durch die Hybridgenreform wird „eine betont ‚künstliche' Diegese geschaffen, zusammengefügt aus narrativen resp. visuellen Stereotypen, die unverhohlen als Bruchstücke unterschiedlicher Genrewelten oder Diskurse präsentiert sind." (Schweinitz 2006: 91) Die daraus folgende Porosität entsteht auch durch die Konstruktion von Geschichte als Montage von Nachbildungen. Darauf stützt sich auch Silke Wenks Interpretationsansatz, LA VITA È BELLA als Ausdruck einer Ästhetik der Postmemory zu lesen, in der durch die Offenlegung der bekannten Bilder auch gleichzeitig deren Nachleben reflektiert wird: „Der Blick auf die Vergangenheit wird als ein immer schon durch die Gegenwart bestimmter kenntlich gemacht – im Fall des Films durch die Bilder, die von ‚Auschwitz' existieren." (Wenk 2003: 206). Somit montiert LA VITA È BELLA aus den vorhandenen Bildstereotypen keinen neuen Prototyp wie SCHINDLER'S LIST, sondern stellt Erinnerungsräume innerhalb der populärkulturellen Tradierung her. Im Folgenden werde ich noch weitere Beispiele dieses Umgangs untersuchen. Zunächst möchte ich jedoch am Beispiel der Ikonografie des Konzentrationslagers verdeutlichen, wie visuelle Superzeichen als Stereotype die filmische Wahrnehmung der Lager konstitutieren, bevor ich unter Rückgriff auf die Erfahrungsdimension der „Grauzone" wieder an die von LA VITA È BELLA ermöglichte Offenlegung der Nachbildungen anknüpfen werden.

SUPERZEICHEN: ZUR IKONOGRAFIE DES KONZENTRATIONSLAGERS

Das Konzentrationslager ist zu einem zentralen Bezugspunkt für die Erinnerung an die Shoah geworden. Dabei hat es immer mehr die Funktion bekommen, Wesen und Charakter der nationalsozialistischen Verbrechen zu repräsentieren. In den vergangenen Jahren ist dabei das Lager zunehmend als universales „Kennzeichen der Moderne" betrachtet worden (Schwarte 2007b: 177). Diese Betrachtung leistet einer Interpretation der Verbrechen Vorschub, in der „die wahren Schuldigen keine konkreten Menschen sind, sondern ‚die

Moderne', ‚die Bürokratie' oder gar ‚der Mensch'", wie Natan Sznaider kritisiert (Sznaider 2008: 81). Für eine solche universalisierende Einordnung der nationalsozialistischen Verbrechen eignet sich die Darstellung der Konzentrationslager vor allem, weil diese den Verwaltungscharakter des Massenmords illustrieren. Daher sind sie auch in zahlreichen Filmen zum zentralen Handlungsort geworden. Als mittlerweile ikonischer Ort des Leidens und universell gedachter Entmenschlichung transportiert das Lager eine Vielzahl von Bedeutungen, die sich nicht zuletzt durch bestimmte vielfach wiederholte Zeichen und Motive fortschreiben. Im Folgenden möchte ich diese Ikonografie des Konzentrationslagers an einigen Beispielen untersuchen.

Die visuelle Bebilderung der Lagerikonografie hat zahlreiche „Superzeichen" und visuelle Nachbildungen produziert, auf die gegenwärtige Filme zurückgreifen, die von diesen wiederholt werden und die damit die etablierten Darstellungsformen festigen. Solche „Superzeichen" zirkulieren im visuellen Gedächtnis und haben sich nach Manuel Köppen als Zeichenkomplexe verselbständigt (vgl. Köppen 1997: 146).Als Quelle solcher Motivkomplexe kommt im Kontext der Lagerdarstellungen wie bereits angedeutet OSTATNI ETAP große Bedeutung zu, der in seiner episodischen Erzählung symptomatische Lagererinnerungen aufgreift, wie beispielsweise die Ankunft in Auschwitz: die Rampe, die Registrierung, das Eintätowieren der Nummer und das Schneiden der Haare. Als Intention dieses „unheimliche[n] Ritual[s]" hat Primo Levi das „Zerbrechen der Widerstandsfähigkeit des Gegners" ausgemacht (Levi 1990: 35). Levi beschreibt diesen „Eintritt" in das Lager:

> [A]uch wenn es sich von Lager zu Lager unterschied, in seinem Kern war es immer gleich: als erstes die Fußtritte und Faustschläge, oft direkt ins Gesicht; die Orgie der mit echter oder gespielter Wut gebrüllten Befehle; die völlige Entkleidung; das Kahlscheren der Köpfe; die Einkleidung in Lumpen. (Ebd.: 36)

In Filmen wie OSTATNI ETAP oder NUIT ET BROUILLARD wurden auf diese Weise bereits bestimmte Vorstellungen von den Lagern geprägt. Ich werde zunächst einige dieser Visualisierungen der Lager aus unterschiedlichen zeitlichen und nationalen Kontexten vorstellen, bevor ich am Beispiel des Films DER NEUNTE TAG (D/L/CZ 2004, Volker Schlöndorff) auf eine zeitgenössische Repräsentation der Konzentrationslager eingehen und zentrale Superzeichen der Lager anhand neuerer Filme über den Holocaust verdeutlichen werde.

Schon Konrad Wolfs STERNE (DDR/BG 1959), eine zeitlich sehr frühe filmische Auseinandersetzung mit der Verfolgung und Deportation der Juden in die Vernichtungslager, bezieht sich auf diese Vorläuferfilme als „ikonographische Quelle" (Elsaesser 2009a: 83). Die Geschichte über einen deutschen Soldaten, der sich in eine griechische Jüdin verliebt, die in einem Sammellager in Bulgarien Station auf dem Weg in die Vernichtung machen muss, ist deutlich geprägt von heute ikonisch gewordenen Bildern der Lager. Das Motiv des Stacheldrahts durchzieht nahezu „leitmotivisch" (ebd.) den Film und verdeutlicht neben der Trennung der beiden Liebenden immer auch den drohenden (und unausweichlichen) Weg der jungen Frau in den Tod. Besonders

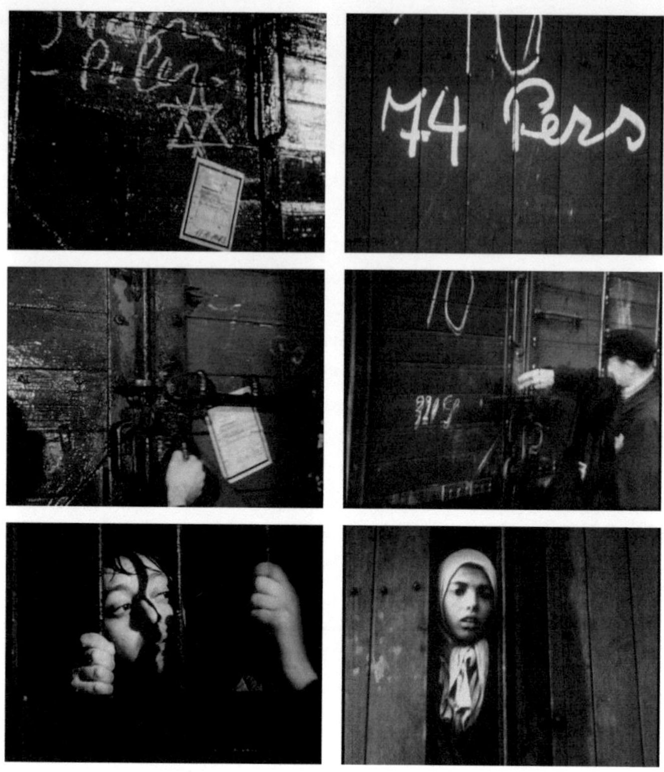

Abb. 79-84: Die Deportationsszene in Sterne *(links) und die Vorlage aus dem Filmmaterial des niederländischen Lagers Westerbork (rechts).*

auffallend ist die Schlussszene des Films, die die Deportation der griechischen Juden und den verspäteten Rettungsversuch des deutschen Soldaten zeigt. Sie greift ein sehr bedeutsames Motiv auf: die Deportation. So wie Resnais in seinen Film eine nachgestellte Deportationsszene aus Ostatni Etap integriert, bezieht sich Wolf in Sterne auf Nuit et Brouillard, indem er eine Sequenz aus dem Film nachstellt, welche sich auf die Filmaufnahmen aus dem niederländischen Durchgangslager Westerbork bezieht. Diese wurden von dem dort inhaftierten jüdischen Fotografen Rudolf Werner Breslauer im Auftrag des Lagerkommandanten Albert Gemmeker gemacht (vgl. Gring/Theilen 2007: 155). Insbesondere die Nahaufnahmen auf den beschrifteten Waggontüren und das Zuschieben der Türen verweisen deutlich auf die Nähe zwischen Wolfs Inszenierung und Breslauers Aufnahmen (Abb. 79-84).[15] Wolfs

15 | Thomas Elsaesser weist in diesem Kontext auch auf eine zentrale Bildikone aus Breslauers Aufnahmen hin, das Bild eines jungen Mädchens, das durch den Spalt einer Türe in die Kamera blickt. Dieses Bild, das auch Resnais zeigt, wurde vielfältig verwendet, u.a. von Jean-Luc Godard in seinen Histoire(s) du cinéma (F 1998). Laut Elsaesser wurde es „neben Anne Frank, zum Symbol des Holocaust ganz allgemein erhoben" (Elsaesser 2009a: 83). In Sterne blickt die junge Griechin

Nachbildungen lassen aber auch auf eine Überlagerung der Aufnahmen aus Westerbork mit den von Resnais zitierten Szenen aus OSTATNI ETAP schließen. Mit Regen, nächtlicher Atmosphäre und matschigem Boden greift Wolf zwei Motive auf, die wie bereits angedeutet wurde, zu visuellen Superzeichen geworden sind (vgl. H. Loewy 2003: 37f).

Weitere osteuropäische Filme prägten ebenfalls die kinematografische Vorstellung der Konzentrationslager. Hervorzuheben ist SUDBA CELOVEKA (UdSSR 1959, Sergej Bondarcuk), ein filmischer Erinnerungsbericht eines ehemaligen sowjetischen Kriegsgefangenen, dem es gelingt, aus einem deutschen Lager zu fliehen. Auch in diesem Film spielt das Motiv des Stacheldrahts eine zentrale Rolle. Als einflussreich für die visuelle Erinnerung an die Konzentrationslager in der DDR muss auch NACKT UNTER WÖLFEN (DDR 1963, Frank Beyer) gelten, die Verfilmung des populären Buchenwaldromans von Bruno Apitz. Der Film erzählt in zwei parallelen Handlungssträngen von der Rettung eines jüdischen Kindes durch eine Gruppe von Häftlingen und den Widerstandshandlungen des internationalen kommunistischen Lagerkomitees bis zur Befreiung des Lagers.

In der Bundesrepublik gelang Egon Monk in seinem Fernsehfilm EIN TAG – BERICHT AUS EINEM DEUTSCHEN KONZENTRATIONSLAGER 1939 (BRD 1965) eine überaus präzise, beinahe nüchterne Beschreibung eines Konzentrationslagers. Ganz explizit lokalisiert Monk dieses zeitlich und geografisch, auch wenn er – im Zuge seiner Tendenz zur Typisierung – auf eine konkrete Ortsangabe verzichtet. Die Verortung in Deutschland und im Jahr 1939 macht deutlich, dass es sich um ein deutsches Konzentrationslager vor Beginn der systematischen Vernichtung der europäischen Juden und somit nicht um die davon deutlich zu unterscheidenden Vernichtungslager handelt.[16] Der Film

durch ein vergittertes Wagenfenster. Elsaesser macht nicht nur auf die Gemeinsamkeiten, sondern auch die Unterschiede der Darstellung aufmerksam: „bei Resnais das namenlos unbekannte Opfer, das für Millionen steht; bei Wolf der individualisierte Engel der Barmherzigkeit, dessen selbstlose aufopferungsvolle Liebe den Mann zur moralischen Pflicht und politischen Entscheidung ruft." (Ebd.: 84) In diesem Kontext ist auch hervorzuheben, dass erst vor wenigen Jahren die Identität des Mädchens im Filmmaterial aus Westerbork bestimmt werden konnte. Es zeigt Anna Maria (Settela) Steinbach; anders als ursprünglich angenommen, handelte es sich nicht um eine Jüdin, sondern um ein niederländisches Mädchen, das als Sintessa verfolgt und ermordet worden war (vgl. Gring/Theilen 2007: 157; Elsaesser 2009: 84).

16 | Auf diesen Unterschied kann ich im Rahmen meiner Untersuchung nicht genauer eingehen. Erst mit Beginn des Vernichtungskrieges, der Wannseekonferenz und dem Beginn der Endlösung wurden Vernichtungslager in den besetzten osteuropäischen Gebieten eingerichtet, bzw. bestehende Konzentrationslager, wie in Auschwitz, in Vernichtungslager umgewandelt. Gegen Ende des Krieges bestand ein weitläufiges Netz von Konzentrations- und Vernichtungslagern, sowie zahlreichen Nebenlagern, in denen die Bedingungen sich zunehmend verschlechtern und immer unerträglicher wurden. Aufgrund der hygienischen

beginnt mit der Ankunft einer Gruppe von Häftlingen. Er zeigt die Mechanismen des Lagers, Registrierung, Appell und Zwangsarbeit, und widmet sich vor allem der Vorstellung unterschiedlicher Häftlingsgruppen und des Wachpersonals. Der Film AUS EINEM DEUTSCHEN LEBEN (BRD 1977, Theodor Kotulla) ist hingegen ganz explizit auf die Biografie eines Täters, des Kommandanten von Auschwitz, Rudolf Höss, bezogen. Das Porträt des Kommandanten zeigt in seiner zweiten Hälfte die Umwandlung von Auschwitz zum Vernichtungslager und orientiert sich vor allem am Motiv der bürokratischen Vernichtung und Todesfabrik, was auch durch die Nüchternheit des Stils verstärkt wird. Der Film endet mit Aufnahmen des Lagergeländes aus den 1970er Jahren.

Täter- und Opferperspektive verschränkt hingegen der polnische Film PASAZERKA, in dem das Lager Auschwitz aus der Perspektive einer Aufseherin beschrieben wird. Ihre beiden kontrastierten Erinnerungsrückblicke, einer öffentlich, einer privat, thematisieren nicht nur die Wahrnehmung des Lagers, sondern machen dem Zuschauer auch die Strukturen hinter den bekannten Bildern (Appell, Zaun, Baracke, Vernichtungsanlagen) bewusst. An PASAZERKA knüpften zahlreiche spätere Filme an, vielleicht am deutlichsten SOPHIE'S CHOICE, der in einer zentralen Rückblickssequenz die Geschichte seiner Protagonistin von der Ankunft in Auschwitz, dem Verlust der Kinder, der Arbeit für den Kommandanten und der Befreiung zeigt, die keine Freiheit von Schuld und Trauma bedeutet. In diesen Rückblicken taucht auch das emblematische Motiv des matschigen Bodens wieder auf, ebenfalls ein Verweis auf PASAZERKA.

SOPHIE'S CHOICE vermischt Bezüge auf frühere Filme (neben PASAZERKA auch auf die Geschichte von Höss, die in AUS EINEM DEUTSCHEN LEBEN erzählt wird) mit dem Rückgriff auf historische Fotografien (die Darstellung der Ankunft im Lager lässt sich beispielsweise auch auf die Aufnahmen aus dem „Auschwitz-Album" beziehen) und mit den für die Darstellung der Lager besonders wichtigen Erinnerungsberichten von Überlebenden, die im Verlauf der 1970er und 1980er Jahre eine immer größere Bedeutung bekamen.

All diese Filme, Bild-, Text- und Interviewzeugnisse haben ein eigenes Archiv von Bildern aufgebaut, auf das nachfolgende Filme zurückgreifen konnten. Dieses Verfahren möchte ich im Folgenden am Beispiel von Volker Schlöndorffs DER NEUNTE TAG verdeutlichen, bevor ich zur Darstellung eines spezifischen Ortes in den Todes- und Vernichtungslagern komme, der Todeszone, an deren Inszenierung sich die Frage nach der Darstellung der Shoah und den Grenzen ihrer Repräsentierbarkeit sehr deutlich stellt.

DER NEUNTE TAG handelt von dem luxemburgischen Priester Henri Kremer, der wegen ‚antideutscher Aktivitäten' im sog. Pfarrer-Block in Dachau zwischen 1941 und 1942 inhaftiert wird und auf Betreiben des SS-Untersturmführers Gebhard bei der deutschen Besatzungsmacht in Luxemburg für neun Tage Urlaub bekommt, um den Bischoff von Luxemburg von einer

---

Situation, Krankheiten und der Brutalität des Wachpersonals starben daher Tausende auch in den Konzentrationslagern, so dass die begriffliche Trennung in den letzten Monaten des Krieges kaum noch aufrecht zu erhalten ist.

Kooperation mit den Nazis zu überzeugen. In diesem Dilemma, zwischen der Angst seine Kameraden im KZ und/oder seine Familie zu gefährden, bzw. seinen Glauben und/oder seine Kirche zu verraten, entscheidet sich Kremer nach neun Tagen in das KZ Dachau zurückzukehren. Der Film basiert auf den Tagebuchaufzeichnungen des Priesters Bernard, der in Dachau inhaftiert gewesen war, die Lagerhaft überlebte und seine Erinnerungen bereits unmittelbar nach der Befreiung 1945 aufschrieb (vgl. Zwick 2009a: 173ff.). Józef Niewiadomski hat jedoch darauf hingewiesen, dass der Film nicht als ‚Verfilmung' der Erinnerungen von Bernard gesehen werden kann, die dieser in dem Buch *Pfarrerblock 25487* veröffentlichte. Der im Film im Zentrum stehende ‚Urlaub' ist in Bernards Aufzeichnungen nur eine Randepisode, während im Film das Lagerleben, das den Kern von Bernards Erinnerungen bildet, zum Randereignis wird (vgl. Niewiadomski 2009: 151).

Dass das Lager als Handlungsort in Schlöndorffs Film so weit in den Hintergrund tritt und dennoch als Bezugsraum präsent bleibt, hängt eng mit dessen Übernahme zentraler Motive aus der Ikonografie des Konzentrationslagers zusammen. Denn DER NEUNTE TAG bedient sich sehr deutlich dieser tradierten Lagerikonografie und greift stereotyp gewordene Bilder auf. Exemplarisch kann diese Verwendung visueller und auditiver Nachbildungen und Stereotype in der Exposition des Films nachgewiesen werden. Hier verwendet Schlöndorff kurze Szeneneinblendungen, die zwischen die Anfangscredits geschnitten werden. Auf diese Weise werden bekannte Bilder aus früheren dokumentarischen und fiktionalen Filmen über die Lager eingesetzt, um komprimiert narrative Informationen über den Handlungs- und späteren Bezugsort des Films an die Zuschauer weiterzugeben. Denn, „Stereotype bilden sich erst auf Grund wiederholter Verwendung innerhalb *mehrerer Filmwerke* eines kulturellen Repertoires; sie basieren auf einer intertextuellen Variante." (Wuss 1992: 27, H.i.O.) Ich werde im Folgenden die Exposition einer genaueren Analyse unterziehen, weil sie die bekannten Bilder nur noch fragmentarisch einsetzt, beinahe zu Einzelbildern reduziert, um die mit ihnen verbundenen Vorstellungen aufzurufen. Dies ist eine direkte Folge der konventionalisierten Ikonografie in der Darstellung der Lager.

Noch bevor die erste Einstellung des Films zu sehen ist, verweist das Pfeifen und Stampfen eines Zuges auf Deportation und Vernichtung. In Ton und Bild ist der Zug zu einem „Superzeichen für das geschichtliche Ereignis des nationalsozialistischen Massenmord" geworden (Köppen 1997: 146). Er steht für eine „Reduktion auf wenige Zeichen oder Zeichenkomplexe" (ebd.) und ist meistens verbunden mit anderen Superzeichen, wie dem Lagertor, „einem ikonischen Superzeichen des Holocaust" für die Ankunft im Lager (ebd.: 155), deren Darstellung Spielberg wie gezeigt prototypisch in SCHINDLER'S LIST verdichtet hat. Als die Frauen in Auschwitz ankommen, werden mit dem Lagertor und der Rampe beispielsweise mehrere „zentrale Zeichen von Auschwitz zu einer visuellen Einheit verschmolzen" (ebd.).

So findet eine Orientierung der Zuschauer in Raum und Zeit statt, die auf dem vorgängigen Wissen über die Superzeichen des Konzentrationslagers basiert, die nun als Stereotype beiläufig wahrgenommen und rezipiert werden (vgl. Wuss 1992: 28). DER NEUNTE TAG reduziert diese Reihungen auf kurze Inserts und zu narrativen Informationen verdichtete Szenen. Das erste Bild nach der Aufblende zeigt eine Gruppe von Häftlingen, die zwischen zwei Zügen hergetrieben werden (Abb. 85). Nach einer erneuten Schwarzblende sehen wir die Gruppe von oben und nehmen als weitere Information über die Situation, in der sich diese Menschen befinden, das Motiv der Koffer wahr, die ebenfalls zu Superzeichen geworden sind (Abb. 86). Die dritte Einstellung zeigt einen Eimer mit Wasser, aus dem die Deportierten gierig trinken (Abb. 87). Dieses Motiv betont die Entbehrung und lehnt sich an das in Überlebendenberichten zentrale Entmenschlichungsmotiv an, das beispielsweise Roman Polanski in THE PIANIST eindrücklich durch die äußere Verwahrlosung seines Protagonisten und die Veränderung seines Verhaltens zeigt.[17] In DER NEUNTE TAG dient das Wasser zusätzlich als Leitmotiv, an dem sich die Geschichte und ihre Wendungen orientieren. Man könnte es auch als Topik bezeichnen, dabei handelt es sich nach Wuss um eine Reihe von „verdichteten Sinnbeziehungen, die auch narrativ wirksam sind“ und „latente Erwartungen inhaltlicher Art beim Zuschauer“ aufbauen (Wuss 1992: 29). Das Motiv des Wassers verdichtet den Grundkonflikt zwischen Glauben und Überleben, indem es gleichzeitig komplexe religiös und kulturell tradierte Bedeutungen (vom Weih- über das Taufwasser, über den Abendmahlskelch bis zum Durst bei der Zwangsarbeit und dem Mangel im Lager) aufruft.

Erst in einer vierten Aufblende tritt der Protagonist des Films erstmals in Erscheinung, der katholische Priester Abbé Kremer, der deutlich erkennbar durch die schwarze Robe und den schwarzen Hut aus der Gruppe der erneut von oben gefilmten Deportierten heraussticht (Abb. 88). Diese etwas längere Einstellung etabliert auch den Grundkonflikt des Films, der gleichzeitig ein Grundkonflikt nahezu aller Filme über den Holocaust ist: der Konflikt zwischen Tätern und Opfern. Hier kommt zum ersten Mal ein SS-Mann ins Bild, der Kremer demütigt (Abb. 89). Er schlägt den Priester nieder. Damit wird neben der Demütigung auch die direkte physische Gewalt gegen die Häftlinge als Kennzeichen des Lagers eingeführt, während sich die Gewalt im weiteren Verlauf in der Konfrontation zwischen dem SS-Mann Gebhard und Kremer zu psychischer Gewaltausübung verschiebt. Schließlich endet die kurze Sequenz mit dem erneuten Verweis auf das Leitmotiv des Wassers, wenn der SS Mann den Eimer, nach dem Kremer greift, umtritt (Abb. 90).

Die folgende Aufblende zeigt in Ausschnitten und Detailaufnahmen Szenen von Zwangsarbeit im Lager (Abb. 91). Hier wird deutlich, dass die historischen Verweisbilder gar nicht mehr in Gänze nachgestellt werden müssen, um die entsprechenden Vorstellungen bei den Zuschauern abzurufen, sondern dass bereits ikonisch komprimierte Ausschnitte dafür genügen. Die nächste Szene zeigt den arbeitenden Kremer hinter Stacheldraht und zitiert damit ein weiteres Superzeichen, den Stacheldrahtzaun (Abb. 92). Auch diese Szene endet mit dem Motiv des Wassers, das explizit auch mit christlich-religiösen

17 | Die darauf aufbauende Figurenzeichnung wird im folgenden Kapitel noch genauer analysiert.

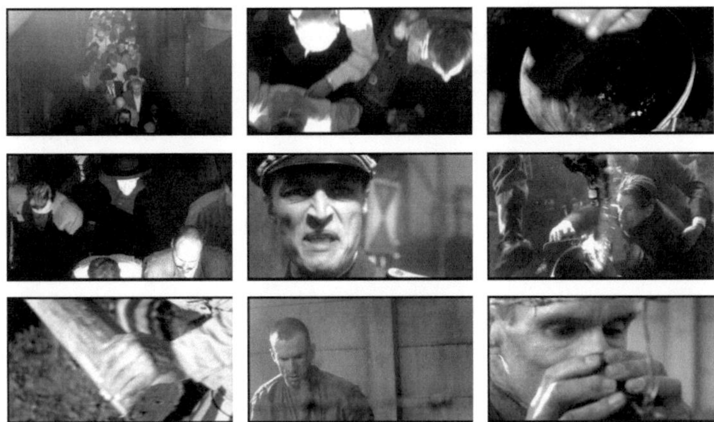

Abb. 85-93: Die aus ikonischen Bildern und Stereotypen zusammen montierte Exposition von DER NEUNTE TAG.

Symbolen verbunden wird (Abb. 93). Der das Gesicht Kremers einrahmende Stacheldraht ruft Assoziationen zur Dornenkrone Christi auf. Kremers hastiges Trinken aus einem Becher, dem ihm ein anderer Häftling gegeben hat, erinnert an den gekreuzigten Christus, dem ein Schwamm mit Essig gegen den Durst gereicht wird.

Die auf das Notwendigste reduzierten Bildfragmente aus der Exposition haben hier lediglich die Funktion, bestimmte Motive zu markieren, die für die spätere Handlung wichtig werden. Sie entfalten keine eigenständige Erzählung, sondern rufen bestimmte Assoziationen auf, die für das Verständnis des Films produktiv gemacht werden, gleichzeitig erweitern sie dessen spezifisches Setting aber zu einem weitaus größeren Bezugsrahmen. So deutet der Film das Lager von Anfang an universalisierend als einen Ort der Gewissensprüfung. Nach einer Abendmahlsszene in der Baracke, die ebenfalls den religiösen Bezugsrahmen des Films verstärkt, setzt sich die an Superzeichen orientierte Lagerdarstellung fort. Kurze Detailaufnahmen des matschigen Bodens genügen, um auf die Darstellung in anderen Filmen zu verweisen.

Im Zentrum der folgenden Sequenz steht eine Folter-Szene, in der ein Priester mit auf dem Rücken zusammengebundenen Händen an einem Holzkreuz aufgehängt wird (Abb. 94). Die Szene verweist direkt auf Folterszenen aus OSTATNI ETAP (Abb. 95), deren Darstellung sich auch in Überlebendenberichten, wie dem von Jean Améry über die Folter wieder finden lässt (Améry 1997: 62f.). Die Tortur zeigt mit dem direkten Zugriff auf den menschlichen Körper die willkürliche Gewalt und die Macht der Wachmannschaften und ihrer Helfer über Leben und Tod. Bereits 1945 erreichte Roberto Rossellini in ROMA CITTA APERTA eine ebenso eindringliche wie grausame Darstellung der Folter. Der von der Gestapo festgenommene katholische Priester wird dort gezwungen, der Folterung eines kommunistischen Widerstandskämpfers beizuwohnen. Ganz direkt zeigt uns Rossellini den geschundenen und gezeichneten Körper. Der unmittelbare Ausdruck des Schmerzes verunmöglicht jede Überhöhung der Figur zum Märtyrer.

In DER NEUNTE TAG aber werden die Bilder der Folterung zitiert, um sie in das universalisierte Bedeutungsgeflecht des Films zu integrieren. Sie ordnen sich einer christlich-religiösen Motivkette unter, die die Wahrnehmung Kremers als „Ecce Homo"-Figur verstärkt. „Das Leiden der Gefangenen wird *sub specie crucis* gesehen – unter der Perspektive des Kreuzestodes Jesu: Die Schicksale der Gefangenen, und exemplarisch dann das Schicksal des Abbé Henri Kremer, sind Passionsgeschichten, Geschichten der extremen Leidensnachfolge." (Zwick 2009b, H.i.O.) Die Kreuzform des Marterpfahles, die an-

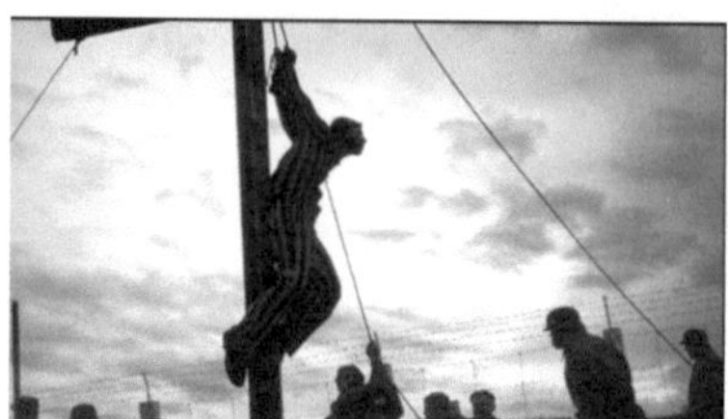

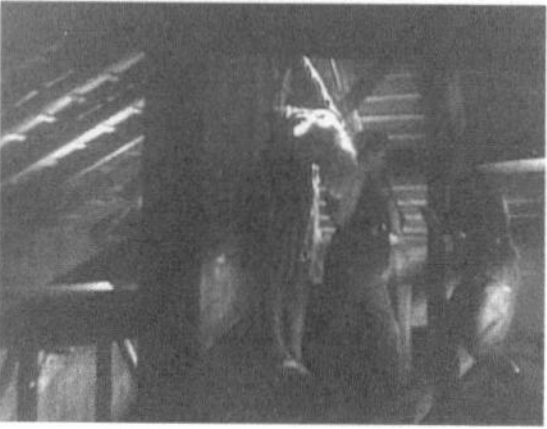

Abb. 94-95: Das Bild der Tortur in DER NEUNTE TAG symbolisch aufgeladen als visuelles Stereotyp (links) und in OSTATNI ETAP als Erinnerungsbild (rechts).

gedeutete Dornenkrone, das Abendmahl und das Speisungsmotiv transformieren die Lagererfahrung in die Struktur einer Passionsgeschichte. Frühere Darstellungen des Lagers und Zeugnisse der Lagererfahrung werden von dieser Deutung der Haft als Prüfung und Erlösung überschrieben.

Die ikonischen Bilder und nachgebildeten Szenen bekommen den Charakter einer Leseanweisung, mit deren Hilfe die grausamen und nicht ausdrückbaren Erfahrungen der Opfer erträglich und rezipierbar gemacht werden sollen. Auch die Appellszenen in DER NEUNTE TAG bedienen eine solche Rezeption und sind bekannten Aufnahmen aus den Lagern nachempfunden. Sie zitieren deren ornamentale Form, um damit eine bestimmte historische Situation zu markieren (Abb. 96). Gleichzeitig spielen sie in ihrer Form auch auf die tradierten Nachbildungen an. Während der Appell aber, beispielsweise in dem Fernsehfilm EIN TAG als zentrale Inszenierung des Lageralltages selbst thematisiert und seine ornamentale Form durch eine entsprechende Inszenierung verdeutlicht wird, ist die Aufnahme in DER NEUNTE TAG auf dessen bekannte ikonische Struktur reduziert. In EIN TAG besteht ein klarer Kontrast zwischen dem gewaltvoll zusammengefügten Menschenblock, der mit statischer Kamera gefilmt wird, und dem Gewusel von Menschen, die von einer in die auseinanderstrebende Masse eintauchenden beweglichen Handkamera aufgenommen werden. Damit betont EIN TAG das für die Lager kennzeichnende „Prinzip der verdichteten und segmentierten Masse" (Sofsky 1993: 66) und reflektiert somit auch die symbolische Ordnung des Lagers, die Wolfgang Sofsky als „Ordnung des Terrors" beschreibt: „Der Terror prägt sich dem Raum auf und verwandelt ihn zum Medium seiner selbst. Die Ordnung des Zwangsraums ist nicht nur eine materielle Tatsache, sie erzeugt zugleich soziale und symbolische Bedeutungen." (Ebd.: 62) Diese sozialen und symbolischen Bedeutungen werden in DER NEUNTE TAG bloß zeichenhaft mit Fragmenten bekannter Bilder realisiert, die das Lager als Zeichen und nicht die damit verbundenen sozialen Beziehungen realisieren.[18] Das Lager entsteht so als Hintergrundkulisse für den individualisierten Täter-Opfer-Konflikt, der das Zentrum des Films bildet.

Kremers äußere Erscheinung macht ihn zwar zum Prototyp eines Häftling (eingefallene Wangen, geschorene Haare, große, in den Höhlen verborgene Augen etc.), aber durch die dominierenden Passionsmotive wird er gleichzeitig zu einem christianisierten, universellen Stellvertreter ‚der Opfer'. Das Zusammenspiel mit dem vom Glauben abgefallenen SS-Mann Gebhard wird im Folgenden daher auch als Verführungsspiel inszeniert. Dies wird verdeutlicht in zwei Szenen, in denen Gebhard Kremer einen Cognac anbietet und dieser ablehnt, zu einem späteren Zeitpunkt jedoch das Angebot annimmt, ein Verweis auf SCHINDLER'S LIST, wo Schindler mehrfach seinem jüdischen Buchhalter Stern Cognac offeriert, den dieser aber immer ablehnt. In SCHINDLER'S LIST verdeutlicht dieses Motiv die Differenz zwischen Täter und Opfer. Erst kurz vor Ende des Films, als Schindler sich entscheidet, ‚seine' Juden zu retten, trinken beide gemeinsam.

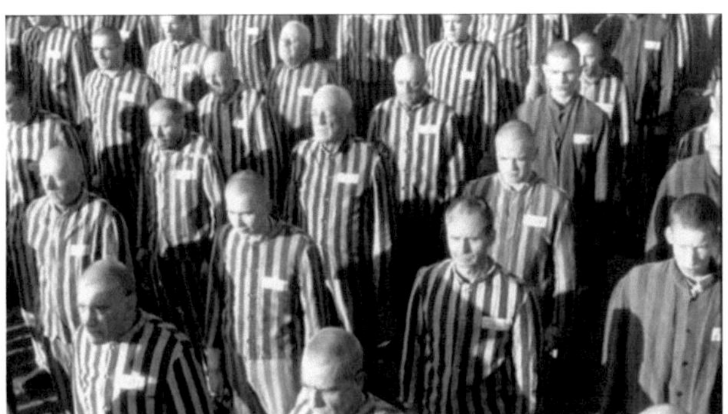

Abb. 96: Die Appellszene in DER NEUNTE TAG imitiert die Ornamentik historischer Fotografien.

In DER NEUNTE TAG aber thematisiert das Spiel mit den Cognacgläsern nicht die ambivalente Beziehung zwischen Opfer und Täter. Diese wird vielmehr erneut durch die christlich-religiöse Symbolik überschrieben: Hier verführt ‚Judas' (Gebhard) den ‚Heiligen' (Kremer). Dies wird deutlich, wenn man zum Motiv des gemeinsamen Cognactrinkens die spätere Ablehnung eines Glases Wasser durch Kremer hinzunimmt. Wie bereits angedeutet kommt

18 | Darum entsteht in dieser Ästhetik reduzierter und fragmentarischer Nachbildungen auch kein Erfahrungsraum für die Zuschauer, der über die durch die Geschichtsbilder hergestellten Wiedererkennungseffekte hinausgeht. Weil sich durch die Motive hindurch keine Erzählung und keine soziale Beziehung formt, kann auch ihr Zerfall (in Fragmente) nicht reflektiert werden – anders als in Egon Monks EIN TAG, der durch das permanente Changieren zwischen den Perspektiven die Ordnung des Lagers einerseits bestätigt und andererseits auflöst.

dem Motiv des Wassers eine zentrale Bedeutung zu, da es die ‚Überlebensschuld' Kremers symbolisiert. Diese wird durch seine Träume und insbesondere eine gleichnisartige Erinnerung aus dem Lager etabliert, die in einem intensiven Gelbton gehalten ist. Auch diese Farbgebung fügt sich in die dominante christliche Symbolik ein. Gelb ist wie Susanne Marschall bemerkt „nicht nur Stellvertreter des göttlichen Lichts, sondern auch die Farbe des Verräters Judas." (Marschall 2005: 75) Kremer hat heimlich Wasser aus einem Rohr getrunken, ohne einem kranken Kameraden etwas abzugeben. Damit hat er Schuld auf sich geladen, die er durch seine Standhaftigkeit im Glauben Gebhard gegenüber kompensieren will. So wird der existentielle Überlebenskonflikt im Lager zur Glaubensprüfung. Dem von Primo Levi beschriebenen Kampf um das „nackte Überleben […], wobei sich der Bereich der Entscheidungen (vor allem der moralischen) auf ein Nichts reduzierte" (Levi 1990: 47), wird auf diese Weise retrospektiv Sinn abgepresst. Das insbesondere auf Lagerzeugnisse bezogene Erinnerungsbild des verbotenen Trinkens wird so von der Erfahrung abgespalten, die Levi folgendermaßen beschreibt:

> Wir steigen aus. Man bringt uns in einen großen und nackten, schwach geheizten Raum. Welchen Durst wir haben! Das leise Summen des Wassers in den Heizungsröhren macht uns rasend: Seit vier Tagen haben wir nichts mehr getrunken. Immerhin ist das ein Wasserhahn; darüber ein Schild, daß man nicht trinken darf, weil das Wasser verunreinigt ist. […] Dies ist die Hölle. Heute, in unserer Zeit muß die Hölle so beschaffen sein, ein großer, leerer Raum, und müde stehen wir darin, und ein tropfender Wasserhahn ist da, und man kann das Wasser nicht trinken, und uns erwartet etwas gewiß Schreckliches, und es geschieht nichts und noch immer geschieht nichts. Wie soll man da Gedanken fassen? Man kann keine Gedanken fassen; es ist, als seien wir bereits gestorben. (Levi 1999: 22)

Die Erfahrung der Leere, die Unmöglichkeit angesichts des höllischen Durstes zu denken, lässt sich durch komprimierte Motive, wie sie in DER NEUNTE TAG verwendet werden, nicht ausdrücken. Während Kremer seine Schuld überwindet, seinen Glauben stärkt und das Lager mit seiner Rückkehr ‚akzeptiert', wird die Lagererfahrung am Ende des Films auf ganz andere Weise zum Gegenstand eines ‚Traumas'. Gebhard ist es, der an der ‚Lagererfahrung' zerbricht, weil er im Osten ‚gesehen' habe, was dort passiert. Neben das geläuterte Opfer tritt der beschädigte Täter. Der Massenmord verschwindet hinter der bloßen Andeutung der Vernichtungslager, die von den Zuschauern mit Hilfe medial tradierter Geschichtsbilder aus anderen Filmen konkretisiert werden kann.

Dies bildet für mich die Überleitung zu der Frage, wie der Ort der Vernichtung in Filmen über Lager dargestellt wird. Die ‚Todeszone' ist organisatorisch Teil des Lagers und bildet gleichzeitig ein ganz eigenes Universum mit eigenen Gesetzen. Dies lässt sich am deutlichsten an der Darstellung der Gaskammern und Krematorien zeigen. Sofsky beschreibt diesen Ort in Auschwitz:

> Die ersten provisorischen Gaskammern in Birkenau befanden sich abseits des Lagers in ehemaligen Bauernhäusern. Die modernen Krematorien jedoch errichtete man in unmittelbarer Nähe des Lagers. Sie waren mit einem Stacheldrahtzaun umgeben und durch einen Weidenzaun abgeschirmt. Blumenbeete verliehen der Anlage ein harmloses Aussehen. Die Todeszonen waren getarnte Bezirke außerhalb des Lageralltags. (Sofsky 1993: 69)

In den Filmen über Konzentrationslager gehören sie zu den zentralen Handlungs- bzw. Bezugsorten. Hier wird nicht nur das den Filmen zugrunde liegende historische Verbrechen besonders deutlich, sondern es stellt sich auch verstärkt die Frage, ob und mit welchen Mitteln die Massenvernichtung überhaupt darstellbar ist. Entsprechend scheinen diese Orte meist eine besondere Anziehungskraft für die filmische Nachbildung auszustrahlen und stehen gleichzeitig unter einem tradierten Darstellungstabu. Gerade dieses verstärkt aber auch den Wunsch, die ‚Todeszone' mit der Kamera zu betreten. Insbesondere der Streit über die Frage, ob dieser Ort darstellbar sei oder nicht, treibt die Filmemacher an, die vermeintlichen Grenzen der Darstellbarkeit auszuloten. Dies führt nicht zuletzt auch zu einem Spiel mit den Konventionen, das diese aber selten durchbricht, sondern zumeist eher verstärkt und den Ort der Vernichtung zum Monument macht.

In den meisten Filmen werden die Gaskammern aus der Perspektive der Opfer oder aus der der Täter dargestellt. Beide orientieren sich an verschiedenen, tradierten Konventionen. Die Fernsehserie HOLOCAUST zeigt den Gang in die Gaskammer gleich zwei Mal. Zu Beginn des vierten Teils sieht man die Ermordung mit den Augen eines Chemikers, der Auschwitz besucht. Im Zentrum der Szene steht der mittlerweile konventionell gewordene Blick durch das Guckloch der Stahltüre zu den Vergasungskammern. Das Guckloch symbolisiert die Grenze, hinter der sich der Zuschauer mitten im Grauen wieder finden würde. Der Blick ist zwar möglich, aber er ist ausschließlich der Filmfigur vorbehalten. Dem Zuschauer wird er verwehrt. Diese Darstellung wahrt die Konvention, nicht das Grauen in der Gaskammer zu zeigen, stimuliert aber die Fantasie der Zuschauer, sich dieses vorzustellen. Somit wird die Grenze zwar akzeptiert, aber gleichzeitig deren Überschreitung angedeutet. In seinem Film AMEN (F/D/RU 2002) visualisiert Constantin Costa-Gavras das Guckloch als Zeichen für die Ambivalenz zwischen Zeigen und Nichtzeigen. Der Film basiert auf demselben Plot wie Rolf Hochhuths Theaterstück *Der Stellvertreter* und hat das Zweifeln des katholischen SS-Mannes Kurt Gerstein an seiner Tätigkeit bei der Perfektionierung der Vernichtung zum Gegenstand. Zentrale Bedeutung hat dabei der Vorgang der Ermordung in den Gaskammern. Ein wichtiges Zeichen dafür ist die Großaufnahme des Gucklochs in der Tür zur Gaskammer. Wie eine Linse symbolisiert es das Sehen. Da wir als Zuschauer gleichzeitig aber nicht hindurchschauen können, weil uns dies die Linse der Kamera verwehrt, befinden sich Sehen und Nichtsehen, Zeigen und Nichtzeigen in einem permanenten Wechselspiel. Damit wird zwar verdeutlicht, dass das schreckliche Schauspiel grundsätzlich anschaubar ist, jedoch nicht angeschaut werden soll. Das Guckloch wird zum Symbol für die Grenzen der Repräsentierbarkeit.

Zu einem Stellvertreterbild für den nicht gezeigten Mord in den Gaskammern ist eine Szene aus SCHINDLER'S LIST geworden, die nicht nur zahlreiche Diskussionen nach sich gezogen hat, sondern auch als Vorlage für spätere Darstellungen dient. Spielberg verdichtet in dieser Szene gleichzeitig eine Reihe von Lagerikonen und Superzeichen der Vernichtung. Nachdem die von Schindler geretteten Frauen irrtümlicherweise nach Auschwitz deportiert

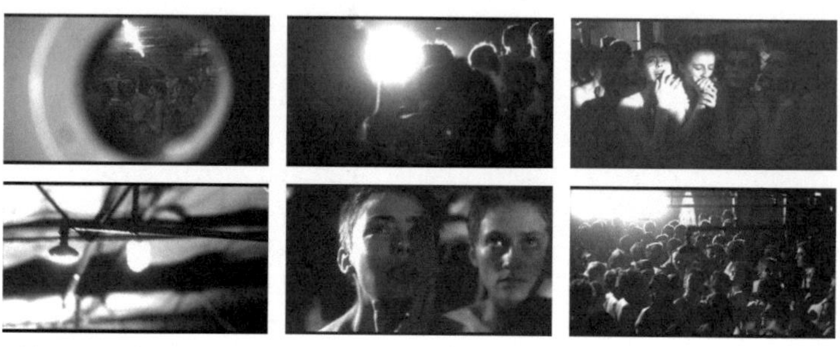

Abb. 97: Die Auflösung der Szene in der Gaskammer aus SCHINDLER'S LIST.

wurden, werden ihnen dort die Haare geschnitten. Diese Prozedur ist den Zuschauern aus früheren Filmen unter anderem aus HOLOCAUST, SOPHIE'S CHOICE oder WAR AND REMEMBRANCE (USA 1988, Dan Curtis) als ‚Vorspiel' der Vernichtung bekannt.[19] Danach werden sie in einen Duschraum geführt. Die schwere Eisentür schlägt zu. Auch dies ein ikonisches Bild, das wie oben beschrieben auch hier mit einer Kamerafahrt auf das Guckloch in der Eisentüre kombiniert wird. Nun springt die Kamera aber in den Duschraum und zeigt aus der Hand gefilmt und in Großaufnahme die verängstigten Gesichter der Frauen nur von kleinen Spots beleuchtet. Das Licht im beengten Raum erlischt. Die Frauen beginnen zu schreien. Dieser stilistische Kniff dient als retardierendes Moment, um die Spannung zu steigern. Er spielt mit dem Vorwissen der Zuschauer, die die Duschen als Mittel zur Ermordung von Menschen dechiffrieren. Als das Licht wieder angeht, schauen die Frauen entsetzt auf die Duschköpfe an der Decke. Die Kamera zeigt diese daraufhin in Großaufnahme. Dann sehen wir, dass aus den Duschen Wasser und nicht Gas kommt (Abb. 97).[20] Diese Inszenierung spielt folglich mit den Erwartungen

19 | Bekannt geworden ist auch die eindringliche Schilderung des Überlebenden Abraham Bomba in SHOAH, der den ankommenden Deportierten in Treblinka die Haare abschneiden musste und in einem Transport seine Verwandten wieder traf. Diese Szene wurde wegen der Intensität, mit der Lanzmann den Zeugen befragte und zu seinem Zeugnis drängte, oft besprochen und kontrovers diskutiert (vgl. Corell 2009: 153ff.).

20 | Matías Martínez hat diese Szene aus Spielbergs Film sehr genau und eingehend untersucht (vgl. Martínez 2004: 46ff). Auch Catrin Corell geht darauf in ihrer Untersuchung der Wirkungstypologie von Filmen über den Holocaust ein

eines über historisches und ikonografisches Wissen verfügenden Publikums. Sie ist auf der Grundlage visueller Stereotype gestaltet und kann darum ihre spezifische dramaturgische Intensität entfalten. Spielberg wurde vorgeworfen, die Gaskammern zu einem Gruseleffekt zu machen. Mehr noch zeigt diese Auflösung, wie eingeübte Darstellungsgrenzen unterlaufen werden (vgl. Cheyette 1997: 232). Obwohl er den Mord nicht zeigt, überschreitet Spielberg jenen von Claude Lanzmann eingeforderten ,Flammenkreis' und setzt sich über das Tabu hinweg, die Morde in den Lagern darzustellen.

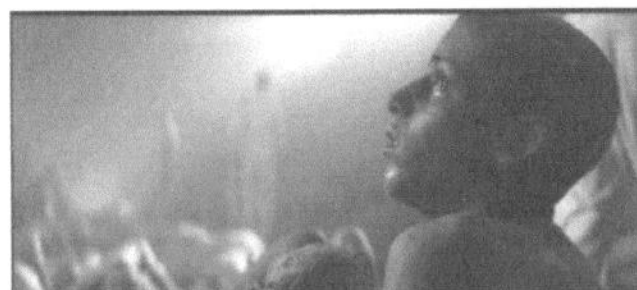
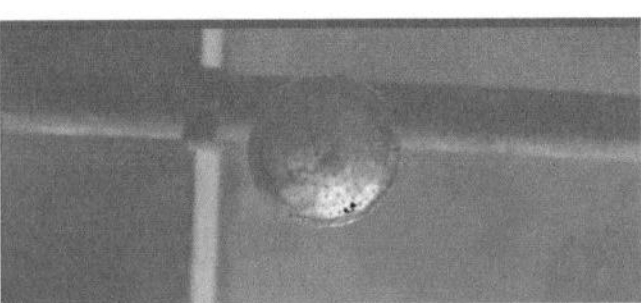

Abb. 98: Der halbtote Protagonist in FATELESS beobachtet ängstlich die Duschen.

Die Komposition der Szene verdeutlicht, dass die Ikonografie der Lager zum festen Teil der Populärkultur geworden ist. Mit dem Verweis auf das Motiv der Dusche werden in Filmen über den Holocaust unterschwellig Bedeutungen tradiert. So wird in LA VITA É BELLA die Abneigung des kleinen Guiosé gegen das Duschen, die erstmalig am Ende des ersten (eher satirischen) Teil des Films gezeigt wird, nachträglich zu einem tragikomischen Motiv, da sie ihm im Lager das Leben rettet, als er sich weigert, mit den anderen Kindern ,duschen' zu gehen.

Schließlich wurde Spielbergs Szene sogar selbst zu einer neuen Konvention, fast zu einem neuen Modell, das in späteren Filmen über den Holocaust wiederholt aufgerufen wurde. Im Film FATELESS – SORSTALANSÁG (HU/D/UK, Lajos Koltai), der die Odyssee eines jüdischen Jungen aus Ungarn durch zahlreiche Lager zeigt, wird der halbtote Protagonist krank und gebrechlich in einen Duschraum getragen. Voller Angst starrt er dort auf die Duschen, bis – einer Erlösung gleich – Wasser daraus hervorkommt (Abb. 98). Dani Levy inszeniert in MEIN FÜHRER – DIE WIRKLICH WAHRSTE WAHRHEIT ÜBER ADOLF HITLER (D 2007, Dani Levy) eine ähnliche Szene. Die Familie des Juden Adolf Grünberg, der Hitler bei der Einübung einer Rede helfen soll, wird im Keller der Reichskanzlei in einen Duschraum geführt. Durch Setting und Auflösung wird der SCHINDLER'S LIST-Effekt ganz deutlich zitiert. Ähnlich ist auch in DIE FÄLSCHER (A/D 2007, Stefan Ruzowitzky) nach der Ankunft der Häftlinge in Sachsenhausen eine Duschszene inszeniert. Das ängstliche Warten, ob aus den Duschen Wasser oder Gas kommen wird, wird zum Spannungselement, das nun auch mit der Erinnerung an den Film SCHINDLER'S LIST spielt. Seit Spielbergs Verwendung nämlich symbolisiert die Dusche nicht mehr nur die Vernichtung, sondern auch das zufällige Verschontwerden.

(vgl. Corell 2009: 281ff.). In einem Exkurs führt sie auch weitere Filme auf, die die Gaskammern abbilden (vgl. ebd.: 284f.).

In Schindler's List war die Duschszene allerdings noch in einen bestimmten Kontext eingebettet. Im Hintergrund bzw. in einer Parallelmontage wurden die namenlosen Opfer gezeigt, die tatsächlich in die Gaskammern gingen (vgl. Martínez 2004: 50). Die Inszenierung dieser Situation orientierte sich an früheren Visualisierungen. So zeigt War and Remembrance den Gang in die Gaskammern ähnlich wie Spielberg als Blick von oben auf die Opfer. Triumph of the Spirit (USA 1989, Robert M. Young) zeigt dasselbe Ereignis als Frontalansicht und bildet damit eine Darstellungsvorlage für

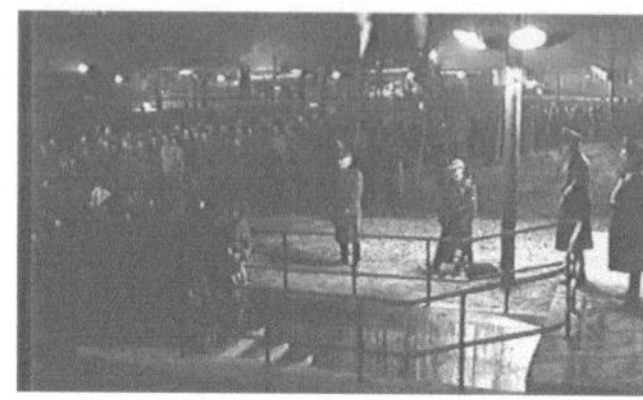

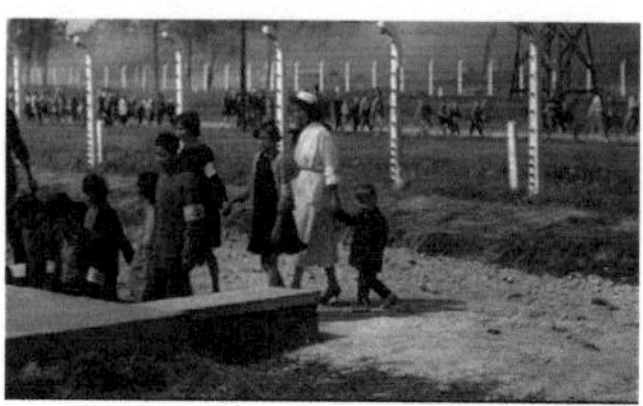

Abb. 99-100: Der Weg in die Gaskammern in Triumph of the Spirit (links) und in Pasazerka (rechts).

Schindler's List (Abb. 99). Insbesondere aber in Pasazerka wird die Vernichtung, gefilmt aus der Perspektive der Aufseherin Lisa, auf ähnliche Weise in Szene gesetzt (Abb. 100).

Der Effekt in Spielbergs Film funktioniert also nicht ohne die zumindest angedeutete wirkliche Vernichtung und wiederholt darin die klassische Doppelstruktur von individuellem Schicksal, dessen Endpunkt die Rettung ist, und allgemeinem Schicksal, das in der Vernichtung endet. Letzteres ist in den Filmen, die Spielbergs Dramaturgie als stereotypes Handlungselement benutzen, nicht mehr nötig.

Die amerikanische Fernsehserie War and Remembrance setzte hingegen als erste den Todeskampf in der Gaskammer explizit in Szene.[21] Die bisher durch Feuer oder ähnliche Symbolbilder bezeichnete oder als Leerstelle durch die geschlossene Stahltür markierte Vernichtung wird konkretisiert. Auch in War and Remembrance wird für die Darstellung eine mobile Handkamera eingesetzt. Zunächst folgt sie dem Protagonisten, einem jüdischen Professor, in den dunklen Raum. In Großaufnahme wird gezeigt, wie das Zyklon B in den Schacht geschüttet wird. Der konventionalisierten Farbdramaturgie folgend wird die Szene in einem kalten Blau ausgeleuchtet. Die Bilder werden vor allem durch den Ton, verzweifeltes Schreien und Hämmern, verstärkt. Die Kamera fährt immer näher an die schreienden Gesichter und drängelnden Körper heran, dann endet die Szene mit einer Schwarzblende und die Zuschauer sehen die Verbrennungsöfen, in die auch die Leiche des Professors geschoben wird. Auf diese Weise machte Regisseur Dan Curtis sein Versprechen wahr, die Serie, in der die „ganze Geschichte des Zweiten Weltkrieges gezeigt

21 | Catrin Corell führt als ersten Film, der die Situation innerhalb der Gaskammer zeigt, den ebenfalls 1988 entstandenen polnischen Film Kornblumenblau (PL 1988, Leszek Wosiewicz) an (vgl. Corell 2009: 285).

werden" sollte, werde „die Geschichte des Holocaust in den ungewöhnlichsten Details" schildern (zit. n. Zehm 1988). In dieser wie in zahlreichen anderen Szenen geht WAR AND REMEMBRANCE über die bisherigen Darstellungen hinaus und versucht, Szenen an der Grenze zum Horror zu konstruieren, die das Grauen ausdrücken sollen.[22]

Der Tabubruch in WAR AND REMEMBRANCE hat erst spät Nachahmer gefunden. In dem Fernsehdrama THE DEVIL'S ARITHMETIC (USA 1999, Donna Deitsch) stellt sich die Protagonistin Hannah vor, sie käme in ein Lager. Ähnlich wie in THE WIZZARD OF OZ (USA 1939, Victor Fleming) wird der (Alp-)Traum Hannahs in eine Rahmenhandlung eingebettet. Während der Seder-Feier zu Pessach soll das Mädchen dem Propheten Elijah symbolisch die Tür öffnen, als sie plötzlich in die Vergangenheit ihrer Tante, die die Vernichtung überlebt hat, eintaucht. Die Binnenhandlung endet mit dem Tod Hannahs (in der Rolle der Cousine ihrer Tante) in der Gaskammer, der mit den bekannten Einstellungen und Bildern inszeniert wird: die Entkleidung, der Gang in die Tiefe und das Erlöschen des Lichts. Als das Licht wieder angeht, schwenkt die Kamera zum Guckloch in der Tür, dem Symbol des Übergangs. Wir befinden uns nun aber mit der Kamera auf der anderen Seite im Raum des Todes. Anders als in SCHINDLER'S LIST und ähnlich wie in WAR AND REMEMBRANCE folgt nun aber nicht die rettende Erlösung. Die Kamera verweilt an diesem Ort auch als das tödliche Gift in den Raum geleitet wird. Wir wohnen dem langsamen Erstickungstod bei, bis die Körper der Frauen einem Ornament gleich am Boden liegen. Den Wechsel vom Tod zum (Über-)Leben vollzieht der Film mit Hilfe des Rückgriffs auf seine phantastische Gesamtkomposition und mit Hilfe der Anleihen bei Flemings THE WIZZARD OF OZ. In der nächsten Einstellung sehen wir Hannah im Bett liegend. Ihre Familie steht neben ihr, auch ihre Tante, die durch ‚ihre' Hilfe überlebte. Die paradoxe Zeitstruktur ermöglicht die Versöhnung der Generationen in der Gegenwart. Hannah hat stellvertretend die Erfahrung ihrer Verwandten, einer Überlebenden, gemacht.[23] Aber es zeigt sich in THE DEVIL'S ARITHMETIC auch ein spezifischer Umgang mit der Ikonografie des Lagers. Das Darstellungstabu wird durch die Konkretisierung durchbrochen. Dies entspricht der Grundhaltung des Films, die konflikthafte Erfahrungsdifferenz zwischen älterer und jüngerer Generation zu nivellieren. Gleichzeitig wird aber das Darstellungstabu implizit beibehalten, weil in der Gesamtkomposition die Gaskammerszene als Imagination der

---

22 | Einen ähnlichen Anspruch, Gewalt und Grauen in ihrer ganzen Unmittelbarkeit zu zeigen, verfolgt auch der Film BABI JAR (D/BY 2003, Jeff Kanew), in dem unter anderem die bekannten Fotos von den Massenerschießungen mit Hilfe von Komparsen nachgestellt wurden.

23 | Diese Idee des Nacherlebens verweist natürlich auch auf die jüdische Erinnerungstradition, die im Pessachfest besonders deutlich zum Ausdruck kommt, das in der Rahmenhandlung des Films explizit angesprochen wird. Das Pessachritual sieht vor, dass jede Generation die Erfahrungen des Auszugs des jüdischen Volkes aus Ägypten in der Gegenwart stellvertretend wiederholen solle (vgl. Yerushalmi 1988: 57).

Protagonistin markiert wird, die aus dieser vorgestellten Erfahrung dann eine Lehre über die Notwendigkeit der Erinnerung ziehen kann. Damit aber wird die historische Erfahrung zweifach überschrieben, zum ersten Mal von der Fiktionalisierung des Todeskampfes in der Gaskammer und zum zweiten Mal von der Fiktionalisierung dieser Fiktionalisierung in der Traumkonstruktion, deren Ziel eine moralische Läuterung der Protagonistin sein soll (und damit auch der Zuschauer).

Noch weiter geht The Boy in the stripped Pyjama. Der Film ist bereits durch seine Erzählperspektive eine spezifische Antwort auf die Frage nach der Darstellung der Lager. Er wählt einen ‚unschuldigen Blick' auf die Geschichte und fragt, was wäre, wenn wir die Geschichte des Holocaust anschauen könnten, als hätten wir noch nie etwas davon gehört. Bruno muss sein vertrautes Leben in Berlin, seine Freunde und sein Heimathaus verlassen, weil sein Vater eine neue Aufgabe in Polen bekommen hat. Die ganze Familie zieht in ein Landhaus. In der näheren Umgebung leben keine anderen Menschen, er findet keine Kinder zum Spielen und sogar der Lehrer muss von der nächsten Stadt aus anreisen. Zufällig entdeckt Bruno einen großen Bauernhof, auf dem Menschen in gestreiften Pyjamas herumlaufen. Als er dies seinem Vater erzählt, wird das Zimmerfenster zugemauert. Er darf das Haus nicht mehr verlassen. Heimlich steigt er durch ein Schuppenfenster und streift durch den Wald. Dabei entdeckt er einen gleichaltrigen Jungen, der auf der anderen Seite eines Zaunes sitzt. Die beiden Jungen freunden sich an, da sie ähnliche Erfahrungen gemacht haben, denn beide wurden gezwungen, ihr Zuhause zu verlassen.

Natürlich wissen die Zuschauer, dass es sich bei dem Bauernhof um ein Konzentrationslager handelt, dass der Junge von der anderen Seite des Zauns ein jüdischer Häftling ist, und schnell wird auch klar, dass wir es bei dem naiven Protagonisten mit dem Sohn des Lagerkommandanten zu tun haben. Nur weil wir dieses Wissen haben, funktioniert das Darstellungsspiel des Films, der bekannte Motive und Zeichenkomplexe wie den Zaun oder den Schornstein zitiert und trotzdem Nichtwissen suggeriert. Was eine geeignete Form sein könnte, die vielfältigen Zeichen und Deutungen, die die Ereignisse überlagern, bewusst zu machen, verstärkt deren System nur noch. So schwankt die Darstellung ständig zwischen Eindeutigkeit und Ambivalenz (vgl. Nord 2009).

Schließlich entscheidet sich Bruno, ebenfalls einen ‚Pyjama' überzustreifen und seinem Freund auf der anderen Seite des Zauns bei der Suche nach dessen Vater zu helfen. Beide werden in die Gaskammer des Lagers gebracht. Dies wird in einer ausgedehnten Parallelmontage gezeigt, während der wir die Eltern von Bruno verzweifelt nach ihrem Kind suchen sehen. Als ihnen klar wird, was passiert ist, werden wir Zeugen der Vernichtung. Ganz nah stehen wir mit der Kamera bei dem ‚freiwilligen' Opfer, während der Vater/Kommandant an seiner Schuld zerbricht: „Hier wird um ein arisches, ein Täter-Kind mehr geweint als um das Los zahlloser Opfer." (Zander 2009)

Hauptfigur, Filmemacher und Zuschauer scheint der implizite Wunsch des Nichtwissenwollen zu verbinden, der beinahe unmittelbar zu dem Wunsch führt, auch das Tabu zu brechen, den Tod in der Gaskammer ‚mitzuerleben'. So steht am Ende des Films der gefeierte „Mut zum Unerhörten" (Hohmann 2009). Das Nacherleben tendiert deutlich zur Vereindeutigung. Es soll nichts geben, was sich der konkretisierenden Darstellung entzieht. Auf diese Weise wird mit der Ambiguität der Bilder auch die Differenz der Erfahrung getilgt. Die tradierte Lagerikonografie lässt sich dazu beliebig abrufen.

Wie die Analyse der Lagerszenen in Der neunte Tag gezeigt hat, kann sie dazu auf entsprechende Bildfragmente reduziert werden, so lange diese die nötigen Informationen für das Verständnis des Films für die Zuschauer enthalten. Das gilt umso mehr für jene ‚Todeszone' innerhalb und außerhalb der Lager, die zu Betreten das letzte Tabu der Darstellung der Konzentrations- und Vernichtungslager gewesen war. Im folgenden Kapitel möchte ich mich nun solchen Beispielen zuwenden, die diese Tendenz zum Nacherleben durch das Bewusstmachen der ikonisch gewordenen Nachbildungen hindurch zu unterlaufen versuchen.

Die Grauzone als Reflexion der visuellen Nachbildungen

Im Folgenden werden einige Beispiele diskutiert, die sich der tradierten Lagerikonografie widersetzen. Ihnen gelingt es zumindest teilweise, die auf stereotypen Bildern des Holocaust basierende Ästhetik zu unterlaufen und damit eine Reflexion der visuellen Nachbildungen zu ermöglichen. Dies ist oft verbunden mit der Vermeidung von konventionellen Rettungsgeschichten. Stattdessen nehmen die Filme eine Perspektive ein, die sich an Situationen des Übergangs orientiert und dabei zumeist das Verhältnis von Tätern und Opfern thematisiert bzw. die Überlieferung der Vergangenheit als musealisierte Erinnerung selbst in den Blick nimmt. Damit reflektieren die Filme auch die Wahrnehmung der Lager als universelle ‚Laboratorien der Moderne', indem sie diese als Teil einer, wie Ludger Schwarte schreibt, „Dialektik von Ausnahme und Alltäglichkeit" zeigen (Schwarte 2007b: 165). Die zwischen beiden Polen stattfindende Bewegung bricht die starren Bilder der Lager teilweise auf, indem ein für die Zuschauer irritierendes Wechselspiel von Zwang, Willkür und Zufall entsteht. Damit wird kein umfassendes Erklärungsmodell des Lagersystems geliefert. Vielmehr orientieren sich die Filme an der subjektiven Schwierigkeit der Überlebenden, die eigenen Erfahrungen zu verstehen und auf einen Begriff zu bringen, was immer schon eine ‚Vereinfachung' bedeutet wie Primo Levi in seinem grundlegenden Essay „Die Grauzone" anmerkt:

> Sind wir, die wir überlebt haben, imstande gewesen, unsere Erfahrung zu verstehen und verständlich zu machen? Wenn wir ‚verstehen' sagen, meinen wir damit im allgemeinen ‚vereinfachen': ohne tiefgreifende Vereinfachung wäre die uns umgebene Welt ein unendliches, undefiniertes Durcheinander, das unserer Orientierungs- und Handlungsfähigkeit hohnsprechen würde. Wir sind

daher gezwungen, das Erkennbare auf ein Schema zu reduzieren [...]. (Levi 1990: 33)

Levi macht darauf aufmerksam, dass die Vereinfachung komplexer Sachverhalte ein notwendiger Mechanismus der Wahrnehmung ist. Sprache und begriffliches Denken ermöglichen das Verständnis durch das Klassifizieren von Erfahrungen und ihre Subsummierung unter Begriffe. Weiterhin stellt Levi fest, dass in der vereinfachten Geschichte „das Schema, innerhalb dessen die Fakten geordnet werden, nicht in jedem Fall erkennbar" ist und dass insbesondere binäre Muster die Auseinandersetzung leiten, wie jenes „Schema der Freund-Feind-Einteilung", das als populäres historiografisches Erklärungsmuster „die Zwischentöne scheut" (ebd.). Er nennt dies einen (durchaus verständlichen) „Wunsch nach Vereinfachung", der jedoch nicht der Realität des Lagers entspricht, sondern vielmehr in dem Wunsch nach Eindeutigkeit begründet liegt (ebd.: 34).[24]

Levi stellt sich daher die Aufgabe, die binären Muster zu hinterfragen und den „Raum näher zu erforschen, der die Opfer von den Verfolgern trennt" (ebd.: 37). Diese Erkundung widersetzt sich den dominanten Schemata und dem daraus resultierenden Blick „und zwar mit einer leichteren Hand und einem weniger getrübten Blick, als dies beispielsweise in einigen Filmen geschehen ist. Nur eine schematische Rhetorik kann die Ansicht vertreten, daß dieser Raum leer sei [...]." (Ebd.)

Tim Blake Nelson nimmt Levis Erkundung dieser „Grauzone" in seinem Film THE GREY ZONE (USA 2001, Tim Blake Nelson) zum Ausgangspunkt für die filmische Auseinandersetzung mit der Geschichte des aus jüdischen Häftlingen bestehenden Sonderkommandos in Auschwitz, in dem diese gezwungen wurden, an der Vernichtung ihrer Mithäftlinge mitzuwirken. Sie führten die Ankommenden in die Gaskammern und waren für die Entsorgung der Leichen verantwortlich. Auf einer zweiten Handlungsebene erzählt der Film die Geschichte des ungarisch-jüdischen Arztes Miklos Nyiszli, der zum Assistenten des SS-Arztes Josef Mengele gemacht wurde. Beide Handlungsebenen werden durch zwei ungeheuerliche Ereignisse verbunden, zwei unglaubliche Ausnahmen. Zum einen geht es um das wundersame Überleben eines Mädchens, das bereits die Gaskammer betreten hatte und das die Häftlinge unter Mithilfe von Nyiszli zu verstecken versuchen. Das zweite Ausnahmeereignis ist der Aufstand des Sonderkommandos mit der versuchten Sprengung der Krematorien, nach dessen Scheitern die Häftlinge und das Mädchen ermordet werden.

Auch wenn es dem Regisseur nicht vollständig gelingt, sich von der etablierten Lagerikonografie zu lösen, sucht der Film eine formale Entsprechung für sein Sujet, indem er durch die Variation und Reflexion der bekannten

---

24 | Levi macht dies auch explizit als transgenerationellen Wunsch deutlich und sieht von dieser Erwartungshaltung „[v]or allem junge Menschen" geprägt. Eine Erwartungshaltung, die so Levi „im übrigen genau jene der Neuankömmlinge im Konzentrationslager wieder[spiegelt]" (Levi 1990: 34).

Bildikonen einen Zustand der Verunsicherung bei den Zuschauern hervorzurufen versucht. So möchte der Film die ambivalente Situation jener Häftlinge, die in den Sonderkommandos, mit Privilegien ausgestattet, den fabrikmäßigen Massenmord für die Nazis durchführen mussten, auch formal anders gestalten. Levi beschreibt die diesem Konflikt zugrunde liegende Situation als „Laboratoriums-Situation“:

> [D]ie hybride Klasse der Häftlinge als Vollzugspersonen bildet das Knochengerüst [dieser ‚Lagergesellschaft', TE] und weist gleichzeitig die am stärksten beunruhigenden Züge auf. Sie ist eine Grauzone mit unscharfen Konturen, die die beiden Bereiche von Herren und Knechten voneinander trennt und zugleich miteinander verbindet. Sie besitzt eine unvorstellbar komplizierte innere Struktur und enthält in sich soviel, wie ausreicht, um unser Bedürfnis nach einem Urteil durcheinanderzubringen. (Levi 1990: 39)

Am Beispiel der jüdischen Sonderkommandos, deren Erfindung und Aufstellung Levi als „das dämonischste Verbrechen des Nationalsozialismus“ (ebd.: 51) bezeichnet, da so die Schuld am Verbrechen auf die Opfer selbst verschoben werden sollte, versucht sich THE GREY ZONE dieser „Laboratoriums-Situation“ jenseits der stereotyp gewordenen Bilder zu nähern.

Bereits bei der Wahl seines Themas ging es Blake Nelson um die Vermeidung von Redundanz. Der Regisseur berichtet, dass seine eigene Mutter 1938 aus Deutschland fliehen musste. Diese für ihn prägende Geschichte der Flucht habe er zwar aufgeschrieben, aber er konnte und wollte sie nicht veröffentlichen, da er sie als exemplarisch für viele andere ansah: „Es würde viele andere Geschichten, die wir über den Holocaust kennen, wiederholen, würde Dinge und Ereignisse erzählen, von denen wir bereits gehört haben. Das macht sie natürlich nicht weniger wahr, aber bei diesem Thema finde ich Redundanz unverzeihlich.“ (Zit. n. Kilzer 2004: 112) Darum wendete er sich dem Stoff über die Sonderkommandos und insbesondere der Geschichte von Miklos Nyiszli zu, die an einer Schnittstelle angesiedelt ist, die verschiedene Perspektiven miteinander verbindet. Sie changiert zwischen dem Handeln des privilegierten Arztes, der Arbeit des Sonderkommandos und der Macht der Täter, die dabei selbst Teil eines scheinbar reibungslos ablaufenden Prozesses der Vernichtung sind. Alles kulminiert im Versuch der Häftlinge, sich gegen ihre Peiniger zur Wehr zu setzen, sowie dem wundersamen Überleben des Mädchens in der Gaskammer. Der Handlungsort in THE GREY ZONE ist dabei den gesamten Film über ebenso begrenzt wie die Gaskammern und Krematorien von Auschwitz, eben jene letzte Station, die in den meisten Filmen über die Lager Symbol für die Vernichtung und der Schauplatz dramatischer Höhe- und Wendepunkte ist. Der zumeist nur angedeutete und mit den immer gleichen Bildern und Motiven bebilderte Symbolort wird in THE GREY ZONE zum dominierenden Handlungsort. Dafür wurde das zerstörte Krematorium 1 in einer Größe von 80 Prozent des Originals nachgebaut, um die Möglichkeiten für 360°-Fahrten und Plansequenzen zu schaffen (vgl. ebd.: 114). Durch die Konkretisierung des nahezu sakralisierten Symbolortes versucht der Film einen anderen Zugang zu finden, der auf einem konventionellen Realismus basiert und sich gleichzeitig bemüht, Klischees aus anderen Filmen zu vermeiden, so Blake Nelson: „Gerade in diesem Genre aber – und ich denke, der Holocaust-Film hat sich inzwischen zu einem eigenständigen Genre entwickelt – fand ich persönlich es wichtig, mich abzusetzen und keinen Film zu wiederholen, wie großartig er auch sein mag und wie sehr ich ihn auch bewundere." (Zit. n. ebd.: 118)

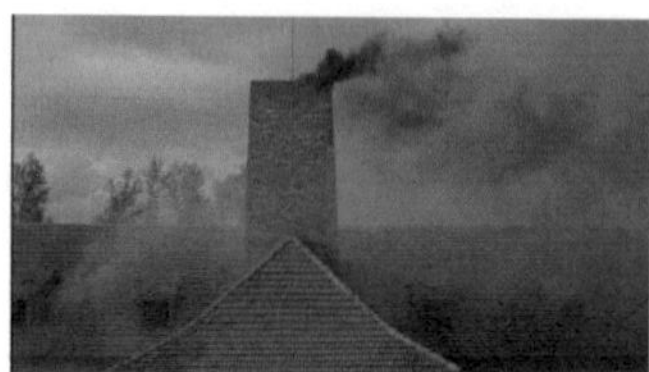

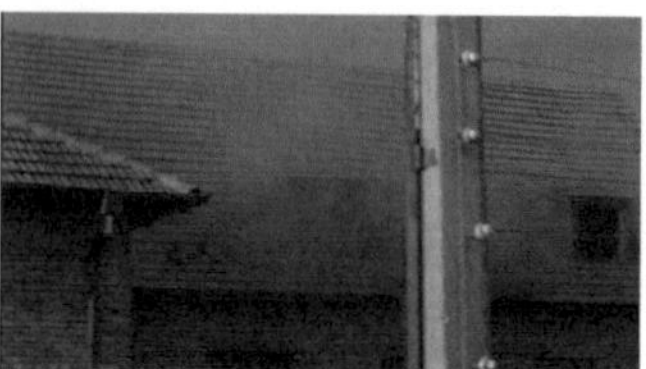

Abb. 101: Superzeichen des Lagers wie der Schornstein oder der Lagerzaun als visuelle Markierungen während des Aufstandes in THE GREY ZONE.

Darum vermeidet er auch eine eindeutige Genrezuordnung. Obwohl er deutlich populäre Erzählformen verwendet, wollte er „eigene, neue Bilder finden" (zit n. ebd.) und „keinesfalls in Klischees verfallen" (zit. n. ebd.), wie dem Gang der anonymen Masse in die unterirdisch gelegenen Krematorien, den beispielsweise PASAZERKA und SCHINDLER'S LIST inszenieren: „Diese Bilder erinnern mich zu sehr an Bilder, die ich bereits kenne, sie sind zu vertraut, um heute noch zu verstören." (Zit. n. ebd.: 115)

Obwohl sich auch die Ikonografie von THE GREY ZONE an die bekannten Lagerbilder anlehnt und Ikonen wie Schornsteine, Öfen und Menschenschlangen in den Film aufgenommen wurden, isoliert der Film diese Motive als Momentaufnahmen. Es „sind Momente, die man kennt, aber die mir dennoch wichtig erschienen, und ich hoffe, daß ich im Kontext des Films trotz der Wiederholung nicht ihre Wahrhaftigkeit kompromittiere", so Blake Nelson (zit. n. ebd.: 115) Diese Wahrhaftigkeit entwickelt sich aus dem unvermittelten Blick auf das, was in anderen Filmen nicht gezeigt wird, eben weil der Film seine Geschichte an diesem neuralgischen Punkt, der Grauzone, ansiedelt. Das wird besonders deutlich in den Szenen, die den Aufstand des Sonderkommandos zeigen. Immer wieder nimmt die Kamera zunächst ein filmisches Superzeichen des Holocaust, beispielsweise einen rauchenden Schornstein oder einen Mast des Lagerzauns in den Blick, und schwenkt dann zum Geschehen, den sich wehrenden Häftlingen und dem auf sie schießenden Wachpersonal (Abb. 101). Dadurch geschieht zweierlei. Zum einen zitieren diese Schwenks von den bekannten Ikonen auf das Handlungsgeschehen das Authentifizierungsverfahren der frühen Befreiungsfilme, die auf diese Weise die Verbrechen an den speziellen Orten und mit den daran beteiligten Menschen zeigen wollten. Zum anderen aber werden darin auch die Verfahren der Darstellung selbst reflektiert. Die Perspektive wird vom bekannten Bild des Holocaust zu einer unbekannten Perspektive verschoben. So wird die ‚Grauzone' als bekannt und unbekannt zugleich in den Blick genommen. Dabei arbeitet Blake Nelson mit Kontrasten. Während der Kampfhandlungen sehen wir in einer Szene den jüdischen Arzt Nyiszli, der sich unter einem Laboratoriumstisch versteckt. Die Kamera nimmt dazu eine Position ein, deren Perspektive wie aus einem Versteck heraus erscheint. Gleichzeitig hören wir ein Stück von Brahms, das das äußere Geschehen zu übertönen scheint. Es ist unklar, ob diese Musik innerdiegetisch zu hören ist oder Ausdruck von Nyiszlis Versuch der Weltflucht ist. Sie bleibt zumindest auch in der nächsten

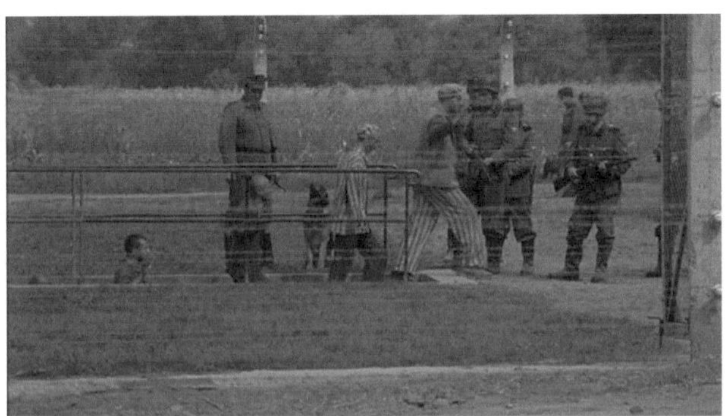

Abb. 102: Die Umkehrung des Weges in die Gaskammer.

Szene zu hören, die die Bemühungen der Deutschen zeigt, den Aufstand niederzuschlagen. Diese erscheinen dadurch beinahe unwirklich, wie in einem Trancezustand wahrgenommen, der unser Gefühl für das Geschehen insbesondere dadurch beeinflusst, dass die Musik im Wechsel der Perspektive zu derjenigen der kämpfenden jüdischen Häftlinge jäh abbricht und wieder von den Kampfhandlungen übertönt wird. Damit wiederholt der Film mehrfach Momente eines Einbruchs des Realen und spiegelt darin die Ambivalenz von Verbrechen und dessen Maskierung in der ‚Grauzone'.

Dafür steht auch das Ende. Dieses beginnt nach der Niederschlagung des Aufstandes mit einem ‚verkehrten' Bild. Wir sehen die Häftlinge aus den Katakomben der Gaskammern und Krematorien nach draußen treten. Blake Nelson wählt dazu eine Perspektive, die aus den Filmen über die Todeslager bekannt ist, hier aber den Weg der Juden in die Gaskammern in umgekehrter Richtung zeigt: anstatt wie die zur Vernichtung Vorgesehenen von draußen in die unterirdisch gelegenen Räume hinabzusteigen, verlassen die Häftlinge des Sonderkommandos die ‚Todeszone' und treten nach draußen (Abb. 102).

Bei ihrer Erschießung schließlich sehen wir die Häftlinge am Boden liegen, die Kamera nimmt ihre Gesichter in den Blick. Im Moment ihres Todes sind es Geschichten ihres Lebens vor dem Lager, die sie sich erzählen, ein Moment der Erinnerung an eine verlorene Welt, während sich das Töten, wie wir wissen, auch unter Beteiligung von Häftlingen – wie Dr. Nyiszli, der schließlich auch überleben und bezeugen wird – weiter fortsetzt.

In den letzten Minuten kommt es zu einem unvermittelten und jähen Wechsel der Perspektive. Die bis dahin die Hinrichtung der Häftlinge beobachtende Kamera springt plötzlich in die subjektive Perspektive des Mädchens, das die Gaskammer überlebt hatte. Aus ihren Augen sehen wir nach dem Tod der Häftlinge das Geschehen und blicken den Tätern ins Gesicht. Ein Perspektivwechsel, der als Bruch markiert ist, insbesondere weil die nächsten Aufnahmen tonlos bleiben und durch diese Verfremdung die Intensität des Geschehens noch verstärkt wird.

Die Rettungsgeschichte des Mädchens verdeutlicht – als sichtbare Ausnahme – den Alltag der Häftlinge und verstärkt den grausamen Konflikt, in dem diese sich befinden. Auf den Schock dieser Ausnahme des Überlebens in der Zone des Todes verweist auch Primo Levi, der in seinem Essay ebenfalls auf die Geschichte des jungen Mädchens eingeht:

> Das junge Mädchen hat nichts begriffen, aber es hat gesehen. Deshalb muß es sterben, und die Männer des Sonderkommandos wissen es, so wie sie wissen, daß auch sie selbst sterben müssen, aus demselben Grund. Jedoch sind diese vom Alkohol und durch das tägliche Massaker abgestumpften Sklaven wie umgewandelt; vor ihnen steht nicht mehr die anonyme Masse, der Strom verängstigter, verwirrter Menschen, der aus den Güterwaggons steigt: vor ihnen steht ein Mensch. (Levi 1990: 54)

Der Film versucht das Ereignis des unvorhergesehenen Überlebens als Fehlfunktion in der Logik der Vernichtung zu zeigen. Damit verkehrt er die Richtung herkömmlicher Rettungsgeschichten, die meist nach einem ähnlichen Muster verfahren wie Frank Beyers Rettungsgeschichte des jüdischen Kindes im Lager Buchenwald in NACKT UNTER WÖLFEN. Wird das Kind in Beyers Film zum Symbol der Hoffnung, verkehrt sich das Rettungsmotiv in THE GREY ZONE gegen die tröstende Intention der Rettung. Während also bei Beyer, der hier die Metaphorik der Buchvorlage wiederholt, in der das Kind passiv mit Tiermetaphern beschrieben wird, mit diesem Motiv der Überlebenskampf der Häftlinge motiviert wird, fungiert die radikale Ausnahme in THE GREY ZONE als Bruch in der Vernichtungslogik. Dies eröffnet nicht nur für die Häftlinge, sondern auch für die Zuschauer die Möglichkeit, deren eigentliche Totalität wahrzunehmen. Erst von ihrer Fehlfunktion her lässt sich das Funktionieren der Vernichtungsmaschinerie erkennen. Dies gilt nicht nur für die historische Erkenntnis, sondern auch für die visuelle Repräsentation der Ereignisse. Doch wie gezeigt, entziehen sich deren konventionalisierte Darstellungsformen einer solchen Erfahrung des Bruchs. Das hängt auch mit der Erzählperspektive zusammen, insbesondere mit der Kontrastierung von anonymer Masse und Einzelnem, was auch Primo Levi betont: „eine Einzelperson wie Anne Frank erweckt mehr Anteilnahme als die Ungezählten, die wie sie gelitten haben, deren Bilder aber im Dunkeln geblieben sind. Vielleicht muß es so sein; müßten oder könnten wir die Leiden aller erleiden, könnten wir nicht leben." (Ebd.: 55)

THE GREY ZONE versucht hinter der konkretisierenden Symbolisierung eine Ahnung vom Schrecken zu evozieren und zeigt „das Töten im Kontext des Films als nichts Spektakuläres, sondern etwas Alltägliches" (Blake Nelson, zit. n. Kilzer 2004: 115). Der Film verzichtet auf den kalkulierten Horror und auch auf Trost. Die Rettung bleibt vergeblich. Blake Nelson macht deutlich, dass sich diese nicht in symbolischen Bildern zeigen lässt, wie in Schindler's List, wo das Bild des Mädchens im roten Mantel gleichsam als kathartischer Moment fungiert. Die versuchte Flucht des Mädchens in The Grey Zone, mit wackelnder Kamera aus der subjektiven Perspektive der Figur gefilmt, endet mit einem Schuss, der nach der Stille der vorherigen Aufnahmen gnadenlos den Einbruch des Todes markiert. Das Mädchen und mit ihr die Kamera, der ‚Zeuge', stürzen zu Boden. Das letzte Bild ist ihr subjektiver Blick auf den blauen Himmel. In den nächsten Szenen sehen wir wieder den Lageralltag, als wäre nichts geschehen, die bekannten Bilder der Häftlinge in gestreifter Kleidung, der Wachleute und des Lagerzauns. Doch das alles geschieht in Zeitlupe, ebenfalls verfremdet, gepaart mit einem aus sphärischen Tönen zusammengesetzten Klangteppich. Und dann geschieht etwas Unmögliches. Das tote Mädchen, die vernichtete Zeugin, beginnt aus dem Off zu sprechen und offenbart sich als eigentliche Erzählerin des Films. Sie beschreibt und bezeugt die Vernichtung, die Öfen, das Feuer und das Verbrennen ihres Körpers. Wenn sich am Ende von The Grey Zone das ermordete Mädchen ganz konkret in Rauch auflöst, verweist der Film gerade mit dieser Wendung ins Irreale auf die Ambivalenz der Metaphernsprache, da das Mädchen paradoxerweise erst im Moment des Todes zur Zeugin der Ereignisse wird und in diesem Akt des Zeugens ihre Subjektivität im Augenblick der Vernichtung zurückerhält. Auf diese Weise enthält zwar das unvermeidlich schreckliche Ende ein Moment des Trosts, aber dieser ist lediglich durch eine Wendung ins Phantastische und Paradoxe möglich, ähnlich den Traumbildern, die Frank Beyer am Ende von Jakob der Lügner (DDR/CSSR 1975, Frank Beyer) seine Protagonisten im Deportationszug träumen lässt. Gerade weil diese Bilder in Jakob der Lügner nicht den historischen Ereignissen – dem Ghetto und den Vernichtungslagern – entsprechen, überschreiten sie das vorgeprägte Schema. Die entkörperlichte Stimme der Ermordeten in The Grey Zone spricht in ähnlicher Weise nicht mehr in Begriffen, sondern in Zwischentönen. Sie spricht die Zuschauer aus der ‚Grauzone' heraus an.

Stefan Ruzowitzkys Die Fälscher ist an einem ähnlichen Ort angesiedelt wie The Grey Zone. In Ruzowitzkys Verfilmung der Geschichte des Geldfälscherkommandos von Sachsenhausen geht es um die Frage nach moralischem Handeln unter Bedingungen, die jede Form moralischer Entscheidung für die auf reine Exemplare reduzierten Häftlinge eliminieren sollten. Bewusst konzentriert er sich auf eine Ausnahme, auf einen kleinen, zuvor nicht repräsentierten Ausschnitt aus der Geschichte der Vernichtung. Er zeigt jüdische Protagonisten, die in der Hölle des Lagers für die Nazis Devisen fälschen sollen. Drucker, Bankbeamte, Grafiker, aber auch professionelle Fälscher werden gezwungen, abgeschirmt vom Rest der Häftlinge Pfund- und Dollarnoten, Briefmarken und Pässe nachzumachen. Sie wissen, dass sie nach getaner Arbeit als Geheimnisträger ermordet werden. Und sie wissen, dass sie mit ihrer

Tätigkeit den Vernichtungskrieg der Deutschen und damit auch ihr Leiden und das ihrer Kameraden verlängern könnten.[25]

Die Hauptfigur Salomon „Sally" Sorowitsch befindet sich im Konflikt zwischen dem Kampf um das eigene Überleben, der Solidarität mit seinen Mithäftlingen und der Notwendigkeit, die Unternehmungen der Deutschen zu sabotieren. Insbesondere im Zusammenspiel mit dem Kommunisten Burger wird dieser Konflikt entfaltet. Denn Burger besteht darauf, den Krieg nicht weiter zu verlängern und die Arbeiten zu verzögern.

Die Vernichtung vollzieht sich im nicht sichtbaren Hintergrund der Handlung. Sie dringt nur in Form von Schreien der Gequälten an die Ohren der Häftlingsgruppe (und damit auch der Zuschauer). Der Kontrast verdeutlicht, dass die Vernichtung die Regel ist und das Dasein der Häftlinge im Fälscherblock eine Ausnahme. So wird die Situation außerhalb dieses Lagers im Lager den Zuschauern auch ohne konkrete Visualisierung zu Bewusstsein gebracht:

> Die Häftlinge der Fälscherwerkstatt hören beim Tischtennisspiel, dass draußen jemand erschossen wird. Sie nehmen ein Sonnenbad, als plötzlich jemand aufschreit, der gerade erfahren hat, dass seine Kinder in Auschwitz ermordet worden sind. Die vermeintliche Gemütlichkeit, die groteske Ferienlager-Vision eines KZ wird so außer Kraft gesetzt. (Zit. n. Ruzowitzky/Schenk 2007)

Ähnlich wie THE GREY ZONE interessiert sich DIE FÄLSCHER für die Grautöne, für den Konflikt, unter Todesdrohung gezwungen zu sein, zum Handlanger der Nazis zu werden, und dabei dennoch so etwas wie Moral oder Gewissen zu bewahren: „In dieser Situation gibt es keine Möglichkeit, sich moralisch korrekt zu verhalten – dieses Dilemma ist das [...] Leitmotiv des Films." (Balzer 2007)

Im Film werden die jüdischen Häftlinge im Fälscherkommando hinsichtlich ihrer Herkunft und in ihrem Verhalten deutlich heterogen dargestellt. Konflikte zwischen unterschiedlichen sozialen und politischen Gruppen, Kommunisten, Kriminellen und angepassten Bürgern setzen sich auch in dieser Ausnahmesituation fort. Ruzowitzky zeigt die Häftlinge als Typen und verleiht ihnen dennoch sehr individuelle Schattierungen. Dazu nutzt er verschiedene Dialekte, ähnlich wie Egon Monk in EIN TAG. Gleichzeitig bleibt der Lageralltag immer präsent und damit auch das, was Täter und Opfer deutlich voneinander trennt, nämlich die Macht der Deutschen über das Leben ihrer Opfer: im Hof hören die Fälscher das Schuhläuferkommando, eine Strafaktion, die zahlreichen Häftlingen in Sachsenhausen das Leben kostete.

---

25 | Seit 1942 lief das „Unternehmen Bernhard". Die jüdischen Häftlinge wurden aus unterschiedlichen Lagern in das Konzentrationslager Sachsenhausen gebracht. Im Herbst 1944 waren es 144 Häftlinge. Im Interview erinnert sich der Drucker Adolf Burger, der 1942 als jüdischer Kommunist zusammen mit seiner Frau verhaftet und nach Auschwitz deportiert wurde: „Es gab kaum einen Staat in Europa, dessen Dokumente, offizielle und private, wir nicht in der Werkstatt nachgemacht hätten." (Zit. n. Burger/Eschrich 2005)

Ruzowitzky verdeutlicht diesen Kontrast zwischen Innen und Außen, zwischen der Tatsache, einerseits Teil des Lagers und andererseits von diesem abgeschlossen zu sein auch durch den Verzicht auf alle bekannten stereotypen Bilder und Motive des Lageralltags in den Szenen innerhalb der abgeschotteten Häftlingsbaracke. Was Jens Balzer als „Banalität der filmischen Mittel" (ebd.) missversteht, ist vielmehr der Verzicht auf die konventionellen Schemata der Lagerikonografie. Keineswegs bedeutet dies auch den Verzicht auf jede visuelle Spannung. Vielmehr setzt die Kameraführung durchaus „auf eine entfesselte Kamera, auf schräge Blickwinkel und schnelle Schwenks, auf Spiele mit der Schärfe und auf ein expressives Licht." (Nord 2007: 27) Doch diese Ästhetik hat vor allem den Zweck, das Wiedererkennen der Situation in der Wahrnehmung der Zuschauer zu verhindern. Von den stilistischen Mitteln und der Sprache her fühlen sich diese eher in „Knastserien des Fernsehens" versetzt als in ein Konzentrationslager (Martenstein 2007). Diese visuelle Sprache vermittelt dem Zuschauer die aus der dargestellten Situation resultierende permanente Spannung zwischen Bekanntheit und dem Schwinden der Vertrautheit. Gerade der bewusste Verzicht auf die bekannten visuellen Nachbildungen führt zu Verunsicherung und emotionalen Reaktionen. Christina Nord beschreibt diesen Effekt auch als Folge einer prinzipiellen Abkehr von vertrauten filmischen Konventionen: „Wo fundamentale Regeln des Miteinanders außer Kraft sind, sollen auch die Vertrautheiten schwinden – die Schuss-Gegenschuss-Folgen oder die geordneten Kombinationen von Totalen und kleineren Einstellungsgrößen." (Nord 2007: 27)

Der Film erreicht diese emotionale Wirkung darüber hinaus durch eine zweifache Rahmung, die auch den visuellen Stil mehrfach bricht. Der erste Rahmen umfasst die Nachkriegshandlung in Monte Carlo und die Exposition im Vorkriegsberlin. Hier dominiert eine klassische Retroästhetik. Der zweite Rahmen wird durch Sallys ‚Karriere' in anderen Konzentrationslagern und die ersten Momente nach der Befreiung in Sachsenhausen gebildet. Hier dominiert eine kalt-blaue Farbstimmung und ähnlich wie in der Exposition von DER NEUNTE TAG kommen typische Bilder und Motive zur Darstellung von Konzentrationslagern zum Einsatz, die insbesondere in der fortgeführten Exposition Sallys Situation prägnant bebildern und auf diese Weise schnell nachvollziehbar machen. Von dieser doppelten Rahmenstruktur wird der Mittelteil in der Fälscherwerkstatt eingefasst, der auf ikonische Bilder und visuelle Nachbildungen vollständig verzichtet. Die Atmosphäre ist beherrscht von „Weiß- und Grautönen, ganz so als hätten die Nazis mit der Menschlichkeit auch die Farben aus der Welt getrieben." (Ebd.)

Besonderes Augenmerk aber verdienen die Szenen nach der Befreiung, nicht zuletzt deshalb, weil sie im Gegensatz zum auf Erinnerungen von Häftlingen basierenden Plot erst vom Regisseur zur Filmhandlung hinzugefügt wurden (vgl. Ruzowitzky/Schenk 2007). Sie stellen die eigentliche Reflexion der Lagerstereotype dar, denn diese Szenen sind zusammengesetzt aus Nachbildungen emblematischer Befreiungsbilder aus verschiedenen Lagern (Abb. 103-104). Deutlich erkennbar und auf diese Weise bewusst gemacht kommen die aus dem sowjetischen Filmmaterial in DIE BEFREIUNG VON AUSCHWITZ bekannten Ikonen der Vernichtung in der Schlusssequenz zum Einsatz (Abb. 105-106). Aus der Perspektive der Mitglieder des Fälscherkommandos gezeigt, erscheint die mit den bekannten Bildern illustrierte Situation nahezu irreal, kaum zu glauben und kaum zu ertragen. In diesem Sinne reinszeniert Ruzowitzky paradoxerweise den Blick der Befreier aus der Perspektive der Häftlinge, indem die Zuschauer gemeinsam mit ihnen die grausame Welt des Lagers scheinbar zum ersten Mal erblicken. Plötzlich erkennen wir die Nach-

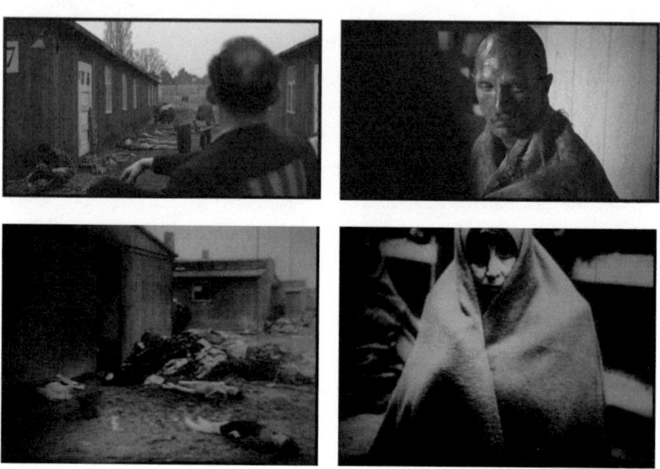

Abb. 103-106: Montage von visuellen Nachbildungen am Ende von DIE FÄLSCHER.

bildungen als solche, denn die Vorlagen dieser Bilder des Grauens rücken selbst in unser Bewusstsein. Während der Film beinahe die ganze Zeit über auf eine „Subjektivierung der Bilder" verzichtet hatte (Balzer 2007), führt er die Nachbildungen nun ganz subjektiv als eine Art Alptraum Sallys ein und verwendet sie eben nicht zur Authentifizierung des Grauens.

Auf eine ähnliche Weise wird auch in FATELESS – SORSTALANSÁG der Blick auf die bekannten Lagerbilder verfremdet. Die Lagerkarriere des jungen Protagonisten wird in kurzen Episoden erzählt. Diese werden durch visuelle Stereotype strukturiert. So finden sich etwa in den Szenen der Ankunft des Transports ungarischer Juden in Auschwitz auch Nachbildungen der bekannten Aufnahmen aus dem „Auschwitz-Album". Ein Kontrast dazu entsteht durch den lakonischen, fast nüchternen Kommentar des Ich-Erzählers, der über seine verschiedenen Lagerstationen berichtet. Bekanntes erscheint neu und anders. Ähnlich wie bei Imre Kertész, dessen *Roman eines Schicksalslosen* die Vorlage des Films bildet, die von ihm verwendete Sprache, durch ihren kindlich-naiven Blick die bekannten Metaphern und Interpretationsschemata des Holocausts unterläuft, werden auch im Film die ikonischen Bilder als solche bewusst gemacht. Dies kulminiert in einer Szene, in der der Protagonist in die Krankenbaracke getragen wird. Zunächst sehen die Zuschauer den Lagerzaun verwackelt vorbeiziehen, dann wird die Perspektive als Point-of-View-Shot des kopfüber hängenden György etabliert. Aus dieser Perspektive blicken die Zuschauer im Gegenschuss nun durch Györgys Augen auf die Welt des Lagers und sehen diese verkehrt herum. Schornstein, Baracken und Leichenhaufen stehen auf dem Kopf (Abb. 107). So unterläuft auch der Film die bekannten Bilder, bzw. macht diese in ihrer verfremdenden Wiederholung bewusst.

Ein Gegenmodell zur stereotoypen Ikonografie der Lager zeigen auch die Filme LA PETITE PRAIRIE AUX BOULEAUX (F/D/PL 2003, Marceline Loridan

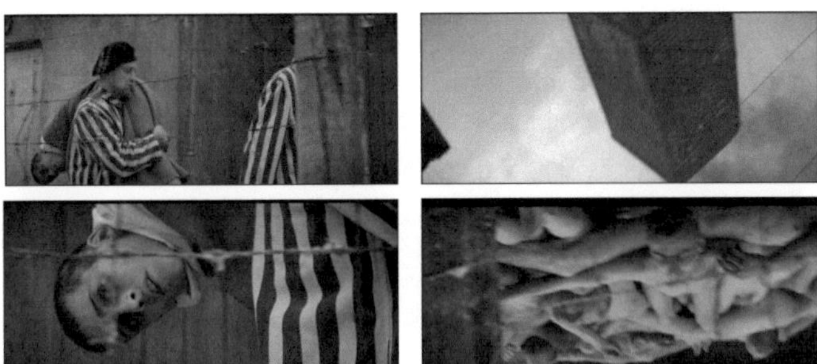

Abb. 107: Ikonische Bilder werden in FATELESS durch ihre ‚verkehrte' Perspektive gebrochen.

Ivens) und AM ENDE KOMMEN TOURISTEN (D 2006, Robert Thalheim). Beide inszenieren das Konzentrationslager in einer radikalen Gegenwärtigkeit, die an Lanzmanns SHOAH erinnert. In beiden Filmen geht es nicht in erster Linie um die Repräsentation der Lager, als viel mehr um den gegenwärtigen Ort als Erinnerungsort. Allerdings wählen beide Arbeiten dazu die Form des Spielfilms. Obwohl sie sehr unterschiedliche Konzepte verfolgen, ähneln sie sich in ihrer Grundstruktur. Während LA PETITE PRAIRIE AUX BOULEAUX die Suche nach den Spuren der Vergangenheit durch eine zurückkehrende französische Überlebende zum Gegenstandt hat und damit an Lanzmann anknüpfend die Zeugin am Ort des Verbrechens zeigt, nimmt AM ENDE KOMMEN TOURISTEN eine stark distanzierte Perspektive auf den heutigen Ort Oswiecim im Kontrast zur Gedenkstätte Auschwitz ein. Sein Protagonist ist ein deutscher Zivildienstleistender, den es eher zufällig nach Auschwitz verschlägt. Zentraler Konflikt ist das Verhältnis eines Überlebenden zu dem jungen Deutschen, eine Konstellation, die auch LA PETITE PRAIRIE AUX BOULEAUX zum Thema hat, in dem die nur widerstrebend und nach vielen Jahren des Schweigens an den Ort ihres Leidens zurückkehrende Überlebende auf einen jungen deutschen Fotografen trifft. Nach ersten Schwierigkeiten kommt es zum Gespräch zwischen der Überlebenden und dem Deutschen, der sich als Enkel eines SS-Täters entpuppt. Dieses – teils konstruiert wirkende – Verhältnis zwischen einer Angehörigen der Opfergeneration und einem Enkel der Täter thematisiert aber nicht nur die Widersprüche und die Distanz der Erfahrungen beider, sondern zeigt auch einen Prozess langsamer Annäherung. In AM ENDE KOMMEN TOURISTEN hingegen bleibt die Distanz zwischen dem polnischen Überlebenden Krzeminski und seinen Erinnerungen und dem deutschen Protagonisten trotz Annäherungen bestehen. Der zunächst distanziert und unbeteiligt wirkende Zivildienstleistende Sven lernt erst in der Konfrontation mit den von jeder Spur der Erinnerung entleerten Orten, beim Besuch des ehemaligen Lagergeländes Auschwitz-Monowitz, die Dimensionen des Verbrechens zu erkennen. Die Abwesenheit konkreter Spuren der Verbrechen und der Kontrast zwischen der idyllischen Landschaft und dem historischen Schrecken verdeutlichen ihm und den Zuschauern die Gegenwart des Vergangenen, die auch sein Verhältnis zu dem alten Krzeminski prägt. Gleichzeitig verfolgt der Film ein vielschichtiges Konzept der Darstellung gestörter und unterbrochener Kommunikation. Dieses gipfelt in einer Gedenkfeier, welche die Ignoranz gegenüber den Erinnerungen des Zeugen, der rücksichtslos von der Repräsentantin einer deutschen Firma, die in der Region investiert, unterbrochen wird, ebenso verdeutlicht wie die bekenntnishafte Routine offiziellen Gedenkens.

LA PETITE PRAIRIE AUX BOULEAUX betont hingegen stärker die Bedeutung des Ortes gegenüber den stereotypen Bildern des Gedenkens. Der Film zeigt die Schauspielerin Anouk Aimée als Überlebende Myriam inmitten der Überreste des nun von Gras überwucherten Lagers (Abb. 108). Die offensichtlichen Bezüge auf SHOAH, aber auch auf NUIT ET BROUILLARD verstärken den Eindruck eines vergessenen Erinnerungsortes, dessen Spuren nur die Zeugin des Verbrechens richtig zu deuten vermag. In einer Szene wird dies explizit deutlich. Wütend überschreibt die Protagonistin ein Schild mit der Aufschrift „Gedenkstätte Birkenau" mit dem Wort „Lager" (Abb. 109). Hinter dem gegenwärtigen Ort des Gedenkens will sie den Ort der Vernichtung wieder sichtbar machen. Genauso wie seine Protagonistin hält auf diese Weise auch der Film an der historischen Bedeutung des Ortes fest. Mitunter führt aber gerade der Versuch der Neu- oder Rekontextualisierung der ikonischen Bilder und stereotypen Zeichen zu ihrer Verstärkung. Dies zeigt besonders stark die Figurenzeichnung des deutschen Fotografen Oskar, dem prototypische Elemente des ‚guten Deutschen' zugeschrieben werden (Abb. 110).[26]

26 | Neben der Namensgleichheit mit Oskar Schindler ist es in diesem Zusammenhang nicht uninteressant, dass der Schauspieler August Diehl, der die Figur verkörpert, einige Jahre später in Volker Schlöndorffs DER NEUNTE TAG einen SS-Mann spielt und Elemente dieser Rolle auch in der Darstellung eines Gestapo-Beamten in Quentin Tarantinos INGLOURIOUS BASTERDS wiederholt. Während in DER NEUNTE TAG der Täterfigur ein ‚Trauma' zugeschrieben wird, was implizit zu einer entlastenden Wahrnehmung beiträgt, spielt Tarantino mit der Zuschauererwartung, die aus der Figur des ‚guten Deutschen' resultiert, und enttäuscht diese bei allen Täterfiguren in seinem Film. Auch wenn LA PETITE PRAIRIE AUX BOULEAUX trotz Präsentation auf der Berlinale kein besonders großes Publikum erreichen konnte, gibt es interessante Verbindungen zwischen diesen von Diehl gespielten Figuren. In dem zuvor besprochenen Film DIE FÄLSCHER spielt der gleiche Schauspieler den Häftling Adolf Burger. Ein ähnliches Changieren zwischen Täter und Opfer hat auch der Schauspieler Ulrich Matthes hinter sich. Matthes spielte zeitgleich in DER UNTERGANG Joseph Goebbels und in DER NEUNTE TAG den KZ-Häftling Henri Kremer. Auf die Figur des ‚guten Deutschen' werde ich

Robert Thalheim unterläuft in Am Ende kommen Touristen die Macht der visuellen Nachbildungen, indem er deren Zeichencharakter durch ihre beiläufige Inszenierung offen legt: „Thalheim zitiert die Schockbilder nur von Ferne. Und er widersetzt sich der effekthascherischen Nachinszenierung von NS-Geschichte, wie sie in Kino und Fernsehen derzeit so lustvoll betrieben wird“ (Finger 2007). Wenn Sven und seine polnische Freundin Ania, selbst

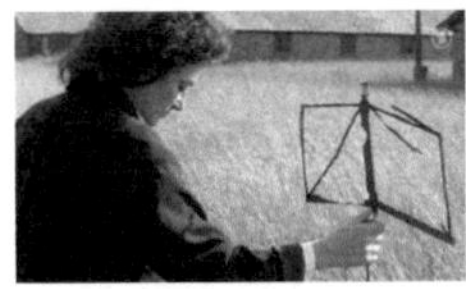
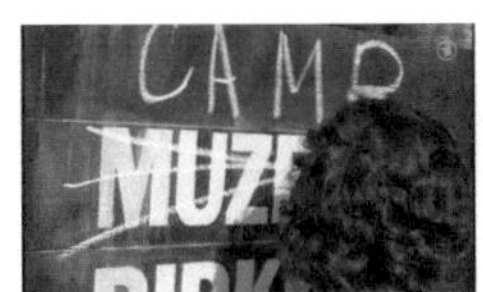

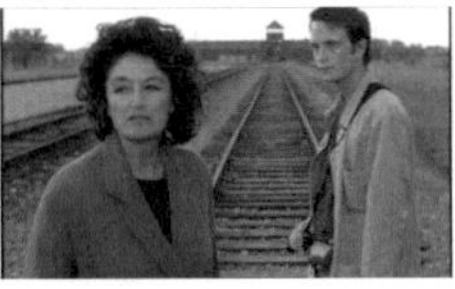

Abb. 108-110: Erinnerung an das Lager und Kritik der Gedenkkultur in La petite prairie aux bouleaux

Mitarbeiterin der Gedenkstätte, mit dem Fahrrad durch die Felder Oswiecims fahren, und im Hintergrund der Zaun des Lagers zu sehen ist, dann dient die Spannung zwischen dem friedlichen Bild junger Verliebtheit und der Präsenz des Lagers in dieser Landschaft zur Vermittlung nicht nur der Spannung zwischen Vergangenheit und Gegenwart, sondern legt auch Bedeutungsschichten frei, die im stereotypen Umgang der sich permanent wiederholenden zeichenhaften Bilder der Konzentrationslager verloren gehen (Abb. 111). Diese beiläufige Inszenierung erinnert in gewisser Weise an Resnais' Versuch der Kontrastierung von (farbiger) Gegenwart und (schwarzweißer) Vergangenheit in Nuit et Brouillard, aber im Gegensatz zu Resnais verzichtet Thalheim auf das Zitat der historischen Bilddokumente oder ihre Nachbildung: „Ich denke, jeder hat diese Bilder im Kopf, etwa die Schwarzweißbilder von den Leichenbergen, die bei der Befreiung der Vernichtungslager gemacht wurden. Ich möchte mir nicht anmaßen, mit diesen Bildern zu operieren.“ (Zit. n. Thalheim/Schmid/Knöller/Gansera 2007)[27] Gleichzeitig macht Thalheim etwas Ähnliches wie Romuald Karmakar in seinem Dokumentarfilm Land der Vernichtung (D 2004), in dem dieser zu Beginn den Zaun eines Konzentrationslagers mit der Kamera abschreitet und damit zum Hinsehen einlädt und seine Ausdehnung nachvollziehbar macht (vgl. Ebbrecht 2010b: 21).[28]

im folgenden Kapitel über die Figurenzeichnung in Filmen über Holocaust und Nationalsozialismus noch näher eingehen.

27 | Laut Thalheim ist daher auch ein anderer Film von Resnais weitaus prägender für das Projekt gewesen: Hiroshima, mon amour (F/J 1959), da dieser „durch seine Liebesgeschichte ein historisches Trauma erzählt." (Thalheim/Schmid/Knöller/Gansera 2007)

28 | Dieses Verfahren findet sich bereits in den Schlusssequenzen von Kotullas Aus einem deutschen Leben. Die Fahrtaufnahmen am Zaun des Lagers von Auschwitz entlang werden hier mit Auszügen aus dem Tagebuch des Lagerkommandanten Rudolf Höss kontrastiert. Auch La petite prairie aux bouleaux zeigt solche Fahrtaufnahmen am Lagerzaun entlang.

Jenseits der beiläufig eingeflochtenen Superzeichen wie dem Lagertor von Auschwitz, deren Status auf diese Weise offen gelegt wird, ist das Lager in AM ENDE KOMMEN TOURISTEN weitgehend bilderlos.[29] Thalheims Methode ist demnach die Verweigerung des bekannten Bildes, beispielsweise wenn ein deutscher Lehrling den polnischen Überlebenden Krzeminski nach seiner eintätowierten Häftlingsnummer fragt. Aus zahlreichen Filmen bekannt, wiederholt dieses Motiv das Bild der überlebenden Kinder von Auschwitz, die den sowjetischen Kameramännern ihre Arme mit den Nummern entge-

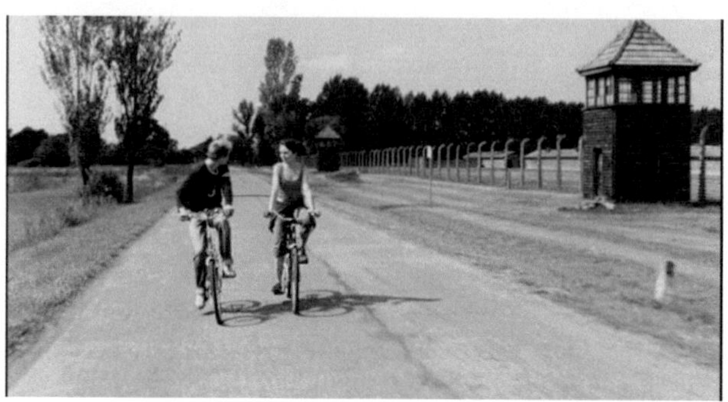

Abb. 111: Fahrt am Lagerzaun entlang in AM ENDE KOMMEN TOURISTEN.

genstrecken, ein Bild, das bereits in dem Film DEATH MILLS auftaucht und auch in den Prozessen von Nürnberg gezeigt wurde. In OSTATNI ETAP ist die Nummernvergabe ebenfalls zu sehen. Die Nummer als Erkennungszeichen einer Auschwitzüberlebenden taucht auch in dem Film HAROLD AND MAUDE (USA 1971, Hal Ashby) auf und liefert damit eine weitere Interpretationsfolie für diesen Film über Leben und Sterben. Auch SOPHIES CHOICE nutzt die eintätowierte Nummer zur Kennzeichnung der Überlebenden. Schließlich wird sogar im dritten Teil der Comicverfilmung X-MEN – THE LAST STAND (USA 2006, Brett Ratner) auf das Motiv zurückgegriffen.[30] Thalheim nun thematisiert in der Frage nach der Nummer durch den deutschen Nachgeborenen

29 | Dies mag auch daran liegen, dass es bis heute nicht möglich ist auf dem Gelände des ehemaligen Vernichtungslagers Auschwitz Spielfilmaufnahmen zu drehen. Daher verwendet Kotulla am Ende von AUS EINEM DEUTSCHEN LEBEN dokumentarische Übersichtsaufnahmen des damals noch hinter dem ,Eisernen Vorhang' gelegenen Lagers. Der Streit über die Möglichkeit, am historischen Ort einen Spielfilm zu drehen, entbrannte insbesondere bei den Dreharbeiten zu SCHINDLER'S LIST. Spielberg ließ das Setting schließlich nachstellen. Marceline Loridan Ivens erhielt als Überlebende des Lagers die Erlaubnis mit Anouk Aimée auf dem Lagergelände zu drehen. Thalheim, der selbst seinen Zivildienst in der Gedenkstätte absolvierte, musste jedoch die wenigen Szenen des Films, die auf dem Lagergelände spielen, in einer Arbeitersiedlung hundert Kilometer von Oswiecim entfernt nachstellen (vgl. Ljubic 2007).

30 | Auch DIE FÄLSCHER ruft in der Befreiungssequenz die Erinnerung an das bekannte Motiv der tätowierten Nummer auf. Die Nummer dient hier gleichzeitig

genau diese Tradierung des stereotypen Bildes, da die Nummer als authentifizierender Beleg, als unveränderliches Mal und Zeichen des Überlebenden gilt, mit dem er sich hier vor seinen jungen Zuhörern ‚ausweisen' soll. Krzeminski zeigt den Lehrlingen verdutzt seinen Arm mit der Nummer. Thalheim verweigert jedoch den Zuschauern den intimen Blick und zeigt stattdessen den jungen Deutschen, der sich enttäuscht abwendet. Die Nummer ist kaum mehr zu sehen. „Ich habe sie mir nicht nachstechen lassen", entgegnet der Überlebende leise. Das tradierte Bild hat längst eine größere Überzeugungsmacht und Evidenz erhalten als der Bericht des Überlebenden.

Thalheim verlagert den Diskurs über den Status der Bilder als Erinnerungszeichen auf eine Ebene unterhalb der manifesten Erzählung. Ein Beispiel dafür ist seine Verwendung des bekannten Koffermotivs. Das mehrfach wiederholte Bild fungiert bei Thalheim als unterschwellig wirkende Topikreihe. Als Symbol für die (Erinnerungs-)Reise, die den jungen Deutschen nach Oswiecim führt und für die Reise in den Tod der Millionen in Auschwitz Ermordeten. Nur einmal verweist Thalheim explizit auf dieses Motiv, als er den Zivildienstleistenden mit einer Gruppe deutscher Schüler vor einer großen Vitrine mit einem Kofferberg zeigt. Hinter Glas, als Exponat einer Ausstellung, ist das Motiv hier bereits Zeichen und Erinnerungsbild (Abb. 112).[31] Anders als in SCHINDLERS LIST, wo die Fahrt durch die Hallen mit den geraubten Gegenständen, Koffern, Schuhen, Schmuck, Gold und religiösen Gegenständen in die diegetische Handlung eingebettet ist, wird das Motiv in AM ENDE KOMMEN TOURISTEN als ausgestelltes Zeichen aus der filmischen Erzählung visuell herausgehoben.

In AM ENDE KOMMEN TOURISTEN ist dieses Motiv deutlich als Bild inszeniert. Zusätzlich taucht es in variierter Form immer wieder auf. Durch die Wiederholung findet keine Verfestigung oder Vereindeutigung statt. Im Gegenteil werden auf diese Weise weitere Bedeutungsschichten freigelegt, die hinter dem stereotypen Erinnerungsbild verborgen sind. Aus dem Kofferberg werden einzelne Koffer stellvertretend für ihre ermordeten Besitzer isoliert, wenn Krzeminski, der die Koffer repariert, sich liebevoll mit jedem einzelnen Exemplar beschäftigt, das als individuelle Hinterlassenschaft der Ermordeten für ihn ein einzigartiges Erinnerungsstück ist (Abb. 113). Mit den Koffern ver-

---

als Ausweis des ‚Opferstatus' der Mitglieder des Fälscherkommandos, die von den übrigen KZ-Häftlingen für verkleidete SS-Männer gehalten werden.

31 | Die ostdeutschen Filmemacher Heynowski und Scheumann verwenden dieses Motiv beispielsweise am Ende ihres Films DIE LÜGE UND DER TOD (DDR 1988). Dieser Film präsentiert historische Filmaufnahmen aus dem Jahr 1941, die in der Stuttgarter Kriegschronik überliefert wurden. Einer der Filme zeigt die Deportation Stuttgarter Juden und wurde wahrscheinlich auf Veranlassung der Stuttgarter Gestapo aufgenommen. In dem deutschen Filmdokument bekommen die Koffer der Deportierten durch mehrfache Widerholung eine zentrale Bedeutung. Heynowski und Scheumann enden ihre filmische Befragung der historischen Archivaufnahmen mit einer farbigen Fahrtaufnahme vor der Vitrine mit den Koffern in der Gedenkstätte Auschwitz.

sucht Krzeminski daher auch die Erinnerung an die Ermordeten zu bewahren und diese nicht lediglich im Sinne der Restauratoren des Museums als museales Anschauungsstück zu konservieren.

Sven wiederum hat an seinem Koffer schwer zu tragen, schon als er in die Stadt kommt, und später, als er von Krzeminski und dem Lager weg- und in die Stadt zu der Dolmetscherin Ania umzieht (Abb. 114). Als Symbol für die Reise und die Last der Vergangenheit gleichermaßen verbindet das Motiv

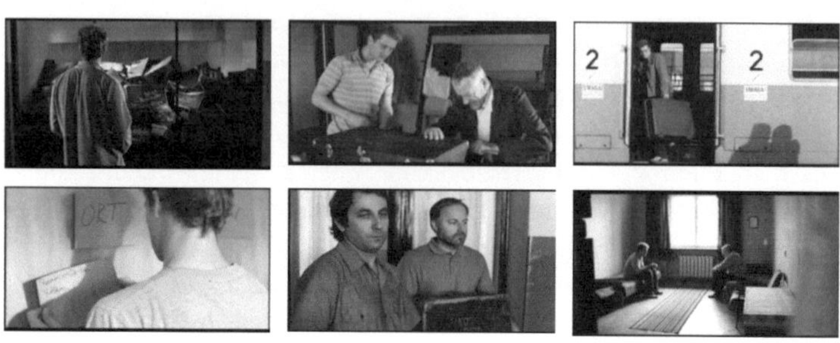

Abb. 112-117: Die Koffer als Erinnerungsikone.

die Sicht des Opfers und des Nachgeborenen der Täter. In einem Workshop in der Jungendbegegnungsstätte tauchen die Kofferberge als Superzeichen wieder auf und werden so als Teil des im Film kritisierten ritualisierten Gedenkens markiert (Abb. 115). Die Restauratoren der Gedenkstätte machen die Koffer zum Exponat. Sie werden zu anonymen Exemplaren, so wie die im Lager ankommenden Häftlinge in den Augen ihrer Peiniger zum Exemplar reduziert wurden. Krzeminskis Methode, die Koffer zu reparieren, sie funktionstüchtig zu erhalten, habe ausgedient. Das Restaurieren sei die neue Aufgabe moderner Gedenkstättenarbeit, so die Mitarbeiter. Krzeminski, der Überlebende, erscheint in dieser Umgebung altmodisch und wird – auch als Zeuge der Verbrechen – ausgemustert (Abb. 116). Schließlich enthüllt sich auch das biografische Geheimnis von Krzeminski im Kontext der Koffergeschichte. Krzeminski arbeitete als Häftling an der Rampe und musste den Ankommenden versprechen, dass sie ihre Koffer wohlbehalten wiederbekämen. Dieses Versprechen erfüllt er auch heute noch durch seine Arbeit in der Gedenkstätte. Das wird jedoch lediglich erzählt und nicht als Rückblick ins Bild gesetzt (Abb. 117). Thalheim muss das auch nicht, da den Zuschauern diese Bilder in der Abstraktion von den stereotypen Lagerbildern längst vorstellbar geworden sind. Auf der Ebene perzeptiver Wahrnehmungsstrukturen hat sich der Koffer zu einem symbolischen Bild verdichtet, das viel mehr zu erzählen in der Lage ist als die beiläufig gezeigten bekannten Bilder, die lediglich in der Differenz zu ihrer Umwelt, zu den Figuren und der Realität von Auschwitz/Oswiecim, also als unterlaufene Stereotype, Bedeutungsträger werden können. Auf diese Weise thematisiert der Film die zu Erinnerungszeichen verfestigten Darstellungsformen implizit in seiner Gestaltung. Wie DIE FÄLSCHER und THE GREY ZONE bemüht sich Thalheim um einen anderen Blick auf das scheinbar Bekannte. Dabei beharrt er auf der Differenz der Erfahrung, die auch Marceline Loridan Ivens, wenngleich in der Darstellung des Verhältnisses zwischen der Überlebenden und dem deutschen Nachgeborenen nicht immer geglückt, zum Zentrum von LA PETITE PRAIRIE AUX BOULEAUX macht.

Die Analyse hat sehr unterschiedliche Formen des Umgangs mit dem tradierten Bildmaterial deutlich gemacht. Neben der Authentifizierung dienen die nachgestellten, bekannten Motive der leichteren Orientierung und können, fixiert als visuelle Stereotype, auch aus rein dramaturgischen Gründen Verwendung finden. Doch damit verändert sich wiederum die Funktion der teilweise zu Superzeichen gewordenen Bilder im Wechselspiel mit der Wahrnehmung der Zuschauer. Besonders in Alltagsgeschichten über das Dritte Reich wird das sichtbar, in denen die Bilder von der Shoah abgelöst und in einen anderen Zusammenhang gestellt werden. Im Folgenden soll dies an dem Film DER UNTERGANG exemplarisch gezeigt werden.

FALLANALYSE: DER UNTERGANG (2004)

Der viel und kontrovers diskutierte Film DER UNTERGANG von Oliver Hirschbiegel und Bernd Eichinger kann als Prototyp jener neuen deutschen filmischen Geschichtsfiktionen über den Nationalsozialismus bezeichnet werden, die aus einer scheinbar historisierenden Perspektive auf die Geschichte zugreifen. Trotz oder vielleicht gerade wegen seiner konventionellen Ästhetik, die sich an den Darstellungsmustern des Fernsehfilms, Nahaufnahmen, Halbtotalen und einer fernsehgerechten Ausleuchtung (vgl. Hake 2007: 197) sowie an der Ästhetik des Kammerspielfilms mit seiner oft Klaustrophobie erzeugenden Enge und der Einheit von Raum, Zeit und Handlung orientiert, lassen sich in DER UNTERGANG eine Vielzahl von inter- und transtextuellen Verweisen finden, mit deren Hilfe bestehende Bilder aufgegriffen, modifiziert, überschrieben oder neu konstituiert werden. Gerade als in sich geschlossene Geschichtsfiktion ist DER UNTERGANG besonders stark auf das Vorwissen seiner Zuschauer angewiesen. Dies betrifft nicht nur historische Kenntnisse, sondern vor allem das mediale Wissen über filmhistorische Vorgänger und Prototypen in der Darstellung des Zweiten Weltkrieges. Dazu zählen natürlich auch die zahlreichen Dokumentarfilme und Fernsehdokumentationen, insbesondere der letzten Jahre. DER UNTERGANG adaptiert aber auch Bilder und Motive aus Filmen über den Holocaust zum Zwecke einer ‚filmischen Wechselrahmung'. Diese vielschichtige, intertextuelle Echostruktur der Bilder findet sich sowohl in der Haupthandlung als auch in den Nebenhandlungen des Films.

Dieser setzt sich dabei zu einer Vielzahl von Hypotexten ins Verhältnis, die er überschreibt oder ablöst. Ein zentraler Referenzpunkt ist der bis zur Veröffentlichung von DER UNTERGANG nahezu vergessene österreichische Spielfilm DER LETZTE AKT (BRD/A 1955) von Georg Wilhelm Pabst. Diese filmhistorische Traditionslinie wird explizit im Begleitbuch von DER UNTERGANG gezogen (vgl. Töteberg 2004). So legitimiert sich DER UNTERGANG im extratextuellen Diskurs selbst als Nachfolger von Pabsts Nachkriegsfilm.

Im Prinzip behandeln beide Filme dieselbe Geschichte: Die letzten Tage Hitlers vor dem Untergang des Dritten Reiches. Doch wo Pabst die Kammerspielästhetik der 1920er Jahre bewusst übernimmt und damit auch deren Charakter als Sozialstudie des Scheiterns, ist das Kammerspiel in DER UNTERGANG nicht viel mehr als eine Genrekonvention. Während sich Pabst expressionistischer Elemente in seiner Inszenierung bedient und damit den Eindruck einer historischen Authentizitätsfiktion bricht, vermeidet DER UNTERGANG gerade die ästhetische Stilisierung und betont das Konventionelle als Ausdruck einer historisierenden Haltung.[32]

Ein weiterer medialer Hypotext wird in der Geschichte des Hitlerjungen Peter Kranz, einer der Nebenhandlungen des Films, die ohne historische Vorlage von den Drehbuchautoren hinzugefügt wurde, deutlich erkennbar. Peter Kranz wird noch in den letzten Tagen vor der Niederlage zum Volkssturm einberufen. Für seine ‚Tapferkeit' wird er von Hitler an dessen letztem Geburtstag ausgezeichnet. In diese Szene integriert DER UNTERGANG die expliziteste Nachbildung historischen Bildmaterials. Sie imitiert eine der letzten Filmaufnahmen Hitlers, die fälschlicherweise oft seinem letzten Geburtstag, am 20. April 1945, zugeordnet wird (Abb. 118). Diese Wochenschaubilder von der Auszeichnung der Hitlerjugend werden nicht, wie in zahlreichen Dokudramen, beispielsweise Heinrich Breloers DIE MANNS – EIN JAHRHUNDERTROMAN (D 2001) direkt zitiert, sondern szenisch rekonstruiert (Abb. 119). In der imitierenden Nachbildung bleibt mit der Struktur der Aufnahmen auch ihr Charakter als propagandistische Durchhalteinszenierung erhalten. Dieses Wirkungsmoment wird zugleich mit dem Effekt der Authentifizierung in die Wirkungsstruktur des Films übernommen. Die Bilder erinnern die Zuschauer zwar an die bekannten Archivaufnahmen, sie überschreiben diese aber gleichzeitig und setzen die fiktionalen Nachbildungen als neu ‚fabrizierte' Dokumente an ihre Stelle, während sie den Eindruck des Authentischen bewahren. Dieser Postmemory-Effekt steigert die Glaubwürdigkeit der Kunstfigur Peter Kranz sowie der mit ihr verbundenen, nicht historisch belegbaren Nebenhandlung, die mehrfach in die Haupthandlung von DER UNTERGANG eingeschnitten wird. Zunächst wird ein Konflikt zwischen Peter und seinem Vater inszeniert, der den Jungen von den unsinnigen Kampfhandlungen abhalten will. Dann sehen wir Peter, wie er russische Panzer anzugreifen ver-

32 | In seinem Vergleich beider Filme weist Andreas Kilb darauf hin, dass DER LETZTE AKT „historisch zu früh, ästhetisch zu spät" gekommen sei (Kilb 2007: 91). Zu früh kam der Film, weil er die deutschen und österreichischen Kinobesucher mit einem Hitlerbild und einer Geschichtsperiode konfrontierte, die diese (noch) nicht sehen wollten. Die ästhetische Verspätung führt Kilb darauf zurück, dass Pabst mit DER LETZTE AKT in gewisser Weise eine Revision des Kinos der 1920er Jahre im Sinn hatte: „Seine Bildsprache wirkt steif und anachronistisch, sein Expressionismus ist eine Karikatur. Statt dem Tyrannen machte Pabst dem Kino, von dem er herkam, den Prozess. Sein Hitler ist eine Kritik an DAS CABINET DES DR. CALIGARI [...], so wie Langs WHILE THE CITY SLEEPS [...] eine Selbstkritik an METROPOLIS ist." (Ebd.)

sucht, wobei ein älterer Soldat neben ihm ums Leben kommt. Diese Szene wird mehrfach in verschiedenen Variationen wiederholt. Peter erblickt Leichen und Leichenteile neben sich, dann findet er seine junge Freundin tot auf, die ebenfalls fanatisch überzeugt beim Volkssturm gekämpft hatte. Schließlich kehrt er in die elterliche Wohnung zurück und findet dort seine von den Nazis ermordeten Eltern. Die Plotpoints dieser Nebenhandlung brauchen

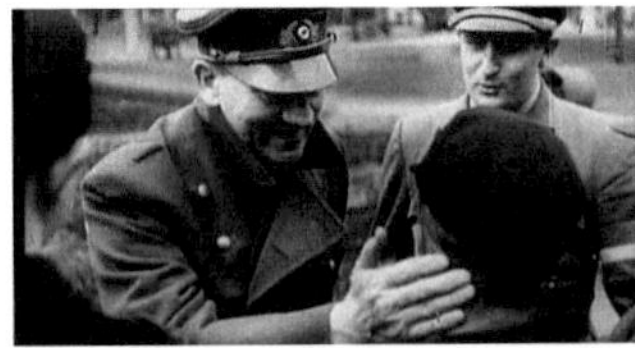

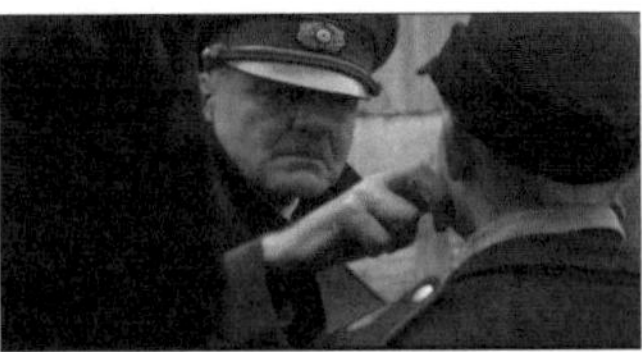

Abb. 118-119: Nachbildung historischer Aufnahmen in Der Untergang.

dabei gar nicht weiter differenziert zu werden, denn bestimmte aus dem Genre des Kriegsfilms bekannte Handlungsstereotype rufen intertextuelle Bezüge auf, die sich mit intratextuellen Verweisen abwechseln. Solche entstehen insbesondere durch die Parallelisierung der Entwicklung von Peter und dem SS-Arzt Schenck, auf den ich im Folgenden noch näher eingehen werde. Allerdings können die narrativen Lücken in der Geschichte von Peter nicht durch den Hauptstrang der Handlung allein gefüllt werden. Allein auf deren Grundlage bezöge sich die Rezeption vor allem auf das Figurenstereotyp des Kindes als unschuldigem Opfer. Innerhalb eines intertextuellen Verweissystems können die Leerstellen in der Handlung jedoch zusätzlich durch die erinnerte Filmhandlung von Bernhard Wickis Die Brücke aufgefüllt werden. Der Untergang wiederholt quasi die Plotpoints dieses Films und verzichtet auf die weitere Plausibilisierung der Charaktere. Die Brücke wird also ebenfalls zu einem Hypotext von Der Untergang. Dieser bietet dem erfahrenen Zuschauer eine bestimmte Lesart der Nebenhandlung an, während der unerfahrene Zuschauer die Geschichte von Peter Kranz als Verstärkung eines bestimmen kulturell tradierten Geschichtsbildes, das Deutsche als primäre Opfer Hitlers sieht, wahrnimmt. Dies greift die Montagestruktur der Familiengespräche auf. Auch darin wird, wie bereits ausgeführt, Die Brücke zum Plotlieferanten für Lebensgeschichten (vgl. Welzer/Moller/Tschuggnall 2002: 125). Bedeutsam ist dabei, dass die Aneignung solcher medialer Versatzstücke aus bekannten Filmen mit deren Anpassung und Umschreibung einhergeht (vgl. ebd.: 120). Gerade deswegen kann in Der Untergang die Geschichte von Peter Kranz auch ohne das konkrete intertextuelle Wissen um den Film Die Brücke mit bestimmten Topoi und Stereotypen aufgefüllt werden, die ursprünglich dieser Filmgeschichte entstammen. In diesem Fall nimmt der intertextuelle Verweis den Umweg über die Tradierung der Kriegserfahrungen in der Familie. Da bereits die Familiengeschichte zu einem nachträglich fixierten Geschichtsbild geworden sein kann, welches Glaubwürdigkeit beansprucht, und sich dieses nun in Bezug zur filmischen Geschichtsfiktion setzt, welche ebenfalls kein Signal zur intertextuellen Reflexion aussendet, wird das aus fragmentierten historischen Erfahrungen, Topoi und Erzählstereotypen zusammengesetzte Geflecht als evidentes Geschichtsbild rezipiert.

Dadurch kann – wie die Autoren und Autorinnen einer Studie über die Wirkung von DER UNTERGANG auf Schüler und Schülerinnen der neunten und zehnten Klasse schreiben – der Film „im Sinne eines Recency-Effekts bekannte Informationen zum deutschen Leid – beispielsweise aus Gesprächen mit Großeltern, die in ihren Geschichten gegenüber der jüngeren Generation zu Opferschaftskonstruktionen neigen – aktualisiert und in den Fokus der Aufmerksamkeit gerückt haben. Informationen zur Selbstverantwortlichkeit und Täterschaft Deutschlands sind zwar prinzipiell auch bekannt, treten aber in den Hintergrund, weil sie durch den Film nicht aktiviert werden." (Hofmann/Baumert/Schmitt 2005: 142) Folgt man der Untersuchung, gilt dies interessanterweise insbesondere für jene Gruppe von Schülerinnen und Schülern, „die sich zuvor viel mit der Geschichte des ‚Dritten Reiches' auseinandergesetzt hat." (Ebd.) Die Ergebnisse der Studie von Hofmann, Baumert und Schmitt legen folglich nahe, „dass Personen, die sich viel mit dem Thema beschäftigt haben, eine veränderte, selektive Gewichtung der durch den Film bestätigten und aktualisierten Informationen über deutsches Leid vornehmen." (Ebd.)

Ein wesentlicher Grund dafür dürfte in der invarianten Motivkette von Leiden und Tod liegen, die der Film nicht nur in seiner Haupthandlung, die den Niedergang Hitlers und des Regimes schildert, sondern insbesondere in seinen Nebenhandlungen wie der oben beschriebenen über den fiktiven Hitlerjungen Peter Kranz wiederholt. Auch in der Nebenhandlung über den SS-Arzt Schenck werden solche Motive betont. Schenck sieht aus dem Fenster fliegende Akten, die als Symbol von Finalität und Aufgabe fungieren. In einer der folgenden Szenen sieht er tote und verletzte Soldaten in einem verlassenen Lazarett. Danach befindet er sich mitten in einem engen Gang voller Verletzter. Durch die Wiederholung solcher und ähnlicher Situationen wird dem Zuschauer nahe gelegt, Schencks Erleben des Krieges als Ausdruck einer Wandlung vom SS-Funktionär zum hilfsbereiten Wehrmachtsarzt zu rezipieren. Schenck soll also als positive Identifikationsfigur akzeptiert werden. Dazu müssen aber wichtige biografische Hintergründe der historischen Figur ausgeblendet bzw. verschwiegen werden. So wird in DER UNTERGANG beispielsweise nicht darauf hingewiesen, dass Schenck, bevor er in Berlin zum Einsatz kam, als Arzt in den Konzentrationslagern Dachau und Mauthausen an Menschenversuchen beteiligt war (vgl. Weyand 2005: 45).[33]

---

33 | Ernst Günther Schenck trat bereits 1933 der SA bei, wurde 1940 Ernährungsinspekteur der Waffen-SS und später auch der Wehrmacht. Seine SS-Karriere begann mit der Konzeption einer so genannten Plantage im KZ Dachau, mit der Vitaminpulver für die Waffen-SS gewonnen werden sollte. Häftlinge des Lagers wurden hier zum Arbeitseinsatz gezwungen und starben an Entkräftigung und den Folgen der Zwangsarbeit. 1943 entwickelte Schenck eine Proteinwurst für Frontsoldaten, die aus Abfällen bestand. Diese testete Schenck an 370 Häftlingen im KZ Mauthausen. Bei diesem Experiment starben etliche Häftlinge (vgl. Reinecke 2004).

So wie auf diese Weise die historische Biografie Schencks mit Hilfe spezifisch dramaturgischer Verfahren umgeschrieben wird, ersetzt die Nebenhandlung über den Hitlerjungen Peter Kranz auch die Erinnerungen an die Filmhandlung von DIE BRÜCKE. Insbesondere durch sein erlösendes Ende überschreibt DER UNTERGANG die tragisch-katastrophische Wendung in DIE BRÜCKE, die die sich dadurch ergibt, dass die jungen Soldaten fanatisch an ihrem Weltbild festhalten. Statt des Verlusts, der am Ende das Gesicht des Jungen in DIE BRÜCKE zeichnet, erleben wir in DER UNTERGANG die Rettung der jungen Hitler-Sekretärin Traudl Junge vor den russischen Besatzern. Ähnlich wie die Figur des Jungen Matthias in DAS WUNDER VON BERN wird Peter Kranz zur Personifizierung einer neuen und unschuldigen Generation. Dieses Verfahren deutet die Niederlage als Neuanfang um. Mit Peter Kranz und Traudl Junge ist ein von Aleida Assmann beschriebenes Selbstbefreiungsmotiv verknüpft, das deutlich der gegenwärtigen Selbstwahrnehmung entstammt:

> Während in der Zone des Todes der Bann der Loyalität bis zum Letzen ausgekostet wurde, regen sich gleichzeitig in der Zone des Lebens die humanitären Werte der autonomen Verantwortung, Fürsorge und Sozialität, auf denen der neue Staat schon aufbauen kann, noch ehe der alte ganz zusammengebrochen ist. Es gibt, so die Botschaft des Films, einen guten Kern in diesem Volk, das nach 1945 ja nicht so radikal ausgewechselt werden konnte, wie die politische Staatsform. Es gibt eine Kontinuität nicht nur im Bösen, sondern auch im Guten. (A. Assmann 2007: 53)

Den wohl wichtigsten Hypotext stellt der Dokumentarfilm IM TOTEN WINKEL – HITLERS SEKRETÄRIN von André Heller und Othmar Schmider dar. Er liefert den notwendigen Referenzrahmen für DER UNTERGANG. Am Anfang und am Ende ist die reale Traudl Junge zu sehen, in den letzten Tagen Hitlers Sekretärin. DER UNTERGANG zitiert direkt aus Hellers und Schmiders Film. Junge wird zur Erzählerin und zur Beglaubigungsinstanz (vgl. Steinle 2007: 282). Gleichzeitig adaptiert DER UNTERGANG die konventionell gewordene Rahmenstruktur von Filmen über den Holocaust. Die Interviewsequenzen mit Traudl Junge repräsentieren eine zum Erzählmuster verkürzte Gegenwartshandlung und zitieren dazu die Rahmenstruktur von SCHINDLER'S LIST, der ebenfalls mit dokumentarischen Aufnahmen schließt.

Wie DER UNTERGANG die in IM TOTEN WINKEL dargestellten Erinnerungen Traudl Junges modifiziert und überschreibt, zeigt besonders deutlich die Eingangssequenz des Films. Diese vermittelt einen scheinbar intimen Blick in das Leben Hitlers und zeigt die erste Begegnung der späteren ‚Zeitzeugin' mit dem Führer. In der Version des Spielfilms erscheint Hitler als nachsichtiger älterer Herr und Chef. Als sich die nervöse junge Frau beim Probediktat vertippt, fordert er sie auf, es gleich noch einmal zu versuchen (Abb. 120).

Vergleicht man diese Version jedoch mit der Schilderung Traudl Junges in IM TOTEN WINKEL zeigt sich ein fundamentaler Unterschied (Abb. 121). Während in DER UNTERGANG Hitler die junge Frau freundlich dazu ermuntert, das fehlerhafte Diktat zu wiederholen, tippte Junge in ihrer eigenen Erinnerung die Sätze erneut in die (nahezu lautlose) Schreibmaschine, während Hitler durch ein Telefonat abgelenkt wurde. Der Untergang konkretisiert somit die Erinnerungen Traudl Junges nicht nur, indem er das erzählte Erinnerungsbild in ein konkretes Geschichtsbild überführt und damit auf scheinbar direktere Weise anschaulich macht. Der Film verändert die Erinnerungen auch und passt sie dem dominanten Geschichtsbild des Films an. Er formt die Erinnerungsbilder aus Im toten Winkel zu gefestigten Geschichtsbildern mit einem entsprechenden Authentizitätseffekt. Gleichzeitig überlagert

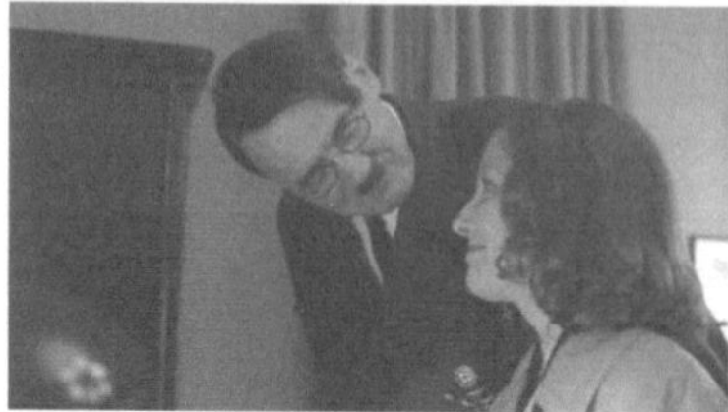

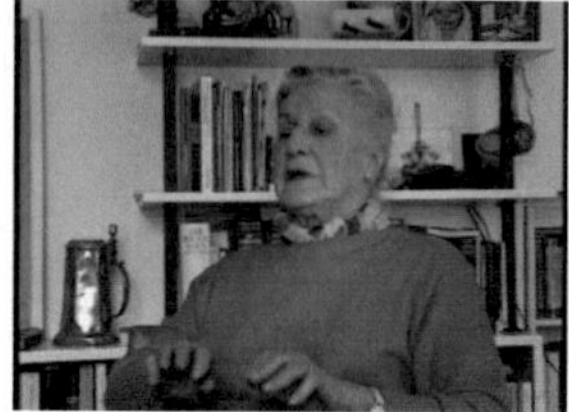

Abb. 120-121: Traudl Junge und Hitler in der Eröffnungssequenz von Der Untergang *(links). Junge erinnert sich an ihre erste Begegnung in* Im toten Winkel *(rechts).*

diese Art der filmischen Darstellung die dokumentarische Methode von Im toten Winkel. Wo der Interviewfilm durch die Vervielfachung von Junges Aussagen und die zeitlich versetzte Selbstreflexion und Selbstkorrektur den Prozess der Verfertigung von Erinnerungen thematisiert, vereindeutigt Der Untergang den vielschichtigen und widersprüchlichen Erinnerungsprozess in fixierten Geschichtsbildern:

> Wo die Dokumentation die ,Unzulänglichkeit des Erinnerungsbildes in bezug auf die Vergangenheit'[34] thematisiert, indem Junge ihre Aussagen bei wiederholtem Sehen im Interview korrigiert, besetzen Oliver Hirschbiegels Bilder diese Erinnerungen mit der Rhetorik des ,So war es' einer möglichst realistischen Inszenierung. Die Zeitzeugen-Erinnerung, die ansonsten neben Archivbildern für die ,Gegenwart der Vergangenheit' steht, wird hier zum die Vergangenheit vor 1945 repräsentierenden Archivbild erhoben. (Steinle 2007: 282)

Auf diese Weise erstellt Der Untergang ein eigenes Archiv von konkreten Geschichtsbildern für Traudl Junges Erinnerungen. Mit der Ambivalenz ihrer Erinnerungsbilder, die die Vorbilder für die Geschichtsbilder von Der Untergang lieferten, streift Der Untergang in der Vereindeutigung auch

34 | Hierbei handelt es sich um ein Zitat von Gilles Deleuze aus seinem zweiten Kinobuch *Das Zeit-Bild*. Deleuze diskutiert und kritisiert an dieser Stelle das filmische Verfahren der Rückblende. Er urteilt, dass die Rückblende das Erinnerungsbild nur unzulänglich erfassen kann. In diesem Kontext betont er auch: „erst recht besteht eine Unzulänglichkeit des Erinnerungsbildes in bezug auf die Vergangenheit." (Deleuze 1997: 76)

jedes selbstreflexive Moment ab. Die realen Dokumentarbilder am Anfang und am Ende werden daher auch nicht als Bruch in der fiktionalen Handlungsstruktur rezipiert, sondern fungieren als formaler Rahmen. Nimmt man noch die in die Gegenwart weisende Exposition hinzu, findet man dort auch das intergenerationelle Vertretungsmotiv aus SCHINDLER'S LIST. Waren in den dokumentarischen Schlussbildern von Spielbergs Film die überlebenden Zeitzeugen mit ihren Schauspielern gemeinsam im Bild zu sehen, stehen in DER UNTERGANG die Schauspieler stellvertretend für ihre historischen Vor-

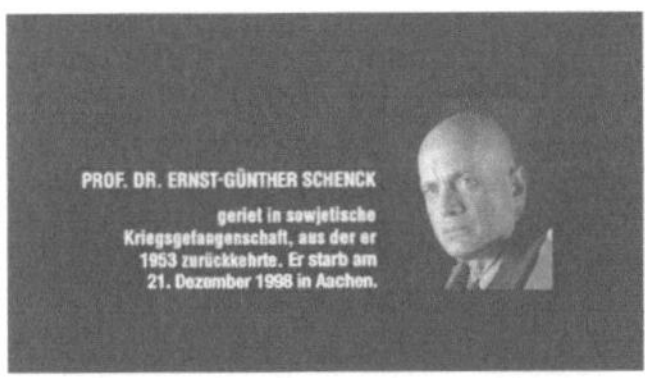

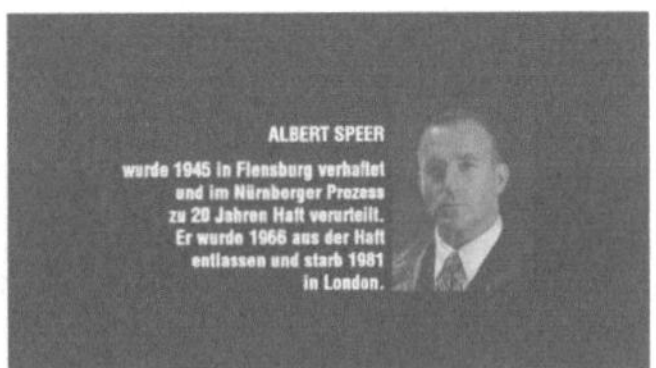

Abb. 122: Schauspieler als Stellvertreter ihrer historischen Vorbilder.

bilder (Abb. 122). Mit der Übernahme der Konvention vollzieht sich auch die Überschreibung: hier stehen die Enkel der Tätergeneration für ihre Großeltern ein. Die Nachkriegsbiografien bleiben jedoch ohne kritischen Bezug zur Gegenwart, anders als beispielsweise im Abspann von Romuald Karmakars DAS HIMMLER-PROJEKT (D 2000), in dem die Auflistung der Teilnehmer einer vom SS-Führer Heinrich Himmler gehaltenen Geheimrede explizit die Nachkriegskarrieren der Anwesenden benennt.

Mithilfe seiner intertextuellen Echostruktur überschreibt DER UNTERGANG nicht nur jene früheren Filme, die wie DER LETZTE AKT, DIE BRÜCKE oder IM TOTEN WINKEL den Nationalsozialismus und den Zweiten Weltkrieg zum Gegenstand haben, sondern auch Filme über den Holocaust. Die Orientierung an der narrativen Struktur von SCHINDLER'S LIST hat dabei auch eine Entsprechung auf der visuellen Ebene.

So wird beispielsweise die bereits angesprochene Motivkette über Leiden und Tod vor deren Hintergrund Schenck als positive Identifikationsfigur von den Zuschauern wahrgenommen wird, um ikonografische Nachbildungen des Holocaust herumgruppiert, die Erinnerungsprozesse in Gang setzen. Die Ikonografie des Holocaust wird so auf die Darstellung des deutschen Kriegsleidens übertragen. Es findet eine deutliche Ablösung statt. Auf diese Weise werden der planmäßige Mord an den europäischen Juden und die Folgen des Krieges für deutsche Soldaten und Zivilbevölkerung nicht nur implizit verglichen. Letztere überschreiben vielmehr die bekannten Ikonen des Holocaust und lösen somit die Erinnerung an die Opfer der Shoah ab. Typische Situationen oder symbolische Bilder bzw. Bildmetaphern werden aufgegriffen, die aus Filmen über den Holocaust bekannt sind und nicht aus dem Bilderarsenal des nationalsozialistischen Alltags bzw. des Zweiten Weltkriegs stammen. Die Bilder aus der Holocaustikonografie symbolisieren die Perspektive der Opfer und sind kennzeichnend für Vernichtungs- bzw. Rettungsgeschichten aus diesem thematischen Kontext. Diese Bilder werden hier zur Darstellung von potentiellen bzw. tatsächlichen Tätern verwendet und in den thematischen Kontext des NS-Alltages gerückt. Zwei Situationen sind besonders signifikant. Als Schenck in heldenhafter Manier über die Frontgrenze läuft, um in ein verlassenes Lazarett zu gelangen, setzt plötzlich die Musik aus. Undeutlich und schemenhaft zeichnet sich ein Leichenhaufen mit überwiegend nackten oder

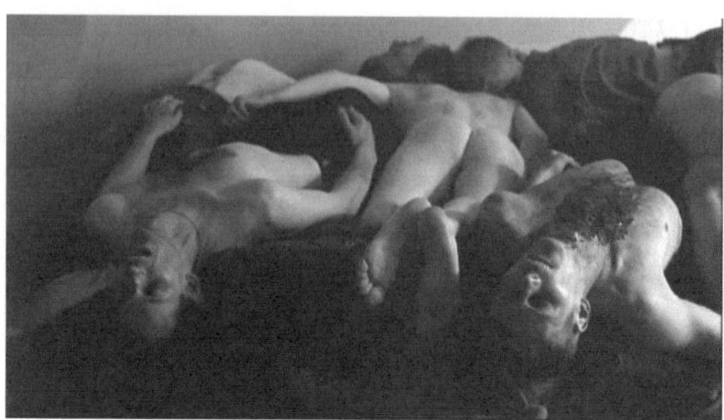

Abb. 123: Vom SS-Arzt Schenck erblickte deutsche Soldatenleichen in einem verlassenen Lazarett rufen Assoziationen zu Lagerbildern auf.

halbnackten Menschenkörpern ab, die eindeutig an KZ-Bilder erinnern (Abb. 123). Dieser Eindruck wird durch die bewusste Inszenierung verstärkt, insbesondere die andächtige Stille, die den Moment des überraschten Erschrekkens betont, der wiederum auf die Vorstellung rekurriert, man habe von den Verbrechen nichts gewusst. Somit rücken die deutschen Opfer als ermordete, halbnackte Soldatenkörper bildlich an die Stelle der Ermordeten aus den Konzentrationslagern.

Eine zweite Szene zeigt Schenck, als er eine Erschießung von Zivilisten verhindern will. Er versucht einen deutschen SS-Mann davon abzubringen, zwei in schäbige Kleidung gehüllte und ausgemergelte alte Männer zu erschießen, indem er auf das nahe Ende des Kriegs verweist. „Wer sollte mich daran hindern? Sie vielleicht?", entgegnet der SS-Mann, während er beiläufig die Männer erschießt (Abb. 124). Hier werden Szenen aufgegriffen, die aus Filmen wie Schindler's List oder The Pianist bekannt sind. In Schindler's List erschießt der KZ-Kommandant Goeth zum Spaß jüdische Häftlinge von seinem Balkon. In The Pianist gibt es eine sehr brutale und emotional erschütternde Szene, in der ein SS-Mann willkürlich jüdische Arbeiter aus dem Warschauer Ghetto ermordet (Abb. 125). Sowohl die gestische Haltung, als auch die dramaturgische Funktion eröffnen deutliche Parallelen zur Szene in Der Untergang, da Willkür und Gefährlichkeit der SS betont werden sollen, nur, dass in Der Untergang ein deutscher SS-Arzt und nicht ein jüdischer Ghettohäftling Zeuge dieser Willkürtat wird. So kommt es erneut zu einer Ablösung ästhetischer und dramaturgischer Formen aus dem Kontext des Holocaust-Films, um sie auf die Sujets Nationalsozialismus und Schicksal der deutschen Bevölkerung zu übertragen. Der Untergang reproduziert damit ein Geschichtsbild, das auch im Familiengedächtnis tradiert wird. Nazis und deutsche Bevölkerung (also die eigenen Großväter und Großmütter) werden strikt voneinander separiert: „,[d]ie Nazis' sind die anderen – die ,Gegentypen' zum eigenen Großvater bzw. Vater." (Welzer/Moller/Tschuggnall 2002: 155). Sie werden deutlich von der deutschen Bevölkerung abgegrenzt, die zum Subjekt und Objekt der Erinnerung wird. Das impliziert auch, dass „die Vernichtung der europäischen Juden nur als beiläufig thematisiertes Nebenereignis vorkommt" (ebd.: 210), oder, wie in DER UNTERGANG, überhaupt nicht thematisiert wird. Die Verbrechen dienen lediglich als narratives Muster für die Erzählung.

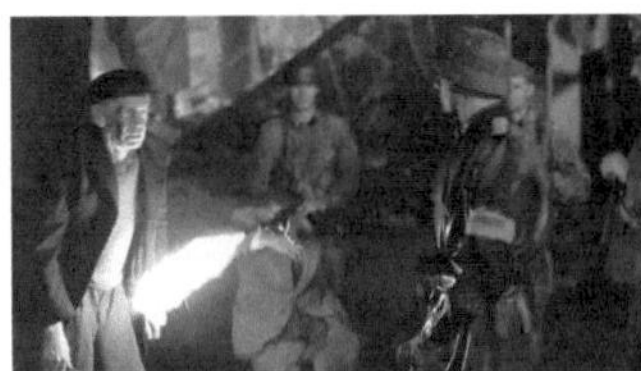
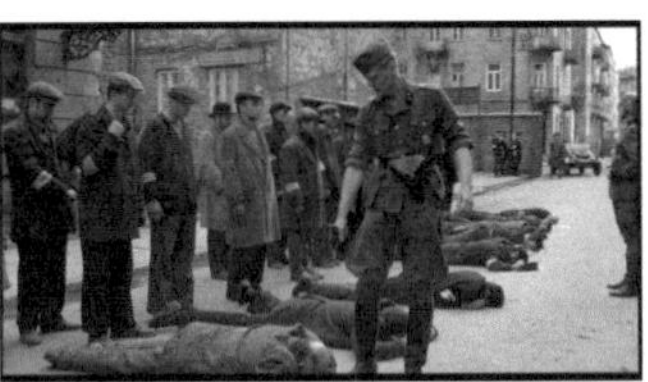

Abb. 124-125: Die Darstellung der Erschießung von Zivilisten aus DER UNTERGANG (links) ruft Erinnerungen an vergleichbare Szenen aus Filmen über den Holocaust auf, wie aus DER PIANIST (rechts).

Solche Adaptionen von Nachbildungen typischer Bilder kann man auch exemplarisch an der Schlussszene des Films belegen. Traudl Junge geht mit gesenkten Augen durch die feindselig blickenden russischen Soldaten. Die Kamera mitten im Geschehen, die Zivilistin inmitten der bewaffneten Soldaten, all diese signifikanten Merkmale offenbaren ihre Verwandtschaft mit der Inszenierung von Deportationsszenen in Filmen über den Holocaust, beispielsweise in THE PIANIST oder SCHINDLER'S LIST. Offensichtlich wird durch die Adaption von solchen narrativen Handlungsstereotypen die Viktimisierung der Deutschen befördert. Ähnlich halten auch Welzer, Moller und Tschuggnall für die Viktimisierungsgeschichten im Familiengespräch fest:

> Der Einbau medialer Vorlagen aus dem Holocaustzusammenhang ist gerade im Rahmen von Viktimisierungsgeschichten ein auffälliges Phänomen, und es zeichnet sich eine Entwicklung ab, in der der Holocaust überhaupt das master-narrative für jede Form von Geschichte abgeben wird, die mit Opfern und Tätern zu tun hat. (Ebd.: 98)

Es handelt sich um eine „Überlagerung [...] mit sekundären visuellen und narrativen Rahmenmerkmalen, die dem Holocaust entstammen" (ebd.: 96). Die mediale Transformation von ikonografischen Bildern zu Filmbildern, die wiederum zu kulturellen Vorbildern für die Nachbildungen in den filmischen Geschichtsfiktionen werden, steigert sich also noch, indem die Ikonografie der Darstellung des Holocaust zur Darstellung des nationalsozialistischen Alltags verwendet wird.

Besonders offensichtlich wird dies in der Überlagerung von solchen Rahmenmerkmalen mit anderen kulturell tradierten Symboliken. Vielleicht am deutlichsten zeigt sich dieses Verfahren in jener Szene, die durch ihre besondere dramaturgische Funktion für die Spannungssteigerung und die emotionale Bindung der Zuschauer hervorsticht. In DER UNTERGANG wird eigentlich nur *ein* Verbrechen gezeigt. Während die millionenfache Ermordung von Juden, Sinti und Roma und sowjetischen Soldaten im gesamten Film nicht vorkommt, die Lager noch nicht einmal erwähnt werden, rückt an deren Stelle ein anderes Verbrechen: die Ermordung der Goebbels-Kinder durch ihre Mutter. Mehrfach wurde von den Filmemachern und Schauspielern betont,

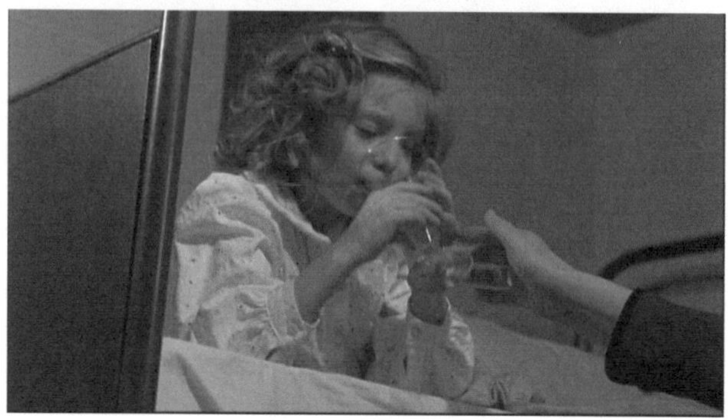

Abb. 126: Die christliche Ikonographie des Abendmahls als Symbolbild der Passion wird in der Darstellung der Ermordung der Goebbelskinder durch ihre Eltern aufgerufen.

wie emotional bewegend gerade diese Szene gewesen sei. Tatsächlich steht sie in der Narration des Films spiegelbildlich zum bilderlosen Selbstmord Hitlers, der durch diese Bilderlosigkeit den sakralen Charakter des Selbst-Opfers behält, indem er in den Worten von Aleida Assmann „visuellen Personenschutz“ genießt (A. Assmann 2007: 52).

Dagegen wird die Ermordung der Kinder endlos ausgespielt und in Großaufnahme gezeigt. Aber nicht nur strukturell auch symbolisch rücken die unschuldigen deutschen Kinder an die Stelle der Opfer. Die Szene orientiert sich an der christlichen Symbolik des letzten Abendmahls: zunächst müssen die Kinder aus einem herumgereichten Becher einen Schlaftrunk nehmen, der in Analogie zum Wein beim letzten Abendmahl interpretiert werden kann, dann bekommen sie die Zyankalikapsel wie eine Oblate in den Mund gelegt (Abb. 126). Neben der narrativen und der symbolischen Besetzung der Opfererzählung gibt es auch Hinweise auf eine visuelle Überlagerung der Bilder der Vernichtung mit denen von den deutschen Opfern: der Kamerablick in den Bunkerraum und auf die von ihren Stockbetten herunterblickenden Kindern ahmt den Blick in die Baracken der Konzentrationslager auf jenen Bildern nach, die die befreiten Häftlinge zeigen.

Auf diese Weise zeigen sich die intertextuelle Struktur von DER UNTERGANG und die Adaption bekannter Bildmotive und visueller Stereotype als besonders tragfähig für die Vermittlung des dominanten Geschichtsbildes. Dabei werden sie weitgehend abseits der Haupthandlung des Films kommuniziert. Anders als von den meisten Rezensenten angenommen, sind die Botschaft und die emotionale Wirkung des Films eher in den Nebenhandlungen als in der Fokussierung auf die Hitlerfigur präsent. Entscheidend ist dabei aber, dass dieses Konstruktionsprinzip nicht sichtbar wird, sondern unter der dominanten Authentifizierungsstruktur verborgen bleibt, auch wenn es in dem Film eher um ein „Re-Imaginieren von Geschichte" geht, wie Aleida Assmann betont (ebd.: 54).

Die daraus resultierende „Abstandnahme", die Sabine Hake mit dem Begriff der Historisierung interpretiert (Hake 2007: 199) führt daher beim Publikum zu jenen „kathartischen Effekte[n] der Selbstidentifikation" (ebd.: 200). Die intertextuellen Bezüge eröffnen keine andere, erst recht keine kritische Perspektive auf die eigene Geschichte. Indem inkommensurable Sichtweisen mithilfe stereotyp gewordener Bilder integriert und ambivalente Erinnerungsprozesse vereindeutigt werden, betreibt das Verfahren des Films keinen Befragungs- oder gar Zerstörungsprozess geschichtlicher Mythen, sondern ist als ein „Prozess der Umarbeitung von Mythen und Ideologien" zu ihrer Aktualisierung für die Gegenwart zu sehen (ebd.: 206). Neben dem nostalgischen Zugriff auf die tradierten Mythen und dem Wiedererkennen bekannter Bilder, spielt darin die Konstruktion der Figuren eine zentrale Rolle wie die Analyse von Der Untergang gezeigt hat. Die Bedeutung der Figuren für Filme über den Holocaust und ihre Funktion in solchen über den Nationalsozialismus soll im folgenden Kapitel näher untersucht werden.

Filmische Geschichtsfiguren

In Filmen über Nationalsozialismus und Holocaust hat sich ein bestimmtes Figurenarsenal herausgebildet. Das charakterisiert nicht nur unterschiedliche Filme mit ähnlicher Thematik und stellt auf diese Weise intertextuelle Verbindungen her, es entwickeln sich auch Andeutungen von Genrecharakteristika. Durch die Figurendarstellung verbinden sich die filmischen Repräsentationen außerdem in besonderer Weise mit außerfilmischen, sozialen, kulturellen und historiografischen Annahmen und Diskursen. So kondensieren die typisierten Figuren die jeweiligen Geschichtsbilder ihrer Epoche und konkretisieren bestimmte Annahmen über Täter oder Opfer. Damit werden die handelnden Figuren Indikatoren der eingangs beschriebenen Perspektivverschiebung, die den Gegensatz zwischen Tätern und Opfern aufweicht bzw. verkehrt.

Mit der Untersuchung sich wiederholender Figurenmuster wird aber auch ein wesentlicher Bereich der Stereotypenforschung berührt. Im Fall der Figurenstereotype werden Stereotype nicht nur als verdichtete Erzählinformationen aufgefasst. Es wird auch die sozialwissenschaftliche Perspektive auf die Stereotype wirksam, die diese als verfestigte Annahmen über soziale Gruppen definiert.

An den Anfang möchte ich einige Überlegungen zur Figurenanalyse nach Jens Eder stellen, an die ich mit meiner Bestimmung zentraler Figurenstereotype in Filmen über Holocaust und Nationalsozialismus anknüpfen werde. Eder definiert Stereotype als „normativ und affektiv aufgeladen". Sie „dienen bestimmten sozialen Interessen und sind immer Stereotype *für jemanden*, d.h. in einem soziokulturellen Kontext verortet." (Eder 2008a: 379, H.i.O.) Er unterscheidet dabei eine ästhetische, eine wirkungsbezogene und eine ideologische Dimension. Ästhetisch gesehen fehlt den Stereotypen die künstlerische Innovation, womit verhindert wird, „die Wahrnehmung der Wirklichkeit aus der gewohnten Routine zu befreien und zu intensivieren" (ebd.: 380). Durch ihre Wiederholung werden Stereotypen leicht vorhersehbar und weisen eine gewisse Redundanz auf. Auch ideologisch kann die Verwendung von Stereotypen Auswirkungen auf die Weltwahrnehmung haben:

Stereotype haben teils problematische Wirkungen für die Einschätzung, Bewertung und emotionale Einstellung zu sozialen Gruppen. Als ‚Stereotyp-Effekte' ergeben sich etwa systematische Urteilsverzerrungen. Stereotypisierte

> Personen werden grundsätzlich extremer beurteilt. Unterschiede zwischen Mitgliedern einer Gruppe (Schwarze, Frauen usw.) werden minimiert, die Unterschiede zwischen den Gruppen maximiert. Damit werden der eigenen Gruppe eher positive, den anderen eher negative Eigenschaften zugeschrieben. (Ebd.)

Dieser Dimension der Stereotype kommt eine besondere Bedeutung zu. Schließlich hat die Darstellung historischer Charaktere und Gruppen auch Auswirkungen auf das individuelle Geschichtsbild und damit nicht nur auf die Wahrnehmung der Vergangenheit, sondern auch auf die Herstellung von Gruppenidentitäten in der Gegenwart. Insbesondere dort, wo wie in Deutschland der Bezug zur Geschichte konstitutiv für die Eigen- und Fremdwahrnehmung ist und die Geschichte des Nationalsozialismus in eine neue nationale und kulturelle Identität integriert werden soll, bestimmt die Darstellung und Wahrnehmung der mit dieser Geschichte verbundenen sozialen Gruppen und Akteure auch die Selbstwahrnehmung.

Dazu kommt auch hier die historische Dimension. Die Herausbildung von Figurenstereotypen und die Zuschreibung stereotyper, sowohl positiver als auch negativer Eigenschaften, waren konstitutiv für die visuelle Kultur des Nationalsozialismus. Dies betrifft vor allem nationalsozialistische Selbstbilder, die sich beispielsweise in Propagandafilmen wie TRIUMPH DES WILLENS ausdrückten. Die visuelle Stilisierung der nationalsozialistischen Führer sowie die Verbildlichung der nationalsozialistischen Masse in einer überindividuellen, ornamentalen Figur bilden dabei eine zentrale Wahrnehmungsfolie für deren spätere Nachahmung. Aber auch Spielfilme, insbesondere aus der Frühphase des Nationalsozialismus, konstruierten das nationalsozialistische Selbstbild als Figurenstereotyp mit sich wiederholenden Eigenschaften. Filme wie SA-MANN BRAND (D 1933, Franz Seitz) oder HITLERJUNGE QUEX (D 1933, Hans Steinhoff) trugen dazu bei, den Nationalsozialismus mit individuellen Eigenschaften auszustatten und insbesondere das Motiv der Opferbereitschaft und des Selbstopfers darin zu verankern.

Neben den nationalsozialistischen Selbstbildern konstituieren aber auch die propagandistischen Fremdbilder eine Wahrnehmungsfolie, vor der heutige Darstellungen interpretiert werden müssen. Dies betrifft insbesondere die Darstellungen von Juden und die Verwendung antisemitischer Stereotype. Insbesondere die visuelle Propaganda bediente sich solcher negativer Figurenstereotype, die die Ausgrenzung und Ermordung der Juden vorbereiteten. Diese stereotypen Darstellungen konnten wiederum auf eine lange Tradition antisemitischer Zuschreibungen zurückgreifen. Besonders vielschichtig und facettenreich verwendete Veit Harlan die antisemitischen Figurenstereotype in seinem Film JUD SÜSS (D 1940). Die Verkörperung mehrerer jüdischer Nebenfiguren durch einen einzigen Schauspieler, Werner Krauß, war unter anderem deshalb möglich, weil Aussehen, Bewegungen und Verhaltensweisen bereits vorhandene antisemitische Bilder in den Köpfen der Zuschauer aufriefen. Dies greift auf eine filmische Tradition zurück, die von Eder folgendermaßen beschrieben wird: „Vor allem bei Nebenrollen werden Darsteller […] oft nach ihrem Äußeren ausgewählt, um soziale Gruppen zu repräsentieren und deren Bewertungen nahe zu legen.“ (Ebd.: 377) In der Gestaltung der Hauptfigur Süß Oppenheimer gelang Harlan sogar eine gewisse Komplexität, die oft als Unterlaufen der strikten politischen Vorgaben des federführend die Produktion bestimmenden Propagandaministeriums interpretiert wurde. Jens Eder hat jedoch darauf hingewiesen, dass fehlende Komplexität kein Merkmal der Typisierung ist: „Entscheidend für die Typisierung ist nicht Einfachheit, sondern ein hoher Grad von Schemaentsprechung.“ (Ebd.: 377) In JUD SÜSS stellt sich der Eindruck scheinbarer Komplexität gerade durch die Kombination verschiedener stereotyper Darstellungs- und Figurenkonventionen mit einer hohen Schemaentsprechung her. Die Figurendarstellung basiert auf bekannten Mustern, in denen sich traditionelle antisemitische Zuschreibungen mit weniger eindeutig stereotypen Eigenschaften mischen.

So verkörpert Ferdinand Marian nicht nur ‚den Juden‘, sondern es werden auch Elemente verschiedener anderer Typen mit aufgenommen, die den Vorgaben der Handlung entsprechen. Solche Figurentypen unterscheidet Eder in inhaltliche, strukturelle, soziale und mediale Typen. Die ‚Doppelgesichtigkeit‘ Oppenheimers, der nur mit falscher Identität den Judenbann der Stadt Stuttgart unterlaufen kann, bestimmt ihn beispielsweise aus inhaltlicher Perspektive. Narrativ wird er als Gegenspieler zu den Landständen definiert (vgl. ebd.: 376). Die antisemitischen Stereotype mischen sich mit anderen medialen Typen, wie dem Dandy, dem Verführer oder Charmeur. Solche Figuren sind den Zuschauern aus anderen Filmen und Genres, insbesondere dem Historienfilm, bekannt. Als zusätzliche Dimension tritt noch Marians Star-Image hinzu (vgl. ebd.: 377).

Die vielschichtige Konstitution der Figur steht auch in engem Verhältnis mit der ambivalenten Beziehung der Figurenstereotypen zur Lebenswelt der Zuschauer. Wie Jörg Schweinitz deutlich gemacht hat, ist es für „das Funktionieren des rezeptiven Erlebens [...] ja bedeutsam, dass der Film mit seinen Figuren die zentrale Bezugsgröße für die Teilhabe des Publikums am Handlungsgeschehen“ ist (Schweinitz 2006: 45). Dazu muss er auch mit der Wertewelt der Zuschauer korrespondieren. Da für die Wahrnehmung von Figuren als ‚realistisch‘ „das Figurenmodell mit seinem System fiktionaler Eigenschaften als in sich kohärent wahrgenommen“ werden muss, wie Eder feststellt, damit es „mit Vorstellungen der Zuschauer über Menschen im Allgemeinen und bestimmte soziale Gruppen übereinstimmt“ (Eder 2008a: 384), folgt daraus eine paradoxe Konsequenz. Wenn nämlich stereotype Wahrnehmungen die Lebenswelt der Zuschauer bestimmen, also beispielsweise verbreitete antisemitische Vorurteilsmuster, dann wird als ‚realistisch‘ empfunden, was den eigenen „Bilder[n] von Anderen“ entspricht, also „Vorstellungen, die – wie fragwürdig sie auch jeweils sein mögen – *für sich selbst dennoch eine gewisse Gültigkeit in der Lebenswelt beanspruchen*.“ (Schweinitz 2006: 49, H.i.O.) Somit wirken die medialen Repräsentationen auf die Vorstellungen der Zuschauer ein, indem sie bestimmte Denkschemata visuell konkretisieren und für bestimmte Vorstellungen ein „anschauliches Muster“ zur Verfügung stellen (vgl. ebd.: 44). Tradierte Vorstellungen können so bestätigt und verfestigt sowie überschrieben und verschoben werden. Sie können aber auch bewusst gebrochen werden, sofern die stereotypen Merkmale durch Überspitzung oder durch Kontrast als solche offensichtlich werden (vgl. Eder 2008a: 380f.). Dieses Verhältnis wird entsprechend komplexer, wenn neben den ideologischen und sozialpsychologischen Dimensionen des Stereotypbegriffs auch die ästhetische Verdichtung in die Analyse der Figurenstereotype einbezogen wird.

Schweinitz spricht beispielsweise neben der sozialpsychologischen Funktion von Stereotypen von einem „narrativen Konzept", das er von ersterer abhebt. Dabei geht es „um einen *narrativen Modus* der Zeichnung fiktionaler Figuren." (Schweinitz 2006: 50, H.i.O.) Auch wenn es sich in meiner Analyse vornehmlich um Figuren handelt, die historischen Vorbildern nachempfunden wurden, müssen diese als *fiktional* betrachtet werden. Darum werde ich auch die artifizielle Form der Figuren und die daraus resultierenden Bedeutungen und Wahrnehmungsformen berücksichtigen:

> Sind Stereotype im ersten Sinne also durch ihre sozialpsychologische Funktion als Realitätskonstruktionen mit Konsequenzen für die *Lebenswelt* definiert, so kann im zweiten Sinne die Funktion als relativ autonomes konventionelles Konstrukt für *intertextuelle Welten der Imagination* in den Vordergrund treten. Gelegentlich erweist sich diese Unterscheidung in Hinsicht auf ein konkretes Figurenkonstrukt als kompliziert, da sich selbst dezidiert imaginäre Welten der Narration kaum jemals völlig trennscharf und in Hinsicht auf alle Rezipienten von Vorstellungskonstruktionen über die eigene Lebenswelt abgrenzen lassen. Denn auch letztere enthalten stets zahlreiche (mediengeprägte) imaginäre Momente. Außerdem überlagern beide ‚Arten' von Stereotypen einander häufig und greifen ineinander. (Ebd., H.i.O.)

Die folgenden Betrachtungen berücksichtigen das Zusammenspiel dieser beiden Aspekte der filmischen Figuren in Filmen über Holocaust und Nationalsozialismus. Die Konsequenzen ihrer narrativen und ästhetischen Dimension werde ich dazu mit gesellschaftlichen Einflüssen in Beziehung setzen. Dabei gilt es auch zu beachten, dass „die Figurenstereotype als narrative Formen an rezeptiven Dispositionen – das heißt auch: an Bedürfnissen – orientiert sind." (Ebd.: 51) Im Kontext von Filmen über Nationalsozialismus und Holocaust sind dies – zumindest im deutschen Rezeptionsraum – auch gesellschaftliche Bedürfnisse. Der Wunsch nach einem bestimmten Bild der kollektiven Herkunftsgeschichte mag dabei ebenso eine Rolle spielen wie ein postmodernes Bedürfnis nach Geschichte als nostalgischer Wiederkehr des Vertrauten oder Reflexe der Schuldabwehr, die die gesellschaftliche und individuelle Auseinandersetzung mit der deutschen Vergangenheit prägen.

Daneben soll die historische Konstitution von zentralen Figuren untersucht werden. Anhand ihrer Repräsentationsgeschichte kann die Verfestigung zu Figurenstereotypen verdeutlicht werden. Wie die Weltwahrnehmung basiert auch die Filmwahrnehmung auf der Konstruktion von „mentale[n] Figurenmodelle[n]" durch die Zuschauer (Eder 2008a: 373). Aufgrund der von der Filmhandlung bereitgestellten Informationen stellen die Zuschauer ein bestimmtes Modell einer Figur her. Anknüpfend an bekannte Merkmale werden weitere Elemente vom Zuschauer aus dem eigenen Erfahrungsgedächtnis ergänzt. Dabei können die Zuschauer „auch auf medienspezifisches Wissen zurückgreifen [...], um sie zu verstehen." (Ebd.: 374)

Um zu einem Figurenstereotyp zu werden, ist eine intertextuelle Wiederholung derselben Merkmale notwendig, also ihre Typisierung. Wie Schweinitz festhält, wird ein bestimmter Figurentyp erst „dann zum narrativen *Topos* – und damit zu einem Figurenstereotyp -, wenn er sich *durch Wiederholung im intertextuellen Raum der Narration als konventionelles Figurenmuster* etabliert hat." (Schweinitz 2006: 47, H.i.O.) Somit stellt sich ein Muster her, das zwar variiert werden kann, dessen wesentliche Merkmale aber unveränderlich bleiben müssen, damit die Zuschauer die Verbindungen zu den vorherigen Darstellungen realisieren können. Die Variation der Darstellung ist also vom Rahmen des Figurenmusters vorgegeben. Eine Folge daraus ist Vorhersehbarkeit (vgl. Eder 2008a: 377).

Durch die Konventionalisierung verändert sich auch der Bezug der Figur zu ihrer außerfilmischen Realität. Ihr Artefaktcharakter tritt in den Vordergrund:

> Mit der sukzessiven Konventionalisierung eines Musters geht stets die Tendenz zur *Derealisierung* einher. Figuren, die zunächst möglicherweise als Repräsentation von Realität erschienen, nehmen in dem Maße, wie sie zu konventionellen Größen werden, gleichsam den Charakter von Puppen in einem offenbaren Spiel an. (Schweinitz 2006: 50f., H.i.O.)

Dies wiederum korrespondiert mit den bereits beschriebenen Prozessen der Ablösung, Verschiebung und Umdeutung. Geschichte, personifiziert in bestimmten, als historisch markierten Figuren wird so Wandlungsprozessen unterzogen, die wiederum mit bestimmten Konstellationen und Auseinandersetzungen der Gegenwart in einem Wechselverhältnis stehen. So greifen narrative Konzepte und Lebenswelt gerade in solchen Filmen ineinander, die als Mediatoren eines kollektiven Gedächtnisses Eigen- und Fremdbilder für die Selbstwahrnehmung und individuelle und kulturelle Identität entwickeln.

Täter im Bild

Insbesondere die filmische Darstellung von Nazitätern ist immer wieder Anlass für Kontroversen. Diese entzünden sich einerseits an der fortwirkenden Suggestionskraft der nationalsozialistischen Selbstbilder, insbesondere der heroisierenden Visualisierung der nationalsozialistischen Führer. Solche Selbstbilder wurden vor allem durch die illustrierende und teilweise affirmierende Verwendung von Bildmaterial aus nationalsozialistischen Propagandafilmen in späteren Dokumentarfilmen wie Joachim Fests Hitler – eine Karriere oder in den zahlreichen Fernsehdokumentationen von Guido Knopp fortgesetzt und tradiert (Frölich 2008: 17). Andererseits sind die Nazis zu einem viel verwendeten populärkulturellen Stereotyp geworden, das sich in verschiedenen thematischen Zusammenhängen aufrufen lässt. So verwendet beispielsweise Steven Spielberg in seinem Film INDIANA JONES AND THE LAST CRUSADE (USA 1989) Nazis als stereotype Gegenfiguren im Genrerahmen einer Abenteuergeschichte und setzt damit den von der INDIANA-JONES-Reihe konstituierten Zugriff auf gefestigte visuelle Muster und Figurenstereotype fort (vgl. Eder 2008a: 380). Spielberg bezieht sich dabei auf Figurenkonstellationen aus amerikanischen Kriegs- und Antinazifilmen der 1940er und 1950er Jahre. Neben den nationalsozialistischen Selbst- und Fremdbildern stellen nämlich insbesondere diese Darstellungen von Nazitätern aus amerikanischen Antinazifilmen einen wichtigen Referenzpunkt für gegenwärtige Täterdarstellungen dar. Als antinazistische Propaganda konzipiert, wurden in diesen Filmen die politischen Gegner überspitzt und typisiert dargestellt. Dies legte die Grundlage für die Darstellung von Nazis als Symbol für das ‚Böse'. Dazu werden Nazifiguren mit Hilfe bestimmter äußerer und charakterlicher Merkmale zu Antagonisten von Heldenfiguren gemacht. Im Genrekontext werden sie also als figürliches ‚Gegenbild' eingesetzt. Dabei können die stereotypen Figuren auch in andere Genrekontexte wie dem des Science-Fiction-Films einwandern. So lehnt sich Paul Verhoeven in STARSHIP TROOPERS (USA 1997) in Figurenzeichnung und Ästhetik an die faschistische Ästhetik an und verbindet diese mit genretypischen Figurenstereotypen. Guillermo del Torros HELLBOY (USA 2004) hingegen vermischt Figurenstereotype wie das des bösen Nazis mit dem des ‚Mad Scientist' und setzt damit die populärkulturelle Tradierung der Nazidarstellung als Sinnbild für ‚das Böse' teilweise ironisch gebrochen fort.

Die Darstellung von Nazitätern nimmt aber auch Bezug auf historiografische und psychologische Diskussionen über die Bedingungen des Handelns nationalsozialistischer Täter. Sie ist zumeist selbst an bestimmten Mustern orientiert wie dem Gegensatz zwischen dem ‚absolut Bösen' und der ‚Banalität des Bösen', wie sie Hannah Arendt an Adolf Eichmann beschrieben hat (vgl. Arendt 1998a). Dabei wird zumeist ein binäres Schema reproduziert. In seiner grundlegenden Untersuchung über Täter hat Harald Welzer auf diese binäre Wahrnehmung hingewiesen:

> In Geschehenszusammenhängen, die uns mit einer so außerweltlich erscheinenden Brutalität und Grausamkeit konfrontieren, dass wir uns in ihnen nicht zurechtfinden, neigen wir dazu, die Persönlichkeiten der Akteure binär zu konzipieren: Sie handeln moralisch oder amoralisch, gut oder schlecht, als Täter oder als Opfer, als Nazis oder Anti-Nazis. (Welzer 2005b: 21)

Solche Erklärungsversuche verfehlen, wie Welzer anmerkt, das niemals eindeutige Handeln von Menschen, abgesehen von pathologischen Einzelfällen. Eingebettet in narrative Zusammenhänge und geleitet von einem Versuch der Erklärung setzen aber viele Filme genau diese Typisierung fort, die oft auch durch eine Pathologisierung der Figuren bestimmt ist.

Steven Spielberg konstruiert beispielsweise in SCHINDLER'S LIST eine solche binäre Figurenkonstellation mit Oskar Schindler als ‚gutem Deutschen' auf der einen und Amon Göth als pathologischem Täter auf der anderen Seite.[1] Die binäre Figurenkonstellation ist also bereits strukturell in der Figurenkonstellation angelegt und wird durch die visuelle Gestaltung noch unterstrichen. In einigen Einstellungen und Parallelmontagen wird die spiegelbildliche Anordnung der beiden Figuren besonders betont. Während Schindler die ‚gute' Seite repräsentiert, personifiziert Göth die ‚böse' (Abb. 127).

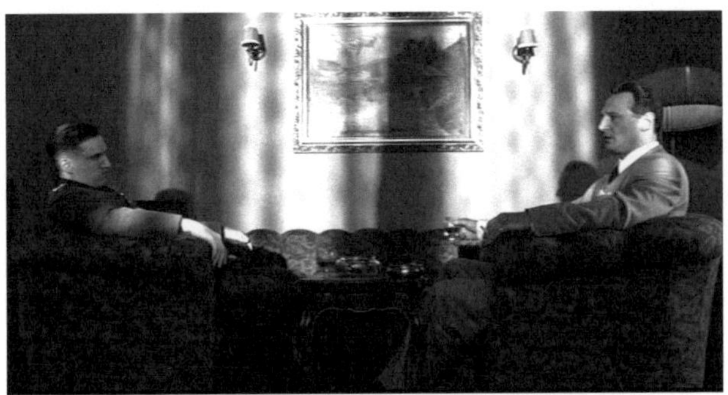

Abb. 127: Durch Gegenüberstellung bzw. Trennung verdeutlichen die Einstellungen das binäre Figurenmodell, das dem Verhältnis von Schindler und Göth zugrunde liegt.

Besonders auffällig ist aber, dass Göth als Verdichtung verschiedener Täterstereotype erscheint. Typsierende Verhaltensweisen markieren ihn sowohl als Sadisten als auch als überzeugten und korrekten Nationalsozialisten, als pathologisch handelnd, als korrupt, als schwach und getrieben vom Wunsch nach Anerkennung. Dafür stehen einzelne, die Figur charakterisierende Szenen, denen entsprechend zu deutende Handlungsmuster zugrunde liegen. Dazu gehört beispielsweise die Gegenüberstellung von willkürlichem Erschießen und großmütiger Nachsicht, die im Film an die Tradition der römischen Cäsaren erinnert. Spielberg konstruiert Göth damit nicht nur als stereotype Personifikation des Bösen, sondern als einen ideellen Gesamttäter. Dessen scheinbare Komplexität basiert aber auf verschiedenen Täterstereotypen, die in der Figur amalgamiert werden. Bei diesen handelt es sich sowohl um soziale Typisierungen, die der biografischen, kulturellen und historiografischen Forschung entstammen, als auch um mediale Vorbilder (Abb. 128). Wie bereits angedeutet stellen dafür insbesondere die amerikanischen Antinazifilme ein entsprechendes Figurenarsenal zur Verfügung.

Obwohl es bereits Ende der 1930er Jahre erste Filme gab, die sich wie CONFESSIONS OF A NAZI SPY (USA 1939, Anatole Litvak) verhältnismäßig offen gegen den Nationalsozialismus wandten, blieb Hollywood bis in die frü-

1 | Schindler als Prototyp des ‚guten Deutschen' wird in einem der nächsten Abschnitte noch genauer untersucht.

hen 1940er Jahre hinein weitgehend neutral gegenüber Nazi-Deutschland.[2] Einige Studios wie das der Brüder Warner begannen zwar schon Ende der 1930er Jahre die Bedrohung durch den Nationalsozialismus in populären Filmen zu verarbeiten und Einzelkünstler wie Charles Chaplin schufen bereits 1940/1941 Filme mit antinazistischer Ausrichtung, die große Welle von Antinazifilmen setzte jedoch erst in den Folgejahren ein. Diese Filme, die die breite Öffentlichkeit erreichen und für Kriegsanleihen mobilisieren sollten,

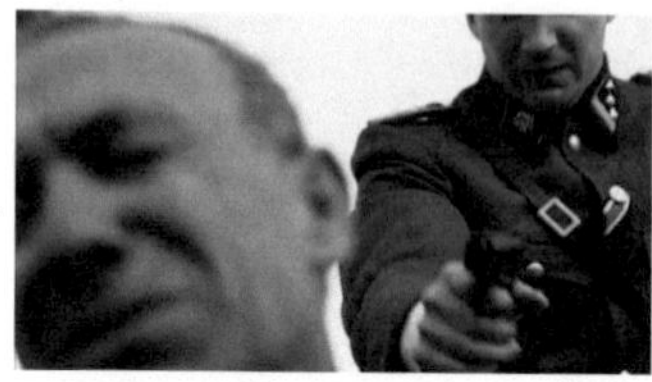
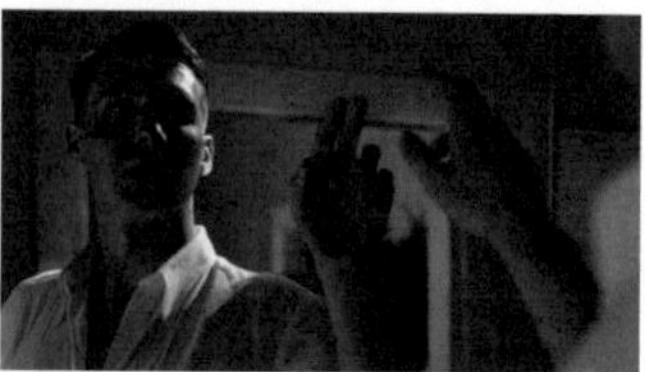

Abb. 128: Göth vereinigt widersprüchliche Handlungsmuster: der sadistische Mörder (links) und der schwache Täter auf der Suche nach Anerkennung (rechts).

schufen bereits wesentliche Darstellungskonventionen, die auch für die spätere Repräsentation von Holocaust und Nationalsozialismus im Hollywoodkino stilprägend waren. Gerade weil sie Teil der populären Filmproduktion waren, verwendeten und variierten sie Darstellungskonventionen, Handlungsschemata und Figurenstereotype aus populären Hollywood-Genres.

Der Film Hangmen also Die (USA 1943, Fritz Lang) behandelt das Attentat auf den ehemaligen Chef des Sicherheitsdienstes und Leiter des Reichssicherheitshauptamtes Reinhard Heydrich und die Ereignisse, die zur Vernichtung des tschechischen Dorfes Lidice führten. Bereits in der Anfangsszene tritt die Naziprominenz von Prag auf. Die NS-Täter wurden dabei unter anderem von deutschen Schauspielern dargestellt, die von den Nazis ins Exil gezwungen worden waren. Fritz Lang und der Drehbuchautor Bertolt Brecht arbeiten hier mit Zuspitzungen und Verfremdungen. Die Zuschauer sollen gemäß dem Brechtschen Verfremdungsverfahren „die Mechanismen und Machtverhältnisse, die Gründe und Hintergründe, die diskursive Formatierung menschlichen Verhaltens und sozialer Situationen erkennen können, sie aus einer distanzierten Position analysieren, bewerten und letztlich verändern können.“ (Eder 2008a: 412) Durch die Verwendung von Genre-Schemata wird aber das Verstehen menschlichen Verhaltens erschwert. Denn der Film verstärkt bereits bestehende Klischeevorstellungen von Nazis bei den Zuschauern. Heydrich wird als schwach und sadistisch dargestellt. Homosexualität und Weiblichkeit werden stigmatisierend angedeutet. Über die

2 | Dafür werden verschiedene Gründe angeführt. Einerseits das Interesse am deutschen Kinomarkt, andererseits die Angst jüdischer Produzenten und Studio-Bosse, die amerikanische Rechte mit einer einflussreichen antisemitischen Strömung könnte sie eines ‚unpatriotischen‘ Privatkrieges gegen Hitler verdächtigen.

künstlerische Verfremdung hinaus schafft der Film Karikaturen von Nazis, die Abgrenzung gegenüber dem nationalsozialistischen Denken und Distanz zu den Figuren ermöglichen. Zu negativen Stereotypen verdichtet, dienen sie als Gegenbild für das amerikanische Publikum, das sich mit den tschechischen Widerstandskämpfern identifizieren soll. Ronny Loewy hat in dem Film verschiedene solcher Nazitypen ausgemacht: den Sadisten (Gestapo Inspektor Alois Gruper), der Assoziationen mit Brechts Gangsterfigur des Mackie Messer (allerdings ohne dessen faszinierender Ambivalenz) aufruft, den Psychopathen (Gestapo Inspektor Ritter), der aus einem pathologischen Defekt handelnd dargestellt wird, sowie Gestapochef Haas als Verkörperung der Herrenrasse (vgl. R. Loewy 2003: 130f.).

Besonders prägnant ist die Darstellung von Heydrich. Sie zeigt die Variation bestehender Stereotypen, die sowohl der sozialen Realität entstammen als auch dem Umgang mit medialen Artefakten. Wie Loewy herausstellt, wird Heydrich als „hochnäsig und manieriert" dargestellt, „mit einer Peitsche ausgestattet und fuchtelnd, einem in den USA seit Aufhebung der Sklaverei verpönten Accessoire der Macht." (Ebd.: 130) Als eine mögliche Vorlage benennt Loewy ein soziales Figurenstereotyp, den amerikanischen Sklavenhalter. Außerdem basiert die Darstellung auf einer medialen Typisierung, die Jörg Schweinitz als „Figur des militaristischen Deutschen" beschrieben hat, die unter anderem von Erich von Stroheim im amerikanischen Kino als Figurenstereotyp etabliert wurde (Schweinitz 2006: 50):

> Sie knüpfte an kulturell etablierte Vorstellungen an, gleichzeitig aber brachte sie eine eigenständige narrative Fixform, einen bald konventionell gewordenen Typ, eine ‚Maske' hervor. Mit ihrer besonderen latent komischen Zuspitzung, ihrem Habitus und den wenigen demonstrativ zur Schau gestellten Attributen begann sie, ein filmisches Eigenleben im konventionellen Raum spielerischer Imaginationen zu führen. Dieses Eigenleben äußerte sich unter anderem darin, dass der konventionelle Typ der Narration als Komödienstereotyp bald ins Amüsante und nahezu Sympathische oszillieren konnte, obwohl das sozialpsychologische Stereotyp, auf dem es ursprünglich fußte, ein klar negatives ist. (Ebd.)

Hangmen also Die greift das von Stroheim etablierte Figurenstereotyp auf und verbindet es mit kulturell und politisch geprägten Vorstellungen von den Nazis. Die von Schweinitz beschriebenen Veränderungen des Figurenstereotyps und seiner Bedeutung werden dabei übernommen. Durch die satirische Überzeichnung der Figur Heydrichs mittels überbetont zackigen, fast slapstickartigen Bewegungen wird der Übergang zum Komödienstereotyp sogar noch unterstrichen. Damit versucht der Film, einen doppelten Effekt zu erzielen. Einerseits versucht er „die Nazis als brutal und gefährlich darzustellen, sie zugleich aber auch zu verlachen." (R. Loewy 2003: 132)

Daraus ergeben sich unterschiedliche Wege der weiteren Tradierung. Einerseits setzt er sich als satirische Figur bis hin zu seiner selbstreflexiven Aufhebung in Mel Brooks The Producers fort. Andererseits ermöglicht die typisierte Darstellung von Nazis aber auch eine leichtere Abgrenzung von deren Ideologie und Denken. So finden sich Elemente der Figurenzeichnung Heydrichs aus HANGMEN ALSO DIE auch in dem deutschen Nachkriegsfilm CANARIS (BRD 1954, Alfred Weidenmann) zur Darstellung des Chefs des Sicherheitsdienstes. Hier dient das Stereotyp des Nazitäters wiederum zur kontrastiven Überhöhung des ihm gegenübergestellten ehrenhaften deutschen Offiziers, verkörpert im Leiter der deutschen Abwehr, dem Admiral Canaris. Ursula von Keitz hat auf diese Funktion der Kontrastierung in dem Film dezidiert hingewiesen: „Als Kontrastfigur zu Heydrich […] wird der verantwortungsbewusste Militär, der sich der Befehlsgewalt der NS-Führung widersetzt, zum idealisierten Sympathieträger." (Keitz 2007: 170) Heydrich hingegen wird dem stereotypen Bild des Nazis nachempfunden, er wird zum „linientreuen Funktionsträger, kalt zynisch, gewissenlos und mit einem Überlegenheitsdünkel, der das Diabolische streift" (ebd.). Dieses Diabolische befördert jenen Prozess der Derealisierung, den Jörg Schweinitz beschrieben hat. Das Puppenhafte der Figur ermöglicht dabei gleichzeitig die klare Abgrenzung der Zuschauer. Diese werden nicht in einen Ambivalenzkonflikt gegenüber den Tätern hineingezogen. Die Täterfiguren kommen den Zuschauern also nicht bedrohlich näher. Stattdessen ist es leicht möglich, ‚die Nazis' vom eigenen individuellen und gesellschaftlichen Selbstbild abzuspalten. Damit vollziehen die Filme eine ähnliche Bewegung, wie sie für das Familiengespräch typisch ist, nämlich die Nazis als ‚die Anderen' zu markieren.

SCHINDLER'S LIST folgt in der Zeichnung Göths deutlich den Vorbildern aus dem amerikanischen Antinazifilm. Er adaptiert deren Strategie, die tradierten und dem amerikanischen Publikum bekannten Darstellungen sozialer und medialer Herkunft mit dem Nazistereotyp zu verbinden. Auch Göth ist wie Heydrich mit Reitpeitsche zu sehen. Auch diese Figur wird deutlich sexualisiert, in der sadistischen Erschießungsszene vom Balkon als impotent, in der Begnadigungsszene als feminin gezeichnet. Gleichzeitig personifiziert Göth verschiedene Typen, die in HANGMEN ALSO DIE noch in unterschiedliche Figuren aufgesplittet waren. Und er adaptiert Figurenstereotype aus unterschiedlichen Filmvorlagen, wie Michael Curtiz CASABLANCA als einem der zentralen Referenztexte für SCHINDLER'S LIST. Gerade im permanenten Austausch und Wechselspiel mit Schindler bekommt Göth auch Züge des von Conrad Veidt gespielten Gentleman-Nazis Major Strasser aus CASABLANCA.

Abgesehen von Göth bleibt die Darstellung der Täter in SCHINDLER'S LIST oberflächlich. Sie erscheinen als Gruppe und werden als unpersönliche Mörder und Sadisten dargestellt. Insbesondere in den zentralen Gewaltszenen stützt sich Spielberg auf bekannte Konventionen. Dazu gehört das Brüllen bei der Selektion genauso wie der Einsatz von Musik als Kontrastmotiv. Während der Räumung des Krakauer Ghettos zeigt Spielberg einen deutschen SS-Mann, der sich an ein Klavier setzt und spielt. Die Klaviermusik dient als Kontrast zur Grausamkeit der Räumung und soll die Unmenschlichkeit der Täter unterstreichen. Der Lagerikonografie folgend, verweisen nach der versehentlichen Ankunft der Frauen in Auschwitz die zumeist brüllenden Täter auf filmische Vorlagen, insbesondere auf Wanda Jakubowskas OSTATNI ETAP.

Jakubowska hat sehr detailliert verschiedene Tätertypen in ihrem Film porträtiert. Ihre Figuren, wie der Lagerarzt, die Aufseherinnen oder der Lagerkommandant sind bewusst typisiert. Zusammengenommen zeichnen sie aber ein erstaunlich differenziertes Bild von Tätern unterschiedlicher Motivation und psychischer Konstitution.

In ähnlicher Weise streift auch The Pianist die Täter nur am Rande. Dies liegt an der Absicht des Films, die Perspektive des Zeugen einzunehmen. Daher erlebt der Zuschauer die Täter und ihr Verhalten ausschließlich mit den Augen Szpilmans. Sie stellen eine permanente Bedrohung für den Protagonisten dar. Dass die Figuren dabei „nicht zu einer bloßen Täterkarikatur geraten, liegt an der ästhetischen Gesamtkonstellation des Films, die – indem sie den Zuschauer einem schleichenden Entfremdungseffekt unterzieht – zur nachträglichen Rekontextualisierung der Normalität des Terrors motiviert." (L. Koch 2007: 301)

Dazu werden die unterschiedlichen Tätertypen auf verschiedene Nebenfiguren aufgeteilt. Polanski greift sowohl auf stereotype Figurenzeichnung in Kostüm und Verhalten als auch auf ein spezifisches Typecasting zurück. Jeder Typ fungiert für sich als Figurenstereotyp. So finden sich im Film verschiedene Tätertypen (Abb. 129): der Antisemit, der Sadist, der Kaltblütige, der Pflichtbewusste, der Gutmütige und der Helfer. Als eine Art Gesamtensemble aber stellen sie den Versuch einer differenzierteren Täterbeschreibung dar. Diese wird paradoxerweise erst durch den Einsatz von Figurenstereotypen möglich, die filmisches und außerfilmisches Wissen der Zuschauer aktivieren. So wird jeder Typ mit bestimmten Merkmalen ausgestattet, die die verschiedenen Facetten nationalsozialistischer Täterschaft beleuchten. Der Antisemit handelt willkürlich und demonstriert seine Macht, wenn er jüdische Ghettobewohner nach deutlich antisemitischen Merkmalen aussucht und zum Tanzen zwingt. Der Sadist zeichnet sich durch unkontrollierte Gewalt und Willkür aus. Als er einen jüdischen Arbeiter schlägt, taucht die Kamera direkt in den Gewaltakt ein. So wird der Übergang zum Wahn unterstrichen. Der Kaltblütige erschießt willkürlich Juden aus einer Gruppe von Arbeitern, um seine Macht zu demonstrieren. Gleichzeitig wird die Lust am Töten verdeutlicht. Der Pflichtbewusste zeigt nicht mehr Engagement als nötig. Er will keine Scherereien haben und verhält sich durchaus nachsichtig gegenüber Szpilman. Trotzdem bleibt die Bedrohung bestehen, denn auch er offenbart, wenn auch untergründig, antisemitische Einstellungen. Der Gutmütige macht sich nicht die Hände schmutzig, zieht aber aus der eigenen gönnerhaften Art auch das befriedigende Gefühl der Macht. Der Helfer schließlich wird als intellektuell und kunstliebend dargestellt. Gleichzeitig wird die Rettung eher beiläufig inszeniert. Auch das Verschonen durchbricht nicht das Verhältnis von Macht und Ohnmacht, das zwischen Täter und Opfer besteht. Durch diese multiperspektivische Figurenkonstellation bricht Polanski die Stereotypie der Täterdarstellung also auf, gerade indem er auf Typisierungen zurückgreift, diese aber nicht isoliert darstellt.

Eine andere Form des die Typisierung unterlaufenden Bewusstmachens von Täterstereotypen verwendet Roberto Benigni in La Vita è Bella. Auch hier liegt die eher beiläufige Darstellung der Täter in der Erzählperspektive des Films begründet. In LA VITA È BELLA aber werden die Figuren als Folge seines Postmemory-Charakters in ihrer Künstlichkeit bewusst gemacht. Jens Eder beschreibt solche Figurenkonstruktion als hybrid: „Die Figuren wirken hybrid, indem sie nicht nur auf eine imaginäre, kohärente Welt verweisen, sondern auch auf ihre Artifizialität." (Eder 2008a: 412) Dies muss aber dem intensiven Erleben der für die Figuren bestehenden Bedrohung gar nicht entgegenstehen, sondern kann diese sogar bestärken. Das verdeutlicht eine

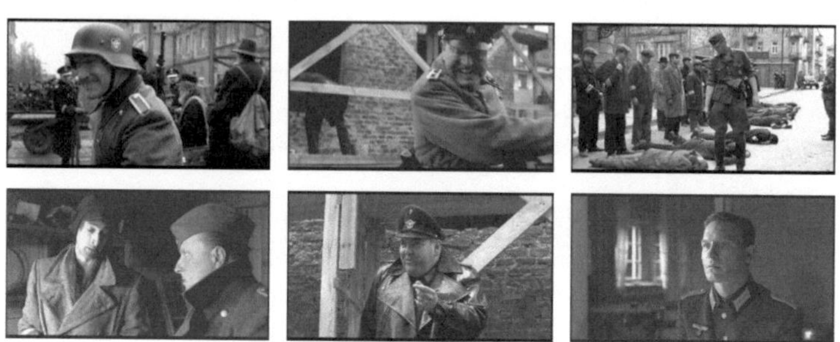

Abb. 129: Tätertypen in THE PIANIST: der Antisemit, der Sadist, der Kaltblütige, der Pflichtbewusste, der Gutmütige und der Helfer.

zentrale Szene in Benignis Film, kurz nachdem der Protagonist Guido und sein Sohn Giousé im Lager angekommen sind. Ein SS-Mann betritt den Raum und fragt fordernd nach einem Häftling, der die Lagerregeln übersetzen soll, eine Situation, die auch der italienische Auschwitz-Überlebende Primo Levi beschrieben hat: „Ein SS-Mann kommt heran, er raucht. Er betrachtet uns ohne Eile, fragt dann: ‚Wer kann Deutsch?' Einer aus unserer Mitte, den ich noch nie gesehen habe, tritt vor, er heißt Flesch; er wird unser Dolmetsch sein. Der SS-Mann hält eine lange gelassene Ansprache; der Dolmetsch übersetzt." (Levi 1999: 22)

Beningni verändert die Grundsituation für seinen Film. Um den Anschein eines Spiels gegenüber seinem Sohn aufrecht zu erhalten, meldet sich Guido freiwillig, die Lagerregeln aus dem Deutschen ins Italienische zu übersetzen, obwohl er kein Deutsch versteht. Die Lagerregeln werden von einem stereotyp gezeichneten SS-Mann gebrüllt, eine deutliche Abwandlung von Levis Erinnerung (Abb. 130). Die Einstellungsgröße und der Tonfall des SS-Manns in dieser Szene sowie der Inhalt der Ansprache, die Lagerregeln, entsprechen dagegen einer eindringliche Appellszene in Egon Monks EIN TAG (Abb. 131). Durch Guidos kindgerechte Übersetzung werden sie karikiert und somit ad absurdum geführt. Doch auch wenn hier bestimmte Klischees aufgerufen werden, verkehrt der Film nicht die Machtverhältnisse, sondern macht diese gerade bewusst. Dies geschieht durch den Kontrast zwischen dem seine Macht ausübenden SS-Mann und Guido genauso wie durch das zum stereotypen Merkmal gewordene Gebrüll. Dieses wird aber durch die intertextuelle Verweisstruktur als solches bewusst. Beispielsweise erinnert die Szene auch an Charlie Chaplins berühmt gewordene Parodie der nationalsozialistischen

Sprache in The Great Dictator. Bekanntlich hatte Chaplin anhand von nationalsozialistischen Wochenschauaufnahmen das Verhalten und die Sprache Hitlers studiert und, ohne deren Inhalt zu verstehen, lediglich auditiv die Gewalt und den Schrecken des Nationalsozialismus mit Hilfe einer Fantasiesprache auszudrücken versucht. Entgegen den in ein scheinbar realistisches Setting eingebauten brüllenden Aufsehern wird das Schreien in La Vita è Bella gerade durch Guidos ‚Übersetzung' verfremdet und als Machtdemonstration erkennbar. Dies wird auch durch die Anspielung auf eine intratextuelle Paral-

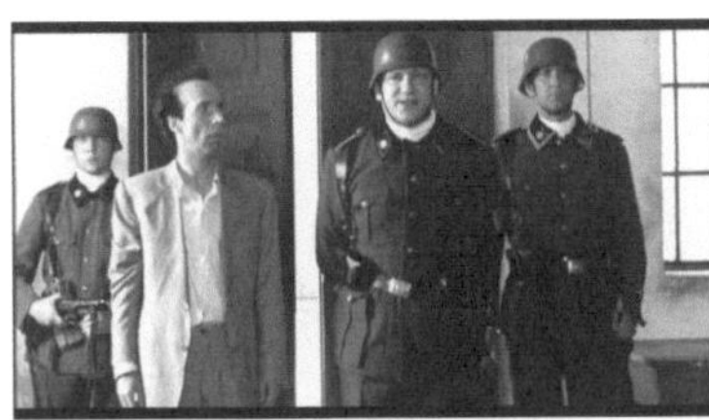

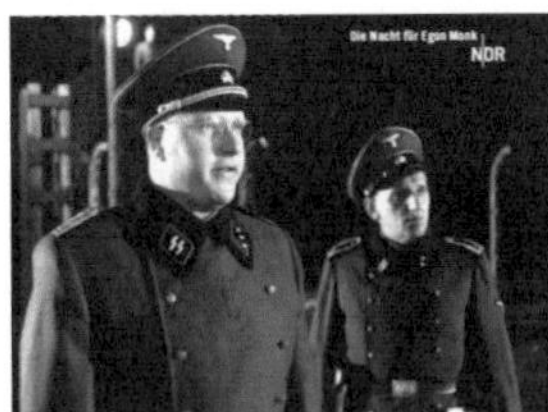

Abb. 130-131: Tätertypen in La Vita e Bella und Ein Tag.

lelszene verstärkt. Während Guido nämlich im faschistischen Vorkriegsitalien die Faschisten noch satirisch persiflieren konnte, ist dies angesichts der Nazimacht kaum mehr möglich. Damit wird das lächerliche Figurenstereotyp, das im ersten Teil des Films noch von Guido selbst angewendet wurde, in Frage gestellt (Abb. 132).

Die meisten Filme, die die Nazis als Protagonisten in den Blick nehmen, reproduzieren jedoch die konventionellen Stereotype. Die Nazis sind so im Sinne von Peter Wuss zu mythischen Figuren geworden, mit denen sich „nicht nur bestimmte Images und Wertungen, sondern auch charakteristische Handlungspläne" verbinden (Wuss 1999: 154). Die prominenten Nazifiguren, insbesondere Hitler, fungieren als solche Kollektivfiguren, die sich die Populärkultur angeeignet hat. Dies gilt sowohl für den ‚ernsthaften' Umgang mit den Nazis als auch für den parodistischen. Für ersteren kann ein Film wie Der Untergang stehen. Hier gleiten die bekannten und konventionellen Figurenstereotype mitunter zwar ins Lächerliche ab, werden jedoch in die Kompositionsform der filmischen Geschichtsfiktion eingefügt und damit sowohl beglaubigt als auch weiter tradiert. Der Film wiederholt dazu auch bestehende Täterstereotype aus Filmen über den Holocaust. Diese werden jedoch aus diesem thematischen Kontext abgelöst. Die Nazis als ‚die Anderen' und Repräsentanten ‚des Bösen' dienen nun als Gegenspieler der deutschen Bevölkerung. Gleichzeitig wiederholt Der Untergang aber auch aus der Naziikonografie stammende Figurenmuster. Diese werden ebenfalls umcodiert. Figurenstereotype aus der NS-Propaganda, wie die aufopferungsvolle Frau und der heldenhafte Mann, werden übernommen und zur Charakterisierung von positiv konnotierten Figuren wie der Sekretärin Traudl Junge oder dem Arzt Schenck verwendet. Negative Stereotype aus der NS-Propaganda, wie die Charakterisierung als feige und schwach, werden nun auf die Nazis übertragen und mit medialen Typisierungen verbunden, wie dem bekannten

Stereotyp aus den Antinazifilmen vom impotenten Nazi (Goebbels) oder dem stereotypen Bild der ‚bösen Mutter' (Magda Goebbels) (vgl. Ebbrecht 2007b: 185).

Parodien wie Dani Levys MEIN FÜHRER reproduzieren mit den Figurenstereotypen, die ohne selbstreflexive Dimension, wie in LA VITA È BELLA, verwendet werden, deren mythischen Charakter.[3] Zwar basiert auch MEIN FÜHRER auf einer Vielzahl intertextueller Anspielungen sowohl zu Chaplins THE GREAT DICTATOR als auch zu Lubitschs TO BE OR NOT TO BE

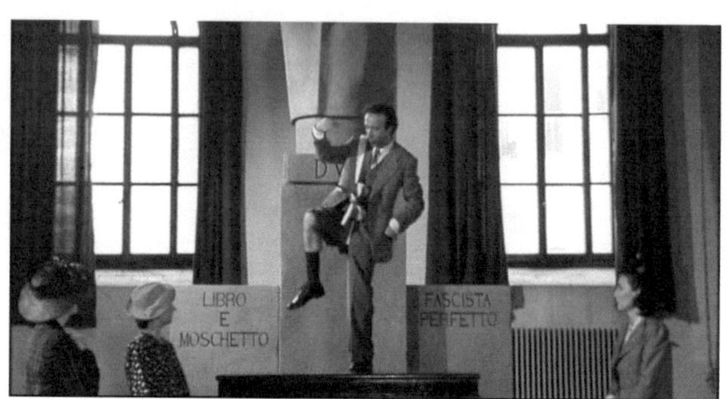

Abb. 132: Im ersten Teil von LA VITA E BELLA gelingt es Guido noch die Faschisten lächerlich zu machen.

(USA 1942) und, wie Rudolf Worschech angemerkt hat, sogar zu Russ Meyers Sexploitation-Film UP! (USA 1976) (vgl. Worschech 2007: 213). Doch diese Filme dienen Levy eher als Referenzen, nicht als Folien der Reflexion. Die Geschichte des Figurenstereotyps Hitler wird weniger aufgebrochen und der Lächerlichkeit preisgegeben als vielmehr vertieft. Weil Levys Film eine historische Erklärung geben möchte, affirmiert er die stereotypen Bilder, anstatt sie zu brechen. So wies der Regisseur selbst darauf hin, wie stark ihn Alice Millers pädagogische Studie über Hitlers Kindheit beeinflusst hat: „Eine Komödie hat auch die Chance, in die Tiefe vorzudringen. Ich brauchte das Buch des Schauspiellehrers, den es ja wirklich gab, und Alice Millers Studie über Hitlers Kindheit und die ‚schwarze Pädagogik' sowie weitere Quellen, die den Privatmenschen Hitler in Bezug zum System setzen." (Zit. n. Levy/Handtke 2007)

Sein Hitler wird damit zwar zu einer Karikatur des großen Verführers, gleichzeitig aber wird die Künstlichkeit der Figur durch die Psychologisierungsversuche unterlaufen. Diese, wie der Verweis auf Hitlers schwere Kindheit, knüpfen sogar selbst an eine lange Tradierungsgeschichte an, zuletzt

3 | Dies gilt allerdings z.B. nicht für das Hitler-Video IM BONKER von Walter Moers, das über YouTube weltweit eine massenhafte Verbreitung erfahren hat (vgl. Worschech 2007: 204f; Schultz 2008: 87ff.). Moers Hitlerkarikatur, die sich an seinen Comics orientiert, gelingt es gerade durch Übersteigerung und Kontrastierung, diese Mythisierung zu brechen. Die deutlich parodistischen Anspielungen auf DER UNTERGANG tragen dazu noch bei.

etwa zu sehen in zahlreichen Fernsehdokumentationen über Hitlers Kindheit und Jugend. Dass Levys Hitler außerdem noch impotent ist, gehört zu den oft wiederholten stereotypen Charaktermerkmalen, die auch diesen Täterfilm an seine Vorgänger zurückbindet. Trotz oder gerade wegen solcher ›Holzschnitt-Psychologie‹ gelingt es Levy nicht, den Film zu einer satirischen Reflexion über die konventionellen Figurenstereotype Hitlers zu machen. Anders als Rudolf Worschech annimmt, dominiert Levys Erklärungsversuch über die ironische Brechung der Figurenzeichnung. So kommt es nicht zu einer „Ironisierung der scheinheiligen Psychologisiererei über des Führers Charakterdefekte in vielen vorausgegangenen Filmen" (Worschech 2007: 209), sondern eher zu deren Bestätigung.

Wie Ursula von Keitz festgestellt hat, orientiert sich die filmische Auseinandersetzung mit Nazitätern überwiegend am klassischen Erzählen und „zeigt sich fasziniert von der Symbolwelt des Nationalsozialismus", wie beispielsweise Dennis Gansels NAPOLA verdeutlicht (vgl. Keitz 2007: 176f). Selten finden sich hingegen abseits des Dokumentarfilms filmische Täterstudien, die auch die Geschichte der Figurendarstellung reflektieren. Eine solche stellt Romuald Karmakars DAS HIMMLER-PROJEKT dar. Der dreistündige Film zeigt den Schauspieler Manfred Zapatka, der eine Rede des SS-Reichsführers Heinrich Himmler wörtlich vorträgt. Himmler hatte diese Rede am 4. Oktober 1943 vor einer Gruppe von 92 SS-Generälen gehalten. Er spricht darin über ›slawische Untermenschen‹, den Vernichtungskrieg gegen die Sowjetunion nach der deutschen Niederlage in Stalingrad und geht auch auf den Massenmord an den Juden ein.

Die Rede wurde auf Schallplatten aufgezeichnet, Auszüge daraus waren in mehreren Prozessen gegen NS-Täter verwendet worden (vgl. Frölich 2007: 180). Da es sich bei diesen veröffentlichten Versionen jedoch um bereinigte Abschriften der Rede handelte, die Himmler selbst autorisiert hatte, ließ Karmakar die Rede für seinen Film neu transkribieren. Versprecher sowie logische und rhetorische Brüche wurden beibehalten, um auf die Person und ihren sprachlichen Ausdruck hinter dem tradierten Dokument aufmerksam zu machen. Gerade durch die Pausen und Versprecher bekommt die Inszenierung gegenüber dem geschriebenen Text einen Mehrwert. Die sich verfestigenden Formen des Dokuments werden aufgebrochen. Dadurch wird ein neuer Zugang zu diesem möglich (vgl. Ebbrecht 2010b: 59-65).

Gleichzeitig trägt Zapatka in neutraler Art vor und bemüht sich, jede Dramatisierung und Inszenierung des Nazi-Täters zu vermeiden, um so die volle Aufmerksamkeit des Publikums auf das Gesagte, die Binnenstruktur des Denkens von Himmler zu lenken. DAS HIMMLER-PROJEKT unterläuft damit die bekannten, vielfach wiederholten filmischen Täterdarstellungen und die damit verbundenen Figurenstereotype. Um hinter die Umformungen durch die Geschichte zu gelangen, vermeidet der Film explizit das bekannte Bild Himmlers. Was die Zuschauer sehen, ist weder eine Dokumentation der Original-Rede Himmlers noch eine Nachstellung des vergangenen Ereignisses. Zapatka wirkt den Implikationen aus der historischen Rolle sogar deutlich entgegen. Er stellt Himmler nicht dar und imitiert auch nicht dessen Sprache: „Der Betrachter soll sich als Zuhörer der Rede empfinden. Das hilft, der Geschichte näher zu kommen. Gleichzeitig ermöglichen der Schauspieler und die Kamera eine gewisse Distanz." (Worthmann 2000) Gerade im Überschreiten der Grenze zwischen Dokument und Nachbildung und damit auch der Gattungen Spiel- und Dokumentarfilm lässt Karmakar die bekannte Täterfigur fremd erscheinen. Daraus resultiert eine Verunsicherung des Zuschauers (vgl. Frölich 2007: 183). Indem Karmakar das Figurenstereotyp radikal zurückweist, verunmöglicht er den Rückgriff auf erprobte Abgrenzungen. Das Bekannte zeigt sich nicht in der Darstellung Himmlers, sondern findet sich in verstörender Weise in dessen Worten.

Mit der Entwicklung eines solchen ‚Anti-Stereotyps' in der Darstellung von Nazi-Tätern radikalisiert Karmakar eine Methode, die auf die Ausnahmeerscheinung solcher filmischer Täterstudien verweist, wie sie Theodor Kotulla in AUS EINEM DEUTSCHEN LEBEN exemplarisch und auf der Grundlage psychologischer und historischer Studien zu realisieren versuchte. In seinem Porträt des Lagerkommandanten von Dachau und Auschwitz verweigert Kotulla die Einfühlung, aber auch die leichte Abgrenzung.[4] Typisierung dient hier der Verfremdung. Der Film baut Distanz auf. Distanz zum Zuschauer und eine „Distanz zwischen Körper und Rede", aus der eine „Spannung zwischen Schauspielkörper und Figur" entsteht (Keitz 2007: 176). „Verfremdung wird nicht zuletzt durch die Art des Schauspiels erreicht. Der Schauspieler soll seine Figur in rollendistantem Spiel vorführen, soll sie etwa durch eine bestimmte Sprechweise und Art der Gestik verfremden" (Eder 2008a: 413). Kotulla und sein Hauptdarsteller Götz George folgen dabei einer Darstellungsweise des Berichtens, die gleichzeitig das Spiel offen legt, zum Beispiel im Kontrast zwischen historisierendem Kostüm, gegenwartsbezogenem Schauplatz und verfremdend-neutraler Sprechweise der Dialoge (vgl. Keitz 2007: 175). So entsteht eine filmische Täterstudie, die sich zwar an sozialen Typisierungen (wie dem Militarismus) orientiert, diese aber als Ausdruck der psychologischen Charakteristik seiner Hauptfigur motiviert. Georges Höss stellt einen „bestimmten Sozialtypus" dar, „der in seinen Strukturen durch einen spezifischen Darstellungsmodus auffällig gemacht wird." (Eder 2008a: 413). Auf Anleihen bei bekannten Figurenstereotypen wird dabei genauso verzichtet wie auch auf Mythisierung oder Dämonisierung.

Der Unterschied zwischen der Täterstudie AUS EINEM DEUTSCHEN LEBEN und den neuen deutschen Täterfilmen lässt sich im Vergleich der Rolle von Höss mit einer anderen von George verkörperten Täterfigur zeigen. Im Gegensatz zu Kotullas sozialer Typisierung des Täters greift Roland Suso Richter

4 | Im Film trägt der Lagerkommandant Rudolf Höss den Namen Franz Lang. Dieser geht auf einen Decknamen zurück, den Höss verwendet hatte, als er nach dem Zweiten Weltkrieg versuchte unterzutauchen. Nachdem Höss von den Engländern gefasst und nach Polen ausgeliefert worden war, wurde ihm dort der Prozess gemacht, in dem er – wie auch als Zeuge im ersten Nürnberger Kriegsverbrecherprozess – bereitwillig von seiner ‚Tätigkeit' in Auschwitz berichtete. Höss wurde am 16. April 1947 in Auschwitz gehängt.

für die Darstellung des von George gespielten Josef Mengele in Nichts als die Wahrheit auf das Bild des ‚absolut Bösen' zurück und verwendet dazu konventionelle Inszenierungsformen und Figurenstereotype. Durch die Inszenierung Mengeles aus leichter Untersicht im Profil, herausgehoben durch den Einsatz von Licht und Schatten (vgl. Rall 1999), und durch seine Absonderung im Glaskasten, der ihn wie auf einem Thron sitzend aussehen lässt, wird in diesem Gerichtsdrama das ‚Böse' personifiziert: „Mephisto steht hier vor Gericht, das Böse schlechthin" (Diestelmeyer 1999: 40). Das Monströse wird zum Faszinosum. Mit der Inszenierung ist auch ein bestimmtes Geschichtsverständnis verbunden. Der mit Strukturen des Generationendramas verbundene Gerichtsthriller stellt die „Insignien eines Untoten der deutschen Geschichte, der Nosferatu näher steht als der Banalität des Bösen" (ebd.) in den Mittelpunkt. Georges Darstellung des KZ-Arztes Mengele ist das Zentrum des Films, alle dramaturgischen Fäden laufen darauf zu. Sinnbildlich illustriert dies die Aufteilung des Gerichtssaals, der wie der Thronsaal eines Schlosses wirkt, in dem alles auf die Position des Herrschers hinausläuft. In dieses Bezugssystem werden die Zuschauer integriert. Die Einfühlung in das ‚Monster' und seine Absonderung in die Sphäre eines transzendent Bösen ermöglichen sowohl Entschuldung als auch Identifikation.

Als Spiegelung des in den Bereich des absolut Bösen abgesonderten Mengele tritt die Mutter des Verteidigers als geläuterte Täterin hinzu. Im Spannungsfeld zwischen diesen beiden Täterfiguren, Mutter und ‚Vater', bewegt sich der Sohn, Anwalt Rohm, als vermittelnde Instanz. Damit übernimmt der Film auch das Familiennarrativ. In dieser Konstellation reproduziert Nichts als die Wahrheit aber einen rein innerdeutschen Diskurs. Die Opfer treten in diesem Gerichtsdrama als Zeugen auf. Verstärkt durch die Inszenierung, aus der Blickrichtung Mengeles gefilmt, bleiben sie jedoch Fremdkörper in dieser spezifischen Form der Familienzusammenführung.

Die Gezeichneten und der Zeuge

Filmische Repräsentationen des Holocaust sind mit der grundsätzlichen Frage konfrontiert, welche Rolle und Position sie den Opfern zukommen lassen. Zwar lassen sich einzelne Ausdrucksformen des Massenmordes wie etwa Exekutionen, Erschießungen, Ausgrenzung, Vertreibung und Versklavung in Szene setzen, dennoch scheitert das Medium daran, der Essenz des deutschen Verbrechens, dem völlig sinnlosen, millionenfachen, industriell durchgeführten Massenmord an unschuldigen Menschen ein Bild zu geben, und ist doch immer wieder zu solcher Darstellung herausgefordert. Filme konzentrieren sich auf Individuen, auf individuelle Opfer und individuelle Täter. Erzählt werden Geschichten von Einzelnen. Die Geschichte des Massenmords wird lediglich durch diese Geschichten angedeutet.

Für die Darstellung der überwiegend, aber nicht ausschließlich jüdischen Opfer kristallisierten sich in den Nachkriegsfilmen über den Holocaust drei Erzählpositionen heraus: das heroische Opfer, die Gezeichneten und der Zeuge. Während erstere Figurenposition bereits auf einer tradierten Figurengeschichte basiert, die von einer christlich-religiösen Märtyrerikonografie bis zu den Heldenfiguren des sowjetischen Revolutionsfilms der 1940er und 1950er Jahre (vgl. Zwick 2009b) reicht und somit entsprechende Figurenelemente auch aus anderen, beispielsweise religiösen und ideologischen, Kontexten aufnehmen konnte, sind die letzteren beiden Figurentypen stark von der Überlebenserfahrung gekennzeichnet.

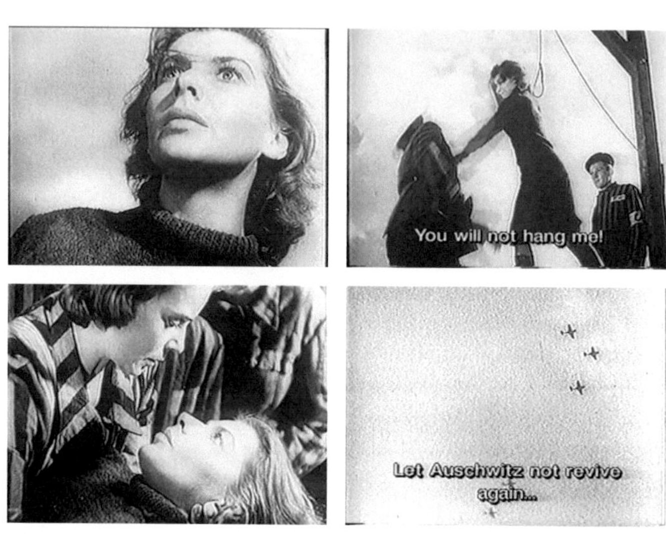

Abb. 133: Die heroische Schlussszene von OSTATNI ETAP.

Interessanterweise sind diese Positionen bereits in drei unmittelbar nach der Befreiung entstandenen Filmen als zentrale Erzählfiguren präsent. OSTATNI ETAP läuft kontinuierlich auf das Schlussbild einer jüdischen Frau zu, die in Auschwitz wegen ihrer Aktivitäten im Widerstand hingerichtet wird (Abb. 133). Aus Untersicht gefilmt wird sie heroisierend zur Symbolfigur des antifaschistischen Kampfes, während gleichzeitig über ihr im Himmel alliierte Flugzeuge zu sehen sind, die das nahende Ende der nationalsozialistischen Unterdrückung ankündigen. Jakubowska variiert dieses Motiv des heroischen Opfers an mehreren Stellen des Films. Durch Zufall gerät eine französische Häftlingskrankenschwester auf einen Transport zur Vernichtung. Angesichts des nahen Todes stimmt sie als Zeichen des Widerstands die „Marseilleise" an. Eine russische Ärztin widersetzt sich der Verschleierung der wahren Zustände im Lager beim Besuch einer Delegation des Roten Kreuzes und wird daraufhin gefoltert. Diese heroischen Akte sorgen in ihrer Wiederholung dafür, dass der berichtende Charakter des Films, der durch die Episodenstruktur verstärkt wird, in eine appellative Haltung übergeht (Abb. 134).

In der Darstellung des heroischen Opfers in OSTATNI ETAP überkreuzen sich strukturelle, soziale und mediale Typen. Die strukturelle Entgegensetzung zwischen Nazis und Häftlingen konstituiert die Figur des Opfers. Dieses wird dadurch zum heroischen Opfer, dass die Häftlinge zu den Protagonisten des Films, die Nazis zu deren Antagonisten werden. Der Rückgriff Jakubowskas auf ihre eigenen Erfahrungen im Frauenlager von Auschwitz und der Blick auf die fast ausschließlich weiblichen Hauptfiguren ergänzen die strukturelle Typisierung durch eine soziale. Klassische weibliche Eigenschaften wie Hingabe, Schutz und Hilfsbereitschaft werden mit politisch motivierten Verhaltensweisen wie der Solidarität verschränkt. Der Haupthandlungsort des Films, das Krankenrevier, unterstützt diese soziale Typisierung.

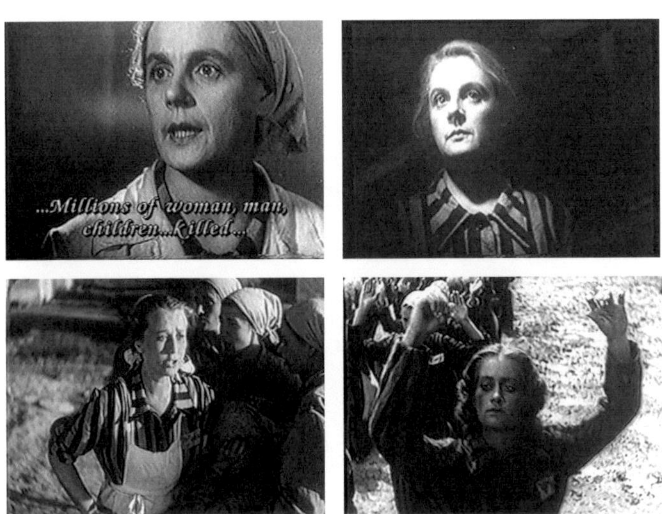

Abb. 134: Mehrfache Variation des Motivs des heroischen Opfers.

Obwohl Jakubowska der episodischen Erzählweise folgend eine Vielzahl unterschiedlicher Charaktere etabliert, gelingt es ihr gerade durch deren Typisierung, glaubwürdige Figuren zu schaffen. Dies wird unterstützt durch die Darstellung der Häftlinge als heterogene Gemeinschaft. Wanda Jakubowska beschrieb ihr Vorgehen dabei folgendermaßen:

> Als Filmkünstler interessierte mich mehr eine kleinere Personengruppe, der Schicksalsweg bestimmter Individuen, ein begrenzteres Milieu – das gibt gewöhnlich mehr Gelegenheit zu Verdichtungen und dramatischen Konflikten sowie zur interessanteren Konstruktion der Fabel. Nach reiflicher Überlegung der ganzen Angelegenheit kam ich zu dem Schluß, daß bei einem Film über Auschwitz gerade die Auswahl eines kleinen Milieus – und eher das eines kämpfenden als eines leidenden – sich als treffend erweisen würde, obwohl es nicht typisch für das ganze Lager war. Mir lag nicht am Auschwitzer Thema als einer filmischen Attraktion. Ich behandelte das Thema als Grundlage zu einer Art von künstlerisch geformtem Anklageakt. Ich wollte in dem Film DIE LETZTE ETAPPE die Wahrheit über Auschwitz zeigen und Gefühle des Hasses gegen den Faschismus wecken. (Zit. n. Karcz 1967: 15)

Negative Figuren wie die tyrannische Blockälteste oder die korrupte und unfähige Älteste des Krankenblocks bestärken gerade in ihrer Abweichung das Bild vom heroischen Opfer. Anders als Egon Monk in EIN TAG bildet Jakubowska aber die Häftlingsgemeinschaft und ihre Konflikte nicht als Typen ab, sondern versucht mit Hilfe der Typisierung erkennbare Charaktere zu schaffen. Während Monk bestimmte Sozialtypen etabliert, die die Ordnung des Lagers widerspiegeln sollen, versucht Jakubowska, die von den Nazis vorgegebene entindividualisierende Lagerordnung durch ihre Figurenzeichnung zu unterlaufen. Dies wird nicht zuletzt durch individuelle Namensgebung der Figuren erreicht, aber vor allem durch individualisierte Konflikte, die die Wahrnehmung der Figuren als konkrete Individuen verstärken, wie beispielsweise der Konflikt einer jungen Frau im Krankenrevier, welchem Häftling sie mit einem überlebensnotwendigen Medikament helfen soll.

Der Widerspruch zwischen Individualisierung und Typisierung verweist auf ein zentrales Darstellungsproblem. Die retrospektive Individualisierung läuft der die Naziideologie kenzeichnenden Entindividualisierung der Opfer zuwider, die vollständige Typisierung drohte dieser jedoch in gewisser Weise nachzugeben. Diese Ambivalenz wird von Monk dadurch gelöst, dass er den Prozess der Entmenschlichung durch das Lager bei der Ankunft einer Gruppe von Häftlingen zum Gegenstand seines Films macht. Jakubowska versucht in der Gegenüberstellung der Häftlingsperspektive mit verschiedenen Episoden nationalsozialistischer Demütigung (Selektion, ‚medizinische' Tötung, Deportation, Appell etc.) diesen Konflikt sichtbar zu machen.

Die narrative Schließung des Films im Bild des heroischen Opfer, die der offenen Erzählstruktur in gewisser Weise entgegensteht und so die klare moralische Aussage des „Nie wieder!" unterstreicht, greift auf ein doppeltes Reservoir an medialen und kulturellen Vorbildern zurück. Jakubowska verschmilzt in ihrem Film Figurenstereotype aus dem christlich-religiösen Kontext mit dem des sozialistischen Antifaschismus. Das Schlussbild von OSTATNI ETAP erinnert an die Figur des Märtyrers in der antifaschistischen Literatur der 1940er Jahre, die dann zur Grundlage der weiteren Tradierung der Figur des heroischen Opfers in der sozialistischen Filmkunst wird. DEFA Filme wie ERNST THÄLMANN – FÜHRER SEINER KLASSE (DDR 1955) von Kurt Maetzig greifen auf dieses Motiv ebenso zurück, wie Frank Beyers Buchenwaldfilm NACKT UNTER WÖLFEN. OSTATNI ETAP rekurriert mit dem mahnenden Opfer am Ende aber auch auf das Schlussbild von ROMA, CITTÀ APERTA (I 1945) von Roberto Rossellini: ein katholischer Priester, der den Widerstand unterstützt hat, wird auf dem Hof des Gefängnisses von deutschen Soldaten erschossen. Auch Rossellini verbindet in seinem Film christliche Figurenstereotype mit solchen des Antifaschismus. Die heroische Szene der in den Tod fahrenden Krankenschwester, die die „Marseilleise" singt, findet außerdem eine Entsprechung in CASABLANCA. Hier kontern die Franzosen das von deutschen Soldaten gesungene Lied „Die Wacht am Rhein" mit der „Marseilleise", ein allegorisches Bild für den Konflikt des Zweiten Weltkrieges. Dabei unterstreicht die symbolische Bedeutung der Lieder die Charakterisierung der Sänger und befördert so ihre Wahrnehmung als Figurenstereotype. Auf ähnliche Weise untermalt Sam Fuller in einer Schlachtszene in VERBOTEN! einen Angriff amerikanischer Soldaten mit der (Freiheit symbolisierenden) Musik Beethovens, während er die deutschen Soldaten durch den Einsatz von Wagner-Motiven typisiert.

Das Figurenstereotyp des heroischen Opfers bot sich unmittelbar nach dem Krieg auch zur nachträglichen Sinngebung der Erfahrung des Schreckens an. Wenigen Filmen gelang es hingegen, das sinnlose Morden und den Verlust so eindringlich ins Bild zu setzen wie Roberto Rossellini in der letzten Episode von PAISÀ (I 1946), die ein von Deutschen begangenes Massaker in einem italienischen Dorf durch ein verschont gebliebenes weinendes Kind visuell und auditiv in das Bewusstsein der Zuschauer hebt.

In zeitgenössischen Filmen finden sich Anleihen an das Figurenstereotyp des heroischen Opfers zumeist nur noch in gebrochener Form und eingebettet in den Konflikt, schuldlos schuldig geworden zu sein. Zwar bezieht sich THE GREY ZONE in seiner Darstellung des Aufstandes der Häftlinge des Sonderkommandos in Auschwitz auf die Figur des heroischen Opfers, das sich gegen seine Peiniger zur Wehr setzt. Aber gleichzeitig erscheint das Heldentum durch die Thematisierung der von Primo Levi beschriebenen „Grauzone" gebrochen. Auch Paul Verhoevens ZWARTBOEK (NL/D/B 2006) verweist auf das Figurenstereotyp des heroischen Opfers. Gegenstand der Handlung ist der Widerstand im besetzten Holland. Dabei wendet sich der Film aber durchaus ambivalenten Darstellungen zu und wählt eine untergetauchte Jüdin als Protagonistin, die als Geliebte eines Nazioffiziers für den niederländischen Widerstand Informationen beschaffen soll: „Sie fungiert über weite Strecken als eine Art Medium; in Interaktion mit ihr zeigen die Menschen früher oder später unwillkürlich ihr ‚wahres' Gesicht" (Szely 2007: 98). Durch die differenzierte Darstellung der Opfer und des Widerstandes sowie durch die kritische Bezugnahme auf dessen retrospektive Nachkriegsheroisierung, die vom Narrativ des Films gebrochen wird, hinterfragt ZWARTBOEK die konventionelle Darstellung des heroischen Opfers. So wird die Kritik am Bild des heroischen Widerstands, das die niederländische Gedenkkultur lange Zeit dominierte, selbst Gegenstand der Handlung, „in der nicht nur der Mythos vom niederländischen Widerstand, sondern auch der von der Anständigkeit der NiederländerInnen während des Zweiten Weltkrieges (und darüber hinaus) konsequent zerlegt wird" (ebd.: 97).[5]

---

5 | Hans Marks und Friederike Pfannekuche haben die Tradierung dieses Bildes im intergenerationellen Gespräch in den Niederlanden untersucht (vgl. Marks/Pfannekuche 2007: 114). Lange Zeit kam dem Widerstand in der dortigen Erinnerungskultur große Bedeutung zu. Heute findet sich ein teilweise ironisch gebrochener Umgang mit diesem Bild. Aber während die Zeitzeugen ihre eigene Rolle weitgehend herunterspielen, hält die Kindergeneration zumeist noch am Bild des gesellschaftsübergreifenden Widerstandes fest, während die Enkel lediglich „distanzierte und schematische Bilder von der Zeit des Zweiten Weltkrieges und der Rolle der eigenen Angehörigen" besitzen (ebd.: 138).

Nicht nur in Westeuropa sondern auch im sozialistischen Nachkriegsfilm lebte die Figur des heroischen Opfers fort, bis sie Ende der 1950er Jahre in eine Krise geriet. Mit dem Ende des klassischen, sozialistischen Helden, dessen Entwicklung zu größerer Widersprüchlichkeit wir beispielsweise in den russischen Filmen der Tauwetterperiode beobachten können, lässt sich auch das heroische Opfer nicht mehr visualisieren. Es wird in Filmen wie SUDBA CELOVEKA, LETJAT ZURAVLI (UdSSR 1957, Michail Kalatosow) oder IVANOVO DETSTVO (UdSSR 1962, Andrej Tarkowski) stattdessen in ein anderes Bild

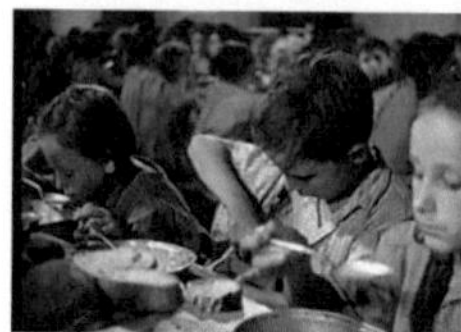
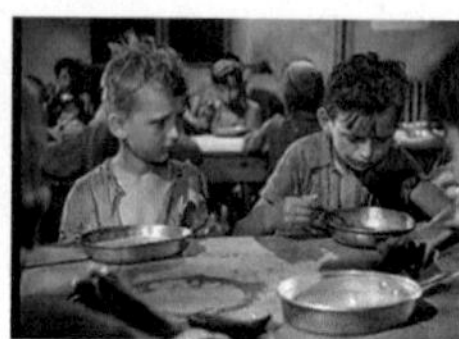
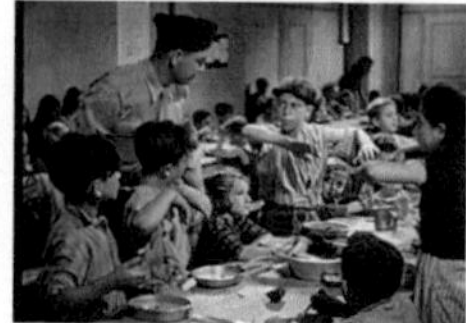

Abb. 135: Das Verhalten der Kinder in THE SEARCH ist eine Verkörperung ihrer Erfahrungen.

überführt, das stärker auf den Erfahrungen von Krieg und Gewalt basiert und das ich im Folgenden am Beispiel der Figur des Gezeichneten näher untersuchen möchte.

Diese Figur thematisiert bereits der amerikanisch-schweizerische Nachkriegsfilm THE SEARCH, den Fred Zinnemann 1947/48 in Deutschland realisierte, der jedoch erst in den 1960er Jahren auch in deutschen Kinos zu sehen war (vgl. Kotulla 1961).[6] Zinnemann erzählt die Geschichte eines tschechischen Jungen, der die Konzentrationslager überlebt hat und nun in einem von der UN verwalteten Lager für Waisenkinder Aufnahme findet. Er flieht von dort aus Angst und trifft auf einen von Montgomery Clift gespielten GI, der versucht, eine Beziehung zu dem verstörten Jungen aufzubauen. In einer Parallelhandlung zeigt der Film die Suche der Mutter des Jungen nach ihrem Kind, die sie durch zahlreiche Lager für Displaced Persons führt.

Während der englische Titel die Suche der Mutter betont, geht der deutsche Verleihtitel, DIE GEZEICHNETEN, auf den im Film angedeuteten psychologischen Konflikt ein. Mehrere Szenen verweisen auf die traumatisierenden Erfahrungen der jüngsten Vergangenheit, die sich als Spuren in die Seelen der Kinder eingegraben haben. So verdeutlicht gleich die Anfangsszene, die Ankunft der Kinder in einem Flüchtlingslager, dass sich im Verhalten der Kinder noch immer Hinweise auf ihren überstandenen Kampf ums Überleben zeigen, etwa wenn sie rasch Brotstücke in ihrer Kleidung verstecken oder gleichzeitig

6 | THE SEARCH war das Ergebnis eines schweizerisch-amerikanischen Kooperationsprojekts. Der Chef der größten schweizerischen Filmgesellschaft *Praesens*, Lazar Wechsler, versuchte 1946 eine Produktionsgesellschaft in den USA zu etablieren, die schweizerisch-amerikanische Koproduktionen in Hollywood bzw. Zürich finanzieren sollte. Für THE SEARCH wurde Fred Zinnemann von der MGM ausgeliehen und nach Europa geholt. Im Gegenzug realisierte *Praesens*-Regisseur Leopold Lindtberg ein Filmprojekt in den USA (vgl. Ebbrecht 2005: 53f.).

vom Tisch aufspringen, als ein (amerikanischer) Soldat zu ihnen tritt (Abb. 135). Auch die Szene, in der die Kinder in Panik aus amerikanischen Lastern fliehen, verweist auf Erfahrungen aus der jüngsten Vergangenheit, weil die Kinder diese Wagen an die als Krankenwagen getarnten Vergasungswagen erinnern. Die jüdischen Waisenkinder, die in den Eingangsszenen von The Search gezeigt werden, werden von jüdischen Waisenkindern gespielt, die ‚Schauspieler' verkörpern in ihrem Spiel also ihre eigenen Erfahrungen. Zinnemann erinnert sich an die Dreharbeiten:

> I told many groups that we needed their help to make a film which we hoped would be an aid to children all over the world, but that this would involve reviving painful memories. [...] They all volunteered. They were mostly Jewish kids by that time. [...] I then took some of the real DP kids and all I said to them was, ‚There will be a woman coming in, she's in uniform, and you think she is probably a German.' [...] Nothing more. She came in, in uniform, and the kids *were* petrified. They were not acting. (Zinnemann 1992: 62)

Das körperlich ausgedrückte Trauma, die den Figuren eingeschriebenen Wunden der Vergangenheit, dienen als Merkmal bei der Darstellung des Opfers. Eine darauf basierende Figurenkonzeption wurde insbesondere in den 1960er Jahren populär, als unter anderem als Folge der Prozesse gegen Naziverbrecher in Jerusalem und Auschwitz die Erfahrungen der Überlebenden erstmals öffentliche Aufmerksamkeit erlangten. Dabei wurde auch deutlich, dass das weitere Leben der Opfer durch die erlittenen Erfahrungen und den Verlust von nahezu allen Freunden und Angehörigen geprägt ist. Für Adorno beispielsweise ist das Weiterleben dessen „der zufällig entrann und rechtens hätte umgebracht werden müssen" (Adorno 1997a: 355) auch Ausdruck einer „drastische[n] Schuld des Verschonten." (Ebd.: 356) Und er beschreibt deren fortlebenden Ausdruck: „Zur Vergeltung suchen ihn Träume heim wie der, daß er gar nicht mehr lebte, sondern 1944 vergast worden wäre, und seine ganze Existenz danach lediglich in der Einbildung führte, Emanation des irren Wunsches eines vor zwanzig Jahren Umgebrachten." (Ebd.)

Filme, die diese Erfahrung zum Ausdruck brachten, thematisierten in den 1960er Jahren die Vergangenheit zumeist aus der Gegenwart. Sie zeigten das Weiterleben als bis in das Verhalten und den körperlichen Ausdruck hinein geprägt von der Vergangenheit. Diese bricht in Form von Erinnerungssplittern oder als Flashback ganz plötzlich in die Gegenwartshandlung ein. Sidney Lumet erzählt in The Pawnbroker von solchen Einbrüchen. Er zeigt einen Überlebenden, der die Erinnerung an seine Vergangenheit vergeblich zu verdrängen versucht. Momente in seinem alltäglichen Leben als New Yorker Pfandleiher, die ihn an Vergangenes erinnern, werden von ihm gewaltsam unterdrückt. Auch zwischenmenschliche Nähe ist für ihn nicht zu ertragen. Dies kommt an mehreren Stellen des Films zum Ausdruck, an denen Lumet ganz plötzlich kurz aufblitzende Erinnerungen an die Lagerhaft einschneidet. Beispielsweise erinnert ein billiger Ring, den eine verstörte junge Frau versetzen möchte, den Protagonisten an den Raub der persönlichen Gegenstände im Lager (Abb. 136). Als ein Latinojunge, der sich dem alten Mann angenähert hatte, am Ende des Films erschossen wird, kulminieren innere und äußere Konflikte. Dabei überlagern sich auch Gegenwart und Vergangenheit. Am Ende kniet der Pfandleiher neben der Leiche des erschossenen Jungen. Der unerbittlich zurückkehrende Schmerz der Vergangenheit zeigt sich dabei in seinem schmerzverzerrten Gesicht und in dem eindringlichen Bild eines ‚stummen Schreis' (Abb. 137).

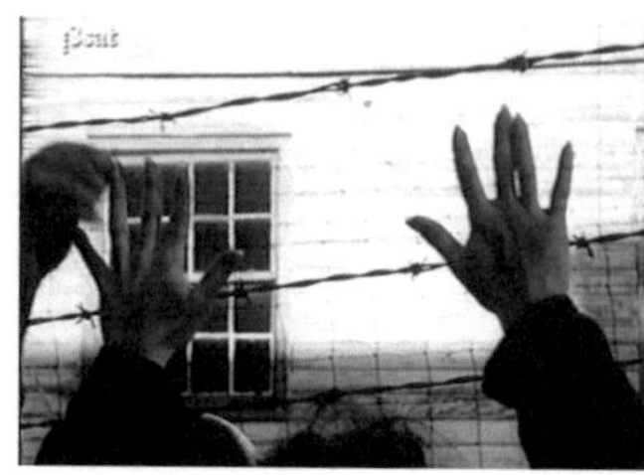

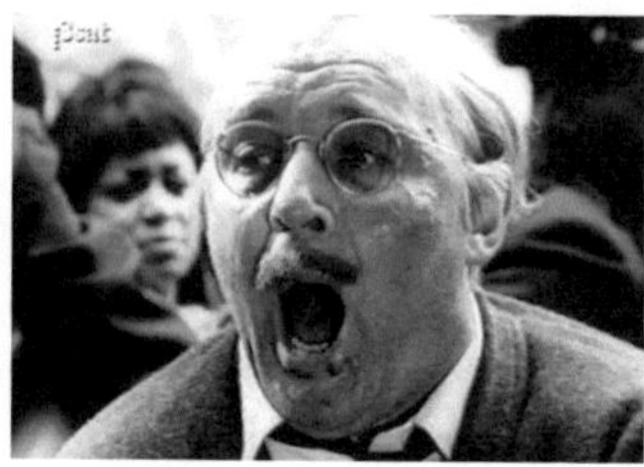

Abb. 136-137: Blitzartige Erinnerungen (oben) und der ‚stumme Schrei' (unten) in THE PAWNBROKER.

Die deutsch-jugoslawische Koproduktion ZEUGIN AUS DER HÖLLE visualisiert die Vergangenheit des Lagers ebenfalls in wiederkehrenden Erinnerungs- und Traumbildern und zeigt die Protagonistin als Fremde in der deutschen Gesellschaft und als physisch und psychisch gezeichnet von ihren schrecklichen Erlebnissen (vgl. Dillmann 2001: 33). Die Konfrontation mit der schmerzhaften Vergangenheit wird dadurch hervorgerufen, dass die Frau sich bereit erklärt, bei einem Prozess als Zeugin auszusagen. Nicht nur alte und neue Nazis, die versuchen, sie von ihrer Aussage abzubringen, setzen sie dabei unter Druck. Alltagssituationen rufen schreckliche Erinnerungen an Menschenversuche und sexuellen Missbrauch hervor. Der Film thematisiert damit die „psychologische Situation der Zeugen, die sich die Rekonstruktion der erfahrenen Leiden abverlangten und sie im Prozess neuerlich durchleben mussten" (R. Loewy 2001: 267). Alan Pakulas SOPHIE'S CHOICE variiert ebenfalls dieses Motiv und verdeutlich die Auswirkungen der Vergangenheit auf die Gegenwart im Verhalten seiner Hauptfigur. Nach der Lagerhaft ist es der Protagonistin kaum möglich, ein neues Leben aufzubauen. Innerlich bleibt sie an das Lager gebunden und damit auch an die Zeit des nationalsozialistischen Schreckens. Damit aber verlängern sich die Schmerzen bis in die Gegenwart. Erst im Verlauf des Films erfahren wir den Grund dafür. Die Protagonistin wird von der Schuld gepeinigt, ihre Kinder nicht gerettet zu haben.

In neueren Filmen hat sich die Figur des Gezeichneten mit den visuellen Figurationen der Opfer als ‚lebende Leichen' aus den Befreiungsbildern vermischt. Dabei dienen die Verweise auf traumatische Erinnerungen und der körperliche Ausdruck des Leidens als figurale Darstellungsstereotype. Dies wird besonders in DER NEUNTE TAG deutlich, wie bereits im vorherigen Kapitel gezeigt werden konnte. Der kurzzeitig aus dem Lager entlassene Häftling Kremer verkörpert in diesem Film den Gezeichneten mit Bezügen auf Darstellungsmodi früherer Filme. Kremers hastiges Herunterschlingen und unbemerktes Stehlen eines Brotes am Küchentisch seiner Schwester entspringt demselben Motiv, dessen sich Zinnemann in seinem dokumentarisierenden Porträt der Kinder in The Search bedient hatte. Bei Schlöndorff wird dieses aber durch verschiedene Motive und Verhaltensweisen, die die traumatische Belastung des Protagonisten symbolisieren, nur angedeutet, während Zinnemanns Kamera langsam an den an einem Tisch sitzenden Kindern vorbeifährt und dabei die Prägung ihres Verhaltens durch ihre Erfahrungen im Lager verdeutlicht.[7] The Search zeigt durch die Beobachtung des Verhaltens, wie sich seine kindliche Hauptfigur allmählich vom Lagerkind zum Nachkriegsjungen wandelt. Dies wird in der Szene deutlich, in der er dem amerikanischen GI begegnet. Wie ein kleines Tier springt und faucht der Junge den Soldaten an, der ihn zu bändigen versucht. Der Junge bleibt stumm. Nur unverständliche Laute dringen aus seinem Mund. Erst als der Soldat die eintätowierte Nummer auf dem Arm des Kindes sieht, beginnt er zu verstehen. Das spätere Superzeichen fungiert bereits hier als Symbol des Gezeichneten.

Roman Polanski adaptiert in seinem Film The Pianist ebenfalls Elemente der Figur des Gezeichneten für die Darstellung seines Protagonisten Szpilman aber er kehrt diese Entwicklung um. Er verdeutlicht so die „Metamorphose des gut gekleideten Musikers zum mageren ‚Nichtmenschen'" (Ebbrecht 2002). Mit seiner auf Szpilman fixierten Kamera dokumentiert er diesen „schleichende[n] Prozess einer inneren und äußeren Verwahrlosung im Angesicht permanenter Todesdrohung" und macht diesen zu einem „Leitmotiv des Films" (Köstergarten 2002).

Ulrike Gasteiger hat darum The Pianist zu Recht als ein „Drama des Gezeichneten" bezeichnet (Gasteiger 2002). Wie kaum einem anderen Filmemacher gelingt es Polanski und seinem Hauptdarsteller Adrien Brody, den durch Verfolgung, Todesdrohung und Versteck beförderten Prozess der Entmenschlichung beinahe beiläufig und dennoch emotional wirksam deutlich zu machen. Er findet seine körperliche Entsprechung im gewandelten Verhalten des Protagonisten. Diese Veränderungen haben auch eine Veränderung des mentalen Figurenmodells der Zuschauer zur Folge. Die Figur Szpilmans hat

---

7 | Diese Tendenz zur Andeutung und Fragmentarisierung lässt sich auch in Fernsehdokumentationen über den Gegenstand beobachten, wie Judith Keilbach herausgearbeitet hat. Hier werden Interviewsplitter verwendet, die die Gesprächspartner für die Zuschauer als traumatisiert kennzeichnen sollen: „Diese Aussagen erhalten in der Regel Elemente, die auch aus Interviews mit traumatisierten Personen bekannt sind: Wiederholungen, körperliche Reaktionen, die das intensive Durchleben und die Qual der Erinnerung sichtbar machen, sowie ein Verstummen angesichts der unerträglichen Erinnerungen, die sich nicht in Sprache überführen lassen. Diese textuellen Merkmale kennzeichnen den Gesprächspartner als traumatisiert – wobei für die ‚Diagnose' die wenige Sekunden dauernden Statements der Zeitzeugen ausreichen, da diese Elemente in den Geschichtsdokumentationen doch inzwischen als konventionalisierte Zeichen eines Traumas fungieren." (Keilbach 2008: 163) Keilbach bezeichnet dieses Verfahren als „Traumatifizierung" (ebd.: 164).

in THE PIANIST eine ambivalente Funktion. Obgleich als Protagonist des Films eingeführt, kennzeichnet ihn gerade seine Handlungsunfähigkeit. Handelnde sind in diesem Film andere, zumeist Nebenfiguren. In diesem Sinne bleibt die Figur opak, da sich aufgrund der fehlenden Handlungen kaum Rückschlüsse auf ihre Motivation ziehen lassen.[8] Doch gerade die sich steigernde Handlungsunfähigkeit wird zum zentralen Merkmal der Figur des Gezeichneten. Die Verunmöglichung zielorientierten Handelns verdeutlicht gerade den Prozess der Entmenschlichung. Die Geschlossenheit der Räume zeigt auch die körperliche Verschlossenheit des Protagonisten und wirkt damit auch auf die Zuschauer:

> Polanski sorgt dafür, dass der Zuschauer sich nicht mit Geist oder Emotionen, sondern mit dem Raum-Empfinden des eigenen Körpers orientiert. Die Suggestionskraft seiner Bilder und ihrer Räume ist so stark, dass man – etwa wenn Szpilman nach monatelangem Eingeschlossensein wieder einmal ein Versteck unter größtem Risiko verlässt – jede neue Freiheit physisch selbst wie eine Befreiung erlebt. Lockende, gefährlich weite Räume erstrecken sich vor den Augen: zum Verfallen. Auf diese ‚trockene' Art vollzieht man das Geschehen direkt mit, ohne Umweg über archetypische Emotionen. (Mahrenholz 2002)

Diese ebenso beiläufige wie direkte Adressierung des Zuschauers hat zur Folge, dass die Wahrnehmung Szpilmans als Gezeichnetem selbst dann noch erhalten bleibt, wenn Brody am Ende des Films den Überlebenden als erfolgreichen Pianisten in der Nachkriegszeit porträtiert. Die Kreisstruktur des Films, verdeutlicht durch die Wiederholung von Chopins „Nocturne in cis-moll" vom Beginn des Films, symbolisiert daher nicht das Vergessen. Als Erinnerung an die Figuration des Gezeichneten bleibt die Erfahrung der Entmenschlichung den Zuschauern präsent. Somit steht die Schlussszene, die ein erfolgreiches Nachkriegskonzert von Szpilman zeigt, als Bild für eine vermeintliche Normalität, „in der sich Juden nach dem Überleben der Ghettos und Konzentrationslager einrichten mussten." (Lesser 2002). In diesen Schlussbildern also ist Szpilman ein Gezeichneter, „dem die Außenwelt dies nicht unbedingt ansieht." (Ebd.)

In THE PIANIST verbindet Polanski das Modell des Gezeichneten außerdem mit der Figur des Zeugen, an dessen Perspektive sich nahezu der gesamte Film orientiert. Das verbindende Moment zwischen beiden Figurenmodellen ist dabei ihre Passivität.[9] Auch die Figur des Zeugen ist bereits in frühen Fil-

8 | Dieses Figurenmodell ließe sich mit Jens Eder als Ausdruck der Figurenkonzeption des Independent-Realismus beschreiben. Am Beispiel der Filme Antonionis entwickelt Eder typische Merkmale der Figuren von offenen und dedramatisierenden Filmen wie Opazität, Ambivalenz, Schwanken, Gebrochenheit, Statik (vgl. Eder 2008a: 407).

9 | Diese Verknüpfung wird auch in FATELESS – SORSTALANSÁG aufgenommen. Der junge Protagonist wird zunächst als Zeuge etabliert, durch dessen ungläubig-

men über den Holocaust etabliert worden. Wie ich im Kapitel über Erzählformen ausgeführt habe, findet sich der Zeuge als innerdiegetische Figur bereits in dem polnisch-jiddischen Film Unzere Kinder. Hier fungieren die überlebenden jüdischen Kinder mit ihren Erfahrungen von Verfolgung, Versteck und Lager als Zeugen. Im weiteren Verlauf wurde die innerdiegetische Figur des Zeugen zumeist in solchen Filmen verwendet, die die Vergangenheit aus der Perspektive der Gegenwart thematisieren. Dabei verband sich die Figur des Zeugen mit der des Gezeichneten. The Pawnbroaker zeigt ähnlich wie Zeugin aus der Hölle den traumatisierten Überlebenden als Zeugen wider Willen. Insbesondere in Gerichtsfilmen über Prozesse gegen Nazitäter ist der Zeuge eine kanonisierte Figur. Sie verkörpert die Opferperspektive wie beispielsweise in Judgment at Nuremberg, in dem Montgomery Clift als Opfer der Sterilisationsgesetze ein erschütterndes Bild des Gezeichneten darstellt. Dori Laub bezeichnet das Zeugnis daher als „Erzählung des Opfers“ (Laub 2000: 68). Es handelt sich um eine Erzählung, die „alle Grenzen von Raum und Zeit sowie von Selbst und Subjektivität durchbricht und zersetzt“ (ebd.: 69).

Ähnlich behandelt der Fernsehfilm Mord in Frankfurt von Rolf Hädrich die Frage der Zeugenschaft. Hier liegt das Augenmerk auf einem Zeugen, der aus Polen nach Frankfurt gereist ist, um in einem Prozess gegen die Wachmannschaften von Auschwitz auszusagen. Ohne Rückblenden in die Vergangenheit werden der Zeuge und seine Erfahrungen in der bundesdeutschen Gegenwart visualisiert. Der Protagonist des Films kommt mit der Hoffnung auf Gerechtigkeit nach Deutschland. Dass seine Erwartung enttäuscht werden wird, verdeutlicht die Inszenierung jedoch von Anfang an. Die Kamera bewegt sich nah an ihn heran und kreist um ihn herum. Bereits kurz nach seiner Ankunft wird ihm durch diese Inszenierungstechnik die Bewegungsfreiheit genommen. Dies steigert sich bis zur Gerichtsszene. Dazu setzt Hädrich eine mobile und bewegliche Kamera ein. Die Einsamkeit des Zeugen und seine Abtrennung von der deutschen Gesellschaft werden durch die ihn gefangen nehmende Kamerabewegung verdeutlicht.

Polanski macht in The Pianist den Zeugen im Unterschied dazu zum Protagonisten eines historischen Films. Wie Gabriele Lesser deutlich macht, ist Szpilman „[e]in Zeuge, kein Held“ (Lesser 2002). Polanski ersetzt die im polnischen Nachkriegsfilm dominante Figur des heroischen Opfers durch den

---

erstaunte Augen die Zuschauer das längst aus vielen Filmen bekannte Geschehen wie neu betrachten. Der Charakter der Figur wird durch die reflexive Erzählerstimme aus dem Off noch verstärkt. Die durch Schwarzblenden getrennten Episoden der Lagerkarriere erscheinen so als erinnerte Momentaufnahmen. Allerdings überführt der Film die Figur sukzessive hin zum Gezeichneten, indem er sie fast bis zum Tod treibt und wie kaum ein anderer Film seinen Protagonisten der Figur des ‚Muselmanns‘, dem vollständig ausgezehrten und sich bereits dem Tode preisgebenden Häftling, als Modell des Gezeichneten annähert.

Zeugen, der, wie Kobi Kabalek deutlich gemacht hat, Züge eines Antihelden trägt:[10]

> The pianist embodies survival and not ‚honorable death'. In this sense, he is an *antihero*, presenting an alternative mode to the fighting hero, with whom he is constantly compared. In the film, Szpilman's figure correlates, to a certain extent, with other antiheroic descriptions in literature and film, which present a ‚sensible' and complex image of a hero, or even a counter-image that is used to raise certain moral and political issues, and to emphasize a human rather than a super-human dimension. This alternative image often consists of an internalization of a category marked as external and antithetical to a normative heroic stereotype, which is classified in terms of gendered traits. Thus attributes of effeminate, physical weakness and cowardice, generally bearing a negative value, may be introduced as positive and exemplary values. (Kabalek 2007: 61, H.i.O.)

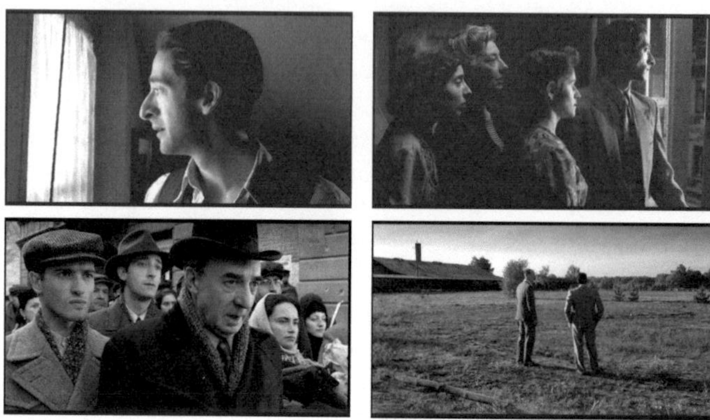

Abb. 138: Verschiedene Szenen in THE PIANIST zeigen Szpilman in der Position des Beobachters und Zeugen.

Diese Beschreibung Kabaleks verweist erneut auf die große Nähe zwischen dem Zeugen und dem Gezeichneten, die in der Figur Szpilmans verschmelzen und im Widerspruch zur Figur des heroischen Opfers stehen. Beiden Figuren sind die Passivität und das beobachtende Verhalten eigen. Wie bereits in der Analyse der Bildgestaltung von THE PIANIST gezeigt, dominiert dieser

10 | Die Figur des heroischen Opfers wurde im polnischen Kino bereits von den Regisseuren der polnischen neuen Welle modifiziert und wie in Andrzej Wajdas POPIÓŁ I DIAMENT (PL 1958, Andrzej Wajda) durch eine ambivalente Figurenzeichnung ersetzt. Wie Kabalek hervorhebt, werden die klassischen Heldenfiguren in THE PIANIST in den Nebenfiguren durchaus angedeutet: „THE PIANIST praises both heroic and unheroic models. The Ghetto fighters and the Polish resistance fighters are celebrated as heroes and martyrs. At the same time, the film seems to draw on the discourse of alternative heroism regarding the Holocaust survivors and victims." (Kabalek 2007: 66)

Beobachtungsgestus die Erzählhaltung des gesamten Films (Abb. 138). Die Zeugenperspektive wird zugleich verdoppelt durch die Position der Zuschauer, die selbst als Zeugen fungieren (vgl. ebd.: 63). Die Zeugenfigur bekommt dadurch eine reflexive Dimension. Als Verdopplung des Kamerablicks ist sie Figur und Medium zugleich. Als solche kann sie auch als Erzähler fungieren. So wird beispielsweise die Figur des Shlomo in Train des vie (F/B/NL 1998, Radu Mihaileanu) im Schlussbild des Films als Erzähler und Zeuge

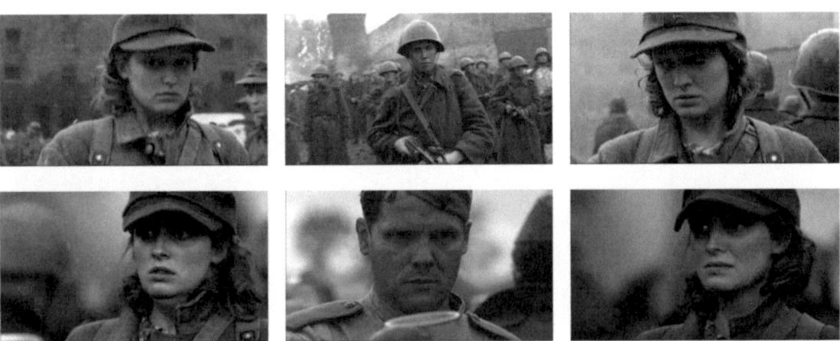

Abb. 139: Traudl Junge als Zeugin und Gezeichnete in Der Untergang.

markiert.[11] Eine für die amerikanische Verleihfassung von La vita è bella angefügte Rahmenhandlung macht in ähnlicher Weise den Sohn der ermordeten Hauptfigur Guido rückwirkend zum Erzähler und damit zum Zeugen (vgl. Viano 1999: 32). In Schindler's List wird beispielsweise die Räumung des Krakauer Ghettos von Schindler als Zeuge des Geschehens beobachtet. Filmisch dargestellt wird dies durch den Überblick, den Schindler von seinem Standpunkt auf dem Hügel neben dem Ghetto aus hat. Dazu kommt die wiederholte Großaufnahme seines Gesichts. Als in das Geschehen eingebetteter Zeuge fungiert in diesen Szenen hingegen Schindlers Buchhalter Stern. Auch hier sind es Großaufnahmen seines Gesichts, die ihn als Zeugen des Geschehens markieren. Verbunden wird dies mit einer handgeführten Kamera, die seine direkte Beteiligung am Geschehen verdeutlicht.

Mittlerweile wurde in Spielfilmen über den Holocaust die Figur des Zeugen zur Konvention. Dem entspricht auch eine konventionalisierte kinematografische Darstellungsform. So fokussiert The Pianist wiederholt in Großaufnahme das Gesicht des Pianisten und zeigt den Zuschauern im Gegenschuss, was er sieht.[12] Diese Darstellung findet sich auch in Filmen über den Nationalsozialismus und den Zweiten Weltkrieg wie Der Untergang wieder. Beispielsweise wird die Figur Traudl Junge als solche Zeugenfigur eingeführt. Dies wird in ähnlicher Weise durch Großaufnahmen ihres Ge-

11 | Allerdings ist hier die Figur des Zeugen wieder mit der des Gezeichneten verbunden, wie die emblematische Situation Shlomos hinter Stacheldraht verdeutlicht.

12 | Wie im Kapitel über den Status der Bilder gezeigt, korrespondieren diese Zeugnisbilder Szpilmans zumeist mit Nachbildungen historischer Fotografien und Filmaufnahmen.

sichts markiert wie in den Aufnahmen der Zeugenfiguren in THE PIANIST oder SCHINDLER'S LIST. Einerseits verweist der Film damit reflexiv auf eine seiner Quellen, die Interviews mit Hitlers Sekretärin. Diese Reflexivität wird aber andererseits dadurch überdeckt, dass die historische Figur Traudl Junge, verkörpert in der Filmfigur, auch als Beglaubigungsinstanz der Filmhandlung fungiert. Zusätzlich werden die oben beschriebenen Übergänge zur Figur des Gezeichneten aktiviert. Dafür steht insbesondere die Szene im Film, in der Traudl Junge durch eine Gruppe von sowjetischen Soldaten schreitet. Die handgeführte Kamera begleitet sie dabei und folgt ihrem zum Boden gerichteten Blick, bis sie schließlich aufschaut und Traudl Junges angstvollen Blick in das Gesicht eines Russen übernimmt (Abb. 139). Auf diese Weise verwandelt sich die konventionelle Figur des Zeugen (der Verbrechen) in ein Stereotyp, das entsprechende Bedeutungen, wie die Markierung als gezeichnetes Opfer, in einen anderen thematischen Bedeutungskontext, die Erzählung über deutsche Opfer und deutsches Leid, überführt.

DER GUTE DEUTSCHE

Die Figur des ‚guten Deutschen' ist spätestens seit SCHINDLER'S LIST ein feststehender und kontrovers diskutierter Topos. Doch diese Figur des positiv konnotierten und den Nazifiguren entgegengesetzten, zumeist ehrenhaften, oft auch aktiv widerstehenden Deutschen ist bereits ein lang tradiertes und vielfach wiederholtes Figurenstereotyp in zahlreichen Filmen. Bereits 1942 soll William Wyler über seinen amerikanischen Antinazifilm MRS. MINIVER (USA 1942) geäußert haben, er habe leider nur einen deutschen Charakter in seinem Film gehabt, darum habe er ihn als stereotyp böse Figur darstellen müssen. Gäbe es mehrere deutsche Figuren, könne eine ruhig auch ein ‚guter Deutscher' sein.

Die Figur des ‚guten Deutschen' hat dabei sowohl strukturelle als auch soziale und mediale Facetten. Ihre Verwendung wird insbesondere durch erstere motiviert. Als positiv besetzte und aktiv handelnde Figur eignet sie sich als Protagonist oder zumindest als Teil der positiv konnotierten Gegenspieler des ‚Bösen'. Die soziale Dimension verweist auf eine kulturelle und eine moralische Ebene. Die kulturelle Ebene bezieht sich auf die Irritation, dass gerade Deutschland mit seiner herausragenden Kultur zu dem Ort wurde, von dem aus die Naziverbrechen geplant und durchgeführt wurden. Dieser scheinbare Widerspruch wird in der filmischen Repräsentation zumeist in eine antagonistische Figurenkonzeption übersetzt. Anstatt die kulturelle Prägung im ‚Land der Dichter und Denker' und die Barbarei des Nationalsozialismus als Bestandteile derselben politischen Kultur zu betrachten, werden sie aufgesplittet und in zwei entgegengesetzten Figurenstereotypen verkörpert: ‚dem Nazi' und ‚dem guten Deutschen'. Genau darin liegt aber auch ein Entlastungsmotiv. So findet sich diese Gegenüberstellung vom ‚Nazi' und ‚gutem Deutschen' in zahlreichen deutschen Kriegsfilmen der 1950er Jahre, beispielsweise in der bereits angeführten „Figuration des ‚guten Soldaten' und des ‚bösen SS-Mannes'" in dem Nachkriegsfilm Canaris (Keitz 2007: 168). Der Chef der deutschen Abwehr Admiral Canaris mit seinen Beziehungen zum militärischen deutschen Widerstand wird darin zur „Identifikationsfigur gegen den fanatischen Nationalsozialisten" profiliert (ebd.: 169). Die Gegenüberstellung beider Figurenstereotype bot sich an, um Identifikationsfiguren zur Entlastung zu schaffen. Die Darstellung griff dazu die bestehenden Schemata der sozialen Typisierung des ehrenhaften Militärs auf und orientierte sich dabei am klassischen Schema des guten Soldaten. In Abgrenzung zu den diabolisch gezeichneten, stereotypen Nazifiguren konnten so durch den nationalsozialistischen Vernichtungskrieg belastete Werte wie militärische ‚Disziplin', ‚Treue' und ‚Ehre' umgedeutet werden. Canaris war daher auch Vorreiter für weitere bundesdeutsche Nachkriegsfilme, die sich mit der Ausgestaltung der Figur des ‚ehrenhaften Soldaten' beschäftigten. Hervorzuheben sind hier Falk Harnacks Der 20. Juli und Georg Wilhelm Pabsts Es geschah am 20. Juli (beide BRD 1955) über das Attentat gegen Hitler am 20. Juli 1944. Während jedoch Harnacks Film ein multiperspektivisches Figurenensemble kreiert und damit den Fokus vom Hitlerattentäter Claus Graf von Stauffenberg um weitere soziale Typen erweitert, die unterschiedliche Facetten des Widerstandes und der deutschen Gesellschaft repräsentieren, orientiert sich Pabst fast ausschließlich an der Figur Stauffenberg. Ihre Kraft zieht diese stets aus dem Kontrast mit Hitler, auch wenn Es geschah am 20. Juli auf den ersten Blick ein an Spannungsmomenten orientierter Bericht der Vorgänge am Tage des Attentates ist und die direkte Darstellung des Antihelden Hitler weitgehend vermeidet. Es scheint fast, als hätte man Angst, den Deutschen das belebte Antlitz ihres Führers vorzuspielen, das wie eine Geistererscheinung aus einer anderen Welt wirken und dabei die Faszination wiedererwecken könnte, die das Ich-Ideal als gemeinsames Objekt der gegenseitigen Identifizierung für die deutsche Volksgemeinschaft ausgestrahlt hatte (vgl. Mitscherlich/Mitscherlich 1991). In der Szene vor dem Attentat ist es daher nicht der leibhaftige Hitler, sondern sein gemaltes Ebenbild, das als Gegenüber des Protagonisten Stauffenberg dient (Abb. 140). Wie ein Doppelgänger wirkt Stauffenberg, der dieselbe Pose wie Hitler auf dem Bild einnimmt. Führer-Bild und Attentäter treten in ein Wechselspiel der Blicke. In der folgenden Szene wird eine Bilddiagonale zwischen Stauffenberg und einer über dem Schreibtisch Keitels hängenden Fotografie Hitlers hergestellt. Als Stauffenberg dann die Bombe scharf macht, blickt er in direkter Blickachse zum Bild Hitlers in Richtung der Kamera, ohne dass dieses noch einmal im Gegenschnitt gezeigt würde. In gewisser Weise visualisiert Es geschah am 20. Juli mit der Gegenüberstellung von Hitler als im Bild anwesendes strafendes und kontrollierendes Ich-Ideal und Stauffenberg, der beinahe ängstlich und schuldbewusst darauf reagiert, die Situation der 1950er Jahre, jenes abwehrende und doch schuldverstrickte Vergessenwollen. Damit reflektiert der Film unfreiwillig auch die visuelle und mediale Intensität des Nationalsozialismus, gerade in ihrer offensichtlichen Aussparung. Das fotografierte oder gemalte Porträt Hitlers ist in diesen Szenen vor dem Attentat beinahe schrecklicher und drohender als es der gespielte Hitler wäre. So wird die Szene vor dem Attentat zu einer Schlüsselszene des gesamten Films und

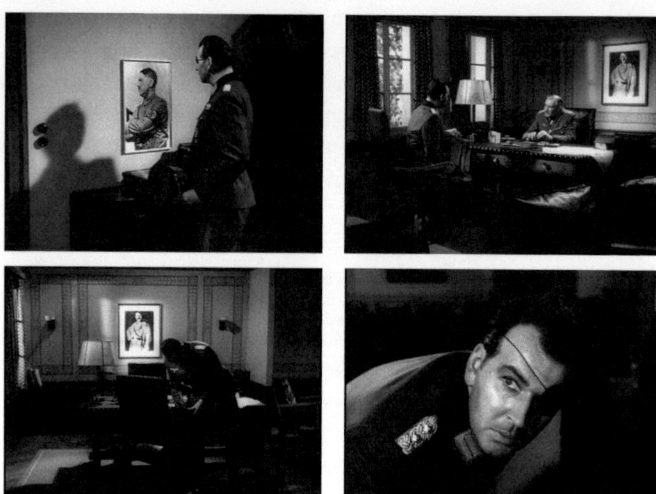

Abb. 140: Wechselspiel der Blicke: Führerbild und Attentäter in ES GESCHAH AM 20. JULI.

konstituiert Stauffenberg als Symbolfigur für ein ‚anderes', Hitler und den Nazis entgegengesetztes Deutschland.

Die Figur des ‚guten Deutschen' personifiziert im ‚guten Soldaten' eignete sich auch als Mediator für die Integration der (männlich-soldatischen) Kriegserfahrung in die demokratisch gewandelte Bundesrepublik, „[d]ie im Krieg gemachten Erfahrungen sollten entpolitisiert und unschädlich gemacht werden." (Keitz 2007: 168) Als solche ließen sich die zum Figurenstereotyp gewordenen Wehrmachtssoldatenfiguren auch als positiv umkodierte Heldenfiguren in filmischen Abenteuergeschichten situieren. Filme wie 08/15 (BRD 1954, Paul May) stehen prototypisch für diese scheinbar entpolitisierten Kriegsfilme. Als Alltagshelden im grausamen Weltgeschehen bekommen die ‚guten Soldaten' die Aura des Opfers verliehen. Sie knüpfen damit auch an die Figuren aus den Trümmerfilmen der unmittelbaren Nachkriegszeit und insbesondere die darin wiederholt auftauchende Figur des Kriegsheimkehrers an.

Die moralische Dimension der Figur des ‚guten Deutschen' zeigt sich hingegen erst in ihrer Behandlung als Ausnahme. Als solche bekommt sie eine ähnliche Bedeutung wie diejenigen Zeitgenossinnen und Zeitgenossen des Nationalsozialismus, die sich bereit fanden, den Opfern zu helfen und für welche die israelische Gedenkstätte *Yad Vashem* den Begriff der „Gerechten unter den Völkern" geprägt hat. Wie der Leiter der Gedenkstätte Avner Shalev hervorhebt, symbolisieren die Gerechten „die Essenz der Vorstellung, dass jeder Mensch die freie Wahl hat, sich im Angesicht des Bösen für das Gute zu entscheiden und nicht gleichgültig bleiben darf." (Shalev 2005: 8)

Als Ausnahme verweist die Figur damit auf die Regel. Ethisches Handeln und die Entscheidung, an der Verfolgung und Vernichtung der Juden nicht teilzuhaben und auch nicht passiv abseits zu stehen, waren während des Nationalsozialismus jederzeit möglich, aber keinesfalls die Regel. Gerade jenen war ethisches Handeln möglich, denen als Angehörige der ‚Herrenmenschen' die geringste Gefahr daraus drohte. Die geringe Zahl solcher Helfer und Retter macht es somit nötig, diese Menschen und ihr Handeln in Relation zum Handeln der Mehrheit zu sehen. Dort aber, wo die Figur als Stereotyp verfestigt wird, besteht die Gefahr, dass es zu einer Verschiebung dieser Relation kommt. Der Retter wird dann zu einer kollektiven Identifikations- und damit Erlöserfigur. Als Ersatz für das unterlassene Handeln der Mehrheit kompensiert die Figur damit die mit Zweifeln besetzte Position der Zuschauer und Mitläufer. Durch solche Funktion der Kompensation wird die Verschiebung von der Vernichtungs- zur Rettungsgeschichte möglich, für die diese Figur eine zentrale Bedeutung hat. Darauf deutet auch Steven Spielbergs Beschreibung seines Protagonisten Schindler hin, der als Verkörperung eines solchen ‚Gerechten' erscheint:

> Schindler war ein guter Mensch. Ein guter Mensch, der ein gerechter Mensch wurde. Dass er Deutscher ist, ist für mich fast wie Ironie. Und was er tat, konnte er nur tun, weil er Deutscher war. Und nur deshalb. Ich habe ihn auch gewählt, weil ich mir sicher bin, dass das Publikum bei diesem Thema das Ausmaß des Bösen nicht würde ertragen können, wenn es nicht dagegen den Maßstab des Guten gäbe. (Zit. n. Spielberg/Karasek 1994: 186)

Als „Maßstab des Guten" fungiert die Figur Schindlers zur Kompensation des Schreckens, den die Darstellung der Shoah impliziert. Von der Vernichtung wechselt die Aufmerksamkeit zur Rettung und zum Überleben, von den Tätern zum Retter als Identifikationsfigur. Im Figurenstereotyp des ‚guten Deutschen' werden diese narrativen Verschiebungen personifiziert. Insbesondere in der deutschen Rezeption wurde Schindler als Prototyp dieser Figur daher zum zentralen Gegenstand der Aufmerksamkeit. Wie sich allerdings zeigen lässt, überschreibt die zum Stereotyp verdichtete Darstellung des ‚guten Deutschen' vorherige, eher ambivalent gehaltene Darstellungen ähnlicher Figuren.

1949 betitelte Siegfried Kracauer eine Kritik von Kurt Maetzigs Nachkriegsfilm Ehe im Schatten (D 1947) mit „Der anständige Deutsche". Maetzig, der Angehörige seiner Familie und Freunde in den Konzentrations- und Vernichtungslagern verlor, erzählt in seinem Film die Geschichte eines deutsch-jüdischen Schauspielerehepaares während des Nationalsozialismus, das durch die zunehmende Ausgrenzung und Verfolgung in den Selbstmord getrieben wird. Obwohl offensichtlich aus einer kritischen Grundhaltung gegenüber dem Nationalsozialismus entstanden, bietet der Film auch Anknüpfungsmöglichkeiten für eine entlastende Rezeption durch das deutsche Publikum. So heißt es beispielsweise im Oktober 1947 in einer Kritik von Hans Ulrich Eylau in der Berliner Zeitung *Tägliche Rundschau*:

> In dieser Tragödie einer sogenannten Mischehe wird wieder wach und lebendig, was jeder an sich und in seiner Umgebung erlebt hat: das Schicksal der Juden – und nicht nur der Juden, sondern aller Aufrechten – im Hitlerreich,

die gelben Sterne auf Mänteln und Jacken, das Verschwinden von Nachbarn und Bekannten in der Ungewißheit der Deportation, dann der Krieg, die Dienstverpflichtung, die Bombennächte, der Tod schließlich, der alle täglich und stündlich belauerte. (Zit. n. BZfpB 1996: 113)

Deutlich wird in dieser Besprechung der Fokus von den jüdischen Opfern der antisemitischen Verfolgung auf einen verallgemeinerten Opferbegriff („aller Aufrechten") verlagert, der schließlich mit dem Verweis auf die Bombennächte und den „Tod [...], der alle täglich und stündlich belauerte" die deutsche Bevölkerung an die Stelle des Opfers rückt. Diese Wahrnehmung basiert zwar zunächst auf einer gesellschaftlich dominanten Selbstwahrnehmung der Deutschen nach dem Krieg. Sie findet jedoch auch eine Entsprechung in der Struktur des Films und der daraus resultierenden Typisierung der Figuren. So suggeriert der Film in den Worten Kracauers den „Eindruck, daß sie [die Nazis, TE] eine fremde Rasse sind, die keine Verbindung mit den übrigen Menschen haben – als ob die Deutschen wie die Franzosen Opfer einer Invasion gewesen wären." (Kracauer 2004: 424) Diese Tendenz begünstigt eine Identifikationshaltung, die Jörg Schweinitz in einer Diskussion von Kracauers Kritik präzise zusammenfasst:

Gleichzeitig [...] lud er [der Film EHE IM SCHATTEN, TE] über die Identifikation mit den passiven, abwartenden, sich selbst betrügenden Protagonisten, die auch deshalb zu Opfern – indes zu höchst integren Opfern – werden, dazu ein, nicht nur die Figuren auf der Grundlage des eigenen Erfahrungsvorrates nachzuvollziehen, sondern wohl auch umgekehrt die Opferrolle ein stückweit auf sich zu beziehen und inmitten der zerbombten Städte Momente eines tröstenden Verhältnisses auszuleben. [...] Die von Kracauer gerügte polare, stark akzentuierte Konstruktion, mit der das Lager der Täter sorgfältig von dem der anständigen Menschen geschieden wird (eine Konstruktion, die eine Frage des Geschichtsbildes, hier aber auch eine des Genres ist), kam dem noch entgegen. (Schweinitz 1999: 11)

Das Identifikationsangebot für die deutsche Nachkriegsbevölkerung kulminiert im doppelten Selbstopfer der Eheleute. Karacauer kritisierte an dieser Konstellation den „gefühlsmäßigen Idealismus [...], der die Vernunft verachtet und sich selbst damit brüstet, niemals Fragen zu stellen." (Kracauer 2004: 425) Das Mitgefühl der Zuschauer verschiebt sich von der Jüdin Elisabeth auf ihren deutschen Mann. Denn er ist derjenige, der sich selbst opfert. Die millionenfache Ermordung wird in diesem (mitfühlend inszenierten) Opfer symbolisiert und gleichzeitig überschrieben. Die Juden als Opfer können nun durch die Selbstwahrnehmung der Deutschen als Opfer von Krieg und Not ersetzt werden. Daher kritisierte Kracauer auch explizit die problematische Konstellation, die sich daraus für die Entnazifizierung in Deutschland ergab:

Wenn, wie ich glaube, EHE IM SCHATTEN eine tatsächlich vorhandene Geisteshaltung widerspiegelt, dann wäre die uneingeschränkte Sympathie,

> mit der der Film seine ‚guten' Charaktere umgibt, ein Hinweis darauf, dass die Mentalität der deutschen Mittelschicht sich nicht wirklich geändert hat. [...] Die Mehrheit der Deutschen hat eine falsche Vorstellung von Autorität, von der Rolle der Vernunft, von der Wechselbeziehung zwischen Kultur und Zivilisation. Eine wirkungsvolle Mobilisierung des deutschen Anstands hängt von einer Veränderung von Denkgewohnheiten ab, die Jahrhunderte alt sind. (Ebd.: 427)

Einerseits wendet sich Ehe im Schatten also dem vorher und später wenig beachteten zentralen Aspekt der Judenverfolgung zu. Mit Hilfe des Genres und der Figurenzeichnung versucht der Film dazu einen Zugang für sein deutsches Nachkriegspublikum zu schaffen, der jedoch die signifikanten Erfahrungsdifferenzen auflöst. Das einzelne Opfer tritt an die Stelle der unzähligen Ermordeten. Andererseits passt Maetzig das Geschehen in eine politisch-ideologische Deutung ein, die den jüdischen Protagonisten eine Mitschuld durch Unterlassen an ihrem Schicksal gibt. Dies wird aber nicht als Konflikt auserzählt. Stattdessen verschiebt sich die Aufmerksamkeit auf das freiwillige Opfer des ‚anständigen Deutschen', der als Identifikationsfigur für das Publikum dient.

In folgenden Filmen der DEFA hat sich das Figurenschema des ‚anständigen Deutschen' noch weiter ausdifferenziert. Es behielt dabei die Ambivalenz bei, mit der die Figur des bürgerlichen Schauspielers in Ehe im Schatten gezeichnet wurde. Beinahe didaktisch wurde die Figur in späteren Filmen der DEFA über Nationalsozialismus und Holocaust als Identifikationsangebot für die (ost-) deutsche Bevölkerung gesetzt. Allerdings wurde ihre Verwendung dabei deutlich den Anforderungen der DDR-Geschichtspolitik angepasst.

Dies lässt sich an Kurt Maetzigs folgendem Film Rat der Götter (DDR 1950) illustrieren. Hier wird die Figur des ‚anständigen Deutschen' als Gegenfigur zu einer Gruppe negativ und weitgehend stereotyp gezeichneter Industrieller entwickelt, die den Aufstieg des Nationalsozialismus unterstützten. Obwohl der Film damit ein wichtiges Kapitel in der Geschichte des Nationalsozialismus aufgreift, die Kollaboration und Unterstützung durch wirtschaftliche Eliten, passt Maetzig dessen Ausgestaltung durch die Verwendung ideologischer Stereotypen dem vorherrschenden Geschichtsbild an. Verschwörungselemente und antiamerikanische Stereotype charakterisieren die Industriellen in Rat der Götter als typisierte ‚Vertreter des Finanzkapitals' im Sinne der Dimitrowschen These vom Faschismus als „offene terroristische Diktatur der reaktionärsten, am meisten chauvinistischen, am meisten imperialistischen Elemente des Finanzkapitals" (zit. n. Müller 2008). Wie Ursula von Keitz hervorgehoben hat, handeln die Figuren „nicht ‚für sich', sondern bedingt durch die Multiplikation der Schauplätze innerhalb eines architektonischen Settings, stets als Repräsentanten einer Gruppe." (Keitz 2007: 166) Herausgehoben aus dieser pluralen Figurenkonstellation und als Identifikationsfigur gekennzeichnet ist der Chemiker Hans Scholz, der schließlich erklärt, er sei aufgrund seiner unpolitischen Haltung mitschuldig an den begangenen Verbrechen, obwohl er sich weder für noch gegen das Regime ausgesprochen hatte (vgl. ebd.: 165) Als Figur der Wandlung entwickelt sich das Figurenstereotyp des ‚anständigen Deutschen' im DEFA-Film somit aus der ambivalenten Grundhaltung heraus.

In dieser von EHE IM SCHATTEN und RAT DER GÖTTER begründeten DEFA-Tradition der didaktischen Verwendung der Figur des ‚guten Deutschen' steht auch Konrad Wolf. Doch anders als in den frühen Filmen Maetzigs wählt der jüdisch-kommunistische Remigrant Wolf deutsche Figuren als Mediatoren. Er führt nicht einfach einen Gesinnungswandel vor, sondern er visualisiert eine Perspektivverschiebung. ‚Gute Deutsche' sind daher bei ihm jene Figuren, die den ‚deutschen' Standort und die daraus resultierende Perspektive verlassen. Er führt dies sogar topografisch in einer Szene seines autobiografisch gefärbten Films ICH WAR NEUNZEHN (DDR 1968) vor Augen. Der Protagonist des Films Gregor, ein mit der Roten Armee nach Deutschland zurückkehrender Flüchtling aus Nazideutschland, und sein russischer Freund Sascha versuchen, von einer Anhöhe aus mit Hilfe eines Megaphonwagens deutsche Soldaten dazu zu bewegen, zu den sowjetischen Truppen überzulaufen. Sie fordern damit eine Entscheidungssituation heraus. Diese Entscheidungssituation wird topografisch symbolisiert, da die deutschen Soldaten einen langen Weg durch ein Tal bis zur Anhöhe zurücklegen müssen. Aus der Masse der Überläufer tritt die Figur des deutschen Soldaten Willi Lommer heraus. Sie bildet eine Art Brückenfigur für die Zuschauer. Mit dem deutschen Soldaten können auch die Zuschauer die Grenze der Perspektiven überschreiten. Lommer greift schließlich selbst zu einem Gewehr, um mit den russischen Soldaten zusammen den Beschuss durch deutsche SS-Männer zu erwidern, von denen Gregors Freund Sascha tödlich getroffen wird. Hier verschiebt sich die Perspektive von den sowjetischen Befreiern zu den Deutschen, die sich nun (zumindest symbolisch) selbst befreien. Gleichzeitig ist diese Perspektivverschiebung mit einem Verlust verbunden. Sasha wird tödlich getroffen, Gregor bleibt allein zurück, als „Vereinigung beider Perspektiven" (Ebbrecht 2008: 97). Die letzten Worte des Films verdeutlichen dies: „Ich bin Deutscher. Ich war neunzehn Jahre alt".

Die Position des ‚guten Deutschen' ist bei Wolf also mit einem Bruch verbunden, der sich visuell im Bruch der Perspektive und politisch mit einer Entscheidung für einen anderen Standpunkt verbindet. Auf diese Weise hatte Wolf diese Figur bereits in zwei früheren Filmen inszeniert. In LISSY (DDR 1957) zeigt er die Wandlung einer jungen deutschen Frau von einer begeisterten Anhängerin der Nazis zu einer entschiedenen Gegnerin. Das Schlussbild zeigt sie allein, eine Allee entlang gehend, gleichzeitig ein Bild der Hoffnung wie eines der Isolation. In STERNE thematisiert Wolf die Wandlung eines deutschen Soldaten. Auch wenn dieser als Maler/Künstler von Anfang an als Kontrast zu anderen Nazifiguren fungiert, fordert der Film doch von ihm eine Entscheidung, die auch den durch die Deportation der jungen Jüdin Ruth verursachten Verlust der Liebe überdauern muss.

Solche Prozesse einer auf Entscheidungen beruhenden Wandlung, die eine Voraussetzung wären für die in Kracauers Worten „wirkungsvolle Mobilisierung des deutschen Anstands", werden jedoch in der Popularisierung dieses Figurenstereotyps durch rein dramaturgische Effekte ersetzt. Oft wurde darauf hingewiesen, dass Spielberg den Wandlungsprozess seines Protagonisten in SCHINDLER'S LIST auf ein geradezu metaphysisches Moment verkürzt und damit die Entscheidung von der Figur abkoppelt. Schindlers Wandlung vom, wie Spielberg betont, ‚guten' Menschen zum ‚Gerechten' vollzieht sich mit Hilfe eines Symbolbildes. Als stünde die Zeit still, erblickt Schindler während der Räumung des Krakauer Ghettos ein kleines Mädchen in einem roten Mantel, das nur er zu sehen scheint und das zwischen dem Gewühl und Terror durch die Straßen geht. Dieses Mädchen fungiert als veräußertes Symbol für die Entscheidung Schindlers. Die Figur Schindlers ist hingegen aus typischen, zumeist stereotypen Merkmalen zusammengesetzt. Zunächst ist er Dandy und Spieler, eine Mischung aus Gangster und Westerner und schließlich wird er zum Patriarchen und liebenden Vater. Aus diesen Merkmalen montiert Spielberg das von nun an prototypische Stereotyp des ‚guten Deutschen'.

Dessen Fortwirken lässt sich beispielhaft an der postmodernen Konstruktion von Steven Soderbergs THE GOOD GERMAN (USA 2006) studieren. Bereits die Credits und die Musik imitieren den Stil des Film Noir und der Antinazifilme. CASABLANCA liefert gleichsam das Decodierungssystem für THE GOOD GERMAN. Der ‚gute Deutsche', den der Titel verspricht, lebt in den gefluteten U-Bahn-Schächten von Berlin. Der ‚gute Deutsche' ist jedoch Opfer von Intrigen und um ihn buhlen die sich verfeindenden und korrupten Alliierten. Doch er ist integer und will nicht zu einer Seite überlaufen, sondern die Schuld an den Verbrechen öffentlich anerkennen. So wird dieser ‚moralische Patriot' zum ersten Opfer des Kalten Krieges und nimmt gleichzeitig die Formen deutscher Vergangenheitsbewältigung nach der Wiedervereinigung vorweg. THE GOOD GERMAN überschreibt mit seiner Zitat- und Pasticheästhetik nicht nur eine Vielzahl von Filmen über den Nationalsozialismus und den Kalten Krieg wie CASABLANCA oder JUDGMENT AT NUREMBERG. Er macht auch deutlich, dass die Figur des ‚guten Deutschen' nach SCHINDLER'S LIST als beliebig einzusetzendes Figurenstereotyp verwendet werden kann. So kann der ‚gute Deutsche' Titel gebend werden und gleichzeitig lediglich in einer Nebenfigur angedeutet werden. Das Figurenstereotyp wird somit zum Darstellungsmuster für Deutsche schlechthin. Dies zeigt auch seine Überführung in die neuen deutschen filmischen Geschichtsfiktionen über den Nationalsozialismus. Auch in diesen wird, in der Widerholung der Gegenüberstellung von ‚guten Deutschen' und ‚bösen Nazis' das Figurenstereotyp reproduziert.

In DER UNTERGANG nimmt die Figur des SS-Arztes Schenck diesen Platz ein. Schenck wird, der Darstellung in den bundesdeutschen Kriegsfilmen der 1950er Jahre folgend, als ehrenhafter Soldat charakterisiert. Durch die Wiederholung von Situationen humanen Verhaltens wird Schenck im Bewusstsein der Zuschauer vom SS-Mann zum hilfsbereiten Militärarzt. Wie der Kriegsheimkehrer Mertens in DIE MÖRDER SIND UNTER UNS (D 1946, Wolfgang Staudte) ist auch Schenck sozial durch seinen Beruf als Arzt typisiert, was ihn ‚den Nazis' beinahe automatisch gegenüber stellt, da er sich deutlich vom Figurenstereotyp des ‚Mad Scientists' unterscheidet, welches die negativ besetzte mediale Abwandlung der sozialen Typisierung des Mediziners darstellt. Gleichzeitig muss die Figur kaum mit einer Hintergrundgeschichte ausgestattet werden. Sein uneigennütziger Einsatz und sein Handeln für die deutsche Bevölkerung kennzeichnen ihn als ‚guten Menschen'. Somit können in der Rezeption der Figur die Eigenschaften des Figurenstereotyps des ‚guten Deutschen' abgerufen werden. Überschrieben wird damit die tatsächliche Hintergrundgeschichte. Was nicht zum angestrebten Eindruck passt, wird einfach ausgeblendet, wie etwa Schencks Tätigkeit als Arzt in Konzentrationslagern.

Die mit dem Figurenstereotyp verbundene Erwartungshaltung muss jedoch nicht wie in THE GOOD GERMAN oder in DER UNTERGANG bestätigt werden. Sie kann auch gebrochen werden, was dazu führen kann, das Stereotyp bewusst zu machen. Mit einer solchen Brechung der aus der Konventionalisierung des Figurenstereotyps des ‚guten Deutschen' resultierenden Erwartungshaltung arbeitet beispielsweise LA VITA È BELLA. Georg Seeßlen hat solche Brüche als Szenen markiert, „die von der *story* (in der es Sinn und Erlösung gibt) zur *history* führen (deren Sinn allein in der Arbeit der Trauer und dem ewigen Prozess liegen mag, der dem Faschismus und seinen Verbrechen gemacht werden muss) – und zugleich deren Unvereinbarkeit bezeichnen." (Seeßlen 2002, H.i.O.) In LA VITA È BELLA offenbart sich ein solcher Bruch oder besser Riss in jener Szene gegen Ende des Films, in der Guido dem Arzt Dr. Lessing wiederbegegnet, mit dem er in der Zeit vor dem Lager, als der freundliche Deutsche ein regelmäßiger Gast im Hotel von Guidos Onkel gewesen war, knifflige Rätsel ausgetauscht hatte. Nun ist Lessing Lagerarzt und verkörpert für Guido wie für den Zuschauer ein Moment der Hoffnung. Diese Figur changiert dabei zwischen zwei Stereotypen, dem freundlichen Arzt und dem wahnsinnigen ‚Mad Scientist', von dem Horst Buchholz den wirren Blick entlehnt. Und damit pendelt die Darstellung auch zwischen dem ‚guten Deutschen' und dem ‚bösen Nazi', um schließlich gerade in der Enttäuschung der Hoffnung auf Rettung die Doppelgesichtigkeit der deutschen Täter hervorzukehren:

> Deutscher als der KZ-Arzt Dr. Lessing kann niemand sein. Als Akteur der Vernichtung funktioniert er so wie die anderen dargestellten Vollstrecker: leidenschaftslos, mörderisch normal und stolz darauf. Wie jedes Rädchen, das ein gutes Rädchen im Getriebe sein will, hat er eine Privatsphäre, wo er wahrhaft Mensch sein will; ganz so wie der KZ-Wächter, der nach Dienstschluß seine Magisterarbeit über Goethes Humanismus schrieb. Noch sein privater Spleen ist dem Lande Siegfrieds, der verfolgenden Unschuld, angemessen. Ungerührt sentimental verkündet er dem KZ-Häftling Guido, wie ihn ein Rätsel, das er nicht zu lösen vermag, [...] zum unglücklichsten Menschen der Welt mache. (Dehnert/Quadfasel 1999)

Im Bruch des Stereotyps und der daraus folgenden Enttäuschung der Erwartung werden sowohl das Künstliche der Figur als auch die dahinter liegende gedankliche Reflexion über das Wesen der deutschen Täter sichtbar. Dieser Bruch wirkt so intensiv, weil damit auch für den Zuschauer eine reale Enttäuschung verknüpft ist. Er kann nicht glauben, dass hinter Lessings Gesicht jenes Monster von KZ-Arzt schlummert, „obwohl wir ihn doch auch ‚als netten Menschen' kennengelernt haben." (Seeßlen 2002)

Wie Seeßlen bemerkt, „scheint im Überlebensmärchen von THE PIANIST eine solche Verbindung der Ent-Täuschung zwischen *story* und *history* zu fehlen." (ebd., H.i.O.) Die Figur des deutschen Hauptmanns Wilm Hosenfeld als Retter Szpilmans scheint am Ende des Films die Verkörperung jener Figur des ‚guten Deutschen' zu sein.[13] Doch Polanski bettet den Retter als spezifischen Typ in das Ensemble von Täterfiguren ein, wie sie im Abschnitt über Täterstereotype vorgestellt wurden. Damit relativiert er die Retterfigur und setzt ihr Handeln ins Verhältnis zum Handeln anderer Figuren. Auch macht die Figurenkonstruktion von THE PIANIST die Ausnahme kenntlich, die konstitutiv für die Rettungstaten während der Shoah ist, „indem sich die zwei radikalsten Ausnahmen begegnen: das aus eigener Kraft überlebende Opfer und der aus eigener Kraft gegen sein System handelnde Täter. Sie tragen den Bruch zwischen der Dramaturgie der persönlichen Rettung und der historischen Erfahrung einer Welt ohne Rettung, also zwischen dem Menschen und der Ikonografie in sich selbst. Nicht die Ikonografie bestimmt hier das Verhalten der Menschen, wie wir es nach den Konventionen dieser Kinogleichung von *story* und *history* gewohnt sind, sondern umgekehrt jeder einzelne Mensch ist durch sein Verhalten an der Entstehung der Ikonografie des Grauens beteiligt." (Ebd., H.i.O.)

Daneben trägt die Figuration des ‚guten Deutschen' in THE PIANIST der opaken Figurenkonstruktion Rechnung. Hosenfeld, im Film bis auf eine der Schlussszenen namenlos, ist aus der Perspektive Szpilmans als „morally ambiguous figure" gezeichnet (vgl. Kabalek 2007: 75). So gliedert sich die Rettung durch den Deutschen in die Reihung von Zufällen ein, die Szpilmans Überleben begründen. Auch in dieser Begegnung wird Szpilman weniger gerettet, sondern verschont. Nicht Menschenliebe oder Reue sind es, die den Offizier antreiben. Er lässt den Juden für sich musizieren und der Pianist spielt in Todesangst immer weiter, denn er weiß, dass er nach dem letzten Ton erschossen werden kann. Der Film akzentuiert diese Bedrohung noch durch die Positionierung der Figuren im Raum und zueinander. Die leicht untersichtige Kamera betont die Macht des uniformierten Mannes genauso wie die Diagonale, die den stehenden Hauptmann und den in gebückter Haltung klavierspielenden Szpilman verbindet (Abb. 141). Nicht der ‚gute Deutsche' rettet den Gezeichneten in dieser Szene, sondern die Musik. Von der ersten Szene an steht sie zugleich für die Einsamkeit und für die Hoffnung. Die dem Figurenstereotyp des ‚guten Deutschen' zugeschriebenen Merkmale überträgt Polanski in seinem Film also auf die Musik. An vielen Stellen des Films kehrt sie darum wieder, als Einbildung und Erinnerung in einer Zeit, in der sie unter dem Takt

---

13 | Hosenfeld gehörte zu der winzigen Minderheit von Mitgliedern der Wehrmacht, die Juden und anderen Verfolgten halfen. Von den mehr als 18,5 Millionen Männern und 500 000 Frauen in deutschen Uniformen konnten noch nicht einmal 100 als Helfer oder Retter identifiziert werden (vgl. Wette 2002, zur Geschichte Hosenfelds außerdem Heinrichs 2002).

des Marsches zum Schweigen gebracht wurde. Auf diese Weise versucht er, das durch die Figur des ‚guten Deutschen' personifizierte Motiv der Hoffnung zu bewahren, aber gleichzeitig die Ablösung des ‚guten Deutschen' von ‚den Nazis' zu vermeiden. Die Facetten bleiben vielschichtig und oft undurchsichtig – zumindest aus der Perspektive des Opfers.

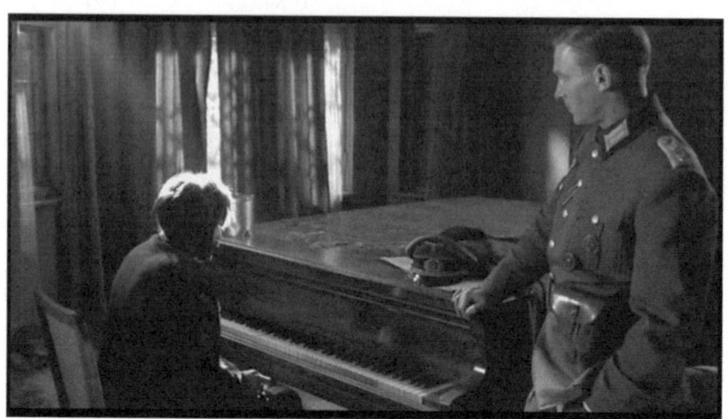

Abb. 141: Spiel ums Überleben: Szpilman und Hosenfeld in THE PIANIST.

Der Gedanke der Hoffnung angesichts völliger Verzweiflung manifestiert sich auch in einem anderen Figurenmotiv: der Figur des unschuldigen Kindes bzw. der schützenden Mutter. Beide werde ich im folgenden Abschnitt untersuchen.

KINDER- UND FRAUENFIGUREN ZWISCHEN UNSCHULD UND OPFER

Ein oft wiederkehrendes Motiv in Filmen über den Holocaust ist die Figur des Kindes. Kinder bekommen meist eine besondere symbolische Bedeutung, die ebenfalls an das Motiv der Hoffnung anknüpft. So verwendet beispielsweise auch Frank Beyer die Figur in NACKT UNTER WÖLFEN. Die Rettung eines in einem Koffer versteckt in das Konzentrationslager Buchenwald geschmuggelten jüdischen Kindes ist der Ausgangs- und Kulminationspunkt der Handlung. Die Rettung ist verbunden mit den Aktivitäten des kommunistischen internationalen Lagerkomitees im Lager. Auf diese Weise werden eine menschliche und eine politische Handlungsebene miteinander verknüpft. Das Kind bekommt ausschließlich eine symbolische Funktion. Weder seine Herkunft aus Auschwitz noch sein jüdischer Hintergrund werden näher beleuchtet. Entsprechend der DDR-Geschichtspolitik, in der das Schicksal der Juden hinter einem allgemeinen Opferbegriff zum Verschwinden gebracht wurde, fungiert das Kind als Leerstelle. Seine narrative Funktion erhält es daher als Unschuldmotiv. Es ist Anstoß für menschliches Handeln und steht im Gegensatz zur Unmenschlichkeit der Nazis.

Die Kinderfigur eignet sich dafür gerade darum so gut, weil sie ein bereits standardisiertes Bedeutungsreservoir aufruft, das Zuschreibungen wie Unschuld, Schutzlosigkeit, aber auch Hoffnung aktiviert. Ziva Amishai-Maisels hat in ihrer umfangreichen Untersuchung über sich wiederholende Motive in Malereien, Zeichnungen und Skulpturen über die Verfolgung und Ermordung der Juden herausgearbeitet, dass das Motiv des Kindes ein zentrales Holocaust-Symbol ist (vgl. Amishai-Maisels 1993: 140; 143). Auch wenn Kinder

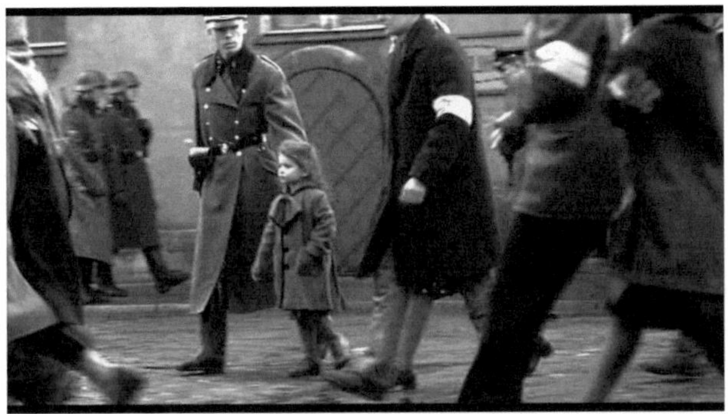

Abb. 142: Symbolfigur: Das Mädchen im roten Mantel in Schindler's List.

meist als unschuldige Opfer der Naziverbrechen auftauchen, ist in allen diesen Darstellungen eine symbolische Bedeutungsebene präsent: „The very fact that the child in them is inherently an innocent victim stresses the depths of Nazi depravity much more effectively than would be the case if an adult were substituted for the child." (Ebd.: 143) Das unschuldige Kind wird zum exemplarischen Symbol für das unschuldige Opfer (vgl. ebd.).

Jens Eder hat in seinen Überlegungen zur Figurenanalyse vorgeschlagen, zur Beschreibung der semantischen und pragmatischen Dimension von Figuren deren Ausdruck als Symbol und als Symptom miteinzubeziehen. Die Analyse von Figuren als Symbole bezieht sich auf solche „indirekten Bedeutungen" (Eder 2008a: 522). Figuren, wie in diesem Fall die Kinderfigur in Filmen über den Holocaust, fungieren als Symbole oder Metaphern (vgl. ebd.: 530). Wie Eder weiter beschreibt, können sich die Zuschauer diese Bedeutungen erschließen, „indem sie auf der Grundlage relevanter Filminformationen auf ihre Figurenmodelle sowie ihre sozialen und medialen Wissensbestände rekurrieren und psychische Vorgänge der Abstraktion, Analogiebildung, Assoziation oder habitualisierten Schlussfolgerung vollziehen." (Ebd.: 540) Auf diese Weise kann die Symbolfunktion der Figur deren Dimension als Figurenstereotyp verstärken. Aufgrund der leicht zu realisierenden symbolischen Bedeutung können Symbolfiguren somit auch als Figurenstereotype fungieren.

In diesem Sinne verwendet Steven Spielberg das Figurenstereotyp des Kindes in Schindler's List. Verdichtet in der bereits durch den eingefärbten roten Mantel hervorgehobenen und so als Symbol markierten Figur des kleinen Mädchens aktiviert der Film die entsprechenden Zuschreibungen als indirekte Bedeutung. Das kleine Mädchen im roten Mantel symbolisiert Hoffnung, als es inmitten des Grauens durch das Ghetto läuft, gebannt beobachtet von Schindler (Abb. 142). Schindler und mit ihm die Zuschauer wünschen, wenigstens dieses unschuldige Kind möge gerettet werden. Zusätzlich symbolisiert es eine andere Ordnung. Indem das Kind scheinbar unbeteiligt vom äußeren Geschehen bleibt, wird es zum Symbol einer der zerstörerischen Naziordnung entgegengesetzten Ordnung der Humanität. Schließlich ist es Symbol des unschuldigen Opfers, wenn Schindler dem Mädchen wieder begegnet, erneut markiert durch den leuchtend roten Mantel, dieses Mal jedoch bedeckt von Leichen. Genau im Spannungsfeld zwischen Hoffnung, Humanität und unschuldigem Opfer wird das Mädchen auf einer narrativen Ebene auch zum Symbol der Wandlung Schindlers.

Mit dieser Figur greift Spielberg, der es vom Autor der literarischen Vorlage, Thomas Keneally, adaptiert hatte, auf ein tradiertes Motiv sowohl in der Literatur als auch in Filmen über den Holocaust zurück.[14] So findet sich eine Figur mit ähnlicher symbolischer Bedeutung in WAR AND REMEMBRANCE. Hier wird beinahe leitmotivisch ein Mädchen zur Verdeutlichung der Stationen des Vernichtungsprozesses eingesetzt. Ausgehend von einem historischen Ereignis, dem Besuch Himmlers in Auschwitz, rekonstruiert WAR AND REMEMBRANCE den Tötungsprozess – aus der Perspektive der Täter.[15] Die handgeführte Kamera mischt sich unter die für den Tod Bestimmten, folgt ihnen in die Gaskammer und schneidet dann zu den Tätern. Zuvor zeigt eine symbolische Schlüsselszene ein Mädchen, das von einem Soldaten einen Strauß Blumen gereicht bekommt, damit es aufhört zu weinen. Zufällig ausgewählt repräsentiert das Kind das unschuldige Opfer. Nach der Tötung kehrt die Kamera wieder zu ihm zurück. Zwischen nackten Körpern, die in ein Massengrab geworfen werden, liegt das Mädchen, immer noch mit den Blumen in der Hand. Unschwer ist zu erkennen, dass diese Darstellung einem ähnlichen Muster folgt wie später SCHINDLER'S LIST. WAR AND REMEMBRANCE betont die Symbolik noch durch Kontrastierung. In der folgenden Szene überreicht Himmler einer der Töchter des Lagerkommandanten Höss einen Strauß Blumen. WAR AND REMEMBRANCE kann daher ebenso als Quelle für das Figurenstereotyp aus SCHINDLER'S LIST angesehen werden wie eine große Zahl von symbolisch eingesetzten Kinderfiguren in früheren Filmen. Die Figur des Kindes hat dabei meistens die Funktion, die Zuschauer emotional anzusprechen und ihre Empathie oder Empörung über die nationalsozialistischen Verbrechen zu wecken (vgl. Amishai-Maisels 1993: 143) In diesem Sinne wird das Bild auch von Konrad Wolf in STERNE verwendet. In einer zentralen Szene des Films werden die Juden zu einem Appell vor dem Schulgebäude zusammengerufen, in dem sie untergebracht sind. Wolf verdichtet diese Szene zu einem intensiven Bild des Leidens (Abb. 143-145). Die Kamera fährt dicht an den Gesichtern der Menschen entlang, zeigt ihre Regungen und Blicke. Dann for-

14 | Eine genauere Analyse des Motivs in Filmen über den Holocaust unternimmt Annette Insdorf. Sie interpretiert auch die Nähe der Kinderfigur zu bestimmten Stereotypen ‚des Jüdischen'. Kindheit und Judentum werden darin miteinander verwoben, um Schwäche und Opferwerden auszudrücken (vgl. Insdorf 1983: 69)

15 | Vgl. dazu auch die Analyse der standardisierten Lagerikonographie im vorherigen Kapitel.

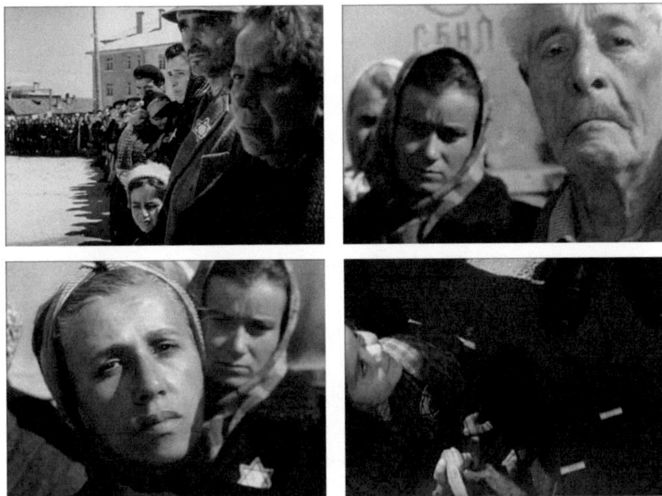

Abb. 143-146: Kamerafahrt an den deportierten Juden entlang und das Kind in STERNE.

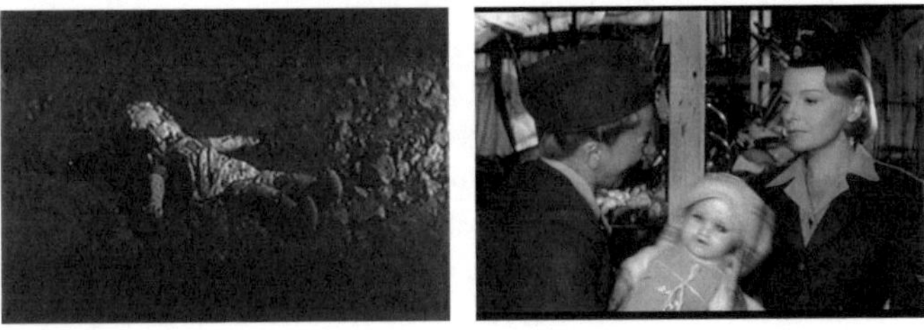

Abb. 147-148: Eine Puppe als Symbolfigur zweiter Ordnung in OSTATNI ETAP *(links) und in* PASAZERKA *(rechts).*

dert der verantwortliche deutsche Kommandant die jüdischen Häftlinge auf, gestohlene Medikamente herauszugeben. Zögerlich werfen sie diese auf den Boden, wo sie vom Kommandanten zertreten werden. Wolf inszeniert diesen zweiten Gang an den Menschen entlang, dieses Mal mit auf den Boden gerichteter Kamera, welche die Füße des Deutschen zeigt, die schließlich zu einem von oben angeschnittenen Kind im linken Bildrand treten. Das Medikament liegt in einer in den Staub gemalten Sonne. Nach kurzem Zögern wird es vom Soldaten zertreten. Hier verwendet Wolf das Bild des Kindes als Symbol der Unschuld als Kontrastmotiv zu den Tätern (Abb. 146).

Teilweise werden in Filmen über den Holocaust Kinder auch substituiert durch die Darstellung von Puppen als Symbolfiguren zweiter Ordnung. So dient beispielsweise in OSTATNI ETAP eine in den Dreck geworfene Puppe nach der Selektion als Symbol für die Ermordung der Kinder (Abb. 147). Auch PASAZERKA verwendet das Motiv (Abb. 148). Hier finden die Wachen eine Puppe, die sie für ein verstecktes Kind halten (vgl. Nagler 2007: 39). Als Ersatzkörper für die ermordeten Kinder ermöglicht die Puppe in Filmen über den Holocaust dem Zuschauer eine gewisse Distanz zu den grausamen Bildern (vgl. Amishai-Maisels 1993: 146).

Auch in literarischen Zeugnissen taucht das Kind als Symbol auf. In einigen findet sich sogar die Verbindung mit dem Motiv des roten Mantels, wie sie in SCHINDLER'S LIST zu einem festen Topos verdichtet wird: „The little girl in red alludes to a striking visual image in Wiesel's *Night*, in which his sister Tzipora, a well-groomed girl of seven with ‚a red coat over her arm', is driven from her home." (Schwarz 1999: 218) In Peter Weiss' Theaterstück *Die Ermittlung* findet sich dasselbe Motiv. Hier berichtet der „Zeuge 7" folgende Szene:

> Im Herbst 1943 / sah ich ganz früh morgens im Hof von Block Elf / ein kleines Mädchen / Es hatte ein rotes Kleid an / und trug einen Zopf / Es stand alleine und hielt die Hände / an der Seite / wie ein Soldat / Einmal bückte es sich / und wischte den Staub von den Schuhen / dann stand es wieder still / Da sah ich Boger in den Hof kommen / Er hielt das Gewehr / hinter seinem Rücken versteckt / Er nahm das Kind an der Hand / es ging ganz brav mit / und ließ sich mit dem Gesicht / gegen die schwarze Wand stellen / Das Kind sah sich noch einmal um / Boger drehte ihm den Kopf wieder gegen die Wand / hob das Gewehr/ und erschoß das Kind. (Weiss 1991: 128 f.)

In der Figur des kleinen Mädchens mit dem roten Mantel verdichtet Spielberg also verschiedene mediale Typisierungen der Figur zu einem Bild, das sowohl Bezüge zu den vorigen Texten und Filmen aufruft, die das Motiv aufgenommen und variiert haben, als auch an reale Zeugenaussagen erinnert.

Auch in Filmen, die die Perspektive vom Holocaust auf den Nationalsozialismus verschieben, findet sich das Kindermotiv wieder. In DER UNTERGANG dient das Motiv des Kindes geradezu als Sinnbild des unschuldigen Opfers. Die von ihren Eltern ermordeten Kinder des Ehepaares Goebbels werden zum exemplarischen Symbol.[16] In Filmen über den Nationalsozialismus ist das Motiv oft an das Thema der Verführung gekoppelt, das mit dem Bild des unschuldigen Kindes eng verknüpft ist. Dafür steht in DER UNTERGANG, wie bereits in der Analyse des Films beschrieben wurde, beispielsweise die Figur des Hitlerjungen Peter Kranz.[17]

In Filmen wie THE GREY ZONE oder LA VITA È BELLA bekommt die Kinderdarstellung wiederum eher die Bedeutung von Hoffnung. Obwohl THE GREY ZONE eine unglaubliche, aber wahre Begebenheit erzählt, nämlich das Überleben eines Mädchens in der Gaskammer, das daraufhin von Häftlingen des Sonderkommandos versteckt wird, arbeitet der Film mit dem tradierten Rettungsmotiv. Die aus dem tragischen Ende und dem Fehlen jeder Hoffnung resultierende Ambivalenz des Motivs löst der Film durch einen radikalen Bruch der Darstellungsformen. Nach dem gescheiterten Aufstand werden die Häftlinge und das Mädchen ermordet. Das Motiv der Hoffnung wird dabei als

16 | Vgl. dazu auch die Beispielanalyse von DER UNTERGANG im vorherigen Kapitel.

17 | Dieses Motiv des verführten Kindes oder Jugendlichen findet sich als Thema auch in Dennis Gansels NAPOLA.

quasi transzendentes Motiv beibehalten. In ähnlicher Weise haben bereits Filme wie Jakob der Lügner dieses Motiv als radikale Absage an den filmischen Realismus und unter Rückgriff auf die Form des Märchens inszeniert (vgl. Frölich 2003: 249). In Beyers Film ist es das junge Mädchen Lina, das in gewisser Weise als Katalysator für Jakobs Lügengeschichten dient (ebd.: 256f.) Mit Lina wird damit auch ein Moment des Utopischen symbolisiert. In Jakob der Lügner ist das Kindermotiv mit einem anderen Typus von Symbolfiguren,

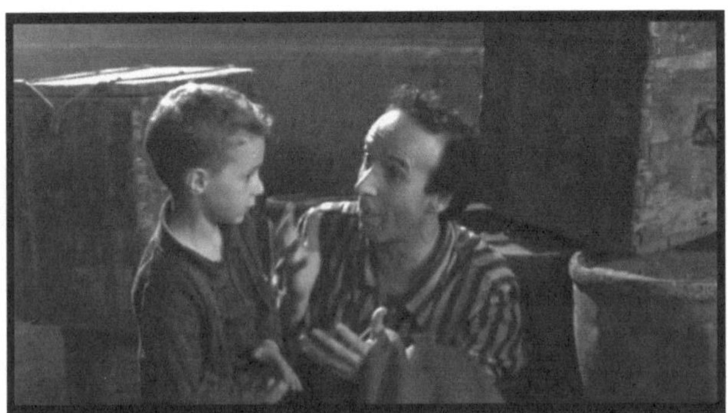

Abb. 149: Vater und Sohn in La Vita e Bella.

den Schelmen verbunden, „die durch ihre Unkonventionalität die bestehende Ordnung sprengen, geltende Normen und Werte in Frage stellen und Grenzen […] übertreten." (Eder 2008a: 540) Kinderfigur und Schelmenfigur teilen den spielerischen Zugriff auf die Realität mit Hilfe einer „imaginäre[n] Gegenwelt" (ebd.: 258). Damit bezieht sich Jakob der Lügner zwar implizit auf die Legende vom „gerettete[n] Kind" (H. Loewy 1998: 19), wie sie Beyer noch in Nackt unter Wölfen inszeniert hatte, enttäuscht sie aber gleichzeitig.

Auch Roberto Benignis La Vita è Bella bezieht sich auf das Kinderstereotyp als Hoffnungssymbol. Allerdings ist die Figur Giosués nicht darauf zu reduzieren. Als Adressat von Guidos imaginärer Gegenwelt ist er – im Gegensatz zu seinem Vater, dem Prototyp der Schelmenfigur – keineswegs kindlich-naiv. Er stellt vielmehr immer wieder die richtigen und naheliegenden Fragen, scheint das Spiel des Vaters zu durchschauen, wenn er ihn mit großen Augen anschaut und fragt, was das wirklich für ein Spiel sei (Abb. 149). An solchen Stellen kehrt sich das Verhältnis von Vater und Sohn um und es scheint, als wäre es nicht Guido, der seinem Sohn etwas vorschwindelt, damit dieser nicht die schreckliche Furcht ertragen muss, sondern als würde Giosué der Naivität seines Vaters zuliebe dessen Spiel mitspielen (vgl. Wenk 2003: 213).

Diese Wendung resultiert allerdings zumeist aus der Offenheit der Figuren als Symbolfiguren, die eben die Verbindung mit anderen Bedeutungen nahe legen, wie es Regisseur Benigni selbst tut: „Was ist bewegender als eine Liebesgeschichte mit einem Kind? Ausgangspunkt ist das Prinzip, Traumata von Kindern fernzuhalten, die Reinheit zu schützen." (Benigni/Cerami 1999: 197) In seinem Rekurs auf die Reinheit überschreibt er die Kinderfigur seines Films selbst mit einer feststehenden Bedeutung. Dabei folgte ihre Darstellung einer Verdichtung bekannter Darstellungsstereotype, die, wie Wenk zeigen konnte, durchaus ambivalente Bilder zusammenfügt. So erinnert der Panzer, den Giosuè von seinem Vater für den Sieg im Spiel versprochen bekommen hat, auch an das bekannte Motiv in Ernst Lubitschs TO BE OR NOT TO BE (Abb. 150). Nur ist es hier ein Junge, der seinen eigenen Vater wegen des Erzählens eines nazikritischen Witzes verrät und dafür (im satirischen Theaterstück) ei-

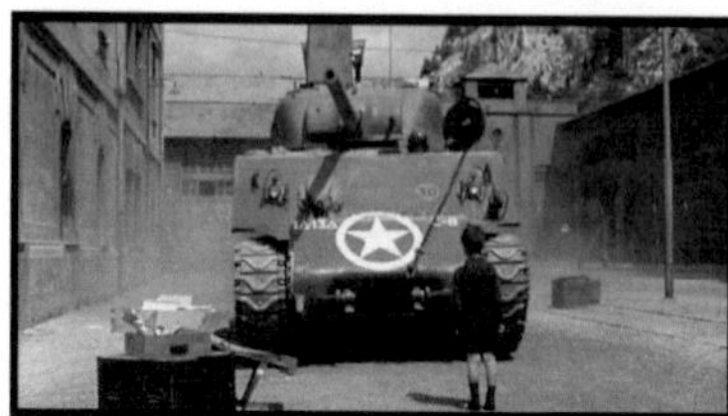

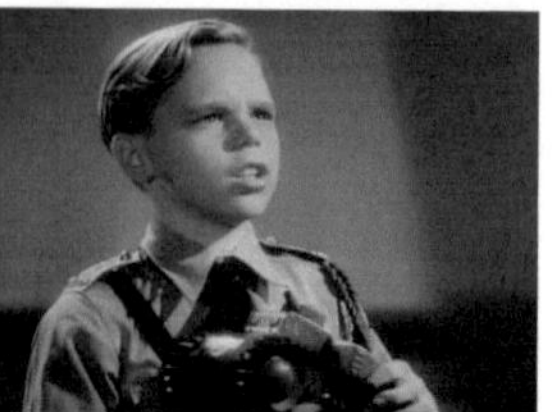

Abb. 150-151: Der Panzer in LA VITA E BELLA (links) und in TO BE OR NOT TO BE (rechts).

nen Spielzeugpanzer geschenkt bekommt (Abb. 151): „So steht das Panzergeschenk bei Lubitsch gegen ein Überleben durch Witz, wodurch zugleich die Bedrohung der Schauspielergruppe in TO BE OR NOT TO BE ausgemalt ist." (Wenk 2003: 209)

Auch auf das Prinzessinnenmotiv aus JAKOB DER LÜGNER bezieht sich LA VITA È BELLA. Benigni charakterisiert damit die weibliche Figur des Films, seine „geliebte Prinzessin" Dora.[18] Damit adaptiert der Film ein weiteres bekanntes Figurenmotiv. Neben den Vater mit Kind tritt auch das Motiv der Mutter mit Kind. Dieses wird vor allem im Schlussbild betont (Abb. 152). Wie Silke Wenk deutlich gemacht hat, besitzt dieses Bild der Mutter mit dem Kind vor der grünen Landschaft eine komplexe Struktur. Einerseits handelt es sich um ein Zitat des Schlussbildes aus Chaplins THE GREAT DICTATOR (Abb. 153). Dieses zeigt die Geliebte des jüdischen Friseurs, die von einer idyllischen Landschaft eingerahmt plötzlich dessen Stimme hört. Der Friseur war mit dem Diktator Hynkel verwechselt worden und hält nun an dessen Stelle eine Rede. Dabei spricht er nicht nur das Publikum im Film, sondern auch die Filmzuschauer sowie seine weit entfernte Geliebte prophetengleich direkt an. Ihren Blick in den Himmel gerichtet, sehen wir sie als ein „Bild der Hoffnung" (vgl. ebd.: 209).

Im Bezug auf das Schlussbild von LA VITA È BELLA, das in der Darstellung des Wiedersehens von Mutter und Sohn dieser Szenerie verblüffend ähnelt, betont Wenk jedoch, dass es sich nicht nur um ein Zitat, sondern auch um

18 | Ein Name übrigens, der bereits eine starke Ambivalenz in sich trägt. Mit dem Frauennamen Dora hatten die Nazis die mörderischen Rüstungsbetriebe bei Nordhausen im Harz bezeichnet, in denen sich tausende von Sklavenarbeitern zu Tode schuften mussten. Jean Cayrol weist im Kommentar von NUIT ET BROUILLARD darauf hin, dass es zur Perfidie der Nazis gehörte, den Lagern unschuldig klingende Frauennamen zu geben.

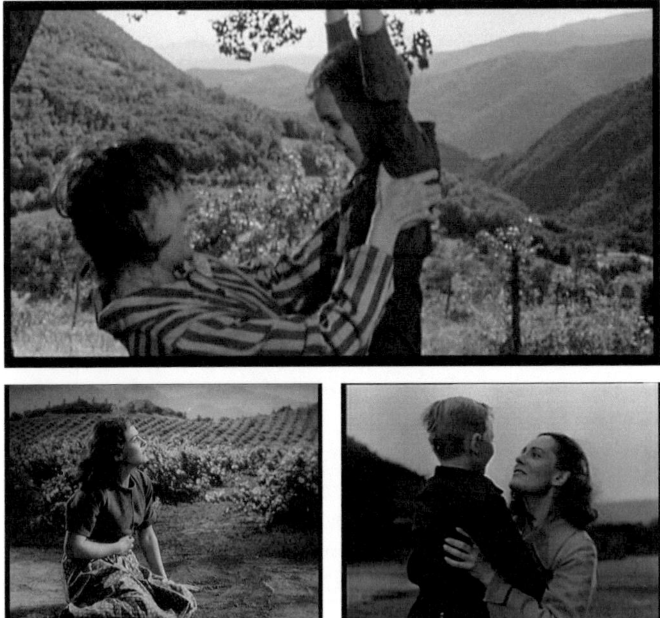

Abb. 152-154: Die Schlussbilder von LA VITA E BELLA *(oben),* THE GREAT DICTATOR *(links)* UND THE SEARCH *(rechts).*

einen Kommentar zu Chaplins Film handelt. Denn hier verschiebt sich die personelle Situation:

> Hier lauscht die Mutter dem Sohn, der seinerseits jubelnd glaubt: ‚Wir haben gewonnen.' Zugleich ist aus der Botschaft der Hoffnung auf ein anderes Land nicht nur eine des Überlebens, sondern auch des Weiterlebens geworden. Diese Botschaft ist jedoch keineswegs eindeutig, geschweige denn einfach optimistisch. (Ebd.)

Tatsächlich bleibt das Bild ambivalent, weil unterschiedliche Bedeutungen mit dem diesem Bild zugrunde liegenden Motiv aufgerufen werden. Einerseits bezieht es sich auf das hoffnungsspendende Motiv des Wiederfindens, wie es auch am Schluss von THE SEARCH zu finden ist (Abb. 154). Hier treffen die Mutter und ihr verlorener Sohn am Ende des Films wieder aufeinander und schließen sich in die Arme. Darin wird auch das christliche Motiv der Madonna mit Kind zitiert. Das Motiv knüpft an diese Tradition an und betont Mutterliebe und Schutz als typisierte ‚weibliche' Eigenschaften. Die symbolische Behandlung des ikonischen Bildes der Mutter mit Kind im Zusammenhang mit der Darstellung des Holocaust erinnert an diese konventionalisierten Konnotationen (vgl. Amishai-Maisels 1993: 142).

Daneben bekommt die Verwendung des Bildes der Mutter mit Kind aber auch eine andere Bedeutung, die stärker die Schutzlosigkeit betont. Dann dient das Motiv als Symbol, das aufgrund seiner Bekanntheit entsprechende emotionale Reaktionen auslösen kann (vgl. ebd.: 140). In Geschichten über den Holocaust ist es zumeist mit existentiellen Bedrohungssituationen verbunden. So zeigen zahlreiche Filmszenen der Situation kurz vor der Ermordung in den Gaskammern die Mutter mit Kind, so z.B. in HOLOCAUST, aber auch während der angedeuteten Todesszene der Frauen in der Gaskammer in SCHINDLER´S LIST.

Zum zentralen Konfliktmotiv wird diese Bedeutungsebene in SOPHIE'S CHOICE. In einem Rückblick wird die Traumatisierung der Protagonistin erklärt. Die Polin Sophie, die mit ihren beiden Kindern nach Auschwitz deportiert wurde, wird bei der Selektion von einem SS-Mann aufgefordert, sich zu entscheiden, welches Kind überleben soll und welches sie dem Tod überantworten will. Als sie sich weigert, werden beide Kinder aus ihren Armen gerissen. Verzweifelt bittet sie, den Sohn behalten zu dürfen, der schließlich später an Typhus stirbt, während seine Schwester sofort in den Gaskammern ermordet wird. Diese erzwungene ‚Entscheidung' begründet ihre Überlebensschuld, die schließlich im Selbstmord mündet. Für die Zuschauer bekommt dieser Verlauf gerade darum eine solche Intensität, weil er das Motiv als grundlegende menschliche Konfliktsituation einführt. Gleichzeitig werden damit ähnliche, kulturell vielfach variierte Konfliktsituationen aufgerufen, wie das Hauptthema von Brechts Parabel *Der kaukasische Kreidekreis* oder in dem dieser zugrunde liegenden Urteil des Königs Salomon (1 Kön. 3,16-28). In LA VITA È BELLA findet sich dieses Motiv ebenfalls. Hier entschließt sich die (nicht-jüdische) Mutter, ihrem Sohn und ihrem Ehemann freiwillig zu folgen. Daher fordert sie einen SS-Mann dazu auf, sie in den Deportationszug zu lassen. Im Sinne der romantischen Motive des Films wird dies als Opfer der Mütterlichkeit inszeniert.

Auf diese Weise wird die Familie komplettiert. Dies steht komplementär zum Schlussbild des Films, das die Abwesenheit des Vaters betont. Doch das Setting bleibt gerade durch seine offensichtliche Künstlichkeit porös. In diesem Bild bleiben auch der Tod Guidos und die Erinnerung an seine Ermordung präsent. Dabei ist es nicht unwesentlich, dass Guido in der Erschießungsszene eben nicht als männlicher Held oder starker Vater gestorben ist. Um seine Frau zu finden und seinen Sohn zu retten, verkleidet er sich als Frau (Abb. 155). Auf diese Weise findet nicht nur eine Verschiebung der geschlechtsspezifischen Bedeutung statt, sondern es kommt auch zu der von Wenk beschriebenen „Inversion der Todesbilder", in der der Blick auf die Opfer selbst präsent wird. Benigni „provoziert den Voyeurismus ebenso wie den Lachreiz; die Schaulust ebenso wie den Versuch, ihrer Ambivalenz zu entkommen. Eine tradierte Form, ihr zu entkommen, ist die Idealisierung der Opfer, nicht selten zu schönen Opfern, oder weitergehend noch die verbreitete Tendenz einer Feminisierung der Opfer zu einer schönen Leiche, die man wiederum auch als Inversion tradierter weiblicher Todespersonifikationen beschreiben könnte. In Benignis Film zeigt sich uns im Lichtkegel der Verfolger nichts weiter als ein ganz gewöhnliches Männerbein." (Wenk 2003: 216f.) Damit wird das Bild des weiblichen Opfers gebrochen, als welches die Figur in zahlreichen Filmen über Nationalsozialismus und Holocaust verwendet wurde. Die Verbindung von Passivität und Opferwerden folgt dabei auch allgemein tradierten Weiblichkeitsstereotypen im Film und der populären Kultur (vgl. Nagler 2007: 34). Esther Fuchs hat darauf hingewiesen, dass Frauenfiguren in vielen Filmen nur als Nebenfiguren auftauchen (vgl. Fuchs 1999b: 98). Lawrence Baron führt als typisches Beispiel dafür die Figur Helen Hirsch aus SCHINDLER´S LIST an: „In feature films about the Holocaust, this image of weakness, often has been con-

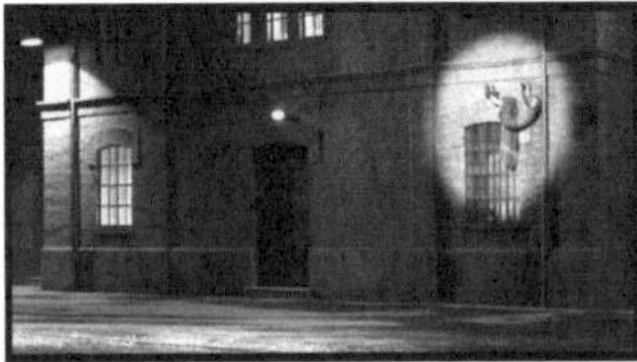
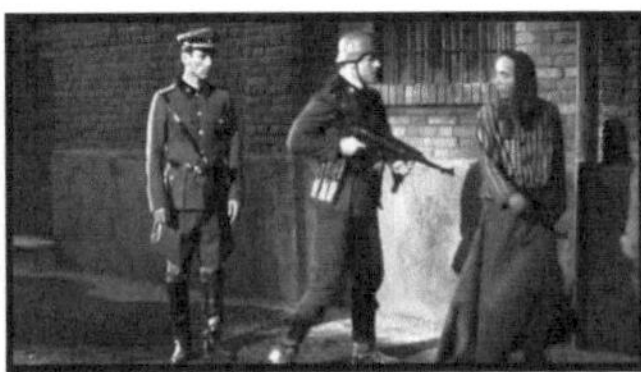

Abb. 155: Kein männlicher Held: Guido verkleidet als Frau.

veyed by depicting persecuted Jews as ‚defenceless' children and\or woman who perished without resisting their executioners or survived by relying on the protection of courageous Gentiles." (Baron 1999: 90)
Helen Hirsch, die gezwungen wird, als Haushälterin für den Lagerkommandanten Amon Göth zu arbeiten, erinnert an Sophie aus SOPHIE'S CHOICE, die als Haushälterin beim Lagerkommandanten Höss in Auschwitz arbeitet (vgl. Schwarz 1999: 229). Auch die sexuellen Nachstellungen Göths verweisen auf bekannte Motive wie den Missbrauch von weiblichen Häftlingen. Dieses Motiv findet sich beispielsweise in ZEUGIN AUS DER HÖLLE. Dort wird eine Überlebende mit den von ihr verdrängten Erinnerungen an die Zeit im Lager konfrontiert, die wie Alpträume aus der Vergangenheit in der Gegenwart aufsteigen: „Der Film benennt die Schrecken von einst: die Judenverfolgung in Deutschland, den Gastod, das Krematorium, die Experimente an den Häftlingen, das Lagerbordell, die Bedingungen des Überlebens." (Dillmann 2001: 32) Der Protagonistin bleibt schließlich nur noch der Selbstmord, um den traumatischen Erinnerungen zu entkommen.

In SCHINDLER'S LIST wird Helen Hirschs Zeichnung als passive Figur durch eine nur angedeutete, aber nicht realisierte Liebesbeziehung zu Schindler, ihrem Retter, noch verstärkt. Hierin liegt auch eine assoziative Verbindung von Weiblichkeit und Judentum begründet, die Judith Doneson problematisiert hat:

> The overriding vision that informs films concerned with the Holocaust is one based in ‚popular theology', that of the Jew as a weak, passive figure, somewhat feminine being protected by a strong Christian\gentile, the male, in what comes to symbolize a male\female relationship. This is more a benevolent relationship, based on dependency as well as mutual dependence, that in effect evolves into a symbiotic existence. The antecedents of this image, however, are more extreme and dangerous, not only in terms of Christian theology, but also in racist thinking, which often perceived the Jew as having a feminine nature. (Doneson 1991: 140)

Doneason analysiert diese Konnotation am Beispiel der Figur Anne Franks, die sie andernorts als eines der ersten populären Symbole des Holocaust beschreibt (vgl. Doneson 2002: 60). An diesem Beispiel verdeutlicht sie, wie gerade durch die Universalisierung auch eine Verschiebung stattfindet. In der Verfilmung dienen Anne und ihr Vater als Symbole einer ‚christlich-männlichen' Rollenbesetzung, während das Ehepaar Van Daan und Dr. Dussel (auch visuell) als ‚jüdisch-weibliche' Figuren fungieren (vgl. Doneson 1991: 140). Anne wird hier gleichzeitig zum Symbol für den Holocaust und seine Opfer und eine Repräsentantin der „post-Holocaust civilization" (ebd.: 150): „The stereotype embodied in the model of the weak, the feminine Jew in need of the protection of the stronger, masculine Christian is not unique to THE DIARY OF ANNE FRANK but rather a continuing pattern throughout films concerned with the Holocaust." (Ebd.: 151)

Als solches ist es auch an das Figurenstereotyp der Holocaust-Heroine gekoppelt, das Esther Fuchs beschrieben hat. Diese weiblichen jüdischen Heldenfiguren werden als intellektuell, unschuldig, optimistisch, menschlich, freundlich, schön und asexuell glorifiziert (vgl. Fuchs 1999b: 97) In diesem Figurenstereotyp werden die bisher beschriebenen Bedeutungen der weiblichen Figuren so modifiziert, dass sie ohne eine grundlegende Veränderung für die Gestaltung von positiv konnotierten Protagonistinnen verwendet werden können. Sie dienen dabei auch zur Verstärkung der Zuschaueraffizierung:

> The idealization of the Jewish heroine suggests that we should mourn the suffering caused to such women, because they were better than most of us, because they were superior in some sense. This implication suggests that the Holocaust is the catastrophe that it is because it annihilated so many beautiful people, so many superior people. (Ebd.: 98)

Dabei erhält die Heldin Anteile kulturell tradierter christlicher Ikonen beispielsweise von Märtyrerfiguren wie Jean d'Arc. Auch die jüdische Heroine kann am Beispiel von Anne Frank illustriert werden. So macht Fuchs darauf aufmerksam, dass deren Charaktermerkmale bereits in THE DIARY OF ANNE FRANK auftauchen: „Anne epitomizes innocence and idealism, the belief in humanity, optimism, a love for nature." (Ebd.: 99) Auf prototypische Weise zeigt der Film das weibliche jüdische Opfer als Heldin: „This heroine is innocent, loving, idealistic, intelligent, artistic, and talented. She is imginative, optimistic and loving. It is this irrepressible love of humanity that the film emphasizes and celebrates." (Ebd.: 101)

Gerade dieser Verweis auf allgemeine Menschenliebe macht die Figur auch zu einer universell einsetzbaren Ikone. Hanno Loewy hat in diesem Zusammenhang auf die bedeutsame Tendenz hingewiesen, dass die Universalisierung der Figur auch eine Umformung impliziert. Sie folgt einer „Wunscherfüllung", die Loewy als „Eindeutschung" beschreibt: „In diesem Fall: die Erlaubnis zu einer Manipulation, für die man selbst nicht die Verantwortung übernehmen mochte, und die aus dem vorgefundenen Material eben das zutage förderte, was man selbst in ihm zu finden wünschte." (H. Loewy 1998: 19f.)

Die Transformation der Anne Frank in ein Figurenstereotyp bekommt auch die Dimension eines Symptoms, wie es von Jens Eder beschrieben wurde. Dadurch bilden Figuren „[a]ls Elemente soziokultureller, insbesondere kommunikativer Zusammenhänge eine Verbindung zwischen Produktion und Rezeption." (Eder 2008a: 541) In diesem Sinne verkörpert das an der Person von Anne Frank gebildete Figurenstereotyp nicht nur spezifische Frauenbilder, sondern verweist auch auf bestimmte Wünsche nostalgischer oder entlastender Art.

Auf ähnliche Weise findet die Figur der unschuldigen Heroine auch in filmischen Geschichtsfiktionen über den Nationalsozialismus Eingang. So wird Sophie Scholl in SOPHIE SCHOLL in eben diesem Sinne inszeniert. Unschuldig und idealistisch stellt sie sich dem Disput mit dem Vernehmungsbeamten Mohr. Kämpferisch tritt sie auch im Gerichtsaal auf. Sie wird mit Zügen einer Heiligen ausgestattet. Leitmotivisch wird dabei immer wieder dieselbe Situation im Gefängnis wiederholt. Sophie blickt durch die Gitterstäbe in den wolkenverhangenen, blauen Himmel. Dasselbe Bild findet sich auch in THE DIARY OF ANNE FRANK. Auch hier sieht man wiederholt Anne durch das Dachfenster in den Himmel blicken, ein Bild, das auf Freiheit und eine bessere Zukunft verweisen soll.

In vielen Filmen korrespondiert dies mit einem generalisierten geschlechtsspezifischen Deutungsmuster für den Nationalsozialismus. So sind in ROSENSTRASSE „Frauen und Männer fast antipodisch als gut und böse gegenübergestellt, die einen individualisiert und zivilcouragiert, die anderen durch ihre Uniformen und ihr stereotypes Aussehen anonymisiert. Der Nationalsozialismus wird als System männlicher Gewalt gezeigt." (Schultz 2005: 84) Dies wiederholt ein Geschichtsbild, das im deutschen Film der 1970er und 1980er Jahre kultiviert worden war und das wie in DEUTSCHLAND, BLEICHE MUTTER (BRD 1980, Helma Sanders-Brahms) den als männlich konnotierten nationalsozialistischen Staat von der weiblich und mütterlich besetzten deutschen Nation abkoppelte. Ähnlich ist auch Michael Verhoevens Film DIE WEISSE ROSE (BRD 1982) strukturiert. Hier wird die Widerstandbewegung zum feministischen Protest gegen patriarchale Nazis.[19]

Auch Traudl Junge in DER UNTERGANG entspricht dem beschriebenen Figurenstereotyp. Der Film zeigt sie mütterlich-hilfsbereit gegenüber den Kindern von Goebbels und dem Hitlerjungen Peter und betrachtet ihre Treue

19 | Auch wenn die dafür zentrale Szene, der Protest von Studentinnen gegen eine Rede des Münchener Gauleiters, auf historischen Tatsachen beruht, offenbart doch die Inszenierung durchaus Bezüge zum Antinazi-Protest der Gegenwart. Vor allem übersieht der Film aber die Ambivalenz in der Haltung der Nazis zu Weiblichkeit und Sexualität, die erst in den letzten Jahren stärker erforscht wurde, wodurch deutlich wurde, dass die Anregung zu freierer (hetero-) sexueller Betätigung der deutschen Frau und auch ihre Aktivierung durchaus Teil der Naziideologie waren (vgl. Radonic 2006).

und Loyalität wie verführte Tugenden. Ihre Gegenfigur ist Magda Goebbels. Sie, die Täterin, wird als Zerrbild eines anderen Figurenstereotyps gezeichnet, dem der ‚bösen Mutter' (vgl. Brauerhoch 1996: 9). Täter*innen* werden zumeist als den Mutter- oder Heroinenfiguren entgegengesetzte Figuren porträtiert. Auch diese Darstellung folgt der Abspaltung ‚der Nazis' als ‚die Anderen'. Eine Ausnahme stellt lediglich Andrzej Munks Film PASAZERKA dar.

Als der polnische Regisseur am 20. September 1961 bei einem Autounfall tödlich verunglückte, befand er sich gerade auf der Heimfahrt von den

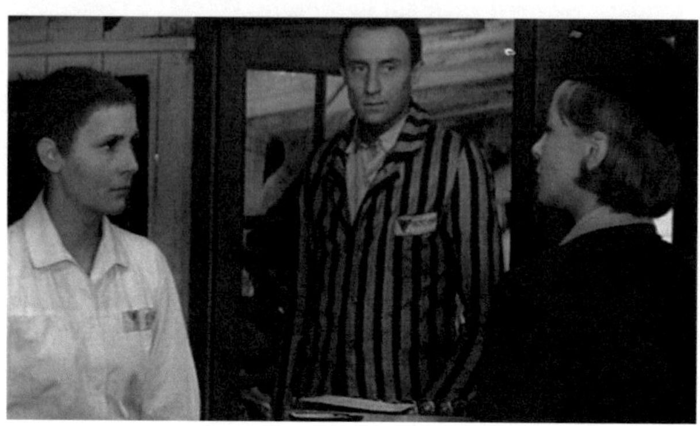

Abb. 156: Marta und Liza in PASAZERKA.

Dreharbeiten zu PASAZERKA. Erst zwei Jahre nach seinem Tod wurden die Aufnahmen von seinen Mitarbeitern zusammenmontiert und als Fragment veröffentlicht. Im Mittelpunkt steht eine Täterin, die KZ-Aufseherin Lisa. In zwei Rückblenden, angesiedelt auf einem Ozeandampfer nach dem Krieg, erzählt der Film ihre Erinnerung, einmal die ‚offizielle', das andere Mal eine Version, die sie lediglich sich selbst erzählt. Die Rahmenhandlung ist vollständig in unbewegten Bildern gehalten. Die Gegenwart erscheint so weit weniger real als das erinnerte Geschehen im Frauenlager Auschwitz-Birkenau. Die Vergangenheit ist bewegt, während die Gegenwart eingefroren ist (vgl. Nagler 2007: 35). Im Zentrum steht das Verhältnis von Liza zu dem weiblichen Häftling Marta (Abb. 156). In der Rahmenhandlung, so berichtet der Erzähler, vermeint Liza in einer Passagierin Marta wiederzuerkennen. In ihrer ersten Version berichtet Liza von Pflichterfüllung und von Unterstützung für Marta:

> At the end of the first version Marta is sent brutally to the death block when Liza is not present. Assuming that it is indeed Marta that Liza has recognized on the liner, this scene might suggest that the ‚noble version' is not very accurate – is she or is she not dead? It demonstrates what Dominick LaCapra calls the ‚memory lapses of traume'. [...] The spectator, in other words, is led on a journey not into Liza's memory, but rather her screen memories (‚Deckerinnerungen'). (Ebd.: 37)

Auf diese Weise thematisiert der Film nicht nur die Vergangenheit, sondern auch den Umgang mit ihr und zieht damit eine selbstreflexive Ebene ein, durch welche die Zuschauer aufgefordert sind, sich mit den Vergangenheitskonstruktionen der Täterin auseinanderzusetzen. Der Konflikt zwischen Täter und Opfer wird dabei nicht als Konflikt zwischen männlicher Gewalt und weiblich-jüdischem Opfer inszeniert. Auch fehlt der männliche nichtjüdische Retter als Figur. Stattdessen stehen sich zwei Frauen gegenüber und Liza vereinigt gewissermaßen Weiblichkeit mit den beiden Facetten der Männlichkeit, indem sie sich beständig von der Täterin zur Retterin macht, was dem Zuschauer jedoch als subjektive Umarbeitung der eigenen Vergangenheit bewusst wird. Lihi Nagler weist daher auch auf diese Dimension der verfremdenden Bearbeitung von Weiblichkeitszuschreibungen hin: „[I]n this tale of female desires, motherhood and its impossibility again spring up. The entire second episode seems to be obsessed with children being sent to their death and the continual suspicion that Marta is hiding a Jewish child with Liza´s implicit consent.“ (Ebd.: 39) Durch die Verschiebung der Perspektive vom Opfer auf die Täterin verschiebt sich auch der Blick auf die Weiblichkeitskonstruktion. Sie wird auf diese Weise ambivalent und führt zur Aufweichung des Stereotyps. Daraus resultiert eine Verunsicherung des Zuschauers, der sich – auch verstärkt durch die fragmentarische Form des Films – in diesem Universum immer weniger moralisch orientieren kann und so gezwungen wird, den Erinnerungsprozess selbst zu reflektieren.

Dagegen zeigt THE GOOD GERMAN aus entgegengesetzter Richtung, wie alle Grenzen und Unterschiede zwischen den Figurenpositionen durch die Konstruktion von Figurenstereotypen aufgelöst werden. Die weibliche Figur des Films, Lena Brandt, eine deutsche Jüdin, die als Ehefrau eines SS-Mannes den Krieg äußerlich unbeschadet überlebt hat, ist dem Figurenstereotyp der Femme Fatale nachgebildet. Sie ist jedoch gleichzeitig nur ein Zitat dieses Stereotyps, welches als solches bereits in den Werken des Film Noir ironisch gebrochen wurde. Die der Figur inhärente Ambivalenz löst sich aber in THE GOOD GERMAN dadurch auf, dass sie vollständig verabsolutiert wird, indem nahezu alle Figurenpositionen weiblicher Charaktere in Lena Brandt zusammengeführt werden. Vor dem Krieg war sie die Geliebte des amerikanischen Journalisten Jack Geismar, der nun als US-Soldat nach Berlin zurückkehrt und sie dort wieder trifft. Nun arbeitet sie als Prostituierte und lässt sich dabei von Tully, einem amerikanischen Militärfahrer, aushalten. Tully, nach außen ein braver ‚all american boy', ist im Schwarzmarkthandel engagiert und wird schließlich unter mysteriösen Umständen ermordet, als er den Russen Lenas Mann, den Mathematiker Emil Brandt verkaufen will, der jedoch offiziell bei einem Bombeneinschlag ums Leben gekommen ist. Auf diese Weise werden zahlreiche Figurenstereotype beispielsweise aus den deutschen Trümmerfilmen adaptiert. Außerdem ist Lena auch Opfer einer Vergewaltigung durch russische Soldaten, mehrfache Mörderin, Prostituierte und entpuppt sich schließlich als Nazikollaborateurin. Das Opfer selbst wird in diesem Figurenpastiche zum Täter. Gleichzeitig hat sie alles Verstörende verloren, wie es noch der Darstellung der NS-Täterin in PASAZERKA eigen war. Jedes Element ist als Teil des Figurenstereotyps einzuordnen und sorgt nicht für Verunsicherung.

So überschreibt das neue Muster die alten Figuren, anstatt diese einer Revision oder Reflektion zu unterziehen.

Wie in den vorherigen Abschnitten deutlich wurde, trägt auch die Verfestigung von Figuren zu Figurenstereotypen zu den Prozessen der Überschreibung und der Ablösung bei. Dadurch findet entweder wie in THE GOOD GERMAN eine Verkehrung von Opfern zu Tätern statt oder es wird wie im Fall von DER UNTERGANG eine klare Trennung von positiv konnotierten weiblichen Opfer- und Heldenfiguren und negativ konnotierten Täterinnen vollzogen. Dazu hat die symbolische Aufladung sowohl von Kinder- als auch von Frauenfiguren in Filmen über den Holocaust deutlich beigetragen. Selten entsteht dabei eine Ebene der Reflexivität, die mit Hilfe der Kinderfiguren eine andere Perspektive auf das Geschehen möglich macht, wie dies in LA VITA È BELLA an einigen Stellen gelingt. An Versuche, auch die Täterinnen zur Darstellung zu bringen und diese nicht durch zu starke Rückgriffe auf konventionelle Weiblichkeitsstereotype zu verstellen, wurde hingegen kaum angeknüpft. Ein Film wie PASAZERKA blieb daher eine Ausnahme. Zu stark scheinen die gängigen, oft von christlicher Ikonografie geprägten Bilder und Vorstellungen von Weiblichkeit und Opferschaft sowie Kindheit und Unschuld nachzuwirken.

Wie diese Elemente in einem Film adaptiert werden, der sich vom Schrekken der Lager ab- und ganz explizit der Erfahrung des Krieges aus vorrangig deutscher Perspektive zuwendet, möchte ich in der folgenden Beispieluntersuchung von DRESDEN zeigen. Der Fernsehfilm greift zahlreiche Figurenkonventionen auf, die in diesem Kapitel diskutiert worden sind.

FALLANALYSE: DRESDEN (2006)

Das zweiteilige TV-Drama DRESDEN wurde als eines der größten Fernsehereignisse des Jahres 2006 vermarktet. Der TV-Movie, von der Firma *teamWorx* für das ZDF produziert, erzählt die Geschichte der deutschen Krankenschwester Anna, die in den letzten Wochen des Krieges, als alliierte Bombenflugzeuge deutsche Städte angreifen, zwischen zwei Männern hin- und hergerissen ist. Kurz vor ihrer Hochzeit mit dem Arzt Alexander trifft Anna den britischen Piloten Robert, der sich nach seinem Abschuss in dem Krankenhaus versteckt hält, in dem Anna und Alexander arbeiten und das von Annas Vater Carl Mauth geleitet wird. Als die britischen Bomberverbände Dresden am 13. Februar 1945 angreifen, kulminieren die Konflikte.

DRESDEN entspricht den Merkmalen des deutschen Geschichtsfernsehens und bezieht sich dabei auch auf konventionalisierte Formen des Genrekinos, insbesondere des Melodramas und des Kriegsfilmes. Gleichzeitig werden Verfahrensweisen der filmischen Geschichtsfiktionen wie die Nachbildung von historischen Bildern, die Verwendung des Familiennarrativs und ein spezifisch nostalgischer Bezug auf die Vergangenheit aufgegriffen, der sich in dem symbolisch aufgeladenen Bild der zerstörten und wieder aufgebauten Dresdener Frauenkirche manifestiert. Schließlich beabsichtigten die Filmemacher, dass die Zuschauer das historische Geschehen mit Hilfe des Fernsehfilms

‚nachempfinden' sollten. Dabei kam den Schauspielern eine besondere Rolle zu, wie der Regisseur des Films, Roland Suso Richter, in einem Interview erklärt: „Die Schauspieler mussten fast nicht spielen, sie haben erlebt […]." (Zit. n. Richter/Hofmann/Hanfeld 2006: 47) Dazu wurde am Set eine spezifische Grundstimmung erzeugt. Richter beschreibt seine Methode im Interview:

> Für die Szenen im Keller habe ich ein Band erstellen lassen mit dem Lärm von 300, 400 Bombeneinschlägen, und das über eine 15.000-Watt-Anlage im Nebenraum laufen lassen. Die Bässe hatten eine unglaubliche Wirkung. In den ersten zwanzig Minuten hatten wir flaue Knie, und uns war ein bißchen schlecht. Der Schall geht durch Mark und Bein. Ich habe eine Probe ohne Bombeneinschläge gemacht und gesehen: Genau so will ich es nicht, alle spielen irgend etwas. Das war es nicht. Dann haben wir die Probe mit Band gemacht, und es hat geklappt. Es war unmißverständlich. (Zit. n. ebd.)

Dieses dramaturgische Konzept, die Schauspieler auf extreme körperliche Reize reagieren zu lassen, beeinflusst auch die Figurenkonstellation. Die Analyse der Figuren kann zeigen, dass neben diesem Konzept, das auf Authentizitätseffekte hin ausgerichtet ist, eine auf Figurenstereotypen beruhende Anlage der dargestellten Charaktere den gewünschten Effekt verstärkt. Die Figurenanlage wie der gesamte Film stützen sich auf bekannte Darstellungsmuster. Darauf deutet Richter selbst hin, wenn er die Bedeutung von „Bilder[n] mit Symbolkraft" für den visuellen Stil hervorhebt (zit. n. ebd.). Besonders auffallend an DRESDEN ist die Perspektiverweiterung mit Hilfe des Figurenensembles. So tritt neben die deutschen Protagonisten der englische Bomberpilot als im Figurenensemble verkörperte ‚Feindperspektive': „Wir brauchten diesen Blick einer Deutschen und eines Engländers auf diese Bombennacht, eine Spiegelung durch jemanden, dessen Freund in einem der Bomber sitzt." (Zit. n. ebd.) Diese Entscheidung ist nicht zuletzt als eine Folge der ökonomischen Anforderungen einer internationalen Distribution und der Aushandlung transnationaler Geschichtsbilder im Rahmen des vereinigten Europas zu sehen.

Im Folgenden werden die verschiedenen Charaktere ausgehend von den zuvor herausgearbeiteten Figurenmustern analysiert. Zunächst wird die Darstellung der Protagonistin Anna unter den Aspekten Unschuld, Weiblichkeit und Zeugenschaft untersucht. Bereits in den ersten Szenen wird deutlich, dass Annas Handeln uneigennützig und hilfsbereit ist. Schon die soziale Indizierung der Figur als Krankenschwester ruft diese Assoziationen hervor. Gleichzeitig werden typisierte weibliche Konnotationen zu positiven Eigenschaften. Die Figur folgt der Umcodierung passiver Weiblichkeitsvorstellungen in die Merkmale einer Heldin, ähnlich der Figur der jüdischen Heroine. Dabei liegt Annas Handeln kein bewusster Wandlungsprozess zugrunde. Sie wird vielmehr von Anfang an dem Krieg und der nationalsozialistischen Herrschaft entgegengesetzt.

Am Ende des ersten Teils bekommt Anna zu ihrer Verlobung ein weißes Kleid übergestreift (Abb. 157). Die Inszenierung macht den Vorgang zu einem Domestizierungsakt, gleichzeitig vermittelt die symbolische Farbe Weiß aber auch das Motiv der Unschuld. Dieses wird explizit am Ende des Films wieder aufgegriffen, als Anna weinend von der Ruine der Frauenkirche aus auf die zerstörte Stadt blickt und aus dem Off ihre Stimme zu hören ist: „Das erste Opfer des Krieges ist die Unschuld. Es ist auch das letzte."

Die Figur der weiblichen Heroine wird auch mit der Mutterfigur verknüpft. Dies geschieht besonders auffällig im zweiten Teil, wenn Anna zu Robert flüchtet, der vom Vater auf dem Dachboden ihres Elternhauses eingesperrt wurde. Anna wird auf dem Boden kniend, Roberts Kopf in ihrem

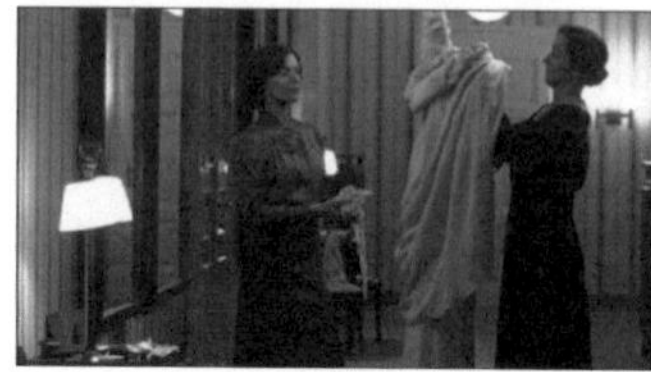
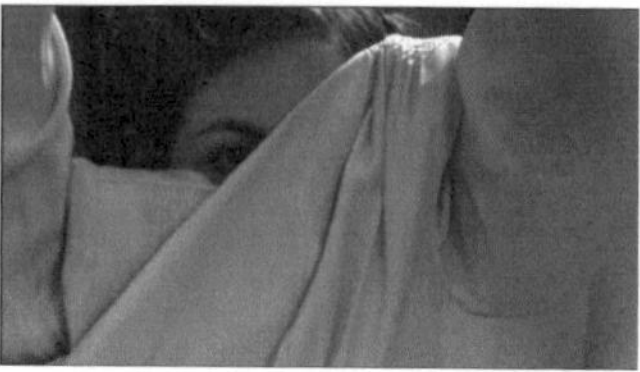

Abb. 157: Anna wird domestiziert. Das weiße Kleid ist aber gleichzeitig ein Zeichen der Unschuld.

Schoss haltend, gezeigt und erscheint gleich einer Pieta, dem christlichen Bild der Mutter mit dem Kind nachgebildet (Abb. 158).

Gleichzeitig bekommt die Figur aber auch kindliche Eigenschaften zugeschrieben und ruft die aus zahlreichen Filmen über den Holocaust bekannte Kinderfigur in Erinnerung. Anna ist spontan und impulsiv, zusammen mit ihrer Freundin funktioniert sie das Schwesternzimmer in ein Tanzlokal um. Sie ist lebensfroh und ein wenig naiv. Damit werden die Motivkomplexe Unschuld sowie Spiel/Hoffnung betont. Verstärkt wird dies durch eine Episode des Films. Verzweifelt muss Anna mit ansehen, wie Alexander einen verletzten Jungen sterben lässt: „Du bist so kalt", klagt sie ihn an. Alexander wird Teil des (männlich konnotierten) Systems des Krieges, während Anna sich dagegen zur Wehr setzt. Später sieht sie den Bruder des Jungen mit Robert. Dieser führt ihm Zaubertricks vor. Im Spiel mit Robert, dem ‚guten Vater', öffnet sich das Kind und erzählt die tragische Geschichte vom Unfalltod seines Bruders, nachdem beide mit einer Pistole gespielt hatten. Das ‚schlechte' Kriegsspiel wird durch das ‚gute' Spiel therapiert. Das Motiv wird später noch einmal aufgegriffen. Im Luftschutzkeller spielt nun Alexander während der Bombenangriffe mit einem Kind Schattenspiele. Dadurch wird verdeutlicht, dass er sich gewandelt hat und nun als Repräsentant des ‚Guten' fungiert.

Die offensichtliche Nähe zum Kindermotiv aus Filmen über den Holocaust wird besonders im zweiten Teil über die britischen Bombenangriffe betont. In diesen Szenen trägt Anna ein leuchtend rotes Kleid, mit dem sie in den chaotischen Szenen ähnlich wirkt wie das Mädchen im roten Mantel in SCHINDLER'S LIST, das zum prototypischen Symbol des Kindes in Filmen über den Holocaust geworden ist (vgl. Schmid 2007: 154). Auf diese Weise ruft die Figur in DRESDEN nicht nur die entsprechenden Bedeutungszuschreibungen aus dem Kontext des Holocaust auf. Die in diesem thematischen Feld etablierte Figur wird auch überschrieben. An ihre Stelle rückt Anna als Sinnbild des unschuldigen Opfers.

Diese Bedeutungszuschreibung wird sinnfällig in einer Szene, in der Anna, den Fotografien von jüdischen Kämpfern im Warschauer Ghetto nachempfunden, zur Erschießung an eine Wand gestellt wird. Das Bild des unschuldigen Opfers wird in dieser Szene gleichzeitig mit dem der heroischen Retterin verknüpft, da Anna versucht hatte, die Frau eines Deserteurs vor der Verhaftung zu schützen (vgl. ebd.: 152). Auf diese Weise nimmt Anna nahezu alle positiv konnotierten Subjektpositionen ein, die in Filmen über

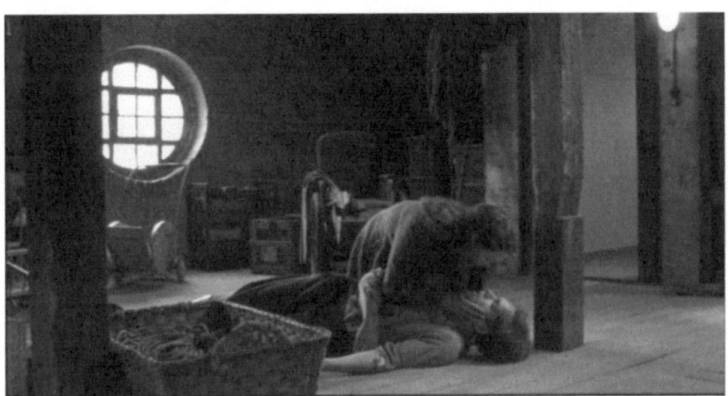

Abb. 158: Anna und Robert auf dem Dachboden in der Pose einer Pieta.

Nationalsozialismus und Holocaust zur Verfügung stehen: weibliche Heldin, Mutter, Kind, unschuldiges Opfer und Retterin. Alle diese Positionen zeichnen sich nicht nur durch einen gewissen Schematismus, sondern auch durch weitgehende Ungebrochenheit aus. Die Opferfigur des Gezeichneten, die eine gewisse Ambiguität der Figurenzeichnung beinhaltet, wird von Anna nicht angenommen. Stattdessen entsteht ein Eindruck von Ambivalenz aufgrund der äußeren Konflikte, insbesondere dem Dreiecksverhältnis zwischen Anna und den beiden Männern, die sie lieben, dem Deutschen Alexander und dem Briten Robert.

Anna wird explizit mit der Figur des (innerdiegetischen) Zeugen verbunden, die sich in Filmen über den Holocaust herausgebildet hat. Gegen Mitte des ersten Teils sieht Anna aus einer Straßenbahn am Straßenrand erhängte Juden. Die Schnittfolge, ihr Gesicht und das durch umstehende Personen und die Fensterrahmen der Straßenbahn begrenzte und damit wie von einer versteckten Position aus erblickte Zeugnisbild etablieren sie deutlich als beobachtende Zeugin (Abb. 159-160). Besonders deutlich wird Anna als Zeugenfigur in den Szenen während der Flucht vor dem Feuersturm markiert. Die mitten im Feuer stehende Anna erblickt drei exemplarische Situationen, jene „Bilder von Symbolkraft", von denen Regisseur Richter gesprochen hatte: eine Frau mit einem brennenden Kinderwagen, einen Invaliden mit Krücken auf einem Trümmerberg und einen brennenden Mann, der aus einem Fenster springt (Abb. 161-162). Besonders das letzte Bild ruft eine Reihe von Erinnerungseffekten hervor. Es handelt sich um die Nachbildung eines ikonisch gewordenen Fotos aus dem „Stroop-Bericht" von der Räumung des Warschauer Ghettos,

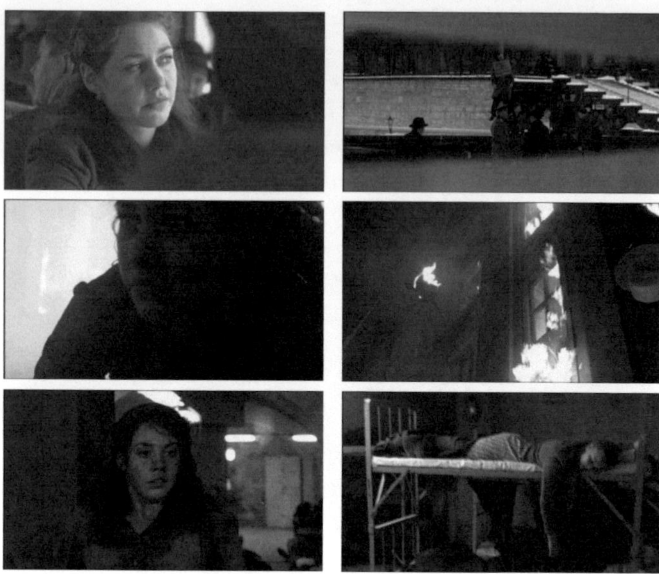

Abb. 159-164: Anna als Zeugenfigur.

ein Bild, das auch Roman Polaniski in The Pianist nachgestellt hatte. Es wird gerade dadurch hervorgehoben, dass es als Zeugnisbild von Anna gekennzeichnet ist. Die Zeugenfigur belegt damit das nachgestellte Bild, das aufgrund seines Wiedererkennungseffektes wiederum die Zeugenfigur authentifiziert. Ähnliches geschieht in den Szenen im Keller. Bedroht vom Erstickungstod brechen Anna, Robert und Alexander durch eine Wand in einen benachbarten Keller, in dem mehrere Menschen erstickt sind. Zunächst sieht man Alexanders Blick durch das in die Wand geschlagene Loch. Es erinnert an den Blick durch das Guckloch der Gaskammern. Anders als in diesen Szenen folgt in Dresden der Gegenschnitt. Der Blick in den Raum und auf die erstickten Menschen entspricht der subjektiven Perspektive des Zeugen. Durch die Anspielungen auf die Gaskammernsituation werden die Bilder entsprechend deutbar. Schließlich folgt die Kamera Anna auf ihrem Weg durch den Raum, vorbei an Toten auf Stockbetten (Abb. 163-164). Es handelt sich dabei erneut um einen Verweis auf die Ikonen des Holocaust, der mit einer subjektiven, aus der Hand geführten Kamera verknüpft wird, mit der eine Atmosphäre visuellen Nacherlebens geschaffen werden soll. Deren Bedeutung wird im Sinne der filmischen Wechselrahmung in den Film übernommen und auf die deutschen Opfer übertragen. Indem Anna Züge der bekannten Zeugenfigur aus Filmen über den Holocaust zugeschrieben bekommt, kann der Film immer wieder solche Geschichtsbilder einschneiden, die die Wahrnehmung der Geschichte verändern.

Mit einem weiteren visuellen Effekt wird das Zeugnisbild aus der subjektiven Perspektive Annas kurz vor Ende des Films verbunden. Wie der Regisseur im Interview erklärt, sollte Anna dabei ganz explizit als Zeugin der Zerstörung inszeniert werden: „Denken Sie an die Szene, in der Felicitas Woll [die Schauspielerin, die Anna spielt, TE] aus dem Keller kommt: Sie wusste nicht, was kommt. Sie schaut und kann nicht fassen, was sie sieht.“ (Zit. n. Richter/Hofmann/Hanfeld 2006: 47) Dieser aus Richters Konzept der bloß reagierenden Schauspieler folgende Eindruck wird dadurch verstärkt, dass die Aufnahmen in Annas subjektiver Wahrnehmung ihre Farbe verlieren. Dadurch werden zwei Deutungen nahegelegt: einerseits bekommt die Farblosigkeit symbolische Bedeutung und dient zur Verstärkung des Eindrucks von Verlust, Zerstörung und Katastrophe. Dabei handelt es sich um ein Verfahren, dass ähnlich von Jurek Becker in Jakob der Lügner angewendet wurde. Becker hatte in der Farbästhetik seines Films vollständig auf die Farbe Grün verzichtet, um den Bildern einen farblosen und tristen Eindruck zu verleihen. Weiterhin bekommen sie ikonische Bedeutung. Durch den Farbverlust wird das subjektive Zeugnisbild zum Dokument, wodurch erneut ein Eindruck von Authentizität geschaffen wird. Mit Hilfe eines ähnlichen Verfahrens wurden beispielsweise in Holocaust Archivbilder in den ansonsten in Farbe gedrehten Film montiert. Wichtig für die Wahrnehmung von Anna als innerdiegetische Zeugin ist am Ende auch ihre Rolle als Erzählerin, mit deren Hilfe die Darstellung der historischen Ereignisse in die Gegenwart überführt wird. So erhält Anna explizit den Status einer Zeitzeugin.

Annas Blick wird erweitert durch die Perspektive von Robert. Diese ansonsten weitgehend unkonturiert bleibende Figur hat vor allem die Funktion, in das deutsche Familiennarrativ die Perspektive des politischen und militärischen Gegners einzubeziehen. Robert tritt zumindest am Anfang ebenfalls als Zeuge auf, beispielsweise wenn er antisemitische Pöbeleien auf der Strasse beobachtet. Dadurch aber wird der Blick auf die negativ konnotierten deutschen Verhaltensweisen gleichsam fremd gestellt, während bei Extremerfahrungen oder auch in Situationen, in denen Deutsche zu Opfern werden, Annas subjektive Perspektive dominiert. Die Figur des britischen Piloten bekommt eine Brückenfunktion zugewiesen, die insbesondere das Motiv der Versöhnung impliziert. Dies wird besonders in der Mitte des ersten Teils deutlich, als Robert Trost spendend die Hand eines verwundeten Wehrmachtssoldaten hält, der seinerseits glaubt, einen deutschen Soldaten als Gegenüber zu haben. Eine ähnliche Szene findet sich in Ich war neunzehn. Hier wird der jüdische Emigrant in sowjetischer Uniform von einem blinden Deutschen ebenfalls für einen Kameraden gehalten.

Ansonsten entspricht Robert im Verlauf des Films zumeist dem klassischen männlichen Helden, insbesondere wenn er sich während der Bombardierung für Anna und Alexander einsetzt und dabei sein Leben riskiert. Auffallend ist jedoch, dass er insbesondere zu Beginn sichtbare Züge des Gezeichneten trägt. Als Fremder, Brite und Gezeichneter – zunächst auch wie in The Search markiert durch die Sprachlosigkeit, denn Robert will vermeiden mit seinem britischen Akzent aufzufallen – wird er somit zum Stellvertreter der jüdischen Opfer. So verweist die gierige Trinkszene auf das Wassermotiv in Der neunte Tag (Abb. 165). Bei der ersten Begegnung von Anna und Robert im Keller des Krankenhauses reagiert dieser scheu wie ein verschrecktes Tier. Er sieht verwahrlost, ausgezehrt und halb tot aus und erinnert an Szpilmann in THE PIANIST.

Diese Anspielung verbindet die Figur mit der einzig jüdischen Figur des Films, Simon Goldberg. Goldberg ist mit Annas Kollegin und bester Freundin verheiratet und wurde dadurch bisher von der Deportation verschont.[20] Doch die Nebenhandlung über das Ehepaar Goldberg ist nur äußerlich mit dem Hauptkonflikt des Films verbunden. Dessen spezifische Bedrohungssituation wird den Zuschauern nicht in ähnlicher Weise vermittelt wie die Situation

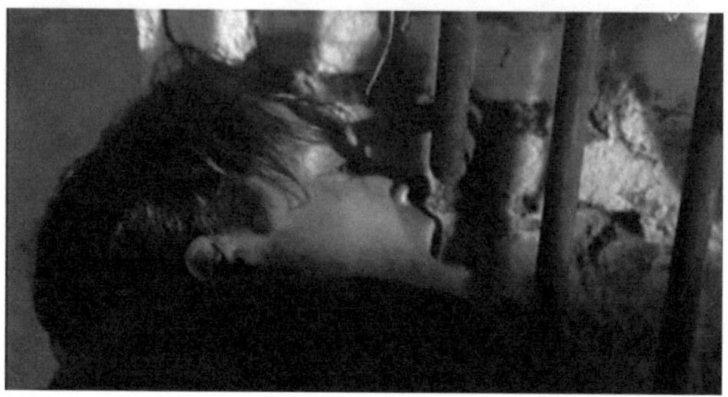

Abb. 165: Robert als Gezeichneter.

der Protagonisten. Die Nebenhandlung bricht die vorherrschende Perspektive nicht auf, sondern ergänzt sie. Sie vermittelt den Eindruck, im Dresdner Feuersturm würden alle gleich, drohte allen gleichermaßen die Vernichtung (vgl. Schmid 2007: 142). Durch die Geschichte Goldbergs entsteht weder eine kontrastive Erweiterung dieses Geschichtsbildes noch eine Störung der vorherrschenden Publikumsperspektive. Stattdessen wird Goldberg als jüdisches Opfer sukzessive von Anna und Robert abgelöst und verdrängt.

Eingerahmt wird die dominierende Position der Opfer durch eine auf konventionellen Mustern basierende Täterdarstellung. Diese beruht auf der konstitutionellen, auch im Familiengespräch vollzogenen Trennung von Nazis auf der einen und der deutschen Bevölkerung auf der anderen Seite. Nazis tauchen in DRESDEN dabei vorwiegend in Gruppen auf, insbesondere bei Annas Verlobungsfeier, und folgen stereotypen Darstellungsmustern. Als prototypischer Exponent wird der Gauleiter Martin Mutschmann hervorgehoben, der, wie Antonia Schmid analysiert, „das Extrem der Täterschaft dar[stellt], ein tumber Nazi“ (ebd.: 147) (Abb. 166). Daneben wird ein SS-Mann herausgestellt, der die Frau eines desertierten Soldaten im Krankenhaus verhaften will, worauf sich Anna schützend vor sie stellt. Diese Figur folgt vollständig dem Stereotyp des kaltblütigen Nazischergen, wie es in zahlreichen Filmen etabliert wurde (Abb. 167). Auch der Nazi-Blockwart erfüllt bekannte Erwartungen (Abb. 168). Dessen Pflichterfüllung wird schließlich bestraft, als er sel-

20 | Die Figur soll auf Victor Klemperer verweisen, der die Verfolgung in Dresden im Versteck überlebte (vgl. Pilarczyk 2006: 19). Filmgeschichtlich bezieht sie sich auch auf das deutsch-jüdische Ehepaar in EHE IM SCHATTEN.

ber als Plünderer von einem SS-Mann erschossen wird. Abseits davon werden Nazis zumeist aus der Distanz gefilmt und bewegen sich außerhalb der Lebenswelt der Protagonistin, auch wenn andere Figuren des Ensembles tiefer in diese abgespaltene Welt verstrickt sind als Anna. Diesem Verstrickungsmotiv folgt insbesondere die Darstellung von Annas Schwester, die als Gegenmodell zu Anna präsentiert wird. Dass sie von der Nazibewegung fasziniert ist, wird im Film implizit durch ihre Naivität erklärt. Verglichen mit Anna mangelt es ihr auch an sozialem Engagement.

Auffällig ist, dass den Tätern in DRESDEN noch eine andere Gruppe zur Seite gestellt wird. Trotz der Beteuerung eine ,ausgewogene' Darstellung des

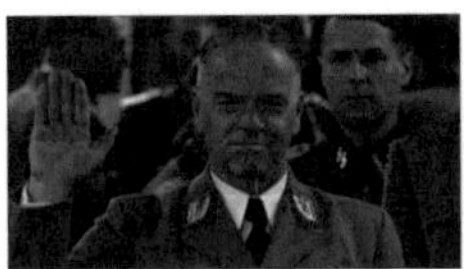
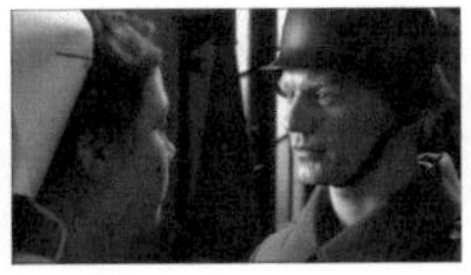
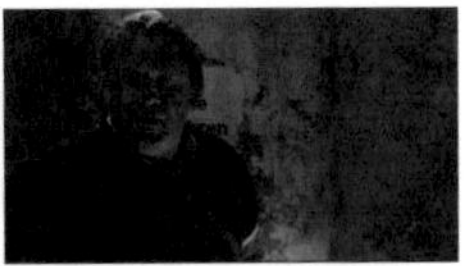

Abb. 166-168: Tätertypen in DRESDEN.

Kriegsverlaufes inszenieren zu wollen (vgl. Richter/Hofmann/Hanfeld 2006: 47) und trotz bzw. gerade durch die Integration der in Robert personifizierten britischen Perspektive in das Kollektiv der Bombenopfer, werden die Briten in gewisser Weise ebenfalls auf der Seite der Täter positioniert. Schmid zeigt dies in ihrer Analyse bereits am Vorspann auf, „in dem über eine Kamerafahrt durch das unzerstörte Dresden die Stimme von Arthur Harris – im O-Ton – die Bombardierung als ,Experiment' bezeichnet. Diese Darstellung, der Entfaltung der Narration vorgeschaltet, definiert gleich zu Beginn den Rahmen, innerhalb dessen die Wahrnehmung nur Variationen zulässt – die Bombardierung erscheint vor allem als unverhältnismäßige Bestrafung der Zivilbevölkerung." (Schmid 2007: 150) Die Musik verstärkt diesen Eindruck noch, indem sie drohendes Unheil ankündigt. Zu sehen sind dabei Bilder, die Flüchtlingstrecks zeigen. Unter den Flüchtlingen ist auch Robert. Damit wird noch einmal hervorgehoben, dass auch Landsleute Opfer der britischen Angriffe werden.

Besonders deutlich wird die Einstufung der Briten als Täter durch die Kameraperspektive. Zwar wird auf der Ebene der Handlung deutlich auf Differenzierungen geachtet, es werden auch kritische Stimmen in den Disput über die Bombardierung eingefügt (vgl. Richter/Hofmann/Hanfeld 2006: 47), die Kamera zeigt die Militärs aber fast durchweg aus distanzierter Perspektive und verstärkt damit den Eindruck, die Briten kalkulierten den Krieg ohne Berücksichtigung menschlicher Opfer. Diese Botschaft wird noch dadurch verstärkt, dass der britische ,War room'[21] fast ausschließlich durch eine Glaswand gefilmt wird (Abb. 169). Diese Aufnahmen rufen Assoziationen mit dem im Glaskasten sitzenden Eichmann während seines Prozesses in Jerusalem hervor, die von Roland Suso Richter bereits in seinem Film NICHTS ALS DIE WAHRHEIT

21 | Durchaus mit Ähnlichkeiten zu Stanley Kubricks Inszenierung in DR. STRANGELOVE OR: HOW I LEARNED TO STOP WORRYING AND LOVE THE BOMB (USA 1964).

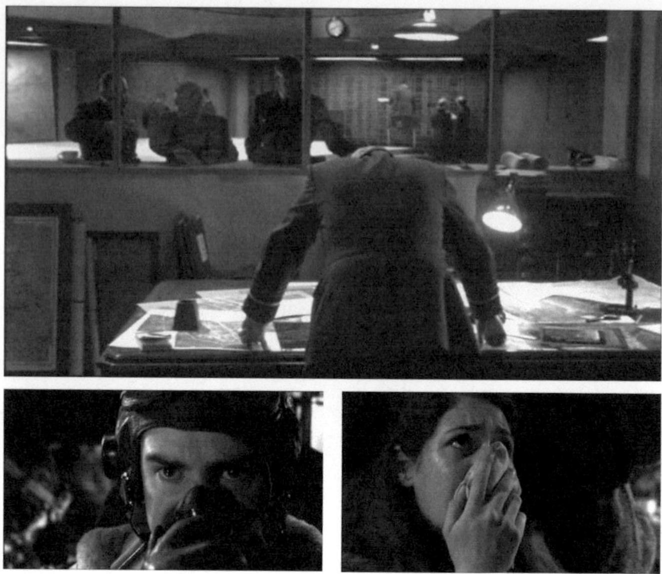

Abb. 169-172: Der britische „War Room", ein Glaskäfig (oben). Matchcut zwischen einem britischen Bomber und Anna, beide in einer ähnlichen Haltung (unten).

über einen fiktionalen Prozess gegen den KZ-Arzt Josef Mengele aufgerufen worden waren.

Die britischen Piloten hingegen nehmen unterschiedliche Positionen ein. Hier wird die unkritische Befehlshörigkeit genauso hervorgehoben wie das Motiv der Rache, das, allerdings verzerrt, auf die deutschen Bombenangriffe auf englische Städte verweist. Schließlich wird mit Hilfe eines Matchcuts ein Bezug zwischen einem menschlich und kritisch erscheinenden Piloten und Anna hergestellt, der Täter und Opfer in gewisser Weise miteinander verbindet (Abb. 170-171).

Widersprüche führen bei den näher charakterisierten Figuren allerdings nicht zu einem Zustand der Ambivalenz, sondern werden durch Läuterung bzw. Versöhnung aufgehoben. Dies wird insbesondere bei der Darstellung von Annas Verlobtem Alexander und ihrem Vater Dr. Mauth deutlich. Alexander wird bereits zu Beginn des Films durch seinen sozialen Status als Arzt definiert. Trotz Fliegeralarms führt er eine Operation zu Ende. Die Figur basiert auf den bekannten Arztfiguren, die wie Dr. Mertens in DIE MÖRDER SIND UNTER UNS und oder Dr. Schenck in DER UNTERGANG in Filmen über den Nationalsozialismus meist das Figurenstereotyp des guten Deutschen verkörpern. Zunächst behält die Figur in DRESDEN eine gewisse Ambivalenz. In einer der nächsten Szenen beendet Alexander abrupt eine Feier von Anna und ihrer Freundin. Karrieredenken und Pflichterfüllung werden hier angedeutet. Damit klingt das Verführungsmotiv an. Für die gemeinsame Zukunft mit Anna muss er Kompromisse eingehen. Einer davon ist, Annas korrupten Vater zu decken, der die Morphiumbestände des Krankenhauses an die SS verkauft.

Kurz nachdem er Mauths Machenschaften entdeckt und sich zum Mitmachen entschlossen hat, lässt der zuvor so aufrichtige junge Arzt ein Kind sterben. In der anschließenden Szene bemüht der Film ein christliches Motiv. Alexander blickt auf seine ausgestreckten Hände, ein Verweis auf Pilatus' Ausspruch, er

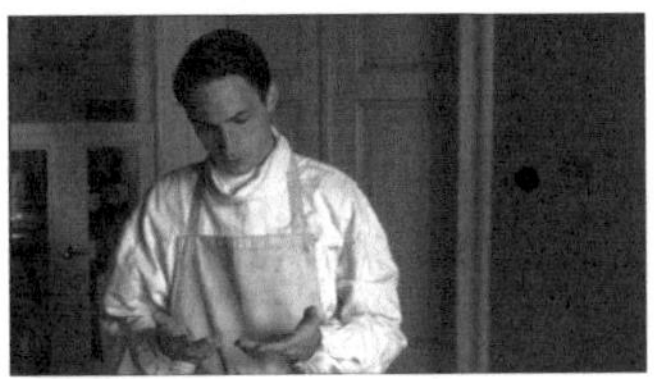
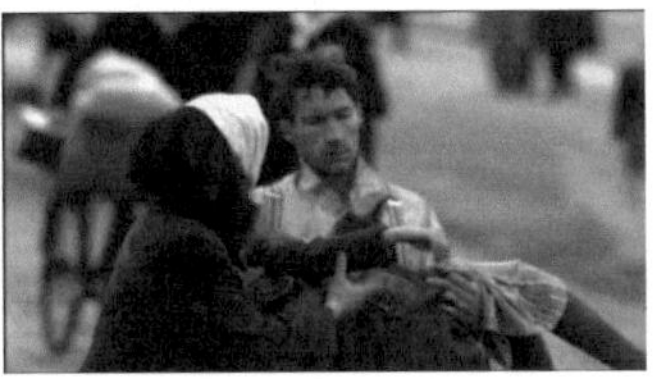

Abb. 173-174: Der zum Bösen verführte Alexander möchte seine Hände wie Pilatus in Unschuld waschen (links). Später tritt er als Retter und ‚guter Deutscher' auf (rechts).

wasche seine Hände in Unschuld (Abb. 173). Doch wie Schmid zeigt, ist Alexander „sowohl Täter als auch Opfer“:

> Der Feuersturm ermöglicht auch ihm die Transformation zum Guten. Bis dahin als emotional kalt dargestellt, findet er im Luftschutzkeller zurück zur Empathie: Warmherzig lenkt er ein verängstigtes Mädchen mit Schattenspielen ab, hilft ein Baby zur Welt zu bringen und wandelt sich im Laufe der Nacht zum mutigen Retter der vom Feuer bedrohten Insassen. (Schmid 2007: 149)

Das bereits am Anfang angelegte Figurenstereotyp des guten Deutschen wird also im Verlauf des Films gänzlich realisiert. Wie bei allen Figuren bekommt die Bombennacht für diese Wandlung, die eigentlich keine ist, eine kathartische Funktion zugeschrieben. Am Ende sieht man Alexander ein verletztes Kind aus der zerstörten Stadt tragen. Wie bei den Vorläuferfiguren werden hierbei bestimmte Verhaltensweisen, nämlich Opferbereitschaft, Uneigennützigkeit und heldenhaftes Handeln, die teilweise durch die Naziideologie belastet waren, positiv gewendet (Abb. 174).

Als Gegenbild dazu dient der korrupte Nazi, personifiziert in Dr. Mauths Geschäftspartner, einem SS-Mann. Auch Mauth ist davon ‚infiziert', obwohl er den Diebstahl begeht, um seiner Familie die Flucht zu ermöglichen. Er steht stellvertretend für die schuldig gewordene Elterngeneration, deren Ideale von den Nazis korrumpiert wurden. Im Verlaufe des Films erklärt er seiner Tochter vieldeutig: „Vielleicht wird der Moment kommen, an dem du mich hassen wirst.“

Für die Darstellung von Mauth adaptiert Dresden ein weiteres, für Ärzte in Filmen über den Nationalsozialismus zur Verfügung stehendes Figurenstereotyp, den „Mad Scientist“. Insbesondere in populären Filmen wie beispielsweise Hellboy wird dabei auf die Darstellung des Dr. Strangelove in Stanley Kubricks gleichnamigen Film zurückgegriffen. Der „Mad Scientist“ ist der ebenso dämonische wie verrückte Wissenschaftler im Dienst des Bösen, oft an der Grenze zum Wahnsinn. Elemente des Skurrilen, Absurden und Makabren enthält Dr. Mauths Sterbeszene. Nachdem er mit einem Krankenwagen flüchten wollte, öffnet sich sein Koffer und das Geld aus den schmutzigen Geschäften flattert im Wind. Im Chaos des Feuersturms werden materielle Werte nutzlos. Schließlich wird Mauth von einer Bombe getroffen. Nun bewegt sich die Darstellung des Films an der Grenze zum Horror und Makaberen, was jedoch zu einer gewissen skurrilen Komik führt. Mauth wird mit abgetrennten Beinen als sprechender Torso gezeigt, Personifizierung des nun hilflosen Monsters, das bereits aus einer anderen Welt zu Anna zu sprechen scheint. „Geh deinen Weg", erklärt er seiner Tochter. Im Sterben wird er wieder der gütige Vater. Auch er ist im Feuer geläutert worden. Einem Brandopfer gleich wird daher auch das Verbrennen seines Körpers gezeigt, als Sinnbild für die Versöhnung in der Vernichtung. Das ist die zentrale Aussage des Films. DRESDEN ist in den Worten des Produzenten Nico Hofmann „eine Reise durch die Apokalypse, eine Herausforderung, eine sehr reinigende Herausforderung." (Zit. n. Richter/Hofmann/Hanfeld 2006: 47)

Mit dem Versöhnungsmoment und dem Verweis auf die Elterngeneration wird ein intergenerationelles Motiv verknüpft. Darauf verweisen die Filmemacher auch explizit: „Es ist kein Zufall, daß der Film jetzt entstanden ist. Wir können heute über Schuld und Sehnsucht nach deutscher Identität sprechen. Die Schuld ist existent, mich interessiert aber auch das Empfinden der Elterngeneration, 1945 in dieser Stunde Null." (Zit. n. ebd.) Die Sehnsucht nach nationaler Identität soll sich durch die intergenerationelle Identifizierung erfüllen. Die Familie bekommt in den filmischen Geschichtsfiktionen über den Nationalsozialismus ihre besondere Bedeutung. In DRESDEN übernimmt die Frauenkirche die doppelte Funktion, einerseits nationales Symbol, andererseits ein dem Nationalsozialismus und dem Krieg entgegengesetztes, nahezu mütterliches Monument zu sein. Die Kirche strukturiert den Film. Sie nimmt die Flüchtenden auf, sie ist Sinnbild der Unschuld, von der Anna spricht, als Robert vom Turm herab auf die zerstörte Stadt blickt. Das Versöhnungsmotiv findet seine Konkretisierung in der Wendung zur Gegenwart. Die Kirche ist wieder erstanden. Der Film schließt mit Dokumentaraufnahmen ihrer Einweihung. Anna als ‚Zeitzeugin' stellt diesen Bezug her. Aus dem Off mahnt sie zur Erinnerung, zur Verantwortung aller, die überlebt haben. Erinnerung, Überlebende, Zeugen, die Kernkonzepte, die aus der Darstellung des Holocausts bekannt sind, werden hier ins Generationengespräch aufgenommen. Überlebende, das sind in DRESDEN jene Gesichter älterer Menschen vor der Frauenkirche, in die die Kamera die Zuschauer blicken lässt (Abb. 175). Die Schauspielerin Felicitas Woll, welche die Anna spielt, fühlt sich mit den Ereignissen in besondererer, persönlicher Weise verbunden. Wie die Kritikerin Johanna Adorjan hervorhebt, war DRESDEN für sie „die Geschichte einer Frau, die ihre Großmutter hätte sein können." (Adorjan 2006: 31) Wolls Großmutter hatte die Geschehnisse 1945 in Dresden erlebt. Die Schauspielerin interpretiert ihre Dreherfahrung als Wiederholung der historischen Erfahrungen der Großmutter:

> Es war mir sehr bewusst, daß ich das Schicksal meiner Großmutter mitspiele [...]. [D]as war schon so, dass ich gemerkt habe, dass in ihr damals etwas ge-

speichert wurde, als sie zehn war, was weitergegeben wurde, an meine Mutter, an mich und ich merkte plötzlich und hätte das nie für möglich gehalten, dass so ein Gefühl, etwas Gespeichertes, ein Kriegsgefühl, über Generationen weitergegeben wird, so etwas wie Todesangst. (Ebd.)

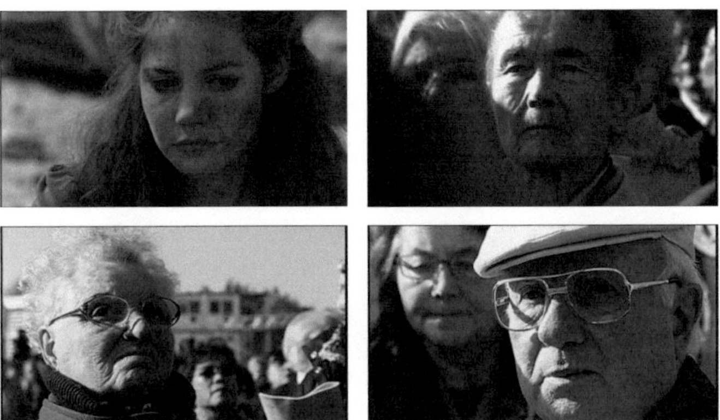

Abb. 175: Die ‚Überlebenden' in Dresden.

Woll stellt eine Identität der (‚vererbten') Gefühle ihrer Großmutter in Dresden 1945 und ihrer eigenen bei den Dreharbeiten her, welche die Distanz zwischen historischem Ereignis und Gegenwart sowie zwischen den Generationen aufhebt. Was sich Woll als vererbtes Geschichtsgefühl vorstellt, provozierte Richter mit seiner Methode der reagierenden Schauspieler: „Die Zustände im Krieg übertragen sich auf die Dreharbeiten, sonst läßt sich die Atmosphäre am Set gar nicht herstellen." (Richter/Hofmann/Hanfeld 2006: 47). Für die Zuschauer wiederum ergibt sich aus der Vermischung bekannter Figurenmerkmale mit bekannten Bildern und Genreschemata der Eindruck nacherlebter Geschichte. Die Figuren transportieren dazu bestimmte emotionale Besetzungen. Dabei kommt es im Sinne Jens Eders auch zu einer „emotionalen Parteinahme": „Wir fühlen nicht unbedingt *mit* ihnen, sondern *für* sie und reagieren mit Emotionen der Freude oder Erleichterung des Mitleids oder Bedauerns auf Ereignisse, die positive oder negative Konsequenzen für die wohlverstandenen Interessen (*needs*) der Figuren haben." (Eder 2008b: 146, H.i.O.) Auf diese Weise nehmen wir durch die Figuren, die Figurenzeichnung und die Figurenkonflikte auch die historischen Ereignisse wahr. Elemente aus Filmen über den Holocaust vermischen sich dabei mit Genreeffekten und Versatzstücken aus den tradierten Familiengeschichten über den Zweiten Weltkrieg. So werden über die Figuren bestimmte Geschichtsbilder vermittelt. Die Übernahme von Opferzuschreibungen aus filmischen Erzählungen über den Holocaust und ihre Überschreibung durch deutsche Opfer- und Heldenfiguren ist darin von zentraler Bedeutung. Wie Dresden gezeigt hat, fügt sich dieses beinahe beiläufig in die Genreästhetik ein, die auch auf der Figurenebene Motive von Kriegsfilm- und Melodrama miteinander verbindet.

Schlussbetrachtungen

Was folgt nun aus der Erkenntnis, dass sich ausgehend von Verbrechen und Massenmord ein dichtes Netz von Nachbildungen entwickelt hat, welche die Ereignisse und ihre retrospektive Deutung nicht nur zum Hintergrund einer Filmkulisse werden lassen, sondern auch zunehmend mit konkurrierenden Bedeutungen überschreiben? Die Analyse der narrativen Strukturen, Bilder und Figuren hat nicht nur verdeutlicht, mit welchen Topoi, Stereotypen und intertextuellen Bezügen die filmischen Darstellungen des Holocaust seit den 1990er Jahren arbeiten. Es hat sich auch gezeigt, dass die Form der filmischen Geschichtsfiktion zu einem dominanten Darstellungsmodus geworden ist, der insbesondere die medialen Auseinandersetzungen mit der (Alltags-)Geschichte des Nationalsozialismus in jüngster Zeit in Deutschland bestimmt. Die Analysen machen vor allem deutlich, dass die Perspektivverschiebung vom Holocaust auf die Darstellung des Nationalsozialismus mit Nachbildungen von bekannten Bildern, Figuren und Narrativen aus Filmen über den Holocaust verbunden ist. Dabei ist festzuhalten, dass die deutschen Kino- und Fernsehfilme den Mustern des Familiengesprächs folgen. Dieses wurde, wie ich gezeigt habe, zu einem Erzählmodell für die Erinnerungen an Leid und Leiden. Die Wechselrahmung, also die Vermischung von primär national und familiär bestimmten Leiderfahrungen mit Bildern, die aus Berichten über die Shoah bekannt sind, ist auch dafür ein typisches Merkmal.

Meine Analyse der Nachbildungen und ihrer intertextuellen Struktur versteht sich aber nicht als Zweck an sich. Wie deutlich geworden ist, entsprechen den ästhetischen Verfahren bestimmte geschichs- und erinnerungspolitische Tendenzen. Obwohl die intertextuellen Verweise zu früheren filmischen Repräsentationen des Holocaust oder des Nationalsozialismus interessante Beziehungsgeflechte eröffnen und sich gezeigt hat, dass es sehr unterschiedliche Formen gegenseitiger Bezüge gibt, die von Kommentar und Kontrast bis zu Ablösung und Überschreibung reichen, ist das Ziel meiner Untersuchung, die Filme in jener „Bewegung der Zeit" zu sehen, die nach Dan Diner eine wesentliche Voraussetzung des geschichtlichen Denkens ist (Diner 2007: 9). Dies wird von den hier untersuchten Geschichtsfiktionen oft negiert. Durch die intertextuelle Erzählstruktur, das Recyceln von Bildern und das dominante Verfahren der Nachbildung ist diese Bewegung der Zeit aber doch zumindest implizit in den Filmen erkennbar. Selbst wenn sie die Einbettung in eine konkrete Zeitlichkeit leugnen, konnte ich deutlich machen, dass die filmischen Darstellungen von Holocaust und Nationalsozialismus über ihre Nachbildungen einen verdeckten Dialog mit früheren Filmen und Fotografien führen. Auffallend aber ist, dass dieser Dialog zunehmend zu einem Selbstgespräch wird, indem die Vorbilder durch neue Deutungen überschrieben werden, die sich als ultimative Geschichtsdarstellungen gerieren. Diese Verfahren wollte ich mit meiner Untersuchung nicht nur offen legen, sondern auch mit unterschiedlichen Formen der Wahrnehmung von historischen Ereignissen im Film in Beziehung setzen. Dabei wurde deutlich, dass die filmischen Geschichtsfiktionen ihre Glaubwürdigkeit dadurch herstellen, dass sie auf bekannte Bilder und Erzählmuster zurückgreifen und nostalgische Wünsche nach dem Wiedererkennen des Bekannten befriedigen. Dieses Verfahren konnte ich in meiner Beschäftigung mit deutschen Filmen seit den 1990er Jahren als zentrales Element der filmischen Geschichtsfiktion herausarbeiten und in der Analyse von Das Wunder von Bern herausarbeiten. Nicht nur Anklänge an thematisch verwandte Filmen wie die Trümmerfilme waren in dese Film zu beobachten, sondern auch die Verwendung von aus Filmen über den Holocaust bekannten Motiven wie der Zug oder filmische Mustern der Kennzeichnung von traumatischen Erfahrungen. Auch Elemente nationalsozialistischer Ideologie fügen sich in das nostalgische Palimsest ein. Dabei werden frühere filmische Bearbeitungen, auf die als Vorläufer verwiesen wird, überschrieben und von den zeitgenössischen filmischen Geschichtsfiktionen abgelöst.

Diese Tendenz deutet sich in den Filmen über den Holocaust bereits an. Sie zeigt sich beispielsweise im Rückgriff auf das Erzählmuster der Rettung und des Überlebens. Hier vollzog Schindler's List als neuer Prototyp der filmischen Bearbeitungen des Holocaust eine bereits in seinen Vorläufern angelegte Tendenz nach. Während aber beispielsweise in der US-amerikanischen Fernsehserie Holocaust das Überleben noch die Ausnahme darstellte, verschiebt die Rettungsgeschichte die filmische Erzählung vom Holocaust noch deutlicher hin zu einer narrativen Schließung, was auch früheren populären Filmen entspricht. Schindler's List bedient sich dazu einer doppelten Erzählperspektive. Während die Geschichte der Vernichtung im Hintergrund des Films angedeutet wird, steht im Vordergrund das Motiv der Rettung. Dabei wurde auch sichtbar, dass Schindler's List frühere Filme über den Holocaust wie Ostatni Etap oder die Dokumentarfilme Nuit et Brouillard und Shoah ‚beerbt' und überschreibt. Durch die Verbindung von intertextuellen Verweisen mit einem durch bestimmte Stilmittel (wie den Reportageeindruck oder die Befriedigung der Vorstellung, die Vergangenheit habe sich in Schwarzweiß abgespielt) evozierten Authentizitätseindruck wurde Schindler's List aber auch zu einem Prototyp für die filmischen Geschichtsfiktionen über den Nationalsozialismus. Dies ließ sich insbesondere an der Rahmenhandlung belegen, die sich beispielsweise auch in Der Untergang wiederfindet. Diese Verfahren der Ablösung verweisen nicht nur auf die Verfestigung von Bildern und Erzählformen zu Geschichtsbildern. Darin wird auch eine Tendenz zur Universalisierung sichtbar. Dieser Tendenz zur Universalisierung liegt das Migrieren der Geschichtsbilder aus dem Erzählzusammenhang der Shoah in andere Kontexte zugrunde. Das macht die Geschichte des Holocaust ‚anschlussfähig' für andere Filmerzählungen und kaschiert den Bruch in der Bewegung der Zeit. Es schwächt jenes nach Auschwitz erlangte Bewusstsein ab, dass die Verbrechen in ihrem Charakter und in ihrer Dimension einen Einschnitt im Lauf der Geschichte bedeuteten. Dieses Moment konnte im Anschluss an Überlegungen über Geschichte verdeutlicht werden. Geschichtsschreibung wird von Walter Benjamin und Siegfried Kracauer nicht mehr als kohärent aufgefasst. Ihre Dynamik und ihr Potential gewinnt sie vielmehr aus dem fragmentarischen Charakter des Vergangenen, den es sich bewusst zu machen gilt. Dabei weist Kracauer zu Recht auf eine doppelte Bewegung hin, nämlich der Vergangenheit vom Standpunkt der Gegenwart aus retrospektiv keinen linearen Verlauf zuzuschreiben und gleichzeitig doch das Moment der Kontinuität, die Bewegung der Zeit, festzuhalten. Wenn wir uns diese Erkenntnis zu Eigen machen, können wir uns das Gegenwartsinteresse, das auch den filmischen Geschichtsfiktionen zugrunde liegt, bewusst machen und ihre Erzähl- und Darstellungsformen gleichzeitig (film-) geschichtlich einordnen. Damit wird ihr durch die Authentizitätsbehauptung verleugneter Vermittlungscharakter sichtbar. Somit können wir sie im Sinne Benjamins als Rekonstruktionen in der Einfühlung beschreiben. Dagegen nehmen andere Beispiele diese Erkenntnis bereits reflexiv auf oder verweisen doch zumindest in Teilen auf ihren eigenen Konstruktionscharakter. Darin wird auch ihr Umgang mit den Geschichtsbildern bewusst. Das zeigte sich in den filmischen Erzählweisen einiger der von mir untersuchten Beispiele. An diesen konnte verdeutlicht werden, inwiefern filmische Repräsentationen in der Lage sind, Momente der Diskontinuität zu integrieren. Dazu zähle ich beispielsweise Samuel Fullers Reflexion über die von ihm selbst produzierten filmischen Erinnerungsbilder in dem Dokumentarfilm FALKENAU: VISION DE L'IMPOSSIBLE, das Betreten der ‚Grauzone' in DIE FÄLSCHER oder eine ästhetische Übersetzung der Struktur von Unterbrechungen in die Erzählung von AM ENDE KOMMEN TOURISTEN. Solche Filme suchen nach einer anderen Art der Wahrnehmung von scheinbar Bekanntem und versuchen einen neuen, teilweise fremd gestellten Blick auf die Geschichte des Holocaust, ihr Fortleben und die Schwierigkeiten des Erinnerns möglich zu machen. Die bekannten Geschichtsbilder werden in diesen Filmen explizit und offen als Nachbildungen gekennzeichnet. In diesem Sinne bedienen sie sich ästhetischer Verfahren der Bewusstmachung von Vergangenheit in der Gegenwart, die Marianne Hirsch mit ihrem Konzept der Postmemory beschrieben hat. Was ich in meiner Untersuchung vor allem als eine implizite und kaum reflektierte Form der Montage von Fragmenten und Bildern in den filmischen Geschichtsfiktionen untersucht habe, wird an diesen Beispielen als kritisches Verfahren erkennbar. Auf diese Weise versuchen die Filmemacher, an einen Punkt jenseits des Faktischen und ‚Authentischen' zu gelangen und eine Verbindung zwischen Vergangenheit und Gegenwart, individuellen Erinnerungen und ihrem gesellschaftlichen und medialen Kontext herzustellen. Diese Bezüge legen solche Bilder und Filme den Betrachtern offen oder machen sie doch zumindest durchschaubar. Sie zeigen ihre Geschichtlichkeit und damit auch ihre Veränderlichkeit. Sie verdeutlichen so auch „den vielfältigen Prozess ihrer Überlieferung." (Hirsch/Spitzer 2005: 34)

Auf diese Weise zeigt sich in solchen Filmen auch explizit die Bewegung der Zeit. Sie machen deren Verlauf sichtbar, weil sie ihren eigenen Charakter als Medien der Vermittlung aufdecken und verschiedene, teilweise gegenläufige Zeitlichkeiten miteinander in Beziehung setzen, ohne deren Differenz zu verleugnen. Insbesondere dieser letzte Aspekt hat für mich große Bedeutung, denn er reflektiert die Erfahrungsdifferenz zwischen der Vernichtung und ihrer Vergegenwärtigung. Während in den filmischen Geschichtsfiktionen eher eine harmonisierende, vieldeutige Ausrichtung dominiert, widersetzen sich solche Filme, die das Verfahren der Nachbildung reflektieren, auch der gesellschaftlichen Tendenz zur Perspektivverschiebung. Es geht dabei nicht nur um einen zeitlichen-generativen Unterschied, der zwischen unserem Leben heute und den Jahren zwischen 1933 und 1945 besteht, sondern auch um eine wesentliche Differenz der Wahrnehmung von den Ereignissen, die heute mit dem Begriff Holocaust gefasst werden, die zwischen uns, den Kindern und Enkeln der Täter, und den ermordeten Opfern sowie den Überlebenden und ihren Angehörigen besteht.

Genau dieser Unterschied aber wird von jenen Nachbildungen des Holocaust geleugnet, die gleichsam als ‚blinde', unterschiedslose Geschichtsbilder fungieren, welche auf medial tradierte oder familiär und national geprägte Geschichtsdeutungen zurückgreifen. Diese Form der bewusstlosen und damit falschen Vermittlung habe ich am Beispiel der filmischen Geschichtsfiktionen über den Nationalsozialismus herausgearbeitet. Die Analyse der Filme DAS WUNDER VON BERN, DER UNTERGANG und DRESDEN hat deutlich gemacht wie die mythisch verklärte Vergangenheit nach dem Muster und den Bedürfnissen der Gegenwart fortbesteht. Dass diese Filme Rekonstruktionen des Nationalsozialismus nach der Beschäftigung mit dem Holocaust sind, hat nicht nur die filmische Wechselrahmung verdeutlicht. Indem sie die vorangegangenen Versuche der Auseinandersetzung mit Faszination, Verführung und Vernichtung im Dritten Reich, wie Wickis DIE BRÜCKE oder Fassbinders DIE EHE DER MARIA BRAUN, beleihen und überschreiben, vollziehen sie den gesellschaftlichen Perspektivwechsel vom Eingedenken der Vernichtung zum Reden über deutsches Leid und deutsche Opfer nach. Man verabschiedet sich von filmischen Verfahren der Verfremdung aber auch vom Schrecken über das in den Filmen gespiegelte Selbst. Da gibt es beispielsweise die ideologisch kontaminierte Vorstellung des soldatischen Mannes und ihrer tragischen Auflösung in den Kindersoldaten in Wickis Film, die DER UNTERGANG mit dem verharmlosend-nostalgischen Bild des Hitlerjungen Peter überschreibt. Anzuführen wäre auch die mythische Überhöhung des (Selbst-)Opfers, das beispielsweise durch die Adaption christlicher Opfermotive zur Darstellung des Mordes an den Kindern des Propagandaministers Goebbels in DER UNTERGANG aktualisiert wird aber auch, jedoch in anderer Perspektivierung, in der Lagerdarstellung in DER NEUNTE TAG.

Die mythische Struktur dieser Konventionen wird durch die Ästhetik der imitierenden Nachbildung verstärkt, deren Ziel die Überschreibung der Erfahrungsdifferenz, die Ablösung des Bildes aus seinem historischen Kontext und seine Übernahme als beglaubigendes Abbild für das eigene Leiden ist. Das Ziel ist die Herstellung eines gültigen Archivs, der letzten Erklärung, die gleichzeitig die alte Faszination bannt und konserviert wie der ehrfürchtige Umgang mit der Darstellung von Hitlers Selbstmord in DER UNTERGANG zeigt.

Die auf die Verhältnisse in Deutschland und die deutsche Erinnerungskultur gerichtete Perspektive auf die filmischen Geschichtsfiktionen bricht zunehmend auf, wenn wir diese auch in ihrem internationalen Produktions- und Distributionskontext wahrnehmen. Sie erweitert sich dabei um eine transnationale Sicht in einer sich globalisierenden Erinnerungskultur, die sich in vielfältiger Weise auf den Holocaust bezieht. Der Mord an den Juden und die Zerstörungen des Zweiten Weltkrieges werden zunehmend vom nationalen Bezugsrahmen der Erinnerung abgelöst diskutiert und gedeutet. Die globalen Produktionsprozesse haben nicht nur ökonomisch zu einer engeren Verflechtung geführt, sondern auch eine transnationale Geschichtsästhetik geschaffen, in der sich gegenläufige nationale Gedächtnisse entweder aneinander reiben oder harmonisierend aufeinander bezogen werden. Diese Dimension konnte ich in meiner Untersuchung nur andeuten. Ich möchte sie daher als Aufgabe für die weiterführende Beschäftigung zum Ende meiner Überlegungen kurz skizzieren. Es erhebt sich die Frage, wie sich die Ästhetik der Nachbildungen in einem globalisierten Kontext auswirkt und wie die Erfahrung der Shoah universalisiert wird. Es ist kaum zu übersehen, dass sich die Ambivalenz der Nachbildungen des Holocaust auch in einem transnationalen Rahmen fortsetzt. Diesen beschreibt Andreas Jahn-Sudmann als Spannungsfeld zwischen ökonomischen, politischen und kulturellen Aspekten:

> Bei der Kategorie des Transnationalen geht es [...] nicht allein um wirtschaftliche und politische Beziehungen oder um primär institutionelle Fragen, sondern auch um Artikulationsformen kultureller Vernetzungen und Vermengungen, die mit spezifischen Erfahrungsformen und Identifikationsmustern verbunden sind. (Jahn-Sudmann 2009: 17)

Dieses Verhältnis spiegelt sich auch in der ästhetischen Form der Filmproduktionen. Im Zusammenhang von transnationalen Perspektiven auf die Vergangenheit stellt sich dabei auch wieder die Frage, inwieweit die von mir untersuchten Nachbildungen ein Mittel sind, die Vergangenheit durch retrospektive Bedeutungsgebung zu verstellen und ihre Besonderheiten unkenntlich zu machen, oder ob sie neue Perspektiven eröffnen, die „über räumliche, zeitliche und erfahrungsbedingte Grenzen hinweg" (Hirsch/Spitzer 2005: 40) die Differenz der Erfahrungen bestehen lassen oder sogar erst sichtbar machen. Das von Diner beschriebene Geflecht gegenläufiger Erinnerungen differenziert sich auf diese Weise global weiter aus.

Angesichts der wachsenden Zahl von Filmen über Holocaust und Nationalsozialismus, die in den vergangenen Jahren unter globalisierten Produktionsbedingungen hergestellt wurden, stellt sich dabei vor allem die Frage nach der Perspektive. Inwiefern wird die Perspektive der jüdischen Opfer in diese Filme miteinbezogen und wo wird diese zunehmend abgelöst durch andere Opferperspektiven, die keinen direkten Bezug mehr zu den Verbrechen des Nationalsozialismus herstellen? Handelt es sich um eine kritische Auseinandersetzung mit den nationalsozialistischen Tätern, beispielsweise durch die Darstellung von Ambivalenz- und Entscheidungskonflikten, oder vollziehen die Filme die Harmonisierung gegenläufiger Erinnerungen nach, was eine Entkontextualisierung und Enthistorisierung zur Folge hat? Bleibt die Vergangenheit als eine unerlöste bestehen oder wird sie von universellen, moralischen oder politischen Sichtweisen abgelöst?

Dies gilt besonders für den „Gedächtnisraum Europa" (Sznaider 2008). Mehr oder weniger konflikthaft wird sich das vereinigte Europa seiner eigenen Geschichte bewusst (vgl. Elsaesser 2009b: 28). Die Erinnerung an den Holocaust und den Zweiten Weltkrieg wird zur Fundierung einer gesamteuropäischen Identität herangezogen, um diese zu einem „gemeinsamen Bezugshorizont des Erinnerns" zu erweitern (Beck/Grande 2004: 203). Dabei verschiebt sich die von mir beschriebene Perspektivänderung in der deutschen Erinnerungskultur auch auf die europäische Wahrnehmung der Vergangenheit. Zwar klingt das Ideal einer um „Außenperspektiven und permanente Grenzüberschreibungen" (ebd.) erweiterten Nationalgeschichtsschreibung vielversprechend, aber dahinter steht die Tendenz zu einer Harmonisierung der gegenläufigen Erinnerungen. Diese werden beispielsweise in Ulrich Becks und Edgar Grandes Konzept eines „kosmopolitische[n] Europas" als „Erfahrung der national und staatlich entgleisten Ersten Moderne" rationalisiert und abgespalten, „die das moralische, politische, ökonomische und technologische Katastrophenpotential ohne Erbarmen und Rücksicht auf Selbstzerstörung entfaltet hat." (Ebd.: 207) In diesem Modell verschwindet die verschiedenartige Erfahrung. Stattdessen wird im Modell eines „*selbstkritische[n]* Experimentaleuropas" (ebd., H.i.O.) die Idee eines durch Krieg und Vernichtung geläuterten Kontinents konstruiert. Wie Natan Sznaider in seinem Essay *Gedächtnisraum Europa* kritisiert, bleibt in dieser Konzeption europäischer Identität aus den Trümmern des Zweiten Weltkrieges die jüdische Perspektive weitgehend ausgespart:

> Ohne die jüdische Perspektive kann heute kein Epochenbruch mehr definiert werden. Das heißt auch, dass die Vernichtung der europäischen Juden erinnerungsperspektivisch als ein Epochenbruch verstanden werden muss. Viele sehen das jedoch nicht so. Nicht hier – bei der Vernichtung der Juden – wird der Epochenbruch angesiedelt, sondern in der nationalen Moderne selbst. Das heißt in der Folge, dass die Judenvernichtung aus nicht-jüdischer Perspektive als ein Exzess der nationalen und aufklärerischen Moderne erinnert wird. Deutschland war daher nicht die Ausnahme in einer liberalen europäischen Moderne, sondern das Extrembeispiel für die gemeinsame Moderne. Auf diese Weise wird der Zweite Weltkrieg zu einer gemeinsamen europäischen Tragödie. (Sznaider 2008: 30)

Wie Dan Diner hält Sznaider an der Idee des Bruchs fest und verortet darin als konstitutives Element die partikulare jüdische Erfahrung, die sich der einseitigen Auflösung zugunsten einer universalisierten Moral entzieht.

Ich habe mich dieser Problematik bereits bei der Analyse von DRESDEN zugewendet. Wie gezeigt bemüht sich der Film einerseits darum, die Konventionen der filmischen Geschichtsfiktion mit den tradierten deutschen, privaten und öffentlichen, Geschichtsbildern in Übereinstimmung zu bringen, in denen die Bombardierung Dresdens immer deutlicher als Menetekel alliierter Kriegsschuld und als zentrales Verbrechen des Zweiten Weltkrieges erscheint. Andererseits werden aber auch konkurrierende Sichtweisen auf den Kriegsverlauf Anfang des Jahres 1945, wie die der Alliierten, in den Film integriert. Dies erklärt auch die multiperspektivische, binationale Erzählstruktur des Films. Neben die ‚offiziellen' Perspektiven, die auf deutscher Seite von der Dresdener Naziführung und auf britischer Seite durch die Handlungen von den Militärs repräsentiert werden sollen, tritt der ‚private' Blick auf die Ereignisse, personifiziert in der Krankenschwester Anna, welche die Perspektive der deutschen Zivilbevölkerung darstellen soll, und in dem Bomberpiloten Robert Newman, der als positive Bezugsfigur fungiert und die ‚andere' britische Perspektive auf den Krieg einnimmt.[22] Diese Kombination dient einem doppelten Zweck. Die Deutschen sollen entlastet werden und der deutsche und der britische Blick, die wegen der sehr unterschiedlichen Kriegserfahrungen bisher unvereinbar waren, sollen einander angeglichen werden. Was für die Deutschen der Entlastung dient, hat in Bezug auf die ‚britische Perspektive' die Funktion der Harmonisierung eigentlich gegenläufiger Geschichtsbilder. Der gewandelten politischen Realität eines vereinten Europas müssen offensichtlich Zugeständnisse gemacht werden, indem die Sichtweise des früheren Gegners und heutigen Verbündeten integriert wird. Daneben stellt auch das Interesse an der internationalen Vermarktung solcher Produktionen entsprechende Anforderungen an eine transnationale Öffnung der verwendeten Geschichtsbilder (vgl. Butzek/Hofmann 2005: 28).

In den Hintergrund rückt dabei zunehmend der jüdische Blick auf die Shoah, der sich an den national definierten Geschichtsbildern reibt. Auch das wurde in der Analyse von DRESDEN deutlich, wo die jüdische Erfahrung, verkörpert durch Simon Goldberg lediglich in einer rudimentären Nebenhandlung angedeutet wird. Dan Diner hat im Kontext der transnationalen ‚gegenläufigen Gedächtnisse' daher auf eine zentrale, „dem Ereignis inhärente Spannung zwischen der spezifischen, vornehmlich von Juden gemachten Erfahrung und seiner [dem Ereignis ebenfalls eigenen, TE] umfassenderen,

22 | Diese Trennung von ‚offizieller' und ‚privater' Sicht passt zu einem anderen, mittlerweile dominant gewordenen Schema, das quer zu den nationalen Differenzen liegt. Das Schema ‚privat versus öffentlich' erlaubt es, die Bevölkerung von ihren politischen und militärischen Führern abzuspalten. Das geschieht auf beiden Seiten. Wie Robert von den militärischen Entscheidungsträgern wird aus ‚deutscher Perspektive' die unschuldige Bevölkerung (Anna) ebenso deutlich von der politischen Führung (‚den Nazis') abgelöst.

seiner menschheitlichen Geltung" hingewiesen (Diner 2007: 13). Zum einen handelt es sich um die partikulare jüdische Perspektive, die sich auf die Shoah als eine von „Juden als Juden gemachte Erfahrung" bezieht (ebd.). Zum anderen wurde die Erinnerung an die Shoah zum Ausgangspunkt einer „ins Universelle drängende[n], anthropologisch geleitete[n] Wahrnehmung" (ebd.: 14). Aus dieser inneren Spannung resultiert auch die unabgeschlossene Herausforderung für das Denken ‚nach Auschwitz'.

Solche gegenläufigen Erinnerungen prägen mehr oder weniger sichtbar auch die internationalen Großproduktionen, die seit einigen Jahren zu einem wesentlichen Teil in den Filmstudios in Babelsberg bei Berlin produziert werden. Der Pianist spiegelt seine transnationale Produktionsgeschichte beispielsweise auch in seinen unterschiedlichen Erinnerungsperspektiven (deutsch, polnisch und jüdisch). Eine andere Großproduktion, The Reader (USA/D 2008, Stephen Daldry), verdeutlicht als deutsch-amerikanische Koproduktion den Versuch der Harmonisierung verschiedener Perspektiven. Neben die durch die kontrovers diskutierte Buchvorlage von Bernhard Schlink geprägte deutsche Sicht tritt die amerikanische Wahrnehmung der Vergangenheit, die stärker in Richtung einer Universalisierung und damit moralischer Fragestellungen drängt. Schließlich findet sich auch die jüdische Perspektive auf die Shoah wieder, die in der überlebenden Zeugin des Prozesses personifiziert wird. Die Grundkonstellation, das sexuelle Verhältnis zwischen einem jungen Deutschen und einer ehemaligen KZ-Aufseherin, die – so legt es der Film nahe – aufgrund ihrer Leseschwäche eine Karriere als Aufseherin einschlug und aus Scham über diese Schwäche später die Alleinschuld an den von ihr und ihren Kameradinnen begangenen Verbrechen auf sich nimmt, deutet bereits einen problematischen Umgang mit der Frage der ‚Schuld' an. Film und Buch verfolgen durch die Verbindung von Verbrechen und mangelnder Bildung einen Diskurs der Verharmlosung und Schuldabwehr. Der Film versucht dies im Zusammenspiel aller drei Perspektiven, die in sich gegenläufig verlaufen, harmonisierend aufzulösen. Diese Harmonisierung wird in der Schlusswendung des Films besonders deutlich. Die gewandelte KZ-Aufseherin nimmt ihre Schuld durch einen Selbstmord symbolisch an – und wird damit selbst zum Opfer. Am Ende löst sich auch die ‚Versöhnungsverweigerung' der jüdischen Überlebenden auf. Eine Blechdose, in der die Aufseherin ihr Erspartes aufbewahrte, erinnert die Überlebende an ihre Zeit im Lager. Sie wird zum Symbol einer geteilten und nicht länger teilenden Erinnerung. Damit tendiert der Film in Richtung einer universalisierenden Lösung.

Der Film Defiance (USA 2008, Edward Zwick) hingegen verfolgt scheinbar eine partikular-jüdische Perspektive und verändert mit der Thematisierung jüdischen Widerstands die erinnerungskulturell geprägte Wahrnehmung von Juden als passive Opfer (vgl. Kühn 2009). Defiance erzählt von einer Gruppe polnischer Partisanen um Tuvia Bielski, die sich der Deportation durch die Nazis widersetzen, gegen Nazis und polnische Kollaborateure gewaltsam vorgehen und schließlich in einem Waldversteck tausenden Juden das Leben retten. Bereits die Dreharbeiten verursachten einen heftigen geschichtspolitischen Deutungsstreit. Von polnischen Historikern wurde dem Film die Verfälschung der Geschichte vorgeworfen. Jüdische Partisanen hätten an einem Massaker, der Ermordung von 150 Polen in Naliboki, teilgenommen. Damit stellte sich die polnische gegen die jüdische Erinnerung. Erst ein Essay von Zeithistorikern in der Tageszeitung *Gazeta Wyborcza* stellte die historischen Fakten richtig und entlastete die Bielski-Gruppe (vgl. Lesser 2009). Doch diese unterschiedlichen Perspektiven kamen im Fall von Defiance ausschließlich extratextuell zum Ausdruck. Im Film selbst werden sie nicht gespiegelt, die polnische Sicht wird schlicht ausgespart (vgl. Krohn 2009). So bleibt im transnationalen Kino über den Holocaust jenes Spannungsverhältnis zwischen Universalismus und Partikularismus weiterhin präsent, auch wenn es meist zu einer einseitigen Aufhebung entweder in Richtung einer partikularen Geschichtsdeutung oder in Richtung einer universalisierenden ‚Lehre' aus dem Holocaust tendiert. Dies trifft besonders auf die europäische Erinnerung zu, innerhalb derer sich die „widerstreitenden Tendenzen, die zwischen Universalismus und Partikularismus pendeln", besonders deutlich und konflikthaft manifestieren (Elsaesser 2009b: 27).

Filme können gegenläufige Erinnerungen nicht nur harmonisieren, sondern die transnationale Perspektiverweiterung auch in Szene setzen und reflektieren. Dadurch entsteht nicht nur ein transnationaler, europäischer Kinoraum, in dem Großproduktionen international finanziert und in verschiedenen Ländern realisiert werden, sondern auch eine thematische Neuorientierung. Die Fälscher, eine teilweise in Deutschland hergestellten österreichische Produktion mit deutschen und österreichischen Schauspielern, zeigt die Häftlinge des Fälscherkommandos von Sachsenhausen als ebenso verschiedenartige wie Nationen übergreifende Gruppe. Filme wie Babi Jar oder Zwartboek wenden sich dem noch immer kontrovers diskutierten Thema der Kollaboration in von den Nazis besetzten Ländern zu und verdeutlichen damit auch, das die Shoah selbst „ein transnationales Verbrechen" war (Sznaider 2008: 68).

Die Verflechtung unterschiedlicher Perspektiven und der transnationale Produktions- und Deutungsrahmen sind keine Entwicklung der letzten Jahre allein. Sie ist bereits in vielen von mir untersuchten Beispielen erkennbar. Obwohl der deutsche Deutungs- und Rezeptionskontext in meiner Arbeit im Mittelpunkt stand, habe ich mich bei der Ausdifferenzierung der unterschiedlichen Darstellungsmodi auch auf internationale Produktionen bezogen. Schindler's List kann auch dafür als Prototyp gelten. Der Film steht nicht nur in ästhetischer Hinsicht für jene von Miriam Bratu Hansen und Ilan Avisar beobachtete Positionierung zwischen filmischer Moderne und Populärkultur, den USA und Europa. Er positioniert sich auch im Widerstreit zwischen partikularer Erfahrung und universeller Moral in einem Zwischenraum: „Das besondere Merkmal von Schindlers Liste ist die Gleichzeitigkeit, mit welcher der Film das historisch konkrete mit einer universalen Moral verbindet." (Levy/Sznaider 2007: 161) Das verbindende Moment ist dabei das Thema Identität, durch welches sich Schindler's List und andere Filme über den Holocaust thematisch auf das Feld der Transnationalität zu bewegen:

> Der Holocaust wird zu einem Identitätsproblem, und in einer Kultur, in der das Individuum das Kollektiv ersetzt, wird Politik zur Identitätspolitik, werden Opfer so verallgemeinert, daß sich alle mit ihnen identifizieren können. So können Nichtjuden den Kino-Schindler sehen und weinen. So können Deutsche sich mit dem ,guten Deutschen' identifizieren und aus der Täterrolle in die Zuschauerrolle schlüpfen. (Ebd.: 165)

Die partikulare jüdische Perspektive verschwindet hinter einer „Pluralisierung potentieller Identitäten" (Jahn-Sudmann 2009: 18), die im Holocaust als medial überformtem Ereignis, einen Bezugspunkt und eine Ausdrucksform suchen. Das Verfahren der Nachbildung trägt dazu einiges bei, denn es erlaubt, die Vorstellung von ‚jüdischen' Opfern auf die eigene Selbstwahrnehmung zu übertragen. Dies führt in filmischen Geschichtsfiktionen über den Nationalsozialismus zu der beschriebenen Transformation von Tätern, Zuschauern und Mitläufern zu Opfern von Krieg und nationalsozialistischer Herrschaft. Wo die Ikonen des Holocaust aber Teil eines globalen visuellen Gedächtnisses werden, vollziehen sich auch noch andere Aneignungs- und Umdeutungsprozesse. Am Beispiel von PLATOON habe ich bereits gezeigt, wie die zu Ikonen gewordenen Befreiungsbilder aus Bergen-Belsen in eine filmische Anklage des Vietnamkrieges einwanderten. Auf diese Weise blendet der Film zwei Gedächtnisse übereinander, die Erinnerung an den Vietnamkrieg und die Erinnerung an die Ermordung der Juden. Dies funktioniert aufgrund von „Phänomenen der Ähnlichkeit" (Diner 2007: 18), wie Dan Diner in seinen Überlegungen zu gegenläufigen Gedächtnissen über die Problematik des Ineinanderblendens unterschiedlicher grausamer Ereignisse aus der Geschichte bemerkt: „Dies wird nicht folgenlos bleiben. Wie unter der Hand wird der so seiner Geschichtlichkeit entblößte Holocaust – das zum bloßen Exempel verallgemeinerte Ereignis Auschwitz – zu einem Genozid unter anderen Genoziden mutieren." (Ebd.)

Zwei filmische Beispiele aus ganz unterschiedlichen Kontexten sollen dies verdeutlichen. Die Übernahme von Ikonen des Holocaust dient hier zur Übertragung der Holocaustthematik auf aktuelle politische Konflikte. Zunächst betrachte ich unter diesem Gesichtspunkt eine vom staatlichen iranischen Fernsehen produzierte Fernsehserie, die sich mit der Geschichte des Holocaust beschäftigt. Zwar wird der historische Kontext beibehalten, die Verfahren der Nachbildung dienen aber nicht nur zur Beglaubigung des Dargestellten. Sie werden auch Teil einer Umdeutung des Holocaust als historisches Ereignis im Zusammenhang mit der offiziellen iranischen Politik gegenüber dem Staat Israel.

Im Vergleich dazu werde ich auf den israelischen Film VALS IM BASHIR (IL 2008, Ari Folman) eingehen, der ebenfalls an zentraler Stelle die Nachbildung einer zur Ikone gewordenen Holocaustfotografie verwendet. Dieser Film behandelt jedoch nicht in erster Linie den Holocaust als Thema, sondern beschäftigt sich mit dem Libanonkrieg Anfang der 1980er Jahre und seine Auswirkungen auf das individuelle und kollektive Gedächtnis in Israel.

Im Oktober 2007 begeisterte die Fernsehserie MADARE SEFR DARAJEH (IR 2007, Hassan Fatthi) die Zuschauer im Iran. In 30 Episoden versuchten sich die Macher an einer iranischen Version der Serie HOLOCAUST, allerdings mit einer vollständig konträren Absicht. MADARE SEFR DARAJEH erzählt die Geschichte eines jungen iranischen Diplomaten, der in Paris eine jüdische Familie vor der Deportation rettet und sich dabei in die Jüdin Sarah verliebt. Durch seine Rettungsversuche wird er einer Verschwörung gewahr, in die auch Sarahs Familie verwickelt ist. Ästhetisch und dramaturgisch knüpft die Serie deutlich an die filmischen Geschichtsfiktionen an und imitiert zur Authenti-

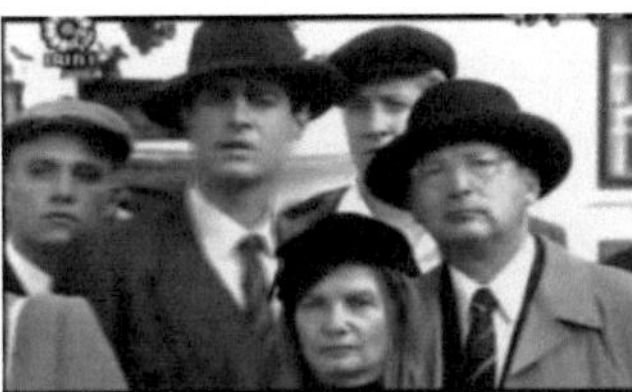

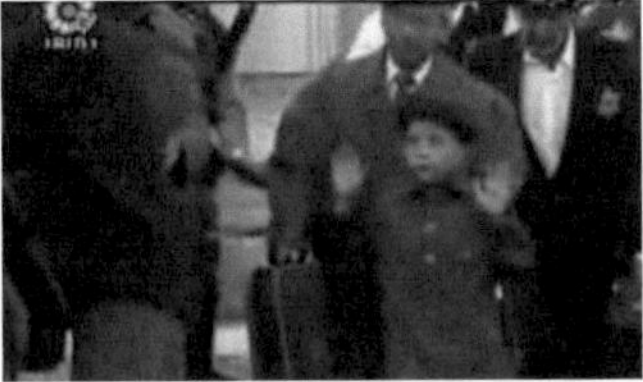

Abb. 176: Das ikonische Bild des Jungen im Warschauer Ghetto findet sich auch in der iranischen Fernsehsehrie MADARE SEFR DARAJEH.

fizierung des Gezeigten auch ikonische Bilder des Holocaust. MADARE SEFR DARAJEH bildet beispielsweise in einer zentralen Szene eine der bekanntesten Bildikonen des Holocaust nach, indem auf das berühmte Bild aus dem Warschauer Ghetto angespielt wird, das einen jüdischen Jungen mit erhobenen Händen zeigt (Abb. 176).

In Europa sorgte die Ausstrahlung der Serie für Verwirrung, da sie auf den ersten Blick einen Widerspruch zu der Leugnung des Holocaust durch den iranischen Präsidenten Mahmud Ahmadinedschad darstellte. Verstellt durch die Nachbildung von Bildern und Erzählformen aus Filmen über den Holocaust vermittelt die Serie jedoch ein Geschichtsbild, das der offiziellen iranischen Geschichtsdeutung keineswegs entgegensteht (vgl. Ebbrecht 2010c: 155f.). Der Journalist Mohammad Reza Kazemi hat darauf aufmerksam gemacht, „dass sich hinter der exotischen Fassade des Quotenhits eine unter Holocaust-Leugnern weitverbreitete These verbirgt. Danach hätten jüdische Zionisten mit Adolf Hitler kollaboriert, um ihren Wunsch nach der Gründung eines jüdischen Staates zu verwirklichen.“ (Kazemi 2007) Im Mittelpunkt der Serie steht nämlich der Konflikt zwischen zwei Verwandten von Sarah. Während ihr einer Onkel, Theodor Stark, eine zionistische Organisation anführt, bekämpft ihr anderer Onkel, Professor Weiss, die zionistischen Bestrebungen.[23] Er deckt dazu Starks Kooperation mit den Nazis als zionisti-

23 | Die Aufspaltung in gute Juden und böse Zionisten vollzieht sich bis in die Namenswahl hinein. So ist Theodor Stark leicht als Zionist zu enttarnen, nicht nur durch die Parallele seines Vornamens zu dem des Begründers des modernen Zionismus, Theodor Herzl, sondern auch durch den klingenden Nachnamen Stark. Aber auch der ‚gute' Jude Professor Weiss hat einen klingenden Namen. Der Nachnahme Weiss hat insbesondere für das westliche Publikum nicht nur die

sche Verschwörung auf. Durch Verweise zu Genres wie dem Film Noir oder dem Gangsterfilm imitiert die Serie Merkmale der populären Unterhaltung und vermengt diese mit antijüdischen Stereotypen und Mythen. Jüdische Figuren sind in MADARE SEFR DARAJEH durchgängig passiv. Sie sind vergeistigt wie Weiss, entsprechen dem Ideal der schönen Jüdin wie Sarah oder sind feige Verschwörer wie der Zionist Stark.

Die Serie unterläuft also keineswegs die staatsoffizielle Instrumentalisierung des Holocaust.[24] Gerade der Bezug auf den Holocaust als medial überformtes und zunehmend universalisiertes Ereignis dient vielmehr zur Legitimierung der politischen Botschaft des Films. Implizit werden die Ermordung der europäischen Juden während des Zweiten Weltkrieges und die Situation der Palästinenser nach der Staatsgründung Israels miteinander überblendet. Juden sind zwar in dieser Serie Opfer. Ihr Opferstatus wird aber dadurch, dass die eigentlichen Täter als ‚Zionisten' markiert werden, symbolisch auf die Palästinenser verschoben. Damit handelt es sich um ein Beispiel von filmischer Wechselrahmung, die in einem transnationalen Konfliktfeld, hier dem Nahostkonflikt, angesiedelt ist.

Im Gegensatz dazu reflektiert der israelische Film VALS IM BASHIR die Struktur der Nachbildungen bereits in seiner Erzählstruktur. Der auf Dokumentaraufnahmen basierende, autobiographisch perspektivierte Animationsfilm geht vergessen geglaubten Kriegserfahrungen des Filmemachers nach, der Anfang der 1980er Jahre mit der israelischen Armee im Libanon stationiert gewesen war. Dazu besucht er ehemalige Freunde und konfrontiert sich mit ihren und seinen Erinnerungen an den Krieg. Die animierten Erinnerungssequenzen behaupten keine authentische Darstellung, sondern verdeutlichen einen künstlerischen Zugriff auf die Realität des Krieges. Sie zitieren klar erkennbar andere Kriegsfilme, vom US-amerikanischen Vietnamkriegsfilm APOCALYPSE NOW bis zu ONAT HADUVDEVANIM (1991, Haim Bouzaglo), einem israelischen Spielfilm über den Yom Kippur Krieg. Der dokumentarische und der fiktionale Modus gehen fließend ineinander über. Ersterer wird durch die den animierten Reenactments zugrunde liegenden dokumentarischen Interviews hergestellt, letzterer durch die Animation, die Nachbildungen von popkulturellen, historischen und imaginativen Szenen

---

Konnotation der Reinheit, sondern ist ein direkter Verweis auf die gleichnamige Familie in HOLOCAUST, die zum universellen Symbol jüdischen Opferwerdens wurde.

24 | Darum ist es auch kein Wunder, wenn ein bekannter iranischer Holocaustleugner wie Adollah Shahbazi als „historischer Berater" der Serie im Abspann genannt wird. Der Regisseur selbst hatte bereits über seine Intention gesagt: „Die historischen Beweise zeigen, dass die Mehrheit der Nazi-Opfer diejenigen Juden waren, die gegen die Okkupation von Palästina waren" (zit. n. Kazemi 2007). Auch die islamischen und regierungskonformen Zeitungen im Iran wussten die Aussage der Serie sehr wohl zu deuten. So hob das islamistische Hardliner-Blatt *Kayhan* in seiner Besprechung hervor, „Nazism [is] parallel to Zionism." (Kantz/Nissimov 2008).

und Bildern miteinander verschmilzt. Dies führt zu einem analytischen Bildverständnis, das sich gegen „das Versinken im Gezeigten“ sperrt und uns die „Spaltung zwischen Bild und Gegenstand“ bewusst macht (Wulff 2009). Der Rückgriff auf die Animation und die Ästhetik des dokumentarischen Comics dient dazu, Erinnerungsbilder zu kreieren, „die man mit der Kamera nicht festhalten darf, die aber eingebrannt sind in die Empfindung“ (Seeßlen 2008: 27).

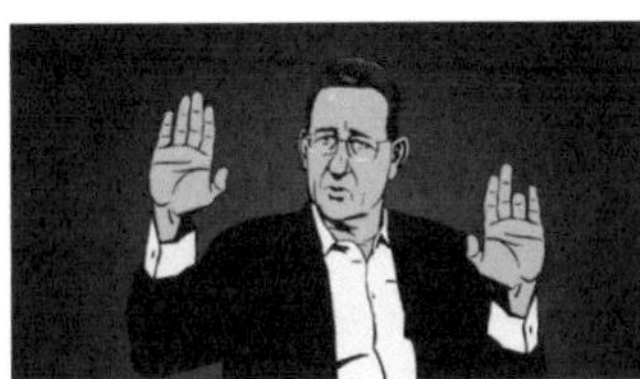
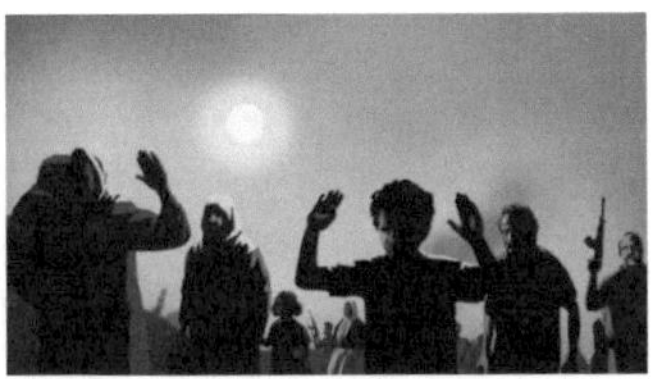

Abb. 177: Das ikonische Bild des Jungen im Warschauer Ghetto als Vergleichsbild für palästinensische Flüchtlinge im Libanon in VALS IM BASHIR

In dieses Geflecht von animierten Erinnerungen und medialen Nachbildungen, die als Erinnerungen der Freunde des Regisseurs Folman und außerdem durch den autobiographischen Modus des Films als Vorstellungen des Filmemachers kodiert werden, mischt sich ein bekanntes Geschichtsbild (vgl. Avisar 2009: 113). Auch in VALS IM BASHIR begegnet uns jene Bildikone des Holocaust, der Junge mit den erhobenen Händen aus dem Warschauer Ghetto, wieder. Das Kind wird dieses Mal ganz explizit als palästinensischer Junge bezeichnet, der, bedroht von libanesischen Milizen, ein Flüchtlingslager verlässt (Abb. 177). Es handelt sich um die Illustrierung eines Interviews, das Folman mit einem israelischen Journalisten geführt hatte, der das Bild aus dem Warschauer Ghetto als Vergleichbild für seine eigenen Erinnerungen in dem palästinensischen Flüchtlingslager wachruft. Verschiedene Bildmodi, Erinnerungsbilder, Traumbilder, nachgebildete Filmbilder und historische Bilder, werden ineinander geblendet. Es liegt nahe, die Nachbildung dieser bekannten Ikone des Holocaust einem im Film angebotenen Interpretationsmodell zuzuordnen. Ein Psychologe erklärt dem Protagonisten und Filmemacher, dieser sehe sich in der Rolle ‚der Nazis‘ und bearbeite dadurch einen Schuldkomplex, der auch damit zusammenhänge, dass seine Eltern Überlebende des Holocaust waren. Auf diese Weise fungiere der Holocaust als familiär tradiertes, vertrautes Muster, um die Kriegserfahrung zu deuten. Folman betont dieses Deutungsschema, grenzt sich aber gleichzeitig von einer Lesart ab, die über die Nachbildung des Holocaust die Verbrechen gegen die Juden während des Zweiten Weltkrieges mit denen gegen palästinensische Flüchtlinge im Libanon gleichsetzt:

Jedes Kind, das in einer Familie von Holocaust-Überlebenden aufwächst, denkt viel darüber nach, wie das geschehen konnte. Und vor allem, wie es so lange geschehen konnte, ohne dass jemand eingegriffen hatte. Viele Menschen, nicht nur Soldaten, haben davon gewusst – und was haben sie dagegen getan?

Der Film selbst vergleicht im Übrigen nicht den Holocaust mit den Massakern von Sabra und Schatila, das macht nur der Journalist; die Dinge sind absolut unvergleichlich. (Zit. n. Folman/Worschech 2008: 28)

Die nachhaltige Kraft der visuellen Nachbildungen schafft jedoch gerade bezüglich der Deutung der im Film dargestellten Ereignisse eine ambivalente Atmosphäre. Der Film endet mit einem „epistemischen Schock" (Wulff 2009). Abrupt schneidet Folman von den zwischen Nähe und Distanz changierenden Animationen zu dokumentarischen Fernsehbildern, welche die Folgen des Massakers zeigen. So wird an den Schluss des Film eine Form der Darstellung gesetzt, die das Geschehen ‚faktisch' zu erfassen behauptet. Das führt auch Folman als Motiv für den Wechsel des Darstellungsmodus von der subjektiven Animation zum dokumentarischen Reportagebild an: „Ich wollte alles ins richtige Verhältnis setzen. Ich wollte nicht, dass die Leute aus dem Kino gehen und denken: was für ein cooler, ausgedachter Animationsfilm. Ich wollte ihnen unter die Nase reiben, dass es diese Massaker wirklich gab." (Zit. n. Folman/Worschech 2008: 28)

Dabei scheint Folman zu entgehen, dass die Deutung des Endes als „wirklich" die subjektiv markierte Darstellung des Kriegsgeschehens im Rest des Films rückwirkend in Frage stellen kann. Der durch die reflexive Erzählform zunächst vorherrschende analytische Rezeptionsmodus, der Bilder hinterfragt und ins Verhältnis zu den subjektiven Erfahrungen stellt, weicht nun einem Modus des Authentischen, der vom vermeintlich dokumentarischen Charakter der Fernsehbilder abgeleitet wird, die an das Ende des Films geschnitten wurden. Im Nachhall der Nachbildung von Ikonen des Holocaust erscheinen die dokumentarischen Bilder entsetzter und von Leid und Trauer gezeichneter Menschen in dem Flüchtlingslager als ‚missing images' einer vermeintlichen Leerstelle. Sie bekommen den Status definitiver Geschichtsbilder zugeschrieben, die sich in Konkurrenz zu den als subjektive Erinnerungen markierten Nachbildungen setzen.

Beide Beispiele, VALS IM BASHIR und MADARE SEFR DARAJEH, stehen trotz ihrer grundlegenden formalen, thematischen und politischen Verschiedenheit für eine ähnliche Tendenz. Der Holocaust als massenmedial tradiertes Ereignis und seine Ikonen dienen als globalisierte Bezugspunkte für gegenwärtige politische Konflikte. Mithilfe des Phänomens der Ähnlichkeit wird die Erinnerung an die Ermordung der europäischen Juden so einerseits aufgenommen, andererseits verändert sich aber auch die Wahrnehmung der Shoah. MADARE SEFR DARAJEH vollzieht dabei eine ähnliche Wendung wie die filmischen Geschichtsfiktionen über den Nationalsozialismus, die mithilfe der Nachbildungen den Holocaust in einen Diskurs über deutsches Leid und deutsche Opfer überführen. Indem die Reflexion über die politische Indienstnahme der Geschichtskonstruktion verstellt wird, werden die Nachbildungen des Holocaust Teil der Wahrnehmung des Nahostkonflikts und seiner ideologisch motivierten Deutung. Dies wird einerseits möglich aufgrund der Ikonisierung, die den Nachbildungen zugrunde liegt. Zum anderen zeigt sich darin die Universalisierung von Leiderfahrungen. An diese knüpft auch VALS IM

BASHIR an. Obwohl der Film explizit individuelle Erinnerungsprozesse thematisiert und reflektiert und dabei auch Formen der Überlagerung und Verstellung durch mediale und kulturell geprägte Bilder offenlegt, gerät er in den Sog der Universalisierung des Holocaust und setzt sich damit der Gefahr einer Gleichsetzung verschiedener Unrechts- und Leiderfahrungen aus. Durch eine solche Annahme der Identität zweier oder mehrerer ganz unterschiedlicher Ereignisse wird die Vorstellung allzusehr eingeengt. Nur wenn die Spannung zwischen ihnen aufrechterhalten bleibt, ist aber ein angemessenes Verständnis der Geschichte möglich.[25] Dies führt uns zurück zu Siegfried Kracauer, der in *Geschichte – Vor den letzten Dingen* dem Historiker in ähnlicher Weise die Aufgabe stellt, „die Vorgänge in ihrer Konkretheit oder tatsächlichen Einmaligkeit zu erfassen, unbeschadet, ob und wie er imstande sein wird, sie in einen Zusammenhang zu bringen." Denn, so betont Kracauer: „Er hat es schließlich mit Menschen zu tun." (Kracauer 1971: 50) Diesen Gedanken illustriert Kracauer mit einem zeitgeschichtlichen Beispiel, den Reaktionen auf die Ermordung des US-amerikanischen Präsidenten John F. Kennedy:

> Viele weinten. Sprachen sie in ihrem Schmerz über das Verbrechen, suchten sie nach den dahinter stehenden Motiven? Ja und nein. Von diesem natürlichen Gesprächsstoff kamen sie immer wieder auf das Opfer zurück – seine Jugend, seine Art zu leben, seine unerfüllten Ziele. Zweifellos drängte sie ein Primitivinstinkt, auf diese Art eine Vergangenheit zu beschwören, die vor einem Augenblick noch Gegenwart war, und die ganze Reichweite dessen abzuschätzen und sich auszumalen, was sie – wir – gedankenlos besessen und jäh verloren hatten. (Ebd.)

Ein Bewusstsein des Verlusts entsteht erst als Folge der Beschwörung des Verlorenen, die nicht das Ziel hat, den Verlust ungeschehen zu machen, sondern sich ihm zu stellen. Dieses Sich-stellen erfordert beides, Nähe und Distanz zur Geschichte und ihren Opfern.

Eine ähnliche Denkbewegung liegt Kracauers Überlegungen zu „Phänomene[n], die das Bewußtsein überwältigen" zugrunde, deren Entstehung bis zur Zeit seines Exils in Frankreich zurückreichen (vgl. Mülder-Bach 2005: 850f.). Ähnlich wie in seiner Interpretation des Medusa-Mythos wendet sich Kracauer darin Ereignissen zu, die „Erregungszustände und Ängste hervor[rufen], die sachlich-abgelöste Beobachtung unendlich erschweren." (Kracauer 1985: 91) Denn diese Ereignisse zerstören in gewisser Weise den Zeugen, weil sie das wahrnehmende Subjekt überwältigen, indem sie jede Möglichkeit der Distanz zum Geschehen auslöschen. Der einzige, der letzte, Zeuge ist für Kracauer deswegen die Apparatur der Kamera, nicht weil sie das Grauen erregende Geschehen einfach nur nachbilde, sondern weil sie dem

25 | Damit wird entschieden einer Gleichsetzung der Shoah mit anderen Ereignissen widersprochen, nicht aber dem Vergleichen, dem es ja gerade um solche Spannungen und die Feststellung von Unterschieden und Unvergleichbarem gehen muss.

Darzustellenden „etwas Neues und ungemein Wichtiges hinzufügt". Dieses ‚Neue' ist die „Sichtbarkeit dessen […], was sonst in innerer Erregung untergehen würde." (Ebd.: 92) Wiederum ist es also Distanz, die Erkennen möglich macht. Dabei aber handelt es sich um reflektierendes Erkennen, durch das es, wie meine Untersuchungen gezeigt haben, dem Zuschauer möglich werden soll, die gesehenen Bilder in einen Zusammenhang zu bringen.

Das von Kracauer beschriebene Potential des Kinos ermöglicht also, dass wir den überwältigenden Ereignissen nahe kommen, ohne dass uns diese in ihren Abgrund ziehen. Wir können und müssen der Differenz gewahr werden, die zwischen der Kinoerfahrung, dem Ereignis, worauf sie verweist, also hier die Shoah, und uns selbst besteht. Dies ist der Moment, an dem sich der aufgewühlte Zeuge in den bewussten Beobachter der vergangenen Ereignisse verwandelt (vgl. ebd.) und dieser, wie Kracauer an anderer Stelle ausführt, beginnt, „ihre Oberflächenerscheinungen zu durchdringen, um zu lernen, jene Welt von innen her zu verstehen." (Kracauer 1971: 85) Das, so Kracauer, ist die Perspektive eines Fremden (vgl. ebd.). Durch die Vermittlung der Bilder hindurch versuchen wir die Wahrheit der historischen Erfahrung von Auschwitz zu erfassen, ohne dass wir dabei den unüberbrückbaren Graben zu unseren eigenen Erfahrungen negieren. Denn es ist erst dieser Unterschied, aus dem neue Handlungsmöglichkeiten entstehen und der eine Auseinandersetzung mit Vergangenheit und Gegenwart möglich macht, welche sich von der Vorstellung von ‚Geschichte wie sie war' bzw. behauptet gewesen zu sein lösen kann. Damit erreichen wir jenen Moment „aktiver Passivität", von dem Kracauer in seinem Geschichtsbuch spricht (ebd.: 85). In der Vermittlung von beobachtendem Erkennen jener in den Bildern verschütteten Bewegung der Zeit und dem unwiederbringlichen Verlust des direkten Ausdrucks dieser Erfahrungen liegt der eigentliche Antrieb für die fortgesetzte Auseinandersetzung mit dem „Unbegreifliche[n], das es zu begreifen gälte" (Claussen 1994: 9). Das könnte dann jenen Moment begründen, an dem uns das Kino dem „sprachlose[n] Plädoyer der Toten" näher bringt, der Erkenntnis nämlich, dass unsere „Zukunft die Zukunft des Vergangenen – Geschichte – ist." (Kracauer 1971: 18).

Literaturverzeichnis

Adorjan, Johanna (2006): Als ginge es um ihr Leben, in: *Frankfurter Allgemeine Sonntagszeitung*, 26.02.2006, Nr. 8, S. 31.

Adorno, Theodor W. (1997a): *Negative Dialektik. Gesammelte Schriften Bd. 6*, Frankfurt/M.: Suhrkamp.

- (1997b): Engagement, in: ders.: *Noten zur Literatur. Gesammelte Schriften Bd. 11*, Frankfurt/M.: Suhrkamp, S. 407-430.

Adorno, Theodor W. / Kracauer, Siegfried (2008): *Briefwechsel 1923-1966*, Frankfurt/M.: Suhrkamp.

Agamben, Giorgio (1998): *Was von Auschwitz bleibt. Das Archiv und der Zeuge*, Frankfurt/Main: Suhrkamp.

Améry, Jean (1997): *Jenseits von Schuld und Sühne. Bewältigungsversuche eines Überwältigten*, Stuttgart: Klett-Cotta.

Amishai-Maisels, Ziva (1993): *Depiction and Interpretation. The Influence of the Holocaust on the Visual Arts*, Oxford: Pergamon Pr.

Anderson, Steve (2001): History and Popular Memory, in: Gary R. Eagerton / Peter C. Rollins (Hg.): *Television Histories. Shapink Collective Memory in the Media Age*, Kentucky: Kentucky Univ. Pr., S. 19-36.

Andersson, Dag T. (2000): Destruktion/Konstruktion, in: Michael Opitz/Erdmut Wizisla (Hg.): *Benjamins Begriffe. Erster Band*, Frankfurt/M.: Suhrkamp, S. 147-185.

Apfelthaler, Vera / Köhne, Julia B. (Hg.) (2007): *Gendered Memories. Transgressions in German and Israeli Film and Theater*, Wien: Turia + Kant.

Arendt, Hannah (1998a): *Eichmann in Jerusalem. Ein Bericht über die Banalität des Bösen*, München: Piper.

- (1998b): *Das Urteilen. Texte zu Kants Politischer Philosophie*, München: Piper

Assmann, Aleida (2003): Persönliche Erinnerung und kollektives Gedächtnis in Deutschland nach 1945, in: Hans Erler (Hg.): *Erinnerung und Verstehen. Der Völkermord an den Juden im politischen Gedächtnis der Deutschen*, Frankfurt/M. / New York: Campus, S.126-138.

- (2006): *Der lange Schatten der Vergangenheit. Erinnerungskultur und Geschichtspolitik*, München: C.H. Beck.

- (2007): Lichtstrahlen in die Black Box. Bernd Eichingers Der Untergang, in: Frölich/Schneider/Visarius 2007, S. 45-55.

Assmann, Jan (2005): *Das kulturelle Gedächtnis. Schrift, Erinnerung und politische Identität in frühen Hochkulturen*, München: C.H. Beck.

Avisar, Ilan (1988): *Screening the Holocaust. Cinema's Images of the Unimaginable*. Bloomington: Indiana Univ. Pr.

- (1997): Holocaust Movies and the Politics of Collective Memory, in: Alvin Rosenfeld (Hg.): *Thinking about the Holocaust: After Half a Century*, Bloomington: Indiana Univ. Pr., S. 38-58.

- (2009): Dancing Solo in the Lebanese Mud, in: *Azure*, No. 36, Spring 5769 / 2009, S. 107-115.

Baer, Ulrich (Hg.) (2000): *„Niemand zeugt für den Zeugen". Erinnerungskultur nach der Shoah*, Frankfurt/Main: Suhrkamp.

Balázs, Béla (1996): The last stop (übersetzt von Zsuzsa Berger und Stuart Liebman, kommentiert von Stuart Liebman), in: *Slavic and East European Performance. Drama, Theatre, Film*, Vol. 16, No. 3, Fall 1996, S. 66-67.

Balzer, Jens (2007): Lieber morgen als heute erschossen werden. Stefan Ruzowitzkys KZ-Film Die Fälscher im Wettbewerb, in: *Berliner Zeitung*, 12.02.2007.

Barnouw, Erik (1993): *Documentary. A History of the Non-Fiction Film*, New York: Oxford Univ. Pr.

Baron, Lawrence (1999): Woman as Resistance Fighters in Recent Popular Films: The Case of Hanna Senesh and Helene Moszkiewiez, in: Fuchs 1999a, S. 89-96.

- (2005): *Projecting the Holocaust into the Present. The Changing Focus of Contemporary Holocaust Cinema*, Lanham: Rowman & Littlefield Publ.

Barthes, Roland (1964): *Mythen des Alltags*, Frankfurt/M.: Suhrkamp.

Bazin, André (2004): Ontologie des photographischen Bildes, in: ders.: *Was ist Film*, Berlin: Alexander Verlag, S. 33-42.

Beck, Ulrich / Grande Edgar (2004): *Das kosmopolitische Europa*, Frankfurt/M.: Suhrkamp.

Benigni, Roberto / Cerami, Vincenzo (1998): *Das Leben ist schön*. Frankfurt/M.: Suhrkamp.

Benjamin, Walter (1980): Über den Begriff der Geschichte, in: ders.: *Abhandlungen. Gesammelte Schriften. Band 1.2*, Frankfurt/M.: Suhrkamp, S. 691-704.

- (1983): Das *Passagen-Werk. Erster Band*, Frankfurt/M.: Suhrkamp.

- (1991): Ausgraben und Erinnern, in: Walter Benjamin: *Kleine Prosa, Baudelaire-Übertragungen. Gesammelte Schriften IV.1*, Frankfurt/M.: Suhrkamp, S. 400-401.

Benjamin, Walter / Lazis, Asja (1991): Neapel, in: Walter Benjamin: *Kleine Prosa, Baudelaire-Übertragungen. Gesammelte Schriften IV.1*, Frankfurt/M.: Suhrkamp, S. 307-316.

Berg, Nicolas / Joachimsen, Jess / Stiegler, Bernd (Hg.) (1996): *Shoah – Formen der Erinnerung. Geschichte – Philosophie – Literatur – Kunst*. München: Fink Verlag.

Bialas, Wolfgang (1996): Die Shoah in der Geschichtsphilosophie der Postmoderne, in: Berg/Joachimsen/Stiegler 1996, S. 107-121.

Bischof, Willy (2005) (Hg.): *Filmri:ss. Studien über den Film „Der Untergang"*, Münster: Unrast.

Biti, Vladimir (2001): *Literatur- und Kulturtheorie. Ein Handbuch gegenwärtiger Begriffe*, Reinbek b. Hamburg: Rowohlt Verlag.

Bolle, Willi (2000): Geschichte, in: Michael Opitz/Erdmut Wizisla (Hg.): *Benjamins Begriffe. Erster Band*, Frankfurt/M.: Suhrkamp, S. 399-442.

Boyne, John / Beddies, Peter (2009): Über die Schwierigkeit, den Holocaust zu beschreiben, in: *Berliner Morgenpost*, 07.05.2009.

Bratu Hansen, Miriam (1997): SCHINDLER'S LIST Is Not SHOAH. Second Commandment, Popular Modernism, and Public Memory, in: Loshitzky 1997, S. 77-103.

Brauerhoch, Annette (1996): *Die gute und die böse Mutter. Kino zwischen Melodrama und Horror*, Marburg: Schüren.

Brink, Cornelia (1998): *Ikonen der Vernichtung. Öffentlicher Gebrauch von Fotografien aus nationalsozialistischen Konzentrationslagern nach 1945.* Berlin: Akademie Verlag.

- (1999): How to bridge the gap? Überlegungen zu einer fotografischen Sprache des Gedenkens, in: Insa Eschenbach / Sigrid Jacobeit / Susanne Lanwerd (Hg.): *Die Sprache des Gedenkens. Zur Geschichte der Gedenkstätte Ravensbrück 1945-1995*, Berlin: Edition Hentrich, S. 108-119.

Bruhn, Joachim (1994): Liebe und Verwertung. Steven Spielberg und die virtuelle Realität des Nationalsozialismus, in: Initiative Sozialistisches Forum (Hg.): *Schindlerdeutsche. Ein Kinotraum vom Dritten Reich*, Freiburg: ça ira-Verlag, S. 135 – 147.

Bühler, Gerhard (2002): *Postmoderne auf dem Bildschirm, auf der Leinwand. Musikvideos, Werbespots und David Lynchs WILD AT HEART*, Sankt Augustin: Gardez! Verlag.

Bundeszentrale für politische Bildung [BZfpB] (Hg.) (1996): *Nationalsozialismus und Judenverfolgung in DDR-Medien.* Schriftenreihe Medienberatung, Heft 4.

Burger, Adolf / Eschrich, Kerstin (2005): Die Geldfälscher von Sachsenhausen, in: *Jungle World* 18/2005.

Buß, Christian (2005): Hitler lebt!, in: *die tageszeitung*, 20.07.2005, S. 17.

Butzek, Erika / Hofmann, Nico (2005): „Die Grenze zum Kino durchstoßen." Interview mit Nico Hofmann, in: *Medienbulletin* 10 (2005), S. 22.

Cheyette, Bryan (1997): The Uncertain Certainty of SCHINDLER'S LIST, in: Loshitzky 1997, S. 226-238.

Claussen, Detlev (1994): *Grenzen der Aufklärung. Die gesellschaftliche Genese des modernen Antisemitismus*, Frankfurt/M.: Fischer

- (1996): Veränderte Vergangenheit. Über das Verschwinden von Auschwitz, in: Berg/Joachimsen/Stiegler 1996, S. 77-92.

Corell, Catrin (2001): Kompositorische und wirkungsästhetische Spannungsverhältnisse in dem Shoah-Film LA VITA È BELLA (1997) von Roberto Benigni, in: Jörg Türschmann / Annette Paatz (Hg.): *Medienbilder. Dokumentation des 13. Film- und Fernsehwissenschaftlichen Kolloquiums*, Hamburg: Kovač, S. 81-91.

- (2009): *Der Holocaust als Herausforderung für den Film. Formen des filmischen Umgangs mit der Shoah seit 1945. Eine Wirkungstypologie* (= Schriftenreihe des Fritz Bauer Insituts, Band 20), Bielefeld: transcript.

Crivellari, Fabio / Kirchmann, Kay / Sandl, Marcus / Schlögl, Rudolf (Hg.) (2004): *Die Medien der Geschichte. Historizität und Medialität in interdisziplinärer Perspektive*. Konstanz: UVK.

Dehnert, Carmen / Quadfasel, Lars (1999): Das Lachen unterliegt, in: *Jungle World*, 28.04.1999, S. 23.

Deleuze, Gilles (1997): *Das Zeit-Bild. Kino 2*, Frankfurt/M.: Suhrkamp.

Deutsches Filminstitut [DIF] (2001) (Hg.): *Die Vergangenheit in der Gegenwart: Konfrontationen mit den Folgen des Holocaust im deutschen Nachkriegsfilm*, Frankfurt/M.: DIF.

Didi-Huberman, Georges (2007a): Das Öffnen der Lager und das Schließen der Augen, in: Schwarte 2007a, S. 11-45.

- (2007b): *Bilder trotz allem*, München: Wilhelm Fink Verlag.

Diestelmeyer, Jan (1999): Nichts als die Wahrheit, in: *epd Film* 10/99, S. 40.

Dillmann, Claudia (2001): Zu bittere Kräuter: Zeugin aus der Hölle. Die Produktion und Rezeption eines „riskanten“ Films, in: DIF 2001, S. 29-35

Diner, Dan (1988) (Hg.): *Zivilisationsbruch. Denken nach Auschwitz*, Frankfurt/M.: Fischer.

- (2003): Anthropologisierung des Leidens. Interview mit dem Historiker Dan Diner, in: *Phase 2*, 09/2003, <http://phase2.nadir.org/rechts.php?artikel=152&print=ja> (Stand: 20.09.2010)

- (2007): *Gegenläufige Gedächtnisse. Über Geltung und Wirkung des Holocaust*, Göttingen: Vandenhoeck & Ruprecht.

Discovery (2006): Virtual History. Making Of: Back to Life, in: <Making of: Back to life, http://www.yourdiscovery.com/virtualhistory/_pages/making_of/back_to_life.shtml?cc=DE> (Stand: 20.09.2010).

Doneson, Judith E. (1991): Feminine Stereotypes of Jews in Holocaust Films. Focus on The Diary of Anne Frank, in: G. Jan Colijn / Marcia S. Littell (Hg.): *The Netherlands and Nazi Genocide*, Lewiston: Edwin Mellers Pr., S. 139-153.

- (2002): *The Holocaust in American film*, Syracause: Univ. Pr.

Douglas, Lawrence (2000): Der Film als Zeuge. Nazi Concentrations Camps vor dem Nürnberger Gerichtshof, in: Baer 2000, S. 197-218.

Ebbrecht, Tobias (2002): Immer weiter spielen. Über den Film „Der Pianist“, in: *Jungle World* Nr. 44/02, 23.10.2002.

- (2004): Die große Zerstreuung: Heimat-TV im deutschen Geschichtsfernsehen, in: Renate Hennecke / Cornelia Fiedler (Hg.): *Vom Münchener Diktat zur Nachkriegsordnung. Geschichte und ihre Instrumentalisierung in der aktuellen deutschen Politik*, DTN Dossier, Nr. 5, Dezember 2004, S. 3-31.

- (2005): Erinnerungsbilder und Zeitdokumente. Frühe Filme über den Holocaust (1945-1948), in: *Filmblatt*, Nr. 27, Frühjahr / Sommer 2005, S. 47-56.

- (2007a): Docudramatizing history on TV. German and British docudrama and historical event television in the memorial year 2005, in: *European*

Journal of Cultural Studies, Vol. 10, No. 1, February 2007, S. 35-53.
- (2007b): Familienalbum und Familienroman. Zur Neuschreibung der deutschen Familiengeschichten in filmischen Geschichtsfiktionen über den Nationalsozialismus, in: kittkritik 2007, S. 180-196.
- (2008): Gefühlte Erinnerung. Überlegungen zum emotionalen Erleben von Geschichte im Spielfilm, in: Schick/Ebbrecht 2008, S. 87-106.
- (2010a): Iconic Images of the Holocaust and the Representation of War in Popular Film, in: *Shofar*, Vol. 28, Nr. 4, S. 86-103.
- (2010b): *Bilder hinter den Worten. Über Romuald Karmakar* (= Reihe Filit 5), Berlin: Verbrecher Verlag.
- (2010c): Faszinierende Ambivalenz. Die Liebe zum iranischen Kino und die kulturelle Dimension des Appeasements, in: Stephan Grigat / Simone Dinah Hartmann (Hg.): *Iran im Weltsystem. Bündnisse des Regimes und Perspektiven der Freiheitsbewegung*, Innsbruck / Wien / Bozen: Studien-Verlag, S. 154-164.

Eco, Umberto (1987): *Über Gott und die Welt. Essays und Glossen*, München: dtv.
- (1989): *Im Labyrinth der Vernunft. Texte über Kunst und Zeichen*, Leipzig: Reclam.

Eder, Jens (2008a): *Die Figur im Film. Grundlagen der Figurenanalyse*, Marburg: Schüren.
- (2008b): Filmfiguren: Rezeption und Analyse, in: Schick/Ebbrecht 2008, S. 131-149.

Ehlert, Peter (2009): Bowling for Hitler. Über Tarantinos Film INGLOURIOUS BASTERDS und seine deutschen Fans, in: *Prodomo* 12/2009, S. 56-61.

Elsaesser, Thomas (1996): Subject positions, speaking positions. From HOLOCAUST, OUR HITLER and HEIMAT to SHOAH and SCHINDLER'S LIST, in: Vivian Sobchack (Hg.): *The Persistence of History. Cinema, Television and the modern Event,* New York / London: Routledge, S. 145-183.
- (2001): Postmodernism as mourning work, in: *Screen*, 42:2, Summer 2001, S. 193-201.
- (2006): Geschichte(n) und Gedächtnis. Zur Poetik der Fehlleistungen im Mainstreamkino am Beispiel von Forrest Gump, in: Irmbert Schenk u.a. (Hg.): *Experiment Mainstream? Differenz und Uniformierung im populären Kino,* Berlin: Bertz+Fischer, S. 31-42
- (2006/07): Traumatheorie in den Geisteswissenschaften, oder: die Postmoderne als Trauerarbeit, in: ders.: *Terror und Trauma. Zur Gewalt des Vergangenen in der BRD,* Berlin: Kadmos, S. 191-207.
- (2009a): Vergebliche Rettung. Geschichte als Palimpsest in STERNE, in: Michael Wedel / Elke Schieber (Hg.): *Konrad Wolf – Werk und Wirkung* (= Beiträge zur Film und Fernsehwissenschaft 63), Berlin: Vistas, S. 73-92.
- (2009b): Transnationales Kino in Europa: Jenseits der Identitätspolitik. Doppelte Besetzung, Interpassivität und gegenseitige Einmischung, in: Strobel/Jahn-Sudmann 2009, S. 27-44.

Elsaesser, Thomas / Buckland, Warren (2002): Realism in the photographic and digital image (JURASSIC PARK and THE LOST WORLD), in: dies.: *Study-*

ing Contemporary American Film. A Guide to Movie Analysis, London: Arnold, S. 195-219.

Erll, Astrid / Wodianka, Stephanie (2008): Einleitung: Phänomenologie und Methodologie des ‚Erinnerungsfilms', in: dies. (Hg.): *Film und kulturelle Erinnerung. Plurimediale Konstellationen*, Berlin/New York: Walter de Gruyter, S. 1-20.

Farocki, Harun (2007): Die Bilder sollen gegen sich selbst aussagen, in: Schwarte 2007a, S. 295-311.

Ferro, Marc (1977): Der Film als „Gegenanalyse" der Gesellschaft. In: M. Bloch, F. Braudel, L. Febvre u.a.: *Schrift und Materie der Geschichte. Vorschläge zur systematischen Aneignung historischer Prozesse*, Frankfurt/M.: Suhrkamp, S. 247-269.

Finger, Evelyn (2007): Wir können auch ganz anders. Am Ende kommen Touristen – Robert Thalheims beeindruckender Film über unseren Umgang mit Auschwitz, in: *Die Zeit*, 16.08.2007.

Fischer, Thomas (2004): Geschichte als Ereignis. Das Format Zeitgeschichte im Fernsehen, in: Crivellari/Kirchmann/Sandl/Schlögl 2004, S. 511-529.

Folman, Ari / Worschech, Rudolf (2008): Eine einfache Geschichte, in: *epd Film*, 11.2008, S. 28.

Frei, Norbert (2005): Geschichtswissenschaft, in: Volkhard Knigge / Norbert Frei (Hg.): *Verbrechen erinnern. Die Auseinandersetzung mit Holocaust und Völkermord*, Bonn: bpb, S. 389-397.

Freund, Florian / Perz, Bertrand / Stuhlpfarrer, Karl (1990): Bildergeschichten – Geschichtsbilder, in: *„Unser einziger Weg ist Arbeit". Das Ghetto Łodz 1940-1944; eine Ausstellung des Jüdischen Museums Frankfurt a. M. in Zusammenarbeit mit Yad Vashem* (Red. Hanno Loewy / Gerhard Schoenberner), Wien: Löcker, S. 50-58.

Friedlander, Saul (1994): Trauma, Memory, and Transference, in: Geoffrey H. Hartman (Hg.): *Holocaust Remembrance. The shapes of memory*, Cambridge/Mas.: Blackwell Publ., S. 252-264.

Friedländer, Saul (1999): *Kitsch und Tod. Der Widerschein des Nazismus*, Frankfurt/M.: Fischer.

Friedman, Régine-Mihal (1989): Juden-Ratten. Von der rassistischen Metonymie zur tierischen Metapher in Fritz Hipplers Film Der ewige Jude, in: *frauen und film*, Nr. 17, S. 24-35.

- (2002) Generationen der Folgezeit. Der neue Film der Zeugenaussagen, in: *montage/av*, 11/1/2002, S. 75-95.
- (2008) All About my Mother – On Malte Ludin's Film 2 oder 3 Dinge, die ich von ihm weiss (2005), in: José Brunner (Hg.): *Mütterliche Macht und väterliche Autorität. Elternbilder im deutschen Diskurs. Tel Aviver Jahrbuch für deutsche Geschichte*, Göttingen: Wallstein, S. 152-164.

Frieß, Jörg (2003): Filme aus Filmen, Filme über Filme. Zur Rhetorik historischen Bildmaterials in Filmen über die Shoah, in: Kramer 2003, S. 199-224.

Frölich, Margit (2003): Märchen und Mythos. Von Jakob der Lügner zu Jacob the Liar, in: Frölich/Loewy/Steinert 2003, S. 245-269.

- (2007): Täterforschung mit der Kamera. Die Nazis und ihre Verbrechen in den Filmen Romuald Karmakars, in: Frölich/Schneider/Visarius 2007, S. 178-190.
- (2008): Tot oder lebendig. Hitler als Figur im Spielfilm, in: Rother/Herbst-Meßlinger 2008, S. 13-33.

Frölich, Margrit / Loewy, Hanno / Steinert, Heinz (2003) (Hg.): *Lachen über Hitler – Auschwitz-Gelächter*, München: edition text+kritik.

Frölich, Margrit / Schneider, Christian / Visarius, Karsten (2007) (Hg.): *Das Böse im Blick. Die Gegenwart des Nationalsozialismus im Film*, München: edition text+kritik.

Fuchs, Esther (Hg.) (1999a): *Woman and the Holocaust: Narrative and Representation*, Lanham / New York: Oxford Univ. Pr.
- (1999b): The Construction of Heroines in Holocaust Films: The Jewess as Beautiful Soul, in: Fuchs 1999a, S. 97-112.

Gasteiger, Ulrike (2002): Das Drama des Gezeichneten. Man wird ihn nie mehr vergessen: Roman Polanskis Film DER PIANIST, in: *Der Merkur*, 23.10.2002.

Genette, Gérard (1993): *Palimpseste. Die Literatur auf zweiter Stufe*, Frankfurt/M.: Suhrkamp.

Giesenfeld, Günter (2002): Das wunderbare Überleben, in: *Blätter für deutsche und internationale Politik* 12/2002.

Gladstone, Kay (2005): Separate intentions: the Allied screening of concentration camp documentaries in defeated Germany in 1945-46: DEATH MILLS and MEMORY OF THE CAMPS, in: Haggith/Newman 2005, S. 50-64.

Goetschel, Willi (1997): Zur Sprachlosigkeit von Bildern, in: Köppen/Scherpe 1997a, S. 131-144.

Goffman, Erving (1977): *Rahmen-Analyse. Ein Versuch über die Organisation von Alltagserfahrungen*, Frankfurt/M.: Suhrkamp.

Greif, Gideon (2005): Das "Auschwitz-Album". Die Geschichte der Lili Jacob, in: Gutman/Gutterman 2005, S. 71-86.

Gring, Diana / Theilen, Karin (2007): Fragmente der Erinnerung. Audiovisuelle Medien in der neuen Dauerausstellung der Gedenkstätte Bergen-Belsen, in: Rainer Schulze / Wilfried Wiedemann (Hg.): *AugenZeugen. Fotos, Filme und Zeitzeugenberichte in der neuen Dauerausstellung der Gedenkstätte Bergen-Belsen*, o.O.: Stiftung niedersächsischer Gedenkstätten, S. 153-220.

Gutman, Israel / Gutterman, Bella (Hg.) (2005): *Das Auschwitz-Album. Geschichte eines Transports*, Göttingen: Wallstein.

Guynn, William (2006): *Writing History in Film*, New York: Routledge.

Haggith, Toby (2005): Filming the liberaton of Bergen-Belsen, in: Haggith/Newman 2005, S. 33-49.

Haggith, Toby / Newman, Joanna (Hg.) (2005): *Holocaust and the moving image. Representations in film and television since 1933*, London: Wallflower.

Hake, Sabine (2007): Historisierung und NS-Vergangenheit. DER UNTERGANG (2004) zwischen Historienfilm und Eventkino, in: Stephan/Tacke 2007a, S. 188-218.

Heinrichs, Dirk (2002): Hauptman d. R. Wilm Hosenfeld. Retter in Warschau, in: Wolfram Wette (Hg.): *Retter in Uniform. Handlungsspielräume im Vernichtungskrieg der Wehrmacht*, Frankfurt/M.: Fischer, S. 69-87.

Herf, Jeffrey (1986) *Reactionary Modernism: Technology, Culture, and Politics in Weimar and the Third Reich*, London: Cambridge Univ. Pr., 1986.

Heydecker, Joe J. (1983): *Das Warschauer Ghetto. Foto-Dokumente eines deutschen Soldaten aus dem Jahr 1941*, München: dtv.

Hickethier, Knut (1996): *Film- und Fernsehanalyse*, Stuttgart: Metzler.

Hirsch, Marianne (2001): Surviving Images. Holocaust Photographs and the Work of Postmemory, in: Barbie Zelizer (Hg.): *Visual Culture and the Holocaust*, New Jersey: Rutgers, S. 215-246

Hirsch, Marianne / Spitzer, Leo (2005): Erinnerungspunkte. Schoahfotografien in zeitgenössischen Erzählungen, in: *Fotogeschichte*, Heft 95, Jg. 25, März 2005, S. 29-44.

Hirsch, Joshua (2004): *Afterimage. Film, trauma and the Holocaust.* Philadelphia: Temple Univ. Pr.

Hoffmann, Detlef (1995): Menschen hinter Stacheldraht, in: Yasmin Doosry (Hg.): *Auschwitz: 50 Years of Photographs, Paintings and Graphics*, Oswiecim: Auschwitz-Birkenau State Museum, S. 87-94.

- (1996): Auschwitz im visuellen Gedächtnis. Das Chaos des Verbrechens und die symbolische Ordnung der Bilder, in: Fritz Bauer Institut (Hg.): *Auschwitz: Geschichte, Rezeption und Wirkung*, Frankfurt/M./New York: Campus, S. 223-257.

Hofmann, Wilhelm / Baumert, Anna / Schmitt, Manfred (2005): Heute haben wir Hitler im Kino gesehen: Evaluation der Wirkung des Films Der Untergang auf Schüler und Schülerinnen der neunten und zehnten Klasse, in: *Zeitschrift für Medienpsychologie*, 17 (N.F. 5) 4, 132-146.

Hohmann, Arnold (2009): Das Grauen hinter dem Lagerzaun, in: *Westfälische Rundschau*, 08.05.2009.

Hornstein, Shelley / Jacobowitz, Florence (Hg.) (2003): *Image and Remembrance. Representation and the Holocaust*, Bloomington: Indiana Univ. Pr.

Huyssen, Andreas / Scherpe, Klaus R. (Hg.) (1986): *Postmoderne. Zeichen eines kulturellen Wandels*, Reinbek b. Hamburg: Rowohlt

Insdorf, Annette (1983): *Indelible shadows. Film and the holocaust,* New York: Random House.

Jahn-Sudmann, Andreas (2009): Film und Transnationalität – Forschungsperspektiven, in: Strobel/Jahn-Sudmann 2009, S. 15-26.

Jameson, Fredric (1986): Postmoderne – zur Logik der Kultur im Spätkapitalismus, in: Huyssen/Scherpe 1986, S. 45-102.

Jeissmann, Michael (2001): *Auf Wiedersehen Gestern. Die deutsche Vergangenheit und die Politik von morgen*, Stuttgart/München: Deutsche Verlagsanstalt.

Kabalek, Kobi (2007): Unheroic Heroes. Re-Viewing Roman Polanski's The Pianist (2002) in Germany and Israel, in: Apfelthaler/Köhne 2007, S. 61-82.

Kaes, Anton (1992a): Holocaust and the End of History: Postmodern Historiography in Cinema, in: Saul Friedländer (Hg.): *Probing the Limits of Representation. Nazism and the ‚Final Solution'*, Cambridge: Harvard University Press, S. 206-222.

- (1992b): History and Film. Public Memory in the Age of Electronic Dissemination, in: Bruce A. Murray / Christopher J. Wickham (Hg.): *Framing the Past. The Historiography of German Cinema and Television*, Carbondale: South Illinois Univ. Pr., S. 308-323.

Kannapin, Detlef (2002): Was bedeutet: Aufarbeitung der Vergangenheit im Film. Einige Vorschläge zur historischen Kontextanalyse von Spielfilmen, in: DEFA-Stiftung (Hg.): *apropos Film: das Jahrbuch der DEFA-Stiftung 2002*, Berlin: Bertz Verl., S. 138-156.

Kantz, Rachel / Nissimov, Miriam (2008): Iranian state TV produces series on the Holocaust, in: *Jerusalem Post*, 13.01.2008.

Karcz, Danuta (1967): *Wanda Jakubowska* (= Theater und Film Band 12), Berlin: Henschel Verlag.

Kazemi, Mohammad Reza (2007) Verschwörer als Betörer. Iranische Holocaust-Serie, In: *Der Spiegel*, 10.09.2007.

Keilbach, Judith (2002): Fernsehbilder der Geschichte. Anmerkungen zur Darstellung des Nationalsozialismus in den Geschichtsdokumentationen des ZDF, in: *1999*, 17 (2002) 2, 102-113.

- (2003a): Zeugen der Vernichtung. Zur Inszenierung von Zeitzeugen in bundesdeutschen Fernsehdokumentationen, in: Keilbach/Hohenberger 2003, S. 155-174.

- (2003b): Zeugen, deutsche Opfer und traumatisierte Täter. Zur Inszenierung von Zeitzeugen in bundesdeutschen Fernsehdokumentationen über den Nationalsozialismus, in: Moshe Zuckermann (Hg.): *Medien – Politik – Geschichte. Tel Aviver Jahrbuch für deutsche Geschichte 2003*, Göttingen, S. 287-306.

- (2004): ‚Neue Bilder' im Geschichtsfernsehen. Über Einsatz und Verwertung von Laufbildern aus der Zeit des Nationalsozialismus, in: Crivellari/Kirchmann/Sandl/Schlögl 2004, S. 543-568.

- (2007a): Der Nationalsozialismus als Dokudrama. Zur programmierten Ambivalenz in Heinrich Breloers SPEER UND ER, in: Frölich/Schneider/Visarius 2007, S. 127-141.

- (2007b): „Zwei Verliebte grüßen vom Obersalzberg". Blicke und Erinnerungen in *Speer und Er* (2005), in: Stephan/Tacke 2007, S. 219-234.

- (2008): *Geschichtsbilder und Zeitzeugen. Zur Darstellung des Nationalsozialismus im Bundesdeutschen Fernsehen*, Münster: LIT.

Keilbach, Judith / Hohenberger, Eva (Hg.) (2003): *Die Gegenwart der Vergangenheit. Dokumentarfilm, Fernsehen und Geschichte*, Berlin: Vorwerk 8.

Keitz, Ursula von (2007): Zwischen Dramatisierung und Episierung. NS-Täterbilder in exemplarischen deutschen Spielfilmen, in: Frölich/Schneider/Visarius 2007, S. 159-167.

Keller, Ulrich (1987): *Fotografien aus dem Warschauer Ghetto*, Berlin: Dirk Nishen Verlag.

Keppler, Angela (2001): Soziale Formen individuellen Erinnerns. Die kommunikative Tradierung von (Familien-) Geschichte, in: Welzer 2001a, S. 137-159.

Kertész, Imre (1999): *Eine Gedankenlänge Stille, während das Erschießungskommando neu lädt*, Reinbek b. Hamburg: Rohwolt.

Kessler, Frank (1998): Fakt oder Fiktion. Zum pragmatischen Status dokumentarischer Bilder, in: *montage/av*, 7/2/1998, S. 45-62.

Kilb, Andreas (2007): Ein Mahnmal, ein Reißer, ein Meisterwerk? Das Ende Adolf Hitlers im Kino: DER LETZTE AKT von Georg Wilhelm Pabst und DER UNTERGANG von Oliver Hirschbiegel im Vergleich, in: Frölich/Schneider/Visarius 2007, S. 87-97.

Kilzer, Annette (2004): In der Grauzone: die Toten und die Lebenden. Interview mit Tim Blake Nelson zu seinem Film THE GREY ZONE, in: *Augen-Blick 36*, Marburg: Schüren, S. 111-118.

Klaue, Magnus (2007): Geraubte Zeugenschaft. Täter- und Opferdiskurse in der Holocaust-Literatur, in: kittkritik 2007, S. 159-178.

Klinger, Nadja (2003): Deutschland, eine Fassade, in: *Der Tagesspiegel*, 03.10.2003.

kittkritik (2007) (Hg.): *Deutschlandwunder. Wunsch und Wahn in der postnazistischen Kultur*, Mainz: Ventil.

Knaap, Ewout van der (2007): Monument des Gedächtnisses. Der Beitrag von NACHT UND NEBEL zum Holocaust-Diskurs, in: Wende 2007, S. 61-69.

Knoch, Habbo (2001): *Die Tat als Bild. Fotografien des Holocaust in der deutschen Erinnerungskultur*, Hamburg: Hamburger Edition.

Köppen, Manuel (1997): Von Effekten des Authentischen – SCHINDLERS LISTE: Film und Holocaust, in: Köppen/Scherpe 1997a, S. 145-170.

Köppen, Manuel / Klaus R. Scherpe (Hg.) (1997a): *Bilder des Holocaust : Literatur - Film - Bildende Kunst.* - Köln [u.a.]: Böhlau.

- (1997b): Zur Einführung: Der Streit um die Darstellung des Holocaust, in: Köppen/Scherpe 1997a, S. 1-12.

Köstergarten, Knut (2002): Der gebannte Blick. DER PIANIST von Roman Polanski zeigt die Geschichte eines „wunderbaren" Überlebens, in: *Freitag*, 25.10.2002.

Koch, Gertrud (1985): Kann man naiv werden? Zum neuen Heimat-Gefühl, in: *Frauen und Film* 38/1985, S. 107-109.

- (1992): *Die Einstellung ist die Einstellung. Visuelle Konstruktionen des Judentums*, Frankfurt M.: Suhrkamp.
- (1995): Nachstellungen – Film und historischer Moment, in: *Dtsch. Z. Philos.*, Berlin 43 (1995) 3, S. 497-506
- (1999a) (Hg.): *Bruchlinien. Tendenzen der Holocaustforschung*, Köln [u.a.]: Böhlau.
- (1999b): Handlungsfolgen: moralische Schlüsse aus narrativen Schließungen. Populäre Visualisierungen des Holocaust, in: Koch 1999a, S. 295-313.
- (2001): Affekt oder Effekt. Was haben Bilder, was Worte nicht haben?, in: Welzer 2001a, S. 123-133.
- (2003): Nachstellungen – Film und historischer Moment (erw. u. überarb.

Fassung), in: Keilbach / Hohenberger 2003, S. 216-229.

Koch, Lars (2007): Zwischen Distanznahme und Subjektivierung. Roman Polanskis Holocaust-Film DER PIANIST (2002), in: Wende 2007, S.291-303.

Konigsberg, Ira (1998): „Our Children and the Limits of Cinema", in: *Film Quarterly*, Vol. 52, Nr. 1, S. 7-19.

Kotulla, Theodor (1961): Die Gezeichneten, in: *Die Zeit*, 02.06.1961.

Kozlovsky-Golan, Yvonne (2006): *The Shaping of the Holocaust Visual Image by the Nuremberg Trials. The Impact of the Movie NAZI CONCENTRATION CAMPS*, Jerusalem: Yad Vashem.

Kracauer, Siegfried (1971): *Geschichte – Vor den letzten Dingen. Schriften 4*, Frankfurt/M.: Suhrkamp.

- (1985): *Theorie des Films. Die Errettung der äußeren Wirklichkeit*, Frankfurt/M.: Suhrkamp

- (2004): *Kleine Schriften zum Film 1932-1961. Werke 6.3*, Frankfurt/M.: Suhrkamp.

Kramer, Sven (1999): *Auschwitz im Widerstreit. Zur Darstellung der Shoah in Film, Philosophie und Literatur*, Wiesbaden: Deutscher Universitäts-Verlag.

- (2003) (Hg.): *Die Shoah im Bild*, München: edition text+kritik.

Krohn, Knut (2009): Der brutale Raufbold als Held, in: *Frankfurter Runschau*, 25.03.2009.

Kühn, Heike (2009): Schlüssel zu einer neuen Tonart, in: *Frankfurter Runschau*, 22.04.2009.

Kugelmann, Cilly (1996): Lang ist der Weg. Eine jüdisch-deutsche Film-Kooperation, in: Fritz Bauer Institut (Hg.): *Auschwitz: Geschichte, Rezeption und Wirkung. Jahrbuch 1996 zur Geschichte und Wirkung des Holocaust*, Frankfurt/M. / New York: Campus, S. 353-369.

Kuhlbrodt, Dietrich (2006): *Deutsches Filmwunder. Nazis immer besser*, Hamburg: Konkret Literatur Verlag.

Lange, Sigrid (1999): *Authentisches Medium: Faschismus und Holocaust in ästhetischen Darstellungen der Gegenwart*, Bielefeld: Aisthesis Verlag.

Langer, Lawrence L. (1998): UNDZERE KINDER. A Yiddish Film from Poland, in: ders.: *Preempting the Holocaust*, New Haven / London: Yale Univ. Pr., S. 157-165.

- (2000): Die Zeit der Zeugenaussagen. Zeitverlauf und Dauer in Zeugenaussagen von Überlebenden des Holocaust, in: Baer 2000, S. 53-67.

Langford, Barry (2005): *Film genre: Hollywood and beyond*. Edinburgh: Univ. Pr.

Lanzmann, Claude (1995): Ihr sollt nicht weinen. Einspruch gegen SCHINDLERS LISTE, in: Christoph Weiss (Hg.): *‚Der gute Deutsche'. Dokumente zur Diskussion um Steven Spielbergs SCHINDLERS LISTE in Deutschland*, St. Imbert: Rohrig Universitätsverlag, S. 173-178.

Laub, Dori (2000): Zeugnis ablegen oder die Schwierigkeiten des Zuhörens, in: Baer 2000, S. 68-83.

Lesser, Gabriele (2002): Ein Zeuge, kein Held, in: *die tageszeitung*, 24.10.2002.

- (2009): Die Geschichte der Brüder Bielski, in: *die tageszeitung*, 02.04.2009.

Levi, Primo (1990): *Die Untergegangenen und die Geretteten*, München / Wien: Carl Hanser.

- (1999): *Ist das ein Mensch?*, München: dtv.

Levi, Daniel / Sznaider, Natan (2007): *Erinnerung im globalen Zeitalter. Der Holocaust*, Frankfurt/M.: Suhrkamp.

Levy, Dani / Handtke, Sebastian (2007): „Der Schmerz gehört dazu". Ein Balanceakt: Regisseur Dani Levy über seine Monty-Python- und seine Lubitsch-Seele, in: *Der Tagesspiegel*, 06.01.2007.

Liebman, Stuart (1996): Pages from the Past. Wanda Jakubowska's THE LAST STOP (OSTATNI ETAP), in: *East European Performance. Drama, Theatre, Film*, Vol. 16, Nr. 3, S. 56-63.

Lindeperg, Sylvie (2003): Spuren, Dokumente, Monumente. Filmische Verwendungen von Geschichte, historische Verwendungen des Films, in: Keilbach/Hohenberger 2003, S. 65-81.

Lipkin, Steven N. (1999): Defining Docudrama: IN THE NAME OF THE FATHER, SCHINDLER'S LIST, and JFK, in: Rosenthal 1999, S. 370-383.

- (2002): *Real Emotional Logic. Film and Television Docudrama as Persuasive Practice*, Carbonale / Edwardsville: Southern Illinois Univ. Pr.

Ljubic, Nicol (2007): Eine Liebe in Auschwitz, in: *Die Zeit*, 02.08.2007.

Loewy, Hanno (1998): Das gerettete Kind. Die „Universalisierung" der Anne Frank, in: Stephan Braese / Holger Gehle / Doron Kiesel / Hanno Loewy (Hg.): *Deutsche Nachkriegsliteratur und der Holocaust*, Frankfurt/M. / New York: Campus, S. 19-41.

- (2001): Großvater, warum hast du so große Zähne... Zu Jörg Grasers ABRAHAMS GOLD, in: DIF 2001, S. 72-75.

- (2003): Fiktion und Mimesis. Holocaust und Genre in Film, in: Frölich/Loewy/Steinert 2003, S. 37-64.

Loewy, Ronny (2001): ZEUGIN AUS DER HÖLLE und die Wirklichkeit des Auschwitz-Prozesses, in: DIF 2001, S. 26-28.

- (2003): Der Lächerlichkeit preisgegeben. Nazis in den Anti-Nazi-Filmen Hollywoods, in: Frölich/Loewy/Steinert 2003, S. 125-132.

Loshitzky, Yosefa (1997) (Hg.): *Spielberg's Holocaust. Critical Perspectives on SCHINDLER'S LIST*, Bloomington: Indiana Univ. Pr.

- (1999): Fantastic Realism: SCHINDLER'S LIST as Docudrama, in: Rosenthal 1999, S. 357-369.

Lyotard, Jean-François (1997): Streitgespräche, oder: Sätze bilden „nach Auschwitz", in: Elisabeth Weber / Christoph Tholen (Hg.): *Über das Vergessen(e). Anamnesen des Undarstellbaren*, Wien: Turia+Kant, S. 18-50.

Mahrenholz, Simone (2002): Flucht in die Hölle, in: *Der Tagesspiegel*, 23.10.2002.

Martenstein, Harald (2007): Es gibt kein richtiges Leben im Fälschen, in: *Der Tagesspiegel*, 11.02.2007.

Marks, Hans / Pfannkuche, Friederike (2007): Die Toleranz der Generationen. Wie Gut und Böse in den Niederlanden unterschieden wird, in: Harald

Welzer (Hg.): *Krieg der Erinnerung. Holocaust, Kollaboration und Widerstand im europäischen Gedächtnis*, Frankfurt/M.: Fischer, S. 112-149.

Marschall, Susanne (2005): *Farbe im Kino*, Marburg: Schüren.

Martínez, Matías (2004): Authentizität als Künstlichkeit in Steven Spielbergs Film SCHINDLER'S LIST, in: *Augen-Blick* 36, S. 39-60.

Mendelssohn, Daniel (2009): INGLOURIOUS BASTERDS: When Jews Attack, in: *Newsweek*, 31.08.2009, <http://www.newsweek.com/2009/08/13/inglourious-basterds-when-jews-attack.html> (Stand: 20.09.2010).

Meyen, Michael / Pfaff, Senta (2006): Rezeption von Geschichte im Fernsehen, in: *Media Perspektiven* 2/2006, S. 102-106.

Miedl, Magdalena (2009): Mit Kinderaugen gesehen. Walt Disney verfilmt das Holocaust-Drama DER JUNGE IM GESTREIFTEN PYJAMA, in: *Salzburger Nachrichten*, 8.5.2009.

Mikos, Lothar (2003): *Film- und Fernsehanalyse*, Konstanz: UVK.

Milchman, Alan / Rosenberg, Alan (1998) (Hg.): *Postmodernism and the Holocaust*, Amsterdam / Atlanta: Rodopi.

Mitscherlich, Alexander / Mitscherlich, Margarete (1991): *Die Unfähigkeit zu trauern. Grundlagen kollektiven Verhaltens*, München: Piper.

Morris, Leslie (2003): Berlin Elegies. Absence, Postmemory, and Art after Auschwitz, in: Hornstein/Jacobowitz 2003, S. 288-304.

Mülder-Bach, Inka (2005): Nachbemerkung und editorische Notiz, in: Siegfried Kracauer: *Theorie des Films. Die Errettung der äußeren Wirklichkeit*, Frankfurt/M.: Suhrkamp, S. 847-874.

Müller, Birgit (2008): Erinnerungskultur in der DDR, in: Bundeszentrale für politische Bildung: Dossier Geschichte und Erinnerung, <26.08.2008, http://www.bpb.de/themen/IB0VZC,0,Erinnerungskultur_in_der_DDR.html> (Stand: 20.09.2010).

Mulvey, Laura (2000): *Citizen Kane. Der Filmklassiker von Orson Welles*, Hamburg: Europa Verlag.

Nagler, Lihi (2007): Can Women's Trauma Return as Film? Passenger (1961-3) and Witness out of Hell (1965-7), in: Apfelthaler/Köhne 2007, S. 27-42.

Ne'eman Arad, Gulie (1999): Der Holocaust in der amerikanisierten Erinnerung, in: Koch 1999a, S. 231-252.

Niewiadomski, Jozéf (2009): ‚Mysterium fascinosum' inmitten von ‚mysterium tremendum'. DER NEUNTE TAG und die transformierende Kraft der Eucharistie, in: Regensburger/Larcher 2009, S. 149-171.

Nord, Christina (2007): Blüten des Bösen, in: *die tageszeitung*, 12.02.2007, S. 27.

- (2009): Der Rauch und die Schaukel, in: *die tageszeitung*, 07.05.2009.

Odin, Roger (1990): Dokumentarisierender Film – dokumentarisierende Lektüre, in: Christa Blümlinger (Hg.): *Sprung im Spiegel. Filmisches Wahrnehmen zwischen Fiktion und Wirklichkeit*, Wien: Sonderzahl, S. 125-146.

- (2002): Kunst und Ästhetik bei Film und Fernsehen. Elemente zu einem semio-pragmatischen Ansatz, in: *montage/av*, 11/2/2002, S. 42-57.

Paget, Derek (1998): *No other way to tell it. Dramadoc/docudrama on television*, Manchester / New York: Manchester Univ. Pr.

- (2004): Codes and conventions of dramadoc and docudrama, in: Robert C. Allen / Annette Hill (Hg.): *The Television Studies Reader*, London: Routledge

Peitz, Christiane (2005): Der Blender, in: *Der Tagesspiegel*, 12.05.2005.

Picart, Caroline J. S. / Frank, David A. (2004): Horror and the Holocaust: Genre Elements in SCHINDLER'S LIST and PSYCHO, in: Prince, Stephen (Hg.): *The Horror Film*, New Brundswick [u.a.]: Rutgers Univ. Pr., S. 206-223.

Pilarczyk, Hannah (2006): *Dresden, 13. Februar 1945*, in: *die tageszeitung*, 04.03.2006, S. 19.

Polanski, Roman (1984): *Roman Polanski von Roman Polanski*, München/ Wien: Scherz Verlag.

Polkinghorne, Donald E. (1998): Narrative Psychologie und Geschichtsbewusstsein. Beziehungen und Perspektiven, in: Jürgen Straub (Hg.): *Erzählung, Identität und historisches Bewußtsein. Die psychologische Konstitution von Zeit und Geschichte*, Frankfurt/M.: Suhrkamp, S. 12-45.

Pollak, Alexander / Wodak, Ruth (2003): Tatort „Wehrmachtsausstellung", in: Hannes Heer / Walter Manoschek / Alexander Pollak / Ruth Wodak (Hg.): *Wie Geschichte gemacht wird. Zur Konstruktion von Erinnerungen an Wehrmacht und Zweiten Weltkrieg*, Wien: Czernin Verlag, S. 225-244.

Probst, Carsten (2004): Nach der Erinnerung. Transformation und Grenze des Symbolischen in aktuellen künstlerischen und architektonischen Repräsentationen der Shoah, in: Bettina Bannasch / Almuth Hammer (Hg.): *Verbot der Bilder – Gebot der Erinnerung. Mediale Repräsentationen der Shoah*, Frankfurt/M. / New York: Campus, S. 211-231.

Radonic, Ljiljana (2006): Sexualität und Mutterschaft, in: *Jungle World*, Nr. 21, 24.06.2006.

Rall, Veronika (1999): Wenn der Brechreiz kommt, *Frankfurter Rundschau*, 23.09.1999.

Regensburger, Dietmar / Larcher, Gerhard (2009) (Hg.): *Paradise now!? Politik – Religion – Gewalt im Spiegel des Film*, Marburg: Schüren.

Reichel, Peter (2001): *Vergangenheitsbewältigung in Deutschland. Die Auseinandersetzung mit der NS-Diktatur von 1945 bis heute*, München: Beck.

- (2004): *Erfundene Erinnerung. Weltkrieg und Judenmord in Film und Theater*, München / Wien: Carl Hanser Verlag.

Reich-Ranicki, Marcel (2002): Polanskis Todesfuge, in: *Frankfurter Allgemeine Zeitung*, 23.10.2002.

Reinecke, Stefan (2001): Nachholende Bewältigungen oder: It runs through the family. Holocaust und Nazivergangenheit im deutschen Film der Neunziger, in: DIF 2001, S. 76-83.

- (2004): Der Arzt von Berlin, in: *die tageszeitung*, 19.09.2004.

Richter, Roland Suso / Hofmann, Nico / Hanfeld, Michael (2006): Eine Reise durch die Apokalypse, in: *Frankfurter Allgemeine Zeitung*, 04.03.2006, S. 47.

Robnik, Drehli (2009): Geschichte im Gesicht. Cinephelie ohne Rettung und Naziphobie ohne Vorbehalte in INGLOURIOUS BASTERDS, in: *Kolik* 12/09, S. 11-17.

Rodek, Hanns-Georg (2002): Bloß keine Kinotränen. Ein Denkmal, keine Unterhaltung: Roman Polanskis Warschauer Ghetto-Film Der Pianist, in: *Die Welt*, 23.10.2002.

Rosenfeld, Alvin (1980): *A Double Dying. Reflections on Holocaust Literature*, Bloomington: Indiana Univ. Pr.

Rosenthal, Alan (Hg.) (1999): *Why Docudrama? Fact-Fiction on Film and TV*, Carbondale / Edvardsville: Southern Illinois Univ. Pr.

Roser, Thomas (2002): Dokumentation eines wundersamen Überlebens, in: *Frankfurter Rundschau*, 22.10.2002.

Rother, Rainer / Herbst-Meßlinger, Karin (2008) (Hg.): *Hitler darstellen. Zur Entwicklung und Bedeutung einer filmischen Figur*, München: edition text+kritik.

Ruzowitzky, Stefan / Schenk, Ralf (2007): Die verkaufte Seele von Sachsenhausen. Der Regisseur Stefan Ruzowitzky über Die Fälscher und die deutsche Geschichte, in: *Berliner Zeitung*, 10.2.2007.

Scheit, Gerhard (1999): *Verborgener Staat, lebendiges Geld. Zur Dramaturgie des Antisemitismus*, Freiburg: ça ira-Verlag.

Scherpe, Klaus R. (1986): Dramatisierung und Entdramatisierung des Untergangs – zum ästhetischen Bewußtsein von Moderne und Postmoderne, in: Huyssen/Scherpe 1986, S. 270-301.

Schick, Thomas / Ebbrecht, Tobias (2008) (Hg.): *Emotion – Empathie – Figur: Spielformen der Filmwahrnehmung* (= Beiträge zur Film- und Fernsehwissenschaft 62), Berlin: Vistas.

Schiller, Friedrich (2006): *Was heißt und zu welchem Ende studiert man Universalgeschichte?*, Stuttgart: Reclam.

Schmid, Antonia (2007): Der „Feuersturm" als Vollwaschprogramm. Zur Universalisierung des Opfers im Fernseh-Zweiteiler Dresden, in: kittkritik 2007, S. 141-158.

Schneider, Christian / Stilke, Cordelia / Leineweber, Bernd (1996): *Das Erbe der Napola. Versuch einer Generationengeschichte des Nationalsozialismus*, Hamburg: Hamburger Edition.

Schoenberner, Gerhard (1991): *Der gelbe Stern. Die Judenverfolgung in Europa 1933-1945*, Frankfurt/M.: Fischer.

Schulz, Georg-Michael (2002): Docu-Dramas – oder: Die Sehnsucht nach der Authentizität. Rückblicke auf Holocaust von Marvin Chomsky und Schindlers Liste von Steven Spielberg, in: Waltraut „Wara" Wende (Hg.): *Geschichte im Film. Mediale Inszenierungen des Holocaust und kulturelles Gedächtnis*, Stuttgart / Weimar: Metzler, S. 159-180.

Schulze, Peter (2004): Geschichts-Schichtungen. Zur Darstellung des Holocaust bei Steven Spielberg und Roman Polanski, in: *Augen-Blick* 36, S. 61-75.

Schultz, Sonja M. (2005): Die harmonische Leinwand. Filmische Stereotypen bei der Darstellung von Nationalsozialismus und Holocaust in aktuellen deutschen Produktionen, in: *apropos Film 2005. Jahrbuch der DEFA Stiftung*, Berlin: Bertz+Fischer, S. 76-88.

- (2008): Hitler 2.0. Der Diktator im Internet, in: Rother/Herbst-Meßlinger 2008, S. 86-100.

Schwarte, Ludger (2007a) (Hg.): *Auszug aus dem Lager. Zur Überwindung des modernen Raumparadigmas in der politischen Philosophie*, Bielefeld: transcript.

- (2007b): Auszug aus dem Lager, in: Schwarte 2007a, S. 162-177.

Schwarz, Daniel R. (1999): *Imagining the Holocaust*, New York: St. Martins Griffin Press.

Schweinitz, Jörg (1986): Stereotype in der populären Filmunterhaltung. Versuch einer theoretischen Annäherung an Bedeutung, Funktionen und Spezifika, in: *Zur Unterhaltungsfunktion des Films für Kino und Fernsehen*, Berlin: Akad. d. Künste der DDR, Arbeitsheft 38, S. 19-24.

- (1990): Stereotypen filmischen Erzählens, in: *Erzählen in Literatur und Film*, Berlin: Akad. d. Künste der DDR, Arbeitsheft 42, S. 10-15.

- (1999): Zu Siegfried Kracauers Artikel über EHE IM SCHATTEN, in: *Film und Fernsehen* 1/1999, S. 9-11.

- (2001): Das Stereotyp als filmkulturelle Sprachform. Theoriegeschichtliche Entdeckungen bei Gilbert Cohen-Séat und Edgar Morin, in: Jörg Frieß / Britta Hartmann / Eggo Müller (Hg.): *Nicht allein das Laufbild auf der Leinwand... Strukturen des Films als Erlebnispotentiale* (= Beiträge zur Film- und Fernsehwissenschaft 60), S. 177-196

- (2006): *Film und Stereotyp. Eine Herausforderung für das Kino und die Filmtheorie. Zur Geschichte eines Mediendiskurses*, Berlin: Akademie Verlag.

Seeßlen, Georg (1998): Kalter Blick und kleine Hoffnung, in: *Die Zeit*, 12.11.1998, S. 56.

- (2002): Die Seele im System, in: *Die Zeit*, 24.10.2002, S. 56.

- (2008): Waltz with Bashir, in: *epd Film*, 11/08, S. 27.

- (2009): *Quentin Tarantino gegen die Nazis. Alles über INGLOURIOUS BASTERDS*, Berlin: Bertz+Fischer.

Seeßlen, Georg / Kling, Bernt (1973): *Romantik und Gewalt. Ein Lexikon der Unterhaltungsindustrie. Bd. 1*, Dillingen: Manz Verlag.

Shalev, Avner (2005): Vorwort, in: Daniel Fraenkel / Jakob Borut (Hg.): *Lexikon der Gerechten unter den Völkern: Deutsche und Österreicher*, Göttingen: Wallstein Verlag, S. 7-8.

Shandley, Robert R. (2001): *Rubble films. German cinema in the shadows of the Third Reich*, Philadelphia: Temple Univ. Pr.

Sofsky, Wolfgang (1993): *Die Ordnung des Terrors: Das Konzentrationslager*, Frankfurt/M.: Fischer.

Sontag, Susan (1978): *Über Fotografie*, München/Wien: Hanser.

- (2003): *Das Leiden anderer betrachten*, München/Wien: Hanser.

Spielberg, Steven / Karasek, Hellmuth (1994): Die ganze Wahrheit schwarz auf weiss. Regisseur Steven Spielberg über seinen Film Schindlers Liste, in: *Der Spiegel*, 21.02.1994, S. 183-186.

Steinle, Matthias (2005): Das Archivbild. Archivbilder als Palimpseste zwischen Monument und Dokument im audiovisuellen Gemischtwarenladen, in: *MEDIENwissenschaft* 3/2005, S. 295-309.

- (2007): Das Archivbild und seine ‚Geburt' als Wahrnehmungsphänomen in den 1950er Jahren, in: Corinna Müller / Irina Scheidgen (Hg.): *Mediale Ordnungen. Erzählen, Archivieren, Beschreiben*, Marburg: Schüren, S. 259-282.
- (2009): Good Bye Lenin - Welcome Crisis! Die DDR im Dokudrama des historischen Event-Fernsehens, in: Tobias Ebbrecht / Hilde Hoffmann / Jörg Schweinitz (Hg.): *DDR erinnern, vergessen. Das visuelle Gedächtnis des Dokumentarfilms*, Marburg: Schüren, S. 322-342.

Stephan, Inge / Tacke, Alexandra (2007a) (Hg.): *NachBilder des Holocaust*, Köln [u.a.]: Böhlau.

- (2007b): Einleitung, in: Stephan/Tacke 2007a, S. 7-17.

Strobel, Riccarda / Jahn-Sudmann, Andreas (2009) (Hg.): *Film Transnational und Transkulturell. Europäische und amerikanische Perspektiven*, München: Wilhelm Fink.

Sussex, Elizabeth (1984): The Fate of *F3080*, in: *Sight and Sound*, April 1984, S. 92-97.

Swiebocka, Teresa (1993): *Auschwitz. A History in Photographs*, Bloomington: Indiana Univ. Pr.

Szely, Sylvia (2007): Fälschung zur Wahrheit. Zur niederländischen Debatte um Paul Verhoevens Widerstandsdrama ZWARTBOEK, in: *Kolik* 8/07, S. 96-99.

Sznaider, Natan (2008): *Gedächtnisraum Europa. Die Visionen des europäischen Kosmopolitismus. Eine jüdische Perspektive*, Bielefeld: Transcript.

Thalheim, Robert/Schmid, Hans-Christian/Knöller, Britta/Gansera, Rainer (2007): Auf dem Weg zur Disko kommt man am Lagerzaun vorbei, in: *Süddeutsche Zeitung*, 16.08.07.

Toeplitz, Jerzy (1992): *Geschichte des Films 1945-1953. Band 5*, Berlin: Henschel Verlag.

Töteberg, Michael (2004): Hitler – eine Filmkarriere. DER LETZTE AKT und andere Filme über das Ende des Führers, in: Joachim Fest/Bernd Eichinger: *Der Untergang*. Herausgegeben von Michael Töteberg, Reinbek b. Hamburg: Rowohlt, S. 405-425.

Toplin, Robert (2002): *Reel History. In defense of Hollywood*, Kansas: Kansas Univ. Pr.

Tröhler, Margrit (2002): Von Weltenkonstellationen und Textgebäuden. Fiktion – Nichtfiktion – Narration in Spiel- und Dokumentarfilm, in: *montage/av* 11/2/2002, 9-41.

- (2004): Filmische Authentizität. Mögliche Wirklichkeiten zwischen Fiktion und Dokumentation, in: *montage/av* 13/2/2004, S. 149-169.

Turim, Maureen (1989): *Flashbacks in Film*, New York / London: Routledge.

Umlauff, Ian (2000): Im Blick der Kamera: SCHINDLERS LISTE, in: *Film & TV Kameramann*, Nr. 7/2000, S. 125-133.

Viano, Maurizio (1999): LIFE IS BEAUTIFUL. Reception, Allegory, and Holocaust Laughter, in: *Film Quaterly*, 51, 1, S. 26-34.

Wartenberg, Thomas E. (1999): *Unlikely Couples. Movie Romance as Social Criticism*. Colorado: Westview Pr.

Weiss, Peter (1991): *Die Ermittlung. Oratorium in 11 Gesängen. Mit Beiträgen von Walter Jens und Ernst Schumacher*, Frankfurt/M.: Suhrkamp

Welzer, Harald (2001a) (Hg.): *Das soziale Gedächtnis. Geschichte, Erinnerung, Tradierung*, Hamburg: Hamburger Edition.

- (2001b): Das gemeinsame Verfertigen von Vergangenheit im Gespräch, in: Welzer 2001a, S. 160-178

- (2003): Von der Täter- zur Opfergesellschaft: Zum Umbau der deutschen Erinnerungskultur, in: Hans Erler (Hg.): *Erinnerung und Verstehen. Der Völkermord an den Juden im politischen Gedächtnis der Deutschen*, Frankfurt/M. / New York: Campus, S. 100-106.

- (2005a): *Das kommunikative Gedächtnis. Eine Theorie der Erinnerung*, München: C.H. Beck.

- (2005b): *Täter. Wie aus ganz normalen Menschen Massenmörder werden*, Frankfurt/M.: Fischer.

Welzer, Harald / Moller, Sabine / Tschuggnall, Karoline (2002): *„Opa war kein Nazi“. Nationalsozialismus und Holocaust im Familiengedächtnis*, Frankfurt/M.: Fischer

Wende, Waltraud ‚Wara‘ (2007) (Hg.): *Der Holocaust im Film. Mediale Inszenierung und kulturelles Gedächtnis*, Heidelberg: Synchron.

Wenk, Silke (2002): Happy End nach der Katastrophe? LA VITA È BELLA zwischen Medienreferenz und Postmemory, in: Frölich/Loewy/Steinert 2003, S. 199-224.

Wette, Wolfram (2002): Der einzige Mensch in deutscher Uniform, in: *Berliner Zeitung*, 21.11.2002, S. 13.

Weyand, Jan (2005): So war es! Zur Konstruktion eines nationalen Opfermythos im Spielfilm DER UNTERGANG, in: Bischof 2005, S. 39-68.

White, Hayden (2003): Das Ereignis der Moderne, in: Keilbach/Hohenberger 2003, S. 194-215.

Wiedenmann, Nicole (2004): „So ist das, was das Bild dokumentiert, das Gegenteil dessen, was es symbolisiert.“ Holocaustfotografie im Spannungsfeld zwischen Geschichtswissenschaft und Kulturellem Gedächtnis, in: Crivellari/Kirchmann/Sandl/Schlögl 2004, S. 317-349.

Wineburg, Sam (2001): Sinn machen: Wie Erinnerung zwischen den Generationen gebildet wird, in: Welzer 2001a, S. 179-204.

Winter, Leon de / Polanski, Roman (2002): Wir waren zu viert. Leon de Winter im Gespräch mit Roman Polanski über eine Jugend im Kracauer Ghetto, in: *Die Welt*, 30.11.2002.

Witte, Sonja (2007): Das Wunder von Bern. Katharsis der Nation, in: kittkritik 2007, S. 214-234.

Wittgenstein, Ludwig (2003): *Philosophische Untersuchungen*, Frankfurt/M.: Suhrkamp.

Wolf, Fritz (2005): Trends und Perspektiven für die dokumentarische Form im Fernsehen, in: *Dokville 2005*, S. 16-21.

Worschech, Rudolf (2007): Mein Führer – Die wirklich wahrste Wahrheit über Adolf Hitler. Dany Levys Hitler-Satire, in: Frölich/Schneider/Visarius 2007, S. 204-215.

Worthmann, Merten (2000): Dem Täter eine Chance, in: *Die Zeit*, 29.06.2000,

Wulff, Hans J. (2009): Der Schock des Realen. Einige Bemerkungen zur ästhetischen und politischen Wirkungsdramaturgie von Ari Folmans Waltz with Bashir (2008), in: *Tà katoptrizómena. Magazin für Kunst, Kultur, Theologie und Ästhetik*, Nr. 61, 2009, <http://www.theomag.de/61/hjw9.htm> (Stand: 20.09.2010).

Wuss, Peter (1992): Der Rote Faden der Filmgeschichten und seine unbewußten Komponenten. Topik-Reihen, Kausal-Ketten und Story-Schemata – drei Ebenen filmischer Narration, in: *montage/av*, 1/1/1992, S. 25-35.

- (1999): *Filmanalyse und Psychologie. Strukturen des Films im Wahrnehmungsprozeß*, Berlin: Ed. Sigma.

- (2002): Das Leben ist schön ... aber wie lassen sich die Emotionen des Films objektivieren?, in: Jan Sellmer / Hans J. Wulff (Hg.): *Film und Psychologie - nach der kognitiven Phase?*, Marburg: Schüren, S.123-142.

Yerushalmi, Yosef H. (1988): *Zachor. Erinnere dich*, Berlin: Wagenbach.

Young, James Edward (1997): *Beschreiben des Holocaust. Darstellung und Folgen der Interpretation*. Frankfurt a.M.: Suhrkamp.

- (2000): *At Memory's Edge. After-Images of the Holocaust in Contemporary Art and Architecture*, New Haven / London: Yale Univ. Pr.

Zander, Peter (2009): Ein arisches Kind als Opfer seines Vaters, in: *Berliner Morgenpost*, 07.05.2009.

Zehm, Gerd-Eckard (1988): Amerikanische Superproduktion über Weltkrieg, in: *Die Welt*, 14.11.1988.

Zemel, Carol (2003): Emblems of Atrocity. Holocaust Liberation Photographs, in: Hornstein/Jacobowitz 2003, S. 201-119.

Zinnemann, Fred (1992): *An Autobiography*, London: Bloomsbury.

Zwick, Reinhold (2009a): Fiktion und/oder Authentizität. Ein Zwischenruf zu Volker Schlöndorffs Der neunte Tag, in: Regensburger/Larcher 2009, S. 172-181.

- (2009b): Die Gegenwart der Vergangenheit als memoria passionis, in: *Tà katoptrizómena. Magazin für Kunst, Kultur, Theologie und Ästhetik*, Nr. 61, 2009, <http://www.theomag.de/61/rz1.htm> (Stand: 20.09.2010)

Abbildungsnachweis

Abb. 1: „L'Stadt-Getto Geschoßautomaten", abgebildet in: „Unser einziger Weg ist Arbeit." Das Getto in Łódź 1940 – 1944. Red.: Hanno Loewy, Wien: Löcker, 1990, S. 130.

Abb. 2: „Litzmannstadt-Getto Weberei", abgebildet in: „Unser einziger Weg ist Arbeit." Das Getto in Łódź 1940 – 1944. Red.: Hanno Loewy, Wien: Löcker, 1990, S. 112.

Abb. 3: Gefunden unter <http://www.ghwk.de/2006-neu/auschwitz_3.jpg> und <http://www.ghwk.de/2006-neu/auschwitz_4.jpg> (Stand: 15.09.2010).

Abb. 4, 10, 24, 61: Yad Vashem Foto Archive

Abb. 5: Screenshot aus Der gewöhnliche Faschismus (DVD Icestorm, 2003).

Abb. 6-9: Screenshots aus Bilder der Welt und Inschrift des Krieges (DVD Harun Farocki Filme 1967-2005 No. 2, absolut MEDIEN, 2009).

Abb. 11: Screenshots aus Die bleierne Zeit (ARD-Ausstrahlung, ohne Datum).

Abb. 12-15: Screenshots aus Die innere Sicherheit (DVD MC One, 2001).

Abb. 16, 17, 25: Screenshots aus Memory of the Camps (NDR-Ausstrahlung, 2005).

Abb. 18: Screenshots aus Platoon (VHS Columbia Tristar, 1992)

Abb. 19-21: Screenshots aus KZ Falkenau (Arte-Ausstrahlung, 26.01.2005).

Abb. 22: Abgebildet in: ‚Es gibt keinen jüdischen Wohnbezirk in Warschau mehr'. Stroop-Bericht, Darmstadt [u.a.]: Luchterhand, 1960, S. 79, ohne durchgängige Seitenzählung).

Abb. 23: Abgebildet in: Gerhard Schoenberner: Der gelbe Stern. Die Judenverfolgung in Europa 1933-1945, Frankfurt/M.: Fischer, 1991, S. 274).

Abb. 26, 71: „Buchenwald, April 1945", Magret Bourke-White, Life Magazine, © Time Inc., abgebildet in: Barbie Zelizer (Hg.): Visual Culture and the Holocaust, New Jersey: Rutgers, 2000, S. 220.

Abb. 27, 28, 72, 105, 106: Screenshots aus Holocaust – The Liberation of Auschwitz (DVD Artsmagic, 2005)

Abb. 29: Screenshots aus Unzere Kinder (VHS National Center for Jewish Film, 1991).

Abb. 30: Screenshots aus THE DIARY OF ANNE FRANK (DVD TWENTIETH CENTURY FOX, 2004).

Abb. 31, 62, 64, 66, 68-70, 73-75, 77, 97, 127, 128, 142: Screenshots aus SCHINDLER'S LIST (DVD Universal Pictures, 2004).

Abb. 32, 119, 120, 122-124, 126, 139: Screenshots aus DER UNTERGANG (DVD Highlight, o.J.).

Abb. 33: Screenshots aus SPEER UND ER: GERMANIA –DER WAHN (DVD EuroVideo, 2005).

Abb. 34: Screenshots aus VIRTUAL HISTORY: THE SECRET PLOT TO KILL HITLER/THE MAKING OFF (DVD Simply Media, 2004).

Abb. 35: Screenshots aus AUSCHWITZ (DVD Polyband, 2005).

Abb. 36: Screenshot aus IRGENDWO IN BERLIN (VHS Progress, 1999).

Abb. 37, 38-41: Screenshots aus DAS WUNDER VON BERN (DVD Universal Pictures, 2004).

Abb. 42: Screenshot aus DIE EHE DER MARIA BRAUN (DVD Arthaus, 2005).

Abb. 43, 44, 46, 47, 49, 50, 53, 58-60, 125, 129, 138, 141: Screenshots aus THE PIANIST (DVD Universum Film, 2003).

Abb. 45, 51, 52, 54: Screenshots aus THE WARSHAW GHETTO 1940-1943 (DVD tps, 2001).

Abb. 48, 80, 82, 84: Screenshots aus NUIT ET BROUILLARD (NIGHT AND FOG, DVD Criterion, 2003).

Abb. 55-57: Screenshots aus UPRISING (Warner Home Video, 2002).

Abb. 63, 65, 67: Screenshots aus INHERITANCE (DER MÖRDERVATER, Arte-Ausstrahlung, 27.08.2008)

Abb. 76: Screenshot aus SHOAH (DVD absolut MEDIEN, 2007.)

Abb. 78, 130, 132, 149, 150, 152, 155: Screenshots aus LA VITA È BELLA (DVD Universum Film, 2003).

Abb. 79, 81, 83, 143-146: Screenshots aus STERNE (DVD Icestorm, 2007).

Abb. 85-94, 96: Screenshots aus DER NEUNTE TAG (DVD Concorde, 2005).

Abb. 95, 133, 134, 147: Screenshots aus OSTATNI ETAP (VHS Polart, 1999).

Abb. 98, 107: Screenshots aus FATELESS (DVD EuroVideo, 2005).

Abb. 99: Screenshot aus TRIUMPH OF THE SPIRIT (NDR-Ausstrahlung, o.J.).

Abb. 100, 148, 156: Screenshots aus PASAZERKA (PASSENGER, DVD Second Run, 2006).

Abb. 101, 102: Screenshots aus THE GREY ZONE (DVD Universum Film, 2001)

Abb. 103, 104: Screenshots aus DIE FÄLSCHER (Universum Film, 2007).

Abb. 108-110: Screenshots aus LA PETITE PRAIRIE AUX BOULEAUX (ARD-Ausstrahlung, 14.11.2008)

Abb. 111-117: Screenshots aus AM ENDE KOMMEN TOURISTEN (DVD Warner, 2008).

Abb. 118: Screenshot aus DIE MANNS – EIN JAHRHUNDERTROMAN (EuroVideo, o.J.)

Abb. 121: Screenshot aus IM TOTEN WINKEL – HITLERS SEKRETÄRIN (DVD absolut medien, o.J.).

Abb. 131: Screenshot aus EIN TAG (NDR-Mitschnitt, 30.1.2004).

Abb. 135, 154: Screenshots aus THE SEARCH (DVD, ohne Angaben).

Abb. 136, 137: Screenshots aus THE PAWNBROKER (3Sat-Ausstrahlung, o.J.).
Abb. 140: Screenshots aus ES GESCHAH AM 20. JULI (SUCEDIÓ EL 20 DE JULIO, DVD divisa Home Video, 2009).
Abb. 151: Screenshot aus TO BE OR NOT TO BE (DVD Arthaus, 2004).
Abb. 153: Screenshot aus THE GREAT DICTATOR (DVD Warner, 2007).
Abb. 157-175: Screenshots aus DRESDEN (DVD Warner, 2006).
Abb. 176: Screenshots aus MADARE SEFR DARAJEH (Youtube, ohne Angaben).
Abb. 177: Screenshots aus VALS IM BASHIR (DVD Pandora, 2009).

Film

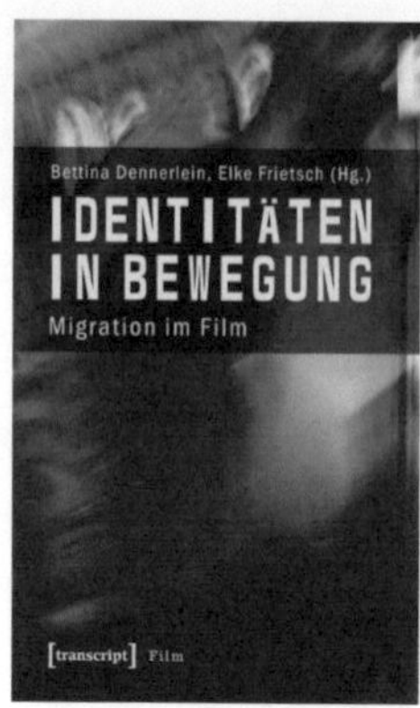

Bettina Dennerlein,
Elke Frietsch (Hg.)
Identitäten in Bewegung
Migration im Film

März 2011, ca. 350 Seiten, kart.,
zahlr. Abb., ca. 32,80 €,
ISBN 978-3-8376-1472-5

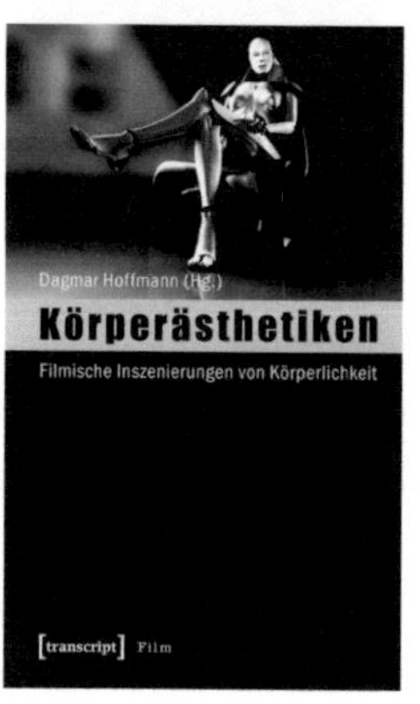

Dagmar Hoffmann (Hg.)
Körperästhetiken
Filmische Inszenierungen
von Körperlichkeit

2010, 352 Seiten, kart., zahlr. Abb., 29,80 €,
ISBN 978-3-8376-1213-4

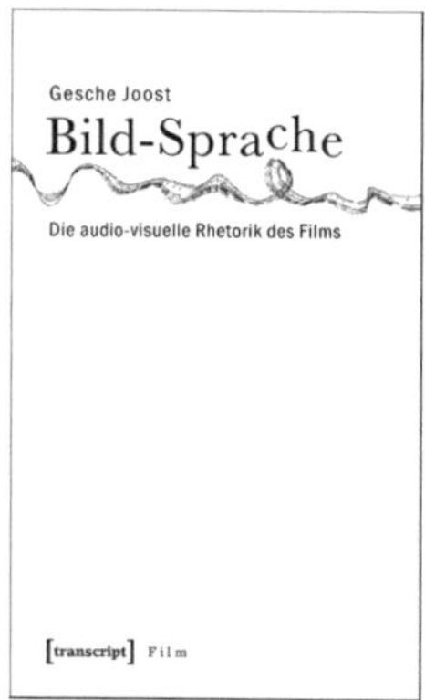

Gesche Joost
Bild-Sprache
Die audio-visuelle Rhetorik des Films

2008, 264 Seiten, kart., zahlr. Abb., 25,80 €,
ISBN 978-3-89942-923-7

Leseproben, weitere Informationen und Bestellmöglichkeiten finden Sie unter www.transcript-verlag.de

Film

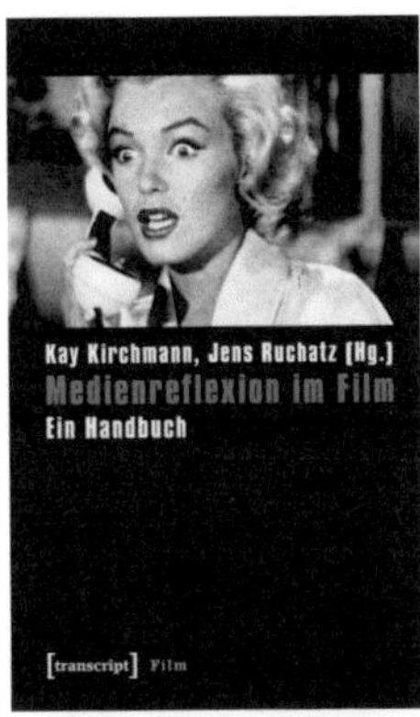

Kay Kirchmann, Jens Ruchatz (Hg.)
Medienreflexion im Film
Ein Handbuch

April 2011, ca. 404 Seiten, kart.,
zahlr. Abb., ca. 33,80 €,
ISBN 978-3-8376-1091-8

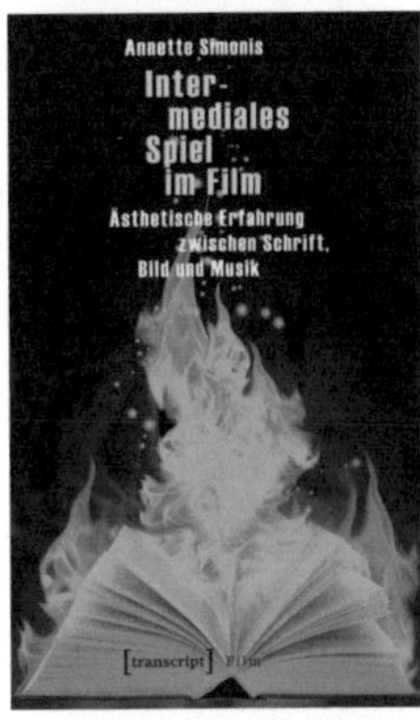

Annette Simonis
Intermediales Spiel im Film
Ästhetische Erfahrung
zwischen Schrift, Bild und Musik

2010, 230 Seiten, kart., zahlr. Abb., 28,80 €,
ISBN 978-3-8376-1520-3

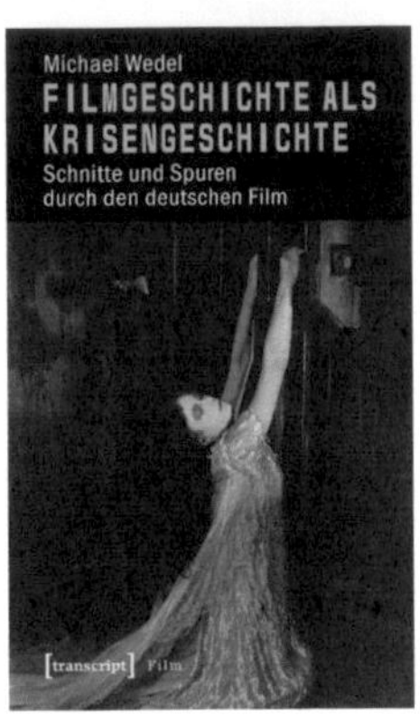

Michael Wedel
Filmgeschichte als Krisengeschichte
Schnitte und Spuren
durch den deutschen Film

2010, 464 Seiten, kart.,
zahlr. z.T. farb. Abb., 33,80 €,
ISBN 978-3-8376-1546-3

Leseproben, weitere Informationen und Bestellmöglichkeiten finden Sie unter www.transcript-verlag.de

Film

Joanna Barck
Hin zum Film – Zurück zu den Bildern
Tableaux Vivants: »Lebende Bilder« in Filmen von Antamoro, Korda, Visconti und Pasolini
2008, 340 Seiten, kart., zahlr. Abb., 32,80 €,
ISBN 978-3-89942-817-9

Maik Bozza, Michael Herrmann (Hg.)
Schattenbilder – Lichtgestalten
Das Kino von Fritz Lang und F.W. Murnau. Filmstudien
2009, 212 Seiten, kart., zahlr. Abb., 25,80 €,
ISBN 978-3-8376-1103-8

Catrin Corell
Der Holocaust als Herausforderung für den Film
Formen des filmischen Umgangs mit der Shoah seit 1945. Eine Wirkungstypologie
2009, 520 Seiten, kart., zahlr. Abb., 39,80 €,
ISBN 978-3-89942-719-6

Daniel Fritsch
Georg Simmel im Kino
Die Soziologie des frühen Films und das Abenteuer der Moderne
2009, 248 Seiten, kart., zahlr. Abb., 27,80 €,
ISBN 978-3-8376-1315-5

Tina Hedwig Kaiser
Aufnahmen der Durchquerung
Das Transitorische im Film
2008, 230 Seiten, kart., zahlr. Abb., 27,80 €,
ISBN 978-3-89942-931-2

Katrin Oltmann
Remake | Premake
Hollywoods romantische Komödien und ihre Gender-Diskurse, 1930-1960
2008, 356 Seiten, kart., 29,80 €,
ISBN 978-3-89942-700-4

Bettina Papenburg
Das neue Fleisch
Der groteske Körper im Kino David Cronenbergs
April 2011, ca. 212 Seiten, kart., zahlr. Abb., ca. 27,80 €,
ISBN 978-3-8376-1740-5

Sebastian Richter
Digitaler Realismus
Zwischen Computeranimation und Live-Action. Die neue Bildästhetik in Spielfilmen
2008, 230 Seiten, kart., zahlr. z.T. farb. Abb., 25,80 €,
ISBN 978-3-89942-943-5

Elisabeth Scherer
Spuk der Frauenseele
Weibliche Geister im japanischen Film und ihre kulturhistorischen Ursprünge
April 2011, ca. 268 Seiten, kart., zahlr. Abb., ca. 32,80 €,
ISBN 978-3-8376-1525-8

Catherine Shelton
Unheimliche Inskriptionen
Eine Studie zu Körperbildern im postklassischen Horrorfilm
2008, 384 Seiten, kart., 34,80 €,
ISBN 978-3-89942-833-9

Leseproben, weitere Informationen und Bestellmöglichkeiten finden Sie unter www.transcript-verlag.de

ZfK - Zeitschrift für Kulturwissenschaften

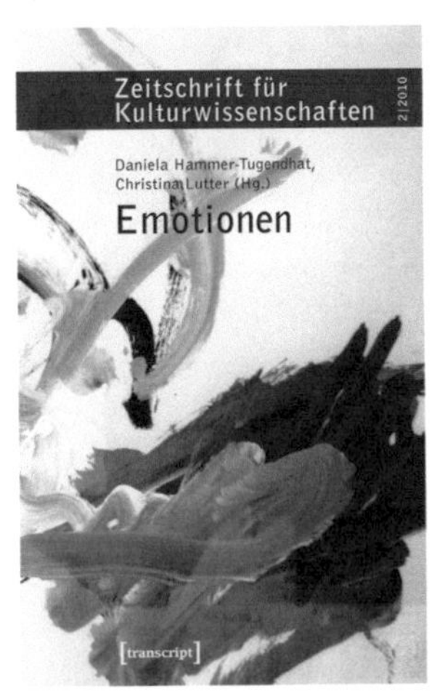

Daniela Hammer-Tugendhat, Christina Lutter (Hg.)

Emotionen

Zeitschrift für Kulturwissenschaften, Heft 2/2010

August 2010, 164 Seiten, kart.,
8,50 €,
ISBN 978-3-8376-1405-3

ZfK - Zeitschrift für Kulturwissenschaften

Der Befund zu aktuellen Konzepten kulturwissenschaftlicher Analyse und Synthese ist ambivalent: Neben innovativen und qualitativ hochwertigen Ansätzen besonders jüngerer Forscher und Forscherinnen steht eine Masse oberflächlicher Antragsprosa und zeitgeistiger Wissensproduktion – zugleich ist das Werk einer ganzen Generation interdisziplinärer Pioniere noch wenig erschlossen.

In dieser Situation soll die **Zeitschrift für Kulturwissenschaften** eine Plattform für Diskussion und Kontroverse über »Kultur« und die Kulturwissenschaften bieten. Die Gegenwart braucht mehr denn je reflektierte Kultur, historisch situiertes und sozial verantwortetes Wissen. Aus den Einzelwissenschaften heraus kann so mit klugen interdisziplinären Forschungsansätzen fruchtbar über die Rolle von Geschichte und Gedächtnis, von Erneuerung und Verstetigung, von Selbststeuerung und ökonomischer Umwälzung im Bereich der Kulturproduktion und der naturwissenschaftlichen Produktion von Wissen diskutiert werden.

Die **Zeitschrift für Kulturwissenschaften** lässt gerade auch jüngere Wissenschaftler und Wissenschaftlerinnen zu Wort kommen, die aktuelle fächerübergreifende Ansätze entwickeln.

Lust auf mehr?

Die **Zeitschrift für Kulturwissenschaften** erscheint zweimal jährlich in Themenheften. Bisher liegen die Ausgaben »Fremde Dinge« (1/2007), »Filmwissenschaft als Kulturwissenschaft« (2/2007), »Kreativität. Eine Rückrufaktion« (1/2008), »Räume« (2/2008), »Sehnsucht nach Evidenz« (1/2009), »Politische Ökologie« (2/2009), »Kultur und Terror« (1/2010) sowie »Emotionen« (2/2010) vor.

Die **Zeitschrift für Kulturwissenschaften** kann auch im Abonnement für den Preis von 8,50 € je Ausgabe bezogen werden.
Bestellung per E-Mail unter: bestellung.zfk@transcript-verlag.de

www.transcript-verlag.de